KBS한국어진흥원 & 에듀윌

독 점 출 간

국/가/공/인/자/격

KBS 한국어능력시험 12

KBS한국어진흥원 지음

제44, 43, 42, 41회

기출문제집

| 기출문제집 | 최신기출 4회분 수록 | 문항배분 한눈에 보기 | 셀프 진단표

☑ 듣기 MP3 파일: 에듀윌 도서몰(book.eduwill.net) 도서자료실에서 무료 다운로드(도서 구매자에 한함)

☑ OMR 카드 | 오답 노트 수록

대한민국 평생교육 No.1

단 하나의 기출

국/가/공/인/자/격

KBS 한국어 능력시험

12 제44, 43, 42, 41회

기출문제집

머 리 말

오늘날 국가 경쟁력이 국가와 개인의 화두로 떠오르고 각국마다 국민의 경쟁력을 높이기 위해 힘쓰고 있다. 이때 반드시 언급되는 것이 모어(母語) 능력과 외국어 능력이다. 특히 국제화 시대를 맞아 나라마다 외국어 교육에 힘을 쏟으면서, 모어를 잘해야 외국어를 잘할 수 있다는 언어학적 법칙에 따라 그 토대가 되는 모어 교육에도 엄청난 투자를 하여 자국민의 모어 능력 향상에 전력을 다하고 있다.

일반적으로 국어능력은 문법 능력, 표현 능력, 이해 능력, 문학 능력으로 구성되어 있다. 국어 사용의 정확성을 추구하는 문법 능력, 국어 사용의 유창성과 효율성을 추구하는 표현 및 이해 능력, 국어 사용의 창의성을 추구하는 문학 능력은 어느 나라 사람이나 가정, 학교, 사회 교육을 통하여 평생 길러야 하는 기본 능력으로, 국어능력은 합리적 의사소통이 이루어지는 민주사회를 성취하는 지름길이기도 하다.

그런데 그동안 우리는 국어를 얕보고 국어능력을 기르는 데는 소홀하였다. 국어교육을 12년 동안 받았어도 여전히 문법이나 어문 규범에 대한 지식이 없어 표기와 어법에 오류를 범하는 경우가 많다. 말하고 들으며 쓰고 읽는 데 자신 없어 하고, 비논리적이며 감정적이며 오류투성이의 어법으로 된 글과 말을 날마다 쏟아내 불합리하고 교양 없는 언어생활을 하고 있으며, 지적·정서적으로 문학적 교양이 빈약한 상태에 있다.

일상의 국어생활은 외국어와 로마자가 점령하여 국적 불명어로 넘치고 국민의 어휘력과 사고력은 현저히 떨어졌다. 어휘력이 떨어지니 홍수처럼 쏟아지는 외국어를 번역하거나 국어로 순화하는 능력도 말라 가는 악순환 상태 속에 놓여 있다. 관청, 학교에서는 국어 순화의 의지도, 능력도, 교육도 사라져 가고 있다. 공자는 '언불순, 즉사불성(言不順, 則事不成)', 즉 '언어가 순조롭지 못한 사회는 되는 일이 없다.'고 경고하였으니, 날마다 우리 사회에서 불협화음이 많은 이유가 우리의 국어능력에 기인하는 것이다.

이러한 상황에서는 국가 경쟁력은커녕 국민의 국어능력과 국어교양은 기대할 수 없고, 선진 한국을 이룩할 수도 없다. 이에 우리는 선진 한국 창조를 위해 전 국민에게 올바른 국어생활을 위한 국어능력을 기르도록 한다는 KBS한국방송 및 KBS한국어연구회의 설립 정신에 따라, 전 국민의 국어능력 함양을 지속적으로 도모하기 위해 국민의 국어능력을 평가하는 체제를 구축하고, 이러한 평가 체제를 통해 지속적으로 국민의 국어능력을 향상시키는 정책과 방안을 강구하기로 하였다.

KBS한국어능력시험은 '국어기본법' 관련 논의를 시작한 2002년부터 본격적인 준비 작업을 시행하기 시작하였으며, 다양한 기관에 기초 연구를 의뢰하여 평가 설계를 정교화하는 동시에 국어 평가 전문 인력을 영입하여 국어능력 측정과 관련된 평가 시스템을 구축하였다. 그 뒤 KBS한국방송 지원자를 대상으로 실시한 제1회 KBS한국어능력시험(2004년 8월 8일)을 통해 평가 시스템의 보완 작업을 끝마쳤으며, 2005년에는 2회, 2006~2008년에는 3회를, 2009년부터는 연간 4회의 시험을 계속 시행하고 있다.

이에 KBS한국방송은 이 시험의 더 큰 발전을 위해 2007년에 〈KBS한국어진흥원〉을 발족시키고 시험의 전반적인 부분을 관장하면서 모국어의 정체성 확립과 한국어의 경쟁력 확보에 한층 더 힘쓰도록 하였다. 2016년까지 44회의 시험을 치르면서 40만여 명이 넘게 시험에 지원하였으며, 특히 2009년 1월에는 교육과학기술부 및 문화체육관광부로부터 국가공인자격을 받음에 따라 이 시험의 자격 취득자는 국가기술자격과 동등한 혜택을 받을 수 있다.
이 시험을 통하여 국어능력 향상 및 입학과 취업에 도움이 되길 바란다.

KBS한국어진흥원장

이 책의 강점

기출 문제집

출제패턴

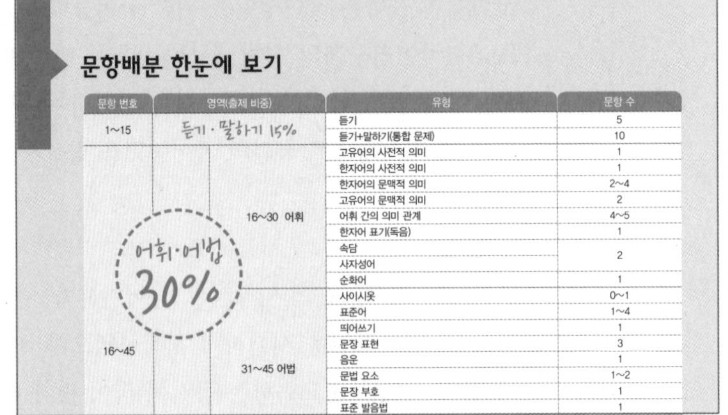

문항배분 한눈에 보기

문항 번호	영역(출제 비중)		유형	문항 수
1~15	듣기 · 말하기 15%		듣기	5
			듣기+말하기(통합 문제)	10
16~45	어휘 · 어법 30%	16~30 어휘	고유어의 사전적 의미	1
			한자어의 사전적 의미	1
			한자어의 문맥적 의미	2~4
			고유어의 문맥적 의미	2
			어휘 간의 의미 관계	4~5
			한자어 표기(독음)	1
			속담	2
			사자성어	
			순화어	1
		31~45 어법	사이시옷	0~1
			표준어	1~4
			띄어쓰기	1
			문장 표현	3
			음운	1
			문법 요소	1~2
			문장 부호	1
			표준 발음법	1

【문항배분 한눈에 보기】

출제패턴이 고정적인 KBS한국어능력시험! 기출 20회분 2,000문항 전 문항을 분석하여 문항배분과 출제패턴을 한눈에 파악할 수 있도록 하였다.

기출분석 해설집

출제패턴

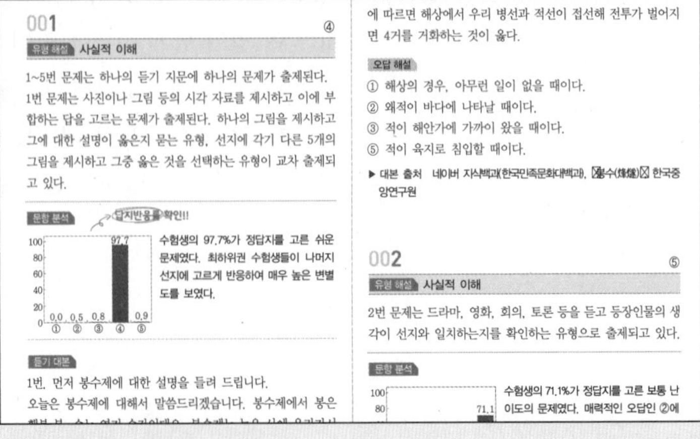

001 ④

유형 해설 **사실적 이해**

1~5번 문제는 하나의 듣기 지문에 하나의 문제가 출제된다. 1번 문제는 사진이나 그림 등의 시각 자료를 제시하고 이에 부합하는 답을 고르는 문제가 출제된다. 하나의 그림을 제시하고 그에 대한 설명이 옳은지 묻는 유형, 선지에 각기 다른 5개의 그림을 제시하고 그중 옳은 것을 선택하는 유형이 교차 출제되고 있다.

문항 분석 답지반응률 확인!!

수험생의 97.7%가 정답지를 고른 쉬운 문제였다. 최하위권 수험생들이 나머지 선지에 고르게 반응하여 매우 높은 변별도를 보였다.

듣기 대본

1번. 먼저 봉수제에 대한 설명을 들려 드립니다.

오늘은 봉수제에 대해서 말씀드리겠습니다. 봉수제에서 봉은

에 따르면 해상에서 우리 병선과 적선이 접선해 전투가 벌어지면 4거를 거화하는 것이 옳다.

오답 해설

① 해상의 경우, 아무런 일이 없을 때이다.
② 왜적이 바다에 나타날 때이다.
③ 적이 해안가에 가까이 왔을 때이다.
⑤ 적이 육지로 침입할 때이다.

▶ 대본 출처 네이버 지식백과(한국민족문화대백과), 봉수(烽燧) 한국중앙연구원

002 ⑤

유형 해설 **사실적 이해**

2번 문제는 드라마, 영화, 회의, 토론 등을 듣고 등장인물의 생각이 선지와 일치하는지를 확인하는 유형으로 출제되고 있다.

문항 분석

수험생의 71.1%가 정답지를 고른 보통 난이도의 문제였다. 매력적인 오답인 ②에

【최신기출 유형해설】

출제패턴이 고정적인 KBS한국어능력시험! 최신기출 1회만 풀어도 시험 유형과 패턴을 파악할 수 있도록 제44회 기출문제 해설에 '유형해설'을 담았다.

“기출은 반복된다!
반복되는 기출을 잡는 결정적 기출문제집

단 하나의 기출
KBS한국어능력시험 12”

약점체크

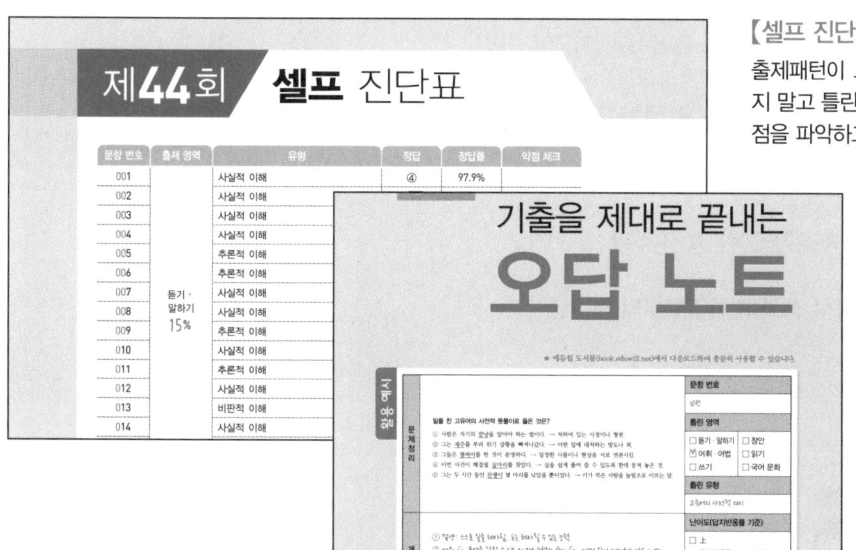

제44회 셀프 진단표

문항 번호	출제 영역	유형	정답	정답률	약점 체크
001	듣기·말하기 15%	사실적 이해	④	97.9%	
002		사실적 이해			
003		사실적 이해			
004		사실적 이해			
005		추론적 이해			
006		추론적 이해			
007		사실적 이해			
008		사실적 이해			
009		추론적 이해			
010		사실적 이해			
011		추론적 이해			
012		사실적 이해			
013		비판적 이해			
014		사실적 이해			

기출을 제대로 끝내는

오답 노트

활용 예시

문제 정리

문항 번호

틀린 영역

□ 듣기·말하기 □ 창안
☑ 어휘·어법 □ 읽기
□ 쓰기 □ 국어 문화

틀린 유형

난이도(답지반응률 기준)

【셀프 진단표】

출제패턴이 고정적인 KBS한국어능력시험! 채점만 하지 말고 틀린 문제의 출제 영역과 유형을 확인하자. 약점을 파악하고 보완해야 고득점이 가능하다.

【오답 노트】

KBS한국어능력시험은 상대평가 시험! 틀린 문제 중 정답률이 높은 문항이 있다면 반드시 보완해야 하고, 정답률이 낮은 문제를 공략하면 고득점이 가능하다.

기출분석

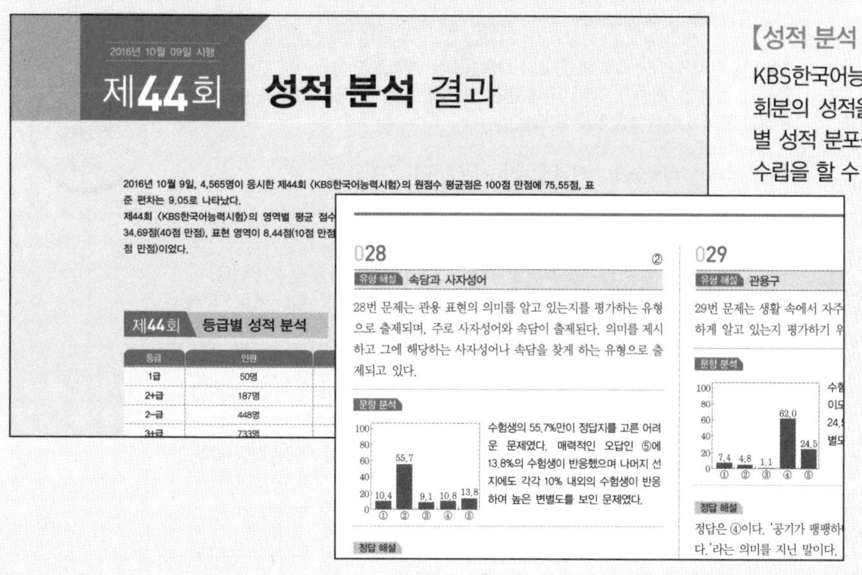

2016년 10월 09일 시행

제44회 성적 분석 결과

2016년 10월 9일, 4,565명이 응시한 제44회 〈KBS한국어능력시험〉의 원점수 평균점은 100점 만점에 75.55점, 표준 편차는 9.05로 나타났다.

제44회 〈KBS한국어능력시험〉의 영역별 평균 점수 ... 34.69점(40점 만점), 표현 영역이 8.44점(10점 만점 ... 점 만점)이었다.

제44회 등급별 성적 분석

등급	인원
1급	50명
2+급	187명
2-급	448명
3+급	733명

028 ②

유형 해설 속담과 사자성어

28번 문제는 관용 표현의 의미를 알고 있는지를 평가하는 유형으로 출제되며, 주로 사자성어와 속담이 출제된다. 의미를 제시하고 그에 해당하는 사자성어나 속담을 찾게 하는 유형으로 출제되고 있다.

문항 분석

수험생의 55.7%만이 정답지를 고른 어려운 문제였다. 매력적인 오답인 ⑤에 13.8%의 수험생이 반응했으며 나머지 선지에도 각각 10% 내외의 수험생이 반응하여 높은 변별도를 보인 문제였다.

정답 해설

029

유형 해설 관용구

29번 문제는 생활 속에서 자주 ... 하게 알고 있는지 평가하기 위 ...

문항 분석

정답 해설

정답은 ④이다. '공기가 팽팽하 ... 다.'라는 의미를 지닌 말이다.

【성적 분석 결과】

KBS한국어능력시험은 상대평가 시험! 최신기출 4회분의 성적을 다각도로 분석하였다. 등급별, 영역별 성적 분포를 확인하고, 이를 통해 전략적인 목표 수립을 할 수 있다.

【문항 분석】

KBS한국어능력시험은 상대평가 시험! 최신기출 4회분, 총 400문항의 답지반응률과 난이도를 분석하였다.

시험 소개

국가공인자격의 KBS한국어능력시험

KBS한국방송공사에서 실시하는 KBS한국어능력시험은 문화체육관광부로부터 공인민간자격을 공인받음으로써 명실공히 우리나라를 대표하는 한국어능력 자격검정임.

• **"문화체육관광부, 국립국어원이 공공성을 인정하고 지원하는 시험"**

☑ 시행 기관: KBS한국방송 주최, KBS한국어진흥원 주관

☑ 자격증 및 성적의 유효 기간: 성적 조회 개시일로부터 만 2년

☑ 검정 기준

[자격증 예시]

KBS

문화체육관광부 공인 제 2016-01호

한국어능력 자격증

국어능력 민간자격 국가공인 검정

자 격 번 호 :
성 명 :
생 년 월 일 :
자 격 종 목 :
자 격 등 급 :
자 격 취 득 일 :
자 격 만 료 일 :

위 사람은 한국방송공사가 시행하는 제
한국어능력시험에서 자격기본법 제23
체육관광부 공인 민간자격을 취득하였음

년 월 일

국가공인 민간자격관리기관
한국방송 사장

등급	검정 기준
1급	전문가 수준의 뛰어난 한국어 사용능력을 가지고 있음. 창조적인 언어 사용능력의 소유자로서 언론인, 방송인, 저술가, 작가, 국어 관련 교육자, 기획 및 홍보 업무 책임자로서 갖추어야 할 언어능력을 충분히 갖추고 있음.
2+급	일반인으로서 매우 뛰어난 수준의 한국어 사용능력을 가지고 있음. 언론인, 방송인, 저술가, 작가, 국어 관련 교육자, 기획 및 홍보 업무를 수행할 언어 사용능력을 갖추고 있음.
2-급	일반인으로서 뛰어난 수준의 한국어 사용능력을 가지고 있음. 언론인, 방송인, 저술가, 작가, 국어 관련 교육자, 기획 및 홍보 업무를 수행할 기본적인 언어 사용능력을 갖추고 있음.
3+급	일반인으로서 보통 수준 이상의 한국어 사용능력을 가지고 있음. 일반 업무를 수행할 수 있는 언어 사용능력을 갖추고 있음.
3-급	국어교육을 정상적으로 이수한 일정 수준 이상의 한국어 사용능력을 가지고 있음. 일정 범위 내에서 일반 업무를 수행할 수 있는 언어 사용능력을 갖추고 있음.
4+급	국어교육을 정상적으로 이수한 수준의 한국어 사용능력을 가지고 있음. 일정 범위 내에서 일반 업무를 수행할 수 있는 기초적인 언어 사용능력을 갖추고 있음.
4-급	고교 교육을 이수한 수준의 한국어 사용능력을 가지고 있음. 일정 범위 내에서 기본 업무를 수행할 수 있는 기초적인 언어 사용능력을 갖추고 있음.
무급	한국어 사용능력을 위해 노력해야 함.

국가공인 자격증 발급 (1급~4+급)

국가공인의 검정시험

- 「자격기본법」 제19조 (민간자격의 공인) 제1항에 근거한 민간자격 국가공인 취득

  제19조【민간자격의 공인】 ① 주무부장관은 민간자격에 대한 신뢰를 확보하고 사회적 통용성을 높이기 위하여 심의회의 심의를 거쳐 법인이 관리하는 민간자격을 공인할 수 있다.

- 「국어기본법」 시행에 근거한 시험

  제4장 국어능력의 향상 제23조【국어능력의 검정】 ① 문화관광부장관은 국민의 국어능력의 향상과 창조적인 언어생활의 정착을 위하여 국어 능력을 검정할 수 있다.

☑ 응시 자격: 제한 없음.

☑ 출제 수준: 한국의 고교 수준의 국어교육을 정상적으로 받은 사람이 풀 수 있는 수준

☑ 출제 방식: 객관식 5지 선다형, 100문항

☑ 출제 배점: 문항당 균일 배점이 원칙이나 필요시 차등 배점

☑ 시험 시간: 총 120분(쉬는 시간 없음.)

시험 당일 10:00~12:00(**반드시 09:30까지 입실 완료**)

① 듣기 · 말하기 평가 25분(10:00~10:25)

② 어휘 · 어법, 쓰기, 창안, 읽기, 국어 문화 평가 95분(10:25~12:00)

☑ 시험 일정(연 4회)

회차	시험일	접수 기간	성적 발표일
49회	2018. 02. 24.(토)	2018. 01. 08.(월)~2018. 02. 09.(금)	2018. 03. 08.(목)
50회	2018. 05. 20.(일)	2018. 04. 09.(월)~2018. 05. 04.(금)	2018. 05. 31.(목)
51회	2018. 08. 19.(일)	2018. 07. 02.(월)~2018. 08. 03.(금)	2018. 08. 30.(목)
52회	2018. 10. 21.(일)	2018. 08. 27.(월)~2018. 10. 05.(금)	2018. 11. 01.(목)

☑ 시험 장소: 서울, 인천, 수원, 고양, 부산, 울산, 창원, 대구, 광주, 전주, 대전, 청주, 춘천, 강릉, 제주 등 15개 권역 또는 단체 신청 시 신청 단체가 제공하는 장소

☑ 수험생 유의사항

- **준비물:** 수험표, 신분증, 연필, 지우개, 시계
- 문제지와 답안지 모두 성명, 수험 번호 기입/시험지 불출 엄금

KBS한국어능력시험 응시생만 아는 은밀한 수험장

● KBS한국어능력시험은 답안을 컴퓨터용 사인펜이 아닌 연필로 기입합니다. 연필을 미리 둥글게 깎아 두면 마킹하는 시간을 줄일 수 있습니다. 잘 지워지는 지우개도 함께 준비하면 시간을 절약할 수 있습니다!

●● 시험 중에 휴대 전화가 울리거나 기타 통신 장비를 소지하다가 발각되면 부정행위로 간주됩니다. 휴대 전화는 전원을 완전히 꺼두세요!

●●● 답안지 마킹에 은근히 시간이 오래 걸립니다. 시간배분을 적절히 하세요!

시험 활용처 & 시험 영역

① 공무 영역	공사 지원자 및 종사자	자기점검, 임용, 승진
② 군인 · 경찰 영역	경찰, 군간부 지원자 및 종사자	자기점검, 임용, 승진
③ 교사 · 강사 영역	자기점검, 교원 및 강사 채용	자기점검, 교원 및 강사 채용
④ 청소년 영역	중 · 고등학교 학생	자기점검, 특목고 진학 및 대입 면접
⑤ 언론 영역	언론사 지원자 및 종사자	자기점검, 채용 및 승진
⑥ 직무 영역	일반회사 지원자 및 종사자	자기점검, 채용 및 승진
⑦ 외국어 영역	국내 거주 외국인	자기점검, 외국인 근로자 채용

공사/공기업/정부 기관

KBS, 경찰청, 국민건강보험공단, 국민체육진흥공단, 근로복지공단, 도로교통공단, 동작구청, 마포구청, 한국고전번역원, 한국공항공사, 한국교육방송공사, 한국남동발전, 한국농촌경제연구원, 한국농촌공사, 한국생산성본부, 한국석유관리원, 한국수자원공사, 한국자산공사, 한국전력, 한국지역난방공사, 한국토지주택공사

언론사/기업

GS홈쇼핑, 국악방송, 농수산홈쇼핑, 농심기획, 머니투데이, 서울신문사, 세계일보, 스포츠서울, 우리은행, 전주방송JTV, 파워킹시스템, 한겨레신문, 한국일보, 한국지도자육성장학, 해외한국어방송인턴십

군간부

간부사관, 민간부사관, 여군부사관, 헌병부사관, 법무부사관, 군종부사관, 군악부사관, 현역부사관, 학사사관, 여군사관, 육군부사관, 군국기무사령부 부사관 선발

대학교

경기대, 경인교대, 경희대, 공주영상대, 군산대, 대구가톨릭대, 대구대, 대진대, 덕성여대 법학과, 동신대, 동아대, 서울대, 성균관대, 순천향대, 신라대, 아주대대학원, 안양대, 위덕대, 전주대, 청주대, 추천교육대, 한국외대, 한양대

※ 활용처는 변경될 수 있으니, 반드시 해당 활용처의 홈페이지를 확인하세요!

1
문법 능력
(어휘·어법)

모든 국어 능력의 기초는 어휘 능력과 어법 능력이다. 이 능력은 언어의 4대 기능이라고 하는 말하기, 듣기, 읽기, 쓰기 능력의 기초가 된다. 풍부한 어휘를 정확하게 사용하고 어법을 정확하게 구사하는 문법 능력이 뛰어나면 바르고 교양 있게 말하고 듣고 읽고 쓸 수 있다.

어휘는 고유어, 한자어, 외래어에 대한 이해 및 표현 능력을 측정하며, 어법은 4대 어문 규정, 즉 ① 한글 맞춤법, ② 표준어 규정, ③ 외래어 표기법, ④ 로마자 표기법을 포함한 정확한 언어 사용을 측정한다. 또한 외국어가 범람하고 어려운 전문 용어가 그대로 사용되는 오늘날의 언어 현실을 반영하여 순화어 관련 문항을 포함하고 있다. 이와 더불어 한자에 대한 이해 및 사용 능력도 측정하고 있다.

2
이해 능력
(듣기·읽기)

듣기 능력은 인간의 의사소통에 가장 기본이 되는 영역이다. 교양인은 자기 말을 앞세우기보다 상대방의 말을 주의 깊게 잘 경청하는 사람이다. 이 영역은 강의, 강연, 뉴스, 토론, 대화, 인터뷰 자료 등 다양한 구어 담화를 듣고 문제를 해결하는 방식으로 구성되어 있다.

읽기 능력은 다양한 텍스트를 제시하고 글에 대한 사실적 이해, 추론적 이해, 비판적 이해 능력을 측정한다. 텍스트는 문예 텍스트, 학술 텍스트, 실용 텍스트로 구성되어 있다.

3
표현 능력
(쓰기·말하기)

쓰기 능력은 논술 방식처럼 글쓰기를 통해 주관식으로 평가하여야 하고, 말하기 능력도 직접 말하는 것을 평가하여야 한다. 그러나 현재는 대규모 인원이 응시하여 시험 운영과 관리의 제약 때문에 객관식으로 쓰기와 말하기 능력을 측정하고 있다. 쓰기 능력은 다양한 글을 쓸 때 거치는 '주제 선정 → 자료 수집 → 개요(outline) 작성 → 집필 → 퇴고'의 일련의 과정을 잘 이해하고 실습해 본 사람이면 누구나 풀 수 있도록 쓰기 과정별로 문항이 구성되어 있다.

말하기 능력은 발표, 토론, 협상, 설득, 논증, 표준 화법(언어 예절, 호칭어와 지칭어 사용 등) 등의 다양한 말하기 상황과 관련된 능력이다. 정확한 발음과 관련하여 표준 발음법 관련 문항도 포함되어 있다. 이는 국민의 발표 능력, 토론 능력, 설득 및 협상 능력이 매우 부족하다는 지적을 반영한 것이다.

4
창안 능력
(창의적 언어 능력)

창안(invention) 능력은 넓게 보면 쓰기나 말하기 능력에서 창의적, 독창적 아이디어를 만들어 내는 능력을 말한다. 즉, 언어를 창의적으로 사용하는 능력을 측정하는 것이다. 창의적인 표어를 제작하거나, 글을 읽고 감동적이거나 인상적인 제목을 만들거나 추출할 수 있는 능력, 기타 창의적 사고력을 기반으로 각종 언어 사용에서 아이디어를 창안하는 능력, 비유법과 관련한 창의적 수사법, 사자성어와 속담 등을 활용한 표현 능력 등이 해당된다.

5
문화 능력
(국어 관련 교양 지식)

국어 문화 능력은 기존 국어 시험들에서 배제되어 온 국어와 관련된 교양 상식에 대한 이해 능력이다. 기존 국어 시험들은 듣기, 읽기 기능 중심의 평가로 이해력, 사고력 평가에 치우치고 국어 교과상의 지식들은 배제해 왔다. 그러나 본 시험에서는 국어학이나 국문학에 대한 지식들도 국어능력의 고급문화능력으로 함양되어야 할 것으로 보아 이를 측정하고 있다.

시험 영역 한눈에 보기

1 문법 능력 (어휘·어법)

1. 어휘

① 고유어 ② 한자어 ③ 순화어

2. 어법

① 한글 맞춤법 ② 표준어 규정 ③ 외래어 표기법 ④ 로마자 표기법

2 이해 능력 (듣기·읽기)

1. 듣기

강의, 강연, 뉴스, 토론, 대화, 인터뷰 자료

2. 읽기

① 사실적(분석적) 이해: 실용 텍스트(기사문, 보고서, 설명서, 편지글, 다매체 텍스트)
② 추론적(상상적) 이해: 문예 텍스트(문학, 정서 표현의 글)
③ 비판적(논리적) 이해: 학술 텍스트(인문, 사회, 과학, 예술 등)

3 표현 능력 (쓰기·말하기)

1. 쓰기

① 주제 선정 ② 자료 수집 ③ 개요 작성 ④ 집필 ⑤ 퇴고

2. 말하기

① 다양한 말하기 상황과 관련된 능력(발표, 토론, 협상, 설득, 논증, 표준 화법 – 언어 예절, 호칭어와 지칭어 등)
② 표준 발음법

4 창안 능력 (창의적 언어 능력)

① 창의적인 표어 제작
② 글을 읽고 감동적이거나 인상적인 제목을 만들거나 추출
③ 각종 언어 사용에서 아이디어 창안
④ 비유법과 관련한 창의적 수사법
⑤ 사자성어와 속담을 활용한 표현 능력

5 문화 능력 (국어 관련 교양 지식)

① 국어학
② 국문학

문항배분 한눈에 보기

문항 번호	영역(출제 비중)		유형	문항 수
1~15	듣기·말하기 15%		듣기	5
			듣기+말하기(통합 문제)	10
16~45	어휘·어법 30%	16~30 어휘	고유어의 사전적 의미	1
			한자어의 사전적 의미	1~2
			한자어의 문맥적 의미	2~4
			고유어의 문맥적 의미	2
			어휘 간의 의미 관계	3~4
			한자어 표기(독음)	1
			속담, 한자성어, 관용구	2
			순화어	1
		31~45 어법	표준어	1~4
			띄어쓰기	1
			문장 표현	3
			음운	1
			문법 요소	1~2
			문장 부호	1
			표준 발음법	1
			표준 발음법(사이시옷)	0~1
			외래어 표기법	1
			로마자 표기법	1
46~50	쓰기 5%		글쓰기 계획	1
			자료 활용 방안	1
			개요 수정 및 상세화 방안	1
			논지 전개	1
			퇴고	1
51~60	창안 10%		시각 자료를 통한 내용 생성	3~4
			조건에 따른 내용 생성	7
61~90	읽기 30%	61~62 현대 시	작품의 이해와 감상	2
			시어의 의미와 기능	
			화자의 정서 및 태도	
		63~65 현대 소설	서술상의 특징 및 효과	3
			인물의 심리 및 태도	
			작품의 이해와 감상	
			추론적 이해 – 생략된 내용 추리	
		66~75 학술문	사실적 이해 – 정보 확인	4~5
			사실적 이해 – 핵심 정보	
			사실적 이해 – 전개 방식	
			추론적 이해 – 생략된 내용 추리	3~5
			추론적 이해 – 전제 및 근거 추리	
			추론적 이해 – 구체적(다른) 사례에 적용	
			비판적 이해 – 반응 및 수용	0~1
		76~90 실용문	사실적 이해 – 정보 확인	8~12
			사실적 이해 – 핵심 정보	0~2
			사실적 이해 – 글쓴이의 심리 및 태도	1 (교술에서만 출제)
			추론적 이해 – 구체적(다른) 사례에 적용	2~4
			추론적 이해 – 숨겨진 내용 추리	
			비판적 이해 – 반응 및 수용	0~1
			어휘의 문맥적 의미	0~1
91~100	국어 문화 10%		국어 생활 – 일상어	1
			국어 생활 – 매체언어	1
			국어학 – 문법	3
			국어학 – 북한어	1
			국어학 – 근대 국어	1
			국어학 – 순화어/외래어/신조어	1
			국문학 – 작가	1
			국문학 – 작품	1

이 책의 차례

2016. 10. 09.

성 명	
수험번호	
감독관 확인	

제44회
KBS 한국어능력시험

KBS 한국방송

• 문제지와 답안지 모두 성명, 수험 번호를 정확히 기입하십시오.
• 답안지와 함께 문제지를 반드시 제출하십시오.
• 본 시험지를 절취하는 것은 부정행위로 간주합니다.

한국어능력시험 문항 100문항

영역	문항
듣기 · 말하기	001번~015번
어휘 · 어법	016번~045번
쓰기	046번~050번
창안	051번~060번
읽기	061번~090번
국어 문화	091번~100번

제44회 듣기 MP3 파일

- 에듀윌 도서몰(book.eduwill.net)에서 무료 다운로드(도서 구매자에 한함.)
- 위치경로: 에듀윌 도서몰 > 도서자료실 > 부가학습자료
- 비밀번호: TH3FK28DI

2016년 10월 09일 시행

제44회 KBS 한국어능력시험

듣기·말하기 001번 ~ 015번

001 그림의 상황에 맞게 봉수를 거화한 것은?

①

②

③

④

⑤

002 등장인물의 생각과 일치하지 <u>않는</u> 것은?

① 부장: 아직은 일을 할 수 있는 나이지만 정년이 되면 퇴직을 해야 한다.
② 부장: 결혼기념일을 챙겨 선물까지 주는 것은 남 보기에 부끄러운 일이다.
③ 부장: 부부로 살아가다 보면 결혼기념일 이외에도 챙겨야 할 일이 매우 많다.
④ 김 대리: 부장의 아내는 남편이 결혼기념일을 챙겨 주지 않아 섭섭했을 것이다.
⑤ 김 대리: 요즘 젊은 사람들은 모두 결혼기념일에 아내에게 신경 써서 선물을 한다.

003 고전의 가르침으로 볼 수 없는 것은?

① 착하고 어진 행실을 쌓아야 한다.
② 말을 할 때에는 항상 조심해야 한다.
③ 작은 실수 하나에 연연해서는 안 된다.
④ 주변의 작고 소중한 것들에 감사해야 한다.
⑤ 남의 성공을 시기해 손해를 끼치면 안 된다.

004 강연의 내용과 일치하지 않는 것은?

	A형 간염	B형 간염	C형 간염
①	만성 간염으로 진행되지 않는다.	만성 간염으로 진행된다.	만성 간염으로 진행된다.
②	주로 감염자의 대변에 의해 감염된다.	주로 감염자의 혈액으로 감염된다.	주로 감염자의 타액으로 감염된다.
③	갑자기 열이 발생한다.	피로감, 무력증을 느낀다.	대부분 증상을 느끼지 못한다.
④	예방 백신이 있다.	예방 백신이 있다.	예방 백신이 없다.
⑤	바이러스 치료 약제가 개발되지 않았다.	바이러스 치료 약제가 개발되었다.	바이러스 치료 약제가 개발되었다.

005 시에서 '그'에 해당하는 것으로 가장 적절한 것은?

① 기차 ② 구두 ③ 자전거
④ 손수레 ⑤ 지팡이

006 '뉴스 보도'의 내용에 비추어 볼 때, 실제 방송에서 사용했음 직한 장면이 <u>아닌</u> 것은?

①

②
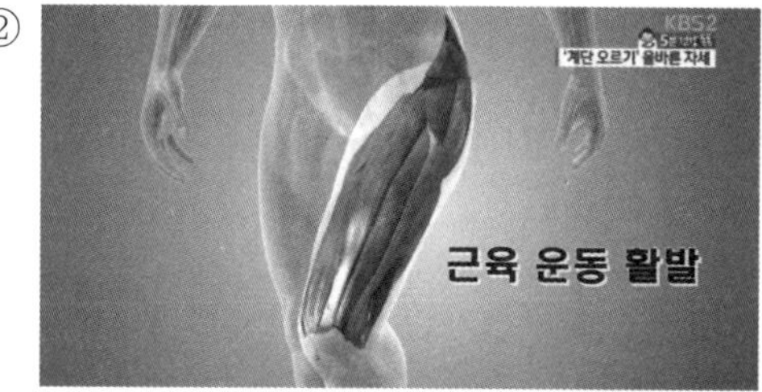

③
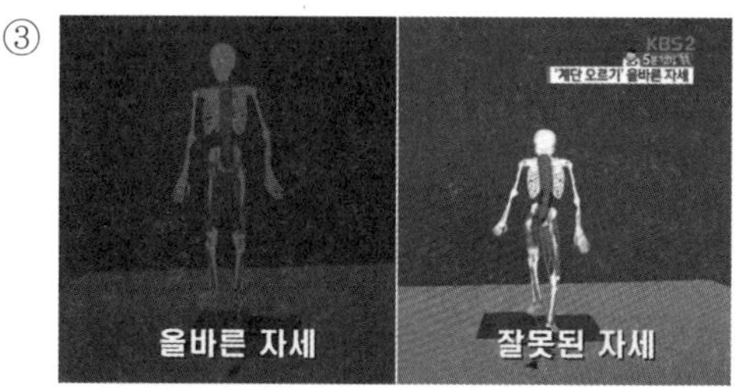

④
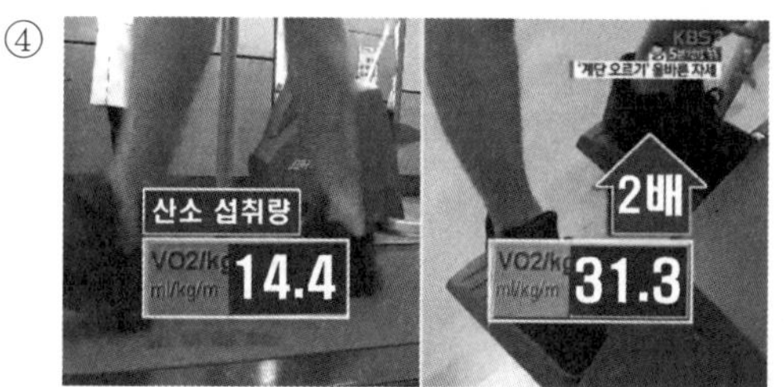

⑤
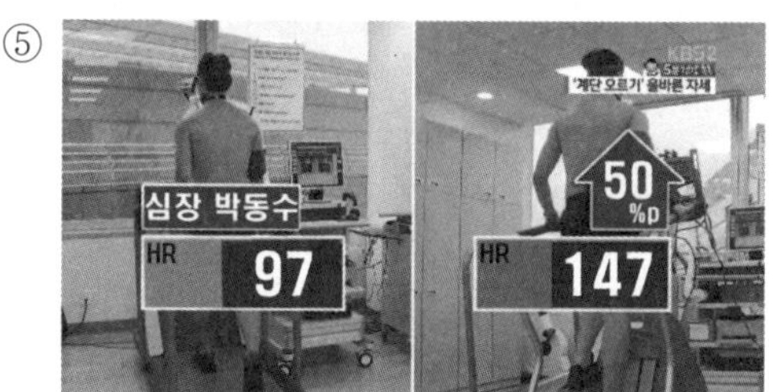

007 '뉴스 보도'에 대한 설명으로 적절하지 <u>않은</u> 것은?

① 질문을 던지고 이에 대한 답을 제시하며 보도 내용을 시작하고 있다.
② 인터뷰를 통해 일반인의 통념을 드러내며 보도 내용을 뒷받침하고 있다.
③ 구체적 수치를 활용해 실험 결과를 비교하며 보도 내용을 전개하고 있다.
④ 보도에 인용된 연구의 주체를 제시하며 보도 내용의 신뢰성을 더하고 있다.
⑤ 의학 전문가의 이야기를 보도에 삽입하며 보도 내용의 전문성을 높이고 있다.

008 이야기의 내용과 일치하지 <u>않는</u> 것은?

① 어머니는 두 아들을 키우기 위해 구걸을 마다하지 않았다.
② 큰아들은 졸업식장에 나타난 어머니의 모습을 부끄러워하였다.
③ 어머니는 큰아들이 부끄러워할까봐 졸업식장에서 거짓말을 하였다.
④ 작은아들은 졸업식 답사를 통해 어머니의 희생을 다른 사람들에게 설명하였다.
⑤ 작은아들의 졸업식장에서 있었던 일은 신문과 방송을 통해 전국에 알려지게 되었다.

009 이야기를 듣고 '큰아들'에 대해 설명하려고 할 때, 활용할 수 있는 사자성어로 가장 적절한 것은?

① 구밀복검(口蜜腹劍) ② 인과응보(因果應報) ③ 인생무상(人生無常)
④ 맥수지탄(麥秀之嘆) ⑤ 감언이설(甘言利說)

010 강연의 내용과 일치하지 않는 것은?

① '고지혈증'이라는 용어는 '이상지질혈증'과 유사한 의미로 통용된다.
② LDL 콜레스테롤 수치가 높지 않으면 뇌혈관 질환이 나타나지 않는다.
③ '이상지질혈증'은 주로 비만, 당뇨병, 음주와 같은 원인에 의해 발생할 수 있다.
④ 동맥 경화는 심근 경색, 뇌졸중과 같은 심각한 질환을 유발하는 주요한 원인이다.
⑤ HDL 콜레스테롤 수치를 높이기 위해서는 체중 조절과 생활 습관 개선 등이 필요하다.

011 다음은 강연자가 강연의 준비 과정에서 계획한 내용이다. 강연에 반영된 계획으로 볼 수 있는 것은?

㉠ 청자의 대답을 확인하며 강연 내용을 전개해야겠어.
㉡ 특정 현상을 설명하는 다양한 견해를 제시해야겠어.
㉢ 통계 자료를 활용하여 문제 상황의 심각성을 알려야겠어.
㉣ 질문을 통해 중심 화제에 대한 청중의 관심을 유도해야겠어.
㉤ 시간의 순서에 따른 중심 화제의 변화 양상을 순차적으로 전달해야겠어.

① ㉠ ② ㉡ ③ ㉢ ④ ㉣ ⑤ ㉤

012 '영국 중앙은행'이 내린 조치와 일치하지 않는 것은?

① 시중 은행과 건설업계에 저리로 자금을 제공하기로 결정하였다.
② 7년 5개월 만에 기준 금리를 사상 최저치인 0.25%로 인하하였다.
③ 18개월 안에 최대 100억 파운드의 회사채를 사들이겠다고 발표하였다.
④ 필요하다면 내년 말까지 기준 금리를 제로 수준으로 내리겠다고 하였다.
⑤ 앞으로 6개월 안에 자산 매입 규모를 더 확대하겠다는 계획을 내놓았다.

013 〈보기〉의 빈칸에 들어갈 금액으로 알맞은 것은?

> **보기**
>
> 남편: 어제 원-달러 환율은 얼마에 마감되었대요?
> 아내: 보도 내용을 들어 보니 어제 원-달러 환율은 [ ]에 마감되었네요.

① 1,097.70원 ② 1,110.40원 ③ 1,114.00원
④ 1,232.77원 ⑤ 1,241.55원

014 '뉴스 해설'의 내용과 일치하지 않는 것은?

① 우리나라 사람들은 근면하고 창의적이며 경쟁심이 강하다.
② 리우 올림픽에서 일본은 한국에 비해 좋은 성적을 기록했다.
③ 우리나라는 생활 체육 중심으로 체육 정책을 전환할 필요가 있다.
④ 양궁 협회는 리우 올림픽에 출전할 대표 선수들을 공정하게 선발하였다.
⑤ 영국은 엘리트 체육 정책으로 전환한 결과 리우 올림픽에서 중국을 제칠 수 있었다.

015 '뉴스 해설'의 마지막에 이어질 말로 가장 적절한 것은?

① 경쟁에 지친 우리 사회의 구성원들이 한마음 한뜻으로 단합하는 계기를 제공해 줄 것입니다.
② 올림픽이 세계 모든 나라가 참여하는 인류 최대의 축제로 평가받는 궁극적인 이유가 될 것입니다.
③ 우리 사회의 더 많은 사람들이 체육 활동을 생활화하여 국민 건강을 증진하는 수단이 될 것입니다.
④ 우리 사회의 사회적, 경제적 분야의 다양한 문제들을 해결하는 데에도 긍정적인 영향을 미칠 수 있을 것입니다.
⑤ 한국의 발전을 도모하고 한국인들의 뛰어난 체력과 우수한 운동 능력을 전 세계에 알리는 원동력이 될 것입니다.

어휘·어법 016번 ~ 045번

016 **밑줄 친 고유어의 뜻풀이로 옳지 않은 것은?**

① 아들을 출산한 그 여인은 더 이상 홑몸이 아니었다. → 아이를 배지 아니한 몸.
② 앞으로 달포 정도가 지나면 탐스러운 열매가 주렁주렁 열릴 것이다. → 한 달이 조금 넘는 기간.
③ 사방이 어두워지자 집까지 남은 거리가 얼마나 되는지 가늠이 안 되었다. → 사물을 어림잡아 헤아림.
④ 요금 문제로 택시 기사와 손님은 한참 동안 실랑이를 하였다. → 서로 자기주장을 고집하며 옥신각신하는 일.
⑤ 할아버지께서 끄는 수레는 둔덕을 넘지 못하고 미끄러지기만 하였다. → 가운데가 솟아서 불룩하게 언덕이 진 곳.

017 **밑줄 친 한자어의 사전적 뜻풀이로 옳지 않은 것은?**

① 경기가 활성화되면서 우리 회사의 공사 수주(受注) 건수도 크게 늘어났다. → 주문을 받음.
② 우리나라 전자 제품의 북미 시장 점유(占有) 비율이 지속적으로 상승하였다. → 물건이나 영역, 지위 따위를 차지함.
③ 관계 당국은 농민들의 피해를 줄일 수 있는 대책을 강구(講究) 중이었다. → 전체 속에서 어떤 물건, 생각, 요소 따위를 뽑아냄.
④ 선생님께서는 우리 민족 문화의 창달(暢達)을 위해 평생을 바치신 분이었다. → 거침없이 쑥쑥 뻗어 나감. 또는 그렇게 되게 함.
⑤ 마라톤 대회로 인해 교통이 통제되면서 시내 도로가 극심한 체증(滯症)을 빚었다. → 교통의 흐름이 순조롭지 아니하여 길이 막히는 상태.

018 **밑줄 친 한자어가 문맥에 어울리지 않는 것은?**

① 여러 업체들이 우리가 예상한 것보다 낮은 입찰(入札) 금액을 제출하였다.
② 그는 기존의 전통적 형식에서 벗어나 독특한 작품 세계를 구축(構築)했다.
③ 시립 미술관이 모든 공사를 마치고 착공(着工)되어 다음 주에 문을 열 예정이다.
④ 어젯밤에 일어난 사건은 신속한 경찰 조사 후 하루 만에 검찰로 송치(送致)되었다.
⑤ 안전보장이사회는 불량 국가들에 대한 경제적 제재(制裁)를 강화하기로 결의하였다.

019 밑줄 친 한자어의 쓰임이 적절하지 않은 것은?

① 전문가들은 경기가 곧 좋아질 것이라는 전망(展望)을 내놓았다.
② 대표 선수들은 승리의 기쁨을 국민들과 공감(共感)하고 싶다고 말했다.
③ 어린 아이들은 신체의 저항력이 약해서 잔병에 걸릴 확률(確率)이 높다.
④ 상품을 진열대에 보기 좋게 배열(配列)해야 고객들의 시선을 끌 수 있다.
⑤ 새로 구입한 자동차의 브레이크는 살짝만 밟아도 민감하게 반응(反應)했다.

020 밑줄 친 고유어의 쓰임이 적절하지 않은 것은?

① 나는 감기에 심하게 걸려서 온몸이 와들와들 떨렸다.
② 아버지는 축 처진 내 어깨를 토닥토닥 두드려 주셨다.
③ 오늘 아침에 지은 밥이 저녁이 되자 꼬들꼬들 말라 버렸다.
④ 그는 사람들을 데면데면 대하는 태도로 인해 비난을 받았다.
⑤ 그녀는 듬성듬성 공부를 하다가 결국 시험을 망치고 말았다.

021 〈보기〉의 빈칸에 공통으로 들어갈 단어의 기본형으로 가장 적절한 것은?

보기

• 농부가 모종을 내기 위해 볍씨를 (　　　) 있다.
• 어머니는 냄비에 물을 (　　　) 한참 동안 끓이셨다.
• 나는 겨울에 여행 가려고 은행에 적금을 (　　　) 있다.

① 담다　② 심다　③ 붓다
④ 찾다　⑤ 덜다

022 '세로 4번'에 들어갈 단어와 반대의 의미를 지니는 말로 적절한 것은?

1	2	■	■
■	3	4	■
■	■	5	

〈가로 열쇠〉

1. 등불이 켜졌다 꺼졌다 함. 또는 등불을 켰다 껐다 함. 이 전등은 원격 조종으로 ○○된다.
3. 사람의 목숨이 끊어지는 때. 어머님의 ○○을 지키지 못해 한이 된다.
5. 공연 작품, 발표회, 실습 따위에 대하여 총괄적으로 분석하고 평가함. 또는 그런 평가. 실습에 대한 ○○을 하다.

〈세로 열쇠〉

2. 망하여 없어짐. 핵무기는 인류의 ○○을 초래할지 모른다.

① 개강(開講) ② 결강(缺講) ③ 도강(盜講)
④ 청강(聽講) ⑤ 폐강(閉講)

023 〈보기〉에 제시된 두 단어의 의미 관계와 다른 것은?

보기

우이독경(牛耳讀經) : 소

① 이전투구(泥田鬪狗) : 개 ② 화사첨족(畫蛇添足) : 뱀
③ 묘항현령(猫項懸鈴) : 토끼 ④ 기호지세(騎虎之勢) : 호랑이
⑤ 오비이락(烏飛梨落) : 까마귀

024 〈보기〉를 참고할 때, 밑줄 친 말이 '버팀목'의 의미 구조와 가장 유사한 것은?

보기

'버팀목'은 '물건이 쓰러지지 않게 받치어 세우는 나무'라는 의미를 가진 단어이다. 이 단어는 크게 '버팀'과 '목'으로 나눌 수 있는데, 두 말의 의미 구조는 '(사물의) 기능 + (사물을 만든) 재료'로 분석될 수 있다.

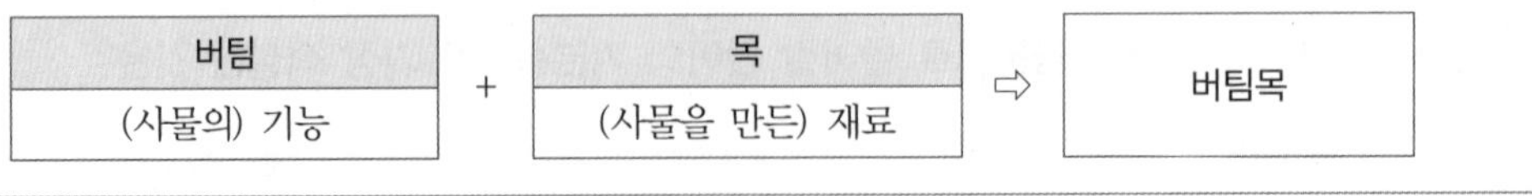

① 나들목의 정체 문제를 해결하는 것이 시급하다.
② 디딤돌이 놓여 있는 여울을 그와 함께 걷고 있다.
③ 맨다리를 드러내고 다녀 모기에 여러 군데 물렸다.
④ 주먹밥을 먹고 우리는 목적지를 향해 다시 떠났다.
⑤ 지우개로 어제 공들여 쓴 글씨를 깨끗이 지워버렸다.

025 〈보기〉의 ㉠~㉤ 중, 나머지와 품사가 <u>다른</u> 것은?

보기

'감사하다'는 동사나 형용사로 쓰이는 단어로, '감사하다'의 품사는 문장의 구조를 파악하면 쉽게 알 수 있다. 즉 동사인 경우에는 필수적 부사어와 함께 쓰이지만, 형용사인 경우에는 그렇지 않다.

- 나는 아저씨의 후의가 무척 ㉠<u>감사했지만</u> 거절할 수밖에 없었다.
- 지금이라도 어르신의 배려에 ㉡<u>감사하는</u> 편지를 보내야겠습니다.
- 우리는 당신이 한국을 방문해 준 것에 매우 ㉢<u>감사하고</u> 있습니다.
- 그녀는 매사에 자신이 믿는 신께 ㉣<u>감사하는</u> 태도를 보이고 있다.
- 언니는 자신을 항상 응원해 준 친구에게 ㉤<u>감사하다는</u> 말을 전했다.

① ㉠ ② ㉡ ③ ㉢ ④ ㉣ ⑤ ㉤

026 〈보기〉의 ㉠~㉢에 해당하는 한자로 올바르게 묶인 것은?

보기

- 서해는 동해에 비해 ㉠<u>조수</u> 간만의 차가 크다.
- 이 지역은 유해 ㉡<u>조수</u>가 많아 출입을 통제하였다.
- 그 사람은 선생님 밑에서 ㉢<u>조수</u>로 일하던 사람이다.

	㉠	㉡	㉢
①	潮水	助手	鳥獸
②	潮水	鳥獸	助手
③	鳥獸	潮水	助手
④	鳥獸	助手	潮水
⑤	助手	潮水	鳥獸

027 밑줄 친 말의 한자 병기가 <u>잘못된</u> 것은?

① 아저씨는 오랜 세월 동안 <u>병마(病魔)</u>에 시달려 심신이 지쳐 있었다.
② 유럽 연합은 난민 <u>구제(驅除)</u>를 위한 방안을 신속하게 마련하기로 하였다.
③ <u>영수(領袖)</u> 회담의 결과에 따라 우리 당의 최종적인 정책 방향이 결정될 것이다.
④ 천부적인 재능을 가진 우리 누나의 피아노 연주 실력은 타의 <u>추종(追從)</u>을 불허했다.
⑤ 이 책에는 불우한 환경에서도 어려움을 극복한 다양한 사례들이 <u>제시(提示)</u>되어 있다.

028 ‘견강부회(牽强附會)’와 의미가 가장 유사한 속담은?

① 누워서 떡 먹기
② 제 논에 물 대기
③ 다 된 죽에 코 풀기
④ 자기 얼굴에 침 뱉기
⑤ 바늘구멍으로 하늘 보기

029 다음 관용구의 의미가 적절하지 <u>않은</u> 것은?

① ‘상투를 틀다’ → 총각이 장가들어 어른이 되다.
② ‘주판을 놓다’ → 어떤 일에 대하여 이해득실을 계산하다.
③ ‘막이 오르다’ → 무대의 공연이나 어떤 행사가 시작되다.
④ ‘공기가 팽팽하다’ → 더 낫고 더 못함의 차이가 거의 없이 대등하다.
⑤ ‘경종을 울리다’ → 잘못이나 위험을 미리 경계하여 주의를 환기시키다.

030 밑줄 친 단어를 바르게 순화하지 <u>못한</u> 것은?

① 아저씨는 공사판에서 <u>노가다</u>(→ 막일)를 하며 살아갔다.
② 바지의 밑단을 접어 <u>칠부바지</u>(→ 칠푼 바지)처럼 만들었다.
③ 도로에 <u>지라시</u>(→ 전단 쪽지)를 나누어 주는 사람이 있었다.
④ <u>바께쓰</u>(→ 양동이)에는 물이 가득 담겨 있어 매우 무거웠다.
⑤ 그는 아무 계획 없이 <u>무데뽀</u>(→ 막무가내)로 여행을 떠났다.

031 밑줄 친 단어를 문맥에 맞게 수정하지 <u>못한</u> 것은?

① 노파는 딸의 머리를 <u>빗어</u>(→ 빗겨) 주고 있었다.
② 생강차는 기침을 <u>삭는</u>(→ 삭히는) 데 도움이 된다.
③ 이모부는 멸치와 고추를 간장에 <u>졸였다</u>(→ 조렸다).
④ 오빠는 나이에 비해 행동이 <u>어른답다</u>(→ 어른스럽다).
⑤ 요새 바빠서 집에 얼굴을 <u>비출</u>(→ 비칠) 시간도 없다.

032 밑줄 친 단어의 표기가 바른 것은?

① 그 계주는 우리 모녀의 돈을 잘라먹고는 야밤도주하였다.
② 그는 자신의 주장에 반대하기만 하면 입에 개거품을 물었다.
③ 많은 회교 국가들이 그들의 국기에 초생달을 그려 넣고 있다.
④ 그녀의 귀띔이 아니더라도 나는 노인의 눈을 의식하고 있었다.
⑤ 나는 짱아찌 한 가지만 놓고도 막걸리 한 사발을 뚝딱 해치웠다.

033 밑줄 친 단어의 표기가 바르지 않은 것은?

① 그는 햇볕에 그을려 얼굴이 꺼매졌다.
② 우리 오빠는 나이에 비해 앳돼 보인다.
③ 아무래도 뭔가 켕기는 것이 있는 눈치였다.
④ 그 사람은 추레한 옷차림으로 내 앞에 나타났다.
⑤ 그는 말술이라 약주를 한 되나 마시고도 끄떡없다.

034 밑줄 친 부분의 띄어쓰기가 잘못된 것은?

① 학생들은 즐거운 마음으로 수학여행을 떠났다.
② 교수들은 절대∧평가 방식을 선호하는 경향이 있다.
③ 우리 회사는 아직 주식회사가 될 수 있는 요건을 갖추지 못했다.
④ 아버지는 조종사가 된 나를 보며 대리∧만족을 느끼는 것 같았다.
⑤ 그는 입대 후 엄격한 내무 생활에 적응하지 못하고 관심사병이 되었다.

035 밑줄 친 말이 표준어가 아닌 것은?

① 사장님은 나를 마뜩이 여기는 것 같지 않았다.
② 아주머니는 부업으로 솔찮이 돈을 모을 수 있었다.
③ 이곳에는 하루하루를 근근이 살아가는 사람들이 대부분이었다.
④ 할머니와 할아버지는 도시를 떠나 시골에서 오붓이 살고 계셨다.
⑤ 예능 프로그램에서 나의 과거를 이야기하는 것은 적잖이 거북한 일이었다.

036 어법에 맞고 자연스러운 문장은?

① 인문학자들의 사회적 입지가 좁아지고 있지만 인문학에 대한 사회적 요구는 오히려 증가하고 있다. ② 우리 삶의 터전이 산업 기술에 의해 황폐화될수록 환경에 관한 인문학적 성찰은 더욱 요구하고 있다. ③ 인간의 생명마저 복제할 수 있을 정도로 발전한 생명 공학을 바라보며 많은 사람들은 다시 한 번 생각하기도 한다. ④ 문명이 진보한다고 해서 반드시 '좋은 삶'이 이루어지는 것은 아니라는 인식이 널리 보편화되었지만 많은 사람들은 인문학에 길잡이 역할을 요구하고 있다. ⑤ 즉 우리 사회는 인문학자들이 성장할 수 있는 터전은 황폐하게 만들면서도 인문학의 정신은 필수적이다.

037 중복 표현이 없는 올바른 문장은?

① 그것은 이미 예고된 일이었다.
② 이 사건은 억지로 꾸며 낸 조작극이다.
③ 그 사업은 우리 마을의 오래된 숙원이었다.
④ 읽은 내용을 한마디로 정리해서 말해 보세요.
⑤ 아들은 어머니의 시신을 붙들고 통곡하며 울었다.

038 표현의 중의성을 해소한 것으로 적절하지 않은 것은?

① 초대 받은 사람들이 다 오지 않았다. → 초대 받은 사람들이 다 안 왔다.
② 오늘은 내가 누나와 동생을 돌보았다. → 오늘은 나와 누나가 동생을 돌보았다.
③ 나는 어제 고향에서 온 후배를 만났다. → 나는, 고향에서 어제 온 후배를 만났다.
④ 그녀는 나보다 영화를 더 좋아한다. → 그녀는 내가 영화를 좋아하는 것보다 더 영화를 좋아한다.
⑤ 그는 기쁜 마음으로 떠나는 그녀를 바라보았다. → 그는 떠나는 그녀를 기쁜 마음으로 바라보았다.

039 〈보기〉에 제시된 ⓐ와 ⓑ에서 나타난 음운 변동 현상이 모두 일어난 것은?

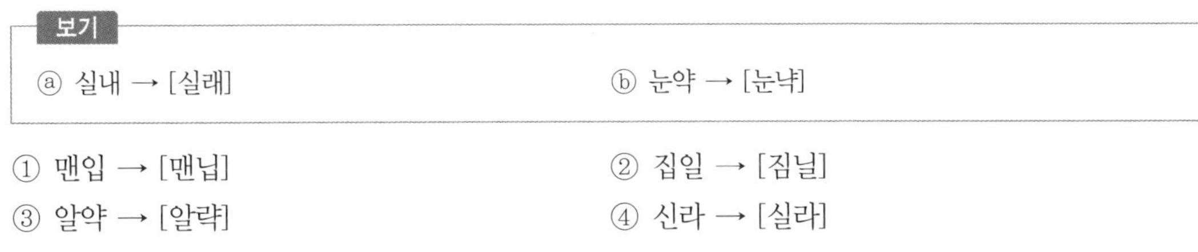

보기

ⓐ 실내 → [실래]　　ⓑ 눈약 → [눈냑]

① 맨입 → [맨닙]
② 집일 → [짐닐]
③ 알약 → [알략]
④ 신라 → [실라]
⑤ 색연필 → [생년필]

040 〈보기〉의 ㄱ~ㄹ 중, 밑줄 친 말을 '예요'로 줄여 쓸 수 있는 것만을 모두 고른 것은?

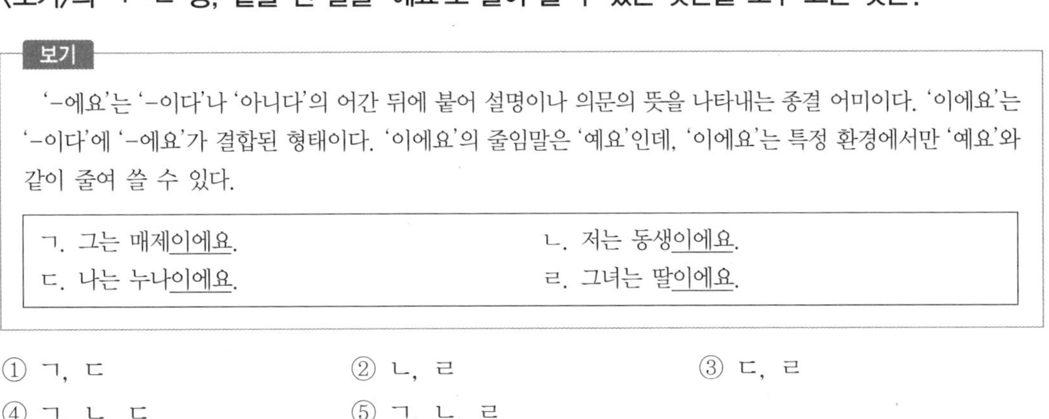

보기

'-에요'는 '-이다'나 '아니다'의 어간 뒤에 붙어 설명이나 의문의 뜻을 나타내는 종결 어미이다. '이에요'는 '-이다'에 '-에요'가 결합된 형태이다. '이에요'의 줄임말은 '예요'인데, '이에요'는 특정 환경에서만 '예요'와 같이 줄여 쓸 수 있다.

ㄱ. 그는 매제이에요.
ㄴ. 저는 동생이에요.
ㄷ. 나는 누나이에요.
ㄹ. 그녀는 딸이에요.

① ㄱ, ㄷ
② ㄴ, ㄹ
③ ㄷ, ㄹ
④ ㄱ, ㄴ, ㄷ
⑤ ㄱ, ㄴ, ㄹ

041 〈보기〉와 같은 구조를 나타내는 문장에 해당하는 것은?

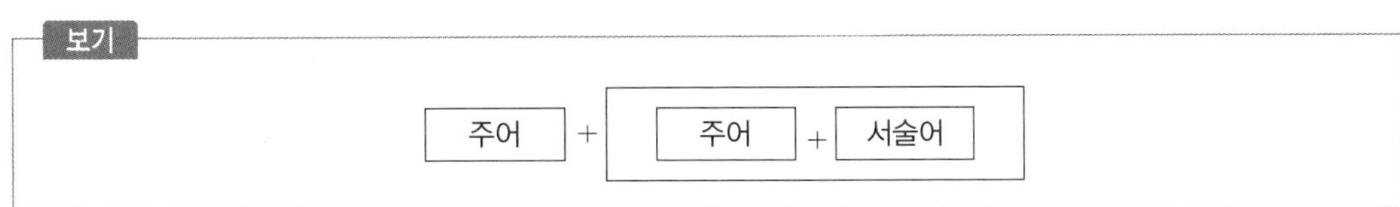

① 물이 얼음이 되었다.
② 큰누나는 마음이 넓다.
③ 할아버지의 귀가 밝다.
④ 나는 피아노를 좋아한다.
⑤ 그것은 내 바이올린이다.

042 문장 부호 규정에 대한 설명이 잘못된 것은?

	문장 부호	규정 설명	예시
①	쉼표(,)	짧게 더듬는 말을 표시할 때 쓴다.	선생님, 부, 부정행위라니요?
②	느낌표(!)	특별히 강한 느낌을 나타내는 어구, 평서문, 명령문, 청유문에 쓴다.	앞만 보고 달리자!
③	마침표(.)	특정한 의미가 있는 날을 표시할 때 월과 일을 나타내는 아라비아 숫자 사이에 쓴다.	8.15 광복
④	물음표(?)	특정한 어구의 내용에 대하여 의심, 빈정거림 등을 표시할 때, 또는 적절한 말을 쓰기 어려울 때 괄호 안에 쓴다.	우리 집 강아지가 가출(?)을 했어요.
⑤	숨김표(□)	금기어나 공공연히 쓰기 어려운 속어임을 나타낼 때, 그 글자의 수효만큼 쓴다.	배운 사람 입에서 어찌 □□□란 말이 나올 수 있느냐?

043 〈보기〉와 같이 발음되지 않는 것은?

보기

표준 발음법 제28항 표기상으로는 사이시옷이 없더라도, 관형격 기능을 지니는 사이시옷이 있어야 할(휴지가 성립되는) 합성어의 경우에는, 뒤 단어의 첫소리 'ㄱ, ㄷ, ㅂ, ㅅ, ㅈ'을 된소리로 발음한다.

① 문-고리
② 창-살
③ 그믐-달
④ 손-재주
⑤ 솜-방망이

044 유명 정치인 이름의 외래어 표기로 맞는 것은?

① 힐러리 클린튼
② 안겔라 메르켈
③ 테레사 메이
④ 프랑수아 올랑드
⑤ 도날드 트럼프

045 로마자 표기상의 유의점으로 <u>틀린</u> 것은?

① 고유 명사는 첫 글자를 대문자로 적음.
② 인명, 회사명, 단체명 등은 그동안 써 온 표기를 쓸 수 있음.
③ 자연 지물명, 문화재명, 인공 축조물명은 붙임표(-)를 쓸 수 있음.
④ 인명 표기 시, 이름에서 일어나는 음운 변화는 표기에 반영하지 않음.
⑤ 발음상 혼동의 우려가 있을 때에는 음절 사이에 붙임표(-)를 쓸 수 있음.

쓰기 046번 ~ 050번

[046~050] '음주 문화 개선'을 소재로 글을 작성하려고 한다. 제시된 물음에 답하시오.

046 글을 작성하기 위하여 계획한 내용으로 적절하지 <u>않은</u> 것은?

글쓰기 계획

- 주제: 바람직한 음주 문화 정착을 위한 개선 방안 마련
- 목적: 우리나라의 잘못된 음주 문화 개선과 관련한 정보 전달 및 설득
- 예상 독자: 일반인
- 연구 내용 및 방법
  - 음주에 대한 각종 통계를 분석하여 음주 문화의 실태를 드러낸다. ……… ①
  - 음주 문화 개선을 위한 실천 방안을 검토하여 해결책을 제시한다. ……… ②
  - 음주에 대한 설문 조사 결과를 통해 음주에 대한 인식 수준을 드러낸다. ……… ③
  - 음주로 인한 피해 실태를 제시하여 음주 문화의 문제점을 드러낸다. ……… ④
  - 음주의 지역별 차이를 비교하여 지역 불균형의 발생 원인을 제시한다. ……… ⑤

047 〈보기〉에 제시된 자료의 활용 방안으로 적절하지 않은 것은?

보기

(가) 음주로 인한 피해 실태와 규모

1.9배	2.9배	연간 1조 5,367억 원
비음주자 대비 고위험 음주자	비음주자 대비 고위험 음주자	주 3회 이상 음주로 인한 중독 사망, 자살 사망에 따른
자살 사망 위험도	중독 사망 위험도	사회적 손실 비용

(나) 음주에 대한 통계 자료(우리나라 성인을 대상으로 한 설문 결과)

(1) 평균 음주량(최근 1주일 이내 음주자, 소주 기준)

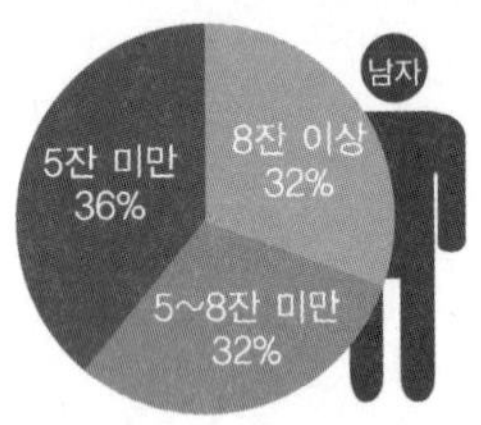

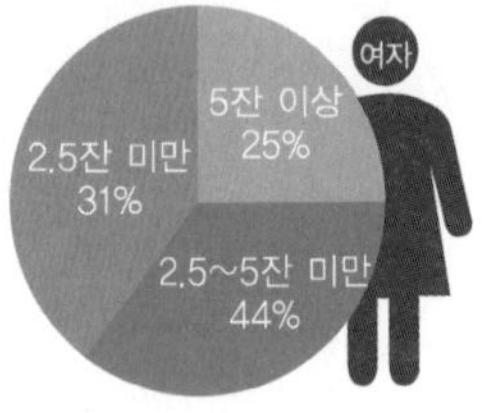

(세계보건기구 적정 권장량: 남자 5잔 미만 / 여자 2잔 미만)

(2) 고위험 음주 경험자 비율

구분	고위험 음주율
남자	33.09%
여자	14.06%

※고위험 음주율: 하루(1회) 평균 음주량이 남자 7잔, 여자 5잔 이하이면서, 주 2회 음주한 사람의 비율.

(다) 신문 기사 내용

세계보건기구(WHO)의 음주 습관 보고서에 따르면, 한국은 전 세계 1인당 알코올 소비량 순위는 13위였지만, 증류주의 1인당 소비는 1위를 기록했습니다. 한국음주문화연구센터 ○○○ 연구원은 증류주인 소주가 우리나라 대표 주종이다 보니 이 같은 결과가 나온 것이라면서, 알코올 도수가 상대적으로 높은 소주의 소비가 많을수록 알코올 중독을 유발하게 될 가능성이 높으며, 이는 사회적 손실로 이어질 수 있다는 점을 우려했습니다.

– ○○○ 기자

(라) 인터뷰 자료

(1) 세계보건기구의 적정 권장량을 초과하여 술을 마시는 것은 건강을 해칠 수 있으므로 주의해야 합니다. 특히 과도한 음주 습관은 췌장염, 알코올성 간염, 간 경화, 뇌졸중, 뇌출혈, 고혈압, 각종 암 등 60여 가지 이상의 각종 질병을 유발하거나 악화시킬 수 있다는 점에서 매우 위험합니다.

– 정신건강의학과 ○○○ 교수

(2) 우리나라에는 공공장소 음주 규제 관련법이 거의 없으며, 주류 판매 시간과 장소에 대한 규제도 구체적으로 마련되어 있지 않아서 국민들이 음주에 무분별하게 노출되어 있습니다. 또한 주류 판매자가 주류 구매자의 신분증을 반드시 확인하도록 하고 있지만, 법적 실효성이 떨어져 잘 지켜지지 않고 있습니다.

– ○○○ 국회 의원

① (가)를 통해 고위험 음주자의 경우에 음주로 인해 사망할 수도 있음을 드러낸다.
② (나)-1과 (나)-2를 연계하여 우리나라 음주 실태의 문제점을 지적하고 개선의 필요성을 드러낸다.
③ (가)와 (다)를 통해 과도한 음주가 사회적 손실로 이어질 수 있음을 언급하고 사회적 손실의 규모를 구체적으로 드러낸다.
④ (다)와 (라)-2를 활용하여 알코올 중독으로 인한 사회적 손실 비용이 점점 증가하고 있음을 드러낸다.
⑤ (라)-1과 (나)-1을 연계하여 우리나라 음주자 중 상당수는 음주로 인한 각종 질병에 노출될 수 있음을 드러낸다.

048 위의 계획과 자료를 바탕으로 〈개요〉를 작성할 때, 〈개요〉의 수정 및 상세화 방안으로 적절하지 않은 것은?

개요

Ⅰ. 우리나라 음주 문화의 실태
　가. 음주 문화에 대한 사회적 인식
　나. 우리나라 술의 종류와 특징 ······ ㉠

Ⅱ. 우리나라 음주 문화의 문제점
　가. 고위험 음주 경험자의 높은 비율
　나. 건전하지 못한 음주 문화의 만연 ······ ㉡
　다. 음주 문화 개선을 위한 규제 미흡

Ⅲ. 우리나라 음주 문화의 형성 배경 ······ ㉢
　가. 음주에 대한 우리 사회의 잘못된 인식 전환
　나. 건전한 음주 문화 정착을 위한 교육 및 홍보 강화
　다. 주류 공급자 및 소비자에게 책임 의식 부여 ······ ㉣

Ⅳ. 결론
　가. 외국의 음주 문화와 우리나라의 음주 문화 비교 ······ ㉤
　나. 바람직한 음주 문화 정착을 위한 노력 강조

① ㉠은 Ⅰ의 내용과 어울리지 않으므로 '우리나라 주류 소비 실태'로 바꾼다.
② ㉡은 'Ⅱ-가'와 설명하는 내용이 유사하므로 중복을 피하기 위해 삭제한다.
③ ㉢은 하위 내용을 고려하여 '우리나라 음주 문화의 개선 방안'으로 수정한다.
④ ㉣은 'Ⅱ-다'를 고려하여 '음주 문화 개선을 위한 관련 정책 마련'으로 수정한다.
⑤ ㉤은 글 전체의 통일성을 고려할 때, Ⅳ의 하위 내용으로 적절하지 않으므로 삭제한다.

[049~050] 위의 내용을 토대로 작성한 글을 읽고 제시된 물음에 답하시오.

술을 좋아하는 사람도 있고 싫어하는 사람도 있지만, 사회 활동을 하다 보면 친구들과의 모임, 회식 등 상당히 많은 술자리에 노출됩니다. 우리나라의 경우, 건강에 큰 영향을 끼칠 정도로 술을 마시는 성인 남녀의 비율은 높지만, 이러한 음주 문화에 대해 문제의식을 갖고 있는 경우는 많지 않다고 합니다. 우리나라 사람들 중 대부분이 '술' 하면 가장 먼저 떠올리는 것이 증류주인 '소주'일 것입니다. 하지만 알코올 도수가 상대적으로 높은 소주와 같은 증류주는 알코올 중독을 유발할 확률이 높으며, 이는 사회적 손실로 이어질 우려가 있습니다. ㉠ 이 밖에도 사회적 비용을 발생시키는 요인으로는 환경 오염 처리 비용 등이 있습니다.

음주 경험이 있는 성인을 대상으로 조사한 결과에 따르면, 적정 권장량을 초과하여 음주하는 비율이 60%를 넘었다고 합니다. 또한 건강에 큰 영향을 끼칠 정도로 술을 마시는 고위험 음주 경험자의 비율은 남자 33.09%, 여자가 14.06%를 차지할 정도로 많은 사람들이 음주로 인한 건강상의 위험에 ㉡ 밖으로 노출되어 있었습니다. 아울러 우리나라에 만연한 부적절한 음주 문화 중 가장 대표적인 것이 바로 '폭탄주 마시기'와 '술잔 돌리기'라고 할 수 있습니다. '폭탄주'는 맥주가 담긴 잔에 양주를 따른 잔을 넣어서 마시는 술인데, 술을 이렇게 마시면 훨씬 빨리 취하게 되고 몸에도 해롭습니다. ㉢ 그러나 '술잔 돌리기'의 경우 술잔을 통해 각종 질병을 유발하는 세균을 옮기게 될 가능성이 있다는 점에서 비위생적이라고 할 수 있습니다. 하지만 우리나라는 알코올 중독에 대한 우려가 높음에도 불구하고, 음주 문화 개선을 위한 각종 규제가 마련되어 있지 않아 부적절한 음주 문화를 방치하고 있다고 할 수 있습니다.

이를 해결하기 위해서는 가장 먼저, ㉣ 우리 사회의 잘못된 인식을 전환해야 합니다. 폭탄주 마시기, 술잔 돌리기 등의 부적절한 음주 문화를 우리 모두가 문제로 인식하고, 이를 없애기 위해 노력해야만 비로소 바람직한 음주 문화로 나아갈 수 있기 때문입니다. 또한 우리나라의 경우, 음주로 인한 사망과 질병 치료에 대한 사회적 비용이 선진국에 비해 매우 높은 수준이라는 것을 홍보하고, 건전한 음주 문화를 정착하기 위한 교육을 지속적으로 해 나가야 할 것입니다. 아울러 WHO나 UN 차원에서는 이미 음주 폐해 감소 전략 차원에서 정부의 적극적인 개입을 권고하고 있는 만큼, 우리나라에도 음주 문화 개선을 위한 관련 정책의 마련이 시급하다고 할 수 있습니다.

과도한 음주는 개인의 건강을 해치는 나쁜 습관이며, 폭력이나 음주 운전, 질병 등을 일으키며 막대한 사회적 비용을 유발하는 국가적 문제라고 할 수 있습니다. 따라서 우리 사회에 바람직한 음주 문화를 정착시키기 위해서는 개개인이 과도한 음주를 하지 않도록 노력하고, 폭탄주 마시기, 술잔 돌리기 등의 부적절한 음주 문화를 문제로 인식하는 사회적 분위기를 조성하며, 정부의 음주 관련 정책이 구체적으로 ㉤ 마련해야 할 것입니다.

049 ㉠~㉤의 고쳐쓰기 방안으로 적절하지 않은 것은?

① ㉠: 글의 전체적인 흐름상 통일성을 해치는 문장이므로 삭제한다.
② ㉡: 뒤에 이어지는 단어와 의미가 중복되므로 '밖으로'를 삭제한다.
③ ㉢: 이전 문장과의 자연스러운 흐름을 고려하여 '그런데'로 고친다.
④ ㉣: 의미를 보다 분명히 하기 위해 '음주에 대한'을 앞부분에 삽입한다.
⑤ ㉤: 문장의 주어를 고려하여 서술어를 '마련되어야 합니다.'로 수정한다.

050 윗글의 수정 · 보완 방안으로 가장 적절한 것은?

① 주장의 신뢰성을 높이기 위해 음주 실태에 대한 자료의 출처를 밝혀야겠군.
② 음주 실태의 심각성을 드러내기 위해 통계 수치를 구체적으로 제시해야겠군.
③ 주장의 공정성을 높이기 위해 외국의 부적절한 음주 문화의 사례를 추가해야겠군.
④ 우리나라의 부적절한 음주 문화에 대한 이해를 돕기 위해 구체적인 예시를 제시해야겠군.
⑤ 주장의 타당성을 높이기 위해 바람직한 음주 문화의 정착이 어렵다는 점을 근거로 추가해야겠군.

창안 051번~060번

051 아래의 시각 자료를 통해 전달할 수 있는 내용으로 가장 적절한 것은?

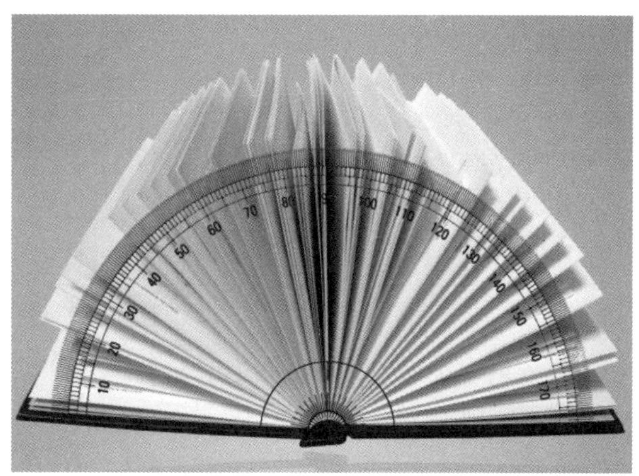

① 책을 펼치면 인식의 폭이 넓어지게 됩니다.
② 책을 펼치면 새로운 정보를 만나게 됩니다.
③ 책을 펼치면 지식의 양이 늘어나게 됩니다.
④ 책을 펼치면 지혜의 깊이가 깊어지게 됩니다.
⑤ 책을 펼치면 세상을 보는 각도가 커지게 됩니다.

052 〈보기〉의 대화에 언급된 경기 종목을 시각 자료로 나타내고자 할 때, 제시할 필요가 없는 것은?

보기

아들: 아빠, 동계 올림픽 경기 종목에는 어떤 것들이 있어요? 체육 선생님께서 조사해 오라고 하셨거든요. 스키를 타고 허공을 날다가 착지하는 '스키 점프'는 아는데…….
아빠: 흠……. 한두 명의 선수가 누워서 썰매를 타고 코스를 활주하는 '루지'도 있고, 얼음판에서 둥글고 납작한 돌을 미끄러뜨려 과녁에 넣는 '컬링'도 있지. 또 스키와 사격을 복합한 '바이애슬론'도 있고.

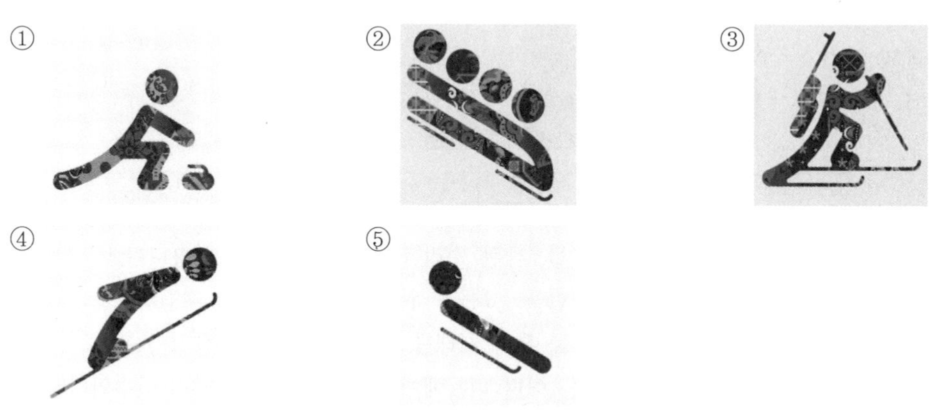

053 〈보기〉의 [㉠]에 들어갈 표현으로 가장 적절한 것은?

보기

7언 절구의 한시 형태를 패러디하여 한시처럼 글자 수와 운을 맞추어 짓는 우리말 시를 '언문풍월(諺文風月)'이라 한다. 언문풍월은 1900년대에 들어와 여러 잡지의 문예란을 차지하며 독자적인 시 형식으로 부상하며 발전하였다. 오른쪽은 '탄로(歎老)'를 주제로 하여 창작된 작품인 〈자명종〉으로, 운자(韻字)는 '가, 나, 다'이다.

두개바늘돌아가
글자마다치노나
땅땅치는그소리
[㉠]

① 늙음탄식하노라
② 잠을재촉하는다
③ 늙을로자부른다
④ 젊음부러하누나
⑤ 효도할자누군가

054 〈보기〉의 두 사진이 공통적으로 나타내고자 하는 바를 활용하여 공익 광고의 문구를 작성하고자 할 때, 그 문구로 가장 적절한 것은?

보기

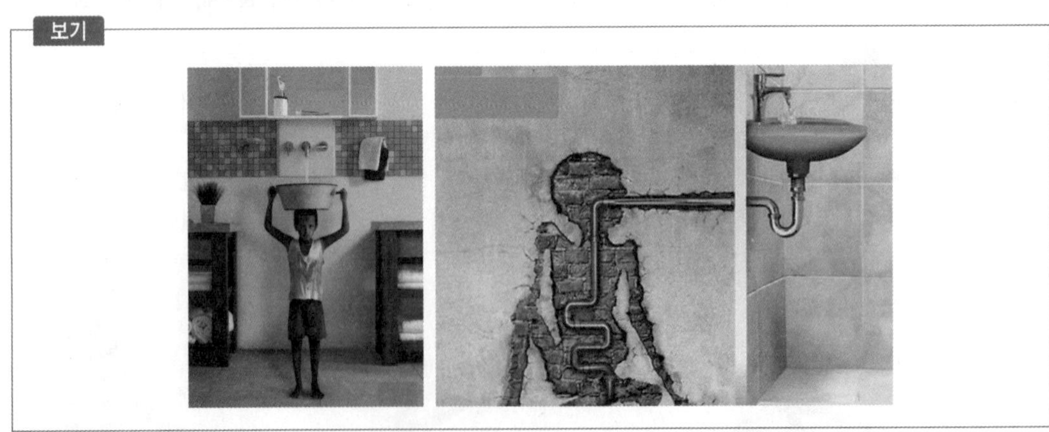

① 물을 아껴 쓰는 습관, 수도 요금을 절약할 수 있는 가장 쉬운 방법입니다.
② 나도 모르게 조금씩 새고 있는 물, 배관 수리를 통해 해결할 수 있습니다.
③ 배고픔으로 힘겹게 살아가는 사람들, 그들을 위한 모금이 필요할 때입니다.
④ 생활 하수를 재활용하는 기술, 물 부족 사태를 해결하기 위한 지름길입니다.
⑤ 우리가 쉽게 사용할 수 있는 물, 어떤 이들에게는 겨우 얻을 수 있는 식수입니다.

055 〈조건〉을 모두 반영한 '고전 음악 축제'의 광고 제목으로 가장 적절한 것은?

조건

- 고전 음악을 대중화하고자 하는 축제 의도를 포함할 것.
- 고전 음악을 의인화하여 의미가 효과적으로 드러나게 할 것.

① 아름다운 선율을 품은 고전 음악, 고전 음악의 풍부한 선율에 빠져 보세요.
② 마음의 안식을 주는 고전 음악, 고전 음악과 함께 삶의 여유를 누려 보세요.
③ 역사가 살아 있는 고전 음악, 고전 음악을 통해 역사의 현장으로 안내합니다.
④ 품격 있고 콧대 높은 고전 음악, 고전 음악이 이제 여러분 곁으로 찾아갑니다.
⑤ 다양한 악기의 향연인 고전 음악, 고전 음악의 다채로움을 여러분께 선물합니다.

056 〈조건〉을 모두 반영하여, 다음 그림의 [가]에 들어갈 문구를 창작한 것으로 가장 적절한 것은?

조건

- 두 그림을 통해 '시설물 안전'에 대한 의미가 충분히 드러나도록 할 것.
- 청유형 종결 표현을 통해 실천의 메시지를 효과적으로 전달할 것.

① 조심성 없는 말과 행동은 상대방에게 피해를 줍니다.
상대방을 배려하는 말과 행동을 사용하도록 합시다.
② 시설물 관리는 아무리 강조해도 지나침이 없습니다.
시설물을 안전하게 관리할 수 있도록 함께 노력해야 합니다.
③ 불량 제품으로 인해 소비자 피해가 급증하고 있습니다.
불량 제품의 유통을 계속 보고만 있으시겠습니까?
④ 겉으로 보기에 괜찮다고 속까지 온전한 것은 아닙니다.
사고를 예방하기 위해 주변 시설물 안전에 관심을 기울입시다.
⑤ 주변을 깨끗하게 청소하지 않으면 상대방에게 피해를 줍니다.
청결한 환경을 유지하기 위해 청소를 생활화하도록 합시다.

057 〈보기〉를 활용해 전달할 수 있는 내용으로 가장 적절한 것은?

보기

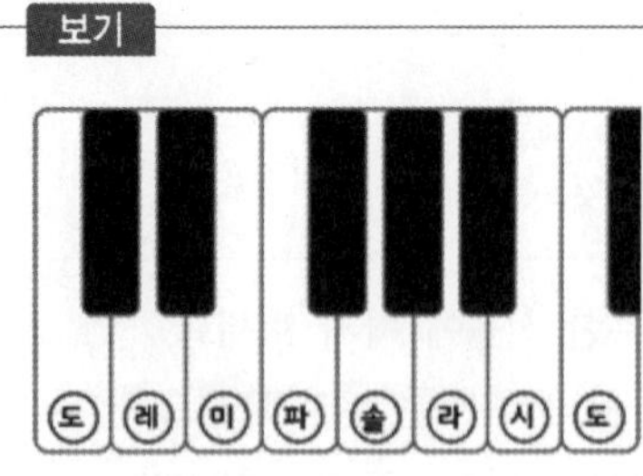

피아노의 건반은 흰색 건반과 검은색 건반으로 이루어져 있습니다. 검은색 건반은 흰색 건반에 비해 위치나 크기 면에서 부수적이라는 인상을 주는 편이지만, 그 역할은 흰색 건반들과 다르지 않습니다. 피아노의 흰색 건반과 검은색 건반의 사이는 반음계 차이로 설정되어 있기 때문입니다.

① 사람의 가치와 능력을 외모만으로 판단해서는 안 됩니다.
② 한 번에 크게 성공하기보다는 조금씩 나아가는 것이 중요합니다.
③ 사회 전체의 이익을 위해서는 개인의 희생은 어느 정도 감수해야 합니다.
④ 사회의 발전을 위해서는 어려운 처지에 있는 인재를 도와주는 것이 필요합니다.
⑤ 진정한 사회 구성원으로 성장하기 위해서는 주어진 단계들을 밟아 나가야 합니다.

058 다음과 같이 이야기를 전개할 때, ㉮에 들어갈 시구로 〈조건〉을 모두 충족한 것은?

한 남자가 집 앞에 서 있다가, 노새를 타고 가는 여인에게 반해 시를 써서 그녀에게 보냈다.	마음은 당신 따라 가고 있는데 이 몸은 부질없이 문에 기대어 있소.	그녀가 답장을 보내 왔다.	노새는 짐 무겁다 투덜대는데 (㉮)

조건

- 전체 시구의 문맥을 고려할 것.
- 거절의 의사를 우회적으로 표현할 것.

① 노새 따위야 잠시 버려두어도 어떻겠나.
② 노새에 함께 앉으면 즐거움이 어떠하리.
③ 그대 마음까지 태우기에는 노새가 불쌍하오.
④ 나의 마음이라도 잠시 내렸다 간들 어떠하리.
⑤ 갈 길 먼 나는 그대의 마음 받아 줄 여유가 없소.

059 〈조건〉을 모두 반영한 공공사업 홍보 문구로 가장 적절한 것은?

사업 목표

노동부가 이번에 마련한 '일자리 찾기 지원 사업'에는 크게 두 가지 목표가 있다. 먼저, 실직자들이나 미취업 청년들이 현실에 낙담하지 않고 긍정적인 마음으로 미래를 준비하게 한다. 다음, 이러한 긍정성을 바탕으로 열정을 가지고 적극적인 자기 발전 활동 기회를 가져 최종적으로는 구직에 성공할 수 있도록 돕는다.

조건

- 사업 목표를 모두 반영할 것.
- 발음의 유사성을 활용할 것.
- 대구의 표현 방식을 활용할 것.

① 땀방울의 가치, 같이 맞는 내일
② 땀에 대한 믿음, 미래에 대한 투자
③ 꿈을 향한 발걸음, 직업을 위한 열정
④ 내일을 향한 희망, 내 일을 위한 도전
⑤ 일을 향한 도전, 마음의 빛도 희망의 빛으로

060 '음악 장르'를 소재로 '바람직한 삶의 자세'에 대해 충고를 하려고 할 때, 유추의 과정으로 적절하지 않은 것은?

	대상		속성		주제의 구체화
①	트로트	⇒	세 박자 또는 다섯 박자의 정형화된 리듬을 사용한다.	⇒	계획에 맞추어 규칙적으로 살아가야 한다.
②	발라드	⇒	사랑을 주제로 한 감상적인 노래이다.	⇒	주변 사람들과 감정과 정서를 공유하고 교감하며 살아가야 한다.
③	댄스 음악	⇒	음악뿐 아니라 몸으로도 자신의 감정을 표현한다.	⇒	삶의 의미를 생각하고 감사하는 마음으로 살아가야 한다.
④	록	⇒	강한 비트의 열광적인 음악이다.	⇒	주어진 일에 몰두하여 열정적으로 일해야 한다.
⑤	힙합	⇒	노래를 부르는 사람들이 받은 서러움과 핍박에 대한 애환의 표현이다.	⇒	힘든 일이 있으면 혼자 마음속에 담아 두지 말고 드러내야 한다.

읽기 061번~090번

[061~062] 다음 글을 읽고 물음에 답하시오.

내가 그의 ㉠이름을 불러 주기 전에는
그는 다만
하나의 몸짓에 지나지 않았다.

내가 그의 이름을 불러 주었을 때
그는 나에게로 와서
㉡꽃이 되었다.

내가 그의 이름을 불러 준 것처럼
나의 ㉢이 빛깔과 향기에 알맞은
누가 나의 이름을 불러 다오.
㉣그에게로 가서 나도
그의 꽃이 되고 싶다.

㉤우리들은 모두
무엇이 되고 싶다.
너는 나에게 나는 너에게
잊혀지지 않는 하나의 눈짓이 되고 싶다.

– 김춘수, 「꽃」

061 윗글에 대한 설명으로 가장 적절한 것은?

① 영탄적 표현을 통해 화자의 의지를 표출하고 있다.
② 유성음을 빈번하게 사용하여 리듬감을 형성하고 있다.
③ 시구의 반복을 통해 화자의 고조된 감정을 드러내고 있다.
④ 관념적인 주제 의식을 구체적 대상을 통해 형상화하고 있다.
⑤ 감각적 이미지를 통해 중심 소재를 사실적으로 묘사하고 있다.

062 ㉠~㉤에 대한 설명으로 적절하지 않은 것은?

① ㉠: 자신이 아닌 다른 대상에게 의미를 부여하는 행위로 볼 수 있다.
② ㉡: 의미 부여 행위를 통해 유의미한 존재가 되었음을 의미한다.
③ ㉢: 성숙한 경지에 도달하지 못한 화자의 내면 의식을 표현한 것이다.
④ ㉣: 의미 있는 존재가 되고자 하는 화자의 능동적인 자세가 드러나 있다.
⑤ ㉤: 화자가 지닌 소망을 인간의 보편적인 소망으로 일반화하고 있다.

[063~064] 다음 글을 읽고 물음에 답하시오.

한 여자가 엘리베이터에 올라탔다. 우리는 아마 몇 번쯤 서로 눈이 마주친 적이 있었을지도 모르겠다. 낯익은 여자다. 5층이라면 경리부가 있는 곳이다. 자주색 유니폼에 머리는 길게 길러 묶었다. 길게 기른 걸 보면 아직 결혼하지 않았다는 뜻이다. 왜 여자들은 결혼하면 머리부터 자르는 걸까. 그런 생각을 하는 사이 엘리베이터는 덜컹 하는 소리를 내며 멈춰 섰다. 여자는 처음에는 태연한 척했다. 힐끔 나를 한 번 바라보더니 계속해서 묵묵히 엘리베이터 문만을 바라보았다. 하지만 아무리 기다려도 엘리베이터가 움직이거나 문이 열리지 않자 여자는, 좀 어떻게 좀 해 봐요, 라는 표정으로 나를 다시 쳐다보았다. 나는 미국 사람처럼 어깨를 추켜올리며 어쩔 수 없다는 표정을 지었다. 막막하고 답답한 분위기가 엘리베이터 안에 가득 찼다. 고장인가 봐요. 비상벨을 눌러 볼까요? 여자가 초조한 목소리로 말했다. 그게 좋겠군요. 나는 고개를 끄덕이며 말했다. 여자는 처음에는 천천히, 그러나 나중에는 신경질적으로 빨간색 '호출' 버튼을 눌러 댔다. 여자는 손가락이 빨개질 정도로 되어서야 포기했다. 밑에 아무도 없나 봐요. 시간은 점점 흘러갔다. 나와 여자는 엘리베이터 문을 힘차게 두들겨 우리가 이 안에 갇혀 있다는 걸 바깥에 있는 사람들에게 알리기로 했다. 우리는 손과 발을 이용해서 쿵쾅쿵쾅 문을 두들겨 댔다. 그러다가 내가, 이렇게 두들기면 엘리베이터에 충격이 가서 아래로 추락할지도 모르겠다고 말했다. 여자는 공포에 질린 표정으로 문 두드리는 일을 멈췄다. 오늘 아침에 엘리베이터에 몸이 낀 사람도 봤는걸요. 우린 이만하면 다행이잖아요. 위로랍시고 꺼낸 말이 상황을 더 악화시켰다. 여자는 아예 주저앉아 버렸다. 그래서 그 사람 어떻게 됐어요? 제가 계단으로 내려오다가 봤는데, 아직 신고를 못 했어요. 회사에 출근해야 했고 전 핸드폰도 없었거든요. 아, 맞다. 핸드폰, 아가씨, 핸드폰 없어요? 여자는 절망적인 얼굴로 핸드폰은 핸드백에 들어 있다고 말했다. 우리는 동시에 한숨을 쉬었다. 핸드폰이 있었다면 좋았을 텐데. 나는 아쉬웠다. 여자가 핸드폰을 가지고 있었다면 우리가 갇혀 있다는 것도 알리고 엘리베이터에 낀 그 남자도 119에 신고해 줄 수 있었을 텐데.

문을 한번 열어 볼까요? 여자가 제안했다. 그래서 우리가 힘을 합쳐 양쪽으로 문을 열려고 할 때, 여자가 갑자기 소리를 질렀다. 이걸 봐요. 여자가 가리킨 곳에는 '경고, 엘리베이터에 갇혔을 때, 강제로 문을 열려고 시도하지 마십시오.'라고 적혀 있었다. 맞아요. 아침의 그 사람도 처음에는 우리처럼 엘리베이터에 갇혔을 거예요. 그러다가 출근 시간이 가까워지니까 초조해져서 문을 열려고 해 봤을 거고 문이 열리자 바깥으로 나가려고 했겠죠. 그때 마침 엘리베이터가 움직여 버린 거죠. 아 불쌍한 사람. 빨리 119에 신고해 줘야 하는데, 어쩌죠? 오늘따라 지갑도 안 가져 와서 공중전화도 못 걸고 사람들은 핸드폰을 빌려 주지 않잖아요. 게다가 버스랍시고 탄 건 트럭하고 충돌하는 바람에, 글쎄, 제 옷 좀 보시라니까요. 사람들에게 깔려서 이렇게 됐어요. 그 다음 버스에서는 엉뚱하게 여자 엉덩이나 만지는 치한으로 몰려서 그만 버스에서 내려야 했답니다. 아, 그런 눈으로 보지 마세요. 제가 한 게 아니고 다른 놈이 한 건데 내가 한 거라고 오해를 하더라니까요. 왜 그런 거 있잖아요. 여자는 멀찍이 물러나 엘리베이터의 구석으로 가 웅크렸다. 여차하면 하이힐로 내 정강이를 걷어찰 기색이었다. 그러면서 여자의 손은 쉴 새 없이 '호출' 버튼을 눌러 대고 있었다. 이젠 고장 난 엘리베이터보다 나를 더 무서워하는 기색이었다. 나는 그녀를 안심시켜 주려고, 걱정하지 말아요, 저 나쁜 사람 아니에요, 우린 같은 회사에 다니는, 신분도 확실한 사람들인데 설마 무슨 일이야 있겠습니까. 이렇게 만난 것도 인연인데 나가거든 커피나 한잔 하지요, 라고 말을 건네 보았지만 여자는 [㉠]이었다.

– 김영하, 「엘리베이터에 낀 그 남자는 어떻게 되었나」 중에서

063 윗글에 대한 이해로 적절하지 않은 것은?

① '여자'는 엘리베이터의 '호출' 버튼을 손가락이 빨개질 정도로 눌러 댔다.
② '나'는 엘리베이터에 몸이 낀 사람 이야기를 하며 '여자'를 위로하려 했다.
③ '나'와 '여자'는 모두 핸드폰을 소지하고 있지 않아 119에 신고하지 못했다.
④ '나'와 '여자'는 엘리베이터 문을 두들겨 사람이 안에 갇혔음을 알리려고 했다.
⑤ '나'와 '여자'가 엘리베이터의 문을 열려고 할 때 엘리베이터가 갑자기 움직였다.

064 윗글의 서술상 특징으로 가장 적절한 것은?

① 현학적 표현을 사용하여 인물이 처한 시대적 현실을 그려내고 있다.
② 시대적 상황을 구체적으로 보여 주며 현실을 비판적으로 드러내고 있다.
③ 두 인물 간의 대화를 사건 서술과 구분 짓지 않고 내용을 전개하고 있다.
④ 공간적 배경을 세밀하게 묘사해 등장인물의 우울한 내면을 보여 주고 있다.
⑤ 두 인물의 체험을 삽화 형식으로 나열해 주제를 다각적으로 조명하고 있다.

065 문맥상 [㉠]에 들어갈 사자성어로 가장 적절한 것은?

① 동문서답(東問西答) ② 무사가답(無辭可答) ③ 묵묵부답(默默不答)
④ 우문현답(愚問賢答) ⑤ 자문자답(自問自答)

[066~068] 다음 글을 읽고 물음에 답하시오.

인문학의 역사는 기원전 4세기의 고대 그리스 시대로부터 시작되었으며, 그 중심에 도시 국가 아테네가 있었다. 이 시기에 플라톤은 36권의 대화편을 통해 많은 학문적 주제를 다루었고, 아리스토텔레스는 수 백 권에 이를 정도의 방대한 저서를 남겼으며 논리학, 자연학, 수사학, 철학에 이르기까지 다양한 주제들을 다루었다. 오늘날 우리가 사용하고 있는 학문적 용어는 거의 아리스토텔레스에 의하여 고안된 것이라고 할 수 있다.

그러나 인문학의 전개에는 위의 두 철인(哲人) 이외에 당시 그리스의 여러 도시 국가에서 청년들에게 글을 가르쳤던 '소피스트'라는 일군의 학자들의 공을 빼놓을 수 없다. 소피스트들이 그리스의 도시 국가들에서 청년들에게 글을 가르친 과목들은 문법, 수사학, 변증론 등에 걸쳐 있었으며, 시간이 흐르면서 산수, 기하학, 음악, 천문학 등이 추가되었다. 소피스트들 중 프로타고라스는 문법에 능통했고, 프로디코스는 언어학을 깊이 연구하였으며, 히피아스는 수학, 천문학, 문법, 수사학, 역사, 문학 등에 능통한 박학다식한 사람이었으며, 고르기아스는 변증법과 수사학에 조예가 깊었다고 한다.

그리스가 로마에 의하여 정복된 기원전 146년경에는 소피스트들이 가르쳤던 과목들이 '자유 학예'라는 이름으로 널리 보급되어 있었다. 자유 학예라는 이름에는 학문들의 성격과 목표가 담겨 있었는데, 이는 인간을 [㉮]가 되게 한다는 의미로 이해되었다. 즉, 학문들이 인간을 신화적 사고나 종교적 허상에서 깨어난 존재가 되게 한다는 것이다.

그 후 자유 학예는 1세기경에 로마의 정치 사상가인 키케로에 의해 처음으로 '인문학'이라는 용어로 불리기 시작했는데, 키케로가 자유 학예를 인문학이라고 한 이유는 이 학문들이 인간에 관한 학문들이요, 인간으로서 알아야 할 학문이요, 인간을 자유인으로 만드는 학문이요, 인간을 이성적 존재로 세우는 학문이라고 보았기 때문인 것으로 보인다. 그 후 로마의 보에티우스와 카시오도루스에 의해여 자유 학예는 '일곱 자유 학예'로 정리되었는데, 일곱 자유 학예에는 문법, 수사학, 변증론의 '3학'과 산수, 기하, 음악, 천문학의 '4과'가 포함되었다. 여기서 3학은 화법에 관한 학예였고, 4과는 실재에 관한 학예라고 할 수 있다. 이것들이 르네상스를 거쳐 1700년대 근대 과학이 대두하여 학문이 분화되는 과정에서 화법에 관한 학예는 '인문학'으로, 실재에 관한 학예는 '자연학'으로 나뉘게 되었다.

12세기를 '위대한 세기' 또는 '작은 르네상스'라고 하는데 이때 대학이 생겨나게 되었으며, 중세의 대학들에 의해 자유 학예로서의 인문학은 기초 교양 학문으로 가르쳐졌다. 대학생들은 그 전공에 관계없이 철학부에 개설된 인문학을 일정 학점 이수하도록 하였다. 인간을 이해하는, 교양을 갖춘, 이성적 판단을 하는 기술인으로 만들기 위해서였던 것이다. 대학에서의 기초 교양 교육으로서의 인문학의 역할은 그 후에도 계속되어 오늘날까지 이어지고 있다고 할 수 있다.

066 윗글의 내용과 일치하지 않는 것은?

① 키케로는 자유 학예를 인문학으로 부르기 시작하였다.
② 중세의 대학들은 인문학을 전공에 관계없이 이수하도록 했다.
③ 일곱 자유 학예의 산수, 기하, 음악, 천문학은 실재에 관한 학예였다.
④ 아리스토텔레스는 다양한 주제들을 다루고 있는 방대한 저서를 남겼다.
⑤ 플라톤은 그리스의 도시 국가에서 청년과 학자들에게 자유 학예를 보급했다.

067 윗글의 내용 전개 방식으로 가장 적절한 것은?

① 다른 학문과의 비교를 통해 인문학의 성격을 부각하고 있다.
② 통시적 방법을 통해 인문학의 전개 양상에 대해 설명하고 있다.
③ 질문의 방식을 통해 인문학에 대한 독자의 주의를 환기하고 있다.
④ 인문학에 대한 통념을 소개한 뒤에 새로운 관점을 제시하고 있다.
⑤ 인문학에 대한 다양한 개념을 밝히며 인문학의 속성을 강조하고 있다.

068 문맥에 비추어 볼 때, [㉠]에 들어갈 말로 가장 적절한 것은?

① 배우지 않아도 자유롭게 사는 존재
② 자유롭게 행동하는 용기 있는 존재
③ 자유로운 사고를 하는 이성적 존재
④ 장소에 구애받지 않는 자유로운 존재
⑤ 신분의 제약에서 벗어난 자유로운 존재

[069~071] 다음 글을 읽고 물음에 답하시오.

예술을 통해서 우리가 얻을 수 있는 것은 무엇인가에 대한 가장 손쉬운 해답은 '미(美)' 또는 '미적 쾌감'이라는 말이다. 그러면 모든 예술이 추구한다는 그 미란 어떤 것일까? 가령 미술을 가지고 이야기하자면 아름다운 여인이나 예쁜 꽃을 그린 그림은 늙은 어부나 부서진 건물의 그림보다 더 예술적이라고 말할 수 있는가? 실로폰은 소리가 꽹과리보다 고와서 듣기에 쾌적하므로 더 예술적인 악기라고 할 수 있는가?

예술이 추구하는 미적 쾌감은 곱고 예쁜 것에서 느끼는 쾌적함과 반드시 일치하는 것은 아니다. 예쁜 소녀의 그림보다는 주름살이 깊이 팬 늙은 어부가 낡은 그물을 깁고 있는 그림이 더 감동적일 수 있다. 선과 악을 간단히 구별할 수 없는 여러 인물들이 뒤얽혀서 격심한 갈등이 전개되는 영화가 동화처럼 고운 이야기를 담은 영화보다 더 큰 감명을 주는 것도 흔히 있는 일이다. 이런 사실들은 예술의 미라는 것이 '단순히 보고 듣기에 쾌적한 것'이 아닌, '우리의 삶과 세계에 대한 깊은 인식, 체험'을 생생하고도 감동적인 방법으로 전해 주는 데서 우러나는 특질임을 말해 주는 것이다. 다시 말해서, 예술의 미란 소재의 문제가 아니라, 인생, 자연, 사회에 대한 통찰과 그 표현의 탁월성에서 나오는 것이다.

[A] 어떤 종류의 예술은 촛불처럼 사람의 마음을 고요하게 가라앉히고, 자기 자신의 주변을 찬찬히 살펴보게 하며, 때로는 세상의 일들로부터 잠시 떠나 혼자만의 내면세계로 깊이 침잠해 들어가도록 해 주기도 한다. 음악에 견주자면 조용한 실내악이요, 그림이라면 정물화나 고요한 산수화, 문학으로는 명상적 분위기의 서정시 같은 예술들이다. 또 어떤 예술은 횃불이나 모닥불처럼 더 넓은 범위를 비추면서 사람들을 한 덩어리로 모으고 그들의 집단적 공감과 움직임을 북돋운다. 시골 마당에서 흥겹게 울리는 농악 소리, 사회적 갈등을 무대 위에 포착한 연극, 우리나라 근대사의 흐름을 웅대한 규모의 이야기로 엮어낸 박경리의 장편 소설 "토지"같은 작품들을 그 예로 들 만하다. 그런가 하면 밤하늘에 터지는 폭죽의 불꽃처럼 꼭 무엇을 비추기보다 그 불꽃의 눈부신 아름다움으로 사람들을 기쁘게 하는 예술도 있다. 이런 예술 작품은 인생의 어떤 모습이나 문제를 보여 주는 것이 아니라, 불꽃의 다채로운 어울림처럼 빛깔, 소리의 균형, 조화, 긴장을 통해 새로운 감각과 느낌을 불러일으키는 데 관심을 기울인다. 추상 미술이 그러하고, 기악이 또한 그러하다.

세상에 있는 갖가지 불꽃들이 다 제 나름의 쓸모와 아름다움을 지니듯이, 예술의 미적 효과 또한 어느 한 가지만을 절대화할 수는 없다. 예술가와 예술 감상자는 물론 저마다의 예술적 개성과 취미를 가지기 마련이다. 시대 상황이나 관심에 따라 예술의 어떤 속성이 더 강조될 수도 있다. 그러나 예술의 본래적 성질은 그러한 개인적, 시대적 요구를 받아들이면서 그 이상의 것을 지향하는 넉넉함을 필요로 한다.

069 윗글의 내용과 일치하지 않는 것은?

① 예술가와 예술 감상자는 각자 자신만의 예술적 개성과 취미를 가진다.
② 추상 미술은 새로운 감각과 느낌을 불러일으키는 데 관심을 기울인다.
③ 듣기에 쾌적한 음색을 가진 악기가 모두 예술적인 악기인 것은 아니다.
④ 예술의 미는 개인적, 시대적 요구와 무관하게 절대화할 수 있는 것이다.
⑤ 명상적 분위기의 서정시는 촛불처럼 사람의 마음을 고요하게 가라앉힌다.

070 윗글의 [A]에 사용된 서술 방법에 대한 설명으로 가장 적절한 것은?

① 예술의 개념을 다양한 방식으로 정의하고 있다.
② 예술을 분류하는 기준을 구체적으로 나열하고 있다.
③ 예술의 미적 효과를 드러내는 과정을 설명하고 있다.
④ 예술의 미적 효과가 다양함을 비유적으로 표현하고 있다.
⑤ 예술이 지닌 순기능과 역기능을 대조적으로 드러내고 있다.

071 윗글의 관점에서 〈보기〉의 ⓐ와 같이 평가하게 된 근거로 가장 적절한 것은?

보기

▲ 르누아르, '사마리 부인의 초상'　　▲ 피카소, '도라 마르의 초상'

두 그림 모두 여인의 모습을 그린 초상화로, 왼쪽 그림은 아름다운 여인의 모습을 사실적이고 우아하게 표현한 반면, 오른쪽 그림은 여인의 모습을 기괴하고 비현실적으로 표현했다. 하지만 그림을 감상한 사람들은 대상에 대한 깊은 인식과 체험을 인상적으로 드러냈다는 점에서 ⓐ 두 작품 모두 아름답다고 평가했다.

① 당대에 가장 유명한 화가들이 그린 작품이므로
② 대상을 추상화하여 비현실적으로 표현하고 있으므로
③ 기존의 경향을 탈피한 새로운 표현 기법을 사용했으므로
④ 곱고 예쁜 것에서 느껴지는 쾌적함을 드러내고 있으므로
⑤ 대상에 대한 통찰과 표현의 탁월성이 내재되어 있으므로

[072~073] 다음 글을 읽고 물음에 답하시오.

양성자와 중성자로 이루어진 원자핵은 원자보다도 훨씬 작다. 원자를 커다란 체육관이라고 한다면 원자핵은 체육관 한 가운데 매달려 있는 작은 구슬 정도의 크기이다. 넓은 체육관에는 겨우 먼지 크기의 전자들 몇 개가 날아다니고 있을 뿐이다. 원자는 이렇게 텅 빈 공간이다. 그러나 이 텅 빈 원자에는 많은 에너지가 숨겨져 있다. 그러나 원자가 감추고 있는 에너지의 대부분은 원자핵 속에 들어 있다. 지난 20세기에 과학자들은 원자핵 속에 들어 있는 에너지를 꺼내 원자 폭탄을 만들기도 했고 원자력 발전소를 가동시키기도 했다. 원자핵은 20세기 과학자들이 찾아낸 새로운 에너지의 보고였다. 원자핵은 양성자와 중성자의 수에 따라 안정한 에너지 상태가 되기도 하고 불안정한 에너지 상태가 되기도 한다. 불안정한 에너지 상태의 원자핵들은 여러 가지 입자와 전자기파를 내놓고 안정한 에너지 상태의 원자핵으로 바뀐다. 이런 원소를 방사성 동위 원소라고 하고 이때 나오는 입자나 전자기파를 방사선이라고 한다.

방사성 동위 원소의 원자핵에서 나오는 방사선은 원자핵 주위를 도는 전자들의 전자기파에서 나오는 에너지보다 훨씬 큰 에너지를 가지고 있다. 따라서 방사선을 이용하면 효과적으로 질병을 진단할 수 있을 뿐만 아니라 치료도 할 수 있다. 방사성 동위 원소가 내는 방사선은 원자의 화학적, 물리적 상태에 영향을 받지 않고 일정한 비율로 계속 나온다. 따라서 방사성 동위 원소를 포함하고 있는 물질을 인체에 주입하고, 어디에서 방사선이 나오는지를 추적하면 이 물질이 어디로 어떻게 움직이는지를 알 수 있다.

방사성 동위 원소를 사용해 질병을 진단하기 위해서는 방사성 동위 원소가 내는 방사선이 건강한 세포를 손상시키지 않아야 하고, 반감기가 질병을 진단하고 측정할 수 있을 정도로 적절해야 하며, 인체 조직에 잘 침투할 수 있어야 한다. 이런 조건에 잘 맞는 원소가 '테크네튬99'이다. 원자 번호가 47번인 테크네튬은 반감기가 짧은 방사성 동위 원소여서 자연에는 존재하지 않는다. 다른 방사성 동위 원소들은 우라늄이나 토륨과 같이 반감기가 긴 방사성 동위 원소들이 붕괴하는 과정에서 계속 생성되기 때문에 자연에서 발견된다. 하지만 테크네튬은 방사성 동위 원소의 붕괴 시에 생성되지 않아 자연에서는 발견되지 않는다.

반감기가 6시간인 ㉠<u>'테크네튬99'</u>는 약한 에너지의 감마선을 방출한다. 따라서 '테크네튬99'를, 특정 물질에 포함시켜 인체에 주입하고 감마선을 추적하면 이 물질이 어디로 이동하고 있는지를 알아내 질병을 진단할 수 있다. 이처럼 반감기가 짧은 방사성 동위 원소를 진단에 사용하면 환자가 방사선에 노출되는 시간을 줄인다는 점에서 바람직하다. 하지만 시간이 지남에 따라 방사선의 세기가 빠르게 약해져서 더 이상 질병의 진단에 사용할 수 없기 때문에 방사성 동위 원소의 생산과 수송에 여러 가지 어려움이 있다. 따라서 간단한 방법으로 반감기가 짧은 방사성 동위 원소를 만들 수 있는 장치의 개발이 필수적이다.

072 윗글의 내용과 일치하지 <u>않는</u> 것은?

① 원자 내부에는 양성자, 중성자, 전자가 있다.
② 원자력 발전소는 원자핵이 지닌 에너지를 이용한 것이다.
③ 방사성 동위 원소는 불안정한 상태의 원자핵에서 나온 입자이다.
④ 방사성 동위 원소에서 나오는 방사선은 일정한 비율로 계속 방출된다.
⑤ 진단용 방사선 동위 원소는 반감기가 짧아 생산과 수송에 어려움이 있다.

073 ㉠에 대한 설명으로 적절하지 <u>않은</u> 것은?

① 질병 진단에 적합한 방사성 동위 원소이다.
② 반감기가 짧고 자연 속에 존재하지 않는다.
③ 인체에 주입되면 방출하는 방사선의 세기가 강해진다.
④ 시간이 지남에 따라 방사선의 세기가 빠르게 약해진다.
⑤ 방사선의 세기가 약해 인체의 건강한 세포를 손상시키지 않는다.

[074~075] 다음 글을 읽고 물음에 답하시오.

부패를 설명하는 유력한 입장으로 사회의 법과 제도의 결함이나 또는 이를 관리하는 기구의 문제로 인해 부정부패가 발생한다는 견해가 있다. 특히 후진국들의 경우, 정부 각 기관의 행정 과정이나 행정 절차 등이 현실 세계를 제대로 반영하지 못해 각종 부정부패 현상이 야기되는 경우가 많다.

현대 국가에서 ㉠부정부패가 발생할 수 있는 제도적 측면의 원인으로는 첫째 관료제의 부작용을 들 수 있다. 이는 현대의 모든 국가가 공통적으로 안고 있는 문제점이기도 하다. 현대 국가에서 행정 관료는 막강한 권한을 가지며, 행정이 복잡해지고 전문화될수록 관료들의 권력 독점 현상은 심화된다. 관료들에 대한 외적 통제는 주로 선출직 공무원들에 의해 이루어지지만 정치인에 의해 결정된 정책도 결국 관료가 집행한다. 그러므로 정치인의 관료 집단에 대한 통제에는 한계가 있기 마련이다. 각종 정보를 독점하고 신분 보장의 특혜를 누리는 관료 집단은 점차 일반 국민과는 이해관계를 달리하는 전문 집단으로 변질된다. 그리고 이러한 관료주의의 폐해는 까다로운 행정 절차, 인사 제도의 결함, 관료들의 무사 안일한 태도, 형식주의 등과 함께 관료 집단의 부패를 더욱 심화시킨다.

둘째, 경제 활동과 국민 생활에 대한 관의 규제와 인허가 등 행정 규정과 절차로 인해 부정부패가 발생하기도 한다. 특히 공무원의 재량권에 편승해 뇌물이 오가는 풍토는 기업 경쟁력을 떨어뜨리는 주요 요인이 되고 있다. 기업과 주민은 관의 규제를 뚫어야 하고 그러기 위해서 손쉬운 뇌물 공세에 호소하려는 유혹을 받게 된다. 문제는 규제의 단계마다 독점적인 권한을 가진 관료들이 너무 많아, 이들이 제각기 뇌물을 요구하다 보면 기업이 부담하는 '추가 세금'은 눈덩이처럼 불어나게 된다. 일반적으로, 불필요한 규제가 많을수록 부패가 발생할 가능성이 높아진다는 점에 대해서는 이론의 여지가 없다.

셋째, 공무원에게 지급되는 낮은 보수가 부정부패의 한 원인이 되기도 한다. 후진국의 행정일수록 공무원의 보수는 최소한의 생계비에도 미치지 못하는 경우가 많다. 이런 상황에서 공무원은 부정의 유혹을 받기 쉬울 뿐만 아니라 부정과 연계되지 않는다 하더라도 민과 관 사이의 보수 격차로 인해 우수 인력의 공직 유치가 어려워진다. 그리고 이는 공무원의 사기는 물론 행정 능률과 행정 서비스의 질을 저하시키는 원인이 된다.

넷째, 비효율적 행정 제도를 거론할 수 있다. 부패를 유발하는 원인의 하나는 부패 행위를 다루는 법령과 제도 등 반부패 정책이 제대로 갖추어져 있지 않기 때문이다. 물론 많은 국가에서 부패 관련자를 처벌할 수 있는 법률이 많이 마련되어 있기도 하지만, 부패 행위를 통제하기 위해 설치된 정부 기관들이 제 기능을 발휘하지 못하는 경우, 이러한 법률의 실질적 효력은 사라지고 만다.

074 윗글의 서술상 특징으로 가장 적절한 것은?

① 부정부패에 대한 다양한 관점을 제시한 후 이를 반박하고 있다.
② 부정부패가 발생하는 과정을 시간의 흐름에 따라 서술하고 있다.
③ 부정부패 발생의 제도적 원인을 분류한 후 각각의 내용을 설명하고 있다.
④ 부정부패 발생의 원인을 제시한 후 이에 대한 해결 방안을 제시하고 있다.
⑤ 부정부패의 구체적 사례를 제시하고 그 원인을 논리적으로 규명하고 있다.

075 윗글을 참고할 때, ㉠을 개선하기 위한 방안으로 가장 적절한 것은?

① 부정부패를 감시하는 기구를 해체하여 복잡한 행정 절차를 간소화한다.
② 선출직 공무원의 관료화를 통해 업무에 대한 전문성과 권한을 강화한다.
③ 공무원의 재량권을 소수의 관료들에게 집중시키는 행정 절차를 마련한다.
④ 국민이나 기업의 경제 활동과 관련하여 불필요한 인허가 제도를 정비한다.
⑤ 부정부패를 저지른 관료가 직무 전문성을 신장시킬 수 있는 제도를 마련한다.

[076~077] 다음 글을 읽고 물음에 답하시오.

1950년 6월 27일

새벽 라디오에 신성모 국무총리 서리(署理)의 특별 방송이라 하여 정부가 수원으로 옮겨 가게 되었다 한다. 밤사이 대포 소리가 한결 가까이 들려 왔으나 '그래도 설마 서울이야.' 하고 진득이 배겨 보리라 마음먹었던 것이 단박에 맥이 탁 풀린다.

아침이면 으레껏 하는 버릇으로 닭과 오리를 둘러보았으나 마음은 건성이었다.

문간방에 있는 만수와 순규에게 오늘 아침 차로 고향에 내려가라고 일렀으나 저들에겐 사태가 잘 이해되지 않는 것 같다. 만수는 고향서 온 학생이고 순규는 그와 친한 충청도 고학생이다. 두 사람이 모두 내 명령을 거역하기는 어려우나 그렇다고 당장에 짐을 묶어서 서울을 떠나야만 할 절박한 사정도 딱히 이해되지 않아서 매우 난처해하는 모양이다.

두 사람이 모두 스물 안팎의 청년 학생이나 그들은 나를 믿고, 나는 그들을 탐탁히 여겨 오던 터이므로 여느 때 같으면 망설이는 그들에게 지금 전국(戰局)이 비상히 긴박해 올 성싶다든가, 오늘 아침 차를 붙잡아 타지 아니하면 다시는 차도 없을 것이고, 또 경우에 따라선 서울을 빠져나갈 수 없게 될는지도 모를 일이라든가, 어차피 너희들을 부모의 슬하로 보내 놓아야만 내 마음이 놓이지, 어떠한 동란이 벌어질지 모를 이 판국에 남의 자식을 데리고 있을 수 없다는 거며, 그들이 납득할 수 있도록 설명해 주었을 것이며, 또 설명해 주어야 할 것이나, 어쩐지 오늘 아침은 마음이 내키지 않아서 그대로 마구 몰아세우고,

"보따리가 다 무에냐, 길에서 어떠한 변이 있을는지도 모를 노릇이고, 또 차도 여간 붐비지 않을 것이니 가방만 들고 학교에 가는 것처럼 하고 가거라."

하여 사뭇 우기고 또 아침밥을 지어서 시름없이 먹고 있는 것을 숟갈을 빼앗다시피 하고,

"밥 먹을 생각 말고 주먹밥으로라도 꿍쳐 넣어서 얼른 떠나거라. 오늘 아침 차가 마지막 차가 될지도 모를 일이고, 또 반드시 붐빌 것이니, 얼른 가서 차를 잡아타야지. 못 타면 걸어서라도 되돌아오지 말고 고향으로 바로 가거라."

하고 등을 떠밀다시피 하여 억지로 내어 보내었다.

그들의 떠나는 양을 보고 새삼스레 마음이 약간 설레었다. 앞으로 서울이 어떠한 동란의 와중에 휩싸일는지, 세상이 바뀌는 일이 있다면 나 자신은 어떠한 처지에 서게 될 것인가. 피란! 피란한다면 이 손바닥만 한 38 이남에 어디는 안전한 곳이 있을 것인가. 이 여름철에 어린것들을 데리고 생활의 둥지를 떠나서 어디메 살 곳을 찾을 수 있을 것인가.

'열하일기(熱河日記)'에서 박 연암이,

"조선 사람은 걸핏하면 피란하길 좋아하지만 구태여 피란하려면 서울이 제일일 것이요, 산중으로 피란함과 같음은 가장 어리석은 짓이니, 첫째 병나기 쉽고, 병나도 고칠 수 없으며, 며칠 안 가서 양식이 다할 것이요, 양식이 다하지 않더라도 도적이 빼앗아 갈 것이다. 더욱이 세상과 동이 떠서 난리가 어떻게 움직여 가는지도 모르고 헛되이 산중에서 목숨을 버리기 쉬우리니 세상에서 이보다 더 어리석은 짓이 어디 있으리요." 한 말이 문득 머리에 떠오른다.

– 김성칠, 「역사 앞에서」

076 윗글을 통해 알 수 있는 내용이 아닌 것은?

① '만수'와 '순규'는 '나'의 집에서 기거하는 청년 학생이다.
② '만수'와 '순규'는 전쟁 상황에서 스승인 '나'를 보살피고자 하였다.
③ '나'는 '만수'와 '순규'의 고향이 서울보다 안전할 것이라고 생각하였다.
④ '나'는 특별 방송을 듣고 전쟁 상황에 대한 위기감을 더욱 크게 느끼게 되었다.
⑤ '나'는 '만수'와 '순규'가 피란을 해야 하는 이유에 대해 자세히 설명하지는 않았다.

077 윗글에 대한 설명으로 적절하지 않은 것은?

① 책의 내용을 인용하여 글쓴이의 생각을 뒷받침하고 있다.
② 글쓴이의 경험이 시간 순서에 따라 순차적으로 제시되고 있다.
③ 다양한 역사적 사건을 열거한 후 이로부터 교훈을 도출하고 있다.
④ 글쓴이의 말을 통해 인물들이 처한 상황의 급박성을 드러내고 있다.
⑤ 비유적 표현을 활용하여 글쓴이의 주관적 상황 인식을 드러내고 있다.

078 다음은 ○○ 기업의 연차 휴가 규정이다. 〈보기〉의 '김 씨'가 사용할 수 있는 연차 휴가 일수로 알맞은 것은?

근로자가 1년 동안 80% 이상 출근을 하면 다음 해에 15일의 연차 휴가가 발생한다. 또한 3년 이상 근무하게 되면 다음과 같이 2년마다 연차 휴가 일수가 하루씩 추가된다.(단, 연차 휴가 일수는 최대 25일이다.)

근무 기간	1년	2년	3년	4년	5년	6년	…	25년
연차 휴가 일수	15일	15일	16일	16일	17일	17일	…	25일

* 입사 1년 미만자는 1개월을 개근할 때마다 1일의 휴가를 사용할 수 있다. 대신 1년 만근 후 정식으로 발생하는 15일의 연차 휴가 일수에서 입사 첫해에 사용한 휴가 일수가 공제된다.

보기

○○ 기업에 다니는 근로자 '김 씨'는 20년 3개월 동안 결근 없이 근무하였다.

① 21일 ② 22일 ③ 23일
④ 24일 ⑤ 25일

[079~080] 다음 안내문을 읽고 물음에 답하시오.

2016 자원봉사 대상(大賞) 추천 안내

■ 추천 개요

ㅇ 추천 기간

– 2016년 10월 4일(화) ~ 10월 31일(월) 오후 6시까지

ㅇ 추천 대상

– 사회를 위해 자원봉사와 기부에 헌신하여 현저한 공적이 있는 개인 또는 단체

– 사회를 위해 자원봉사 활성화 및 국민 의식 고취에 공헌이 있는 개인 또는 단체

– 어려운 이웃에 대한 봉사와 선행을 지속적으로 실천하여 공헌이 있는 개인 또는 단체

※ 본인은 추천할 수 없으며, 추천 시 반드시 5인 이상의 동의서를 첨부해야 함.

ㅇ 추천 방법

– 제출 서류: 추천서 1부, 동의서 5부, 공적 내용 1부(A4용지 5매 이내로 기술)

※ 여러 가지 자원봉사 활동을 한 경우, 각각을 별도의 양식에 기재해야 함.

– 제출 방법: 전자 우편으로 제출(abc@ksmail.or.kr)

– 제출 파일 이름은 단체명 혹은 추천인명으로 작성함.

예 한국중앙자원봉사센터-단체.hwp / 홍길동-개인.hwp

– 추천 서류가 정상적으로 접수되면 접수 완료 문자 메시지를 발송함.

ㅇ 추천 시 유의 사항

– 추천인, 피추천인, 동의인의 성명이 실명이 아닌 경우, 공적 내용이 사실과 다른 경우에는 접수하지 않음.

– 동일인이 동일 공적으로 중복 추천된 경우에는 최초 접수된 건만 인정함.

※ 동일인의 중복 추천은 각기 다른 공적인 경우에만 가능함.

– 피추천인의 성명, 공적 내용 및 추천 동의 이유를 반드시 상세히 기술해야 함.

– 피추천인의 성명, 공적 내용 등은 포상 대상으로 선정될 경우에만 일반인에게 공개됨.

– 피추천인의 공적에 대한 증빙 자료(관련 사진, 언론 보도 내용 등)를 요청할 수 있음.

■ 심사 절차

기본 요건 심사 ⇨ 공적 내용 검증 ⇨ 포상 훈격 심의 및 결정 ⇨ 포상 수여

■ 포상 수여 방법

ㅇ '자원봉사자의 날(12월 5일)'에 포상함.(구체적인 사항은 추후 공지)

ㅇ 문의: 각 지역 자원봉사 센터(☎ 유선 전화 국번 없이 1365)

079 윗글을 읽고 보인 반응으로 적절하지 않은 것은?

① 개인에 대한 추천 서류를 제출할 때 파일 이름은 추천인 실명으로 해야겠군.

② 추천 서류를 제출한 뒤에 접수 완료 여부를 문자 메시지로 확인할 수 있겠군.

③ 동일한 추천서를 여러 번 중복해서 접수하면 수상 확률을 더 높일 수 있겠군.

④ 봉사와 선행을 지속적으로 실천하여 공헌이 있는 경우에는 추천할 수 있겠군.

⑤ 수상자로 선정되지 않으면 추천서의 공적 내용이 일반인에게 공개되지 않겠군.

080 윗글을 읽고 알 수 있는 내용이 아닌 것은?

① 본인 추천 가능 여부
② 포상 후보자 추천 마감일
③ 추천 서류 제출 방법
④ 상을 수여하는 시간과 장소
⑤ 공적 내용의 최대 기술 분량

[081~083] 다음 글을 읽고 물음에 답하시오.

〈체리 향기〉 이후 압바스 키아로스타미 감독의 영화를 보지 못했다면 〈사랑을 카피하다〉가 낯설 수 있다. 단지 현지 촬영 장소가 이탈리아이고, 영어와 프랑스어를 사용하는 탓만은 아니다. 일상적으로 벌어지는 소소한 이야기에서 중요한 삶의 잠언들을 길어 올리던 키아로스타미의 소박한 리얼리즘은 〈사랑을 카피하다〉에서 보이지 않는다. 주인공들은 원본과 복제품의 차이에 대해 격렬하게 논쟁하고, 중년의 부부를 연기하는 것 같던 역할극은 어느 순간 현실이 되어 버린다.

영국 작가 제임스 밀러는 복제품에도 나름의 가치가 있다는 주장을 편 "기막힌 복제품"이라는 책을 썼다. 이 책의 이탈리아 판 출간을 기념해 투스카니에 온 밀러는 자신의 팬이라는 프랑스 여성을 만나게 된다. 혼자 아이를 키우며 골동품 가게를 하는 그녀가 관광을 제안하고, 두 사람은 함께 차를 타고 여행을 하게 된다. 작가와 팬으로서 자리를 지키던 그들은, 어느 순간 미묘하게 틀어진다. 레스토랑의 여주인이 그들을 부부로 오해하여 말을 건 후, 부부인 양 역할극을 하다 보니 정말 부부가 되어 버린 것 같다. 부부가 아니면 절대로 알 수 없는 과거의 추억들에 대해 서로 털어놓고, 힐난하고, 어루만지는 것이다.

여주인의 오해 혹은 오독(誤讀)은 그들의 태도를 바꾸어 놓았다. 작품과 감상자의 관계로 말한다면, 감상자의 해석과 믿음에 따라 작품의 의미가 바뀌는 것, 혹은 결정되는 것이다. 키아로스타미는 보는 이의 감정이나 믿음에 따라 등장인물의 설정까지도 훌쩍 뛰어넘어 버린다. 리얼리즘이 '있는 그대로를 드러내는 것'이라면 〈사랑을 카피하다〉는 보는 그대로를 진실로 만들어 버리는 영화가 되는 것이다. 키아로스타미는 〈체리 향기〉 이후 관객에 의해 의미가 만들어지는 예술품에 대한, 개념적인 영화 작업을 주로 해 왔다. 작품 자체에 내재하는 본질 혹은 아우라에 의해 감상자가 일정한 반응을 나타내는 것이 아니라, 그의 반응에 따라 작품 자체의 의미가 변형 혹은 창조된다는 것이다.

원제인 〈Certified Copy〉는 '인증 받은 복제품', '복사'라는 의미이다. 국내 제목인 〈사랑을 카피하다〉는 의미가 조금 가벼워진 것 같지만 영화의 내용을 적시하는 표현이기도 하다. 그들이 진짜 작가와 팬이라면, 그들은 누군가의 사랑을 카피하고 있는 것이다. 아니 이렇게 볼 수도 있다. 15년을 함께 산 부부의 사랑만이 가치 있는 것일까? 그들의 사랑을 카피하여, 지금 당신에게 내비치고 헌신한다면 그것 역시 가치 있지 않을까? 게다가 가상 현실이 현실 못지않게 중요하고 의미심장해진 21세기의 지금은 더더욱. 〈사랑을 카피하다〉는 실험적인 영화들에 비해 훨씬 편하게 관객에게 다가가지만, 모호한 의미는 여전하다. 이것이 현실인지 가상 현실인지조차 관객은 확정할 수 없다. 결말도 열려 있다. 하지만 그 모든 것을 창조하고 결정짓는 것은 결국 관객이다.

081 **영화 〈사랑을 카피하다〉에 대한 설명으로 적절한 것은?**

① 리얼리즘에 입각해 삶의 진실을 있는 그대로 드러냈다.
② 인기 작가의 책을 원작으로 하여 극적 요소를 가미했다.
③ 남녀가 사랑에 빠지는 과정을 단계별로 섬세하게 보여준다.
④ 부차적 인물의 오해로 인물 관계가 설정되어 사건이 전개된다.
⑤ 〈사랑을 카피하다〉라는 제목은 영화의 원제를 그대로 번역한 것이다.

082 **윗글을 다음과 같이 정리할 때, (　　)에 들어갈 말로 적절한 것은?**

〈사랑을 카피하다〉는 '(　　　　　　　　　　)'라는 물음 자체를 시적으로 승화시킨 영화이다.

① 과연 무엇이 진짜이고, 무엇이 가짜인가?
② 예술이 예술이기 위해서 무엇이 필요한가?
③ 결국 삶은 각자의 역할에 충실한 역할극인가?
④ 진실을 찾아내기 위해서는 어떻게 해야 하는가?
⑤ 인증 받은 복제품을 만들기 위해서 어떻게 해야 하는가?

083 **영화 〈사랑을 카피하다〉에 반영되어 있는 감독의 생각과 가장 유사한 것은?**

① 작품은 그 자체로서 완성된 구조의 형태를 갖추고 있다.
② 작품은 사물의 본질에 접근하려는 끊임없는 노력의 산물이다.
③ 작품은 감독의 관점에 의해 굴절된 세계의 모습을 보인 것이다.
④ 작품은 현실 세계를 모방하므로 사회적 상황에 민감하게 반응한다.
⑤ 작품은 관객의 가치관이나 경험과 적극적으로 조응할 때 의미를 갖는다.

084 다음 표를 분석한 내용으로 적절하지 않은 것은?

공장형 퇴비의 구성

구분	수분 함유율 (%)	질소 함유율 (%)	유기질 함유율 (%)	유기질 / 질소 비율 (%)	구리 (mg/kg)	아연 (mg/kg)
계분 퇴비	37.0	2.1	53.6	25.1	78.6	297.8
돈분 퇴비	42.1	1.9	58.0	31.1	166.3	492.1
우분 퇴비	41.6	2.0	56.2	27.6	78.4	297.2
혼합 퇴비	39.1	2.0	55.6	27.4	108.1	326.1
평균	40.1	2.0	55.9	27.7	107.7	352.8

① 유기질 / 질소 비율은 '돈분 퇴비'가 가장 높고, '계분 퇴비'가 가장 낮다.
② '혼합 퇴비'는 '계분 퇴비'에 비해 상대적으로 많은 수분을 함유하고 있다.
③ '계분 퇴비', '우분 퇴비', '혼합 퇴비'는 질소 함유율이 2% 이상인 퇴비이다.
④ 유기질 함유율이 평균치 이상에 해당하는 퇴비는 '돈분 퇴비', '혼합 퇴비'이다.
⑤ '돈분 퇴비'와 '혼합 퇴비' 각각에 포함되어 있는 구리의 양은 모두 평균치 이상이다.

085 〈보기〉의 안내문을 잘못 이해한 것은?

보기

벌 쏘임 사고 관련 안전 수칙 안내

1. 예방 수칙
   1) 벌을 자극할 수 있으므로 향수, 헤어스프레이 등은 가급적 몸에 뿌리지 않는다.
   2) 벌이 날아다니거나, 벌집을 건드려서 벌이 주위에 있을 때에는 손이나 손수건을 흔드는 등의 벌을 자극하는 행동을 절대로 하지 않도록 한다.
   3) 벌을 만났을 때는 가능한 한 낮은 자세를 취하거나 엎드려서 벌의 공격을 피한다.
   4) 간혹 체질에 따라 쇼크가 일어날 수 있는 사람은 등산 및 벌초 등 야외 활동을 자제한다.
   5) 야외 활동 시에는 벌에 쏘일 수 있으므로 가급적 긴 옷을 입고, 벌초 등의 작업 시에는 보호 장구를 반드시 착용한다.
2. 응급 처치 방법
   1) 벌침은 핀셋보다는 신용 카드 등으로 피부를 밀어 빼는 것이 좋다.
   2) 통증과 부기를 가라앉히기 위해 얼음찜질을 하고 스테로이드 연고를 바른 뒤 안정을 취해야 한다.
   3) 체질에 따라 과민 반응으로 쇼크가 일어날 수도 있으며, 이때는 환자를 눕혀 호흡을 편하게 해준 뒤 119에 신고한다.

① 벌이 주변에 있으면 가능한 한 낮은 자세를 취하거나 엎드린다.
② 벌에 쏘여 통증과 부기가 있을 때는 얼음찜질을 하면서 안정을 취한다.
③ 벌에 쏘일 수 있으므로 가급적 긴 옷을 입고 향수는 몸에 뿌리지 않는다.
④ 벌집을 건드렸을 때는 물건을 휘두르는 등의 벌을 자극하는 행동을 하지 않는다.
⑤ 벌에 쏘여 쇼크가 발생하면 환자가 의식을 잃을 수도 있으므로 환자를 눕히지 않는다.

086 다음 그래프의 내용을 바르게 이해하지 못한 것은?

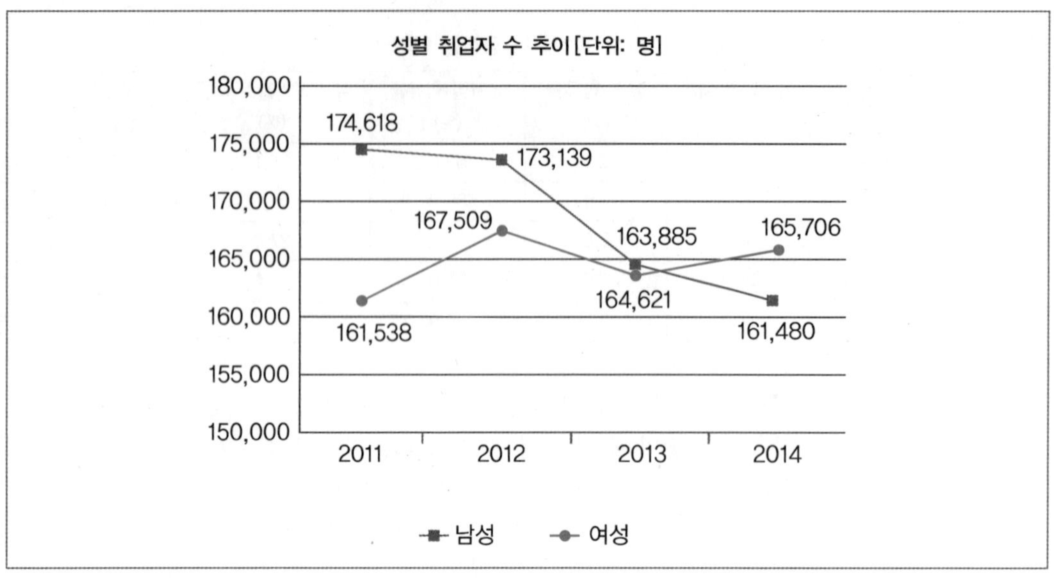

① 남녀 총 취업자의 수는 2012년이 2011년에 비해 더 많음을 알 수 있군.
② 남성 취업자의 수는 2011년에서 2014년까지 감소세를 보였음을 알 수 있군.
③ 여성 취업자의 수는 2011년에 비해 2014년에 10%p 이상 증가하였음을 알 수 있군.
④ 남성 취업자와 여성 취업자 수의 차이는 2013년에 가장 적게 나타났음을 알 수 있군.
⑤ 2011년의 남성 취업자와 여성 취업자의 수는 10,000명 이상 차이가 났음을 알 수 있군.

087 다음 표에 대해 보인 반응으로 적절하지 않은 것은?

'한국어 말하기 대회' 최종 결과

구분	참가자 'A'	참가자 'B'	참가자 'C'	참가자 'D'
심사 위원 '갑'	97	97	97	97
심사 위원 '을'	99	92	94	97
심사 위원 '병'	98	100	99	98
심사 위원 '정'	95	100	99	100
총점	389	389	389	392
평균	97.25	97.25	97.25	98.0
표준 편차	1.71	3.77	2.50	1.41
조정 점수	195	197	195	195

* 조정 점수는 최대 점수와 최저 점수를 제외한 합계이다.

① 참가자들의 조정 점수만으로는 대회의 준우승을 1명으로 선정하기는 어렵겠군.
② 총점과 평균의 합으로 순위를 결정한다면 참가자 'D'가 대회의 우승자가 되겠군.
③ 조정 점수를 순위 결정의 기준으로 삼는다면 참가자 'B'가 대회의 우승자가 되겠군.
④ 심사 위원 '갑'이 준 점수는 모든 참가자가 동일하다는 점에서 변별력이 떨어지는군.
⑤ 참가자 'B'는 다른 참가자들에 비해 심사 위원들에게 받은 점수의 편차가 작은 편이군.

[088~090] 다음 글을 읽고 물음에 답하시오.

 경찰청	**추석 명절을 노린 보이스피싱[사기 전화], 스미싱[문자결제사기]에 주의하세요!**

□ 경찰청은 추석을 맞아 기승을 부리는 금융 사기의 대표 유형을 소개하면서 각별한 주의를 부탁했음.

□ ㉠ 보이스피싱(사기 전화), 스미싱(문자결제사기) 대표 유형

○ [대출 사기형 보이스피싱(사기 전화)] 추석에 필요한 급전을 대출해 주겠다며 전화를 하거나 문자 메시지를 발송한 후, 신용 등급 조정비, 보증료, 공증료 등 각종 명목으로 먼저 돈을 입금하라고 요구하는 수법임.

– '추석맞이 특별 저금리 대출이 가능하다', '신용 등급이 낮아도 급전 대출이 가능하다' 등 다양한 형태의 유인책을 사용하며, 정상 업체와 구별이 어려울 수 있으나, 어떠한 형태로든 먼저 돈을 요구하는 전화는 100% 사기임.

– ㉡ 기 대출 신청 경험이 있는 사람들의 정보를 불상의 방법으로 입수한 후, 개인 신용 정보를 충분히 알고 범행을 시도하는 경우가 많아 각별한 유의 필요.

○ [택배 업체·수사 기관 사칭형 보이스피싱(사기 전화)] 택배가 배송될 예정이라며 무작위로 전화나 문자 메시지를 보낸 후, 수신자가 본인이 아니라고 밝히면 개인 정보가 도용된 것 같다고 속이고, 이후 수사 기관이라며 재차 연락하여 안전 계좌로 이체를 요구하여 돈을 빼는 수법임.

○ [문자결제사기] 출처 불명의 누리망 주소가 첨부된 문자 메시지 발송

> ※ 스미싱(문자결제사기)이란? 사람들의 휴대 전화로 흥미를 유발하는 문자 메시지를 발송하여 메시지에 첨부된 누리망 주소를 접속하도록 유도한 후, 누리망 주소를 접속하면 휴대 전화에 악성 코드가 설치되어 휴대 전화 소액 결제가 이루어지는 사기 수법

– 추석 택배 지연에 따른 배송 조회, 추석 인사 및 선물 확인, 추석 행사 교환권 등을 사칭하여 출처 불명의 누리망 주소가 첨부된 문자 메시지를 발송한 후 해당 누리망 주소 접속 시 소액 결제가 되도록 하는 수법임.

□ 피해 예방법

○ [보이스피싱(사기 전화) 피해 예방법]

– (대출 사기형) 대출을 해주겠다는 연락을 받으신 경우 우선 전화를 끊으시고, 금융감독원 ㉢ 홈페이지나 상담 전화(☎1332)를 통해 등록된 대부 업체인지, 정상적인 금융 회사가 맞는지 확인하신 후, 정상 업체가 아닌 것으로 확인될 경우 경찰에 신고(☎112)해 주시기 바람.

– 한편, 정상 업체로 확인되는 경우에도 신용 등급 조정비, 보증료, 공증료, 채권비, 담보비 등 각종 명목으로 먼저 돈을 요구하는 경우에는 100% 사기이므로 전화를 끊으시고 경찰에 신고(㉣ ☎112)해 주시기 바람.

– (기관 사칭형) 수사 기관에서는 금전을 안전하게 보관해 주겠다는 등의 명목으로 계좌 이체나 송금을 요구하지 않으며, 집안 냉장고나 장롱 등에 보관을 요구하지도 않음. 수사 기관의 신분증을 보여 주면서 직접 만나서 돈을 받아가지도 않음.

– (대출 사기, 기관 사칭형 공통) 만약, 보이스피싱(사기 전화) 피해를 당하신 경우에는 즉시 경찰에 신고(☎112)해 주시기 바람.

※ '지연 인출제' 시행으로 100만 원 이상 이체한 경우 30분간은 ATM을 통한 인출이 제한되고 있으므로 최대한 신속하게 신고하여 주시기 바람.
한편, 한국인터넷진흥원에서 운영하는 '보호나라 누리집' 또는 상담 전화(☎118)를 통해 해당 번호가 조작된 번호인지 여부를 확인할 수 있으니 적극 활용하시기를 권장함.

※ 한국인터넷진흥원에서는 통신사를 통해 빠르면 2~3일 내에 ㉤ 변작 여부를 확인하며, 최종 변작된 것으로 확인되는 경우 해당 전화번호 발신 차단 조치

○ [문자결제사기 피해 예방법] 출처를 알 수 없는 누리망 주소가 연결된 문자 메시지를 수신한 경우, 해당 누리망 주소를 누르지 말고 먼저 '경찰청 사이버캅' 앱을 설치하여 누리망 주소 검사를 하시기 바람.

– 그리고 평소, 아래 예방 수칙을 준수하면 스미싱(문자결제사기) 피해 예방에 도움이 될 것임.

① 스마트폰 백신 프로그램 정기 업데이트 및 실시간 감시 상태 유지
② 스마트폰 보안 설정 강화
※ 설정 방법: 환경 설정 > 보안 > '출처를 알 수 없는 앱'에 V 체크 해제
③ 휴대 전화 소액 결제 차단
※ 휴대 전화에서 114로 전화하여 상담원에게 소액 결제 차단 요청
④ 스마트폰에 보안 카드 사진, 비밀번호 등 금융 정보 저장 금지
⑤ 스미싱(문자결제사기) 등의 방지 기능이 탑재된 「경찰청 사이버캅」 모바일 앱 설치

088 윗글에서 언급한 '금융 사기 문자 메시지'로 보기 어려운 것은?

①
추석선물도착~
전상품 무료배송!
할인쿠폰 증정
http://go9.**./x7

②
선물세트 배송 관련하여
방문 예정이오니 수령
가능한 시간대를 남겨
주세요.
126.15.24.**

③
추석 물량 증가로 배송이
지연되고 있습니다.
배송 일정 확인하세요.

확인 프로그램 설치[클릭]

④
추석 맞이 이벤트
전 품목 30~50% 세일
이번 기회를 놓치지
마세요!
-○○ 마트-

⑤
추석 택배 미수령 물품이
1건 있습니다. 수령
의사를 밝히지 않으면
반송됩니다.
[클릭] 발송 물품 확인

089 ㉠~㉤과 관련한 수정 · 보완 방안으로 적절하지 않은 것은?

① ㉠: '보이스피싱'의 순화어는 '사기 전화'이므로, '사기 전화(보이스피싱)'과 같이 수정하는 것이 적절하다.
② ㉡: '기'와 '대출 신청 경험이 있는'의 의미가 중복되므로 '기'를 삭제한다.
③ ㉢: 다른 부분에서 '누리망'이라는 순화된 표준어를 사용하고 있으므로 '누리망'으로 통일하여 표기한다.
④ ㉣: 앞서 경찰 신고를 위한 전화번호가 제시되어 있고, 비교적 시민들의 인지도가 높은 전화번호이므로 생략하는 것도 무방하다.
⑤ ㉤: 일반인들이 잘 사용하지 않는 단어로 '변조'로 수정하거나 그 의미를 주석으로 제시한다.

090 윗글을 읽고 보일 수 있는 반응으로 적절하지 않은 것은?

① 대출 업체에서 전화하여 돈을 먼저 입금하라고 요구하는 경우는 모두 사기 전화이겠군.
② 스마트폰에 '경찰청 사이버캅' 앱을 설치하고 백신 프로그램의 업데이트를 되도록 자주 해야겠군.
③ 스마트폰에 찍어 두었던 은행의 보안 카드 사진이나 계좌 번호가 찍힌 통장 사진은 삭제하는 것이 좋겠군.
④ 사기 전화 범인에게 소액의 돈을 이체했더라도, 이체 후 30분 동안은 사기 전화 범인이 이체한 돈을 인출할 수 없겠군.
⑤ 수사 기관에 소속된 사람이라고 하면서 금융 사기 방지를 위해 돈을 안전하게 보관해 주겠다는 전화가 오면 경찰에 신고해야겠군.

국어 문화 091번~100번

091 다음은 신어의 생성 원리를 분석한 것이다. 적절하지 않은 것은?

(가) 두루누리, 배바지, 불닭
(나) 새싹채소, 새집증후군, 공갈젖꼭지
(다) 대리운전, 반려동물
(라) 올빼미투어, 목폴라
(마) 디지털치매, 레포츠족

① (가)는 고유어와 고유어가 결합한 것으로, 부사와 명사가 결합하기도 하고, 명사끼리 결합하기도 한다.
② (나)는 고유어와 한자어가 결합한 것인데, '고유어+한자어'의 구조를 가진 것도 있고, '한자어+고유어'의 구조를 가진 것도 있다.
③ (다)는 한자어와 한자어가 결합한 것으로, 한자어들은 내용상 '방법+행위'의 관계에 있다.
④ (라)는 고유어와 외래어가 결합한 것인데, 각각의 고유어와 외래어는 자립 명사의 성격을 지닌다.
⑤ (마)는 외래어와 한자어가 결합한 것인데, 결합의 방식은 합성법일 수도 있고, 파생법일 수도 있다.

092 〈보기〉에서 밑줄 친 '가획자'에 해당하는 것은?

보기

훈민정음 창제 당시 자음 글자 17자는 5개의 기본자, 9개의 가획자, 3개의 이체자로 구분되었다. 우선 기본자는 발음 기관의 모양을 본떠서 만들어 내었다. 이렇게 만들어진 기본자에 획을 더하여 가획자를 만들어 내었는데, 이는 획이 하나씩 덧붙으면 소리가 한 단계씩 더 거세지는 원리를 이용한 것이다. 또한 예외적으로 근본 원리가 다른 자음 글자인 이체자도 만들어 내어 한글 자음 글자의 체계를 완성하였다.

① ㄴ ② ㆁ ③ ㆆ ④ ㅿ ⑤ ㄹ

093 **방송 언어에 대한 지적으로 잘못된 것은?**

① 손연재 선수가 리우 올림픽 리듬 체조 개인 종합 결선에서 4위에 등극했습니다. → 강호들과 겨뤄 이룬 값진 성과이나 4위는 선전이 어울린다.
② '하늘 위의 호텔'로 불리는 에어버스 A380은 주 날개 폭 65m 이상~80m 미만, 주륜 외곽 폭 14m 이상~16m 미만의 항공기입니다. → 민간 항공기의 기종은 개별 숫자로 읽지 않는 것이 원칙이므로 [에이삼백팔씹]으로 읽는다.
③ 경찰에 붙잡힌 정 씨는 자신만 저녁 식사를 준비하고 47살 김 모 여인은 아무 일도 하지 않아 홧김에 범행을 저질렀다고 밝혔습니다. → 양성평등에 맞지 않는 말이다. '김 모 씨'면 족하다.
④ 니콜라 사르코지 전 프랑스 대통령이 '안전한 프랑스'를 내세우며 내년 대선에 출사표를 쓴다고 밝혔습니다. → 출사표는 쓰는 게 아니라 '던지다'와 어울린다.
⑤ 아베 총리는 이번 담화가 일본 정부의 공식 견해임을 명확히 밝히기 위해 각의 결정을 거쳐 발표하는 방안을 검토 중인 것으로 전해졌습니다. → '각의'는 [가긔/가기]로 소리나 음성 언어화 했을 때 전달력이 떨어질 수 있다. '각료 회의'로 정확히 하는 것이 적절하다.

094 **〈보기〉의 [㉠]에 들어갈 수를 바르게 나타낸 것은?**

보기

고등어 두 손 + 굴비 한 두름 = 생선 [㉠] 마리

① 열네 ② 열여섯 ③ 스물두
④ 스물네 ⑤ 스물여덟

095 **〈보기〉는 어떤 문인에 대한 평전의 일부이다. 빈칸에 들어갈 문인으로 알맞은 것은?**

보기

[ ]이(가) 다녔던 오산학교의 일과는, 그날 배운 것을 각자의 하숙집에서 복습하는 것으로 마무리되었다. 교사들은 순번을 정해 하숙집을 순시하면서 감독을 했다. 보통 밤 9시가 되면 감독 교사가 지나갔는데, 학생들은 교사가 지나가자마자 하나둘씩 하숙집을 몰래 빠져 나가 국숫집으로 향하곤 하였다. 밤이 깊어 출출해진 배를 국수로 채우려는 것이다. 돌이라도 씹어 먹을 십대 후반의 나이에 하숙집에서 주는 밥으로 기나긴 겨울밤에 몰려오는 허기를 견딜 수 없었던 모양이다. [ ]은(는) 시 〈국수〉에서 그때의 국수를 '반가운 것', '희수무레하고 부드럽고 수수하고 슴슴한 것', '그지없이 고담하고 소박한 것' 등으로 표현하였다.

① 백석 ② 이상 ③ 김소월
④ 윤동주 ⑤ 이육사

096 〈보기〉의 ㉠~㉤에 대한 설명으로 적절하지 않은 것은?

보기

- ㉠ 삭신이 쑤시는 것을 보니 이제 곧 비가 올 모양이었다.
- 꼬마는 힘껏 ㉡ 달음질을 하였지만 학교에 제시간에 도착할 수 없었다.
- 할머니는 누가, 어떤 말을 물어도 항상 말없이 ㉢ 도리질만 하는 것이었다.
- 아주머니는 우리를 애처로운 눈으로 보시더니 ㉣ 국시 위에 사리를 더 얹어 주셨다.
- 우리는 부족한 잠을 ㉤ 벌충하기 위해 옷도 갈아입지 않고 그대로 바닥에 누워버렸다.

① ㉠: '몸의 근육과 뼈마디'를 이르는 말로 표준어이다.
② ㉡: '급히 뛰어 달려감.'이라는 의미를 지닌 말로 방언이다.
③ ㉢: '머리를 좌우로 흔들어 싫다거나 아니라는 뜻을 표시하는 짓'을 의미하는 말로 표준어이다.
④ ㉣: '밀가루, 메밀가루 등을 반죽한 후 길게 뽑아낸 음식'을 의미하는 말로 방언이다.
⑤ ㉤: '손실이나 모자라는 것을 보태어 채움.'이라는 의미를 지닌 말로 표준어이다.

097 제시된 나이를 이르는 말을 바르게 나타내지 못한 것은?

① 40세 – 불혹(不惑)
② 60세 – 이순(耳順)
③ 70세 – 고희(古稀)
④ 88세 – 희수(喜壽)
⑤ 99세 – 백수(白壽)

098 〈보기〉는 북한의 그림책에 실린 글이다. ㉠~㉤에 대한 반응으로 적절하지 않은 것은?

보기

어느날 ㉠ 녀학생들이 ㉡ 어뜩새벽에 남보다 먼저 공원의 길을 쓸려고 ㉢ 비자루를 들고 나왔다가 누가 벌써 ㉣ 말끔히 쓸어놓았기때문에 허탕을 치고 돌아갔습니다. 또 다음날에는 남학생 몇이 꽃밭에 있는 돌이 넘어진것을 고쳐놓으려 나왔었는데 누가 감쪽같이 세워놓았기때문에 허탕을 쳤습니다. 그리고 그 다음엔 또 몇명 아이들이 꽃나무를 가꾸려 공원엘 나와보니 누가 해놓았는지 ㉤ 나무밑에 동글동글한 조약돌이 곱게 깔려있었습니다.

– 김형운, 「공원속의 세 아이」 중에서

① ㉠: 북한에서는 남한에서와 달리 두음 법칙을 표기에 적용하지 않고 있군.
② ㉡: 남한에서는 북한에서와 달리 '어둑새벽'으로 쓰는 것이 문맥상 적절하군.
③ ㉢: 남한에서는 북한에서와 달리 사이시옷을 표기한 '빗자루'로 써야 옳겠군.
④ ㉣: 남한에서는 북한에서와 달리 '말끔이'로 표기하는 것이 어법에 맞겠군.
⑤ ㉤: 북한에서는 남한에서와 달리 명사 '나무'와 명사 '밑'을 붙여 쓰고 있군.

099 〈보기〉에 대한 설명으로 적절하지 <u>않은</u> 것은?

보기

신긔한일

甲: 절문이가엇+저면그러케음식솜씨가잇소
乙: 천만에말삼이지요 별것이안니랍니다
무슨음식을할째든지아지노모도만치면
맛잇게된담니다
一同: 아이고 신긔해라

① '째'에서 어두 합용 병서가 남아 있음을 확인할 수 있다.
② '그러케'에서 거센소리를 재분석하여 적는 양상을 확인할 수 있다.
③ '절문이'에서 현재와 달리 겹받침이 사용되지 않았음을 확인할 수 있다.
④ '담니다'에서 현재와 달리 'ㅁ' 받침이 쓰인 경우를 확인할 수 있다.
⑤ '신긔한'에서 이중 모음의 단모음화가 이루어지지 않은 것을 확인할 수 있다.

100 ㉠~㉤의 예시로 적절하지 <u>않은</u> 것은?

진행자: 오늘은 국립국어원에서 국어 순화 연구를 담당하고 계신 정○○ 연구관님을 모시고 말씀을 나누어 보겠습니다. 선생님, 요즘 국어 순화에 대한 관심이 높아지고 있는데요, 주로 어떤 말이 순화의 대상이 되나요?
연구관: 아무래도 최근에는 서구 외래어, 특히 ㉠ <u>영어를 순화</u>하는 경우가 많습니다.
진행자: 그럼, 외국어를 순수 우리말, 즉 고유어로 바꾸는 것이 국어 순화 작업인가요?
연구관: 꼭 그렇지는 않습니다. ㉡ <u>고유어를 활용</u>할 수도 있고 ㉢ <u>한자어를 활용</u>할 수도 있지요. 또 이 ㉣ <u>두 가지를 조합</u>한 순화어도 있지요. 아주 가끔은 ㉤ <u>외래어를 활용</u>하기도 합니다. 이때 활용된 외래어는 완전히 우리말로 정착한 외래어이어야 하겠지요.

① ㉠: 패딩 → 누비옷
② ㉡: 타임캡슐 → 기억상자
③ ㉢: 웨딩플래너 → 결혼설계사
④ ㉣: 마블링 → 결지방
⑤ ㉤: 보드마커 → 칠판펜

[확인 사항]

● 문제지와 답안지에 필요한 내용을 정확히 적었는지 확인하십시오.

수고하셨습니다.

▶▶ 정답과 해설 바로가기 p.6

제44회 셀프 진단표

문항 번호	출제 영역	유형	정답	정답률	약점 체크
001	듣기 · 말하기 15%	사실적 이해	④	97.9%	
002		사실적 이해	⑤	71.1%	
003		사실적 이해	③	91.9%	
004		사실적 이해	②	98.3%	
005		추론적 이해	②	92.6%	
006		추론적 이해	③	92.5%	
007		사실적 이해	②	93%	
008		사실적 이해	③	99%	
009		추론적 이해	②	93.3%	
010		사실적 이해	②	98.4%	
011		추론적 이해	③	94.2%	
012		사실적 이해	④	73.2%	
013		비판적 이해	③	19.5%	
014		사실적 이해	⑤	89.8%	
015		추론적 이해	④	87.9%	
016	어휘 · 어법 30%	고유어의 사전적 의미	①	54.7%	
017		한자어의 사전적 의미	③	69.8%	
018		한자어의 문맥적 의미	③	79.5%	
019		한자어의 문맥적 의미	②	37.1%	
020		고유어의 문맥적 의미	⑤	43.6%	
021		어휘 간의 의미 관계(다의어)	③	96.1%	
022		어휘 간의 의미 관계(반의어)	①	88.1%	
023		어휘 간의 의미 관계	③	40.1%	
024		어휘 간의 의미 관계	②	97.7%	
025		어휘 간의 의미 관계(다의어)	①	36.6%	
026		한자어 표기(독음)	②	92.2%	
027		한자어 표기(독음)	②	30.7%	
028		속담과 사자성어	②	55.7%	
029		관용구	④	62%	
030		순화어	③	8%	
031		맞춤법	②	17.8%	
032		맞춤법	④	55.3%	
033		맞춤법	①	62.5%	
034		띄어쓰기	⑤	27.8%	
035		표준어	②	52%	
036		문장 표현	①	84.1%	

문항 번호	출제 영역	유형	정답	정답률	약점 체크
037		문장 표현(중복 표현)	④	89.8%	
038		문장 표현(중의성)	①	83.4%	
039		문법 요소(음운 변동 현상)	③	52.8%	
040		문법 요소(음운 변동 활용)	①	84.2%	
041		문법 요소(홑문장과 안은문장)	②	56.3%	
042		문장 부호	⑤	54.2%	
043		표준 발음(사잇소리)	⑤	66%	
044		외래어 표기법	④	21.9%	
045		로마자 표기법	③	56.6%	
046	쓰기 5%	글쓰기 계획	⑤	98.7%	
047		자료 활용 방안	④	89.7%	
048		개요 수정 및 상세화 방안	②	90.6%	
049		고쳐쓰기	③	96.1%	
050		논지 전개	①	80.8%	
051	창안 10%	시각 자료를 통한 내용 생성	⑤	97.1%	
052		시각 자료를 통한 내용 생성	②	92.4%	
053		조건에 따른 내용 생성	③	75.7%	
054		시각 자료를 통한 내용 생성	⑤	96.6%	
055		조건에 따른 내용 생성	④	91%	
056		조건에 따른 내용 생성	④	96%	
057		조건에 따른 내용 생성	①	94.6%	
058		조건에 따른 내용 생성	③	92.1%	
059		조건에 따른 내용 생성	④	87.1%	
060		조건에 따른 내용 생성	③	96.8%	
061	읽기 30%	[현대 시] 작품의 이해와 감상	④	61.7%	
062		[현대 시] 시어의 의미와 기능	③	96.2%	
063		[현대 소설] 작품의 이해와 감상	⑤	97.6%	
064		[현대 소설] 서술상의 특징 및 효과	③	90.3%	
065		[현대 소설] 추론적 이해(생략된 내용 추리)	③	98.9%	
066		[학술문 – 인문] 사실적 이해(정보 확인)	⑤	96.6%	
067		[학술문 – 인문] 사실적 이해(전개 방식)	②	88.1%	
068		[학술문 – 인문] 추론적 이해(생략된 내용 추리)	③	98.3%	
069		[학술문 – 예술] 사실적 이해(정보 확인)	④	94.5%	
070		[학술문 – 예술] 사실적 이해(전개 방식)	④	82.7%	

문항 번호	출제 영역	유형	정답	정답률	약점 체크
071		[학술문-예술] 추론적 이해(전제 및 근거 추리)	⑤	95.9%	
072		[학술문-과학] 사실적 이해(정보 확인)	③	56.9%	
073		[학술문-과학] 사실적 이해(정보 확인)	③	93.3%	
074		[학술문-사회] 사실적 이해(전개 방식)	③	92.7%	
075		[학술문-사회] 비판적 이해(반응 및 수용)	④	88.6%	
076		[실용문-교술] 사실적 이해(정보 확인)	②	87.2%	
077		[실용문-교술] 사실적 이해(전개 방식)	③	86.7%	
078		[실용문-자료] 추론적 이해[구체적(다른) 사례에 적용)	④	68.5%	
079		[실용문-안내문] 비판적 이해(반응 및 수용)	③	96.5%	
080		[실용문-안내문] 사실적 이해(정보 확인)	④	91.5%	
081		[학술문-평론] 사실적 이해(정보 확인)	④	84.3%	
082		[학술문-평론] 사실적 이해(핵심 정보)	①	80.2%	
083		[학술문-평론] 추론적 이해[구체적(다른) 사례에 적용]	⑤	86.3%	
084		[실용문-자료] 사실적 이해(정보 확인)	④	91.6%	
085		[실용문-안내문] 사실적 이해(정보 확인)	⑤	96.6%	
086		[실용문-자료] 사실적 이해(정보 확인)	③	85.6%	
087		[실용문-자료] 사실적 이해(정보 확인)	⑤	93%	
088		[실용문-보도 자료] 추론적 이해[구체적(다른) 사례에 적용]	④	88.3%	
089		[실용문-보도 자료] 퇴고	③	18.8%	
090		[실용문-보도 자료] 비판적 이해(반응 및 수용)	④	77%	
091	국어 문화 10%	국어학(신조어)	③	75.6%	
092		국어학(근대 국어)	③	73.1%	
093		국어 생활(매체 언어)	②	70.5%	
094		국어학(문법)	④	47.8%	
095		국문학(작가)	①	43%	
096		국어 생활(일상어)	②	45.9%	
097		국어 생활(일상어)	④	38.5%	
098		국어학(북한어)	④	77.6%	
099		국어학(근대 국어)	②	57.2%	
100		국어학(순화어)	②	37.3%	

2016. 08. 21.

성　　명	
수험번호	
감독관 확인	

제43회
KBS 한국어능력시험

KBS 한국방송

- 문제지와 답안지 모두 성명, 수험 번호를 정확히 기입하십시오.
- 답안지와 함께 문제지를 반드시 제출하십시오.
- 본 시험지를 절취하는 것은 부정행위로 간주합니다.
- 본 시험의 내용을 무단으로 전재·복사·복제·출판·강의하는 행위와 인터넷 등을 통해 복원하는 행위는 저작권법에 저촉됩니다.

한국어능력시험 문항 100문항

영역	문항
듣기 · 말하기	001번~015번
어휘 · 어법	016번~045번
쓰기	046번~050번
창안	051번~060번
읽기	061번~090번
국어 문화	091번~100번

제43회 듣기 MP3 파일

- 에듀윌 도서몰(book.eduwill.net)에서 무료 다운로드(도서 구매자에 한함.)
- 위치경로: 에듀윌 도서몰 > 도서자료실 > 부가학습자료
- 비밀번호: WJ3DAL10EK

제43회 KBS 한국어능력시험

듣기·말하기 001번~015번

001 그림에 대한 설명과 일치하는 것은?

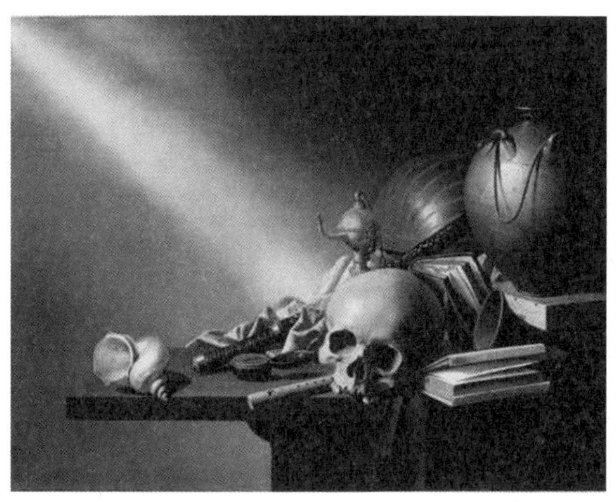

① 인간의 미각과 연관된 물건은 술병이다.
② 탁자 보는 죽음과 허무를 상징하고 있다.
③ 칼과 소라 껍데기는 지식의 허영을 고발하고 있다.
④ 나팔이나 리코더와 같은 관악기는 부와 풍요를 상징한다.
⑤ 해골의 좌우에는 여성성을 상징하는 악기들이 배치되어 있다.

002 등장인물의 생각으로 적절하지 <u>않은</u> 것은?

① 남: 고 3 학생은 공부하는 시간을 허비해서는 안 된다.
② 남: 강기범을 반장으로 추천한 것은 유나를 위해서이기도 하다.
③ 남: 교실을 조용하게 하기 위해 강기범을 반장으로 추천한 것은 아니다.
④ 여: 주성준이 강기범을 반장으로 추천한 것은 주성준 자신을 위해서이다.
⑤ 여: 강기범이 반장이 되면 주성준과 자신을 포함한 우리 모두가 불행해진다.

003 강좌의 내용과 일치하지 않는 것은?

	건망증	치매
①	뇌세포가 퇴화되어 발생한다.	뇌 기능이 손상되어 발생한다.
②	사건의 세세한 부분을 잊어버린다.	사건 자체를 잊어버린다.
③	기억력에 문제가 있다는 것을 인정한다.	기억력에 문제가 있다는 것 자체를 모른다.
④	기억의 저장 과정에서 문제가 발생한다.	기억을 꺼내는 과정에서 문제가 발생한다.
⑤	기억력 외의 다른 지적 기능에는 문제가 없다.	기억력 외에 판단력에도 문제가 생긴다.

004 '고전'의 가르침과 거리가 먼 것은?

① 일이 발생하기 전에 조치를 취해야 한다.
② 남들이 하지 않으려는 것을 하고자 해야 한다.
③ 일을 할 때 처음과 같이 끝까지 신중히 해야 한다.
④ 사람들이 구하기 어려운 재화를 귀하게 여겨야 한다.
⑤ 뭇사람들이 소홀히 지나치는 것을 돌이켜 봐야 한다.

005 시에서 확인할 수 있는 주된 정서로 가장 적절한 것은?

① 신선함　② 애절함　③ 간절함
④ 고고함　⑤ 지루함

006 '뉴스 보도'의 내용에 비추어 볼 때, 실제 방송에서 사용했음 직한 장면이 아닌 것은?

①
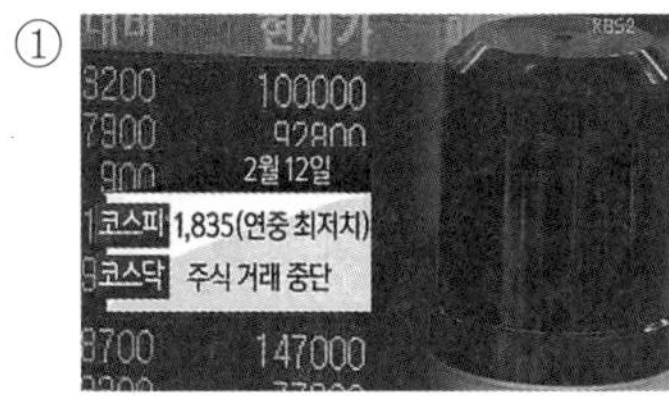

②

③

④

⑤

007 '뉴스 보도'에 대한 설명으로 적절하지 않은 것은?

① 경제 성장률의 조정과 관련된 내용을 언급하며 보도 내용을 시작하고 있다.
② 경제 성장률과 관련된 통계 수치를 인용해 보도 내용의 신뢰성을 높이고 있다.
③ 경제 성장률의 조정이 이루어진 이유에 대해 밝히며 보도 내용을 전개하고 있다.
④ 경제 성장률의 회복 가능성에 대한 전문가와의 인터뷰를 보도 내용에 삽입하고 있다.
⑤ 경제 성장률의 조정과 원화 가치 하락의 관계를 설명하며 보도 내용을 마무리하고 있다.

008 연설을 통해 알 수 있는 연설자의 생각으로 적절하지 않은 것은?

① 조선 500년 동안 우리 민족은 실천 없는 토론으로 세월을 보냈다.
② 조선 시대에는 경제적, 문화적으로 위대한 유산들이 많이 창작되었다.
③ 이완용, 이용구가 나라를 판 것과 관련하여 우리 국민들도 책임이 있다.
④ 독립운동을 하지 않으면서 다른 사람을 비판만 하는 태도는 적절하지 않다.
⑤ 민족의 부흥을 위해서는 우리 민족 각자가 망국의 책임이 자신에게 있음을 깨달아야 한다.

009 연설자가 계획한 내용이 연설에 반영되지 않은 것은?

① 사자성어를 활용하여 나의 생각을 제시해야겠군.
② 물음의 형식을 활용하여 나의 정서를 드러내야겠군.
③ 비유적 표현을 통해 우리 민족의 처지를 드러내야겠군.
④ 구체적 수치를 밝혀 핵심 내용에 대한 신뢰성을 높여야겠군.
⑤ 유사한 구조의 문장을 반복하여 전달하려는 의미를 강조해야겠군.

010 강연의 내용을 바르게 이해하지 못한 것은?

① 사하라 사막은 모래사막보다 암석과 자갈로 된 대지가 더 넓게 분포하고 있다.
② 사하라 사막은 6,000년 전만 해도 사냥과 낚시를 할 수 있는 비옥한 땅이었다.
③ 사하라 사막이 건조한 기후를 띠게 된 이유는 지구의 기온이 높아졌기 때문이다.
④ 사하라 사막의 모래는 기후 조건으로 인해 촉진된 기계적 풍화 작용으로 인해 생성되었다.
⑤ 사하라 사막의 기반암은 선캄브리아대에 형성되었으며 이를 사암과 석회암이 덮고 있었다.

011 강연자가 사용한 설명 방식으로 가장 적절한 것은?

① 중심 소재에 대한 질문을 던지며 청중의 관심을 유도하고 있다.
② 과거와 현재의 대비를 통해 중심 소재가 변화하게 된 원인을 밝히고 있다.
③ 강연자의 경험을 설명 내용에 반영하여 청자와의 공감대를 형성하고 있다.
④ 구체적인 사례에서 시작하여 보편적인 내용으로 설명 범위를 확대하고 있다.
⑤ 일반적 통념과 다른 정보를 제시하고 중심 소재와 관련한 새로운 이론을 도출하고 있다.

012 '해외 증시 정보'에서 다루어진 지수가 아닌 것은?

① 대만 가권지수 ② 홍콩 항셍지수 ③ 일본 토픽스지수
④ 일본 닛케이지수 ⑤ 중국 상하이종합지수

013 다음 빈칸에 들어갈 수 있는 것만을 〈보기〉에서 있는 대로 고른 것은?

아내: '해외 증시 정보'를 보니 일본 증시가 하락세라고 하네요?
남편: 그러니까 말이에요. 보도에 따르면 [　　　　　]이(가) 일본 증시에 큰 영향을 준 탓이래요.

보기

ㄱ. 국제 금값 하락
ㄴ. 브렌트유 가격의 하락
ㄷ. 뉴욕 증시의 급락
ㄹ. 중국 성장 둔화에 대한 우려 증가

① ㄱ, ㄴ　② ㄱ, ㄹ　③ ㄷ, ㄹ
④ ㄱ, ㄴ, ㄷ　⑤ ㄴ, ㄷ, ㄹ

014 '뉴스 해설'의 내용과 일치하지 않는 것은?

① 일본과 중국은 노벨 문학상 수상자를 배출한 바 있다.
② 연작 소설 '채식주의자'는 6년 전에 영국에서 번역본으로 출간되었다.
③ 소설가 한강 씨는 노벨 문학상 수상자를 제치고 '맨부커상'을 수상하였다.
④ 우리나라 주요 출판사의 단행본 서적 매출은 1년 새 15%p나 감소하였다.
⑤ 연작 소설 '채식주의자'는 인간 내면에 대한 탐구와 시적 감성이 돋보인다.

015 '뉴스 해설'의 마지막에 이어질 말로 가장 적절한 것은?

① 우리 문학의 경쟁력을 높이기 위해 외국어 번역의 정확성을 높일 수 있는 방법을 강구해야 할 것입니다.
② 우리 문학이 세계적인 문학상을 더 많이 수상할 수 있도록 정부의 체계적이고 적극적인 지원이 필요합니다.
③ 독서에 대한 관심이 무르익은 지금, 출판사와 서점들은 과도한 경쟁으로 이러한 분위기가 변질되지 않도록 주의해야 할 것입니다.
④ 독자들의 관심으로 문인의 창작욕이 자극되고, 우수한 번역가가 많아져 한국 문학의 세계화로 이어지는 좋은 기회가 되기를 바랍니다.
⑤ 독서하는 분위기가 곧 새로운 시대의 경쟁력임을 인식하고 문인들이 보다 경쟁력 있는 작품을 창작하기 위해 노력해 줄 것을 기대합니다.

어휘·어법 016번~045번

016 밑줄 친 고유어의 뜻풀이로 옳지 않은 것은?

① 그 일에 아무도 관심을 두지 않더니 결국 사달이 났다. → 사고나 탈.
② 문짝의 아귀가 맞지 않아 찬바람이 방안으로 계속 들어왔다. → 사물의 갈라진 부분.
③ 그는 평생 가난의 굴레에서 벗어나지 못했다. → 사람이 길려들게 만든 수단이나 술책.
④ 나는 박물관을 둘러보며 조상들의 슬기를 느낄 수 있었다. → 사리를 바르게 판단하고 일을 잘 처리해 내는 재능.
⑤ 손님들이 너무 많이 와서 잠시도 쉴 겨를이 없었다. → 어떤 일을 하다가 생각 따위를 다른 데로 돌릴 수 있는 시간적인 여유.

017 밑줄 친 한자어의 사전적 뜻풀이로 옳지 않은 것은?

① 그녀는 리우 올림픽에서 3관왕이 되는 쾌거를 이룩하였다. → 통쾌하고 장한 행위.
② 변호사는 사건을 수임하자마자 피해자를 찾아갔다. → 어떤 일에 손을 댐. 또는 어떤 일을 시작함.
③ 이미 배포된 책자를 회수하는 것은 불가능에 가까운 일이었다. → 신문이나 책자 따위를 널리 나누어 줌.
④ 시인은 삶 속에서 경험했던 정서를 언어로 표현했다. → 사람의 마음에 일어나는 여러 가지 감정. 또는 감정을 불러일으키는 기분이나 분위기.
⑤ 그 회사는 혁신적인 신제품을 출시하면서 시장의 주도권을 장악하기 시작했다. → 손안에 잡아 쥔다는 뜻으로, 무엇을 마음대로 할 수 있게 됨을 이르는 말.

018 밑줄 친 한자어가 문맥에 어울리지 않는 것은?

① 그는 건강상의 이유로 시골집에 칩거(蟄居)하고 있었다.
② 김 선생은 이제부터 어떠한 비판도 감수(甘受)하겠다고 말했다.
③ 그는 소리를 지르던 노파(老婆)가 자신의 아버지일지도 모른다고 생각했다.
④ 문화재를 복원하는 과정에서 학자들은 철저히 고증(考證)된 자료만을 참고했다.
⑤ 교수는 다른 학자들을 설득하기 위해 좀 더 정치(精緻)한 논리를 마련해야 했다.

019 **밑줄 친 한자어의 쓰임이 적절한 것은?**

① 많은 사람들이 수준 높은 문화생활을 영유(領有)하고 있다.
② 그는 부정적인 의견에 대해 더 이상 개념(槪念)하지 않기로 했다.
③ 나는 학교 운동장을 주차 공간으로도 전용(專用)하자는 의견을 냈다.
④ 경기가 회복기에 접어들 것이라는 희망적인 관측(觀測)이 지배적이다.
⑤ 사원들은 열심히 일할 수 있는 분위기를 조장(助長)하기로 함께 결의했다.

020 **밑줄 친 고유어의 쓰임이 적절하지 않은 것은?**

① 비가 내리지 않아서 논바닥이 다닥다닥 말라붙었다.
② 그는 바람에 한들한들 흔들리는 나뭇가지를 촬영했다.
③ 내가 좋아하는 김치찌개가 부엌에서 자글자글 끓고 있다.
④ 어머니께서 늦은 밤에 설거지를 하시는지 딸각딸각 소리가 났다.
⑤ 황새는 길고 가는 다리를 성큼성큼 떼어 놓으며 숲으로 들어갔다.

021 **〈보기〉의 빈칸에 공통으로 들어갈 단어의 기본형으로 가장 적절한 것은?**

보기

• 아궁이 속의 불씨가 아직 꺼지지 않고 (   ) 있다.
• 시계가 바닥에 세게 부딪혔는데도 아직 (   ) 있다.
• 그는 개성이 (   ) 있는 글을 쓰기 위해 꾸준히 노력했다.

① 남다　② 붙다　③ 살다
④ 솟다　⑤ 돌다

022 '세로 4번'에 들어갈 단어와 반대의 의미를 지니는 말로 적절한 것은?

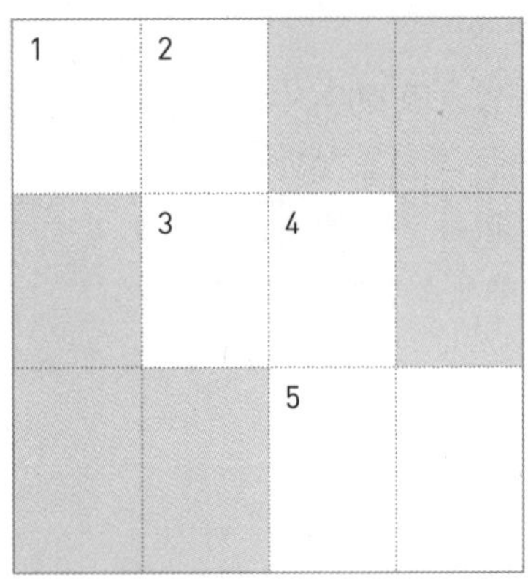

〈가로 열쇠〉
1. 줄을 지어 늘어선 행렬. 군인들이 ㅇㅇ을 이루어 시가행진을 하고 있다.
3. 지시, 명령, 물품 따위를 다른 사람이나 기관에 전하여 이르게 함. 축의금을 ㅇㅇ하다.
5. 법정에서, 검사의 공격으로부터 피고인의 이익을 옹호하는 일.

〈세로 열쇠〉
2. 여러 사람의 전기(傳記)를 차례로 벌여서 기록한 책. 사기(史記) ㅇㅇ을 읽다.

① 강변(強辯) ② 궤변(詭辯) ③ 눌변(訥辯)
④ 답변(答辯) ⑤ 언변(言辯)

023 다음은 신체와 관련된 단어들이다. 〈보기〉에 제시된 두 단어의 의미 관계와 다른 것은?

보기
뼈마디 : 관절(關節)

① 염통 : 폐부(肺腑) ② 뒤통수 : 후두(後頭) ③ 허리뼈 : 요추(腰椎)
④ 손가락 : 수지(手指) ⑤ 무릎뼈 : 슬개골(膝蓋骨)

024 〈보기〉와 동일한 방식으로 만들어진 단어로 가장 적절한 것은?

보기
단어의 의미를 분석해 보면 단어가 어떤 방식으로 형성되었는지를 유추해 볼 수 있다. 예를 들어 '띠구름'은 '띠처럼 기다란 구름.'을 의미하는 말인데, 다음과 같은 의미 분석을 통해 단어의 형성 과정에 대해 유추해 볼 수 있다.

구름이 **띠**처럼 기다랗다 ⇨ **띠**처럼 기다란 **구름** ⇨ **띠구름**

① 촛불 ② 종이배 ③ 새그물
④ 소걸음 ⑤ 쌀가게

025 〈보기〉의 ㉠~㉤ 중, 나머지와 품사가 다른 것은?

보기

- 우리 회사에서 이번에 ㉠큰 공사를 맡게 되었다.
- 다 ㉡큰 녀석이지만 밤늦게 다니지 않게 타일렀다.
- 저들 중에서 키가 가장 ㉢큰 사람은 농구 선수이다.
- 전문가들은 우리가 이길 확률이 ㉣큰 것으로 분석했다.
- 그가 ㉤큰 소리로 떠드는 바람에 선생님께서 화를 내셨다.

① ㉠ ② ㉡ ③ ㉢
④ ㉣ ⑤ ㉤

026 〈보기〉의 ㉠~㉢에 해당하는 한자로 올바르게 묶인 것은?

보기

- 많은 환자들이 ㉠장기 이식을 기다리고 있었다.
- 드디어 기다리던 ㉡장기 자랑 순서가 돌아왔다.
- 김 사장은 다음 달에 ㉢장기 출장을 다녀올 예정이었다.

	㉠	㉡	㉢
①	長技	長期	臟器
②	長技	臟器	長期
③	臟器	長技	長期
④	臟器	長期	長技
⑤	長期	首領	長技

027 밑줄 친 말의 한자 병기가 잘못된 것은?

① 전란이 끝나자 신분제가 동요(動搖)하기 시작했다.
② 그녀는 따뜻한 차를 마시며 상념(想念)에 잠겨 있었다.
③ 그의 솜씨는 어느덧 장인의 경지(境地)에 도달해 있었다.
④ 아파트 재건축과 관련하여 주민들의 의견이 상충(相衝)하였다.
⑤ 원주민들은 이주민들이 그들의 풍속에 동화(同和)되기를 원했다.

028 유사한 의미를 지닌 말끼리 연결한 것으로 가장 적절한 것은?

① 주마간산(走馬看山) – 닫는 말에도 채를 친다
② 하석상대(下石上臺) – 낙숫물이 댓돌을 뚫는다
③ 삼순구식(三旬九食) – 책력 보아 가며 밥 먹는다
④ 포복절도(抱腹絕倒) – 사흘 굶어 도둑질 아니 할 놈 없다
⑤ 호가호위(狐假虎威) – 호랑이 굴에 가야 호랑이 새끼를 잡는다

029 다음 관용구의 의미가 적절하지 않은 것은?

① '달이 차다' → 아이를 배어 낳을 달이 되다.
② '죽을 쑤다' → 어떤 일을 망치거나 실패하다.
③ '말이 아니다' → 사정, 형편 따위가 몹시 어렵거나 딱하다.
④ '손이 뜨다' → 할 일이 있는데도 아무 일도 안 하고 그냥 있다.
⑤ '기름을 끼얹다' → 감정이나 행동을 부추겨 정도를 심하게 만들다.

030 밑줄 친 단어를 바르게 순화하지 못한 것은?

① 시인은 뉘앙스(→ 어감)의 차이까지 고려하며 시어를 신중히 선택하였다.
② 그 감독의 영화는 국제 영화제에서 올해 그랑프리(→ 최우수상)를 탔다.
③ 오빠는 올해 콩쿠르(→ 연주회)에서 작년에 이어 또 1위로 입상하였다.
④ 브라질에 있는 특파원이 방금 생생한 르포(→ 현장 보고)를 보내왔다.
⑤ 그녀는 늦은 나이에 문단에 데뷔(→ 등단)한 보기 드문 소설가이다.

031 밑줄 친 말이 〈보기〉에 제시된 [붙임 2]의 적용을 받는 것은?

> **보기**
>
> 한글 맞춤법 제40항 어간의 끝음절 '하'의 'ㅏ'가 줄고 'ㅎ'이 다음 음절의 첫소리와 어울려 거센소리로 될 적에는 거센소리로 적는다.
>
> [붙임 2] 어간의 끝음절 '하'가 아주 줄 적에는 준 대로 적는다.

① 끈기는 목적을 달성하게 하지만 성급함은 파멸로 치닫게 한다.

② 우리가 묵기로 예정되어 있던 방이 깨끗하지 않아 실망스러웠다.

③ 그녀는 옷을 간편하게 입고 오빠와 함께 야외로 나들이를 나섰다.

④ 아버지께서는 회장직에서 사임하고자 했지만 뜻을 이루지 못하셨다.

⑤ 그곳은 기계 공학 분야를 중점적으로 연구하도록 위촉받은 기관이다.

032 밑줄 친 단어의 표기가 바른 것은?

① 어제 귀걸이를 한 후 귓볼이 빨갛게 부어올랐다.

② 딸꾹질은 횡경막의 경련으로 발생하는 현상이다.

③ 할머니께서는 이맘때면 창난으로 젓을 담그셨다.

④ 소매깃 사이로 들어오는 바람에도 한기가 느껴진다.

⑤ 침을 맞고 부황을 붙이니 허리 통증이 조금 가셨다.

033 밑줄 친 단어의 표기가 바르지 않은 것은?

① 우리 동생은 세상 물정을 전혀 모르는 숙맥이었다.

② 등산을 하다 보면 돌부리에 걸려서 넘어질 때도 있다.

③ 손님은 종업원에게 당장 주인을 불러오라고 닦달하였다.

④ 나는 정원에 있는 나무 밑동 쉼터에서 휴식을 취하였다.

⑤ 학생들을 이토록 아끼는 것을 보면 그녀는 천상 선생님이다.

034 밑줄 친 부분의 띄어쓰기가 잘못된 것은?

① 정부는 감사 결과에 대한 후속조치를 실시했다.
② 조종사는 갑작스러운 돌발∨상황에 당황하고 말았다.
③ 그 친구는 전학 이후 새로운 학교생활에 만족을 느꼈다.
④ 경찰은 두 사람 모두에게 폭력∨행위에 대한 책임을 물었다.
⑤ 우리 조상들은 현대인들에게 찬란한 문화유산을 물려주었다.

035 밑줄 친 말이 표준어가 아닌 것은?

① 그는 얼결에 자신의 이름을 밝히고 말았다.
② 군인들은 마대에 흙을 담아 강둑을 복구했다.
③ 아저씨는 배가 부른지 트림을 늘어지게 했다.
④ 전쟁터에서 돌아온 아들은 넝마를 걸치고 있었다.
⑤ 아버지께서는 복어를 맑게 끓인 지리 국물을 좋아하셨다.

036 어법에 맞고 자연스러운 문장은?

① 우리나라 역사에서 가장 주목하는 여성을 꼽으라면, 단연 사임당 신 씨를 떠올릴 것이다. ② 이를 증명하듯 사임당은 2009년도에 발행, 유통되기 시작한 5만 원권에 여성 최초의 도안 인물로 선정되었다. ③ 그런데 사임당은 과거에도 지금과 같이 존경과 사모의 대상이었던 것 같다. ④ 일부 전통 시대 여인들이 역사에 흔적을 남기지 못한 반면, 사임당은 언제 태어났는지 분명하게 알려져 있지만 이름 석 자도 분명하게 남아 있기 때문이다. ⑤ 또 50세 남짓 짧은 삶을 살았던 사임당을 우리가 오랫동안 기억하는 것은, 무엇보다도 그가 유명한 사상가인 율곡 이이의 어머니이다.

037 표현의 중의성을 해소한 것으로 적절하지 않은 것은?

① 배에 문제가 생겼다. → 선박에 문제가 생겼다.
② 그는 손을 씻었다. → 그는 그 일에서 손을 씻었다.
③ 그녀는 옷장에서 예쁜 딸의 옷을 꺼냈다. → 그녀는 옷장에서 딸의 예쁜 옷을 꺼냈다.
④ 나는 어제 친구에게 책을 빌려 주지 않았다. → 어제 나는 친구에게 책을 빌려 주지 않았다.
⑤ 동생은 나보다 음악을 더 좋아한다. → 동생은 내가 음악을 좋아하는 것보다 더 음악을 좋아한다.

038 문장 표현이 가장 자연스러운 것은?

① 잠을 깬 사람은 비단 나뿐이었다.
② 그 사람과는 도무지 말이 잘 통한다.
③ 그는 결코 이번 경기에서 좋은 결과를 얻을 것이다.
④ 그는 비록 몸은 피곤하면서 마음만은 편안해 보였다.
⑤ 우락부락한 외모와는 달리 말투가 여간 상냥하지가 않다.

039 〈보기〉의 a~e에 밑줄 친 단어의 발음에 대한 설명으로 적절하지 않은 것은?

보기

a. 그는 서울역 근처에 살고 있다.
b. 그녀의 당시 나이는 여덟 살이었다.
c. 집안의 좋고 나쁨을 따지지는 않았다.
d. 밥물 맞추기가 생각보다 쉽지 않았다.
e. 국민 각자가 열심히 일해야 할 때이다.

① a: /ㄹ/을 첨가하여 [서울력]으로 발음한다.
② b: /ㄼ/에서 /ㅂ/을 탈락시켜 [여덜]로 발음한다.
③ c: /ㅎ/과 /ㄱ/을 축약하여 [조코]로 발음한다.
④ d: /ㅂ/을 /ㅁ/으로 교체하여 [밤물]로 발음한다.
⑤ e: /ㄱ/을 /ㅇ/으로 교체하여 [궁민]으로 발음한다.

040 〈보기〉를 참고할 때, 밑줄 친 말이 '통사적 부사화'의 예에 해당하는 것은?

보기

어떤 언어 단위를 부사 또는 부사적 기능으로 변화시키는 것을 '부사화'라고 한다. 부사화는 단어가 파생법과 합성법에 의해 부사로 변하는 '어휘적 부사화'와 단어 · 구 · 절이 부사처럼 기능하도록 하는 '통사적 부사화'로 나눌 수 있다.

① 제가 이번 사건을 맡았으니 진상을 낱낱이 밝히겠습니다.
② 이모는 어려서부터 노래하는 걸 대단히 좋아했다고 한다.
③ 어머니는 더럽게 어질러져 있는 방을 청소하기 시작했다.
④ 손을 빨리 놀려야 제시간에 맞춰 과제를 끝낼 것 같았다.
⑤ 그때 또다시 굉음을 울리며 오토바이 한 대가 지나갔다.

041 〈보기〉의 선생님의 질문에 대한 답을 바르게 나타낸 것은?

보기

선생님: 청유문은 일반적으로 화자가 청자에게 같이 행동할 것을 바랄 때에 쓰이지만, 간혹 청자만 행하기를 바라거나 화자만 행하려는 행동을 나타낼 때에 쓰이기도 합니다. ㄱ~ㄹ에 제시된 청유문을 분류해 볼까요?

ㄱ. (밥을 먼저 먹은 사람이 귀찮게 말을 걸 때) 식사 좀 합시다.
ㄴ. (아빠가 아들에게 약을 먹일 때) 우리 아들, 이리 와 약 먹자.
ㄷ. (연설자가 조용히 할 것을 지시할 때) 여러분, 조용히 좀 합시다.
ㄹ. (회의에서 논의가 길어질 때) 이 문제는 내일 아침에 다시 이야기하자.

	청자만 행하기를 바라는 경우	화자만 행하려는 행동을 나타내는 경우	화자가 청자에게 같이 행동할 것을 바라는 경우
①	ㄴ	ㄱ	ㄷ, ㄹ
②	ㄴ	ㄹ	ㄱ, ㄷ
③	ㄹ	ㄴ	ㄱ, ㄷ
④	ㄴ, ㄷ	ㄱ	ㄹ
⑤	ㄴ, ㄷ	ㄹ	ㄱ

042 문장 부호 규정에 대한 설명이 잘못된 것은?

	문장 부호	규정 설명	예시
①	빠짐표(□)	글자가 들어가야 할 자리를 나타낼 때 쓴다.	훈민정음의 초성 중에서 아음(牙音)은 □□□의 석 자다.
②	쌍점(:)	표제 다음에 해당 항목을 들거나 설명을 붙일 때 쓴다.	올림표(#): 음의 높이를 반음 올릴 것을 지시한다.
③	줄표(—)	두 개 이상의 어구가 밀접한 관련이 있음을 나타내고자 할 때 쓴다.	원 – 달러 환율
④	대괄호([ ])	괄호 안에 또 괄호를 쓸 필요가 있을 때 바깥쪽의 괄호로 쓴다.	이번 회의에는 두 명[이혜정(실장), 박철용(과장)]만 빼고 모두 참석했습니다.
⑤	밑줄(＿)	문장 내용 중에서 주의가 미쳐야 할 곳이나 중요한 부분을 특별히 드러내 보일 때 쓴다.	지금 필요한 것은 지식이 아니라 실천입니다.

043 〈보기〉와 같이 발음되지 않는 것은?

보기

표준 발음법 제24항 어간 받침 'ㄴ(ㄵ), ㅁ(ㄻ)' 뒤에 결합되는 어미의 첫소리 'ㄱ, ㄷ, ㅅ, ㅈ'은 된소리로 발음한다.

① 껴안다 ② 닮고 ③ 보듬지
④ 얹다 ⑤ 안기다

044 '컷/커트(cut)'에 관한 설명으로 맞는 것은?

① '컷'은 전체에서 일부를 잘라내는 일을 의미한다.
② '컷'은 진행되던 일을 중간에 차단하는 것을 뜻한다.
③ '커트'는 미용을 목적으로 머리를 자르는 일을 의미한다.
④ '커트'는 사용 맥락에 따라 '장면'이나 '삽화'로 순화할 수 있다.
⑤ '커트'는 영화에서 촬영을 멈추거나 멈추라는 뜻으로 하는 말이다.

045 로마자 표기가 잘못된 것은?

① 속리산 Songnisan ② 오죽헌 Ojukheon ③ 다보탑 Dabotap
④ 촉석루 Chokseoklu ⑤ 화랑대 Hwarangdae

쓰기 046번 ~ 050번

[046~050] '수면 부족'을 소재로 글을 작성하려고 한다. 제시된 물음에 답하시오.

046 글을 작성하기 위하여 계획한 내용으로 적절하지 않은 것은?

> **글쓰기 계획**
>
> • 주제: 수면 부족 문제의 원인과 해결 방안
> • 목적: 수면 부족 문제와 관련한 정보 전달 및 설득
> • 예상 독자: 일반인
> • 글의 내용
> – 수면 부족 문제가 발생하게 되는 원인을 제시한다. ……… ①
> – 수면 부족으로 인해 발생할 수 있는 여러 문제들을 언급한다. ……… ②
> – 수면 부족의 위험성을 수면 과다의 경우와 비교하여 분석한다. ……… ③
> – 수면 부족 문제를 해결할 수 있는 다양한 방법들을 정리하여 제시한다. ……… ④
> – 평균 수면 시간을 권장 수면 시간과 비교해 수면 부족의 심각성을 드러낸다. ……… ⑤

047 〈보기〉에 제시된 자료의 활용 방안으로 적절하지 않은 것은?

보기

(가) 연령대별 권장 수면 시간

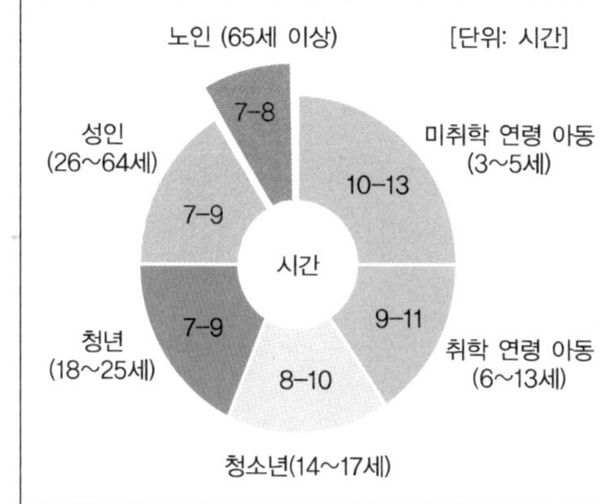

(나) 우리나라 성인 평균 수면 시간의 변화

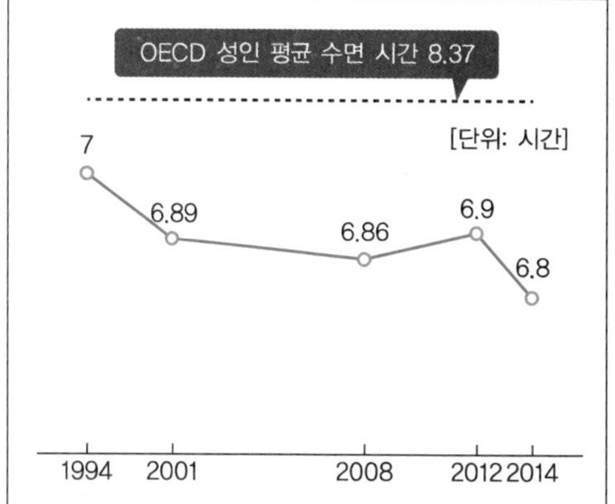

(다) 수면 부족이 건강에 미치는 영향에 대한 뉴스 보도 내용

하루 수면 시간이 평균 7시간 미만인 사람들은 적정 수면을 취하는 사람들에 비해 협심증, 심근 경색, 뇌졸중 등의 심혈관계 질환에 걸릴 확률이 2배나 더 높은 것으로 나타났습니다. 또한 평균 수면 시간이 짧으면 짧을수록 심장병의 위험성이 더욱 커지며, 특히 연령대가 높아질수록 심장병의 위험성이 커지는 것으로 확인되었습니다.

– ○○○ 기자

(라) 수면의 질을 높이는 방법에 대한 전문가 인터뷰

수면의 질을 높이려면 잠자리에 드는 시간과 일어나는 시간을 매일 일정하게 유지해야 합니다. 수면 시간은 일종의 습관으로 사람에 따라 4~9시간 범위의 다양한 양상이 나타나는데, 무리하게 자신의 수면 습관을 바꾸면 건강에 이상이 올 수도 있음을 유념해야 할 것입니다. 아울러 적정 수면 시간 확보와 수면의 질 향상을 위해 카페인이 든 커피나 홍차, 초콜릿, 탄산음료 등의 섭취를 줄이는 것이 좋습니다.

– ○○ 병원 신경과 ○○○ 교수

① (가)와 (나)를 활용하여 우리나라 성인의 평균 수면 시간이 권장 수준에 미치지 못하고 있음을 언급한다.

② (가)와 (다)를 활용하여 연령대별로 수면 부족의 기준과 위험성에 차이가 있음을 언급한다.

③ (가)와 (라)를 통해 무리하게 수면 습관을 바꾸지 말고 자신의 연령에 맞는 권장 수면 시간을 확보해야 함을 언급한다.

④ (나)와 (라)를 통해 기상 및 취침 시간을 수시로 변화시켜 수면 시간을 OECD 평균 수준으로 확보해야 함을 언급한다.

⑤ (다)와 (라)를 활용하여 질병 위험성을 높이는 수면 부족 문제를 카페인 섭취를 줄이는 것을 통해 개선할 수 있음을 언급한다.

048 위의 계획과 자료를 바탕으로 〈개요〉를 작성하였을 때, 〈개요〉의 수정 및 상세화 방안으로 적절하지 않은 것은?

개요

Ⅰ. 수면 부족이란?
　가. 수면 부족의 개념
　나. 수면 부족에 좋은 음식들 ······ ㉠

Ⅱ. 수면 부족으로 인한 문제점 ······ ㉡
　가. 정신 건강을 악화시킴
　나. 각종 신체 질환을 유발함

Ⅲ. 수면 부족을 해결하기 위한 방안 ······ ㉢
　가. 수면 시간을 충분히 확보하려는 노력
　나. 수면의 질을 높이기 위한 수면 습관 유지
　다. 수면을 방해하는 음식물의 섭취를 지양

Ⅳ. 수면 부족의 원인
　가. 바쁜 일상으로 인해 수면 시간이 충분하지 않기 때문
　나. 심리적 요인으로 인해 질 높은 수면을 취하지 못하였기 때문
　다. 수면에 필요한 시간을 충분히 확보하지 못해서 ······ ㉣
　라. 각종 안전사고의 발생 가능성이 커짐 ······ ㉤

① ㉠은 Ⅰ의 내용과 어울리지 않으므로 '수면 부족의 판단 기준'으로 바꾼다.
② ㉡은 하위 항목을 포괄하지 못하므로 '수면 부족의 여러 유형'으로 수정한다.
③ ㉢은 글 전체의 자연스러운 흐름을 고려하여 Ⅳ와 위치를 바꾸어 제시한다.
④ ㉣은 'Ⅲ-다'의 내용을 고려하여 '카페인이 함유된 음식물의 과도한 섭취'로 대체한다.
⑤ ㉤은 Ⅳ의 내용과 어울리지 않는 내용이므로 Ⅱ의 하위 항목으로 위치를 옮긴다.

[049~050] 위의 내용을 토대로 작성한 글을 읽고 제시된 물음에 답하시오.

현대인이 겪고 있는 수면 질환 중 가장 대표적인 것이 바로 만성적인 '수면 부족'입니다. 보건복지부의 '2014 국민건강통계'에 따르면 우리나라 성인들의 하루 평균 수면 시간은 6.8시간으로, 이는 OECD 평균 수면 시간인 8.37시간에 비해 매우 낮은 수치입니다. 수면 부족이란 필요한 만큼의 잠을 자지 못했다는 것인데, 미국 국립수면재단의 발표에 따르면 성인의 하루 권장 수면 시간은 7~9시간 정도이므로 우리나라 성인들 중 상당수는 수면 부족 상태를 경험하고 있다고 볼 수 있습니다.

수면 부족이 ㉠ <u>오래</u> 지속되면 다양한 건강상의 문제가 발생하게 되는데, 우선 수면 부족으로 발생하는 정신적 문제로는 기억력과 집중력 저하, 학습 장애 등이 있으며, 수면 부족 문제가 장기화되면 감정이 불안해지고 짜증이 심해져 성격 변화로도 이어질 수 있습니다. 또한 수면 부족은 고혈압, 심장 질환, 폐 질환, 위장 질환 등 각종 신체적 질병의 원인이 되며, 연령층이 높아질수록 수면 부족의 위험성은 더 커지게 됩니다. 그리고 만성적인 수면 부족에 시달리게 되면 치매나 암의 발병 가능성도 높아지며, ㉡ <u>수면 부족으로 인해 신체 반응 속도가 떨어지게 되면 각종 안전사고 및 교통사고로 이어질 수도 있으므로 주의해야 합니다</u>.

㉢그리고 수면 부족은 왜 생기는 걸까요? 가장 큰 원인은 바쁜 일상으로 인해 수면 시간이 충분하지 않기 때문이라고 할 수 있습니다. 사회가 점점 복잡해지고 해야 할 일이 많아져서 대부분의 사람들이 늦게까지 깨어 있기 때문에 충분한 수면 시간을 확보하지 못하게 된 것입니다. 또한 수면의 질이 낮은 경우에도 수면 부족이 생길 수 있는데, 수면 시간이 양적으로 충분하더라도 수면 관련 호흡 장애(코골이 등)를 겪거나, 불안감, 우울증 등 심리적인 요인으로 인해 쉽게 잠들지 못하는 경우, 밤에 자주 깨는 등의 수면 장애를 겪는 경우에 숙면을 취하지 못해 수면 부족을 겪게 됩니다. 즉, 수면 부족의 문제는 수면 시간 자체의 문제만이 아니라 수면의 질을 관리하는 것과도 밀접한 관련이 있습니다.

수면 부족 문제를 해결하기 위해서는 우선 수면 시간을 충분히 확보해야 하며, ㉣규칙적으로 유지하도록 노력해야 합니다. 의학 전문가들은 수면 시간은 일종의 습관으로 개인에 따라 차이가 있으므로, 무리해서 자신의 수면 습관을 바꾸면 건강에 이상이 올 수도 있기 때문에 잠자리에 드는 시간과 일어나는 시간을 매일 일정하게 유지하는 것이 중요하다고 조언하고 있습니다. 또한 가벼운 신체적 운동을 하는 것은 수면의 질을 ㉤향상하는 데 도움이 되며, 오후 시간 이후에는 카페인이 든 커피나 홍차, 초콜릿, 탄산음료의 섭취를 피하는 것이 좋습니다. 아울러 잠자리에 들기 전에 스마트 기기를 장시간 사용하거나 눕거나 엎드려서 책, 텔레비전을 보는 일은 숙면을 방해하는 행동임을 기억해야 할 것입니다.

'[㉮]'(이)라는 말이 있습니다. 이는 잠을 잘 자는 것이 정신적, 육체적으로 지친 몸과 마음을 회복하는 데 얼마나 중요한 것인가를 강조하고 있습니다. 수면 부족으로 인한 문제를 겪고 있거나, 수면 장애로 건강에 위협을 느끼고 있다면 이를 방치하지 말고 즉시 개선하려는 노력을 기울이시기 바랍니다.

049 ㉠~㉤을 수정하려고 할 때, 그 방안으로 적절하지 않은 것은?

① ㉠: 의미상 중복되는 부분이 있으므로 '오래'를 삭제한다.
② ㉡: 글의 전체적인 내용상 통일성을 해치는 문장이므로 삭제한다.
③ ㉢: 이전 문단과의 유기적인 흐름을 고려해 '그렇다면'으로 고친다.
④ ㉣: 의미를 보다 분명하게 하기 위해 목적어 '수면 습관을'을 삽입한다.
⑤ ㉤: 주어와 서술어와의 관계를 고려하여 사동 표현인 '향상시키는'으로 고쳐 쓴다.

050 문맥을 고려하여 <조건>에 맞게 [㉮]에 들어갈 문구를 작성할 때, 가장 적절한 것은?

조건

- 수면의 긍정적 효과를 강조할 것.
- 은유적 표현을 포함할 것.

① 수면은 달콤한 꿀처럼 위험한 시간
② 수면은 집중력을 해치는 최대의 적
③ 수면은 피로한 몸과 마음의 치료제
④ 수면은 소중한 인생을 낭비하는 무덤
⑤ 수면은 길수록 좋고 깊을수록 좋은 것

창안 051번～060번

051 아래의 시각 자료를 통해 전달할 수 있는 내용으로 가장 적절한 것은?

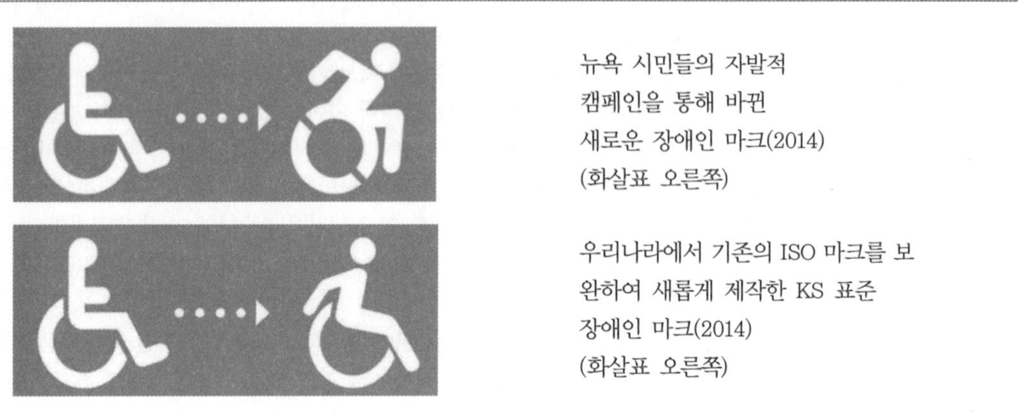

① 장애인은 외국에만 있는 것이 아니라 우리나라에도 많이 있습니다.
② 장애인은 수동적이기만 한 존재가 아니라 능동적인 활동이 가능한 존재입니다.
③ 장애인이 자유롭게 활동할 수 있도록 양보를 실천하는 시민 의식이 필요합니다.
④ 장애인을 위한 시설 투자를 아끼지 말고 사회 편의 시설을 더욱 확충해야 합니다.
⑤ 장애인의 활동을 도울 수 있도록 기능이 개선된 새로운 휠체어를 개발해야 합니다.

052 〈보기〉의 대화에 언급된 경기 종목을 시각 자료로 나타내고자 할 때, 제시할 필요가 없는 것은?

보기

남편: 오는 9월 7일부터 18일까지 리우데자네이루 장애인 올림픽이 개최된대요. 지난 장애인 올림픽 때 역도와 휠체어 테니스에서 박진감 넘치는 승부가 펼쳐졌던 거 기억하시죠?
아내: 맞아요, 정말 재미있었어요. 그리고 휠체어 펜싱도 꽤 흥미로웠어요. 사격도 볼만했고요. 이번 장애인 올림픽에서도 좋은 경기가 펼쳐지면 좋겠어요.

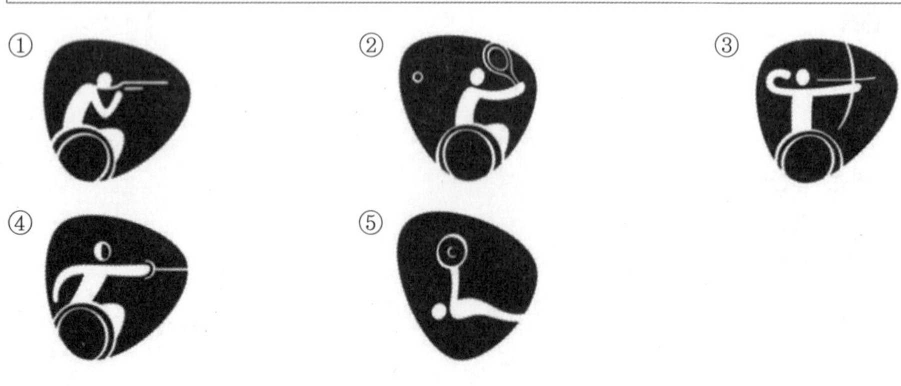

053 〈보기〉의 밑줄 친 부분의 예에 해당하지 <u>않는</u> 것은?

> **보기**
>
> 언어유희는 말이나 글자를 소재로 하여 원래 용법과 다르게 사용하여 재미를 끌어내는 것으로, 일종의 말장난에 해당한다. 언어유희는 다양한 방식으로 형성될 수 있는데, 그 대표적인 예로 <u>발음이 동일하거나 유사한 점을 활용하는 언어유희</u>를 들 수 있다.

① 난 자두야. 밤에 잠을 자두 네 생각만 계속 나.
② 난 바나나야. 네가 얼마나 나한테 반하나 볼래.
③ 난 사과야. 너만 생각하는 죄를 지은 것 사과해.
④ 난 오렌지야. 널 사랑하게 된 게 얼마나 오랜 지.
⑤ 난 레몬이야. 레몬 향처럼 상큼하게 네게 다가갈래.

054 〈보기〉에 제시된 두 그래프의 차이에 착안하여 강연을 할 때, 그 내용으로 가장 적절한 것은?

> **보기**

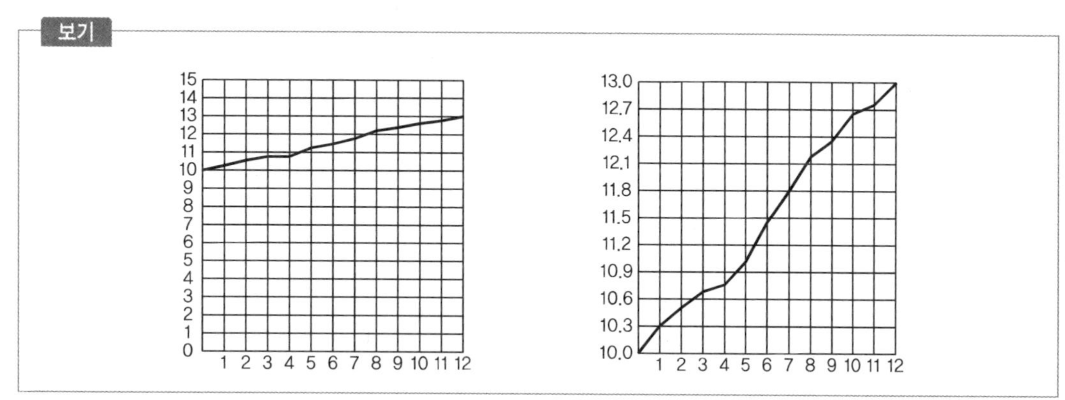

① 주장의 타당성, 그래프의 기울기가 커질수록 점점 더 확보됩니다.
② 통계 자료의 홍수 시대, 다양한 통계 자료의 유형에 대해 알아봅시다.
③ 다르게 보이는 그래프, 사실 동일한 통계 수치를 나타낸 그래프입니다.
④ 지나친 실적 중심주의, 실적만 쌓다가 중요한 것을 잃을 수도 있습니다.
⑤ 양적인 것과 질적인 것이 균형 잡힌 통계, 우리가 추구해야 할 바입니다.

055 〈조건〉을 활용하여 에너지 절약 문구를 제작할 때, 가장 적절한 것은?

조건

- 개인적 차원의 구체적인 실천 방안을 포함할 것.
- 대조와 대구의 표현 방식을 모두 사용할 것.

① 대중교통 이용의 활성화!
타면 탈수록 밝아지는 우리 경제

② 에너지 효율이 높은 가전제품 사용!
낭비하면 큰 짐, 절약하면 큰 힘

③ 안 쓰는 가전제품의 전기 플러그 뽑기!
풍부해지는 에너지, 풍족해지는 가계

④ 친환경 제품 개발을 가로막는 규제의 완화!
에너지 효율은 높이고, 전기 요금은 낮추고

⑤ 냉장고 온도를 적정 온도로 맞추기!
적정 에너지 사용으로 연장되는 지구 수명

056 〈조건〉을 모두 반영하여, 〈보기〉의 [가]에 들어갈 문구를 창작한 것으로 가장 적절한 것은?

보기

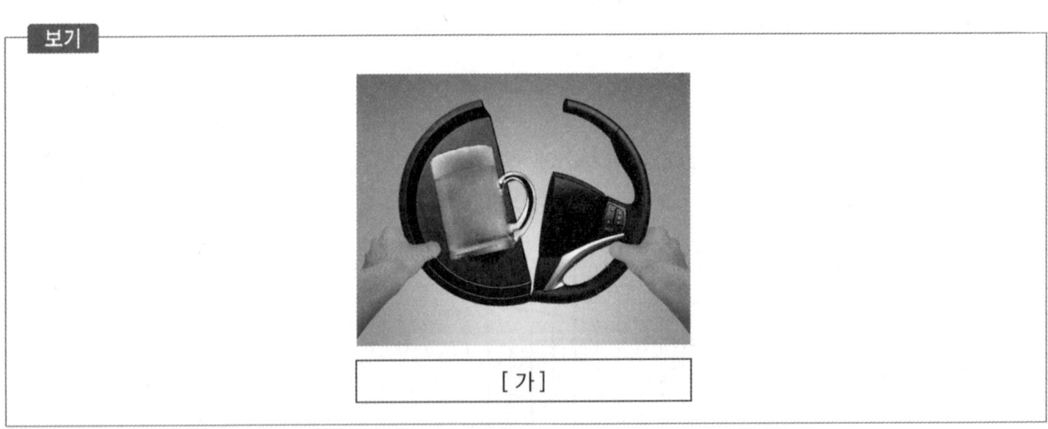

[가]

조건

- 〈보기〉에 제시된 그림을 참고하여 '음주 운전'에 대한 경고의 메시지를 담을 것.
- 유사한 어구를 활용하여 드러내고자 하는 의미를 강조할 것.

① 초심으로 돌아가려는 자세, 안전 운전의 시작!
② 우리의 생명도 하나, 음주와 운전 중 선택도 하나!
③ 술잔을 돌리는 술자리 문화, 안전 운전의 최대 걸림돌!
④ 운전대를 양손으로 잡는 습관, 안전 운전을 위한 첫걸음!
⑤ 난폭 운전을 하는 순간, 반쪽짜리 안전 운전을 하는 순간!

057 〈보기〉의 ㉠~㉣을 나무의 이름을 표현하는 방식에 따라 구분한 것으로 적절한 것은?

보기

십리 절반 오리나무, 열의 갑절 스무나무
㉠ 대낮에도 밤나무, 방귀 뀌어 뽕나무
거짓 없어 참나무, ㉡ 향기로운 차나무
오자마자 가래나무, ㉢ 어기영차 배나무
칼로 베어 피나무, 내 편 네 편 양편나무
㉣ 따끔따끔 가시나무, 양반골에 상나무
너하구 나하구 살구나무

	[방식 1]	[방식 2]
①	㉠	㉡, ㉢, ㉣
②	㉠, ㉣	㉡, ㉢
③	㉠, ㉡, ㉢	㉣
④	㉠, ㉢	㉡, ㉣
⑤	㉠, ㉢, ㉣	㉡

058 〈보기〉를 활용하여, '인간의 사회 구조'에 대해 설명한 내용으로 가장 적절한 것은?

보기

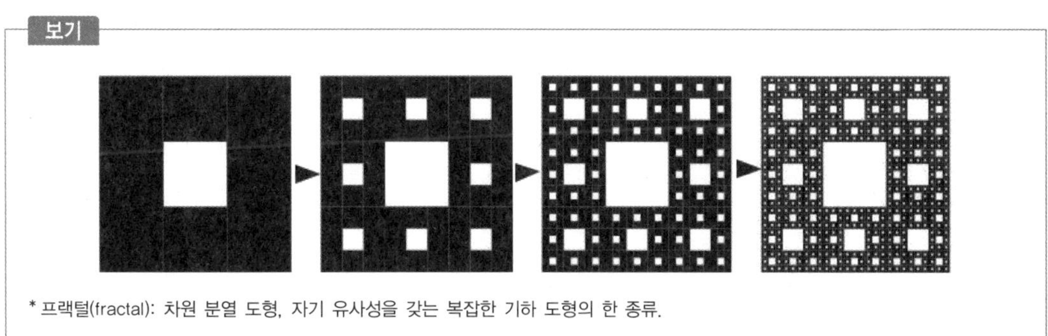

* 프랙털(fractal): 차원 분열 도형, 자기 유사성을 갖는 복잡한 기하 도형의 한 종류.

① 하나의 조화로운 세계가 무질서한 분열의 세계로 진행하고 있습니다.
② 다양하고 개성이 넘치는 개인은 사회 구조를 지탱하는 기본 요소입니다.
③ 개인의 무분별한 욕망이 사회 전체로 표출되어 혼돈의 세계를 맞이하고 있습니다.
④ 전체 사회 구조를 지배하는 핵심 원리가 작고 부분적인 사회의 원리로 복제되어 나타납니다.
⑤ 다양한 삶의 양상과 복잡한 사회 구조가 단조로운 삶의 양상과 단순한 사회 구조로 변화했습니다.

059 **다음의 두 그림을 통해 청소년들에게 해 줄 수 있는 말로 가장 적절한 것은?**

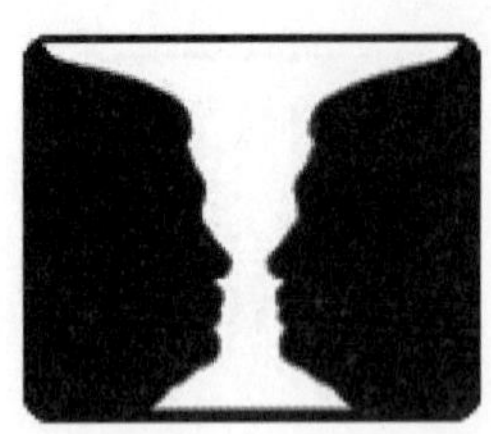

▲ 술잔? 마주보고 있는 두 사람?

▲ 색소폰 연주자? 아름다운 여성?

① 무엇에 주목하느냐에 따라 당신이 보는 세상은 달라질 수 있습니다. 열린 시각으로 세상을 바라보세요.
② 당신은 혼자가 아닙니다. 눈을 크게 뜨면 곁에서 당신을 바라보고 지켜 주는 사람을 찾을 수 있을 거예요.
③ 세상은 흑과 백, 두 가지로만 이루어져 있지 않습니다. 세상에 존재하는 다양한 색으로 삶을 아름답게 가꿔 보세요.
④ 내가 보는 세상이 전부가 아닙니다. 지금의 세상에 만족하지 말고 더 큰 세상을 만들어 가기 위해 도전해야 합니다.
⑤ 다른 사람이 뭐라고 하든지 자신의 생각이 분명하면 흔들리지 않습니다. 세상을 보는 자신만의 관점을 고집해야 합니다.

060 **'달리기'를 토대로 삶의 자세에 대한 교훈을 제시할 때, 유추의 과정이 적절하지 않은 것은?**

			특성		교훈
①	단거리 달리기	⇒	숨을 들이쉬지 않고 결승점까지 달림.	⇒	목표를 달성하기 위해서는 쉬지 않고 노력해야 한다.
②	마라톤	⇒	쉼 없이 달릴 수 있는 지구력을 요구함.	⇒	삶의 과정 속에서 어렵고 힘든 일이 있더라도 포기하지 않고 꾸준하고 성실하게 생활해야 한다.
③	왕복 달리기	⇒	순발력을 기르는 데 가장 효과적인 달리기 방법임.	⇒	주변 환경을 살펴 매사에 재빠르게 대응해야 사회 변화에 뒤처지지 않을 수 있다.
④	장애물 달리기	⇒	일반적인 달리기에 비해 더 많은 체력을 요구하는 달리기 방법임.	⇒	살면서 난관에 부딪히게 되면 인간은 보다 더 많이 성장할 수 있다.
⑤	이어달리기	⇒	선수들 간의 바통 전달이 원활하게 이루어져야 승리할 수 있음.	⇒	사람은 혼자서 생활할 수 없기 때문에 성공적인 삶을 위해서는 다른 사람과 함께 어울리는 방법을 익혀야 한다.

읽기 061번 ~ 090번

[061~062] 다음 글을 읽고 물음에 답하시오.

까마득한 날에
하늘이 처음 열리고
어디 닭 우는 소리 들렸으랴

모든 산맥(山脈)들이
바다를 연모(戀慕)해 휘달릴 때에도
참아 이 곳을 범(犯)하던 못하였으리라

끊임없는 광음(光陰)을
부지런한 계절(季節)이 피여선 지고
큰 강물이 비로소 길을 열었다

지금 눈 나리고
매화 향기(梅花香氣) 홀로 아득하니
내 여기 가난한 노래의 씨를 뿌려라

다시 천고(千古)의 뒤에
백마(白馬) 타고 오는 초인(超人)이 있어
이 광야(曠野)에서 목놓아 부르게 하리라

– 이육사, 「광야」

061 윗글에 대한 설명으로 적절하지 않은 것은?

① 시간의 흐름에 따라 시상을 전개하고 있다.
② 종결 어미를 통해 화자의 의지를 드러내고 있다.
③ 동일한 통사 구조를 반복하여 시의 음악성을 높이고 있다.
④ 상징적 의미를 지닌 시어를 통해 주제 의식을 전달하고 있다.
⑤ 역동적인 이미지를 활용하여 대상에 생동감을 부여하고 있다.

062 〈보기〉의 내용을 참조하여, 윗글에 대해 보인 반응으로 적절하지 않은 것은?

보기

1904년 경상북도 안동에서 퇴계 이황의 후손으로 태어난 이육사는 어려서 할아버지로부터 한문과 한학을 배웠다. 그는 1925년 독립운동 단체인 의열단에 가입하였고, 1927년에는 조선은행 대구 지점 폭파 사건에 연루되어 체포되었다. 2년 뒤에 풀려나서 국내와 중국에서 독립운동을 계속하였다. 하지만 1943년 일본 경찰에 체포되어, 그토록 꿈에 그리던 조국의 독립을 보지 못한 채 이듬해인 1944년 베이징 감옥에서 세상을 떠났다.

① 「광야」는 작가가 일제로부터 지키려고 했던 우리나라, 즉 조국을 의미하는군.
② '지금 눈 나리고'라는 표현은 작가가 경험했던 혹독한 일제 강점의 현실을 의미하는 것이군.
③ '연모', '광음', '천고' 등의 한자어가 사용된 것은 작가가 한자와 한학을 공부했던 것과 관련이 있겠군.
④ '내 여기 가난한 노래의 씨를 뿌려라'라는 어구를 통해 조국 독립을 위해 노력했던 작가의 희생정신을 엿볼 수 있군.
⑤ '목놓아 부르게 하리라'라는 어구에서 작가가 독립운동으로 인해 체포와 투옥을 경험하며 느꼈던 고통을 확인할 수 있군.

[063~065] 다음 글을 읽고 물음에 답하시오.

"내레 곰곰이 생각해 보았지만 아무래도 기만두는 거이 좋갔이오."

"아니, 동생이 조 씨를 찾겠다고 나섰는데도 그만둔단 말이유?"

"기렇시다. 내레 동생이 살아 있는 거를 알았으니끼니 그걸루 됐시다. 내레 다 늙은 놈이 더 이상 뭐를 바라겠이오?"

노인네가 단호한 표정으로 마을 사람들을 둘러보았고, 마을 사람들은 저마다 맥이 풀려 한숨들을 쉬었다. 누군가가 노인네보다 먼저 자리를 털고 일어서며 내뱉듯 말했다.

"[㉠]. 조 씨 좋을 대로 허슈."

그 뒤로 노인네는 마을 사람들에게 이해할 수 없는 괴짜가 되어 예전보다 더 쉽게 마을 사람들로부터 외면당한 채 이산가족에 대한 마을 사람들의 기억으로부터 사라져 버렸다. 이산가족에 관한 한 마을 사람들 중의 누구도 더 이상 노인네를 기억에 떠올리는 사람은 없었다.

"지금도 동생분을 만나고 싶지 않으십니까?"

나는 무언가 깊은 생각에 빠져 있는 듯한 노인네의 무표정한 얼굴을 훔쳐보며 조심스럽게 물었다. 노인네가 고개를 돌려 이윽한 시선으로 나를 바라보았다.

"내레 사람인데 왜 혈육이 보고 싶디 않갔습네까?"

"그럼 한번 만나 보시지요."

"길쎄요……."

나의 말에 노인네는 긍정도 부정도 아닌 애매한 대답으로 말꼬리를 흐렸다. 그리고 다시 나를 똑바로 바라보았다.

"기럼 송 씨도 다른 사람들처럼 니산가족인가 뭔가 하는 데 내레 나갔어야 한다구 생각합네까?"

"아, 아닙니다. 할아버지 생각이 틀리신 것만은 아닐 겁니다."

"어드런 점이 그렇습네까?"

"글쎄요, 뭐라고 잘라 말씀드리기는 힘들지만…… 이산가족이 만나고 안 만나는 것보다 좀 더 중요한 문제가 있지 않겠습니까?"

"기럴까요?"

노인네는 나의 반문에 또다시 긍정인지 부정인지 애매한 표정으로 고개를 끄덕거렸다. 그러나 나의 반문이 결코 빈말은 아니었다고 지금도 나는 생각한다. 노인네의 물음에 정확한 대답을 해 줄 수 없는 내가 안타까웠지만 그렇다고 노인네를 전혀 이해하지 못했던 것은 아니었다. 한평생을 살아오면서 피해만 입어 온 노인네 자체가 어쩌면 바로 해방 이후 이 나라가 밟아 와야 했던 어떤 형극의 길의 상징인지도 몰랐다. 그런 노인네에게 헤어진 지 삼십 몇 년도 훨씬 지난 지금에 와서야 이산가족이니 어쩌니 떠들어 댄다고 해서 삼십 몇 년 동안 마치 노인네의 새까맣게 오그라 붙어 표정이라고는 없어져 버린 얼굴처럼 노인네의 가슴속에 딱딱하게 응어리져 버린 상처가 치유될 수 있는 것일까. 오히려 노인네로서는 그렇듯 함부로 떠들어 대는 것 자체가 자신이 밟아 와야 했던 어떤 형극의 길에 대한 모욕으로밖에는 여겨지지 않았던 것이 아닐까. 이산가족 몇몇을 만나게 해 줌으로써 남북으로 분단되어 치유될 수 없는 상처를 입은 민족사가 바뀌어질 수는 없을 것이었다. 그렇다. 문제는 따로 있다. 어쩌면 노인네야말로 가장 정확하게 문제의 핵심을 꿰뚫어 보았던 것인지도 몰랐다. 문제는 이산가족 몇몇을 만나게 해 주는 데 있지 않고 분단 그 자체에 있을 것이었다.

– 송기원, 「월문리에서4 – 김매기」 중에서

063 윗글에서 알 수 있는 사실이 아닌 것은?

① 노인네의 동생 조 씨는 노인네를 찾겠다고 나선 바 있다.
② 송 씨는 노인네가 동생을 만나러 갔어야 했다고 주장했다.
③ 노인네는 동생 조 씨를 만나고 싶다는 생각을 가지고 있었다.
④ 마을 사람들은 동생을 만나려 하지 않는 노인네를 괴짜로 보았다.
⑤ 노인네는 동생을 만나보라는 송 씨의 권유에 애매하게 대답하였다.

064 윗글의 서술상 특징으로 적절하지 않은 것은?

① 대화를 통해 특정 상황에 대한 인물의 입장을 드러내고 있다.
② 공간적 배경의 상징적 의미를 활용하여 주제를 암시하고 있다.
③ 지역 방언을 직접 드러내어 상황을 사실적으로 전달하고 있다.
④ 서술자가 작품 속 상황에 대한 주관적인 인식을 드러내고 있다.
⑤ 작중 인물이 서술자의 역할을 담당하며 이야기를 전개하고 있다.

065 문맥상 [㉠]에 들어갈 말로 가장 적절한 것은?

① 금강산도 식후경이라더니…… ② 송도 말년의 불가사리라더니……
③ 춘향이네 집 가는 길 같다더니…… ④ 뺑덕어멈 외상 빚 걸머지듯 한다더니……
⑤ 평안 감사도 저 싫으면 그만이라더니……

[066~068] 다음 글을 읽고 물음에 답하시오.

역사의 한 획을 긋는 위대한 사상은 보통 혼란한 시기에 생겨났다. 그런 점에서 중국 역사에서 가장 활발하게 철학 논의가 이루어졌던 시대는 바로 춘추 전국 시대였다. 이 혼란기에 유가, 법가, 묵가, 도가 등 수많은 학파가 생겨나 백가쟁명(百家爭鳴)*의 시대를 열었다. 백가쟁명의 시대에 탄생한 사상 가운데 중국 역사상 가장 영향력이 컸던 사상이라면 공자가 창시한 유가와 노자에서 비롯된 도가를 들 수 있는데, 이 두 사상은 여러 면에서 큰 차이를 보였다.

우리는 유학자라고 하면 흔히 대궐 같은 집에서 팔자걸음을 걷는 선비를 떠올리지만, 도학자라고 하면 뒷골목에 있는 점(占)집 문화를 떠올리게 된다. 이처럼 유가 사상은 지배층의 사상으로, 노자 사상은 민중의 사상으로 우리 생활 속에게 자리 잡아 왔다고 할 수 있다. 하지만 원래 노자 사상은 지극히 '자연 친화적'이었는데, 노자 사상의 핵심인 '도(道)'는 자연스러운 생활 방식을 지향점으로 삼고 있었기 때문이었다.

전통 농경 사회에서 사람들의 생활은 봄이 되면 씨를 뿌리고, 여름이 오면 김을 매고, 가을이면 추수하는 식으로 자연에 따라 물 흐르듯 흘러갔으며, 사람들 사이의 문제는 조상 대대로 해왔던 것처럼 '도리'에 맞게 조정하고 해결하는 것으로 충분했는데, 이는 노자 사상이 지향하고 있는 자연을 거스르지 않고 순리대로 사는 삶, 그 자체였다. 노자는 ㉠"가장 좋은 것은 물과 같다."라고 하면서 나라를 다스릴 때도 이와 같이 해야 한다고 주장했다. 그런 의미에서 노자는 당시 사회가 지향해야 할 이상적인 모습으로 나라는 작고 백성은 적은 상태인 '소국과민(小國寡民)'을 제시하기도 했다.

그러나 역사상 동양 사회의 본류는 공자의 가르침, 곧 유가였는데, 중국의 한 무제가 강력한 중앙 집권 국가를 만들기 위해 유학을 국교로 삼으면서 노자의 철학은 뒤로 밀리게 된 것이다. 공자는 나라를 가정과 같다고 하면서 백성은 아버지를 따르듯 임금을 따라야 하고, 임금은 자식을 돌보듯 백성을 돌보아야 한다고 했는데, 이때부터 임금은 아버지와 동등한 지위에 있는 강력한 지도자로 변해가기 시작했다. 이에 반해 지방 귀족들은 오히려 '아무 것도 하지 않음으로써 모든 것을 한다.'라는 노자의 주장을 추종하면서 [㉮]는 주장을 폈다. 하지만 역사는 결국 한 무제의 손을 들어 주었고, 결국 노자의 사상은 장자의 가르침과 섞여 노장(老莊) 철학, 도가라는 이름으로 비주류의 삶 속에 철학으로 흘러 들어가게 되었다.

그러나 역사는 돌고 돌게 마련이다. 최근 들어 유가는 위계를 강조하는 구조와 경직된 도덕 윤리로 인해 인기가 시들해졌고, 반대로 노장의 가르침은 동서양을 막론하고 큰 인기를 얻고 있다. 지금까지의 인류 역사가 자연을 개척하며 문명을 끌고 가는 인위(人爲)의 역사였다면, 새로운 시대는 자연을 따라가는 친환경적인 문명을 요청하고 있기 때문이다. 이러한 시대적 요청 속에서 노자의 가르침인 자연스러움은 이 세상을 부드럽게 흐르는 물처럼 바꾸어 나갈 새로운 본류로서의 가능성을 제시하고 있다.

* 백가쟁명: 많은 학자나 문화인 등이 자기의 학설이나 주장을 자유롭게 발표하여, 논쟁하고 토론하는 일.

066 윗글의 핵심 내용으로 가장 적절한 것은?

① 유학의 인위성을 비판하고, 변화의 필요성을 제시하고 있다.
② 유학의 위상을 평가하고, 동양 사회에 미친 영향을 드러내고 있다.
③ 노자 사상의 정치적 업적들을 발굴하여 그 의의를 재조명하고 있다.
④ 노자 사상이 지향하는 가치에 주목하여 긍정적인 전망을 제시하고 있다.
⑤ 노자 사상에 대한 통념을 제시한 후 다양한 근거를 들어 비판하고 있다.

067 ㉠의 의미를 파악한 것으로 가장 적절한 것은?

① 물에 투명한 속성이 있는 것처럼 공명정대(公明正大)한 정치를 해야 한다.
② 물에 깨끗한 속성이 있는 것처럼 청렴결백(淸廉潔白)한 정치를 해야 한다.
③ 물이 자연스럽게 흘러가는 것처럼 무위자연(無爲自然)의 정치를 해야 한다.
④ 물이 위에서 아래로 흐르는 것처럼 상명하복(上命下服)의 정치를 해야 한다.
⑤ 물이 자유롭게 모양을 바꾸는 것처럼 변화무쌍(變化無雙)한 정치를 해야 한다.

068 문맥에 비추어 볼 때, [㉮]에 들어갈 말로 가장 적절한 것은?

① 임금은 귀족들을 대신하여 모든 지방을 동등하게 다스리도록 해야 한다.
② 임금은 강력한 통치력을 바탕으로 귀족들과 주종 관계를 유지해 나가야 한다.
③ 임금은 억지로 간섭하려 하지 말고 귀족들의 지배를 그대로 내버려 두어야 한다.
④ 임금은 덕을 실천하는 정치를 하고 귀족들은 임금을 아버지를 대하듯 섬겨야 한다.
⑤ 임금은 당장 자리에서 물러나야 하며 귀족들 중에 뛰어난 자를 임금으로 추천해야 한다.

[069~071] 다음 글을 읽고 물음에 답하시오.

유화 물감의 장점은 그 어떤 재료보다 조형성이 뛰어나고 덧칠이 용이할 뿐 아니라 갖가지 질감의 표현에 탁월한 효과를 발휘한다는 점이다. 그러므로 이 물감으로 그린 유화는 마른 다음의 색이나 마르기 전의 색의 차이가 없고, 두껍게 바를 수도, 엷게 칠할 수도 있으며, 색조의 농담(濃淡) 변화나 광택과 무광택 혹은 투명과 불투명의 표현에서 폭넓은 선택의 자유가 있다. 이런 점은 이전의 프레스코*나 템페라**가 따라올 수 없는 유화만의 강점으로, 이는 먹을 사용하여 사물을 생략하거나 압축적으로 표현한 동양화와도 크게 대비된다. 유화의 등장은 이렇게 서양 회화를 매우 사실적이면서 어떤 종류의 묘사나 표현도 가능한 그림으로 만들었다.

그렇다면 서양 회화는 왜 대상의 외형을 실제와 똑같이 재현하려고 그토록 애를 썼을까? 그것은 서양인들이 무엇보다 세계를 정복하고 세계를 소유하고 싶은 인간의 욕망을 적극적으로 인정했기 때문이다. 그래서 세계를 현실과 똑같이 재현하여 소유하고 감상함으로써 내재된 욕망을 풀어내고자 하는 전통을 만들어 낸 것이다. 예를 들어, 서양의 풍경화는 우리로 하여금 그곳에 호화로운 별장을 짓고 싶게 만드는 반면, 동양의 산수화는 초야에 묻혀 안빈낙도(安貧樂道)하기를 권한다. 바로 이 지점이 서양의 풍경화와 문인 산수화가 정신적으로 충돌하는 지점이다.

소유의 매체로서 서양 회화가 지닌 특성은 여성을 제재로 한 그림에서도 잘 드러난다. 휴머니즘을 중시하는 서양 회화는 인간을 가장 중요한 소재로 다루면서 인간이 지닌 가치를 표현하고자 노력했지만 시간이 흐를수록 이러한 순수함은 점점 희미해져 갔고, 여성을 제재로 한 그림 속의 여성은 남성의 소유로 표현되기도 하였다. 동양에도 '미인도' 형식의 그림이 있기는 하지만, 서양 회화처럼 여성과 남성을 소유 관계로 전락시키지는 않는다는 점에서 서양의 회화와는 차이가 있다.

이처럼 유화로 그린 서양 회화는 매우 사실적이기 때문에, 감상자들은 그림을 통해 그림 속 대상을 실제로 온전히 소유한 것 같이 느끼게 되었고, 이는 서양인들로 하여금 세계에 대한 정복과 소유욕을 부채질하게 되었다. 어쩌면 서양 문명 전체가 인간의 물질적 소유에 대한 욕망을 구체적으로 실현하고자 노력해 온 문명이고, 유화는 그 반영인지도 모른다.

* 프레스코(fresco): 벽화를 그릴 때 쓰는 화법의 하나. 새로 석회를 바른 벽에, 그것이 채 마르기 전에 수채로 그리는 화법.

** 템페라(tempera): 아교나 달걀노른자로 안료를 녹여 만든 불투명한 그림물감. 또는 그것으로 그린 그림.

069 윗글의 내용에 대한 설명으로 적절하지 않은 것은?

① 동양화는 먹을 사용하여 사물을 압축적이고 생략적으로 표현했다.
② 서양 회화는 대상의 외형을 실제와 똑같이 재현하기 위해 노력했다.
③ 유화는 물감이 마르기 전과 후의 색이 달라서 표현의 효과가 탁월하다.
④ 인간의 가치를 표현하고자 노력했던 서양 회화는 점차 순수함을 잃어 갔다.
⑤ 유화를 본 서양인 감상자들은 그림 속 대상을 실제로 소유한 것 같이 느끼게 되었다.

070 윗글에 사용된 서술 방법에 대한 설명으로 가장 적절한 것은?

① 대상에 대한 기존 통념의 문제점을 지적하고 있다.
② 다양한 비유를 통해 대상의 개념을 구체화하고 있다.
③ 다양한 예시를 통해 대상이 지닌 특성을 설명하고 있다.
④ 대상의 개념이 변화하는 과정을 통시적으로 관찰하고 있다.
⑤ 대상에 대한 여러 견해를 절충하여 새로운 결론을 도출하고 있다.

071 윗글의 관점에서 〈보기〉를 감상한 것으로 가장 적절한 것은?

보기

▲ '앤드류스 부부', 토머스 게인즈버러의 유화(런던 내셔널갤러리 소장)

그림 속 앤드류스 씨는 편안하고 자신감 있는 자세로 사냥총을 메고 벤치에 기대 서 있으며, 그의 아내는 시원한 여름 드레스를 넓게 펼치고 앉아 기품 있는 자태를 드러내고 있다. 그림 중앙에는 넓고 비옥한 부부의 소유지가 펼쳐져 있는데, 부부의 얼굴은 이에 대한 자부심과 만족감으로 가득 차 있다.

① 부부의 복장을 화려하게 그린 것으로 보아, 인물들의 사회적 위치를 짐작할 수 있다.
② 부부의 소유지를 그림 중앙에 위치시킨 것으로 보아, 부부의 소유물을 과시하고자 했음을 짐작할 수 있다.
③ 앉아 있는 여성 옆에 남성이 서 있는 것으로 보아, 여성을 존중하고 배려하는 사회 분위기를 짐작할 수 있다.
④ 여름을 계절적 배경으로 삼은 것으로 보아, 자연의 풍요롭고 생동감 넘치는 속성을 강조하고자 했음을 짐작할 수 있다.
⑤ 자연을 즐기는 한가로운 모습의 부부를 그린 것으로 보아, 자연과 조화를 이룬 삶을 동경하고자 했음을 짐작할 수 있다.

[072~073] 다음 글을 읽고 물음에 답하시오.

자동차 회사들은 지속적으로 더 좋은 성능의 엔진을 개발하기 위하여 막대한 돈을 투자한다. 특히 환경 오염에 대한 경각심이 날로 커지고 있는 최근에는 연료 효율이 좋고 유해 배기가스 배출이 적은 엔진을 개발하기 위해 노력하고 있다. 이러한 노력의 일환으로 개발된 것이 전기 자동차이며, 전기 자동차는 유해 가스를 배출하지 않는 무공해 엔진을 사용한다는 점에서 친환경적이다. 하지만 전기 자동차는 지금의 기술 수준으로는 연속 주행 거리에 제한이 있고, 무거운 배터리를 장착하여야 하며, 배터리 충전 시간이 길고 충전 시설 또한 부족하다는 단점이 있다. 그래서 최근에는 전기 모터와 가솔린 엔진을 동시에 사용하는 하이브리드 자동차가 각광을 받고 있다.

대부분의 하이브리드 자동차는 전기 모터와 가솔린 엔진을 조합하여 변속기에 동력을 공급한다. 하이브리드 자동차에 사용된 가솔린 엔진은 전통적으로 자동차에 사용되어 왔던 열기관이며 전기 모터는 배터리에 저장된 전기 에너지를 역학적인 에너지로 직접 바꾸어 준다. 그리고 하이브리드 자동차는 상황에 따라 둘 중 하나 혹은 둘 모두가 동력을 공급한다.

가령 자동차가 완전 정지 상태에서 출발하여 저속 상태에 이르기까지 가속하는 동안에는 주로 전기 모터가 동력을 제공하며, 경우에 따라서는 가솔린 엔진을 완전히 끈 상태에서 전기 모터의 힘만으로 주행한다. 가솔린 엔진은 전기 모터에 비해 큰 가속력을 얻는 데 적합하지만 저속에서는 연료 소모가 비효율적이며 동시에 배기가스를 배출하므로 가솔린 엔진의 사용을 제한하는 것이다.

한편 고속 주행 시에는 주로 가솔린 엔진이 동력을 제공하며 추가적인 동력이 필요한 경우 전기 모터를 작동시킬 수 있다. 또 가솔린 엔진의 전체 출력이 모두 사용되지 않는 상황에서는 남는 동력을 이용하여 발전기를 돌리므로 역으로 배터리를 충전할 수도 있다. 자동차가 내리막길을 달리거나 탄력 주행을 할 때에는 전기 모터를 반대 방향으로 돌아가게 하여 전기를 발전시키고 이를 저장하는 것도 가능하다. 이러한 방법으로 하이브리드 엔진은 가솔린 엔진에서 열에너지 형태로 낭비되던 에너지의 일부를 활용하거나 내리막길 운행, 탄력 주행을 통해 얻게 된 운동 에너지를 배터리로 충전한다. 그래서 하이브리드 엔진은 가솔린 엔진이 발생시켜야 하는 출력을 낮추고 무의미하게 소모되던 에너지를 재활용할 수 있으므로 연료의 효율을 높일 수 있다는 장점이 있다.

하지만 하이브리드 자동차는 가솔린 엔진과 함께 전기 모터를 동시에 동력 장치로 사용하기 때문에 더욱 정교한 변속 장치가 필요하며, 이런 이유로 변속 장치의 제작이 어렵고 제작 비용이 많이 든다는 단점이 있다. 또 배터리는 일정 기간 이후 교환해 주어야 하므로, 추후에 배터리의 가격을 추가로 부담해야 한다. 그래서 하이브리드 자동차는 아직 동급 수준의 가솔린 엔진 자동차에 비해 가격이 비싸다.

그럼에도 불구하고 하이브리드 자동차는 점점 강화되고 있는 국제 환경 기준과 환경 보전에 대한 관심에 힘입어 점점 더 큰 호응을 얻고 있으며, 정부도 환경 오염 방지를 위해 각종 세제 혜택과 보조금 지급 등을 통해 하이브리드 자동차의 구입을 장려하고 있다.

072 윗글을 바탕으로 〈보기〉에 대해 설명한 내용으로 적절하지 않은 것은?

보기

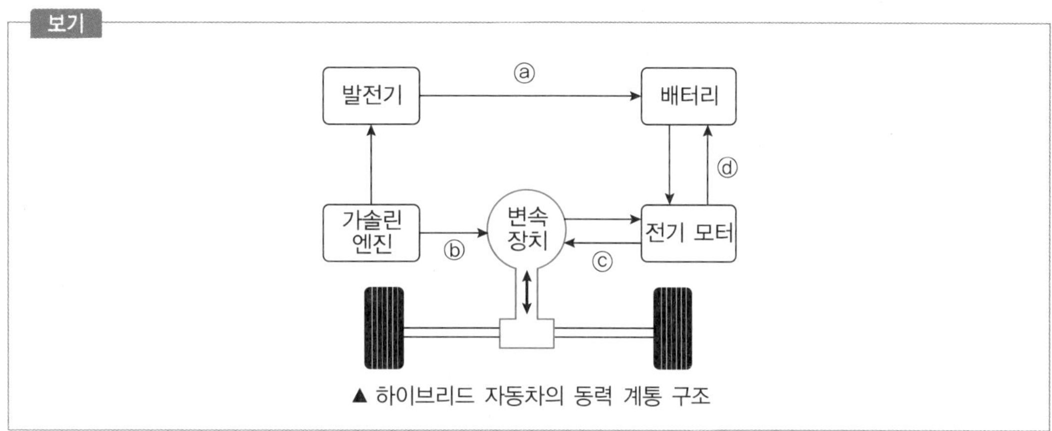

▲ 하이브리드 자동차의 동력 계통 구조

① 내리막길을 가거나 탄력 주행을 할 때에는 ⓓ가 나타날 수 있다.
② 저속 주행 시에는 ⓑ는 나타나지 않으며 ⓓ가 활발하게 이루어진다.
③ 고속 주행 시에는 ⓑ를 주로 활용하고 동시에 ⓒ를 활용하기도 한다.
④ 정지 상태에서 저속으로 출발할 때에는 ⓑ를 제한하고 주로 ⓒ를 활용한다.
⑤ ⓐ는 가솔린 엔진의 출력이 ⓑ를 통해 전달되는 동력보다 큰 경우에 나타난다.

073 윗글의 내용과 일치하지 않는 것은?

① 하이브리드 자동차는 배터리 충전 시설이 부족하다는 단점이 있다.
② 전기 자동차는 유해 가스를 배출하지 않는다는 점에서 친환경적이다.
③ 정부는 하이브리드 자동차 판매를 촉진하기 위해 세제 혜택을 주고 있다.
④ 하이브리드 자동차는 동급 수준의 가솔린 엔진 자동차에 비해 가격이 비싸다.
⑤ 국제 환경 기준의 강화로 인해 하이브리드 자동차에 대한 호응이 커지고 있다.

[074~075] 다음 글을 읽고 물음에 답하시오.

(가) '리디노미네이션(Redenomination)'은 화폐 단위를 바꾸는 것이다. 예를 들면, 우리 원화의 액면 1,000원(또는 100원)을 '1환'으로 낮추는 식이다. 우리나라도 1962년 10환을 1원으로 바꾸는 화폐 개혁을 단행했다. 이후 지금까지 물가가 48배나 오르고 통화량은 1만 8천 배로 늘어나는 등 거래 금액이 커지면서 사람들은 계산이나 장부 기재, 지급 결제 등 여러 측면에서 애를 먹게 되었다. 가령 1원의 1,000배는 1,000원임을 쉽게 알 수 있지만 10만 원의 1,000배가 1억 원임을 알려면 머릿속으로 계산을 해야 한다. 이런 시간이 개인적으로는 짧은 순간이지만 사회 전체적으로는 엄청난 비용 손실을 가져올 수 있으므로, 리디노미네이션의 필요성이 제기되는 것이다.

(나) 1,000원이나 100원을 '1'의 단위로 낮추는 리디노미네이션을 단행하면 이런 문제들을 해결할 수 있다. 상거래가 더욱 편리해지고 회계 장부 등의 기장(記帳)도 간편해지면서 우리 돈의 대외적 위상이 높아질 수 있다. 지하로 숨어든 음성 자금의 양성화를 촉진하는 효과도 기대할 만하다. 특히 1,000대 1로 액면을 바꾸면 환율도 달러당 1.15 정도가 되므로, 우리 원화도 '고급 화폐'로 대접받을 수 있다.

(다) 그러나 리디노미네이션은 엄청난 비용 지출을 수반하고 여러 가지 부작용을 가져올 수 있다. 새 돈을 발행해 옛 화폐와 교환하는 비용은 물론이고 은행 등의 현금 지급기와 자동판매기 등을 교체하거나 대부분 전산화된 회계 장부 등을 바꾸는 비용은 계산이 어려울 정도로 막대하다. 신·구 화폐를 함께 사용하는 동안에도 수많은 혼란이 일어날 수 있다. 또 국민 경제의 부작용은 더욱 심각하다. 화폐 개혁을 하면 불안감을 느낀 사람들은 부동산이나 금 등 가치 변동이 적은 실물을 보유하고자 한다. 이럴 경우 은행 예금은 줄고 부동산 값은 오르며 금이나 달러 수요가 급증하게 된다. 특히 사재기 현상의 출현으로 물가가 급등할 가능성이 큰 것이 가장 문제다.

(라) 따라서 많은 경제 전문가들은 리디노미네이션의 첫째 조건으로 물가 안정을 꼽는다. 물가가 오를 때에는 이에 편승한 부당한 가격 인상의 가능성이 크기 때문이다. 또 국제 수지도 흑자 상태여야 한다. 국제 수지가 적자일 때는 환율이 불안해진다. 이런 때 리디노미네이션을 하면 경제 상황을 불확실하게 만들면서 환율 불안을 더욱 증폭시킬 수밖에 없다. 경기가 좋은 상태여야 함은 물론이다. 리디노미네이션이 이루어지면 각종 장부와 전표도 바꾸고 컴퓨터 프로그램을 수정해야 하는 등 기업의 비용 부담이 크게 늘어나므로 이런 부담을 흡수할 수 있어야 한다.

(마) 결국 리디노미네이션은 심도 있는 연구가 선행되고 국민의 경제생활 전반에 미칠 수 있는 영향이 검증된 후에야 시행할 수 있다. 장기적인 경제 효율을 생각하고 적합한 시행 시점을 선택하지 않으면 엄청난 경제적 손실을 피할 수 없기 때문이다.

074 〈보기〉를 활용하여 윗글의 내용을 보완하려 할 때, 활용 방안으로 가장 적절한 것은?

> **보기**
>
> 일본의 경우, 40여 년 전부터 엔화의 리디노미네이션을 검토해 왔으나 아직도 못하고 있는 것만 보더라도 화폐 단위를 낮추는 것이 그리 간단한 일이 아님을 알 수 있다.

① 일본은 못했지만 우리나라는 해낼 수 있다는 자긍심을 심어 주는 자료로 활용할 수 있겠군. → (가)의 첫 부분에 제시한다.
② 리디노미네이션의 문제는 국가적 자존심의 문제라는 점을 확실하게 인식시켜 주는 자료로 활용하면 돼. → (나)의 예로 제시한다.
③ 리디노미네이션이 국민 경제에 미치는 부정적인 면을 고려함으로써, 일본 내에서의 실행 가능성을 재고해 보는 근거로 이용하면 되겠군. → (다)의 끝에 추가한다.
④ 리디노미네이션은 부작용을 유발할 수 있는 가능성도 많고 선행적으로 갖추어야 할 조건도 많아서 그만큼 실행에 신중해야 한다는 근거로 제시한다. → (라)의 끝에 추가한다.
⑤ 일본이 겪었던 혼란을 구체적으로 설명하여 우리 국민들이 리디노미네이션에 대해 막연한 기대를 품지 않도록 해야겠어. → (마)의 예로 활용한다.

075 윗글의 내용을 토대로 〈보기〉를 이해할 때, ㉠~㉤에 대한 설명이 적절하지 않은 것은?

> **보기**
>
> 몇 년 전에 터키를 잠시 여행할 때의 일이다. 그때 터키는 ㉠연일 물가가 뛰어오르는 상황이었다. 당시 환율은 유로당 180만 리라였다. ㉡지하철을 한 번 타는 데 100만 리라, 콜라 1병에 85만 리라, 호텔 투숙비가 하루 1억 리라지만, 실제 우리나라 돈으로 치면 8백 원, 6백 8십 원, 8만 원 정도의 금액이었다. 내가 여행에서 돌아온 직후에 터키는 ㉢100만 리라를 1리라로 낮추는 ㉣화폐 개혁을 단행했다고 한다. ㉤많은 비용 지출이 있었겠지만 터키 화폐의 대외적 위상은 예전보다 높아진 셈이다.

① ㉠: 리디노미네이션을 시행하기에 적합한 상황이라고는 할 수 없다.
② ㉡: 물건의 가치가 높아졌다기보다는 화폐의 가치가 떨어져서 일어난 현상이다.
③ ㉢: 터키의 환율이 유로당 1.8리라가 되었다는 것을 의미한다.
④ ㉣: 리라의 가치는 하락했지만 경제적으로는 여러 가지 이득을 기대할 수 있다.
⑤ ㉤: 새 돈 발행, 현금 지급기나 자동판매기의 교체 등에 따른 것이다.

[076~077] 다음 글을 읽고 물음에 답하시오.

지난 일요일 대학 병원에 다녀왔다. 막내 처제가 첫딸 아이를 입원시켰다는 기별을 받아서였다. 성인용 침대에 누워 있는, 난 지 여섯 달밖에 안 된 갓난애의 표정은 잔잔한 듯했지만 숨소리는 그렇지 못했다.

"이틀 내리 설사만 했어요. 제 탓인가 봐요."

그렇게 말하는 애 엄마가 앓고 있는 아기보다 더 수척해 보였다. 내가 처제를 처음 본 것은 처제가 초등학교 3학년인가 되던 해였는데, 동글납작한 얼굴에 아주 야무지게 생겼었다. 가끔 우리 집에 들렀다가도 애들 병치레로 시달리는 자기 언니를 보면,

"난 결혼 같은 건 안 할 거야. 애들은 왜 낳아 가지고 고생이지."라고 볼멘소리를 하던 처제였다. 그런데 그 앳된 심술꾸러기는 어디를 가고 겸허한 얼굴의 한 '어머니'가 거기 서 있는 것이었다.

"글쎄, 애가 굶는다고 따라서 굶어요. 울면 운다고 또 따라서 울구요."

침대 옆에 놓인 의자에 조용히 앉아 계시던 시어머니 되시는 분의 걱정이었다.

그러니까 여남은 해 전이었다. 나도 이 병원에 어린것들을 셋이나 한꺼번에 입원시킨 적이 있었다. 위로 두 아이는 다섯 살과 두 살이었지만, 막내는 난 지 겨우 열사흘밖에 되지 않았다. 주사를 놔야겠는데 너무 어려서 도무지 혈관을 찾을 수 없다고 했다. 할 수 없이 이마에 커다란 주삿바늘을 꽂아야 했지만, 그나마 여의치 않아 몇 번이고 바늘을 다시 찔러야 했는데, 그때마다 아이는 자지러지게 울었고, 그 울음소리는 멀리 처치실 밖에까지 들렸다. 아이의 울음소리에 아내도 따라 울었다. 창밖을 내다보는 내 눈에 비친, 밤하늘의 작은 별들도 모두 몸을 떨며 비명을 지르는 것 같았다. 나는 눈을 감아 버리고 말았다. 그때였다. 나의 등 뒤에서 어떤 할머니의 부드러운 목소리가 들렸다.

"너무 상심 말아요. 애들이란 그렇게 앓으면서 자라는 거라우."

할머니는 더 이상 말이 없었고, 나는 돌아보고 싶은 마음이 아니었다. 우리는 너무 상심해 있었기 때문에 그때 그 할머니의 말씀이 별로 위로가 되지 못했던 것 같다. 하지만 그 후 정말로 눈앞이 캄캄해지는 위험한 고비에 부딪힐 때마다 언제나 그 얼굴도 모르는 할머니의 한마디가 내 등 뒤에서 들려오는 것이었다.

"너무 상심하지 말아요……."

그때마다 나는 다시 마음을 추스르면서 혼자 생각했다.

'아, 녀석들이 크려고 이러는 게로구나.'

병실 문을 나서면서 그때 그 할머니가 내게 한 것처럼 나도 처제에게 이렇게 말해 주었다.

"애들은 앓으면서 크는 거래요. 너무 상심 말아요."

당장은 내 말이 위로가 되지 않을지 모른다. 하지만 언젠가 다시 생각나는 때가 있겠지 하는 마음에서 그렇게 말했던 것이다.

[A] 밖은 여전히 비바람이 몰아치고 있었다. 쓰러질 듯 모로 눕는 가로수들, 몸을 구부린 채 비바람을 마주 안고 가는 사람들, 그리고 대학 건물에 걸린 채 비에 젖고 있는 현수막들. 그 밑에서 구호를 외치는 학생들의 열띤 모습들. 그런 것을 보면서 느낀 것은, 앓으면서 자라는 것은 어린 것들만이 아니라는 생각이었다. 요새는 신문을 펴 들기가 무섭다고들 한다. 연일 터지는 사건들이 우리의 마음을 우울하게 하기 때문이다. 하지만 이 모든 혼란도 우리 사회가 성숙하기 위해서 치러야 하는, 애들 병치레 같은 것은 아닐까 하고 생각해 본다.

076 윗글의 제목으로 가장 적절한 것은?

① 앓으면서 자란다.
② 아이는 부모의 스승이다.
③ 누구에게나 시련은 있다.
④ 아이들에게 아픔 없는 세상을
⑤ 부모가 되어야 느낄 수 있는 것들

077 [A]를 비판적으로 이해한 내용으로 가장 적절한 것은?

① 아이가 겪는 고통을 외면한 채 사회적 효용만을 강조하는군.
② 기성세대의 낡은 생각과 견해를 무비판적으로 수용하고 있군.
③ 사회적 사건과 혼란에 대해 지나치게 낙관적인 생각을 가지고 있군.
④ 사물의 다양한 측면을 고려하지 못하고 자신의 관점만을 강요하는군.
⑤ 인생의 밝은 측면들을 외면하고 어두운 현실 인식으로 일관하고 있군.

[078~079] 다음을 읽고 물음에 답하시오.

2016년 제3회 ○○궁 여름철 야간 특별 관람 안내

▣ 관람 기간: 7월 16일(토)부터 8월 19일(금)까지 / 화요일 휴궁

▣ 관람 시간: 오후 7시 30분부터 10시까지(입장 마감 시간은 관람 종료 1시간 전)

▣ 관람 인원: 1일 최대 관람 인원은 2,800명
- 일반인: 2,200장(인터넷 예매)
- 외국인: 500장(현장 판매)
- 만 65세 이상 어르신: 100장(전화 예매 50장, 현장 판매 50장)

▣ 관람 요금: 3천 원
- 장애인과 국가 유공자 각각 50명(보호자 1명 포함 무료), 부모와 동반한 영·유아(6세 이하), 한복을 착용한 관람객은 현장 확인 후 무료로 입장이 가능함.

▣ 예매 방법
- 인터넷 예매(PC 및 모바일 앱 모두 가능): '□□ 티켓'에서 7월 7일(목)부터 가능함.
- 전화 예매: 인터넷 활용이 어려운 만 65세 이상의 어르신에 한해 가능함.
  (월~금요일 오전 9시~오후 5시, 일요일과 공휴일 제외)
  ※ 암표 등 불법적인 관람권 유통 방지를 위해 예매권 교환 시, 예매자 명의로 된 신분증을 반드시 지참해야 함.

▣ 현장 판매
- 만 65세 이상 어르신이나 외국인이 주민등록증, 운전면허증, 여권 등 신분증을 지참한 경우에 한해, 현장 매표소에서 당일 관람권을 구매할 수 있음.

▣ 주의 사항
- 이번 ○○궁 야간 특별 관람 시에는 질서 준수와 안전 관리를 위하여 관계 기관과 협업을 통해, 관람객이 인화 물질이나 주류 등을 고궁 안으로 반입하지 못하도록 입구에서 확인할 예정임.
- 많은 국민에게 관람 기회를 제공하기 위해 관람권 구매(인터넷, 현장)를 '1인당 2장'으로 제한함.
- ○○궁 야간 특별 관람 시에는 주간 관람과 달리 할인이 적용되지 않음.
- ○○궁 야간 특별 관람은 우천 시에도 정상적으로 운영됨.

078 윗글을 읽고 보인 반응으로 적절하지 않은 것은?

① 관람권을 예매했더라도 오후 9시 이후에는 입장이 불가능하겠군.
② 관람 기간 전이라도 인터넷 예매를 통해 관람권을 구매할 수 있겠군.
③ 야간 특별 관람 시에는 주간 관람과 동일한 할인 혜택을 받을 수 없겠군.
④ 관람권 4장을 인터넷으로 예매하려면 적어도 2명 이상이 예매를 해야겠군.
⑤ 예매권을 교환하기 위해서는 실제 관람자의 명의로 된 신분증을 지참해야겠군.

079 윗글을 읽고 알 수 있는 내용이 아닌 것은?

① ㅇㅇ궁 여름철 야간 특별 관람 기간 중 무료입장 대상
② ㅇㅇ궁 여름철 야간 특별 관람권 인터넷 예매 가능 시간
③ ㅇㅇ궁 여름철 야간 특별 관람 시 관람객 반입 불가 물품
④ ㅇㅇ궁 여름철 야간 특별 관람권 전화 예매 가능 요일과 시간
⑤ ㅇㅇ궁 여름철 야간 특별 관람 기간 중 우천 시 관람 가능 여부

080 다음은 하드 디스크 제조 업체의 제품 일련번호 생성 규칙이다. 이를 따를 때 〈보기〉에 제시된 제품의 일련번호로 알맞은 것은?

제품 일련번호 생성 규칙

생산 국가		생산 공장		용량		색상		출고 순서
한국	KC	1공장	521	250GB	121	빨강	101	0000부터~9999까지 출고 순서에 따라 순서대로 번호를 부여
중국	CC	2공장	522	500GB	242	파랑	201	
		3공장	523	1TB	363	노랑	301	
				2TB	484	검정	401	
				3TB	505	하양	501	

예 제품 일련번호 'KC5232423010002'는 한국의 3공장에서 생산된 500GB 노란색 하드 디스크로, 0002번째 출고된 제품임을 나타냄.

보기

이 제품은 한국의 2공장에서 401번째로 생산된 검은색 1TB 하드 디스크이다.

① KC5224013630401
② KC5223634010401
③ KC5233634010401
④ CC5211214011363
⑤ CC5224013630401

081 〈보기〉의 안내문을 잘못 이해한 것은?

보기

호우 특보 시 행동 요령 안내

1) 저지대, 상습 침수 지역의 주민은 대피를 준비합시다.
2) 대형 공사장, 비탈면 등의 관리인은 안전 상태를 미리 확인합시다.
3) 가로등, 신호등, 고압 전선 근처에는 가까이 가지 맙시다.
4) 물에 떠내려갈 위험이 있는 물건은 사전에 안전한 장소로 옮깁시다.
5) 아파트나 고층 건물의 옥상, 지하실, 하수도 맨홀에 가까이 가지 맙시다.
6) 라디오, TV, 인터넷, 휴대 전화 등을 통해 기상 예보와 호우 상황을 잘 확인합시다.
7) 모래주머니 등을 이용하여 하천의 물이 넘치지 않도록 하여 사전에 농경지의 침수를 예방합시다.
8) 논둑을 점검하거나 물꼬를 조정하러 나가는 것은 위험합니다.
9) 산간 계곡의 야영객은 미리 대피합시다.
10) 침수가 예상되는 건물의 지하 공간에는 주차를 하지 말고, 지하에 살고 있는 분은 대피해야 합니다.

※ 호우 특보 기준

호우 주의보	호우 경보
6시간 동안 예상 강우량이 70㎜ 이상이거나 12시간 동안 예상 강우량 110㎜ 이상인 경우에 기상청에서 발표	6시간 동안 예상 강우량이 110㎜ 이상이거나 12시간 동안 예상 강우량이 180㎜ 이상인 경우에 기상청에서 발표

① 산간 계곡에 있는 야영객들은 호우 특보를 접하게 된 경우 미리 대피하도록 한다.
② 호우 특보가 발표되면 그 즉시 가까운 고층 건물의 옥상으로 대피하는 것이 안전하다.
③ 예상되는 비의 양이 12시간 동안 180㎜ 이상인 경우에 기상청에서는 호우 경보를 발표한다.
④ 호우 특보가 발표되면 라디오나 휴대 전화 등을 통해 기상 예보 및 호우 상황을 계속 확인해야 한다.
⑤ 호우 특보가 발표되면 침수가 예상되는 지하 공간에 있는 차들을 지상으로 옮겨 피해를 최소화해야 한다.

[082~084] 다음 글을 읽고 물음에 답하시오.

'인 타임'은 시작과 발상이 매우 흥미로운 작품임에 분명하다. 어떻게 보자면 자본도 가상의 이미지이자 상징이다. 화폐는 특히 그렇다. 어느 날 돈에 대한 약속이나 규정이 달라진다면 그 화폐는 교환 가능한 가치를 잃고 말 것이다. 우리 돈을 외국에서 쓰기 힘든 이유도 마찬가지이다. 화폐나 자본은 그것을 사용하는 사람들의 약속이다.

시간이 돈이라는 약속은 곧 시간을 많이 가져야만 한다는 강박으로 연쇄된다. 그리고 돈을 시간으로 바꾸자 돈 때문에 죽는 일은 훨씬 더 사실적으로 그려진다. 영화나 소설에서 우리는 종종 정말 ㉠ 절박한 순간, 돈이 모자라 생명을 잃는 순간을 본다. '우리들의 행복한 시간'의 정윤수는 아내의 수술비를 구하려다 살인을 저지르고 '복수는 나의 것'에서는 수술비 때문에 결국 여러 사람이 죽음을 맞는다.

시간 때문에 사람이 죽을 수도 있다는 상상은 시계가 멈춤과 동시에 심장도 멎는다는 이미지로 구체화된다. 또 계급이나 계층은 '구역별로 나뉜 삶'이라는 설정을 통해 영화화된다. 부촌과 빈곤 지역이 나뉘고, 나뉜 구역들은 통행세를 통해 철저하면서도 자연스럽게 유지된다. 구역의 유지는 곧 구역이 섞일 가능성을 ㉡ 방지하는 것을 의미한다. 가난한 지역에 사는 사람들은 부촌으로 갈 톨게이트 비용을 마련할 수 없고 설사 그것을 마련한다고 해도 부촌의 비싼 물가를 하루도 견딜 수 없다.

영화 '인 타임'은 그런 점에서 공상 과학 영화의 틀을 빌리고 있지만 오히려 지금 현재, 여기의 삶에 더 가까워 보인다. 월가를 행진하는 시위대를 내려다보며 와인을 마시는 1% 계층에 대한 분노와 비난이 영화 전반에 깔려 있으니 말이다. 감독은 아무리 시간이 흐른다 해도 계급이나 계층의 차이가 여전할 것이라고 말한다. 그리고 이 진지한 문제를 흥미로운 상상력과 이미지로 풀어낸다.

문제는 설정의 매혹을 구체적 사건들이 뒤따라오지 못한다는 것이다. 영화는 이 지독한 ㉢ 간극을 손쉽게 해결하고자 한다. 로빈 후드나 홍길동 같은 영웅적 인물의 행위로 말이다. 그러다 보니 비판 의식은 사라지고 문제적 상상력은 점점 '보니 앤 클라이드'식의 낭만적 ㉣ 탕진으로 흐려지고 만다.

하지만 이야말로 18세기 해결책이 아니던가? '로빈 후드'나 '홍길동전'이 18세기의 산물인 것처럼, '인 타임'은 먼 미래를 다루면서도 아주 오래 전 해결책을 쓰고 있다. 부자들의 시간을 훔쳐 나누는 것은 판타지라고 하기에도 너무 유아적(幼兒的)이다. 결국 이 해결책은 도전적 출발과 어울리지 않는 쾌락주의적 ㉤ 방관이라는 혐의를 피하기 어렵다. 세상을 바꾸는 것이 아니라 단지 세상에 흠집을 내는 것만으로, 그리고 부유한 아버지가 허락하지 않는 사랑을 지탱하는 것만으로는 이 어마어마한 문제가 해결되지는 않는다. 시작이 반이라지만 결국 마지막이 문제이다.

082 윗글의 제목으로 가장 적절한 것은?

① 가치 없는 화폐, 우리의 미래 사회를 그리다
② 민주 사회의 새로운 가치, 유토피아를 예고하다
③ 여전히 불평등한 미래 사회, 시간의 중요성을 논하다
④ 미래 사회의 새로운 영웅, 또 하나의 슈퍼 히어로 탄생하다
⑤ 시간이 자본이 되는 미래 사회, 부자들의 시간을 훔쳐 나누다

083 영화 '인 타임'의 내용과 표현 방법에 대한 글쓴이의 입장과 일치하지 않는 것은?

① 시작과 발상이 매우 흥미로운 작품이다.
② 진지한 문제를 상상력과 이미지로 흥미롭게 풀어낸다.
③ 미래 사회를 다루면서 과거의 해결 방법으로 마무리한다.
④ 돈을 시간으로 표현하여 죽는 일이 실감나게 느껴지지 않는다.
⑤ 미래 사회를 그린 영화이지만 현재의 삶이 반영되었다고 볼 수 있다.

084 ㉠~㉤의 사전적 의미로 적절하지 않은 것은?

① ㉠: 어떤 일이나 때가 가까이 닥쳐서 몹시 급함.
② ㉡: 어떤 일이나 현상이 일어나지 못하게 막음.
③ ㉢: 두 가지 사건, 두 가지 현상 사이의 틈.
④ ㉣: 정치, 도덕 따위 사회적 현상이 어지럽고 깨끗하지 못함.
⑤ ㉤: 어떤 일에 직접 나서서 관여하지 않고 곁에서 보기만 함.

085 다음 표에 대해 보인 반응으로 적절하지 않은 것은?

중등 교원 임용 후보자 선정 경쟁시험 현황

[단위: 명]

지역	모집 인원	실제 경쟁률	불합격자	지역	모집 인원	실제 경쟁률	불합격자
서울	378	13.2 : 1	4,607	경북	344	8.7 : 1	2,631
경기	956	10.0 : 1	8,675	경남	301	10.2 : 1	2,765
인천	178	8.8 : 1	1,385	부산	191	11.2 : 1	1,943
강원	418	6.9 : 1	2,495	울산	61	9.9 : 1	548
대전	141	11.3 : 1	1,454	대구	172	10.2 : 1	1,585
세종	189	9.4 : 1	1,595	전북	175	8.9 : 1	1,476
충북	312	7.7 : 1	2,101	전남	394	7.8 : 1	2,672
충남	475	7.2 : 1	2,933	광주	134	10.0 : 1	1,211
제주	169	6.3 : 1	891	전국	4,988	8.3 : 1	40,970

※ 출처: 전국 시도 교육청

① 서울을 비롯한 수도권 지역에서는 실제 경쟁률이 모두 8:1을 넘어섰군.
② 모집 인원이 400명을 상회한 지역은 경기, 강원, 충남의 세 지역뿐이군.
③ 울산의 경우 전국 모집 인원의 1%에도 미치지 못하는 인원을 모집하였군.
④ 광역시에 해당하는 지역의 실제 경쟁률은 전국 평균보다 모두 높게 나타났군.
⑤ 실제 경쟁률이 가장 높은 지역은 서울이고, 불합격자가 가장 많은 지역은 경기이군.

086 다음 그래프의 내용을 바르게 이해하지 못한 것은?

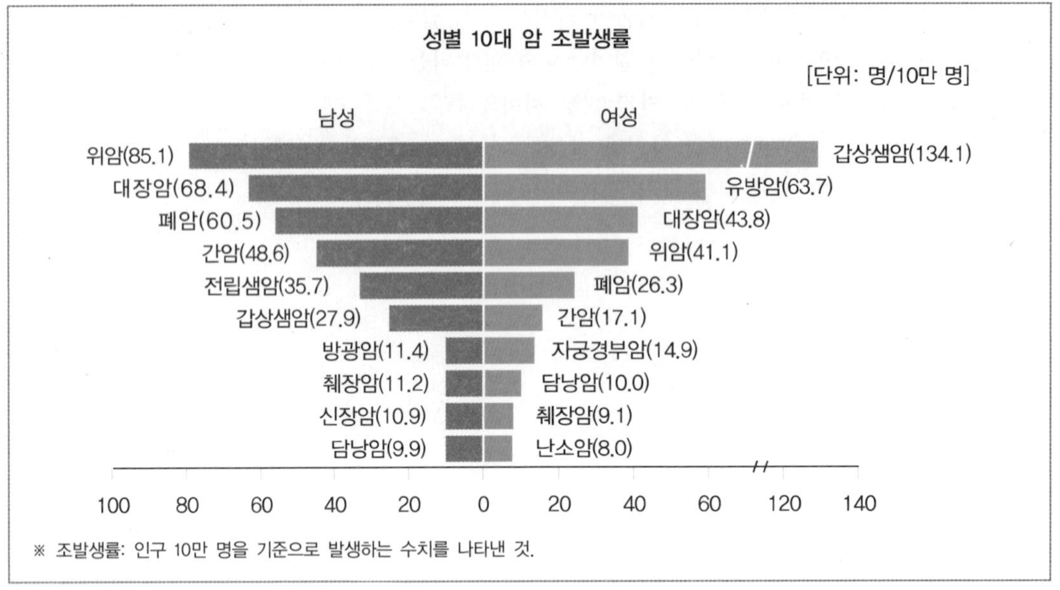

※ 조발생률: 인구 10만 명을 기준으로 발생하는 수치를 나타낸 것.

① 갑상샘암의 조발생률은 남성이 여성에 비해 낮게 나타났군.
② 여성의 경우, 자궁경부암보다 유방암의 조발생률이 더 높게 나타났군.
③ 위암, 대장암, 간암의 조발생률 순위는 남성과 여성이 동일하게 나타났군.
④ 남성의 경우, 신장암보다 전립샘암의 조발생률이 3배 이상 높게 나타났군.
⑤ 대장암, 폐암, 간암, 췌장암은 남성이 여성에 비해 조발생률이 높게 나타났군.

087 다음 표에 대해 보인 반응으로 적절하지 않은 것은?

경부선 하행 KTX 열차 운행 시간표

열차 번호	용산역	서울역	광명역	천안 아산역	오송역	대전역	김천역	동대구역	신경주역	울산역	부산역
101		05:15	05:31			06:15		06:59	07:18	07:30	07:52
103		05:30	05:46	06:09		06:35		07:19	07:38	07:51	08:13
105		06:00	06:16	06:39		07:05	07:28	07:55		08:21	08:44
107		06:25	06:41	07:04		07:30	07:53	08:20	08:39		09:09
109	06:15	06:40	06:57	07:20	07:33	07:51	08:14	08:41			09:25
111		07:00	07:17	07:40	07:53	08:11		08:56		09:23	09:45
251		07:10	07:27	07:50	08:04	08:22					
113	07:00	07:30	07:46		08:17	08:36		09:20			10:04
231			07:50		08:22	08:41		09:25		09:51	10:14
115		07:45			08:28	08:46	09:09	09:36	09:55	10:07	10:29

*표에 제시된 시각은 해당 역에서의 출발 시각을 의미함.

① '용산역'에서 운행하는 경부선 하행 KTX 열차는 109편과 113편밖에 없군.
② '대전역'은 경부선 하행 KTX 열차 모두가 정차하는 역이라고 할 수 있겠군.
③ '광명역'에서 '천안아산역'까지 KTX 열차를 타고 가면 23분 정도 소요되는군.
④ '오송역'에서 '신경주역'까지 KTX 열차로 환승 없이 가려면 115편을 이용해야겠군.
⑤ '서울역' – '부산역' 구간에서 정차하는 역의 수가 가장 적은 KTX 열차는 101편이군.

[088~089] 다음을 읽고 물음에 답하시오.

빈 병 보증금 제도, 눈에 확 띄게 준비 착착~

□ 환경부는 7월 1일부터 소비자가 가까운 소매점에서 빈 병 보증금을 쉽게 받을 수 있도록 소주병 등 관련 제품에 보증금 여부와 금액 정보 글자를 18mm 이상의 크기로 키운 '재사용 표시제'를 도입한다고 밝혔다.
　○ 이에 따라 소주병, 맥주명 등의 제품 라벨에 작은 글자로 표시되었던 '빈 병(공병) 환불' 설명은 7월 1일부터 눈에 쉽게 들어오도록 초록색 병 모양의 마크와 금액으로 크게 표시된다.

□ 이와 함께, 환경부는 빈 병 반환을 계속해서 거부하는 소매점에 대해서 '보증금 상담 센터(1522-0082)'나 관할 지자체로 신고할 경우 5만 원 이하의 보상금을 지급하는 '빈 용기 신고 보상제'도 시행한다.
　○ '빈 용기 신고 보상제'의 악용 방지를 위해 허위·거짓·중복 신고, 사전 공모 등을 할 경우 보상금이 지급되지 않으며, 1인당 연간 10건 이하로 보상금 지급이 제한된다.
　○ 환경부는 '빈 용기 신고 보상제'의 악용 예방과 함께 영세 소매점 등이 제도를 미처 알지 못해 피해가 발생하지 않도록 지자체와 도·소매업 관련 단체를 통해 홍보물과 자료집을 배포했다.
　○ 또한, 소비자, 시민 단체 등과 합동으로 소매점에 대한 현장 계도와 실태 조사도 추진한다.
　　* 기초 지자체 및 도·소매업계 관련 협회 등을 대상으로 자료집, 홍보 책자, 포스터 등 배포(6월)
　○ 빈 병 보증금은 재사용을 전제로 환불해 주기 때문에 깨진 병이나 참기름, 담배꽁초 등으로 오염된 병은 환불받기가 어려워 소비자는 가급적 깨끗한 상태로 빈 병을 반환해야 한다.

□ 환경부는 빈 병 보증금 제도 시행으로 소비자 반환이 증가할 것에 대비해 소매점의 보관 부담 등을 최소화하기 위한 사업도 함께 진행한다.
　○ 우선, 소매점에서 자루, 종이 박스 등으로 보관하면서 발생 가능한 병의 훼손이나 안전사고를 방지하고, 보관도 쉽게 할 수 있도록 지난 6월 소매점용 플라스틱 박스 21만 개를 보급했고, 수요가 많은 소매점에 대해서는 신청을 받아 추가로 보급할 계획이다.
　○ 또한, 매년 회수용 플라스틱 박스 보급 사업을 추진할 예정이며, 관련 업계도 종이 박스 대신 플라스틱 박스를 통한 주문과 판매의 확대에 동참할 예정이다.
　○ 아울러, 한국순환자원유통지원센터에서는 '보증금 상담 센터(1522-0082)'를 통해 도매상 등이 빈 병을 자주 회수하지 않아 보관 등에 문제가 발생할 수 있는 소매점을 인근 도매상, 제조사 등과 연계 지원하는 '회수 지원 시스템'을 7월부터 운영한다.

□ 한편 소비자가 빈 병을 쉽게 반환하도록 작년 9월부터 시범 사업으로 수도권 대형 마트에 설치한 무인 회수기를 연말까지 100여 대로 확대한다.
　○ 무인 회수기는 소비자 10명 중 7명이 '편리하다'고 응답하는 등 높은 만족도를 보여 대형 마트를 포함하여 전국적으로 재활용품 분리수거장, 주민자치센터 등 적정 장소를 조사하여 설치할 계획이다.

088 '빈 병 보증금 제도'와 관련한 환경부의 노력으로 볼 수 없는 것은?

① 빈 병 반환을 계속해서 거부하는 소매점이 나타나지 않도록 '빈 용기 신고 보상제'를 실시한다.
② 빈 병의 보증금 환불 가능 여부와 금액 정보를 나타내는 라벨을 새롭게 제작하여 보급한다.
③ '빈 병 보증금 제도'를 정착시키기 위해 소매점에 대한 계도와 실태 조사를 실시한다.
④ 소매점이 빈 병 보관에 부담을 느끼지 않도록 플라스틱 박스를 보급한다.
⑤ 빈 병 무인 회수기의 적정 설치 비용에 대한 설문 조사를 실시한다.

089 윗글을 읽고 보인 반응으로 적절하지 않은 것은?

① 빈 병을 대량으로 반환할 경우 환경부의 보증금 상담 센터를 직접 방문하는 것이 좋겠군.
② 우리 집 주변에 빈 병 무인 회수기가 설치된 대형 마트가 어느 곳에 있는지 알아보아야겠군.
③ 참기름을 담아 두었던 병을 깨끗이 세척하지 않고 반환할 경우 빈 병 보증금을 받기 어렵겠군.
④ 빈 병 반환을 거부하는 소매점을 신고할 경우 연간 최대 50만 원의 보상금을 지급받을 수 있겠군.
⑤ 빈 병 보증금 제도와 관련한 세부 정보를 알아보려면 환경부에서 발간한 자료집을 살펴보는 것이 좋겠군.

090 다음을 읽고 이해한 내용으로 적절하지 않은 것은?

보건복지부	리우 올림픽 대비 감염병 예방 총력 대응

□ 질병관리본부는 제31회 리우데자네이루 하계 올림픽(2016.08.05.~2016.08.21.)과 제15회 리우 장애인 올림픽(2016.09.07.~2016.09.18.)을 대비하여, 출국자들의 감염병 발생을 예방하고, 국내 유입 및 전파를 차단하여 국민의 건강을 보호하기 위해 리우 올림픽 감염병 대응 종합 계획을 마련하여 총력 대응을 할 계획이라고 밝혔다.

○ 질병관리본부는 7월 1일부터 리우 올림픽 감염병 대응 대책 본부를 확대 개편하고, 대책 본부는 부처별로 선수단 및 임원진, 문화 사절단, 응원단 등 출국자를 파악하여 예방 접종 및 예방약 처방, 감염병 예방 수칙 교육을 지속적으로 실시하고 있으며,

– 현재 선수단 및 임원단에 대한 황열, 인플루엔자, A형 간염, 장티푸스, 파상풍(성인용) 5종의 예방 접종율은 96.3%이며, 감염병 예방 교육은 진행 중에 있다.

○ 리우 올림픽 기간 중에는 질병관리본부 역학 조사관 2명과 감염 내과 전문의 3명을 현지에 파견하여, 감염병 모니터링, 역학 조사 및 환자 관리 등을 수행할 계획으로,

– 브라질 리우데자네이루에 설치될 '코리아 하우스'에는 역학 조사관, 감염 내과 전문의를 파견하여 선수단 및 체육 관계자들의 감염병 예방 및 관리를 담당하며,

– 임시 영사 사무소에도 감염 내과 전문의를 파견하여 브라질을 방문한 우리 국민들의 감염병 관리를 담당할 계획임.

– 대책 본부는 브라질 방문 중 증상 발생 시 문의할 수 있는 질병관리본부, 임시 영사 사무소 전화 상담실을 각각 운영하고, 선수단 의료진 - 코리아 하우스 - 임시 영사 사무소 간 원활한 협력 의료 체계를 운영하며, 설사, 발열, 발진 등 증상 발생자 일일 모니터링 및 24시간 대응 체계를 운영할 계획이다.

○ 또한 올림픽 기간 중에 질병관리본부 긴급 상황실(EOC)을 통해 24시간 대응 체계를 가동하여 브라질 현지 감염병 대응 팀과 실시간 연락, 협조 체계를 운영하여, 귀국 후 입국자에 대해서는 감염병 발생을 모니터링하여 의심 증상 발생 시 조기 진단 및 대응을 할 계획이다.

□ 질병관리본부는 브라질은 오염된 물과 음식에 의한 감염병(A형 간염, 장티푸스 등), 모기가 옮기는 감염병(황열, 말라리아, 뎅기열, 지카 바이러스 등), 인플루엔자 등의 감염병이 우려되므로 사전 예방 접종 및 말라리아 예방약 준비, 모기 회피, 손 씻기 등의 감염병 예방 수칙 준수를 당부하였다.

① 리우데자네이루에서는 모기로 인해 말라리아, 뎅기열, 지카 바이러스 등의 질병에 감염될 우려가 있다.

② 리우 올림픽에 참가하는 선수단과 임원단의 경우 감염병에 대한 예방 접종과 예방 교육을 실시하고 있다.

③ 리우 올림픽 기간 중에 리우데자네이루에는 질병관리본부 긴급 상황실이 24시간 운영되어 위급 상황에 대비한다.

④ 리우 올림픽 감염병 대응 대책 본부에서는 응원단의 일원으로 리우에서 활동하게 될 우리 국민의 감염병 관리도 담당한다.

⑤ 리우 올림픽 감염병 대응 종합 계획은 리우데자네이루 하계 올림픽 기간 이후에도 일정 기간 동안 지속 시행될 예정이다.

국어 문화 091번~100번

091 〈보기〉는 퀴즈 프로그램에서 교포 화자가 우리말 단어를 설명한 것들이다. 이에 대한 설명으로 옳지 않은 것은?

보기

(가) 구름: 저 위에 사는 거요. 하얀색 뽀글뽀글한 거.
(나) 매: 상자 옆에 사다리. 박스 옆에 에이치(H)가 있어요.
(다) 자라: 밤에 TV 보면 엄마가 하는 말이에요. 거북이 친구.
(라) 품팔이: 안기는 거하고, 그 옆에 이거(자신의 팔을 가리키며) 둘 있어요.
(마) 실랑이: 결혼식을 하는데, 신부 옆에 있는 사람이요. 그런데 두 명이에요.

① (가): 대상의 형태에 주목하면서도 모어(母語) 화자라면 쓰지 않았을 법한 의태어를 사용하여 설명하고 있다.
② (나): 대상 단어의 의미와는 무관하게, 음소 단위로 자형(字形)을 분해하여 일종의 그림처럼 설명하고 있다.
③ (다): 동음이의 관계를 활용하고 유사한 종류의 다른 대상을 제시하며 대상을 설명하고 있다.
④ (라): 대상 단어를 음절 단위로 나누어 원래 단어의 뜻과는 무관하게 각각의 음절을 설명하고 있다.
⑤ (마): 대상 단어를 두 부분으로 나누어 앞부분은 표기에, 뒷부분은 의미에 주목하여 설명하고 있다.

092 〈보기〉를 참고할 때, 표의 [A]에 들어갈 '갑자'로 알맞은 것은?

보기

• 천간: 갑(甲) 을(乙) 병(丙) 정(丁) 무(戊) 기(己) 경(庚) 신(辛) 임(壬) 계(癸)
• 지지: 자(子) 축(丑) 인(寅) 묘(卯) 진(辰) 사(巳) 오(午) 미(未) 신(申) 유(酉) 술(戌) 해(亥)

2013년	2015년	2017년	2019년
계사	을미	[A]	기해

① 기인 ② 경해 ③ 신축
④ 임자 ⑤ 정유

093 방송 언어에 대한 지적으로 잘못된 것은?

① 농림축산식품부는 전국 도매 시장을 대상으로 단속을 실시한 결과 중국산 마늘을 국내산으로 속여 판 40여 개 업체를 적발했다고 밝혔습니다. → 고유어로 읽는 것이 적절하므로 [마흐녀개]로 읽는다.

② 노측과 사측은 합의 시한이 다가오지만 이견을 좁히기보다 지루한 샅바 싸움만 계속하는 모습을 보이고 있습니다. → 의견 자체를 좁히는 것은 언어 논리적으로 이상하다. '의견 차를 좁히기보다'가 적절하다.

③ 교육청에서는 모든 중학생들이 참여하는 집단 창작 종합 예술 프로젝트를 실시할 예정으로 있습니다. → 어법에 맞지 않는 말이다. '예정입니다'가 맞다.

④ 원료 의약품 상품이, 선진국 제약사에 대한 공급이 크게 늘면서 의약품 가운데 대표적인 수출 효자 품목으로 떠올랐습니다. → 일종의 성 차별적 용어이다. '주력 상품', '인기 상품', '핵심 상품' 등으로 고치는 것이 적절하다.

⑤ '브렉시트'를 성공으로 이끈 장본인인 보리스 존슨은 예상과 달리 메이 총리에 의해 외무 장관으로 발탁됐습니다. → '장본인'은 일의 결과가 주로 부정적일 때 사용하는데 브렉시트 찬성론자들에게는 결과가 긍정적이므로 '주역', '주인공'으로 바꾸어야 한다.

094 〈보기〉에서 설명하는 민속극에 해당하는 것은?

보기

이 민속극은 조선 시대의 예인 집단 중 하나인 남사당패에 의해 전승되어 온 인형극으로, 인형 조종자인 '대잡이'가 무대 뒤에서 조종하고 그 인형의 동작에 맞추어 재담과 창을 하는 것이 특징이다. 이 민속극이 연행되는 무대 앞에는 악사(樂士)들이 앉는데, 이들은 인형의 움직임과 객석의 반응에 맞춰 반주를 한다. 특히 상쇠(꽹과리)를 담당하는 '산받이'는 극에 직접 개입하여 약방에 감초와 같은 역할을 하기도 한다.

① 봉산 탈춤 ② 수영 야유 ③ 고성 오광대
④ 꼭두각시놀음 ⑤ 송파 산대놀이

095 〈보기〉는 어느 가족의 관계도이다. 가족에 대한 소개로 적절하지 않은 것은?

보기

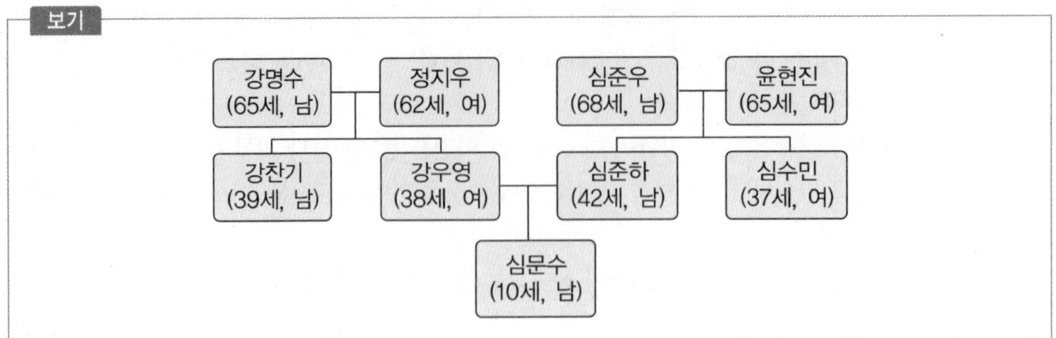

① '심준하'에게 '강찬기'는 '처남'이다.
② '강찬기'에게 '심준하'는 '매제'이다.
③ '심수민'에게 '강우영'은 '처제'이다.
④ '강우영'에게 '심수민'은 '시누이'이다.
⑤ '윤현진'에게 '정지우'는 '안사돈'이다.

096 〈보기〉의 ㉠~㉤에 대한 설명으로 가장 적절한 것은?

보기

- 모처럼 ㉠ 뜨락에 있는 아름다운 꽃들에게 눈길이 갔다.
- 그 녀석은 잠시 휴식한 후 다시 ㉡ 오지랖을 여미고 걸음을 재촉했다.
- 그는 월급을 받으면 모두 갚겠노라며 가는 곳마다 ㉢ 가리로 물건을 샀다.
- 점심 무렵이 되었지만 방물장수 할머니는 아직 ㉣ 마수걸이도 하지 못했다.
- 오늘 중으로 그곳에 도착해야 했지만 벌써 해가 서산 ㉤ 마루에 걸려 있었다.

① ㉠: '집 안의 앞뒤나 좌우로 가까이 있는 평평한 땅.'을 뜻하는 말로 '뜰'의 방언이다.
② ㉡: '웃옷이나 윗도리에 입는 겉옷의 앞자락.'을 뜻하는 말로 표준어이다.
③ ㉢: '값은 나중에 치르기로 하고 물건을 사거나 파는 일.'을 뜻하는 말로 '외상'의 방언이다.
④ ㉣: '장사를 시작한 후로 또는 하루 안에 처음으로 물건을 팔게 됨.'을 이르는 말로 '개시'의 방언이다.
⑤ ㉤: '땅이 비탈지고 조금 높은 곳.'를 이르는 말로 '언덕'의 방언이다.

097 〈보기〉를 참고할 때, 제시된 상황에 따라 봉투의 문구를 바르게 작성하지 못한 것은?

보기

일상생활을 하다 보면 다른 사람에게 축하나 위로의 뜻을 전할 일이 생기곤 한다. 이때 축하나 위로의 뜻을 나타내기 위해 돈을 준비하기도 하는데, 이 돈은 상황에 맞는 문구를 적은 봉투에 넣어 당사자에게 전하는 것이 예의이다.

① 퇴임 축하 ② 환갑 축하 ③ 결혼 축하 ④ 문병 위로 ⑤ 초상 위로

098 〈보기〉는 북한의 그림책에 실린 글이다. ㉠~㉤에 대한 반응으로 적절한 것은?

보기

어느덧 ㉠해님이 ㉡산너머로 사라지고 밤어둠이 자리를 펴기 시작하였습니다.
≪애들아, 우리 공원을 한번 ㉢돌아보자꾸나. 도대체 이 공원에 무엇이 있을가?≫
세 아이는 이렇게 속삭이며 받침돌우에서 땅우에 ㉣사뿐히 뛰여내렸습니다. 그들은 먼저 분수가 솟구쳐오르는 못으로 갔습니다. 거기에는 여러가지 돌조각이 있었습니다. 빨간 금붕어 두마리가 주둥이로 물을 뿜어올리는가 하면 물에서는 오리들이 알락달락한 뿔을 물우에 띄워놓고 장난을 하고 있었습니다. 그리고 못가에서는 ㉤꼬마곰들이 서로 씨름을 하느라고 누가 오는지도 모르고있었습니다.

① ㉠: 남한에서는 북한에서와 달리 사이시옷을 표기한 '햇님'이 맞춤법에 맞겠군.
② ㉡: 남한에서는 북한에서와 달리 '산 넘어로'로 쓰는 것이 문맥상 적절하겠군.
③ ㉢: 남한에서는 북한에서와 달리 '돌아 보자꾸나'로 쓰는 것이 어법에 맞겠군.
④ ㉣: 남한에서는 북한에서와 달리 '사뿐이'로 표기하는 것이 규정에 맞겠군.
⑤ ㉤: 남한에서는 북한에서와 달리 '꼬마'와 '곰'을 띄어 쓰는 것이 옳겠군.

099 〈보기〉의 근대 신문 광고에 대한 설명으로 가장 적절한 것은?

보기

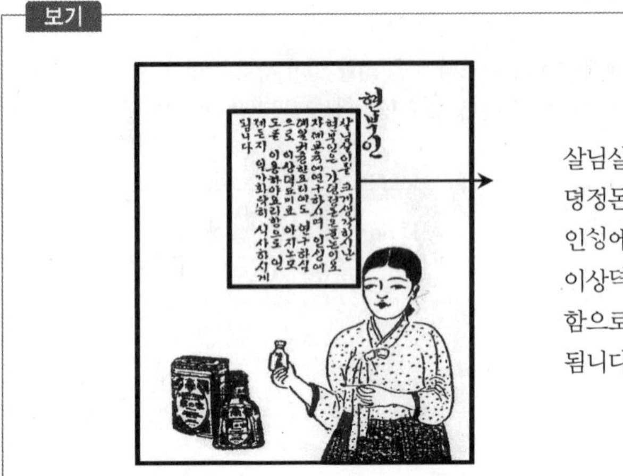

살님살이를 크게생각하시난 현부인은 가
명정돈은물논이요 자제교육에연구하시며
인싱에데일귀즁한요리에도 연구하심으로
이상뎍됴미료 아지노모도를 이용하야요리
함으로 언제든지 일가화락히 식사하시게
됩니다

① 이중 모음의 단모음화가 이루어진 것을 확인할 수 있다.
② 명사형 어미로 '-기'가 활발하게 사용된 것을 확인할 수 있다.
③ 한 단어 안에서 'ㄹㄹ'이 'ㄹㄴ'으로 표기된 부분을 확인할 수 있다.
④ 거센소리를 예사소리와 'ㅎ'으로 분석하여 적는 재음소화 표기를 확인할 수 있다.
⑤ 'ㅣ' 모음 앞의 'ㄷ'이 'ㅈ'으로 변하는 구개음화가 표기에 반영된 것을 확인할 수 있다.

100 다듬은 말 중 〈보기〉의 논지에 가장 부합하는 것은?

> **보기**
>
> 외래어를 다듬기 위해 누리꾼들이 제시하는 말들은 양적으로 매우 풍부하나, 대상이 되는 말과 너무나 거리가 먼 것들이 많다. 이를테면 음식을 만들 때 조리 방법을 가리키는 '레시피'의 순화어로 '요리시연', '맛재료', '먹거리정보', '참 먹거리' 등이 나왔으나 '레시피'의 뜻을 대신할 말로 아예 가능하지 않은 것들이다. 대신할 우리말을 찾는 데에 관심을 보이는 것 자체는 바람직한 현상이지만 관계가 먼, 터무니없는 대안은 별 도움이 되지 않는다.
>
> 또 누리꾼들이 제안한 것을 보면 외국어를 대신할 말은 참신한 말이어야 하고, 무조건 순우리말이어야 한다는 생각이 확고히 자리 잡힌 듯 보인다는 점도 지적하고 싶다. 이왕이면 순우리말이 더 좋겠지만 우리 생활에 깊이 자리한 한자어도 배척할 까닭이 없다. 그것이 낯설고 어려운 한자어라면 당연히 물리쳐야겠지만 생활에 잘 익은 한자어라면 멀리할 이유가 없다. 참신한 순우리말이 말 다듬기를 하는 사람의 마음에는 더 흡족하겠지만 대중의 언어생활에 널리 쓰이지 못한다면, 차라리 좀 덜 마음에 들더라도 대중에게 널리 쓰일 수 있는 한자어가 낫다고 하겠다.

① 헤드셋(headset: 마이크가 달린 헤드폰) → 소리귀마개
② 정크푸드(junk food: 열량은 높지만 영양가는 낮은 즉석 식품) → 부패 식품
③ 스키니진(skinny jean: 허리부터 발목까지 다리에 딱 달라붙는 청바지) → 매끈청바지
④ 아이콘(icon: 우상을 전문적으로 일컫기도 하며, 어떠한 분야의 최고 또는 대표) → 으뜸본
⑤ 론칭쇼(launching show: 어떤 제품이나 상표의 공식적인 출시를 알리는 행사) → 신제품 발표회

[확인 사항]

● 문제지와 답안지에 필요한 내용을 정확히 적었는지 확인하십시오.

수고하셨습니다.

▶▶ 정답과 해설 바로가기 p.50

제43회 셀프 진단표

문항 번호	출제 영역	유형	정답	정답률	약점 체크
001	듣기 · 말하기 15%	사실적 이해	①	98.1%	
002		사실적 이해	③	93.8%	
003		사실적 이해	④	99.6%	
004		사실적 이해	④	89.4%	
005		추론적 이해	②	93.9%	
006		추론적 이해	②	89.3%	
007		사실적 이해	⑤	88%	
008		사실적 이해	②	98.6%	
009		추론적 이해	④	93.9%	
010		사실적 이해	③	92.2%	
011		추론적 이해	②	94.6%	
012		사실적 이해	①	99.3%	
013		사실적 이해	⑤	97.9%	
014		사실적 이해	②	93.8%	
015		추론적 이해	④	81.4%	
016	어휘 · 어법 30%	고유어의 사전적 의미	③	57.4%	
017		한자어의 사전적 의미	②	54.9%	
018		한자어의 문맥적 의미	③	32.1%	
019		한자어의 문맥적 의미	④	33.9%	
020		고유어의 문맥적 의미	①	57.2%	
021		어휘 간의 의미 관계(다의어)	③	97.5%	
022		어휘 간의 의미 관계(반의어)	③	62.1%	
023		어휘 간의 의미 관계(유의어)	①	49.5%	
024		어휘 간의 의미 관계	④	85.8%	
025		어휘 간의 의미 관계(다의어)	②	39.4%	
026		한자어 표기(독음)	③	69.4%	
027		한자어 표기(독음)	⑤	15.2%	
028		속담과 사자성어	③	56.2%	
029		관용구	④	77.4%	
030		순화어	③	26.7%	
031		맞춤법(음운 축약)	②	66.8%	
032		표준어	③	9.7%	
033		표준어	⑤	22.4%	
034		띄어쓰기	①	18%	
035		표준어	⑤	26.1%	
036		문장 표현	③	14.9%	

문항 번호	출제 영역	유형	정답	정답률	약점 체크
037		문장 표현(중의성)	④	85.9%	
038		문장 표현	⑤	65.7%	
039		문법 요소(음운 변동 현상)	①	49.8%	
040		문법 요소(어휘적 부사화와 통사적 부사화)	③	17.2%	
041		문법 요소(청유문)	④	84.3%	
042		문장 부호	③	45.4%	
043		표준 발음법	⑤	93.6%	
044		외래어 표기법	③	53.6%	
045		로마자 표기법	④	56.4%	
046	쓰기 5%	글쓰기 계획	③	96.6%	
047		자료 활용 방안	④	93.2%	
048		개요 수정 및 상세화 방안	②	93.1%	
049		퇴고	②	68.3%	
050		논지 전개	③	97.9%	
051	창안 10%	시각 자료를 통한 내용 생성	②	97.1%	
052		시각 자료를 통한 내용 생성	③	96.6%	
053		조건에 따른 내용 생성	⑤	98%	
054		시각 자료를 통한 내용 생성	③	94.2%	
055		조건에 따른 내용 생성	②	89.4%	
056		조건에 따른 내용 생성	②	88.3%	
057		조건에 따른 내용 생성	④	39.2%	
058		시각 자료를 통한 내용 생성	④	86.8%	
059		시각 자료를 통한 내용 생성	①	98.4%	
060		조건에 따른 내용 생성	④	39.1%	
061	읽기 30%	[현대 시] 작품의 이해와 감상	③	46.7%	
062		[현대 시] 작품의 이해와 감상	⑤	89.4%	
063		[현대 소설] 작품의 이해와 감상	②	91.3%	
064		[현대 소설] 서술상의 특징 및 효과	②	90.5%	
065		[현대 소설] 작품의 이해와 감상(문맥에 알맞은 표현)	⑤	95.9%	
066		[학술문-인문] 사실적 이해(핵심 정보)	④	91.9%	
067		[학술문-인문] 추론적 이해[구체적(다른) 사례에 적용]	③	96.3%	
068		[학술문-인문] 추론적 이해(생략된 내용 추리)	③	92.3%	
069		[학술문-예술] 사실적 이해(정보 확인)	③	95.6%	
070		[학술문-예술] 사실적 이해(전개 방식)	③	78.9%	

문항 번호	출제 영역	유형	정답	정답률	약점 체크
071		[학술문－예술] 추론적 이해[구체적(다른) 사례에 적용]	②	92.6%	
072		[학술문－과학] 추론적 이해[구체적(다른) 사례에 적용]	②	64.9%	
073		[학술문－과학] 사실적 이해(정보 확인)	①	83.4%	
074		[학술문－사회] 추론적 이해[구체적(다른) 사례에 적용]	④	66.1%	
075		[학술문－사회] 추론적 이해[구체적(다른) 사례에 적용]	④	72.6%	
076		[실용문－교술] 사실적 이해(핵심 정보)	①	88.3%	
077		[실용문－교술] 비판적 이해(반응 및 수용)	③	79.9%	
078		[실용문－안내문] 비판적 이해(반응 및 수용)	⑤	64.5%	
079		[실용문－안내문] 사실적 이해(정보 확인)	②	87.1%	
080		[실용문－자료] 추론적 이해[구체적(다른) 사례에 적용]	②	91.7%	
081		[실용문－안내문] 비판적 이해(반응 및 수용)	②	94.7%	
082		[학술문－평론] 사실적 이해(핵심 정보)	⑤	57%	
083		[학술문－평론] 사실적 이해(글쓴이의 심리 및 태도)	④	91.5%	
084		[학술문－평론] 어휘의 사전적 의미	④	86.6%	
085		[실용문－자료] 비판적 이해(반응 및 수용)	③	88%	
086		[실용문－자료] 사실적 이해(정보 확인)	③	92.5%	
087		[실용문－자료] 비판적 이해(반응 및 수용)	⑤	86.9%	
088		[실용문－보도 자료] 사실적 이해(정보 확인)	⑤	78.1%	
089		[실용문－보도 자료] 비판적 이해(반응 및 수용)	①	73.8%	
090		[실용문－보도 자료] 사실적 이해(정보 확인)	③	19.7%	
091	국어 문화 10%	국어 생활(일상어)	⑤	70.5%	
092		국어학(일상어－갑자의 순서)	⑤	90.6%	
093		국어 생활(매체 언어)	①	56.3%	
094		국문학(작품)	④	65%	
095		국어 생활(일상어－호칭어)	③	71.8%	
096		국어학(문법－표준어와 방언)	②	27.9%	
097		국어 생활(일상어－봉투 적기)	②	10.2%	
098		국어학(북한어)	⑤	22.3%	
099		국어학(근대 국어)	③	65.2%	
100		국어학(순화어)	⑤	80.8%	

2016. 05. 22.

성　　명	
수험번호	
감독관 확인	

제42회
KBS 한국어능력시험

KBS 한국방송

- 문제지와 답안지 모두 성명, 수험 번호를 정확히 기입하십시오.
- 답안지와 함께 문제지를 반드시 제출하십시오.
- 본 시험지를 절취하는 것은 부정행위로 간주합니다.
- 본 시험의 내용을 무단으로 전재·복사·복제·출판·강의하는 행위와 인터넷 등을 통해 복원하는 행위는 저작권법에 저촉됩니다.

한국어능력시험 문항 100문항

영역	문항
듣기 · 말하기	001번~015번
어휘 · 어법	016번~045번
쓰기	046번~050번
창안	051번~060번
읽기	061번~090번
국어 문화	091번~100번

제42회 듣기 MP3 파일

- 에듀윌 도서몰(book.eduwill.net)에서 무료 다운로드(도서 구매자에 한함.)
- 위치경로: 에듀윌 도서몰 > 도서자료실 > 부가학습자료
- 비밀번호: WJD4GU28DL

2016년 05월 22일 시행

제42회 KBS 한국어능력시험

듣기·말하기 001번~015번

001 다음 그림에 대한 설명으로 가장 적절한 것은?

① 맞배지붕은 사방으로 경사를 짓고 있는 지붕 형식이다.
② 우진각 지붕은 용마루, 내림마루, 추녀마루를 모두 갖추고 있다.
③ 팔작지붕은 4개의 추녀마루가 용마루에 몰려 붙은 형태를 띠고 있다.
④ 맞배지붕은 지붕의 모서리에 추녀가 없고 용마루까지의 측면 벽이 삼각형이다.
⑤ 우진각 지붕은 사방으로 지붕면이 있지만 양측의 지붕면 위에 삼각형의 합각벽이 있다.

002 등장인물의 생각으로 적절하지 않은 것은?

① 며느리: 받아쓰기 점수보다 친구들과 사이좋게 노는 게 더 중요하다.
② 며느리: 방문 교사를 불러 가르친다고 아이의 성적이 오르지 않는다.
③ 며느리: 1학년 아이의 엄마가 학교 다니듯 하는 것은 우리나라만의 현상이다.
④ 시어머니: 재원이가 받아쓰기 점수를 낮게 받으면 학교생활에 재미를 느끼기 어렵다.
⑤ 시어머니: 며느리는 재원이의 공부와 관련하여 보다 적극적인 조치를 취할 필요가 있다.

003 '성인의 다스림'과 거리가 먼 것은?

① 백성들이 굶지 않도록 한다.
② 인위적인 힘으로 세상을 다스리지 않는다.
③ 성실히 재산을 모아 미래를 대비해야 한다.
④ 백성들의 마음에 욕심이 깃들지 않게 한다.
⑤ 재주가 많은 사람을 높이 떠받들지 않는다.

004 강좌의 내용과 일치하지 않는 것은?

	갑상샘 항진증	갑상샘 저하증
①	대사량이 증가한다.	대사량이 감소한다.
②	체중이 증가한다.	체중이 감소한다.
③	심박수가 증가한다.	심박수가 감소한다.
④	더위를 많이 탄다.	추위를 많이 탄다.
⑤	항갑상샘제를 복용한다.	갑상샘 호르몬 제제를 복용한다.

005 대상을 묘사하는 화자의 태도로 가장 적절한 것은?

① 관조적　② 비판적　③ 부정적
④ 의지적　⑤ 방관적

006 '뉴스 보도'의 내용에 비추어 볼 때, 실제 방송에서 사용했음 직한 장면이 아닌 것은?

①

②

③

④

⑤

007 '뉴스 보도'에 대한 설명으로 적절하지 않은 것은?

① 우리 사회의 고령화 실태에 대해 밝히며 보도 내용을 시작하고 있다.
② 현상이 일어나게 된 원인에 대해 드러내며 보도 내용을 전개하고 있다.
③ 구체적인 통계 분석 결과를 인용하며 보도 내용의 신뢰성을 높이고 있다.
④ 사회 복지 전문가와의 인터뷰를 삽입해 보도 내용의 전문성을 더하고 있다.
⑤ 다음 세대의 부담을 줄이는 방안을 모색하며 보도 내용을 마무리하고 있다.

008 강연을 듣고, 〈보기〉에 대해 보인 반응으로 적절하지 않은 것은?

보기

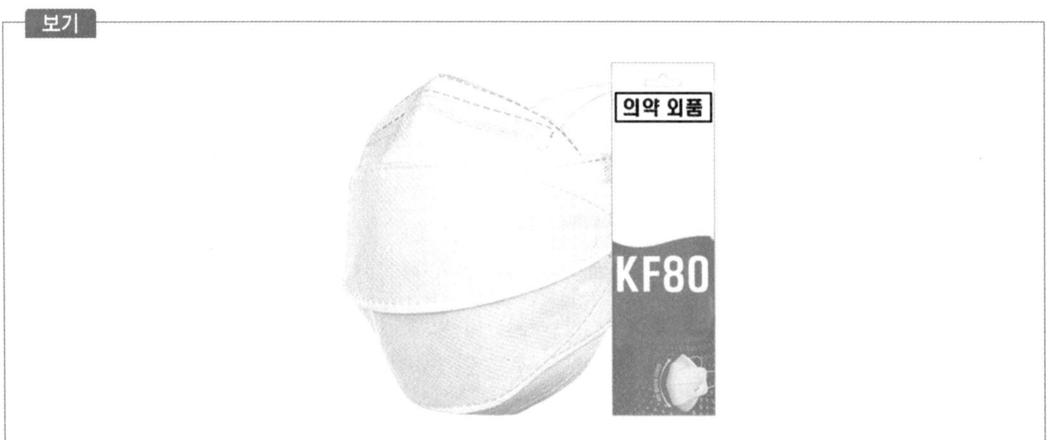

① 유해 물질을 차단하는 필터가 들어 있는 제품이군.
② 감염원으로부터 호흡기를 보호할 수 있는 제품이군.
③ 호흡기 질병을 80% 이상 차단하는 효과가 있는 제품이군.
④ 식품의약품안전처로부터 인증을 받은 보건용 마스크 제품이군.
⑤ KF94 제품에 비해 평균 입자 크기 0.4㎛의 미세 입자를 차단하는 능력이 떨어지는 제품이군.

009 강연을 들은 사람이 보건용 마스크의 올바른 사용법에 대해 말한 내용으로 적절하지 않은 것은?

① 마스크의 모양을 찌그러트리지 마세요.
② 사용한 마스크를 세탁하여 재사용하지 마세요.
③ 호흡기에 마스크를 밀착하여 착용하지 마세요.
④ 마스크 안쪽이 오염된 경우에는 사용하지 마세요.
⑤ 마스크를 착용한 후 마스크의 겉면을 되도록 만지지 마세요.

010 강연의 내용을 바르게 이해하지 못한 것은?

① 시를 읽으면서 독자는 자기 성찰의 기회를 갖게 된다.
② 1970년대의 시인들은 주로 거대 담론에 관심을 보였다.
③ 시인은 현상의 이면에 숨겨진 본질을 밝힐 수 있어야 한다.
④ 1인칭의 목소리는 3인칭의 목소리보다 내면 탐구에 적합하다.
⑤ 망원경으로 세상을 보는 시인은 촘촘한 밀도의 상상력을 발휘하게 된다.

011 강연자가 비판하는 바를 가장 잘 요약하여 말한 사람은?

① 지우: "시인이 사회의 거대 담론과 관련된 시만을 창작하는 것은 바람직하지 않습니다."
② 건우: "시가 어려워지면서 시인과 독자가 소통하지 못하는 문제가 심각해지고 있습니다."
③ 승찬: "시인들이 내면 탐구에만 몰두하여 자폐적 경향의 시만 쓰는 것은 바람직하지 않습니다."
④ 하람: "시인들은 내면 탐구와 사회 고발을 균형 있게 표현해야 하는 의무를 망각하고 있습니다."
⑤ 하은: "시인들이 독자의 관심과 욕구를 반영하지 않기 때문에 시를 읽는 독자가 줄어들고 있습니다."

012 '교통 정보'의 내용과 일치하지 않는 것은?

구분		교통 정보
경부고속도로	부산 방향	① 신갈분기점 일대는 차량 정체가 극심한 상태이다.
	서울 방향	② 양재에서 한남까지 1시간 가까이 소요된다.
중부고속도로	서울 방향	③ 중부1터널을 중심으로 짧은 구간 정체가 있다.
영동고속도로	인천 방향	④ 안산 주변 길에서 극심한 정체를 보이고 있다.
	서울 방향	⑤ 신월 부근에서만 짧은 구간 정체되고 있다.

013 '교통 정보'를 바탕으로 할 때, 〈보기〉의 '을'의 대답으로 가장 적절한 것은?

보기

갑: 고속도로에서 현재 정체 구간의 길이가 가장 긴 곳이 어디래?
을: ____

① '경부고속도로' 서울 방향의 '기흥 – 수원' 구간이래.
② '영동고속도로' 인천 방향의 '부곡 – 반월 터널' 구간이래.
③ '영동고속도로' 인천 방향의 '동수원 – 광교 터널' 구간이래.
④ '서울외곽순환고속도로' 판교 방향의 '계양 – 송내' 구간이래.
⑤ '서울외곽순환고속도로' 일산 방향의 '소래 터널 – 송내' 구간이래.

014 '뉴스 해설'의 내용과 일치하지 않는 것은?

① 2000년대 들어 우리나라의 지진 발생 빈도는 1980년대에 비해 두 배 이상 증가했다.
② 이달 들어 환태평양 조산대에서 규모 6.9 이상의 지진이 8차례나 발생했다.
③ 우리나라에서는 올 들어 규모 3.0 이상의 지진이 세 차례나 발생했다.
④ 우리나라의 공공 시설물 내진율은 50%에 미치지 못하고 있다.
⑤ 지난 1월 국민안전처는 지진방재대책추진단을 발족했다.

015 '뉴스 해설'을 준비하며 계획한 내용이 실현되지 않은 것은?

① 정부의 지진 방재 대비 노력에 대한 평가를 제시해야겠어.
② 우리나라와 외국의 지진 대비 태세를 비교하여 제시해야겠어.
③ 우리나라의 지진 대비 태세의 문제점을 조사해 제시해야겠어.
④ 전문가의 견해를 인용하여 우리나라의 지진 발생 위험성을 제시해야겠어.
⑤ 정부 차원에서 실시할 수 있는 지진 대비 대책을 구체적으로 제시해야겠어.

어휘·어법 016번~045번

016 밑줄 친 고유어의 사전적 뜻풀이로 옳은 것은?

① 사람은 자기의 깜냥을 알아야 하는 법이다. → 처하여 있는 사정이나 형편.
② 그는 재주를 부려 위기 상황을 빠져나갔다. → 어떤 일에 대처하는 방도나 꾀.
③ 그들은 짬짜미를 한 것이 분명하다. → 일정한 사물이나 현상을 서로 연관시킴.
④ 이번 사건이 해결될 실마리를 찾았다. → 실을 쉽게 풀어 쓸 수 있도록 한데 뭉쳐 놓은 것.
⑤ 그는 두 시간 동안 잔챙이 몇 마리를 낚았을 뿐이었다. → 키가 작은 사람을 놀림조로 이르는 말.

017 밑줄 친 한자어의 사전적 뜻풀이로 옳지 않은 것은?

① 이번 사고로 김 반장은 전치(全治) 12주의 중상을 입었다. → 병을 완전히 고침.
② 그녀는 박명(薄命)하고 비참한 자기의 삶이 원망스러웠다. → 복이 없고 팔자가 사나움.
③ 권력을 찬탈(簒奪)하려던 그들의 야욕은 좌절되고야 말았다. → 왕위, 국가 주권 따위를 억지로 빼앗음.
④ 늘 중립적인 자세를 취했던 김 노인이 중재(仲裁)를 맡기로 했다. → 제삼자로서 두 당사자 사이에 서서 일을 주선함.
⑤ 독일은 폴란드를 침공함으로써 동부 유럽 정복의 교두보(橋頭堡)를 확보했다. → 침략하기 위한 발판을 비유적으로 이르는 말.

018 밑줄 친 한자어가 문맥에 어울리지 않는 것은?

① 그는 잡기(雜技)에 능해서 사람들에게 인기가 많다.
② 극장은 인기 있는 영화를 증편(增便)하여 상영하기로 했다.
③ 점령군은 전쟁에 필요한 각종 물자를 징발(徵發)하기 시작했다.
④ 온실가스를 줄이기 위한 국가 간의 협상이 교착(膠着) 상태에 빠졌다.
⑤ 그는 나와 수작(酬酌)이라도 해 보려는 심산으로 포장마차에 들어섰다.

019 밑줄 친 한자어의 쓰임이 적절한 것은?

① 이 수학 방정식은 난삽(難澁)하여 도무지 풀리지가 않는다.
② 그는 가게를 내기 위해 건물을 임대(賃貸)하면서 빚을 지게 되었다.
③ 그는 이번 올림픽에서 세계 기록을 갱신(更新)하는 데 실패하고 말았다.
④ 이번에 공포(公布)된 법률은 건전한 결혼 문화를 형성하기 위한 것이다.
⑤ 회사는 투자 손실을 보존(保存)하기 위해 보유한 주식을 모두 매각했다.

020 밑줄 친 고유어의 쓰임이 적절하지 않은 것은?

① 학생들은 선생님이 시키는 대로 고분고분 말을 잘 들었다.
② 나는 선반 위의 물건을 꺼내려고 갈팡질팡 안간힘을 쏟았다.
③ 간간이 불어오는 산들바람에 나뭇가지가 한들한들 흔들렸다.
④ 그들은 형제도 아닌데 얼굴이 어슷비슷 닮아서 정말 신기했다.
⑤ 동생이 바득바득 우기는 바람에 결국 우리는 동생 편을 들어주었다.

021 〈보기〉의 빈칸에 공통으로 들어갈 단어의 기본형으로 가장 적절한 것은?

보기

- 그녀는 고향에 대한 그리움이 (   ) 잠을 쉽게 이룰 수 없었다.
- 꺼져 가던 불길이 갑자기 (   ) 소방관들의 움직임이 분주해졌다.
- 내가 아끼던 스웨터에 보풀이 (   ) 더 이상 입을 수 없게 되었다.

① 있다　　② 일다　　③ 넘치다
④ 오르다　　⑤ 사무치다

022 '가로 3번'에 들어갈 단어와 유사한 의미를 지니는 말로 적절한 것은?

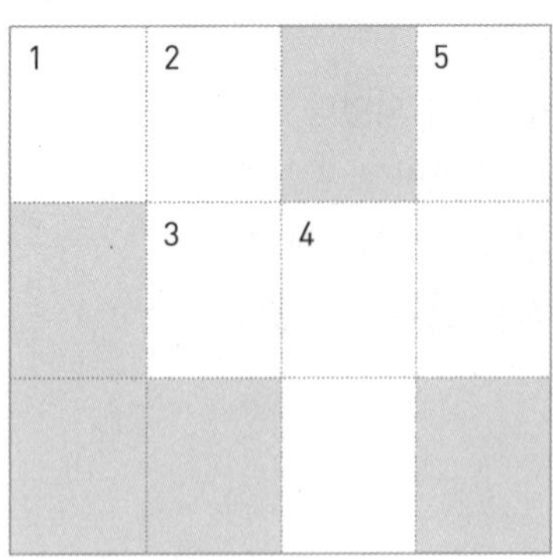

〈가로 열쇠〉

1. '코의 바로 앞'이라는 뜻으로, 곧 닥칠 미래를 비유적으로 이르는 말. 시험이 ㅇㅇ에 닥쳤다.

〈세로 열쇠〉

2. 앞과 뒤를 아울러 이르는 말. 마을 ㅇㅇ로 맑은 개울이 흐른다.
4. 털을 뜯고 내장만 뺀 채 토막을 내지 아니하고 통째로 익힌 닭고기.
5. 밀가루 · 메밀가루 따위를 반죽한 다음, 반죽을 손이나 기계 따위로 가늘고 길게 뽑아낸 식품. 또는 그것을 삶아 만든 음식.

① 눈매　② 뒷골　③ 손목
④ 입가　⑤ 콧등

023 〈보기〉의 밑줄 친 두 말의 관계와 가장 유사한 것은?

보기

(선물을) <u>주다</u> : (선물을) <u>드리다</u>

① (학교에) 있다 : (학교에) 계시다
② (조반을) 먹다 : (조반을) 잡수다
③ (방법을) 묻다 : (방법을) 여쭈다
④ (차에서) 자다 : (차에서) 주무시다
⑤ (사고로) 죽다 : (사고로) 돌아가시다

024 단어 간의 관계를 고려하여 〈보기〉의 [㉠]에 들어갈 동물의 이름을 바르게 짝지은 것은?

보기

견원지간 : 양두구육 = [㉠] : 양, 개

① 개, 고양이　② 개, 원숭이　③ 토끼, 거북
④ 까마귀, 까치　⑤ 여우, 호랑이

025 **〈보기〉의 ㉠~㉤ 중, 나머지와 품사가 <u>다른</u> 것은?**

> 보기
>
> • 이 집에 오래 살다 ㉠<u>보니</u> 이런 일도 생기는구나.
> • 물건이 워낙 무겁다 ㉡<u>보니</u> 혼자서 들 수가 없었다.
> • 언니는 착하다 ㉢<u>보니</u> 사람들의 부탁을 많이 받는다.
> • 형이 온종일 집 안에만 있다니 밖이 꽤 추운가 ㉣<u>보다</u>.
> • 예의 없게 그런 행동을 하다니 아직 철부지인가 ㉤<u>보다</u>.

① ㉠ ② ㉡ ③ ㉢
④ ㉣ ⑤ ㉤

026 **〈보기〉의 ㉠~㉢에 해당하는 한자로 올바르게 묶인 것은?**

> 보기
>
> • 홍길동은 활빈당의 ㉠<u>수령</u>이 되었다.
> • 이곳에는 ㉡<u>수령</u>이 100년이 넘은 나무들이 많다.
> • 제품 교환 신청은 물품 ㉢<u>수령</u> 후 1주 내에 해야 한다.

	㉠	㉡	㉢
①	首領	樹齡	受領
②	首領	受領	樹齡
③	受領	首領	樹齡
④	受領	樹齡	首領
⑤	樹齡	首領	受領

027 **밑줄 친 말의 한자 병기가 <u>잘못된</u> 것은?**

① <u>경기(景氣)</u>가 회복되자 일자리가 늘어나기 시작했다.
② 김 의원이 도착하면서 회의를 시작할 수 있는 <u>성원(成員)</u>이 되었다.
③ 그 사건은 우리 사회의 뿌리 깊은 <u>병폐(病廢)</u>를 극복하는 계기가 되었다.
④ 그는 낙후된 나라에 오래 머무르다 전염병에 걸려 <u>사경(死境)</u>을 헤매고 있었다.
⑤ 개발 도상국 중 일부는 국제화 시대가 <u>도래(到來)</u>할 것이라는 점을 예측하지 못했다.

028 **비슷한 의미를 지닌 말끼리 묶인 것은?**

① 부창부수(夫唱婦隨) – 아비만 한 자식 없다
② 좌정관천(坐井觀天) – 우물에 가 숭늉 찾는다
③ 교각살우(矯角殺牛) – 빈대 잡으려고 초가삼간 태운다
④ 우공이산(愚公移山) – 사공이 많으면 배가 산으로 간다
⑤ 적반하장(賊反荷杖) – 도둑질을 해도 손발이 맞아야 한다

029 **다음 관용구의 의미가 적절하지 않은 것은?**

① ‘서막을 올리다’ → 어떤 일이 시작되다.
② ‘아귀가 맞다’ → 앞뒤가 빈틈없이 들어맞다.
③ ‘가슴이 뜨끔하다’ → 슬픔이나 걱정으로 마음이 가라앉다.
④ ‘사람 죽이다’ → 너무 힘겨운 경우를 당하여 매우 힘들고 고달프다.
⑤ ‘장단을 맞추다’ → 남의 기분이나 비위를 맞추기 위하여 말이나 행동을 하다.

030 **밑줄 친 단어를 바르게 순화하지 못한 것은?**

① 오빠는 설렁탕에 소면과 다대기(→ 다진 양념)를 풀었다.
② 아무래도 앙꼬(→ 팥소) 없는 찐빵을 먹기는 어려운 일이다.
③ 언니는 일을 나갈 때에 항상 몸뻬(→ 고무줄 바지)를 입는다.
④ 그는 아무 계획도 없이 무데뽀(→ 막무가내)로 여행을 떠났다.
⑤ 지하철 앞에 지라시(→ 낱장 광고)를 나누어 주는 사람이 있었다.

031 밑줄 친 말이 〈보기〉에 제시된 규정의 예에 해당하지 않는 것은?

보기

> 한글 맞춤법 제10항 한자음 '녀, 뇨, 뉴, 니'가 단어 첫머리에 올 적에는, 두음 법칙에 따라 '여, 요, 유, 이'로 적는다.

① 그는 무더운 여름에도 에어컨을 틀지 않는다.
② 할아버지의 연세가 높으셔서 건강이 걱정된다.
③ 할머니께서는 요도에 문제가 생겨 입원을 하셨다.
④ 올해 양국 간의 유대를 강화하는 협정이 맺어졌다.
⑤ 익명의 독자가 천오백만 원을 성금으로 보내 왔다.

032 밑줄 친 단어의 표기가 바른 것은?

① 그 일은 내가 일부로 눈감아 준 거야.
② 예상대로 그녀는 예심을 문안하게 통과했다.
③ 숨을 헐떡이던 그는 결국 대열에서 뒤쳐져 버렸다.
④ 나는 그를 구슬려 보았으나 마음을 움직이지 못했다.
⑤ 그의 주절대는 꼴은 정말 어줍짢고 밉살스러워 보였다.

033 밑줄 친 단어의 표기가 바르지 않은 것은?

① 그들은 전세방에서 살림을 시작했다.
② 그는 내가 하는 말을 예사말로 들었다.
③ 나는 그에 대한 장미빛 환상을 품고 있다.
④ 순간 머릿속이 백지장처럼 하얗게 변했다.
⑤ 에어컨을 오랜 시간 가동해서 전기세가 많이 나왔다.

034 밑줄 친 부분의 띄어쓰기가 잘못된 것은?

① 그 이론은 상황∨설정 자체가 잘못된 것이었다.
② 소장은 안전사고를 예방하기 위해 다양한 조치를 취했다.
③ 재계에서는 극심한 경기∨침체가 장기화될 것이라고 전망했다.
④ 전문가들은 관계당국의 조속한 조치가 필요하다고 입을 모았다.
⑤ 우리 당의 최종적인 입장은 내일 최고∨회의에서 결정하기로 했다.

035 밑줄 친 말이 표준어가 아닌 것은?

① 강변에는 자갈돌이 무진장으로 깔려 있었다.
② 길옆에는 구렁이 한 마리가 또아리를 틀고 있었다.
③ 우산이 없었던 나는 퇴근길에 장대비를 맞고 말았다.
④ 가게 주인은 우수리를 떼고 30만 원만 달라고 하였다.
⑤ 그는 가는귀가 먹어 내가 하는 말을 듣지 못하는 경우가 많았다.

036 어법에 맞고 자연스러운 문장은?

① 유기 농업의 현대적 의미는 단순히 농업 기술적 범주에 머무르지 않고 철학적 측면으로까지 확대되어졌다. ② 따라서 유기 농업을 완전히 이해하려면 유기 농업의 자연관과 생명 철학에 대해 이해할 필요가 있다. ③ 유기 농업의 자연관에 따르면, 인간이라는 존재는 자연의 정복자가 아니라 자연의 일부라는 점이다. ④ 인간과 자연이 끊임없이 서로 교환함으로써 비로소 모든 생명이 살아갈 수 있다. ⑤ 자연은 모든 생명체가 함께 공존하고 있는 공간이지만 인간과 자연은 서로 조화를 이루어야 한다.

037 문장 표현이 가장 자연스러운 것은?

① 훈련 순서는 반드시 조교의 지시를 따라서 실시한다.
② 내 주변에 잘 아는 사람을 다른 사람에게 소개시킬 때는 신중해야 한다.
③ 맞장구치는 말이란 상대방이 말할 때 그 말을 기분 좋게 받아 주는 말이다.
④ 다른 사람에게 자신만의 시각으로 비도덕적이라고 비난하는 것은 옳지 않다.
⑤ 언론에 노출을 꺼리던 그가 기자 회견을 자청하고 나선 것은 이례적인 일이다.

038 **표현의 중의성을 해소한 것으로 적절하지 않은 것은?**

① 두호와 선영이는 결혼했다. → 두호는 선영이와 결혼했다.
② 멋진 그의 목소리를 듣고 싶다. → 그의 멋진 목소리를 듣고 싶다.
③ 그녀는 빨간 장화를 신고 있다. → 그녀는 빨간 장화를 신는 중이다.
④ 내가 보고 싶은 친구들이 많다. → 나를 보고 싶어 하는 친구들이 많다.
⑤ 아직도 친구들이 모두 모이지 않았다. → 아직도 모든 친구들이 모이지 않았다.

039 **밑줄 친 말을 발음할 때, 〈보기〉에 제시된 규정이 적용되지 않는 것은?**

보기

표준 발음법 제10항에서는 겹받침의 발음에 대해 다루고 있다. 즉 겹받침 'ㄳ', 'ㄵ', 'ㄼ, ㄽ, ㄾ', 'ㅄ'은 어말 또는 자음 앞에서 다음과 같이 발음함을 규정하고 있다.

ㄳ	→	ㄱ
ㄵ	→	ㄴ
ㄼ, ㄽ, ㄾ	→	ㄹ
ㅄ	→	ㅂ

① 삯만 지불하다. ② 자리에 앉다. ③ 코가 넓죽하다.
④ 혀로 핥다. ⑤ 집값도 오르다.

040 **〈보기〉를 참고할 때, '비통사적 합성어'의 예에 해당하는 것은?**

보기

어근과 어근이 합쳐져서 만들어진 단어를 합성어라고 한다. 합성어에는 '통사적 합성어'와 '비통사적 합성어'가 있다. 어근과 어근의 연결이 우리말의 일반적 문장 구조에서 나타나는 방식으로 이루어진 것을 '통사적 합성어'라 하고, 이러한 구성 방식을 따르지 않고 이루어진 것을 '비통사적 합성어'라고 한다.

① 큰형 ② 눈물 ③ 덮밥
④ 밤낮 ⑤ 새해

041 〈보기〉를 참고할 때, '이어진문장'에 해당하는 속담으로 알맞은 것은?

보기

문장은 크게 주어와 서술어의 관계가 한 번만 나타나는 문장인 '홑문장'과, 주어와 서술어의 관계가 두 번 이상 나타나는 문장인 '겹문장'으로 나눌 수 있다. 겹문장은 전체 문장 속에 다시 주어와 서술어가 있는 절로 된 다른 문장을 성분으로 안고 있는 문장인 '안은문장'과, 두 개 이상의 절들이 대등하게 이어지거나 종속적으로 이어진 문장인 '이어진문장'으로 나눌 수 있다.

① 제 논에 물 대기
② 말이 말을 만든다
③ 발 없는 말이 천 리 간다
④ 바늘 도둑이 소도둑 된다
⑤ 호랑이도 제 말 하면 온다

042 문장 부호 규정에 대한 설명이 잘못된 것은?

	문장 부호	규정 설명	예시
①	물음표(?)	한 문장 안에 몇 개의 선택적인 물음이 이어질 때는 맨 끝의 물음에만 물음표를 쓴다.	너는 중학생이냐, 고등학생이냐?
②	느낌표(!)	특별히 강한 느낌을 나타내는 명령문에 느낌표를 쓴다.	지금 즉시 대답해!
③	쉼표(,)	열거할 어구들을 생략할 때 사용하는 줄임표 앞에는 쉼표를 쓰지 않는다.	광역시: 광주, 대구, 대전……
④	가운뎃점(·)	공통 성분을 줄여서 하나의 어구로 묶을 때 가운뎃점을 쓴다.	통권 제54 · 55 · 56호
⑤	빗금(/)	권, 장, 절 등을 구별할 때 빗금을 쓴다.	두시언해 6/15(제6권 제15장)

043 〈보기〉와 같이 발음되지 않는 것은?

> **보기**
>
> **표준 발음법 제29항** 합성어 및 파생어에서, 앞 단어나 접두사의 끝이 자음이고 뒤 단어나 접미사의 첫음절이 '이, 야, 여, 요, 유'인 경우에는, 'ㄴ' 음을 첨가하여 [니, 냐, 녀, 뇨, 뉴]로 발음한다.
> [붙임 1] 'ㄹ' 받침 뒤에 첨가되는 'ㄴ' 음은 [ㄹ]로 발음한다.

① 물약 ② 설익다 ③ 절약
④ 유들유들 ⑤ 물엿

044 외래어 표기가 틀린 것은?

① 샤마니즘 ② 알고리즘 ③ 페미니즘
④ 메커니즘 ⑤ 휴머니즘

045 로마자 표기가 잘못된 지명은?

① 세종로 Sejongro ② 남산 Namsan ③ 가로수길 Garosugil
④ 경복궁 Gyeongbokgung ⑤ 명동 Myeong-dong

쓰기 046번 ~ 050번

[046~050] '공정 무역'을 소재로 글을 작성하려고 한다. 제시된 물음에 답하시오.

046 글을 작성하기 위하여 계획한 내용으로 적절하지 않은 것은?

글쓰기 계획

- 주제: 공정 무역 활성화의 필요성을 알고 이를 실천하기 위해 노력하자.
- 목적: 공정 무역 관련 정보 전달 및 설득
- 예상 독자: 일반인
- 글쓰기 전략

① 기존의 무역 방식을 개선하기 위해 공정 무역 방식이 갖는 문제점을 분석하여 제시한다.
② 독자의 흥미를 유발하기 위해 공정 무역에 대한 사회적 관심의 정도를 조사하여 제시한다.
③ 공정 무역을 실천하도록 설득하기 위해 공정 무역을 활성화할 수 있는 다양한 방법들을 제시한다.
④ 공정 무역 활성화의 필요성을 강조하기 위해 공정 무역을 활성화해야 하는 다양한 이유를 제시한다.
⑤ 공정 무역이 활성화되지 않은 우리의 현실을 드러내기 위해 공정 무역이 활성화된 선진 사례를 제시한다.

047 〈보기〉에 제시된 자료의 활용 방안으로 적절하지 않은 것은?

보기

(가) 국내 공정 무역 매출액 추이 그래프

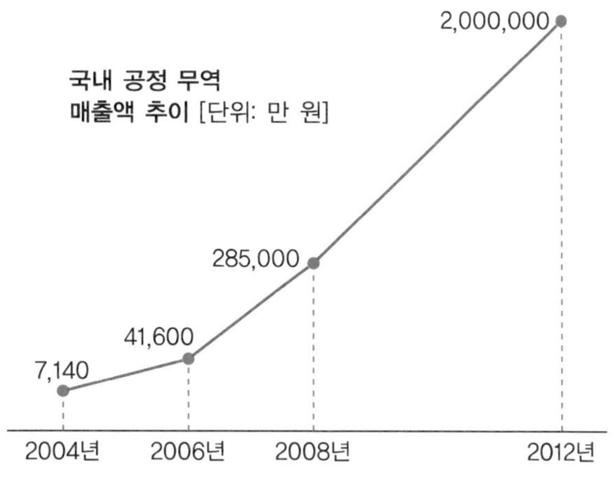

(나) 공정 무역 관련 뉴스 보도 내용

1. 공정 무역 제품을 사기 위해 저는 오늘 서울에 위치한 한 대형 할인점을 방문해 봤습니다. 하지만 2시간 동안 지하 1층부터 지상 2층까지 식품 관련 코너를 돌며 찾은 공정 무역 제품은 딱 하나. 바로 '○○커피'뿐이었습니다. 그런데 더욱 심각한 것은 공정 무역 제품이 더 있느냐는 질문에, 점원은 "공정 무역이요?"라고 되묻기까지 했다는 것입니다. 아직도 공정 무역에 대해 잘 모르는 사람이 많다는 것을 확인할 수 있었습니다.

   – □□□ 기자

2. 영국 대부분의 대형 할인점에는 공정 무역 인증 마크가 붙은 커피와 차, 초콜릿 등이 소비자들의 눈에 잘 띄는 곳에 진열돼 있고, 조그만 동네 가게에서도 공정 무역 제품을 쉽게 발견할 수 있습니다. 한 공정 무역 단체의 조사에 따르면 영국에서는 국민 대다수가 공정 무역에 대해 알고 있으며, 매일 물품을 구매하는 사람들 4명 가운데 1명이 정기적으로 공정 무역 제품을 구매하는 것으로 나타났습니다.

   – △△△ 기자

(다) 공정 무역 관련 전문가 인터뷰 자료

최근 들어 우리나라에서도 공정 무역 제품에 대한 사회적 관심이 확산되고 있지만, 공정 무역 제품은 일반적으로 다른 제품들에 비해 가격이 비싼 편이고, 종류도 다양하지 못해서 지속적인 매출 신장으로는 이어지지 못하고 있는 실정입니다. 공정 무역이 정말로 공정해지려면 인류의 동정심에만 호소할 것이 아니라, 공정 무역 제품들의 가격 경쟁력을 확보하고, 제품의 종류도 다양화해야 할 것입니다.

– 공정 무역 전문가 ○○○

① (가)를 활용하여 국내 공정 무역 규모가 점점 커지고 있음을 드러낸다.
② (나)–1과 (나)–2를 비교하여 공정 무역에 대한 우리의 인식 수준이 낮은 편임을 언급한다.
③ (다)를 활용하여 우리나라에 공정 무역이 활성화되지 못하고 있는 이유를 언급한다.
④ (가)와 (나)–1을 비교하여 지역에 따라 공정 무역의 활성화 정도가 다름을 드러낸다.
⑤ (나)–2와 (다)를 활용하여 공정 무역을 활성화하기 위한 방안을 구체적으로 설명한다.

048 위의 계획과 자료를 바탕으로 〈개요〉를 작성하였을 때, 〈개요〉의 수정 및 상세화 방안으로 적절하지 않은 것은?

개요

Ⅰ. 서론
1. 공정 무역이 활성화된 선진 사례 ········· ㉠

Ⅱ. 공정 무역의 현황 ········· ㉡
1. 세계 경제의 측면에서 부의 분배 실현
2. 생산자와 소비자 간의 정당한 거래 실현

Ⅲ. 공정 무역의 활성화를 저해하는 요인들
1. 일반 무역 거래에 비해 낮은 경쟁력
2. 공정 무역 제품의 제한된 유통 구조
3. 공정 무역 품목의 다양화 ········· ㉢

Ⅳ. 공정 무역의 활성화를 실현하기 위한 방안 ········· ㉣
1. 공정 무역 제품들의 가격 경쟁력 확보
2. 공정 무역에 대한 적극적인 홍보

Ⅴ. 결론
1. 공정 무역 활성화를 위한 우리의 노력 촉구 ········· ㉤

① ㉠은 '공정 무역이 활성화된 선진 사례와 우리나라의 상황 비교'로 구체화한다.
② ㉡은 하위 항목을 포괄하지 못하므로, '공정 무역 활성화의 필요성'으로 수정한다.
③ ㉢은 Ⅲ의 하위 항목으로 제시하기에는 관련성이 부족하므로 Ⅳ의 하위 항목에 제시한다.
④ ㉣에는 Ⅲ-2와 대응되는 내용인 '공정 무역 제품의 유통 구조 다변화'를 하위 항목으로 추가한다.
⑤ ㉤은 Ⅳ-2와 통합하여 '공정 무역의 활성화를 위한 구체적인 홍보 전략 제시'로 대체한다.

[049~050] 위의 내용을 토대로 작성한 글을 읽고 제시된 물음에 답하시오.

'공정 무역(公正貿易) 운동'은 생산자와 소비자의 상호 존중에 기반을 두고, 생산자에게 공정한 가격을 지불하도록 촉진하기 위해 시작된 사회 운동입니다. 공정 무역 운동은 유럽과 북미를 중심으로 1950년대 후반에 시작되었고, 우리나라는 비교적 늦은 시기인 2003년부터 시작되었지만 공정 무역 매출액은 해마다 큰 폭으로 늘어나고 있습니다. 하지만 우리나라는 공정 무역 규모에 비해 공정 무역에 대한 인식 수준이 낮은 편이고, 공정 무역을 위한 인프라도 충분히 갖추어져 있지 않습니다. 현재 공정 무역이 가장 ㉠ 널리 확산되어 있는 나라는 영국으로, 영국에서는 국민 대다수가 공정 무역을 알고 있으며, 영국인 4명 가운데 1명은 정기적으로 다양한 공정 무역 제품을 구매하고 있는 것으로 알려져 있습니다.

그렇다면 공정 무역은 왜 필요한 것일까요? 우선, 세계 경제의 측면에서 부의 분배를 달성하기 위해 공정 무역은 꼭 필요합니다. 과거 제3세계 국가들은 선진국의 압력 때문에 불공정한 무역 구조가 고착화되어 경제 성장을 이루기 어려웠습니다. 그래서 공정 무역은 이러한 불공정한 무역 구조를 개선하여 이들 국가들 간의 부의 격차를 줄이는 데 기여할 수 있다는 점에서 꼭 필요합니다. 또한 공정 무역을 실천하게 되면 생산자는 노동에 대한 정당한 임금을 받을 수 있게 되고, 소비자는 물건을 살 때 착한 마음을 보탤 수 있으므로 윤리적인 소비를 실천하게 된다는 점에서 꼭 필요하다고 할 수 있습니다.

㉡ 그리고 공정 무역 제품은 비슷한 디자인, 동일한 기능을 하는 일반 상품들에 비해 가격이 상대적으로 높은 편이라서 소비자들의 경제적인 소비 심리와는 맞지 않는 것이 사실입니다. 아울러 우리나라에서 공정 무역 제품을 구입하기 위해서는 공정 무역 카페나 특정 점포를 이용할 수밖에 없는데, 이렇게 공정 무역은 제한된 유통 구조만을 이용해야 한다는 제약도 갖고 있습니다. ㉢ 특정 점포만을 이용하도록 하는 방식은 대기업들의 일감 몰아주기 관행과 함께 오랫동안 사회적인 문제로 자리 잡아 왔습니다. 이는 공정 무역의 [㉮]이기 때문에, 공정 무역의 활성화를 위해서는 꼭 해결해야 할 과제라고 할 수 있습니다.

위의 문제점들을 해결하기 위해서는 우선 공정 무역 제품들의 가격 경쟁력을 확보해야 합니다. 이를 위해서는 공정 무역에 개입하는 불필요한 유통 과정을 더 간소화하여, 중간 상인들과 유통 과정에서 업체들이 취하는 이익을 ㉣ 최소화하는 것입니다. 다음으로 공정 무역 품목을 다양화함으로써 소비자들의 관심과 구매 의욕을 증대시켜야 합니다. 아울러 현재 특정 업체를 통해서만 이루어지고 있는 유통의 구조를 다변화하여 더 많은 업체가 공정 무역 제품을 판매할 수 있는 환경을 만들고, 개인이나 소비자 단체를 통해 직거래 방식의 공정 무역도 시도해 나간다면 공정 무역은 더욱 활성화될 것입니다.

공정 무역을 활성화하기 위해서는 이처럼 비싼 대가를 치러야 하고, 다소 불편하고 힘든 과정도 감수해야 합니다. ㉤ 하지만 공정 무역은 인류 공영을 위해 우리가 반드시 실천해야 할 중요한 과제이자 의무라고 할 수 있습니다. 우리 모두 공정 무역을 실천하는 일에 앞장서고, 공정 무역을 적극적으로 실천해 나갑시다.

049 **㉠~㉤을 수정하려고 할 때, 그 방안으로 적절하지 않은 것은?**

① ㉠: '확산되어'와 의미상 중복되는 부분이 있으므로 삭제한다.
② ㉡: 이전 문단과의 유기적인 흐름을 고려해 '그러나'로 고친다.
③ ㉢: 글의 전체적인 내용상 통일성을 해치는 문장이므로 삭제한다.
④ ㉣: 문장 성분 간의 호응 관계를 고려해 '최소화해야 합니다.'로 고친다.
⑤ ㉤: 문장 간에 유기적인 연결이 이루어지도록 앞 문장과 위치를 바꾼다.

050 **윗글의 [㉮]에 들어갈 단어로 가장 적절한 것은?**

① 시금석 ② 견인차 ③ 걸림돌
④ 노둣돌 ⑤ 디딤돌

창안 051번~060번

051 다음 그림을 활용하여 전달할 수 있는 내용으로 가장 적절한 것은?

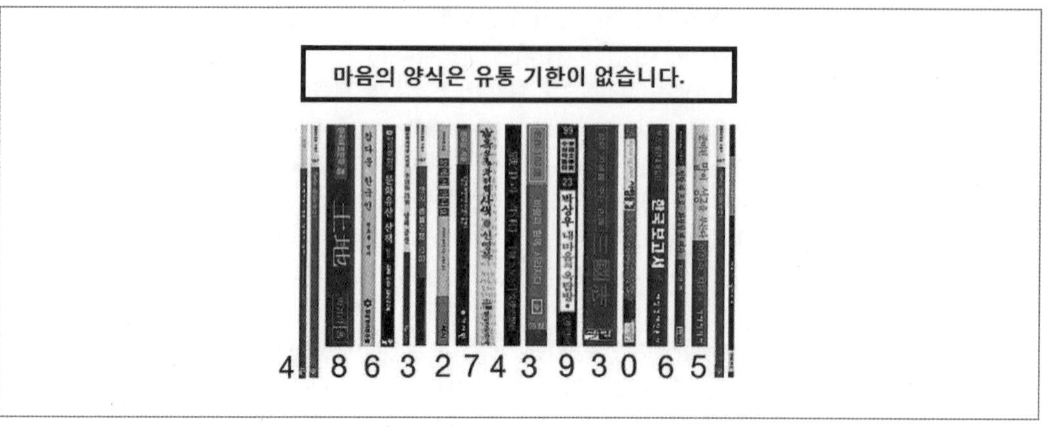

① 다양한 분야의 책들을 두루 섭렵해야 합니다.
② 읽는 목적에 맞게 책을 선별해서 읽어야 합니다.
③ 어떤 책을 먼저 읽을 것인지 순서를 정해야 합니다.
④ 자신의 연령대에 맞는 책을 선택해서 읽어야 합니다.
⑤ 평생에 걸쳐 꾸준히 책을 읽는 습관을 지녀야 합니다.

052 시각 자료를 활용하여 〈보기〉의 내용을 보강하고자 할 때, 제시할 필요가 없는 것은?

보기

일반 쓰레기 배출 안내

- 일반 쓰레기는 종량제 봉투에 담아 지정된 장소에 배출해 주십시오. 일반 봉투에 담거나 지정 장소가 아닌 곳에 배출하실 경우 수거해 가지 않습니다.
- 일반 쓰레기는 일몰 후 배출해 주십시오. 아무 때나 일반 쓰레기를 배출하면 도시 미관에 좋지 않으니 지정된 배출 시간을 지켜 주시기 바랍니다.
- 일반 쓰레기를 투기하는 일은 없도록 해 주십시오. 불법 투기에 대한 단속이 강화되고 있사오니 불미스러운 일이 생기지 않도록 유의해 주시기 바랍니다.

①

②

③

④

⑤

053 〈보기〉의 밑줄 친 '회문'의 예에 해당하지 않는 것은?

보기

언어유희를 만드는 방법 중에는 '회문(回文)'을 활용하는 것도 있다. 회문은 띄어쓰기를 무시할 때, 바로 읽으나 거꾸로 읽으나 똑같은 말을 일컫는 말이다. 예를 들어 '다-들-잠-들-다'는 바로 읽으나 거꾸로 읽으나 똑같은 말이 된다.

① 건-조-한-조-건
② 다-가-져-가-다
③ 다-시-합-창-합-시-다
④ 소-주-만-병-만-주-소
⑤ 여-보-게-여-기-저-게-보-여

054 〈보기〉에 제시된 두 그림을 활용해 강연을 할 때, 강연의 주제로 가장 적절한 것은?

보기

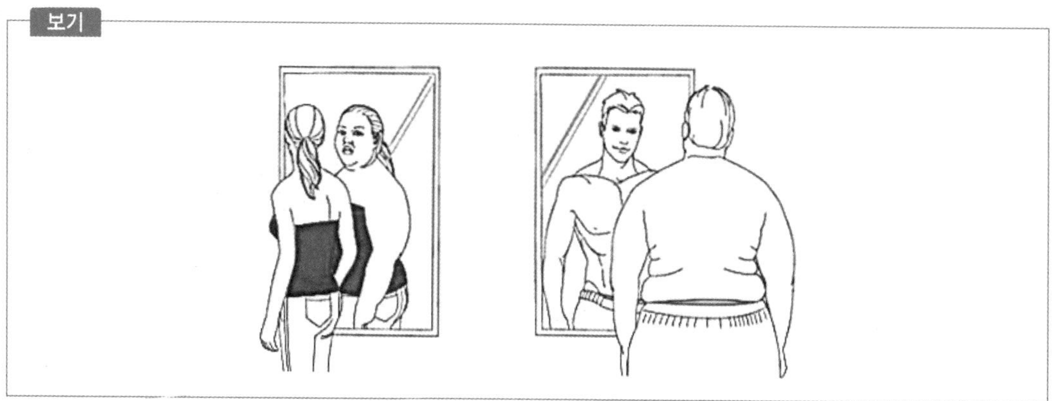

① 무분별한 성형 수술의 위험성
② 실제를 왜곡하는 자기중심적 사고
③ 하체에서 드러나는 진정한 아름다움
④ 물질 만능주의의 폐해인 외모 지상주의
⑤ 체중 조절에서부터 시작하는 몸매 관리

055 〈조건〉을 활용하여 대중교통 이용에 대한 홍보 문구를 제작할 때, 가장 적절한 것은?

조건

- 대중교통 이용의 장점을 드러낼 것.
- 구체적인 교통수단의 명칭을 언급할 것.
- 연쇄법을 사용할 것.

① 경제적인 교통수단인 대중교통을 이용하면, 당신의 주머니 사정이 좋아집니다.
② 혼잡한 도심을 신속하게 통과하는 지하철, 여러분의 약속 시간을 지켜 드립니다.
③ 대중교통 이용은 교통 체증을 해소하고, 교통 체증을 해소하면 대한민국이 웃습니다.
④ 대기 오염의 주범인 자동차 배기가스, 대기 오염의 해결책은 대중교통을 생활화하는 것입니다.
⑤ 자가용 대신 버스를 이용하면 탄소 배출량이 줄어들고, 탄소 배출량이 줄어들면 지구가 건강해집니다.

056 〈조건〉을 모두 반영하여, 그림의 [가]에 공통으로 들어갈 문구를 창작한 것으로 가장 적절한 것은?

보기

조건

- 두 그림의 공통된 특징을 반영할 것.
- '건강'과 관련한 풍자적인 문구를 작성할 것.

① 앉으면 서고 싶고, 서면 앉고 싶어집니다.
② 인종에 관계없이 우리는 모두 동등합니다.
③ 앉으나 서나 계속 걱정만 할 수는 없습니다.
④ 운동하지 않고 계속 가만히 있으면 이렇게 됩니다.
⑤ 인류의 소중한 문화유산이 점점 병들어 가고 있습니다.

057 〈보기〉의 [A]에 들어갈 수 있는 문구로 가장 적절한 것은?

① 하늘로! 가시렵니까?
땅으로! 가시렵니까?

② 앞으로! 가시려 한다면
뒤로! 가시면 됩니다.

③ 순간! 피곤함을 느끼셨다면
순간! 즐거움을 느껴 보세요.

④ 잠깐! 나쁜 생각을 하셨다면,
잠깐! 다른 생각도 해 보세요.

⑤ 위로! 하늘을 바라볼 때마다
아래로! 땅을 바라보도록 합시다.

058 '무지개'를 운으로 하여 '희망'을 노래한 삼행시로 가장 적절한 것은?

① **무**지개 약속, 낮은 하늘에 그려진 날
지우개로 지웠네, 내 마음속 추억들
개울 위로 흐르는 낙화의 아픔이여.

② **무**참하게 짓밟혀 신음하는 땅 위에서
지상을 뒤덮을 꽃 사태 언젠간 오겠지.
개나리 색 환한 노래로 세상을 보듬네.

③ **무**뚝뚝한 표정으로 앞만 보고 걸었네.
지난여름 그녀 떠난 뒤 웃지 않았네.
개망초도 길섶에 누워 하늘만 바라보네.

④ **무**모하게 당신 지우려 안간힘 쓰던
지루했던 시간들이 덮쳐 오는 이 밤
개똥벌레 울음소리만 긴긴 밤을 달래네.

⑤ **무**심한 달빛만이 고요한 밤
지고지순 사랑으로 마주선 두 사람
개울가 조약돌처럼 순수한 한 마음.

059 <보기>의 ㉠, ㉡에 들어갈 말을 바르게 짝지은 것은?

보기

우리 조상들은 한자의 자획(字畫)을 나누거나 합하여 그 뜻을 맞히는 놀이를 즐겼는데, 이를 '파자(破字) 놀이'라 한다. 예를 들어, '朝'는 파자 놀이에서 '아침'이 아니라 '10월 10일'[十月十日]을 뜻한다. '파자'의 원리는 일상어에도 숨어 있다. 나이를 일컫는 말 중 '미수(米壽)'는 (㉠)을, '백수(白壽)'는 (㉡)을 뜻하는데, 이러한 말에는 '파자'의 원리가 담겨 있다.

	㉠	㉡
①	마흔 살	백 살
②	여든 살	아흔아홉 살
③	여든 살	백 살
④	여든여덟 살	아흔아홉 살
⑤	여든여덟 살	백 살

060 <보기>의 ㉠, ㉡에 들어갈 적절한 표현을 바르게 짝지은 것은?

보기

다음은 한시처럼 글자 수와 운을 맞추어 짓는 우리말 시로, 희작시(戱作詩)의 하나이다. 주제는 '누에'이고 운자는 '오, 고, 소'이다.

㉠	고슬고슬자라오
부업은제일이고	㉡
벌레중에높은것	슬슬기어올라가
누에밖에또있소	집을짓고들었소

	㉠	㉡
①	세상에나와있오	무럭무럭자라소
②	때마다자라있고	우리집안보배오
③	건강에최상이오	부슬부슬내리고
④	하늘은높고높소	뽕잎을가득먹고
⑤	농사에으뜸이오	바싹바싹뽕먹고

읽기 061번~090번

[061~062] 다음을 읽고 물음에 답하시오.

> 우리들의 사랑을 위하여서는 / 이별이, 이별이 있어야 하네. //
> 높았다, 낮았다, 출렁이는 물살과 / 물살 몰아갔다 오는 바람만이 있어야 하네. //
> 오— 우리들의 그리움을 위하여서는 / 푸른 은핫물이 있어야 하네. //
> 돌아서는 갈 수 없는 오롯한 이 자리에 / 불타는 홀몸만이 있어야 하네! //
> 직녀여, 여기 번쩍이는 모래밭에 / 돋아나는 풀싹을 나는 세이고……. //
> 허이언 허이언 구름 속에서 / 그대는 베틀에 북을 놀리게. //
> 눈썹 같은 반달이 중천에 걸리는 / 칠월 칠석이 돌아오기까지는 //
> 검은 암소를 나는 먹이고 / 직녀여, 그대는 비단을 짜세. //
> – 서정주, 「견우의 노래」

061 윗글에 대한 설명으로 적절하지 않은 것은?

① 역설적인 표현을 활용하여 주제 의식을 심화하고 있다.
② 동일한 문장을 반복하여 화자의 의지를 드러내고 있다.
③ 감각적 이미지를 활용하여 시적 대상을 형상화하고 있다.
④ 구체적인 청자에게 말하는 형식으로 시상을 전개하고 있다.
⑤ 영탄적 표현을 통해 시적 화자의 고조된 감정을 드러내고 있다.

062 〈보기〉와 윗글을 비교한 내용으로 적절하지 않은 것은?

> **보기**
>
> 원래 직녀는 하느님의 손녀로 길쌈을 잘하고 부지런했으므로, 하느님이 매우 사랑하여 은하수 건너편의 목동 견우와 혼인하게 했다. 그러나 이들 부부가 신혼의 즐거움에 빠져 매우 게을러졌으므로, 크게 노한 하느님이 그들을 은하수를 가운데 두고 다시 떨어져 살게 하고, 한 해에 한 번 칠월 칠석날에만 같이 지내도록 했다. 이들을 보다 못한 지상의 까막까치들이 하늘로 올라가 머리를 이어 다리를 놓아 주었는데, 그 다리가 '오작교(烏鵲橋)'이다. 칠석날이 지나면 까막까치가 다리를 놓느라고 머리가 모두 벗겨져 돌아온다고 한다.
>
> – 견우직녀 설화

① 설화와 윗글 모두에서 '견우'와 '직녀'의 사랑에 시련을 주는 대상이 제시되어 있군.
② 설화에서 '견우'와 '직녀'가 칠월 칠석에 재회한다는 설정은 윗글에서도 그대로 이어지고 있군.
③ 설화에서는 두 사람의 사랑을 돕기 위해 '까막까치'가 등장하지만 윗글에서는 이러한 내용이 활용되고 있지 않군.
④ 설화에서 목동이었던 '견우'와 길쌈을 잘하는 '직녀'라는 인물이 윗글에서도 유사한 특성을 가진 인물로 제시되고 있군.
⑤ 설화 속에서는 '견우'와 '직녀'가 절대자의 처분에 순응하고 있지만 윗글에서는 두 인물이 절대자의 횡포에 적극적으로 대응하고 있군.

[063~065] 다음 글을 읽고 물음에 답하시오.

[앞부분 줄거리] 너우네 아저씨는 죽은 형의 아들인 조카 성표를 친아들인 은표보다 극진히 키운다. 6.25 전쟁이 일어나자 아저씨는 조카와 아들 중 한 사람을 택해 피난길에 올라야 하는 상황에 놓인다. 아저씨는 결국 조카를 선택했고, 은표의 친구였던 '나'는 이에 분노를 느낀다. 세월이 흘러 성표 내외는 자신을 길러 준 아저씨를 외면해 버리고, 늙고 병든 아저씨는 골방에서 쓸쓸히 죽음을 기다린다. 그때 '나'는 아저씨를 찾아간다.

"아저씨, 저 알아보시겠어요? 네, 아저씨?"

나는 아저씨의 입이 괴롭게 쫑긋대는 게 암만 해도 무슨 말을 하고 싶어서 그러는 것 같아 또다시 이렇게 악을 썼다. 입만 아니라 멍청하던 눈에도 초점과 빛이 생기는 것 같았다. 그러나 그 정도의 감정 표현도 힘에 겨운 듯 이불 밖으로 나온 앙상한 손이 꿈틀꿈틀 경련을 치고 있었다.

아주머니가 멀건 죽 냄비를 갖고 들어와 노인의 쫑긋대는 입에 퍼 넣으려고 했다. 그러나 뜻밖에 그는 이를 악물면서 도리질을 했다.

"에그머니, 이제 죽을 날이 정말 가까웠나 봐. 곡기 끊으면 죽는다는데……."

아주머니가 경망스럽게 숟갈을 내던지며 놀랐다. 그러나 나는 그가 무슨 말을 하고 싶어서 그런다는 확신을 얻고, 그의 경련 치는 손을 잡고 애타게 외쳤다.

"아저씨, 너우네 아저씨, 저를 알아보시겠어요? 네, 너우네 아저씨, 뭐라고 말씀 좀 해 보세요."

이윽고 아저씨의 손에 힘이 쥐어지는 듯하더니 입놀림이 확실해졌다. 나는 그의 멍청하던 눈에 그윽한 환희가 어리는 걸 똑똑히 보았고 그의 입이 말하는 소리를 분명히 들었다.

"은표야, 아아, 은표야."

아저씨는 그렇게 말하고 있었다. 나는 아저씨가 그의 아들을 뿌리치고 대신 조카를 데리고 피난 내려온 뒤 한 번도 아들의 이름을 입에 올리는 걸 들은 적이 없었다. 은표의 단짝이었던 나를 보면 은표도 어느 하늘 밑에 죽지 않고 살았으면 저만할 텐데 하고 비감하는 눈치라도 보일 법한데 한 번도 그런 적조차 없었다. 그는 아들을 뿌리침과 동시에 아들의 이름까지 잊어버렸을 뿐더러 아예 기억에서 지우고 사는 사람 같았다. 아들 대신 장조카 데리고 피난 나왔다고 자랑할 때의 아들도 보통 명사로서의 아들이지 은표라는 고유 명사로서의 아들이 아니었다.

그가 처음으로 입에 올린 은표 소리는 나만 겨우 알아들을 만큼 희미했다. 그러나 내 귀엔 억장이 무너지는 소리로 들렸다. 그는 사력을 다해 억장이 무너지는 소리를 내고 있었다. 아아, 삼십여 년 전 은표 어머니의 억장이 무너지는 소리는 이제서야 앙갚음을 완수한 것이다.

나는 그렇게 되길 ㉠오랫동안 바라고 기다려 왔을 터인데도 쾌감보다는 허망감에 소스라쳤다.

다시 열쇠고리 장수가 늘어선 거리로 나왔을 땐 해가 뉘엿뉘엿했다. 해가 뉘엿뉘엿할 무렵이면 가슴에 하나 가득 갖가지 자물쇠를 늘인 채 봉지 쌀과 자반고등어를 사 들고 뒤뚱뒤뚱 걸어오던 너우네 아저씨의 모습이 떠올랐다. 봉지 쌀과 자반고등어 때문인지 자물쇠가 훈장으로 보이는 엉뚱한 착각은 일어나지 않았다. 그는 외롭고 초라한 자물쇠 장수에 지나지 않았다.

내가 그를 직시할 수 있기까지 자그마치 서른두 해가 걸렸던 것이다.

– 박완서, 「아저씨의 훈장(勳章)」 중에서

063 윗글에서 알 수 있는 사실이 아닌 것은?

① 너우네 아저씨는 아주머니가 내민 멀건 죽을 먹으려 하지 않았다.
② 나는 너우네 아저씨가 자신의 아들 이름을 잊어버렸다고 생각했었다.
③ 너우네 아저씨는 은표가 좋아했던 자반고등어를 시장에서 사 오곤 했었다.
④ 피난길에 오르기 전에 나는 너우네 아저씨의 아들인 은표와 단짝 친구였다.
⑤ 은표를 부르는 너우네 아저씨의 소리는 나에게 억장이 무너지는 소리로 들렸다.

064 윗글의 서술상 특징으로 가장 적절한 것은?

① 의식의 흐름 기법을 활용하여 인물의 무의식을 드러내고 있다.
② 장면을 빈번하게 전환하여 사건 전개의 긴박감을 부각하고 있다.
③ 방언과 구어적 표현을 통해 이야기를 생동감 있게 풀어가고 있다.
④ 작중 인물이 서술자가 되어 특정 인물에 대한 태도를 드러내고 있다.
⑤ 인물 간의 대화를 통해 특정 인물의 생각과 행동을 희화화하고 있다.

065 ㉠에 나타난 인물의 심리를 나타낼 수 있는 사자성어로 가장 적절한 것은?

① 감개무량(感慨無量) ② 망운지정(望雲之情) ③ 애이불비(哀而不悲)
④ 좌불안석(坐不安席) ⑤ 학수고대(鶴首苦待)

[066~068] 다음 글을 읽고 물음에 답하시오.

시는 언어를 매재(媒材)로 하는 예술인 창작 문학의 한 양식이다. 그러므로 시의 성질을 알기 위해서는 우선 ㉠ 시의 언어가 어떤 것인가를 살펴볼 필요가 있다.

언어 전달의 한 형식으로서 시가 특수하고 고도의 것임은 사실이다. 그러나 시의 언어와 일상생활의 언어 사이에 확연한 구별이 있는 것은 아니다. 일상생활에서 쓰이는 말이 시에서 그대로 쓰일 뿐만 아니라, 시에서 쓰일 법한 말이 일상생활에서도 흔히 쓰이고 있다. '그 꽃 참 곱군.', '그 녀석 눈이 샛별 같아.'와 같은 말은 우리가 일상생활에서 흔히 쓰고 듣는 말이다. 이러한 말은 '쌀값이 얼마인가?', '교통사고가 났어.'와 같은 말과는 구별되는 점이 있다. 즉, 후자의 경우에는 말하는 사람이 실제적인 관심을 보이거나 사실을 보고하고 있음에 대하여, 전자의 경우에는 말하는 사람의 느낌이나 태도나 해석이 나타나 있다.

이와 같이 실제적인 관심을 나타내거나 사실을 보고하기 위한 말이 보통 언어라면 느낌이나 태도나 해석을 나타내는 말은 시적인 언어라고 할 수 있다. 같은 교통사고를 두고도 '교통사고가 났어.'라는 말과 '눈으로 볼 수 없었어.'라는 말은 전자가 사실을 보고하는 데 대하여 후자는 그 사실에 대한 느낌이나 태도나 해석을 나타냄으로써 시적인 방향을 취하고 있다. '그 녀석 눈이 샛별 같아.'라는 말도 '그 녀석 눈이 매우 빛난다.'라는 말과는 달리, 사실의 보고에 그치지 않고 말하는 사람의 느낌과 태도와 해석을 나타내는 시적인 말이다.

이러한 뜻에서 시의 언어는 과학의 언어와는 대조적이다. 과학의 언어는 말의 개념 표시에 주로 의존하는 데 대하여 시의 언어는 말의 함축에 크게 의존하며, 전자가 직접적이요 비개인적인 데 대하여 후자는 간접적이요 개인적이다. 과학의 언어와 시의 언어가 이와 같이 좋은 대조를 보이는 것은 그 양자가 언어 전달의 양극단을 이루고 있기 때문이지 과학의 언어를 포함한 보통의 언어와 시의 언어를 엄연히 구별할 수 있는 어떤 편리한 기준이 있음을 의미하는 것은 아니다.

그러나 시의 언어는 언어의 조직에 있어서 보통의 언어와는 대체로 구별된다고 할 수 있다. 시가 보통의 언어에서처럼 말의 뜻이나 논리에 주로 의존하는 경우에도 보통의 언어에서보다는 비약적이거나 날카로운 것이 상례이다. 게다가 시에 있어서는 말의 리듬과 이미지와 어조가 보통의 언어에서보다도 중요한 구실을 한다. 이와 같이 시는 언어의 몇 가지 요소에 특히 의존하고, 그리고 그것들의 유기적인 관련에 의존하는 점에 있어서 보통의 언어보다 고도로 조직된 언어이다.

066 윗글의 제목으로 가장 적절한 것은?

① 시가 지닌 여러 성질
② 시의 언어가 지닌 특징
③ 시의 언어와 과학 언어의 차이
④ 시의 리듬, 이미지, 어조의 역할
⑤ 시의 언어와 일상생활 언어의 비교

067 윗글의 내용 전개 방식으로 가장 적절한 것은?

① 질문의 방식을 통해 독자의 주의를 환기하고 있다.
② 통념의 문제점을 지적한 뒤에 대안을 제시하고 있다.
③ 다른 대상과의 비교를 통해 대상의 성격을 설명하고 있다.
④ 대상의 변화를 통시적으로 분석하여 대상에 대한 이해를 돕고 있다.
⑤ 대상이 지닌 가치와 의미를 제시하여 대상의 필요성을 강조하고 있다.

068 윗글을 바탕으로 ㉠에 대해 진술한 내용으로 적절하지 않은 것은?

① 함축적, 간접적, 개인적이다.
② 보통의 언어보다 훨씬 더 조직적이다.
③ 말의 개념을 표시하는 데에 주로 사용한다.
④ 말하는 사람의 느낌이나 태도나 해석을 나타낸다.
⑤ 일상생활의 언어와 확연히 구별되는 것은 아니다.

[069~071] 다음 글을 읽고 물음에 답하시오.

선사 시대의 주술 행위로부터 발생한 예술은 중세 시대 이후에 '종교적 예배 의식을 위한 수단'이라는 기능을 오랫동안 유지해 왔다. 하지만 18세기 이후 개인주의와 자유주의의 이념하에 시민 혁명과 산업 혁명이라는 양대 혁명을 거치면서 절대주의 체제가 붕괴되었고, 자본주의 시장 경제가 확산됨에 따라 예술은 점차 세속화, 자립화되는 운명을 맞이하게 되었다. 예술이 지배층의 직접적인 후원에 전적으로 의존해야만 했던 상황에서 해방되어 자본주의 사회 속에서 하나의 상품으로 팔려야만 비로소 살아남을 수 있는 처지가 된 것이다.

이러한 시대적 흐름 속에서 예술에 대한 직접적인 후원자 체계가 무너지고 예술 시장이 형성되었는데, 이는 궁극적으로 예술가의 자율성이 확대되는 결과로 이어지게 되었다. 물론 이에 대한 대가는 혹독한 것이었는데, 예술가의 자율성을 실현하는 새로운 실험들은 대중에게 외면당하거나 예술 시장에서 제대로 인정받지 못하는 경우가 대부분이었기 때문이다. 그 결과 많은 예술가들이 적어도 당대에는 경제적인 어려움을 겪거나 사회적으로 불명예스러운 삶을 살아야 했는데, 이는 이전의 시대와 비교해 볼 때 예술가의 처지가 훨씬 더 불안정하고 위태롭게 되었다는 것을 의미했다.

그러나 19세기 말에 접어들어 '예술을 위한 예술'로 대변되는 유미주의가 확산되면서 예술은 고상한 정신적 가치로서 아름다움을 추구하는 것이라는 근대적 개념이 자리 잡게 되었고, 이는 현대 예술에서 중시하는 '예술의 자율성' 개념을 확립하는 근간이 되었다. 고대 그리스 사람들은 아름다움과 선(善)은 떼려야 뗄 수 없는 것이라고 보고 이른바 '칼로카가티아*'를 그들의 이상으로 여겼는데, 이런 식으로 아름다움을 생각한다면, 선하지 않은 것이 곧 아름답지 않은 것이요, 그 역도 마찬가지라고 할 수 있다. 이에 반해, ㉠ <u>현대의 사람들</u>은 이 둘을 서로 다른 차원의 가치라고 보았는데, 아름답기는 하지만 실용성이 전혀 없는 물건들도 얼마든지 있을 수 있기 때문에 '아름다움'이라는 가치를 덕(德), 선(善), 유용성 등의 가치들과 구분 지어서 생각해야 한다는 것이었다.

20세기 이후 본격적인 현대 예술의 시기로 접어들면서 예술의 자율성은 더욱 중요시되었고, 이러한 맥락에서 예술은 순수한 아름다움을 추구하는 것이라고 이해되었다. 그리고 이 시기에는 일상생활의 유용성과 밀접한 관련이 있는 것들을 순수 예술의 영역에서 배제하게 되었다. 아울러 현대 예술은 일상의 가치와는 전적으로 구분되는 정신적 가치이자 순전히 무관심적인 관조를 통한 즐거움으로서의 아름다움, 아름다움을 자율적으로 추구할 수 있는 독창적인 주체로서의 예술가, 나아가 예술을 사회적으로 생산, 유통, 소비하는 독립적인 예술 체제의 분화에 더욱 주목하게 되었다.

* 칼로카가티아(kalokagatia): '미(美)'를 뜻하는 '칼로스(Kallos)'와 '덕(德)' 또는 '선(善)'을 뜻하는 '아가토스(Agathos)'의 합성어로, 육체의 아름다움만이 아니라 정신의 윤리가 결합된 최고의 상태를 의미함.

069 윗글의 내용과 일치하지 <u>않는</u> 것은?

① 선사 시대의 예술은 종교적 의식을 위한 수단으로 주로 사용되었다.
② 유미주의의 확산은 예술의 자율성 개념을 확립하는 데 큰 영향을 미쳤다.
③ 예술 시장이 형성된 초기에는 예술가들이 당대에 많은 수입을 올릴 수 없었다.
④ 절대주의 체제의 붕괴 직전에는 지배층이 예술을 직접적으로 후원하기도 하였다.
⑤ 20세기 현대 예술의 시기에 예술은 순수한 아름다움을 추구하는 것으로 이해되었다.

070 **윗글의 서술상의 특징에 대한 설명으로 가장 적절한 것은?**

① 구체적인 작품을 제시하여 독자의 이해를 돕고 있다.
② 정의의 방식으로 예술에 대한 다양한 개념을 구체화하고 있다.
③ 예술의 속성이 변화하게 된 배경을 통시적으로 보여 주고 있다.
④ 예술에 대한 통념을 언급한 뒤에 새로운 관점을 제시하고 있다.
⑤ 전문가의 견해를 추가로 언급하여 내용의 신뢰성을 높이고 있다.

071 **㉠의 관점에서 '아름다움'을 가진 것으로 보기에 가장 적절한 것은?**

① 디자인은 아름답지 않지만 앉으면 편안한 의자
② 쓰임새가 다양하지만 외관이 아름답지 않은 그릇
③ 외모는 아름답지 않지만 항상 선한 행동을 하는 사람
④ 물을 담으면 쉽게 깨져 버리지만 모양이 아름다운 유리잔
⑤ 아름다운 외양을 지니지는 않았지만 내면이 덕스러운 사람

[072~073] 다음 글을 읽고 물음에 답하시오.

우리 몸속의 세포는 매초마다 50만 개가 파괴되어 없어지고 하루에 약 432억 개의 세포가 새로 만들어진다. 하루 동안 만들어지는 전체 세포의 DNA를 연결하면 달까지 112번 왕복할 수 있을 정도의 길이가 된다. 이처럼 엄청난 양의 DNA가 합성될 때에도 유전자의 염기 서열은 정확하게 유지되어야 하는데, 발암 물질에 의하여 염기 서열이 바뀌면 암세포가 만들어질 수 있다. 우리 주변의 물질 중 발암 물질을 가장 많이 함유하고 있는 것은 담배 연기이며, 69종 이상의 발암 물질이 담배 연기 속에 들어 있다.

우리 몸 세포 속의 유전자는 아버지의 정자를 통하여 물려받은 아버지 유전자와 어머니의 난자를 통하여 물려받은 어머니 유전자의 쌍으로 이루어진다. 일반적으로 암세포가 생기기 위해서는 출생 시에 갖고 있던 자연형 유전자 두 개에서 각각 돌연변이가 일어나야 한다. 즉 40~45년 동안에 걸쳐 아버지와 어머니에게 물려받은 양쪽의 유전자 모두에 이상이 생겨야 암세포가 생기는 것이다. 그러나 유전성 암의 경우는 이미 한쪽 유전자에 돌연변이를 간직한 채로 태어나므로 암세포가 생길 위험이 매우 높아진다.

전체 암 중에서 80~90%의 암은 유전성이 아니고 자신의 몸을 이루는 세포의 유전자가 발암 물질에 의해 변화됨으로써 발생하며, 유전이 문제가 되는 경우는 전체 암의 약 10~20%이다. 유전성 암의 특징은 비교적 젊은 나이에 발병한다는 것과, 대칭을 이루고 있는 기관(눈, 신장, 유방)에 암이 생길 때는 양쪽 모두에 발생하는 경우가 흔하며, 한 장기 안에서도 여러 군데(대장의 경우 수천 개까지도)에 혹이 생길 수 있다는 것이다. 유전성 암이 의심되는 가족의 구성원에게는 ㉠ 특수한 혈액 유전자 검사를 통하여 어느 자녀에게 유전이 되었는지 알 수 있다. 설령 유전이 되어 암이 발생할 위험이 있다 할지라도 암이 발생하기 전에 예방을 위한 노력을 기울이면 많은 경우에 암의 발생을 막을 수 있다.

072 윗글의 내용을 통해 알 수 있는 사실이 아닌 것은?

① 우리 몸에는 매일매일 새로운 세포가 생겨난다.
② 암 환자의 대부분은 부모의 돌연변이 유전자를 가지고 있다.
③ 유전자 염기 서열이 유지되지 않으면 질병이 발생할 수 있다.
④ 본인의 암 발병과 부모의 암 발병 가족력과는 무관할 수도 있다.
⑤ 암을 예방하기 위해서는 발암 물질에 노출되지 않는 것이 중요하다.

073 ㉠을 실시하는 이유로 가장 적절한 것은?

① 암을 발병시키는 돌연변이 유전자를 찾아 치료하기 위해서
② 부모의 돌연변이 유전자가 유전되는 것을 방지하기 위해서
③ 가족 구성원들이 자연형 유전자를 가지고 있는지 확인하기 위해서
④ 정상적인 자연형 유전자를 가진 사람의 암 발병을 예방하기 위해서
⑤ 돌연변이 유전자의 유전으로 인한 암 발병의 가능성을 확인하기 위해서

[074~075] 다음 글을 읽고 물음에 답하시오.

근대 민주주의 사상의 확립과 그 실제는 정치 생활에서 두 번의 커다란 변환이 일어난 결과이다. 1차 변환은 도시 국가를 무대로 민주적, 공화적 사상에 근거한 것이었다. 제한된 데모스로 이루어진 소규모 도시는 대규모 민족 국가에서는 존재하지 않는 직접 참여의 이론적 가능성을 제공하였다. 시민적 덕성이 일상적으로 실현된 것은 더욱 아니지만 그것은 그럴듯한 이상이었다. 공동선에 대한 믿음도 가능하여 공동선이 무엇인가가 시민들에게 알려질 수 있었고, 공동의 시민 문화가 공동선을 이루고자 하는 열망을 시민들 사이에 불러일으킬 수 있었다.

우리들 자신이 상속자인 2차 변환은 민주주의 사상이 도시 국가로부터 국가(nation), 광역 국가(country), 민족적 국가(nation state)라는 방대한 공간으로 소재지를 옮김으로써 시작되었다. 2차 변환은 민주주의의 한계를 축소하기도 하고 확장하기도 하였다. 정치 질서의 규모가 크게 확대되면서 직접 참여의 유형들은 대의 제도로 변화하였다. 데모스가 전국적 입법을 위해 얼굴을 맞대는 결사체에 모여 토론하고 투표하는 형태의 직접적 참여는 더 이상 가능하지 않았다. 대의 제도는 민주적 단위의 규모에 대한 이론적 장벽을 모두 무너뜨렸다. 법의 지배가 전국을 뒤덮을 수 있게 되었고, 똑같은 법적 권리가 전국에 적용되었다. 도시 국가에는 없었던 정치적 관행이나, 정당과 같은 제도들이 발전하였고 공통의 법체계와 제도 속에 살고 동등한 권리들을 광범위하게 누리는 사람들의 수를 엄청나게 증대시켰다. 1차 변환이 통치권을 소수로부터 다수로 이전하였다고는 하지만 그 다수는 사실상 소수였고 배제된 사람들이 다수였다. 이와 대조적으로 민주주의 국가에서 2차 변환이 완성된 후에는 동등한 시민권이 사실상 모든 성인들에게 확대되었다.

그렇지만 이러한 변화에 대한 적절한 안목을 갖기 위해서는 도시 국가의 자율성과 민족적 국가의 주권성은 언제나 사실이기보다는 허구였다는 것을 되새길 필요가 있다. 국제적 갈등, 대립, 동맹, 전쟁 등은 민주적이든 비민주적이든 모든 국가의 자율성이 매우 불완전하였다는 것을 끊임없이 증명하였다. 갈등만이 아니라 무역, 상업, 금융 등은 항상 국가의 경계선을 넘어 흘러갔다. 그러므로 민주 국가는 결코 자율적으로 행동하지 못하였다. 그들이 거의 통제력을 행사하지 못하는 외부 세력의 행동들로 인하여 민주주의적 가치를 고수하려는 행동마저 방해를 받았다. 유럽의 민족 국가와, 대양이 보호하였다는 미국의 자율성과 민주주의조차 처음부터 전쟁과 전쟁의 위험, 국제 금융, 무역 등에 의해 크게 위축되었다. 국가가 작으면 작을수록, 그 시민의 경제적 복지는 대외 무역에 더 많이 의존하였고, 침략에 대해 더 취약하고 동맹에 더 의존하게 되었다. 국제적 행위자들에 의해 국내의 중요 문제들에 대한 그들의 통제력이 상실되는 경우도 허다했다.

이러한 성찰을 통해 민주주의 사상이 규모에 있어서의 새로운 변화에 적응할 수 있는 가장 명백한 방법은 2차 변환을 더 큰 규모로 확대해야 한다는 것이다. 국제적 허약성과 의존성을 극복하는 초국가적 민주주의의 확산을 통해 모든 국가들이 민주주의의 초국가적 힘에 적응하면서 민주적 과정을 유지하고 강화하는 방법을 발견하여야 할 것이다. 이것은 국내적으로는 자유와 통제력을 상실하면서 다른 한편으로는 초국가적이고 범세계적인 민주주의를 확보하는 방법이 된다고 할 수 있다.

074 윗글의 내용과 일치하지 않는 것은?

① 근대 민주주의 사상의 확립은 두 차례에 걸친 커다란 정치적 변환의 결과이다.
② 1차 변환은 소수가 지배하던 권력을 시민 다수에게 이전하게 하는 계기가 되었다.
③ 2차 변환이 시작된 이유는 민주주의가 적용되는 공간이 이전에 비해 방대해졌기 때문이다.
④ 역사적으로 볼 때 민주 국가는 외부 세력으로 인해 국가의 자율성이 손상되는 경우가 많았다.
⑤ 민주주의를 범세계화하기 위해서는 민주주의의 2차 변환을 초국가적 범위로 확대할 필요가 있다.

075 윗글의 내용 전개 방식에 대한 설명으로 가장 적절한 것은?

① 민주주의의 발전 과정을 특정 공간을 중심으로 설명하고 있다.
② 민주주의의 발전 과정을 구체적 사건을 중심으로 서술하고 있다.
③ 민주주의가 발생하게 된 원인과 결과를 다각도로 분석하고 있다.
④ 민주주의가 가져온 긍정적 성과와 장점만을 부각시켜 설명하고 있다.
⑤ 민주주의의 발전 과정에서 나타난 문제를 밝히고 해결 방향을 제시하고 있다.

[076~077] 다음 글을 읽고 물음에 답하시오.

창에 드는 볕이 어느덧 봄이다. 봄은 맑고 고요한 것, 창덕궁의 가을을 걸으며 낙엽을 쥐어 본 것이 작년이란 말인가. 나는 툇마루에서 봄볕을 쪼이며 창덕궁의 가을을 연상한다. 가을이 가고 봄이 온 것은 아니다. 가을 위에 겨울이 오고 또 봄이 온 것이다. 그러기에 지나간 가을은 해가 멀어 갈수록 아득하게 호수처럼 깊어 있고, 오는 봄은 해가 거듭될수록 쌓이고 쌓여 더욱 부풀어 가지 않는가. 나무는 해를 거듭하면 연륜이 하나씩 늘어간다. 그 연륜을 보면 지나간 봄과 가을이 하나도 빠지지 않고 둘레에 남아 금을 긋고 있다. 가을과 봄은 가도 그들이 찍어 놓고 간 자취는 가시지 않고 기록되어 있다. 사람도 흰 터럭이 하나하나 늘어감에 따라 봄과 가을이 터럭에 쌓이고 쌓여 느낌이 커 간다. 꽃을 보고 반기는 소녀의 봄은 꽃뿐이지만, 꽃을 캐는 소녀를 아울러 봄으로 느끼는 봄은 꽃과 소녀들이다. 사랑을 노래하는 청춘의 봄은 화려하고 찬란한 봄이지만, 그것을 바라보고 느끼는 봄은 인생의 끝없는 봄이다. 누가 봄을 젊은이의 것이요, 늙은이의 것이 아니라 하던가. 젊은이의 봄은 기쁨으로 차 있는 홑겹의 봄이지만 늙은이의 봄은 기쁨과 슬픔을 아울러 지닌 겹겹의 봄이다. 과거란 귀중한 재산, 과거라는 재산이 호수에 가득 찬 물결같이 고이고 고여서 오늘을 이루고 있는 것, 그러므로 물이 많을수록 호수가 아름답고 과거가 길수록 오늘이 큰 것이다.

늙어서 봄을 맞으며 봄을 앞으로 많이 못 볼까 슬퍼할 필요는 없다. 그동안 많이 가져 본 봄이 또 하나 느는 것을 대견하게 생각할 일이다. 산에 오르거나 먼 길을 걸을 때, 십 리고 이십 리고 가서 뒤를 돌아다보고는 내가 저기를 걸어왔구나 하며, 흐뭇하고 자랑스러울 때도 있다. 그리고 돌아보는 경치가 걸어올 때보다 놀랍게 아름다움을 발견하는 때도 있다. 다만 지나온 추억을 더듬어 한 개의 진주를 발견하지 못하고 거친 모래알만 쥐어질 때, 그것이 슬프다. 보잘것없는 내 과거가 항상 오늘을 슬프게 할 뿐이다.

뜰 앞에 한 그루 밀감 나무가 서 있다. 동쪽 가지 끝에 파릇파릇 싹이 움 돋기 시작한다. 굵은 가지에서도 푸른 생기가 넘쳐흐른다. 미구에 잎이 퍼지고 꽃이 피고 열매가 맺힐 것이다. 집안사람들의 기대가 사뭇 크다. 그러나 서쪽 가지에서는 소식이 없다. 나무의 절반은 죽은 가지다. 죽은 가지에 봄은 올 리 없다. 지난겨울에 잎이 다 떨어지고 검은 등걸만 남았을 때, 혹 죽지 아니했나 염려도 했고, 봄이 되면 살아나겠지 믿기도 했었다. 그러나 같은 나무 한 등걸에서 한 가지는 살고 한 가지는 죽었으리라고 생각하지 못했다. 하지만 눈보라 추위 속에서도 한 가지는 생명을 기르며 겨울을 살아 왔고, 한 가지는 그 속에서 자기를 살리지 못했던 것이다. 저 동쪽 가지의 씩씩하고 발랄한 생의 의지, 지난겨울 석 달 동안, 마음속으로의 안타까운 저항, 그리고 남모르는 분투와 인내! 이에 대한 무한한 경의와 찬사를 보내고 싶다. 봄이 가면 봄이 없다고 슬퍼함은 일 년을 사는 곤충의 슬픔이다. 교목은 봄이 열 번 가면 열 개의 봄을, 가을이 백 번 가면 백 개의 가을을 지닌다.

생활에 따라서는 인류 역사 억만 년의 봄이 다 내 몸에 간직된 봄이요, 생각에 따라서는 잊지 못할 뚜렷한 봄이란 또 몇 날이 못 될 것이다. 그러므로 오래 세상에 머물러 봄을 여러 번 보는 것이 귀한 게 아니라, 봄을 봄답게 느끼고 지나온 모든 봄을 회상하며 과거를 잃지 않고 되새기는 것도 우리의 생활을 풍부하게 해 줄지언정 섭섭할 것은 없다. 다만 봄은 나를 잊지 않고 몇 번이라도 찾아와 세월을 깨우쳐 주었건만, 둔감과 태만이 그를 저버린 채 헛되게 늙은 것이 아쉽고 한스러워 다시 찾아 주는 봄에 죄의식조차 느낀다. 그러나 이제 발버둥 쳐 봐도 미칠 수 없는 일, 고요히 뜰 앞을 거닐며 지나간 봄의 가지가지 추억과 회상에 잠겨 보는 것이다. 오늘따라 주위는 말할 수 없이 고요하고 따스한 햇빛이 백금처럼 빛나고 있다.

– 윤오영, 「봄」 중에서

076 윗글에 대한 설명으로 가장 적절한 것은?

① 자연 현상을 제시한 후 그에 대한 주관적 견해를 진술하고 있다.
② 다른 사람의 말을 인용하여 글쓴이의 핵심 주장을 뒷받침하고 있다.
③ 다양한 생활 속 일화를 제시하며 내용을 입체적으로 구성하고 있다.
④ 대상에 대한 다양한 견해를 절충하여 새로운 견해를 도출하고 있다.
⑤ 시간의 역전적 구성을 통해 글쓴이의 경험을 속도감 있게 제시하고 있다.

077 윗글의 글쓴이가 지닌 생각으로 볼 수 없는 것은?

① 삶의 연륜과 경험은 젊음 못지않게 중요한 것이다.
② 태만하고 둔감하게 살아가는 것은 안타까운 일이다.
③ 바람직한 삶의 자세란 자연의 순리를 따르는 것이다.
④ 어려운 상황을 극복하기 위해 노력하는 것은 가치 있는 일이다.
⑤ 과거의 삶을 회상하며 자신을 성찰하는 것은 의미 있는 일이다.

078 다음 글을 근거로 할 때, '준희'의 포인트 구매 비용을 바르게 계산한 것은?

○○ 포인트 할인 구매 안내

포인트 구매량	할인율
5,000~9,500포인트	10%
10,000~14,500포인트	15%
15,000~19,500포인트	20%
20,000~30,000포인트	25%

구매하신 ○○ 포인트의 양에 따라 정가의 최대 25%까지 할인된 가격으로 ○○ 포인트를 구입할 수 있는 기회를 드립니다.

- 행사 기간: 2016.5.1.~2016.6.1.
- 정가: 500포인트당 2만 원
- 개인 구매 한도: 총 30,000포인트

보기

준희는 ○○ 포인트를 12,000포인트 가지고 있다. 준희는 30,000포인트를 만들어 동남아 항공권과 바꾸려고, 2016년 5월 30일에 부족한 포인트를 구매하였다.

① 540,000원 ② 576,000원 ③ 612,000원
④ 628,000원 ⑤ 720,000원

[079~080] 다음 글을 읽고 물음에 답하시오.

재활용품 분리 배출 안내문

○○시에서는 '청결 도시 만들기'의 실천 방안으로 재활용품 분리 배출을 실시하고자 합니다. ○○시민들께서는 깨끗한 환경을 조성하기 위해 실시하는 재활용품 분리 배출에 적극적인 협조를 부탁드립니다.

1. 실시 시기: 2016년 5월 1일 이후
2. 담당 부서: ○○시 생활 환경과
3. 재활용품 분리 배출 기준 및 요령

1) 일반 재활용품

종류	품목	배출 요령
종이류	신문지, 전단지, 책자 등	물기에 젖지 않게 묶어서 상자에 담아 배출함. ※ 사용한 휴지, 일회용 기저귀 등은 쓰레기 종량제 봉투에 넣어서 배출해야 함.
캔 · 고철류	철 재질의 캔, 알루미늄 재질의 캔	내용물을 비우고 배출함. ※ 플라스틱 뚜껑이 있는 경우 분리하여 배출해야 함. ※ 부탄가스, 살충제 용기 등은 구멍을 뚫어 배출해야 함.
	철사, 못 등 고철류	비닐봉지에 넣거나 끈으로 묶어서 배출함.
유리병류	음료수 병, 기타 병류	병뚜껑을 제거한 후 내용물을 비우고 배출함. ※ 소주병, 맥주병은 소매점 등에서 보증금 환불이 가능함.
플라스틱류	페트병, 플라스틱 용기류	다른 재질로 된 뚜껑은 제거한 후 내용물을 비우고 배출함.
비닐류	과자 봉지, 라면 봉지, 일회용 비닐봉지 등	투명 비닐봉지에 넣어서 함께 배출함. ※ 오염된 비닐은 쓰레기 종량제 봉투에 넣어서 배출해야 함.

2) 기타 재활용품

종류	품목	배출 요령
형광등	형광등, 백열전구, 기타 수은을 함유한 조명 제품	주민 센터, 편의점, 아파트 및 주택가 등 주요 거점의 형광등 수거함에 배출함. ※ 깨진 형광등이나 백열전구는 종량제 봉투에 넣어 배출해야 함.
전지류	건전지, 충전지 등	주민 센터, 편의점, 아파트 및 주택가 등 주요 거점의 전지 수거함에 배출함.

3) 생활 폐기물

부피가 크거나 무거운 생활 폐기물은 주민 센터 또는 구청에 신고 후 배출해야 함.

079 재활용품 분리 배출 기준 및 요령에 대한 설명으로 잘못된 것은?

① 사용한 휴지, 깨진 형광등, 백열전구는 재활용이 되지 않는 품목이다.
② 일반 재활용품 중에 내용물이 있는 것들은 내용물을 비우고 배출해야 한다.
③ 소주병, 맥주병은 재활용품 분리 배출 장소에서 보증금을 환불받을 수 있다.
④ 과자 봉지와 라면 봉지의 경우 투명 비닐봉지에 넣어서 함께 배출해야 한다.
⑤ 기타 재활용품의 경우에는 따로 모아서 지정된 주요 거점의 수거함에 배출해야 한다.

080 위 안내문을 읽고 난 후 생길 수 있는 궁금증으로 가장 적절한 것은?

① 부피가 크고 무거운 가구류 등의 생활 폐기물은 어떻게 배출해야 할까?
② 가는 철사나 못 등과 같이 크기가 작은 고철류는 어떻게 배출해야 할까?
③ 혼합 재질로 구성되어 분리하기 힘든 물품의 경우에는 어떻게 배출해야 할까?
④ 플라스틱 용기에 다른 재질로 된 뚜껑이 있는 경우에는 어떻게 배출해야 할까?
⑤ 내용물을 쉽게 비울 수 없는 부탄가스, 살충제 용기 등은 어떻게 배출해야 할까?

081 〈보기〉의 안내문을 잘못 이해한 것은?

보기

'사랑의 교복' 나눔 행사 안내문

1. 행사명: '사랑의 교복' 나눔 행사
2. 행사 일시: 2016.05.27.(금)~2016.05.28.(토)
3. 행사 장소: ○○고등학교 대강당
4. 행사 대상: ○○고등학교 학부모 및 학생
5. 행사 품목: 교복(하복, 동복), 학교 체육복
6. 행사 품목별 판매 가격(중고)

8,000원	5,000원	3,000원
동복 외투	학교 체육복 상·하의 한 벌	동복 바지
2,000원		1,000원
하복 바지, 와이셔츠, 하복 티셔츠		조끼

7. 기타 참고 사항
   1) 기부 받은 중고 교복은 모두 세탁 전문점에서 세탁을 완료함.
   2) 새 교복 및 학교 체육복은 행사 가격 대비 두 배의 금액으로 판매하며, 새 제품을 두 벌 이상 구매한 경우에는 중고 와이셔츠 한 벌을 무상으로 제공함.
   3) 판매 금액 전액은 학교 장학금 및 불우 이웃 돕기 성금으로 후원함.
   4) 행사 종료 후에 남은 교복 및 학교 체육복은 올해 6월에 개장하는 나눔 장터에서 동일한 금액으로 판매함.

① 동복 바지 두 벌을 중고로 구매한 금액은 하복 티셔츠 세 벌을 중고로 구매한 금액과 동일하다.
② 동복 외투와 동복 바지를 모두 새 제품으로 구매하면 중고 와이셔츠 한 벌을 무상으로 받을 수 있다.
③ 행사가 끝난 뒤에 팔리지 않고 남은 교복이 있다면 이번 행사와 동일한 금액으로 구매할 수 있는 기회가 남아 있다.
④ 중고 학교 체육복은 상·하의 한 벌 단위로 구매할 수 있으며, 이는 조끼 다섯 벌을 중고로 구매하는 금액과 동일하다.
⑤ 동복 바지 한 벌과 하복 바지 한 벌을 모두 새 제품으로 구입한 금액은 동복 외투 한 벌을 중고로 구입한 금액보다 적다.

[082~084] 다음 글을 읽고 물음에 답하시오.

항아리. 조형의 전위. 조형미의 극치. 단순한 순백, 미묘하고 복잡하고 불가사의한 미의 결정체. 수화(樹話) 김환기의 고백이다. 수화에게 항아리는 예술혼을 깨우는 생명체이다. 창작이 막히면 그는 잠시 손을 멈추고 손으로 항아리를 어루만지며 그 촉감을 내밀하게 감지했다. 떨리듯 흔들리는 항아리, 미세한 영혼의 울림은 늘 손끝에 탐미적으로 다가왔다. 생각의 실마리는 풀리고 그는 안도했다.

"희고 맑은 살에 따라 청백자 항아리는 미묘한 변화를 창조한다. 칠야삼경(漆夜三更)에도 뜰에 나서면 허연 항아리가 엄연하여 마음이 든든하고 더욱이 달밤일 때면 항아리가 흡수하는 월광으로 인해 온통 내 뜰에 달이 꽉 차 있는 것 같다."라고 수화는 황홀해 했다. 그러면서 "사람이 어떻게 흙에다 체온을 넣었을까?"라고 탄복했다. 그에 의해 항아리는 인격을 획득했다.

수화의 '항아리'. 항아리가 흡수하는 월광으로 세상이 충만하다고 감탄했던 바로 그 순간이다. ㉠달은 항아리를 빚고, 항아리는 달을 닮는다. 이윽고 항아리는 달을, 달은 항아리를 빨아들여 일체가 된다. 자연(달)과 인간(항아리)의 교혼(交魂). 제목이 '달과 항아리'가 아니라 '항아리'인 이유다.

도안과 같은 평면, 장식과 수사를 제거한 극도의 단순성만으로 수화는 이렇듯 무한한 정신세계를 조형해 낸다. 간결하고 밀도 있는 표현, 절제된 형식은 대상의 본질을 드러내는 데 적격이다. 비울수록 더욱 채워지는 것. 이른바 채워진 허(虛)의 역설이 그것이다.

… (중략) …

그리고 여기 또 하나의 항아리. 수화의 '항아리와 시'. 그림은 특별히 서정주의 '기도 1'을 병기했다. 비처럼 흐르는 깔끔하고 소박한 서체는 화려하게 만발한 흰 꽃, 백자와 절묘하게 호응한다. 꽃은 화환을 빚어 잔치를 벌인다. 불꽃 같다. 흰빛 속 붉은 점경이 평면에 탄력과 입체감을 선사한다. 장식적 요소가 화면 전체에 활기를 불어넣는다. 횡적 배치는 이를 더욱 자극한다. 그러나 그것은 순간이다. 그림은 화려한 만큼 슬픔을 내장한다. 화려함 속에 감춰진 슬픔이라니. 시를 읽을 때 확인한다.

[A] 저는 시방 텅 비인 항아리 같기도 하고, 또 텅 비인 들녘 같기도 하옵니다. 하늘이여 한동안 더 모진 광풍을 제 안에 두시든지, 나는 몇 마리의 나비를 두시든지, 반쯤 물이 담긴 도가니와 같이 하시든지 마음대로 하소서. 시방 제 속은 꼭 많은 꽃과 향기들이 담겼다가 비어진 항아리와 같습니다.

시적 화자는 '텅 비인 항아리'와 자신의 처지를 동일시한다. 항아리처럼 비었다며 슬픔을 호소한다. 전면을 화려하게 장식한 꽃은 빈 항아리의 공허를 더욱 고조한다. 흰 꽃에 가려 화면 왼쪽 뒤로 물러선 백자는 애처롭다. 꽃향기 가득했던 시절을 회상하며 슬픔을 토로하는 시적 화자의 신세 같다. 모진 광풍이라도 채워 달라는 시적 화자의 호소에서 허전함이 감지된다. 반이라도 채워 달라는 인간적 솔직함 앞에서 비워야 채워진다는 태도는 얼마나 무력한가. 비워 낸다는 것은 얼마나 어려운가. 그러나 비워야 채워지고 채워야 비워진다. 채움과 비움은 동전의 양면이다. 달빛을 채운 항아리가 풍요롭고, 호사스러운 꽃 장식 뒤의 항아리가 허전해 보이는 것은 그 때문이다.

082 윗글에 대한 설명으로 가장 적절한 것은?

① 특정 예술 작품의 가치에 대한 다양한 평가를 소개하고 있다.
② 특정 소재를 그린 여러 예술가의 작품 세계를 비교하고 있다.
③ 특정 예술가의 작품 속에 그려진 소재의 의미를 설명하고 있다.
④ 예술 작품 속에 등장하는 소재의 변화를 시간적 순서에 따라 제시하고 있다.
⑤ 예술 작품의 종류에 따라 동일한 대상이 다르게 표현되는 양상을 밝히고 있다.

083 ㉠과 관련이 있는 사자성어로 가장 적절한 것은?

① 낭중지추(囊中之錐)
② 동가홍상(同價紅裳)
③ 물아일체(物我一體)
④ 백가쟁명(百家爭鳴)
⑤ 고장난명(孤掌難鳴)

084 [A]를 바탕으로, 〈보기〉에 대해 추론한 내용으로 적절하지 않은 것은?

보기

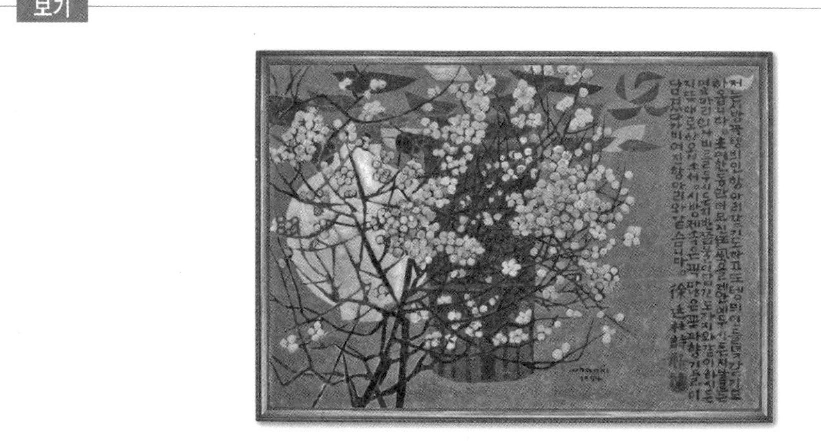

▲ 김환기, 「항아리와 시」, 1954

① 그림에 있는 항아리는 텅 빈 상태로 볼 수 있다.
② 그림에 있는 항아리는 광풍으로부터 벗어나려고 한다.
③ 그림에 있는 꽃은 화자의 정서와 상반된 분위기를 연출한다.
④ 그림에 있는 시와 항아리는 모두 화자의 심리 상태를 드러낸다.
⑤ 그림에 있는 시의 분위기는 그림의 화려한 분위기와 대조를 이루고 있다.

085 다음 표를 분석한 내용으로 적절하지 않은 것은?

부문별 급여 대상자 선정 월 소득 기준

[단위: 원]

가구원 수		1인	2인	3인	4인	5인
교육 급여	2015	781,169	1,330,098	1,720,682	2,111,267	2,501,851
	2016	812,415	1,383,302	1,789,509	2,195,717	2,601,925
주거 급여	2015	671,805	1,143,884	1,479,787	1,815,689	2,151,592
	2016	698,677	1,189,640	1,538,976	1,888,317	2,237,656
의료 급여	2015	624,935	1,064,078	1,376,546	1,689,013	2,001,481
	2016	649,932	1,106,642	1,431,608	1,756,574	2,081,540
생계 급여	2015	437,454	744,855	963,582	1,182,309	1,401,037
	2016	471,201	802,315	1,037,916	1,273,516	1,509,116

① 각 부문별 급여 대상자 선정 월 소득 기준은 2015년에 비해 2016년에 전체적으로 상향되었군.

② 4인 가구의 월 소득이 200만 원이라면, 2016년의 경우 주거 · 의료 · 생계 급여 대상자에 선정되지 않겠군.

③ 2015년과 2016년의 각 부문별 급여 대상자 선정 월 소득 기준은 1인 가구의 경우 모두 80만 원을 넘지 않는군.

④ 가구 월 소득이 40만 원이 넘지 않는다면, 2016년에는 가구원 수와 관련 없이 모든 부문에서 급여 대상자에 선정되겠군.

⑤ 2016년 생계 급여의 경우, 5인 가구원의 급여 대상자 선정 월 소득 기준은 1인 가구원의 급여 대상자 월 소득 기준과 100만 원 이상 차이가 나는군.

086 다음 그래프의 내용을 바르게 이해한 것은?

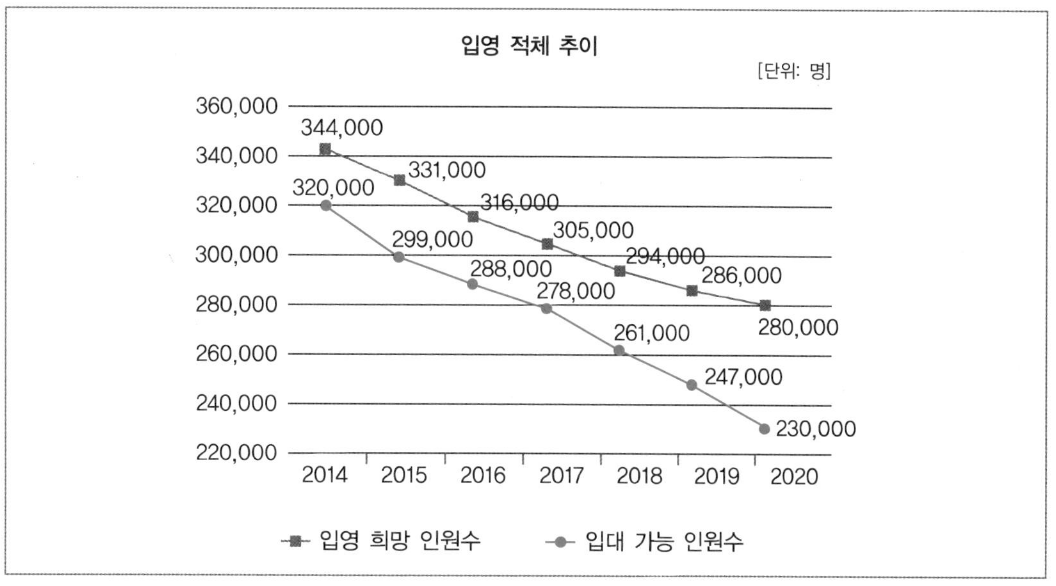

① 입영 희망 인원수는 입대 가능 인원수와 달리 감소하는 추세를 보이고 있군.
② 입대 가능 인원수는 2015년에서 2019년까지 매년 3만 명 이상 줄어들고 있군.
③ 2020년의 입영 희망 인원수는 2014년에 비해 절반 수준에도 미치지 못하는군.
④ 2019년에 입대 가능 인원수와 입대 희망 인원수의 차이가 가장 크게 나타나는군.
⑤ 2017년 이후로 입영 희망 인원수와 입대 가능 인원수의 차이가 점점 커지고 있군.

087 다음 표의 내용을 바르게 이해하지 못한 것은?

음식별 나트륨 포함량

음식	1인분 중량(g)	1인분당 나트륨(mg)	100g당 나트륨(mg)
울면	1,000	2,600	260
초마면	1,000	4,000	400
기스면	1,000	2,765	276
가락국수	1,000	3,396	340
열무 냉면	800	3,152	394
간장 게장	250	3,221	1,388
육개장	700	2,853	400

① 열무 냉면은 1인분당 나트륨 포함량이 육개장에 비해 많다고 할 수 있군.
② 초마면과 육개장의 100g당 나트륨 포함량은 서로 동일하다고 할 수 있군.
③ 울면에 비해 간장 게장은 100g당 나트륨 포함량이 5배 이상 많다고 할 수 있군.
④ 100g당 나트륨 포함량이 가락국수보다 적은 음식은 울면밖에 없다고 할 수 있군.
⑤ 1인분당 나트륨 포함량이 초마면 다음으로 많은 음식은 가락국수라고 할 수 있군.

[088~089] 다음 글을 읽고 물음에 답하시오.

	**식품 안전을 위해 이렇게 행동하세요!**

ㅁ 식품의약품안전처는 기후 변화로 인해 예년보다 빨리 찾아온 더위에 대비하여 가정에서 손쉽게 실천할 수 있는 식품 안전 취급 요령을 안내한다고 밝혔다.

〈식품 구입 시〉

○ 실온에서는 1시간이 지나면 식품의 세균이 급속히 증가하므로 생활 잡화를 먼저 구입하고 식품 구매는 나중에 하며 식품 장보기는 가급적 1시간 이내에 끝마치는 것이 바람직하다.
 – 식품 장보기는 (냉장 보관이 필요 없는 식품) → (과채류) → (냉장이 필요한 가공식품) → (육류) → (어패류) 순으로 하고 집에 도착하면 반대 순서로 냉장고에 넣는다.

○ 냉장이 필요한 가공식품이나 육류, 어패류 등의 식품 구매를 하고 장을 본 후 집까지 30분 이상 소요된다면 아이스박스에 넣을 것을 권장한다.

〈식품 보관 시〉

○ 구매한 식품을 냉장고에 보관하는 경우, 식품 특성 및 냉장고 위치별 온도 등을 고려해서 적정한 위치에 넣어야 식품의 신선도를 최대한 유지할 수 있다.
 – 일반적으로 냉장고 문 쪽은 안쪽보다 온도가 높고 온도 변화가 많기 때문에 금방 먹을 것만 문 쪽에 넣고, 좀 더 오랜 기간 두고 먹을 것은 냉장고 안쪽에 보관하는 것이 좋다.
 – 금방 먹을 육류, 어패류만 냉장실에 넣고 오래 저장할 경우에는 냉동실 하단에 보관하고, 패류는 씻어서 밀폐 용기에 넣어 저장하는 것이 좋다.
 – 가열하지 않은 식품은 세균 오염 가능성이 크므로 교차 오염을 방지하기 위해 분리하여 보관한다.
 – 지방 산패에 의한 변질을 막기 위해 지방 함량이 높은 식품은 저온에 보관한다.

〈식품 조리 시〉

○ 식품 조리 시에는 먼저 손을 깨끗이 씻고 칼, 도마 등 조리 기구는 교차 오염이 일어나지 않도록 따로 사용하여야 한다.

○ 조리 음식은 식품 내부까지 충분히 익도록 가열해야 하며, 특히 어패류는 85℃에서 1분 이상 익혀야 한다. 생선은 조리 전에 흐르는 차가운 물로 표면을 세척하여야 하고, 한 번 개봉했던 포장 식품을 사용하는 경우에는 변질 여부를 반드시 확인하고 조리하도록 한다.

〈식품 섭취 시〉

○ 조리한 반찬은 상온 보관 시 4시간 이내에 섭취하고, 끓이거나 볶지 않은 음식은 상온에서 더 빠른 시간 내에 상할 수 있어 주의해야 한다.

○ 여름철에는 생선회나 육회와 같은 생식은 가급적 자제하는 것이 바람직하다.

088 윗글의 내용에 따를 때, 식품 장보기의 순서로 가장 적절한 것은?

① 마늘 → 라면 → 우유 → 고등어
② 어묵 → 바나나 → 굴 → 요구르트
③ 참치 통조림 → 수박 → 어묵 → 홍합
④ 햄 → 복숭아 통조림 → 당근 → 조개
⑤ 돼지고기 → 당근 → 케첩 → 꽁치 통조림

089 **윗글을 읽고 보인 반응으로 적절하지 않은 것은?**

① 장보기를 마치면 시간을 지체하지 말고 바로 귀가하여 냉장고에 식품을 보관해야겠군.
② 장보기를 할 때에는 생활 잡화를 먼저 구입한 후 식품 구매를 나중에 해야겠군.
③ 삼계탕에 들어갈 생닭을 마늘, 쌀, 대추 등의 재료와 함께 보관하지 않아야겠군.
④ 생선을 조리할 때에는 뜨거운 물로 칼과 생선을 소독하는 것이 좋겠군.
⑤ 여름철에는 생선회보다는 끓이거나 볶은 음식을 섭취하는 것이 좋겠군.

090 **다음 글을 읽고 이해한 내용으로 적절하지 않은 것은?**

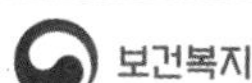 보건복지부	**장애인 전용 주차 구역 민 · 관 합동 점검[단속] 실시**

ㅁ 보건복지부는 지난해에 이어 금년 상반기에도 지방자치단체 및 장애인 단체와 함께 장애인 전용 주차 구역 불법 주차 차량에 대한 합동 점검을 실시한다.
  ㅇ 합동 점검은 '비정상의 정상화 과제'로 선정되어 2014년부터 매년 2회씩(상 · 하반기) 실시하여 금년 5번째로 실시하게 된다.

ㅁ 이번 점검은 그간 불법 주차 민원이 많이 제기되어 온 고속 도로 휴게소, 대형 할인 매장 등 공중 이용 시설 및 공공 기관 등 전국 6,000여 개소를 대상으로 약 한 달 간(2016.04.18.~2016.05.20.) 실시된다.
  ㅇ 주요 점검 내용은 장애인 전용 주차 구역 불법 주차(비장애인 차량의 주차, 보행 장애인 탑승 없이 주차), 주차 표지 위 · 변조 및 표지 양도 · 대여 등 부정 사용, 주차 방해 행위 등의 단속과 함께,
    – 「장애인 등 편의법」에 따른 장애인 전용 주차 구역 설치의 적정성* 여부도 같이 점검한다.
      * 설치 장소, 유효 폭 확보 여부, 규모, 높이 차, 주차 면수 확보 여부 등

ㅁ 보건복지부는 지난해 「장애인 등 편의법」을 개정하여 장애인 전용 주차 구역의 불법 주차를 방지하기 위한 다양한 제도 개선*을 추진한 바 있다.
  * 주차 표지 위 · 변조 및 무단 양도 · 대여 등 부당 사용자에 대한 표지 발급 제한(최대 2년), 주차 방해 행위에 대한 과태료 부과(50만 원), 종전 복지 공무원에서 교통 관련 공무원으로 단속 권한 확대 등
  ㅇ 올해도 장애인 전용 주차 구역 및 주차 표지의 효율적인 관리를 통해 불법 주차를 사전에 차단할 수 있도록 추진한다.
    – 장애인이 사망 또는 장애 등록 말소 등 자격이 변동되거나 장애인 자동차의 폐차 · 매매 시 이를 전산 시스템(사회 보장 정보 시스템)에 즉시 반영하여 정비한다.

① 장애인 전용 주차 구역에 주차를 방해하는 차량에는 50만 원의 과태료가 부과될 수 있다.
② 주차 표지를 위조한 부당 사용자에 대한 장애인 표지 발급 제한이 시작된 것은 2015년이다.
③ 장애인 전용 주차 구역에 충분한 주차 면수가 확보되었는지의 여부도 점검 항목에 해당한다.
④ 보행 장애인이 탑승하지 않은 차량이 장애인 전용 주차 구역에 주차하는 것은 불법 주차에 해당한다.
⑤ 2016년부터 장애인 전용 주차 구역의 불법 주차를 단속하는 권한이 교통 관련 공무원으로 확대될 예정이다.

국어 문화 091번 ~ 100번

091 〈보기〉의 ⓐ~ⓓ를 국어사전의 표제어 등재 순서에 따라 바르게 배열한 것은?

보기

ⓐ 위　　ⓑ 와인
ⓒ 예절　　ⓓ 애벌레

① ⓐ → ⓑ → ⓓ → ⓒ
② ⓒ → ⓑ → ⓐ → ⓓ
③ ⓒ → ⓓ → ⓑ → ⓐ
④ ⓓ → ⓒ → ⓐ → ⓑ
⑤ ⓓ → ⓒ → ⓑ → ⓐ

092 〈보기〉는 개그 프로그램의 일부이다. ㉠~㉤에 대한 설명으로 옳지 않은 것은?

보기

그래요. 악성 댓글로 행복해지자 이겁니다. ㉠악성 댓글도 자랑스러운 한국의 문화라고 초등학교 교과서에서 다들 한 번쯤 보셨을 거 아닙니까. 정말 맞는 말입니다. IT 최강국 한국이 아닌 다른 외국에서는 찾아보기 힘들다 이거예요. 다들 인터넷에 카페 7~8개쯤은 가입해 놓고 계시잖아요. 거기 가 보면 악성 댓글이 나쁘다 어쩌고저쩌고 참 말들이 많습니다. 그런데 꼭 나쁘게만 보지 말자 이겁니다. 스트레스를 꼭 나가서 친구들이랑 운동으로 풀 수는 없잖아요. ㉡집에서 편하게 스트레스 한번 풀어 보자고요. 다들 집에 컴퓨터 열 대 정도씩은 있잖아요. ㉢아니 표정들이 왜 그래요? 한창 컴퓨터 하다가 오빠가 게임한다고 비켜 달라면 비켜 주는 사람들처럼. 다들 표정들이 왜 그래요? 사진 폴더 잘못 클릭했더니 아빠가 저장해 놨던 야한 사진 줄줄 나와 당황하는 사람들처럼. 아니잖아요. ㉣신나게 스트레스 풀다 보면 간혹 내 미니홈피 주소나 블로그가 공개될 때도 있습니다. 그래서 여러 사람들이 욕하고 그러는데 그럴 때는 쿨하게 블로그, 미니홈피를 닫아 놓고 며칠 인터넷 안 하면 참 간단하게 해결됩니다. 좀 심할 땐 휴대 전화로 전화 올 때도 있지만 그것도 간단하게 잠깐 휴대 전화 꺼 놓으면 됩니다. 인터넷, 전화 며칠 안 한다고 죽는 건 아니잖아요. ㉤이렇게 인터넷에서 솔직해질 수 있는 우리는 행복한 겁니다. 아, 행복하다. 내 글에 댓글 하나도 안 달리면 그건 조금 불행한 거고요.

① ㉠: 우리나라의 인터넷 악성 댓글 문제를 반어적으로 지적하고 있다.
② ㉡: 일반적인 사람들의 컴퓨터 보유 대수를 과장하여 나타내고 있다.
③ ㉢: 많은 사람들이 겪을 법한 사례를 통해 공감을 불러일으키고 있다.
④ ㉣: 자신의 정보 노출 시에 취할 임기응변식 대처 방안을 제시하고 있다.
⑤ ㉤: 인터넷을 통한 직설적인 의사소통의 방식을 긍정적으로 평가하고 있다.

093 뉴스 문장에 대한 설명으로 적절하지 <u>않은</u> 것은?

① 오바마 미국 대통령<u>은</u> 무명용사 묘역에 헌화하고 있습니다. → 일종의 묘사문으로 객관적 서술이 필요하므로 주격 조사 '이'로 바꾼다.

② 식품의약품안전처는 <u>WHO, 즉 세계보건기구</u>가 운영하는 '담배 연구소 간 네트워크'에 가입했다고 밝혔습니다. → 'WHO'가 더 익숙하므로, '세계보건기구, 즉 WHO'로 수정한다.

③ 종합 감사에서 보험 공단 지사 중 체납자가 보험료를 납부하지 않았는데도 재산 <u>차압</u>을 하지 않은 경우가 적발됐습니다. → '차압'은 일본식 한자어다. 순화어인 '압류'로 대체한다.

④ 러셀 차관보는 <u>"미국과 우리 파트너 국가들은 외교를 포기하지 않았다."라고</u> 말했습니다. → 직접 화법은 뉴스에서 극히 제한적으로 사용한다. 큰따옴표 없이 '미국과 동맹국들은 외교를 포기하지 않았다고'로 고친다.

⑤ 정부는 고인의 높은 뜻을 기리기 위해 전국 주요 도시에 <u>빈소</u>를 설치할 것이라고 밝혔습니다. → 시신이 있는 곳은 빈소뿐이다. '분향소'로 바꾼다.

094 〈보기〉의 [㉠]에 들어갈 수 있는 작품에 해당하지 <u>않는</u> 것은?

보기

1950년대에는 [㉠]와(과) 같이 한국 전쟁을 배경으로 한 작품이 많이 발표되었다. 전쟁의 상처를 안고 있는 전후의 사회 현실을 바탕으로, 민족 분단의 비극, 전후의 가치관 혼란 등을 형상화한 작품이 많이 창작되었다.

① 전광용, 「사수」
② 오상원, 「유예」
③ 김성한, 「바비도」
④ 장용학, 「요한시집」
⑤ 하근찬, 「수난이대」

095 〈보기〉에서 설명하는 '가전체'의 예로 적절하지 않은 것은?

보기

가전체(假傳體)란 사물을 의인화하여 전기 형식을 취한 글이다. 고려 시대에 주로 창작되었으나 조선 시대에도 이어졌고, 술이나 엽전, 지팡이 등 주로 사물들을 의인화하여 한 인물의 일대기를 서술하는 형식으로 이루어졌다. 사물에 빗대어 인간의 도리를 확인하고, 바람직하지 못한 세상사와 삶의 태도에 대해 깨우치고자 하는 의도가 담겨 있다. 가전은 초기에 풍자적이고 교훈적인 내용이 주를 이루었으나 차츰 허구적 요소가 가미되어 의인(擬人) 문학으로서 독자적인 위치를 차지하게 된다.

① 이첨, 「저생전」
② 임춘, 「공방전」
③ 이옥, 「심생전」
④ 이규보, 「국선생전」
⑤ 석식영암, 「정시자전」

096 〈보기〉의 ㉠~㉤에 대한 설명으로 적절하지 않은 것은?

보기

- 봄에 모내기를 잘 해야 ㉠나락이 잘 여문다.
- 너는 시험이 내일모레인데 ㉡만날 놀기만 하니?
- 식사 후에 어머니는 ㉢정지로 들어가 설거지를 하셨다.
- 얼마 동안 발을 씻지 않았는지 방 안에 ㉣구린내가 진동했다.
- 두 갈래로 땋아 늘인 머리 복판에 흰 ㉤가르마가 선명하게 그어졌다.

① ㉠: '하나하나 따로따로인 알.'을 뜻하는 말로 '낱알'의 방언이다.
② ㉡: '매일같이 계속하여서.'의 의미를 지닌 말로 표준어이다.
③ ㉢: '일정한 시설을 갖추어 놓고 음식을 만들고 설거지를 하는 등 식사에 관련된 일을 하는 곳.'을 이르는 말로 '부엌'의 방언이다.
④ ㉣: '똥이나 방귀 냄새와 같이 고약한 냄새.'를 이르는 말로 표준어이다.
⑤ ㉤: '이마에서 정수리까지의 머리카락을 양쪽으로 갈랐을 때 생기는 금.'을 이르는 말로 표준어이다.

097 〈보기〉를 참고할 때, 우리말의 언어 예절에 대한 설명으로 적절하지 않은 것은?

보기

표준 언어 예절은 국민이 일상생활에서 겪는 언어생활에 대한 혼란과 어려움을 해소하기 위해 우리말의 언어 예절에 대한 표준을 담은 지침이다.

① "수고하세요."라는 말은 동료나 아랫사람에게 쓰는 말이므로 윗사람에게 쓰지 않는 것이 바람직하다.
② 문상을 갔을 때 상주에게 "호상입니다."라고 말하는 것은 상주에 대한 예의가 아니므로 삼가야 한다.
③ 세배를 하기 전에 나이 차가 많이 나는 윗사람에게 "절 받으세요."라고 명령조의 말을 하는 것은 예의가 아니다.
④ 송년 인사에서 고마움을 표현할 때에는 과거형보다 현재형을 쓰는 것이 더 정감 있게 따뜻한 마음을 전할 수 있다.
⑤ "고맙습니다."라는 말은 윗사람에게 쓰기에 부적절한 말이므로 높임 표현인 "감사합니다."를 쓰는 것이 바람직하다.

098 〈보기〉는 북한 교과서에 실린 글이다. ㉠~㉤에 대한 반응으로 적절하지 않은 것은?

보기

어제도 우리는 네가 보낸 편지를 보며 얼마나 웃었는지 몰라. 그동안 토끼들이 잘 있었는가 하는 첫 ㉠ 인사말을 놓고 말이야. 너는 정말 ㉡ 토끼밖에 몰라. 지금도 나는 너와 함께 지내던 잊을수 없는 일들을 즐거운 마음으로 돌이켜 보고 있다. 어미토끼를 잃은 ㉢ 일곱마리의 새끼토끼를 살려 보겠다고 염소젖을 받아먹이며 애지중지 키우던 일이며 하루도 ㉣ 빠짐없이 관찰일기를 쓰며 토끼생육과정을 연구하던 일… 정말 잊을수가 없구나. 지금 우리 학교에서는 올해에 2만마리이상의 토끼를 길러 낼 목표를 내세우고 토끼기르기운동을 더욱 힘 있게 ㉤ 벌리고 있어.

① ㉠: 남한에서도 북한에서처럼 사이시옷을 표기하지 않은 '인사말'로 써야 하는군.
② ㉡: 남한에서도 북한에서처럼 '토끼'와 '밖에'를 붙여 쓰는 것이 규정에 맞군.
③ ㉢: 북한에서는 남한에서와 달리 의존 명사 '마리'를 앞말과 붙여 쓰고 있군.
④ ㉣: 남한에서는 북한에서와 달리 '빠짐'과 '없이'를 띄어 쓰는 것이 원칙이군.
⑤ ㉤: 남한에서는 북한에서와 달리 '벌이고'를 쓰는 것이 문맥의 흐름상 적절하군.

099 〈보기〉의 근대 신문 광고에 대한 설명으로 적절하지 <u>않은</u> 것은?

보기

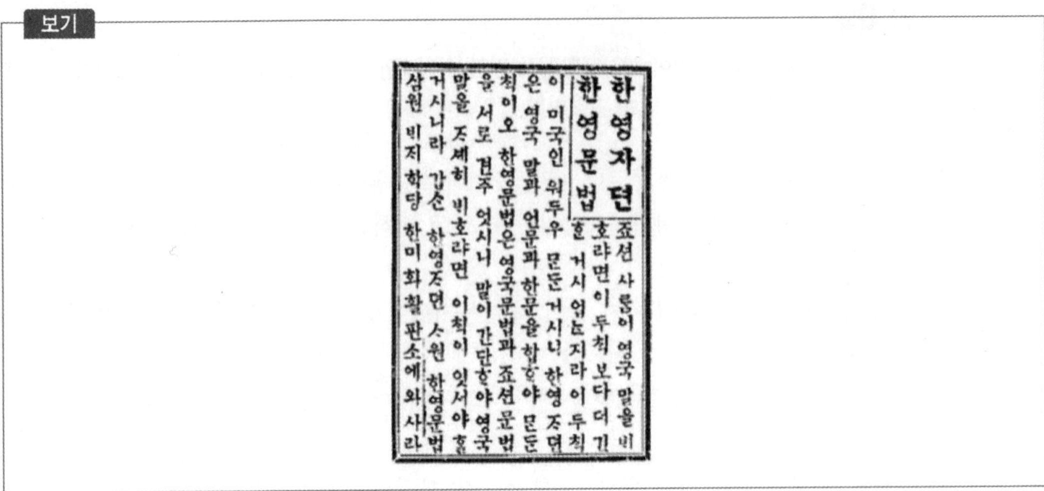

한영ᄌᆞ뎐
한영문법

죠션 ᄉᆞᄅᆞᆷ이 영국 말을 ᄇᆡ
호랴면 이 두 ᄎᆡᆨ보다 더 긴
ᄒᆞᆫ 거시 업ᄂᆞᆫ지라 이 두 ᄎᆡᆨ
이 미국인 워두우 ᄆᆞᆫ든 거시니 한영ᄌᆞ뎐
은 영국 말과 언문과 한문을 합ᄒᆞ야 ᄆᆞᆫ든
ᄎᆡᆨ이오 한영문법은 영국문법과 죠션문법
을 서로 견주 엇시니 말이 간단ᄒᆞ야 영국
말을 ᄌᆞ셰히 ᄇᆡ호랴면 이ᄎᆡᆨ이 잇서야 ᄒᆞᆯ
거시니라 갑슨 한영ᄌᆞ뎐 ᄉᆞ원 한영문법
삼원 ᄇᆡ지학당 한미화활판소에 와 사라

① 표기에 아래 아(ㆍ)가 사용되었음을 확인할 수 있다.
② 연철과 분철의 표기 방식이 혼용되었음을 확인할 수 있다.
③ 어두에 합용 병서와 각자 병서가 사용되었음을 확인할 수 있다.
④ 종성의 표기가 현대 국어와 다르게 사용된 예를 확인할 수 있다.
⑤ 이중 모음의 단모음화가 이루어지지 않은 부분을 확인할 수 있다.

100 밑줄 친 말이 〈보기〉의 ㉠의 사례로 보기 어려운 것은?

보기

한자음의 최대 장점은 한국어 음운에 적응했다는 것이다. 그래서 그 어원을 잘 모르면 토착 한국어로 오해하기 쉽다. 한자어의 상당수는 우리의 토착어 못지않은 대중성을 지니고 있다. 다시 말해 ㉠ 한자로 표기하지 않고 그냥 쓰면 굳이 순화 대상으로 거론할 필요도 없는 경우가 흔하다.

① 그 사람은 쑥스러운 듯이 나에게 반지를 건넸다.
② 감기가 심해 동생은 오늘도 학교에 가지 못했다.
③ 마을 사람들은 태풍으로 부서진 마을 회관을 보수하였다.
④ 가죽 제품은 탈색이 될 수 있으므로 세탁에 유의하여야 한다.
⑤ 할머니께서 치매에 걸리시는 바람에 집에 항상 사람이 있어야 했다.

[확인 사항]

● 문제지와 답안지에 필요한 내용을 정확히 적었는지 확인하십시오.

수고하셨습니다.

▶▶ 정답과 해설 바로가기 p.92

제42회 셀프 진단표

문항 번호	출제 영역	유형	정답	정답률	약점 체크
001	듣기 · 말하기 15%	사실적 이해	④	87.8%	
002		사실적 이해	②	97.4%	
003		사실적 이해	③	94.5%	
004		사실적 이해	②	99.5%	
005		추론적 이해	①	88.7%	
006		추론적 이해	④	85.3%	
007		사실적 이해	④	49.4%	
008		비판적 이해	③	62.1%	
009		추론적 이해	③	92.8%	
010		사실적 이해	⑤	94.9%	
011		추론적 이해	③	89.8%	
012		사실적 이해	④	97.9%	
013		추론적 이해	②	54.5%	
014		사실적 이해	②	95.5%	
015		추론적 이해	②	47.9%	
016	어휘 · 어법 30%	고유어의 사전적 의미	②	55.1%	
017		한자어의 사전적 의미	④	17.5%	
018		한자어의 문맥적 의미	②	17%	
019		한자어의 문맥적 의미	④	44%	
020		고유어의 문맥적 의미	②	92.5%	
021		어휘 간의 의미 관계(다의어)	②	93.3%	
022		어휘 간의 의미 관계(유의어)	②	90.6%	
023		어휘 간의 의미 관계(높임 표현)	③	86%	
024		어휘 간의 의미 관계(한자어와 고유어)	②	81.2%	
025		어휘 간의 의미 관계(다의어)	①	45.3%	
026		한자어 표기(독음)	①	72.1%	
027		한자어 표기(독음)	③	11.9%	
028		속담과 사자성어	③	74%	
029		관용구	③	97.1%	
030		순화어	③	23.3%	
031		맞춤법(두음 법칙)	①	42.6%	
032		맞춤법	④	47.9%	
033		맞춤법(사이시옷)	③	40.8%	
034		띄어쓰기	④	20.2%	
035		표준어	②	41.8%	
036		문장 표현(비문)	②	61.2%	

문항 번호	출제 영역	유형	정답	정답률	약점 체크
037		문장 표현(비문)	③	27.8%	
038		문장 표현(중의성)	⑤	77.8%	
039		표준 발음법	③	90.6%	
040		문법 요소(통사적 합성어와 비통사적 합성어)	③	67%	
041		문법 요소(이어진문장)	⑤	31.1%	
042		문장 부호	⑤	51.4%	
043		표준 발음법(유음화)	③	28.3%	
044		외래어 표기법	①	90.9%	
045		로마자 표기법	①	51.9%	
046	쓰기 5%	글쓰기 계획	①	86.6%	
047		자료 활용 방안	④	95.6%	
048		개요 수정 및 상세화 방안	⑤	82%	
049		퇴고	⑤	88.4%	
050		논지 전개	③	98.1%	
051	창안 10%	시각 자료를 통한 내용 생성	⑤	95.8%	
052		시각 자료를 통한 내용 생성	④	98.8%	
053		조건에 따른 내용 생성	⑤	96.3%	
054		시각 자료를 통한 내용 생성	②	96.9%	
055		조건에 따른 내용 생성	⑤	96.1%	
056		조건에 따른 내용 생성	④	87.4%	
057		조건에 따른 내용 생성	④	60.8%	
058		조건에 따른 내용 생성	②	98.8%	
059		조건에 따른 내용 생성	④	49.3%	
060		조건에 따른 내용 생성	⑤	86.1%	
061	읽기 30%	[현대 시] 작품의 이해와 감상	②	52.9%	
062		[현대 시] 작품의 이해와 감상	⑤	87.5%	
063		[현대 소설] 작품의 이해와 감상	③	92.7%	
064		[현대 소설] 서술상의 특징 및 효과	④	94.8%	
065		[현대 소설] 인물의 심리 및 태도	⑤	98%	
066		[학술문 – 인문] 사실적 이해(핵심 정보)	②	91.9%	
067		[학술문 – 인문] 사실적 이해(전개 방식)	③	97.4%	
068		[학술문 – 인문] 추론적 이해(전제 및 근거 추리)	③	94.2%	
069		[학술문 – 예술] 사실적 이해(정보 확인)	①	38.8%	
070		[학술문 – 예술] 사실적 이해(전개 방식)	③	96.4%	

문항 번호	출제 영역	유형	정답	정답률	약점 체크
071		[학술문-예술] 추론적 이해[구체적(다른) 사례에 적용]	④	88%	
072		[학술문-과학] 사실적 이해(정보 확인)	②	88.9%	
073		[학술문-과학] 추론적 이해(전제 및 근거 추리)	⑤	79.6%	
074		[학술문-사회] 사실적 이해(정보 확인)	②	75.8%	
075		[학술문-사회] 사실적 이해(전개 방식)	⑤	80.1%	
076		[실용문-교술] 사실적 이해(전개 방식)	①	85%	
077		[실용문-교술] 사실적 이해(글쓴이의 심리 및 태도)	③	52.6%	
078		[실용문-안내문] 추론적 이해[구체적(다른) 사례에 적용]	②	69.3%	
079		[실용문-안내문] 사실적 이해(정보 확인)	③	77.5%	
080		[실용문-안내문] 비판적 이해(반응 및 수용)	③	92.3%	
081		[실용문-안내문] 추론적 이해[구체적(다른) 사례에 적용]	⑤	88.2%	
082		[실용문-평론] 사실적 이해(핵심 정보)	③	63.1%	
083		[실용문-평론] 추론적 이해[구체적(다른) 사례에 적용]	③	90.9%	
084		[실용문-평론] 추론적 이해[구체적(다른) 사례에 적용]	②	84.4%	
085		[실용문-자료] 사실적 이해(정보 확인)	③	87.5%	
086		[실용문-자료] 사실적 이해(정보 확인)	⑤	87.6%	
087		[실용문-자료] 사실적 이해(정보 확인)	④	89.3%	
088		[실용문-보도 자료] 사실적 이해(정보 확인)	③	90.2%	
089		[실용문-보도 자료] 비판적 이해(반응 및 수용)	④	87.9%	
090		[실용문-보도 자료] 사실적 이해(정보 확인)	⑤	49.2%	
091	국어 문화 10%	국어학(문법)	⑤	83.2%	
092		국어 생활(매체언어)	⑤	81.5%	
093		국어 생활(매체언어)	②	58.3%	
094		국문학(작품)	③	23.3%	
095		국문학(작품)	③	47.3%	
096		국어 생활(일상어-방언)	①	31.6%	
097		국어 생활(일상어-표준 언어 예절)	⑤	39.9%	
098		국어학(북한어)	④	55.5%	
099		국어학(근대 국어)	③	61.8%	
100		국어학(순화어)	④	40.3%	

2016. 02. 20.

성　　명	
수 험 번 호	
감독관 확인	

제41회
KBS 한국어능력시험

KBS 한국방송

- 문제지와 답안지 모두 성명, 수험 번호를 정확히 기입하십시오.
- 답안지와 함께 문제지를 반드시 제출하십시오.
- 본 시험지를 절취하는 것은 부정행위로 간주합니다.
- 본 시험의 내용을 무단으로 전재·복사·복제·출판·강의하는 행위와 인터넷 등을 통해 복원하는 행위는 저작권법에 저촉됩니다.

한국어능력시험 문항 100문항

영역	문항
듣기 · 말하기	001번~015번
어휘 · 어법	016번~045번
쓰기	046번~050번
창안	051번~060번
읽기	061번~090번
국어 문화	091번~100번

제41회 듣기 MP3 파일

- 에듀윌 도서몰(book.eduwill.net)에서 무료 다운로드(도서 구매자에 한함.)
- 위치경로: 에듀윌 도서몰 > 도서자료실 > 부가학습자료
- 비밀번호: 1CK1SD8UDS

2016년 02월 20일 시행

제41회 KBS 한국어능력시험

듣기·말하기 001번 ~ 015번

001 작품에 대한 설명과 일치하지 않는 것은?

① 라오콘과 두 아들의 최후를 묘사하고 있다.
② 아래쪽 뱀은 삼부자의 다리를 모두 휘감고 있다.
③ 라오콘은 몸을 뒤로 젖힌 채 고통스러운 표정을 짓고 있다.
④ 큰아들은 아버지와 동생의 얼굴을 걱정스럽게 바라보고 있다.
⑤ 아들들의 오른손은 하늘을 향해 뻗은 모습으로 복원되어 있다.

002 등장인물의 생각으로 가장 적절한 것은?

① 남편: 가장은 아내에게 교양 없는 말을 해서는 안 된다.
② 남편: 퇴직한 남편이 아내에게 불평을 하는 것은 쉬운 일이 아니다.
③ 남편: 음식의 간을 못 맞추는 것을 나이 든 탓으로 돌리면 안 된다.
④ 아내: 비록 못 배웠지만 혼자 힘으로 자녀들 교육과 결혼을 시켰다.
⑤ 아내: 남편이 음식에 대해 트집을 잡는 것은 설거지를 하지 않기 위해서이다.

003 '녹내장'에 대한 설명으로 가장 적절한 것은?

① 평소 시신경을 강화해 예방할 수 있다.
② 기온 변화가 심한 환절기 때 발병하기 쉽다.
③ 운동을 통해 시신경이 회복되면 완치될 수 있다.
④ 한쪽 눈에 발병하면 다른 쪽 눈에도 발병하기 쉽다.
⑤ 고도 원시나 저혈압이 있는 경우 발병할 가능성이 높다.

004 '도를 터득한 사람'에 대한 설명으로 맞지 않는 것은?

① 모든 일을 천천히 한다.
② 다투거나 경쟁하지 않는다.
③ 심리적으로 안정되어 있다.
④ 만물을 이롭게 하면서도 자신을 낮춘다.
⑤ 인위적으로 무엇을 바로잡으려고 하지 않는다.

005 이 시의 핵심 소재로 가장 적절한 것은?

① 매화 ② 난초 ③ 국화
④ 목련 ⑤ 대나무

006 뉴스 보도의 내용에 비추어 볼 때, 실제 방송에서 사용했음 직한 장면이 아닌 것은?

①
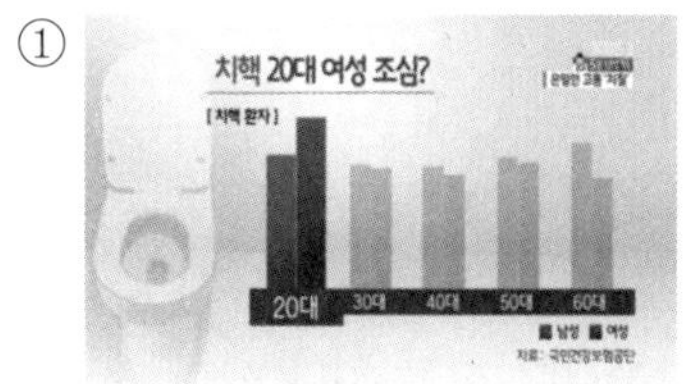

②
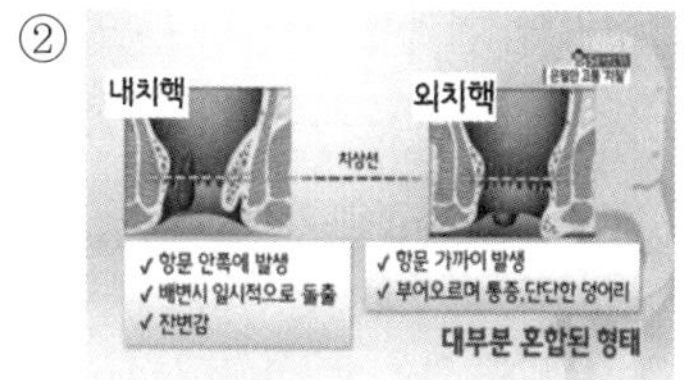

③
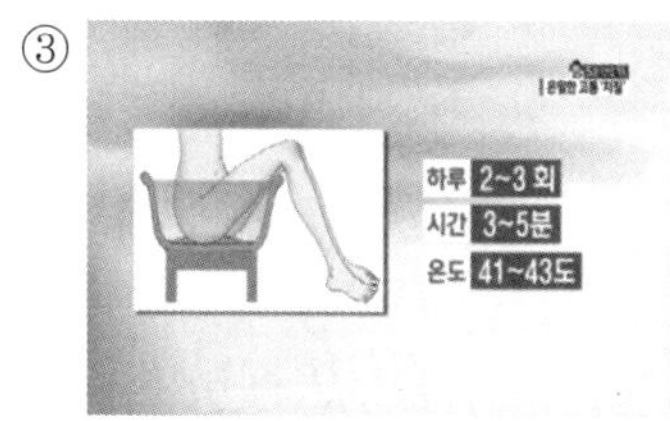

④
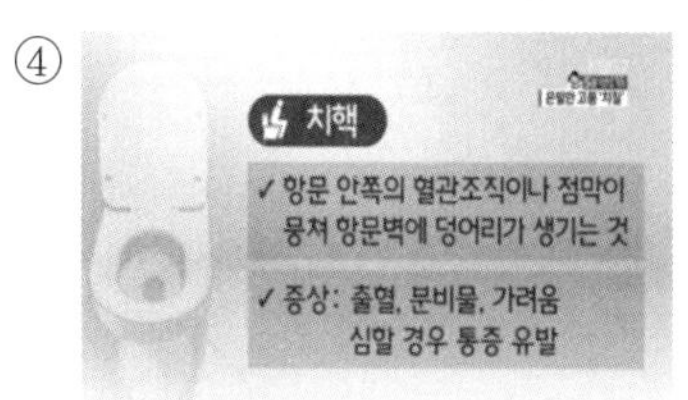

⑤

007 뉴스 보도에 대한 설명으로 적절하지 않은 것은?

① 관련된 사자성어를 인용하며 보도 내용을 마무리하고 있다.
② 질문을 던지며 보도 내용에서 다룰 화제에 대해 언급하고 있다.
③ 조사 결과의 수치를 밝히며 보도 내용의 신뢰성을 높이고 있다.
④ 전문가와의 인터뷰를 삽입해 보도 내용의 전문성을 더하고 있다.
⑤ 현상이 일어나게 된 원인을 설명하며 보도 내용을 전개하고 있다.

008 강연 내용과 일치하지 않는 것은?

① 리콜의 여부는 국가 공인 기관에 의해 결정된다.
② ‘형식승인제도’는 주로 유럽, 일본, 중국에서 시행되고 있다.
③ ‘자기인증제도’는 자동차 제작사가 안전 인증을 결정하는 제도이다.
④ 리콜이 결정되면 교통안전공단이 리콜 사실을 직접 소비자에게 통보한다.
⑤ 리콜 대상인 차량 중 일부는 안전 기준에 부적합한 상태로 주행하고 있다.

009 강연자가 사용한 말하기 방법에 대한 설명으로 가장 적절한 것은?

① 설명 내용에 대한 전문가의 견해를 인용하고 있다.
② 대상이 변화하는 과정을 시간의 순서에 따라 설명하고 있다.
③ 설명 내용과 관련한 통계 자료를 제시하고 그 출처를 밝히고 있다.
④ 상반된 성격을 지닌 대상을 절충하여 새로운 대안을 도출하고 있다.
⑤ 설명하려는 대상의 장점과 단점을 분석하고 보완 방안을 제시하고 있다.

010 강연의 내용과 일치하지 않는 것은?

① 옛 그림을 감상하는 방법을 모르는 사람들이 많다.
② 화가는 자신이 그리는 그림을 전체적으로 조망하며 그린다.
③ 우리의 선인들은 글을 쓸 때 위에서 아래로 세로쓰기를 하였다.
④ 옛 그림은 그림에서 1~1.5m 정도 거리를 두고 감상하여야 한다.
⑤ 옛 그림은 오른쪽 위에서 왼쪽 아래 방향으로 시선을 이동하며 감상하여야 한다.

011 강연을 듣고 청중이 보일 수 있는 반응으로 가장 적절한 것은?

① 그림에는 다양한 의미가 담겨 있다고 말씀하시면서 옛 그림의 특정한 의미만을 소개하는 것은 적절하지 않습니다.
② 그림을 감상하는 방법에 대해서 말씀하신다고 했으므로 우리나라의 옛 그림뿐만 아니라 서양화 등의 감상 방법도 함께 설명해 주십시오.
③ 감상 방법의 내용이 지나치게 추상적이고 형이상학적인 내용이어서 어려웠습니다. 좀 더 쉬운 용어로 감상 방법을 설명해 주셨으면 좋겠습니다.
④ 우리 선인들이 가지고 있던 생각이나 습성을 고려하지 않고 후대의 사람인 강연자께서 옛 그림에 대한 감상 방법을 규정하는 것은 부적절합니다.
⑤ 우리의 옛 그림을 시각 자료로 제시하고 이를 활용하여 감상 방법을 설명해 주셨더라면 강연 내용을 이해하는 데에 큰 도움이 되었을 것 같습니다.

012 기상 정보의 내용과 일치하지 않는 것은?

① 오늘은 평년 기온을 회복해 활동하기 좋은 날이었다.
② 서울의 모레 아침 기온은 영하 7도까지 내려갈 것이다.
③ 어제는 동해안과 영남 지방에 건조 주의보가 발효되었다.
④ 내일은 낮까지 산발적으로 눈이 날리는 곳도 있을 것이다.
⑤ 서울의 내일 아침 기온은 오늘 아침 기온보다 낮을 것이다.

013 기상 정보에 대해 보인 반응으로 적절하지 않은 것은?

① 오늘 전국적으로 건조 주의보가 발효되었다고 하니, 등산객들은 화재가 발생하지 않도록 유의할 필요가 있겠군.
② 화요일부터 강원 영동 지방에 폭설이 내릴 수 있다고 하니, 강원 영동 지방을 지나는 운전자들은 체인을 준비해야겠군.
③ 다음 주의 아침 기온이 영하 10도 가까이 떨어질 것이라고 하니, 아침에 출근하는 회사원들은 강추위에 대비해야겠군.
④ 내일 동해 먼바다의 파도가 높게 일 것이라고 하니, 내일 동해 먼바다에서 조업 예정인 어민들은 조심할 필요가 있겠군.
⑤ 내일 저녁부터 기온이 급격히 떨어질 것이라고 하니, 내일 밤에 야외에서 보초를 서야 하는 군인들은 옷을 더 따뜻하게 입어야겠군.

014 뉴스 해설에서 언급한 우리 사회의 문제로 볼 수 없는 것은?

① 세대 간의 갈등
② 삼포 세대의 확산
③ 윤리 의식의 부재
④ 수저 계급론의 확산
⑤ 양극화 문제의 심화

015 뉴스 해설의 마지막에 이어질 말로 가장 적절한 것은?

① 사회 전체가 보다 생산적이고 효율적인 결과를 도출할 수 있도록 경제 성장에 박차를 가해야 할 것입니다.
② 사회 구성원들이 우리가 처해 있는 위기를 정확하게 인식하고 새로운 성장 동력을 발굴하기 위해 노력해야 할 것입니다.
③ 나와 우리 집단의 이익을 조금 양보하고 정의롭게 공존하기 위해 사회 구성원 모두가 보다 합리적이고 성숙한 자세를 가져야 할 것입니다.
④ 공동체의 발전을 도모하기 위해서는 사회적인 삶뿐만 아니라 개인적인 삶의 행복을 증진하는 것이 선행되어야 한다는 점을 명심해야 할 것입니다.
⑤ 나와 우리가 당면한 문제들을 해결하기 위해서는 보다 적극적이고 능동적인 시민이 되어 창의적이고 진취적인 대안 마련을 위해 고민해야 할 것입니다.

어휘·어법 016번~045번

016 밑줄 친 고유어의 뜻풀이로 옳지 않은 것은?

① 우리는 경제 발전에 이바지하기 위해 열심히 일했다. → 도움이 되게 함.
② 어머니는 밤이면 동네 들머리에 나가 아들을 기다렸다. → 들어가는 맨 첫머리.
③ 그녀는 조퇴를 하며 하던 일을 갈무리해 달라고 부탁했다. → 물건 따위를 잘 정리하거나 간수함.
④ 그는 항상 모꼬지 자리에 빠지는 법이 없었다. → 놀이나 잔치 또는 그 밖의 일로 여러 사람이 모이는 일.
⑤ 재단사는 마름질 후에 남은 헝겊 조각을 항상 모아 두었다. → 옷감이나 재목 따위를 치수에 맞도록 재거나 자르는 일.

017 밑줄 친 한자어의 사전적 뜻풀이로 옳지 않은 것은?

① 기자가 그 사건에 대해 의혹(疑惑)을 품기 시작했다. → 의심하여 수상히 여김. 또는 그런 마음.
② 이번 회의는 사장님께서 직접 주재(主宰)하실 예정이다. → 어떤 일을 중심이 되어 맡아 처리함.
③ 지난 세월을 반추(反芻)하던 노인이 눈물을 흘리기 시작했다. → 어떤 일을 되풀이하여 음미하거나 생각함.
④ 우리는 분단의 고착(固着)을 막고 통일을 앞당기기 위해 노력해야 한다. → 떨어지지 아니하게 붙음. 또는 그렇게 붙이거나 닮.
⑤ 전쟁을 여러 번 겪었음에도 불구하고 그 나라는 국력이 건재(健在)했다. → 힘이나 능력이 줄어들지 않고 여전히 그대로 있음.

018 밑줄 친 한자어의 쓰임이 적절하지 않은 것은?

① 그 사람은 문화 혁명 당시, 당에서 축출(逐出)된 인물이었다.
② 차량에 안전띠 장착(裝着)을 의무화한 지도 벌써 수십 년이 지났다.
③ 부장은 남에게 촉탁(囑託)된 일까지도 기꺼이 도와주는 착한 사람이었다.
④ 연구원들은 방사능 오염 정도를 검침(檢針)하기 위해 원전 주변으로 접근했다.
⑤ 정부 당국은 탈세가 확인되면 세무 조사를 통해 세금을 추징(追徵)하기로 했다.

019 밑줄 친 한자어의 쓰임이 적절하지 않은 것은?

① 그는 이목구비가 수려(秀麗)하여 어떤 옷을 입어도 잘 어울린다.
② 지원서에 기고(起稿)한 내용이 사실과 다를 경우에는 합격이 취소된다.
③ 그가 누군가의 비호(庇護)를 받고 있다는 소문이 사람들 사이에 퍼졌다.
④ 시간이 조금밖에 남지 않은 상황이라서 이것저것 가릴 계제(階梯)가 아니다.
⑤ 우리 학교는 인재 양성의 산실(産室)로 거듭나기 위해 부단히 노력하고 있다.

020 밑줄 친 고유어의 쓰임이 적절하지 않은 것은?

① 그녀는 며칠을 굶더니 비실비실 걷다가 결국 쓰러졌다.
② 자주 만나는 사이인데도 그는 우리를 항상 드문드문 대한다.
③ 나는 어깨가 계속 찌릿찌릿 아파서 병원에 갈 수밖에 없었다.
④ 그는 친구들에게 갑자기 달려들어 바락바락 악을 쓰기 시작했다.
⑤ 외판원은 자근자근 나를 따라다니며 새로 나온 책을 사라고 권했다.

021 〈보기〉의 빈칸에 공통으로 들어갈 단어의 기본형으로 가장 적절한 것은?

보기
- 이야기가 엉뚱한 방향으로 [ ] 있다.
- 오랜 시간이 [ ] 뒤에 진실이 드러났다.
- 이 전신주에는 고압 전류가 [ ] 위험하다.

① 새다　② 향하다　③ 흐르다
④ 통하다　⑤ 지나가다

022 '세로 2번'에 들어갈 단어와 유사한 의미를 지니는 말로 적절한 것은?

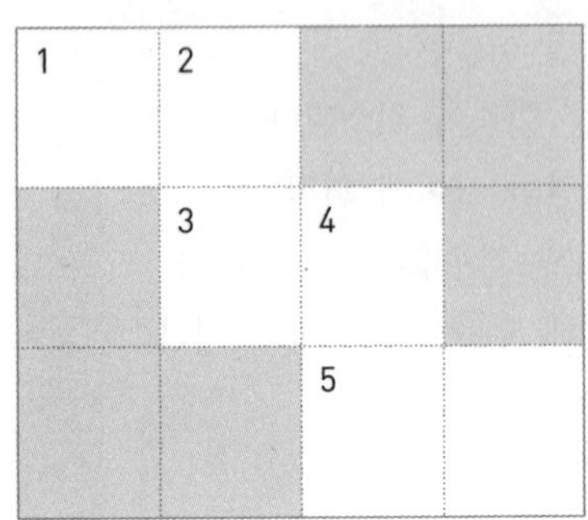

〈가로 열쇠〉
1. 한 번 가 본 길을 잘 익혀 두어 기억하는 눈썰미. ○○이 어둡다.
3. 작은 규모로 물건을 파는 집.
5. 간장, 된장, 고추장 따위를 담아 두거나 담그는 독.

〈세로 열쇠〉
4. 염장한 게를 간장에 숙성한 다음, 그 간장을 따라 내어 끓였다가 식혀, 숙성한 게에 다시 부어 삭힌 음식.

① 눈곱　② 눈매　③ 눈망울
④ 눈물샘　⑤ 눈언저리

023 〈보기〉에 제시된 두 단어의 의미 관계와 다른 것은?

보기

배나무[木] : 배[果]

① 옻나무 : 옻　② 뽕나무 : 오디　③ 벚나무 : 버찌
④ 치자나무 : 치자　⑤ 개암나무 : 개암

024 〈보기〉의 빈칸에 공통으로 들어갈 단어의 사동 표현에 해당하는 말로 알맞은 것은?

보기

• 천 명이 [　　　].　• 십만 원이 [　　　].　• 마흔 살이 [　　　].
• 열 시가 [　　　].　• 30℃가 [　　　].

① 늘이다　② 넘기다　③ 죽이다
④ 줄이다　⑤ 알리다

025 〈보기〉의 ㉠~㉤ 중, 나머지와 품사가 다른 것은?

보기

- 네가 남을 돕는다고 ㉠하니 기쁘다.
- 동생이 시험을 안 보려 ㉡해서 속상했다.
- 부지런하기만 ㉢하면 됐지 뭘 더 바라겠어?
- 먹기는 ㉣하는데 아주 조금씩밖에 먹지 않는다.
- 성공하고자 ㉤하는 사람은 그만큼 노력해야 한다.

① ㉠ ② ㉡ ③ ㉢ ④ ㉣ ⑤ ㉤

026 〈보기〉의 ㉠~㉢에 해당하는 한자로 올바르게 묶인 것은?

보기

- ㉠공사 중에 안전사고가 발생했다.
- 드디어 나는 한국 방송 ㉡공사에 입사했다.
- 선생님께서는 ㉢공사를 엄격히 구분하시는 분이었다.

	㉠	㉡	㉢
①	公私	公社	工事
②	公私	工事	公社
③	工事	公私	公社
④	工事	公社	公私
⑤	公社	公私	工事

027 밑줄 친 말의 한자 병기가 잘못된 것은?

① 내가 처음 맡은 일은 공문서 수발(受發) 업무였다.
② 우리는 극단적인 사고(思考)로부터 벗어나야 합니다.
③ 경기의 부침에도 물가 지수(指數)는 제자리걸음이었다.
④ 터널의 붕괴(崩壞)로 사람들은 먼 길로 돌아가야만 했다.
⑤ 졸업장 수여(受與)를 위해 교장 선생님께서 단상에 오르셨다.

028 "재능이 뛰어난 사람은 숨어 있어도 사람들에게 저절로 알려짐."을 비유적으로 이르는 말은?

① 만고절색(萬古絕色) ② 건곤일척(乾坤一擲) ③ 일취월장(日就月將)
④ 낭중지추(囊中之錐) ⑤ 다문박식(多聞博識)

029 다음 중 속담의 의미가 적절하지 <u>않은</u> 것은?

①	마른논에 물 대기	일이 매우 힘들거나 일을 힘들여 해도 성과가 없는 경우를 이르는 말.
②	언 발에 오줌 누기	자기에게 마땅치 아니한 것을 없애려고 그저 덤비기만 하는 경우를 비유적으로 이르는 말.
③	아닌 밤중에 홍두깨	별안간 엉뚱한 말이나 행동을 함을 비유적으로 이르는 말.
④	가난이 소 아들이라	소처럼 죽도록 일해도 가난에서 벗어날 수 없음을 이르는 말.
⑤	가랑비에 옷 젖는 줄 모른다	아무리 사소한 것이라도 그것이 거듭되면 무시하지 못할 정도로 크게 됨을 비유적으로 이르는 말.

030 밑줄 친 말을 바르게 순화하지 <u>못한</u> 것은?

① 그가 <u>납득할</u>(→ 이해할) 만한 이유를 댈 수 있을지 모르겠다.
② 그 사람은 회사를 <u>좌지우지하는</u>(→ 마음대로 하는) 실세이다.
③ 우리 경제는 그동안 <u>괄목할</u>(→ 비견할) 만한 성장을 이루었다.
④ 누나는 <u>특이한</u>(→ 독특한) 연기 솜씨로 관객들의 박수를 받았다.
⑤ 이번 협상은 경제 성장에 <u>긴요하다고</u>(→ 매우 중요하다고) 평가되었다.

031 밑줄 친 말이 〈보기〉에 제시된 규정의 예에 해당하지 않는 것은?

> **보기**
>
> 한글 맞춤법 제4장 제18항
> 5. 어간 끝 받침 'ㄷ'이 모음 앞에서 'ㄹ'로 바뀌어 나타나는 경우, 바뀐 대로 적는다.
>
> 일컫다: (일컫으면) 일컬으면 (일컫어서) 일컬어서 (일컫었다) 일컬었다

① 우리 언니는 한참을 걸어 친구 집에 도착했다.
② 형은 그에게 사과의 말을 들어 마음이 풀렸다.
③ 그는 사건의 책임 소재를 물어 나를 해고했다.
④ 나는 주름진 치마를 다리미로 밀어 펴 놓았다.
⑤ 그곳에서는 연탄을 수레로 실어 나르고 있었다.

032 밑줄 친 단어의 표기가 바른 것은?

① 하마트면 늦잠을 자다가 지각을 할 뻔했다.
② 아이는 어저깨 겁을 먹고 문을 잠가 버렸다.
③ 웬간히 미치지 않고서는 그렇게 행동하기 어렵다.
④ 내가 나타나면 그녀는 괜시리 바쁜 척 허둥거렸다.
⑤ 그는 사고로 다리를 잃었지만 끄떡없이 살아가고 있다.

033 사이시옷의 표기가 바른 것끼리 짝지은 것은?

① 허릿띠, 선짓국 ② 베갯잇, 양칫물 ③ 마굿간, 등굣길
④ 우렁잇속, 보릿쌀 ⑤ 허드렛일, 전셋방

034 밑줄 친 부분의 띄어쓰기가 잘못된 것은?

① 사장은 업무 담당자의 중간보고를 받았다.
② 우리는 항상 안전∨사고 예방을 위해 노력했다.
③ 우리는 보고서를 작성하며 백과사전을 참조했다.
④ 구속∨영장은 검사의 신청으로 판사가 발부한다.
⑤ 눈이나 비가 오는 날에는 교통사고가 많이 발생한다.

035 밑줄 친 말이 표준어가 아닌 것은?

① 이제사 도착한 동생은 허둥대기 시작했다.
② 소풍을 온 학생들은 거지반 도시락을 싸 왔다.
③ 마파람이 불자 선원들은 출항 준비에 부산했다.
④ 감독은 인제라도 기권하는 것이 좋겠다고 하였다.
⑤ 그는 집에 들어오자마자 윗옷을 벗고 목물을 했다.

036 어법에 맞고 자연스러운 문장은?

① 역사가 진보한다는 관점은 17세기 유럽에서 그 모습을 드러내기 시작하여, 18세기 계몽사상기에 급속히 확산되어졌으며, 19세기에 이르러 절정에 도달했다. ② 진보 사관의 출현은 17~19세기, 과학 기술의 발전과 세속 주의의 득세에 힘입은 것이었다. ③ 17~18세기 유럽 지성계에는 학식 면에서 고대인을 앞질렀다는 인식이 팽배했으며, 과학 혁명이 진행되어 세계와 자연을 해석하는 새로운 방법과 개념이 제시되면서 고대 철학은 힘을 잃어 갔다. ④ 근대 사회의 지식인들은 베이컨과 데카르트처럼 귀납법이나 방법론적 회의와 같은 새로운 과학 개념으로 무장한 것이었다. ⑤ 그들은 고대를 언제나 회귀해야 할 영원한 이상이 아니라 결코 '세계의 유년 시절'로 인식했다.

037 **중복 표현이 없는 문장은?**

① 그것은 이미 예고된 일이었다.
② 이 사건은 억지로 꾸며 낸 조작극이다.
③ 그 사업은 우리 마을의 오랜 숙원이었다.
④ 친구는 그 내용을 한마디로 정리해 주었다.
⑤ 최후의 마지막 수단을 동원하여 문제를 해결했다.

038 **표현의 중의성을 해소한 것으로 적절하지 않은 것은?**

① 잘생긴 친구의 형을 잊을 수가 없다. → 친구의 잘생긴 형을 잊을 수가 없다.
② 누나는 웃으면서 들어오는 나를 반겼다. → 누나는 웃으며 들어오는 나를 반겼다.
③ 그는 나에게 귤과 사과 두 개를 주었다. → 그는 나에게 귤과 사과를 두 개씩 주었다.
④ 여러 사람들이 한 가마니의 쌀을 모았다. → 여러 사람들이 각자 한 가마니의 쌀을 모았다.
⑤ 우리가 만날 사람은 빨간 구두를 신고 있다. → 우리가 만날 사람은 빨간 구두를 신은 상태이다.

039 **'흙먼지'를 발음할 때, 일어나는 음운 현상을 〈보기〉에서 골라 바르게 묶은 것은?**

보기

ㄱ. 비음화　　ㄴ. 유음화　　ㄷ. 구개음화
ㄹ. 거센소리되기　　ㅁ. 자음군 단순화

① ㄱ, ㄹ　　② ㄱ, ㅁ　　③ ㄴ, ㄷ
④ ㄴ, ㅁ　　⑤ ㄷ, ㄹ

040 〈보기〉를 참고할 때, '파생어'에 해당하지 않는 것은?

보기

질문: '하다'가 결합된 말은 합성어인가요? 파생어인가요?

대답: 합성어는 둘 이상의 어근이 결합하여 하나의 단어가 된 말이고, 파생어는 어근에 접사가 결합하여 하나의 단어가 된 말입니다. 그러므로 어근에 동사인 '하다'가 결합한 단어는 합성어, 접미사인 '-하다'가 결합한 단어는 파생어라고 할 수 있습니다.

① 일하다　② 잘하다　③ 공부하다
④ 노래하다　⑤ 사랑하다

041 〈보기〉를 참고할 때, 밑줄 친 서술어의 자릿수가 나머지와 다른 것은?

보기

서술어의 자릿수는 문법적으로 문장이 성립하기 위해 서술어가 요구하는 최소한의 문장 성분의 수로, 여기에 해당하는 문장 성분에는 주어, 목적어, 보어, 필수적 부사어가 있다.

① (그녀가) 돕다.　② (굴속에) 숨다.　③ (얼음이) 되다.
④ (상자에) 넣다.　⑤ (너는) 아니다.

042 문장 부호 규정으로 잘못된 것은?

①	머뭇거림을 보일 때에는 줄임표(……)를 쓴다.	"우리는 모두…… 그러니까…… 예외 없이 눈물만…… 흘렸다."
②	모르거나 불확실한 내용임을 나타낼 때에는 숨김표(○)를 쓴다.	최치원(857~○○○)은 통일 신라 말기에 이름을 떨쳤던 학자이자 문장가이다.
③	대비되는 두 개 이상의 어구를 묶어 나타낼 때에는 빗금(/)을 쓴다.	남반구/북반구
④	신문 이름을 나타낼 때에는 겹화살괄호(≪ ≫)를 쓴다.	우리나라 최초의 민간 신문은 ≪독립신문≫이다.
⑤	그림이나 노래의 제목 등을 나타낼 때에는 홑화살괄호(〈 〉)를 쓴다.	고흐는 〈별이 빛나는 밤〉이라는 작품을 남겼다.

043 〈보기〉의 [붙임]의 예로 적절하지 않은 것은?

> 보기
>
> **표준 발음법 제3장 제7항** 긴소리를 가진 음절이라도, 다음과 같은 경우에는 짧게 발음한다.
> [붙임] 다음과 같은 복합어에서는 본디의 길이에 관계없이 짧게 발음한다.

① 밀물 ② 썰물 ③ 먼동
④ 쏜살같이 ⑤ 작은아버지

044 밑줄 친 말이 외래어가 아닌 것은?

① 증기 터빈의 노즐 구멍이 많이 녹슨 것으로 보인다.
② 데님은 면 소재로 질기고 잘 해지지 않는 특징이 있다.
③ 탄저균 감염은 주로 피부, 호흡기, 소화기 등에서 이루어진다.
④ 국내에도 뎅기열을 옮기는 모기가 서식하는 것으로 확인되었다.
⑤ 항구에서는 각종 화물을 바지선으로 옮기는 작업이 진행 중이었다.

045 로마자 표기가 틀린 것은?

① 신선로 sinseollo ② 탕수육 tangsuyuk
③ 잡채덮밥 japchae-deopbap ④ 낙지전골 nakjji-jeongol
⑤ 돌솥비빔밥 dolsot-bibimbap

쓰기 046번～050번

[046～050] '나트륨 과다 섭취'를 주제로 글을 작성하려고 한다. 제시된 물음에 답하시오.

046 글을 작성하기 위하여 계획한 내용으로 적절하지 않은 것은?

글쓰기 계획

- 주제: 나트륨 과다 섭취의 문제점과 개선 방안
- 목적: 나트륨 과다 섭취와 관련한 정보의 전달
- 예상 독자: 일반인
- 글의 내용
  - 나트륨이 인체에 미치는 기능과 작용을 설명한다. ··· ①
  - 나트륨과 다른 성분의 장단점을 비교하여 제시한다. ··· ②
  - 나트륨 과다 섭취가 인체에 미치는 부정적 영향을 소개한다. ··· ③
  - 생활 주변에서 나트륨이 과도하게 첨가된 음식들을 제시한다. ··· ④
  - 생활 속에서 나트륨 과다 섭취를 개선할 수 있는 방안을 소개한다. ··· ⑤

047 〈보기〉에 제시된 자료의 활용 방안으로 적절하지 않은 것은?

보기

(가) 음식에 첨가된 나트륨 함유량

[단위: mg]

음식	초마면	가락국수	자장면
함유량	4,000	3,396	2,392
음식	해물 칼국수	열무 냉면	육개장
함유량	2,355	3,152	2,853

* 세계보건기구 나트륨 1일 권장 섭취량: 2,000mg 미만

(나) 나트륨 과다 섭취 관련 뉴스 보도 내용

기자: 뜨겁게 빨리 자극적으로 먹는 한국의 식문화로 인해 현재 한국인의 나트륨 섭취량은 세계보건기구 1일 권장량의 2.4배에 육박합니다. 국과 찌개 등 국물이 많은 음식과 김치와 같은 발효 식품을 전통적으로 많이 먹어 왔고, 최근에는 햄이나 라면, 과자 등 즉석식품의 섭취량이 증가하고 외식의 비중이 늘면서 한국인의 나트륨 섭취량은 세계 최고 수준을 보이고 있습니다.

(다) 인터뷰 자료

1. 나트륨 자체가 몸에 해로운 것은 아닙니다. 나트륨은 신경 자극을 생성하고, 근육 수축에 관여하여 체내의 산, 염기의 평형을 유지하는 데 꼭 필요합니다. 그런데 우리 몸은 일정의 혈액 염도를 유지하기 위해 짜게 먹으면 혈액 내로 물을 더 끌어들이게 되므로 혈액량이 증가하게 되는데, 혈액량이 증가하게 되면 혈관이 받는 압력이 높아져 고혈압이 발생하게 됩니다. 이 밖에도 나트륨 과다 섭취는 위축성 위염과 위암, 뇌경색, 뇌 동맥 질환의 발병률을 높이고 칼슘 배출량이 증가하게 되어 골다공증과 같은 골격계 질환을 불러올 수 있습니다.

– 내과 전문의

2. 나트륨 과다 섭취로 인한 문제점을 개선하기 위해서는 먼저 나트륨을 과다 섭취하게 되는 원인인 외식을 줄이고 저염 조리식을 먹는 것이 좋습니다. 국과 찌개의 경우, 소금이나 간장으로 간을 하지 말고 마른 멸치, 양파, 다시마 등을 우려낸 국물을 사용하고, 국과 찌개를 먹을 때에는 국물보다는 건더기 위주로 먹어야 합니다. 또 햄, 라면 등의 즉석식품 섭취를 줄이고 각종 양념이나 소스는 음식 위에 뿌리지 말고 찍어 먹는 것이 좋습니다. 한편 나트륨 배출에 이로운 신선한 채소, 과일 등을 챙겨 먹고 물을 많이 마셔 나트륨이 소변으로 자연스럽게 배출되도록 하여야 합니다.

– 건강 요리 전문가

① (가)를 활용하여, 우리가 흔히 먹는 음식에 나트륨이 과도하게 첨가되어 있음을 알린다.
② (나)를 활용하여, 한국인이 나트륨을 과다 섭취하게 되는 원인을 설명한다.
③ (나)와 (다)−1을 연계하여, 나트륨 과다 섭취의 심각성과 문제점을 설명한다.
④ (나)와 (다)−2를 연계하여, 나트륨 과다 섭취의 문제점을 개선할 수 있는 방법을 제시한다.
⑤ (다)−1을 활용하여, 나트륨 섭취의 필요성과 바람직한 나트륨 섭취 방법을 소개한다.

048 위의 계획과 자료를 바탕으로 〈개요〉를 작성하였다. 〈개요〉의 수정 및 상세화 방안으로 적절하지 않은 것은?

개요

Ⅰ. 처음
1. 나트륨 과다 섭취에 대한 사회적 관심
2. 나트륨이 인체에 미치는 기능과 작용 ……… ㉠

Ⅱ. 나트륨 과다 섭취의 원인
1. 뜨겁게 빨리 자극적으로 먹는 한국인의 식습관 ……… ㉡
2. 현대 사회의 식습관 변화와 나트륨 과다 섭취

Ⅲ. 나트륨 과다 섭취의 문제점
1. 나트륨 섭취로 인한 긍정적, 부정적 효과 ……… ㉢
2. 나트륨 과다 섭취로 인해 발생하는 질병

Ⅳ. 나트륨 과다 섭취의 개선 방안 ……… ㉣
1. 나트륨이 첨가된 음식 섭취 줄이기

Ⅴ. 끝
1. 나트륨 과다 섭취로 인한 질병의 해악성
2. 나트륨 과다 섭취 개선 방안의 실천 권고 ……… ㉤

① ㉠은 글의 흐름과 유기적 연결을 고려하여 Ⅰ-1과 순서를 바꾼다.
② ㉡은 Ⅱ-2와 중복된 내용이므로 '전통적 식문화와 나트륨 과다 섭취'로 대체한다.
③ ㉢은 상위 항목과의 관련성을 고려하여 '나트륨 섭취로 인한 부정적 효과'로 수정한다.
④ ㉣은 나트륨 과다 섭취의 개선 방안으로 '2. 나트륨을 잘 배출하는 음식 섭취하기'를 추가한다.
⑤ ㉤은 Ⅲ의 내용과 중복된 내용이므로 Ⅲ-2에 통합하여 제시한다.

[049~050] 위의 내용을 토대로 작성한 강연문이다. 제시된 물음에 답하시오.

나트륨은 신경 자극을 생성하고, 근육 수축에 관여하여 체내의 산, 염기의 평형을 유지하는 데 꼭 필요합니다. 하지만 최근 들어 나트륨 과다 섭취와 관련한 사회적 관심과 우려가 확산되고 있습니다. 그도 그럴 것이 우리나라 사람들은 세계 보건기구의 1일 나트륨 권장 섭취량보다 ㉠ 고작 2.4배의 나트륨을 매일 섭취하는 것으로 보고되고 있습니다. 또 우리가 즐겨 먹는 자장면, 칼국수, 육개장 한 그릇에는 이미 1일 권장량 이상의 나트륨이 들어 있는 것으로 보고되고 있어 큰 문제가 아닐 수 없습니다.

그렇다면 이러한 나트륨 과다 섭취는 왜 일어나는 것일까요? 우리나라 사람들은 ㉡ 옛날부터 전통적으로 국과 찌개를 즐겨 먹어 왔고, 김치나 젓갈과 같은 염장 식품이나 발효 식품을 많이 먹었습니다. 그래서 다른 나라 사람들에 비해 나트륨을 많이 섭취하는 식문화가 일찌감치 정착하게 되었습니다. 또 최근 들어 현대인들이 즐겨 먹는 햄, 라면, 과자와 같은 고염도의 즉석식품으로 인해 나트륨을 과다 섭취하게 되는 경우가 많아졌습니다.

한편 이처럼 나트륨을 과다 섭취하게 되면 우리 몸에 매우 좋지 않은 영향을 미치게 됩니다. 우리 몸은 나트륨을 많이 섭취하면 혈액의 농도를 맞추기 위해 더 많은 물을 끌어들이게 되고 그 결과 혈액량이 증가하여 고혈압에 이르게 됩니다. 또 나트륨 과다 섭취는 ㉢ 위축성 위염과 위암을 유발하고 뇌경색, 뇌 동맥 질환의 발생률을 높이며 칼슘 배출량을 증가시켜 골다공증과 같은 심각한 질병을 유발하는 것으로 알려져 있습니다.

㉣ 그리고 우리는 되도록 고염도의 외식을 피하고 저염도 조리식을 섭취하는 것이 좋습니다. 국과 찌개는 소금이나 간장이 아닌 멸치, 양파 등을 우려내어 간을 맞추고 또 이를 섭취할 때에도 국물보다는 건더기 위주로 먹는 것이 좋습니다. 또 햄이나 라면과 같은 고염도 즉석식품의 섭취를 줄이고 나트륨을 잘 배출하는 신선한 채소와 과일을 많이 섭취하는 것이 좋습니다. 물을 많이 마셔 몸속의 나트륨을 자연스럽게 배출하는 것도 좋은 방법입니다.

지금까지 언급한 것처럼 나트륨 과다 섭취는 우리나라 사람들의 건강에 심각한 위협이 되고 있습니다. ㉤ 나트륨뿐만 아니라 칼슘도 근육과 신경 기능을 조절하고 혈액 응고에 도움을 주어 우리 몸에서 꼭 필요한 물질 중 하나입니다. 우리 모두 나트륨 과다 섭취를 줄이기 위해 우리의 식습관을 개선하고 어릴 적부터 건강한 식습관을 실천해 가야 하겠습니다.

049 ㉠~㉤을 수정하려고 할 때, 그 방안으로 적절하지 않은 것은?

① ㉠: 문맥의 흐름을 고려하여 '무려'로 바꾼다.
② ㉡: 의미상 중복되는 부분이 있으므로 '옛날부터'를 삭제한다.
③ ㉢: 주술 호응을 고려하여 '위축성 위염과 위암이 유발되고'로 수정한다.
④ ㉣: 이전 문단과의 유기적 흐름을 고려하여 '따라서'로 바꾼다.
⑤ ㉤: 글의 통일성을 해치는 내용이므로 삭제한다.

050 윗글의 내용에 대해 〈보기〉와 같은 반응을 보인다고 할 때, 밑줄 친 부분에 들어갈 적절한 사자성어는?

보기

나트륨이 몸에 이롭다고는 하지만 결국 ________(이)로구먼.

① 가렴주구(苛斂誅求)
② 과유불급(過猶不及)
③ 다다익선(多多益善)
④ 양두구육(羊頭狗肉)
⑤ 와신상담(臥薪嘗膽)

창안 051번～060번

051 다음 그림을 활용하여 전달할 수 있는 내용으로 가장 적절한 것은?

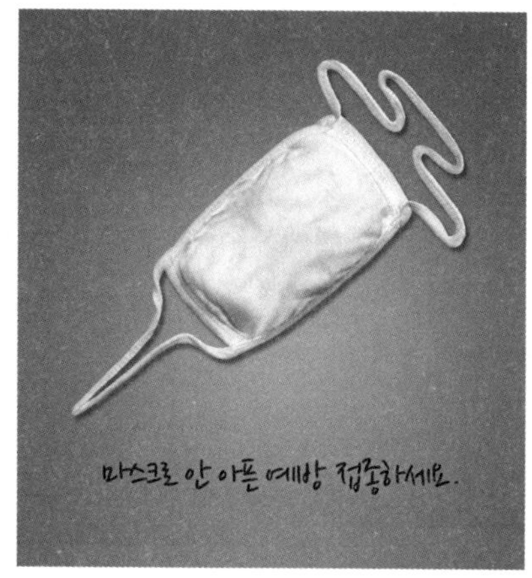

① 마스크 디자인을 바꾸면 예방 접종의 고통이 줄어들 수 있습니다.
② 마스크 착용의 불편함을 이겨 내면 예방 접종의 고통도 이길 수 있습니다.
③ 마스크 착용을 생활화하면 예방 접종을 한 것만큼의 효과를 볼 수 있습니다.
④ 예방 접종을 생활화하지 않으면 마스크를 착용해도 고통을 줄일 수 없습니다.
⑤ 예방 접종의 고통을 이겨내지 못하면 마스크를 착용해도 고통을 줄일 수 없습니다.

052 시각 자료를 활용하여 〈보기〉의 내용을 나타내고자 할 때, 제시할 필요가 없는 것은?

보기

세탁 시 유의 사항

• 30℃의 물에 중성 세제를 풀어 손으로 세탁할 것.
• 산소계 표백제의 사용 및 드라이클리닝을 하지 말 것.
• 세탁물은 옷걸이에 걸어 그늘에서 건조할 것.

①
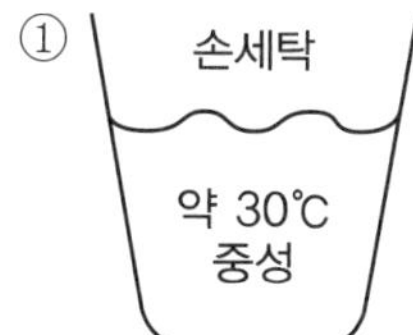

②
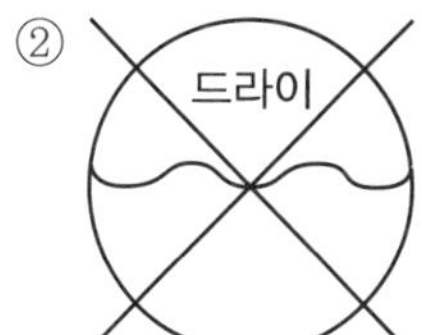

③
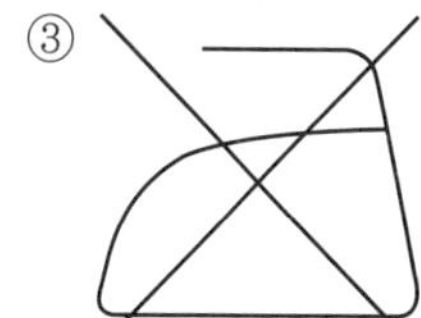

④
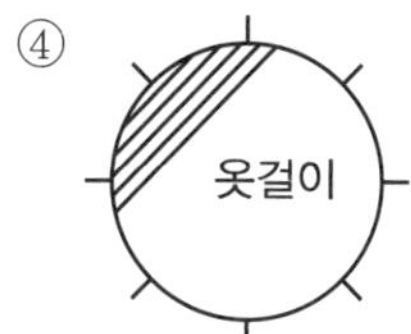

⑤

053 〈보기〉의 생각을 모두 반영한 충고로 가장 적절한 것은?

보기

어렵게 들어간 회사를 지식과 경험이 부족해 그만두겠다는 동생에게 충고를 하고 싶어. 일단 우리 주변에서 쉽게 볼 수 있는 제재를 활용하면서 속담을 변형하면 좋겠는데……. 어떤 분야에 대하여 지식과 경험이 전혀 없는 사람이라도 그 부문에 오래 있으면 얼마간의 지식과 경험을 갖게 된다는 것을 비유적으로 이르는 속담을 변형해서 말하면 좋겠다.

① 체육복 잃고 사물함 고친다는데, 지식이나 경험은 차차 쌓아 갈 수도 있잖아.
② 공든 탑은 무너지지 않는다는데, 어렵게 들어간 회사인 만큼 열심히 좀 해 보지.
③ 식당 개 삼 년이면 라면도 끓인다는데, 조금만 더 인내를 갖고 회사에 다녀 보지.
④ 천 리 길도 한 걸음부터라고, 누구나 처음에는 지식이나 경험 없이 시작하는 거야.
⑤ 중학생이 초등학생 적 생각을 못한다더니, 첫 출근할 때에 가졌던 마음을 벌써 잊었니?

054 〈보기〉에 제시된 두 그림을 모두 활용해 연상할 수 있는 내용으로 가장 적절한 것은?

보기

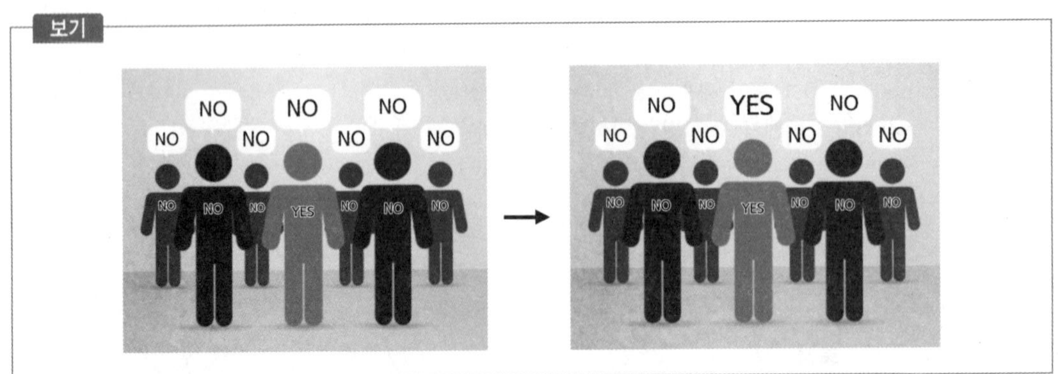

① 다른 사람과 협동을 하면 어떤 어려운 일도 결국 이루어 낼 수 있습니다.
② 내 생각만 고집하지 말고 남이 하는 대로 따라 행동하는 것도 필요합니다.
③ 내가 먼저 최선을 다하면 전체 집단에도 더 나은 성과를 가져올 수 있습니다.
④ 나와 다른 의견을 가진 사람들의 이야기도 겸허히 받아들일 필요가 있습니다.
⑤ 남이 하는 대로 따라가지 않고 나의 생각을 소신껏 표현하는 자세가 필요합니다.

055 〈조건〉을 활용하여 전통 시장에 대한 홍보 문구를 제작할 때, 가장 적절한 것은?

조건

- 전통 시장의 장점을 드러낼 것.
- 구체적인 물품의 이름을 제시할 것.
- 의인법을 사용할 것.

① 신선한 농수산물은 물론, 순대, 국수 등 다양한 먹거리가 있는 전통 시장에서 만납시다.
② 우리 농민이 키워서 더욱 믿을 수 있는 우리 농산물과 수산물이 여기 전통 시장에 있습니다.
③ 친절한 서비스와 저렴한 가격을 만날 수 있는 곳, 우리 농산물들이 춤추는 전통 시장에서 만나요.
④ 배추, 호박, 당근 등 우리 땅에서 키운 채소가 넘쳐 나는 전통 시장이 바로 여러분 가까이에 있습니다.
⑤ 구수한 인정이 흘러넘치는 서민들의 장터, 국산 두릅과 취나물, 싱싱한 오징어가 손짓하는 전통 시장으로 오세요.

056 〈조건〉을 반영하여 〈보기〉에 대한 공익 광고 문구를 창작한 것으로 가장 적절한 것은?

보기

조건

- 〈보기〉의 두 사진에 드러난 문제점을 개선하기 위한 메시지를 담을 것.
- 청유형 종결 표현을 사용할 것.

① 우리의 무관심, 사회를 병들게 합니다.
② 발상의 전환, 창의적인 사고를 합시다.
③ 나의 이기심, 부메랑이 되어 돌아옵니다.
④ 함께 쓰는 공공시설, 다른 사람도 배려합시다.
⑤ 위험한 시설물, 시민들의 안전을 우선시합시다.

057 〈보기〉의 [A]에 들어갈 수 있는 문구로 가장 적절한 것은?

보기

① 당신의 신고가 문제 해결을 더욱 어렵게 합니다.
② 끝없는 악순환, 이제 아이를 자유롭게 놓아주세요.
③ 여러분의 신고가 소중한 생명을 위협할 수 있습니다.
④ 아동 학대의 대물림, 당신의 신고로 끊을 수 있습니다.
⑤ 아동 학대, 자녀가 병들어 가는 것을 지켜만 보시겠습니까.

058 〈보기〉의 내용과 관련하여 다큐멘터리를 제작하고자 한다. 〈조건〉을 반영한 제목으로 가장 적절한 것은?

보기

뉴욕의 엠파이어스테이트 빌딩, 두바이의 부르즈 할리파 빌딩, 중국의 진마오 빌딩 등 세계 주요 도시들은 도시의 대표 상징물로 100층이 넘는 초고층 빌딩을 가지고 있다. 반면 우리나라는 지난 85년에 준공된 서울 여의도 63빌딩 이후 이렇다 할 초고층 건물이 없다가, 최근에 도시 개발의 대안으로 100층 이상의 초고층 빌딩을 잇달아 건축하고 있다. 하지만 초고층 빌딩을 도시의 대표 상징물로 만들려는 꿈에 부풀어, 준비를 충분히 하지 못한 상태에서 무리하게 건축을 추진하다 보니 안전 대책의 미비, 도시 경관과의 부조화 등 부작용이 나타나고 있다. 특히 여러 도시에서 동시다발적으로 초고층 빌딩 건축을 추진하고 있어 도시 개발에 대한 거품 논란이 가중되고 있다.

조건

- 〈보기〉의 핵심 내용을 충분히 반영할 것.
- 〈보기〉에 제시된 핵심 단어를 사용할 것.

① 한국의 건축물, 세계인을 놀라게 하다.
② 건축 기술의 미래, 우리 손에 달려 있다.
③ 초고층 빌딩, 도시 개발의 걸림돌이 되다.
④ 초고층 빌딩, 도시 개발의 대안인가? 거품인가?
⑤ 한국의 주요 도시들, 세계적인 도시가 될 수 있을 것인가?

059 '대한 라면'을 운으로 창작한 사행시 중 '대한 라면'을 끓이는 방법을 포함하여 표현한 것은?

① **대**한민국을 대표하는 라면!
한국인들의 입맛에 꼭 맞는
라면의 새로운 스타일을 제시하다!
면발의 강자, 대한 라면!

② **대**자연의 정기를 품은 대한 라면
한 번 먹으면 중독되는 맛의 최고봉!
라면은 딱 3분만 끓이세요.
면과 스프를 한 번에 넣고!

③ **대**한민국의 대표 먹거리
한국인의 라면 사랑!
라볶이도 문제없어요.
면의 차원이 다른 대한 라면!

④ **대**식가도 만족하는 푸짐한 양!
한 입 먹어보면 빠져드는 맛!
라면을 배부르게 맛있게 드세요.
면발이 두툼한 라면, 대한 라면!

⑤ **대**한사람, 대한 라면
한국의 매운맛을 여기에 담았다!
라면이 다 똑같다고요?
면발과 국물부터 비교해 보세요.

060 '여행 서적의 특징'을 반영하여 책 제목을 만들려고 할 때, 가장 적절한 것은?

여행 서적의 특징

- 여행지의 상세 지도가 실려 있다.
- 여행지의 최신 교통 정보를 담고 있다.
- 여행지를 방문한 사람들의 경험담이 담겨 있다.
- 여행지의 숙박, 식사와 관련한 실용적인 정보가 담겨 있다.

① 멋을 따라 떠나는 길
② 집 떠나 지도 속으로
③ 여행에서 만난 사람들
④ 나를 찾아 떠나는 여행
⑤ 낯선 길 두려움 없이 떠나기

읽기 061번~090번

[061~062] 다음 글을 읽고 물음에 답하시오.

한겨울 ㉠못 잊을 사람하고
한계령쯤을 넘다가
뜻밖의 폭설을 만나고 싶다.
뉴스는 다투어 ㉡수십 년 만의 풍요를 알리고
자동차들은 뒤뚱거리며
제 구멍들을 찾아가느라 법석이지만
한계령의 한계에 못 이긴 척 기꺼이 묶였으면.

오오, 눈부신 고립
사방이 온통 흰 것뿐인 ㉢동화의 나라에
발이 아니라 운명이 묶였으면.

이윽고 날이 어두워지면 풍요는
조금씩 공포로 변하고, 현실은
두려움의 색채를 드리우기 시작하지만
헬리콥터가 나타났을 때에도
나는 결코 손을 흔들지 않으리.
헬리콥터가 ㉣눈 속에 갇힌 야생조들과
짐승들을 위해 골고루 먹이를 뿌릴 때에도…….

시퍼렇게 살아 있는 젊은 심장을 향해
까아만 포탄을 뿌려 대던 헬리콥터들이
고라니나 꿩들의 일용할 양식을 위해
자비롭게 골고루 먹이를 뿌릴 때에도
나는 결코 옷자락을 보이지 않으리.

아름다운 한계령에 기꺼이 묶여
난생 처음 ㉤짧은 축복에 몸 둘 바를 모르리.

– 문정희, 「한계령을 위한 연가」

061 윗글에 대한 설명으로 적절하지 않은 것은?

① 말 줄임을 통해 시적 여운을 형성하고 있다.
② 가상의 상황을 설정하여 화자의 소망을 표출하고 있다.
③ 반어적인 표현을 통해 시의 주제 의식을 강조하고 있다.
④ 감각적 이미지를 활용하여 시적 분위기를 형상화하고 있다.
⑤ 동일한 종결 어미를 반복하여 화자의 의지를 드러내고 있다.

062 ㉠~㉤에 대한 설명으로 가장 적절한 것은?

① ㉠: 화자가 한계령에 고립되고자 하는 이유와 밀접한 관련이 있다.
② ㉡: 화자가 인식하고 있는 현실 세계에 대한 만족감을 드러낸 것이다.
③ ㉢: 화자가 경험하고 있는 상황을 환상적으로 표현한 것이다.
④ ㉣: 화자가 위안을 얻으며 동류의식을 느끼는 대상이다.
⑤ ㉤: 화자의 소망이 이루어졌던 시간이 매우 짧았음을 의미한다.

[063~065] 다음 글을 읽고 물음에 답하시오.

"두호야, 나하고 산에 가자!"
나는 서둘러 옷을 입으며 말했다.
"……."
"내가 저 뒷산에 새집을 말아 놨다. 밤에 가면 잡을 수 있다."
나는 두호의 그 퀭한 눈이 번쩍 빛을 내는 걸 보았다.
우리는 뛰다시피 산으로 오르기 시작했다. 산의 큰길을 버리고 우정 샛길을 찾아 무성한 산속으로 들었다. 후둑후둑, 산새가 자리를 바꿔 앉느라 부산할 뿐 등산객들이 다 하산한 밤의 산속은 죽음처럼 조용했다.
"혀엉!"
상당히 뒤떨어진 데서 두호가 울부짖고 있었다. 우와우와— 산 전체가 울음소리를 냈다. 나는 문득 뒤돌아보았다. 산 아래 동네의 불빛이 전혀 보이지 않는 위치에까지 이르러 있음을 알게 됐다. 이제 단 한 발짝 앞도 분간하기 어려운 칠흑 같은 어둠이 깔린 산속이었다.
나는 길 옆 바위 뒤에 가만히 몸을 숨겼다. 그리고 숨을 죽인 채 두호가 가까이 다가오기를 기다렸다. 두호가 징징 울면서 다가오는 기척이 있었다. 두호가 가까이 다가올수록 나는 가슴이 죄어들었다. 두호가 무서웠다. 그러나 나는 더 이상 도망치지 않고 기다렸다. 드디어 두호가 내 곁에까지 이른 순간 나는 심장이 터질 것 같았다. 나는 벌떡 몸을 일으키며 벼락 치듯 소리쳤다.
"귀신이닷!"
두호가 악— 소리를 지른 다음 그 자리에 주저앉았다. 나는 얼결에 다시 산을 치뛰기 시작했다. 온통 내 발짝 소리뿐이었다. 그 발짝 소리에 질려 그만 걸음을 멈췄다. 정적이 쏴아 밀려왔다. 다시 온몸으로 소름이 끼쳤다. 두호의 기척은 어디에도 없었다. 나는 상반된 기대 속에 두호의 소재를 파악하고 싶었다.

… (중략) …

"두호야!"
나는 계속 두호를 부르면서 서슴서슴 비탈길을 내려서고 있었다. 마치 술래잡기에서 숨은 아이를 찾는 ⓐ<u>술래</u>처럼 조심조심 두호의 기척을 살폈다. 그러나 두호는 대답하지 않았다. 문득 소름이 쫙 끼쳤다. 아마 그 돌덩이들의 무너져 내리는 소리를 생각했을 것이다.
"두호야!"
나는 더럭 외로움 같은 걸 느꼈다. 그것은 무서움과는 또 다른 떨림이었다. 나는 부들부들 몸을 떨기 시작했다. 엄마의 실신한 모습이 보였다. 아득한 절망이 가슴 밑바닥에 피어오른다.
"두호야!"
나는 차라리 울고 싶었다. 그러나 몸이 심하게 떨려 쉽게 울어질 것 같지가 않았다. 문득 눈앞에 ⓑ<u>희끔한 것</u>이 보였다. 나는 그 자리에 얼어붙었다.
"혀엉!"
느닷없이 덮쳐든 것은 두호의 작은 몸뚱이였다. 나는 겨우 주저앉는 것만은 면했다. 내 가슴에서 파닥이며 숨을 할딱이는 ⓒ<u>작은 새</u> 한 마리. 두호는 내 가슴에 얼굴을 묻은 채 그 깡마른 두 손으로 내 몸을 다잡아 쥐고 발발 떨었다. 마치 ⓓ<u>절벽 끝에 매달린 사람</u>이 필사의 힘으로 바위를 그러쥐듯 그렇게 내 몸을 그러쥐고 있었다.
나는 두호의 심장 뛰는 소리를 들었다. 어쩌면 그것은 내 심장 소리였는지도 모른다. 두호의 작은 손에서 따스한 체온이 내게 전해졌다.
"임마, 왜 대답 안 한 거야?"
내 물음에 두호가 아직은 겁먹은 목소리로,
"형아가 나 내뻐리구 갈려구 그랬지?"
나는 더 견디지 못하고 그 ⓔ<u>작은 몸뚱이</u>를 와락 껴안았다. 비로소 내 눈에서 ㉠<u>뜨거운 것</u>이 줄줄 쏟아졌다.

– 전상국, 「우리들의 날개」 중에서

063 윗글에 등장하는 인물에 대한 설명으로 적절하지 <u>않은</u> 것은?

① '나'는 실신을 한 엄마의 모습을 떠올리며 절망감에 사로잡혔다.
② '나'는 산에 가면 새를 잡을 수 있다고 하며 '두호'를 꾀어내었다.
③ '나'는 혼자서 비탈길을 내려오며 '두호'의 기척이 있는지 살폈다.
④ '두호'는 '나'를 겨우 발견한 후 '나'의 몸을 필사적으로 그러쥐었다.
⑤ '두호'는 산속에서 '나'를 찾으러 다니다가 넘어져서 상처를 입었다.

064 ㉠에 담겨 있는 '나'의 심리로 가장 적절한 것은?

① '두호'가 '나'를 찾은 것에 대한 배신감
② '두호'가 '나'를 무시한 것에 대한 증오심
③ '두호'를 버리려고 했던 것에 대한 자책감
④ '두호'를 버리지 못한 것에 대한 안타까움
⑤ '두호'를 엄마에게 데려갈 것에 대한 두려움

065 ⓐ~ⓔ 중, 문맥상 가리키는 대상이 나머지와 <u>다른</u> 것은?

① ⓐ　② ⓑ　③ ⓒ
④ ⓓ　⑤ ⓔ

[066~068] 다음 글을 읽고 물음에 답하시오.

아리스토텔레스는 성품의 탁월성이라는 개념을 종종 '중용'이라는 개념과 결부시킨다. 사실상 그는 성품의 탁월성을 중용과 동일한 것으로 말하기도 하며, 때로는 중용을 선택하는 행동을 성품의 탁월성이라고 부르기도 한다. '중용'이라고 번역되는 그리스어 '메소테스'는 중간, 가운데, 평균 등의 의미를 가진 '메소스'와 동일한 어원을 갖는 추상 명사이다. 그는 메소테스를 '양쪽 끝으로부터 같은 거리에 있는 것'이라는 중간의 의미로 정의한다. 하지만 그가 메소테스를 '중간'의 의미로만 사용하지는 않는다는 점에 유의할 필요가 있다.

아리스토텔레스는 열 개의 물건은 많고 두 개는 적으며, 여기에서 여섯 개를 선택하는 것이 수적 비율로서의 중간이라는 데 동의한다. 하지만 그는 "그것은 우리가 ㉠ 상대적인 중용을 택하는 방법이 아니다."라고 말한다. 예를 들어, 어떤 사람에게는 열 그릇의 밥이 한 끼 식사량으로는 너무 많을 수도 있고, 또한 다른 사람에게는 그것이 너무 적을 수도 있다. 씨름 선수 등과 같은 대식가에게는 열 그릇의 밥이 한 끼의 식사량을 채우기에 충분한 양일 수도 있지만, 대부분의 사람들에게는 지나칠 정도로 많은 양일 것이다. 따라서 아리스토텔레스가 '상대적인 중용'이라고 말하는 것은 우리에게 필요한 만큼의 양을 말하는 것으로 이해할 수 있다. 좀 더 정확하게 말하자면, 그것은 개개인이 필요로 하는 적절한 양을 뜻하는 것이다. 그는 지나치게 많거나 또는 지나치게 적음, 즉 과도함이나 부족함이 모두 나쁜 것이며, 중용만이 좋은 것이라고 생각한다. 이것은 "더도 말고 덜도 말고 중간을 선택하라!"는 말이다.

또한 아리스토텔레스는 우리가 욕심을 내거나 노여워하거나 즐거워하거나 연민을 느끼는 것은 즐거움과 고통스러움을 지나치게 많이 혹은 적게 느끼기 때문이라고 생각한다. 그러나 사람들이 성품의 탁월성을 가짐으로써 중용의 선택을 하게 되면 적절한 양의 쾌락과 고통을 갖게 된다고 말하기도 한다. 그리고 그는 모든 행동에서 상대적인 중용이 가능하지는 않다고 주장하면서, 과도하거나 부족한 복수, 질투, 도둑질, 살인이라는 것은 없으며, 그런 행동은 항상 잘못된 행동이라고 말한다. 중용을 선택한다는 것은 올바른 때에 올바른 목적을 위해 올바른 방법으로 올바르게 행동하라는 의미인데, 올바른 때에 올바른 목적을 위해 올바른 방법으로 올바르게 도둑질을 한다든가 또는 살인을 한다는 것은 있을 수 없기 때문에 도둑질이나 살인과 같은 행동에서는 중용의 선택이란 없다.

아리스토텔레스는 무엇이 중용인가를 알기는 어려우며, 안다고 해도 중용을 행하는 것은 아무나 할 수 있는 일이 아니라는 점을 인정한다. 그러나 그는 올바른 습관을 배우고 익힌다면, 결국에는 중용을 선택하여 성품의 탁월성을 실현할 수 있다고 말한다. 하지만 그는 성품의 탁월성을 실현하는 능력이 우리에게 본래 주어진 것이라고는 생각하지 않는다. 만약 그것이 본래의 능력이라면 우리는 배우지 않고도 성품의 탁월성을 실현할 수 있겠지만 그렇지는 않기 때문이다. 따라서 그는 우리가 탁월성을 실현하는 방법을 배우고 훈련해야만 한다고 말한다.

아리스토텔레스는 우리가 올바른 습관을 배울 수 있는 능력을 갖추고 있으며, 우리의 노력 여하에 따라 성품의 탁월성이 성취될 수 있고, 그로 인해 행복해질 수도 있다고 말한다. 이 말은 결국 우리가 행복을 획득할 수도 있고 획득하지 못할 수도 있다는 것이며, 그것은 주어진 능력을 갈고 닦아 실현하려는 우리의 노력 여하에 달려 있다는 것이다. 요컨대 아리스토텔레스가 우리에게 궁극적으로 말하고자 하는 바는 우리가 행복을 획득하려면 [㉮] 한다는 것이다.

066 **윗글을 바탕으로 '아리스토텔레스'에 대해 이해한 내용으로 적절하지 않은 것은?**

① 중용을 선택하는 행동을 성품의 탁월성으로 보기도 했다.
② 그리스어 '메소테스'를 어원 그대로의 의미로만 이해하고자 했다.
③ 무엇이 중용인가를 안다고 해도 중용을 실천하기는 어렵다고 생각했다.
④ 과도함과 부족함이 모두 나쁜 것이며 중용만이 좋은 것이라고 생각했다.
⑤ 중용의 선택을 하면 쾌락과 고통의 적절한 양을 경험하게 된다고 생각했다.

067 **㉠에 해당하는 사례로 가장 적절한 것은?**

① 도둑이 아내의 수술비를 마련하기 위해 빈집을 털어 남의 돈을 훔치는 것
② 회사에 근무하는 모든 직원들에게 동일한 수준의 근무 성과를 요구하는 것
③ 주차장에 장애인 주차 구역을 일반 주차 구역과 동일한 수만큼 설치하는 것
④ 차량 구매자가 자신의 재정 상태를 고려해서 적절한 가격의 차량을 구매하는 것
⑤ 과일 가게에서 과일의 크기나 무게에 관계없이 과일 개수를 기준으로 판매하는 것

068 **문맥에 비추어 볼 때, [㉮]에 들어갈 말로 가장 적절한 것은?**

① 모든 행동에서 상대적인 중용을 거부할 수 있어야
② 적절한 운동을 꾸준히 함으로써 건강한 신체를 유지해야
③ 올바른 습관을 배울 수 있도록 인간의 이기적인 욕심을 억제해야
④ 중용을 선택하려는 본능에 충실함으로써 성품의 탁월성을 실현해야
⑤ 적절한 교육과 훈련을 통해 성품의 탁월성을 먼저 획득하도록 노력해야

[069~071] 다음 글을 읽고 물음에 답하시오.

구상 미술(具象美術)은 실제로 있거나 상상할 수 있는 대상을 사실적으로 표현하는 미술을 뜻하는 것으로, 대상을 사실적으로 재현하지 않고 순수 형식 요소나 주관적 감정을 표현하는 추상 미술에 대응하는 미술 운동이라고 할 수 있다. 서구에서 구상 미술의 전통이 확립된 것은 르네상스 시기이며, 구상 미술은 그 후로도 오랜 시간 동안 서구 미술의 주류로 자리매김하였으나, 20세기에 입체파 미학의 성립과 더불어 미술이 추상적인 경향으로 치달으며 점차 주변으로 밀려나게 되었다. 하지만 20세기 이후에도 여전히 많은 화가들은 구상 미술을 시도해 왔다.

역사를 통틀어 구상 미술은 [㉮]. 그중에서도 인간 형상은 다양한 자세를 취할 수 있고 명암이나 복합적 형태, 시각적 관계에 있어 무수한 변주가 가능해 특히 도전적이고 쓰임새가 많은 형식으로 활용되어 왔으며, 소수의 문화권을 제외하고는 대부분의 문화권에서 가장 오래되고도 중요한 미술 모티프 중 하나로 자리매김해 왔다. 또한 내용적인 측면에서도 구상 미술은 개인의 정체성, 종교적 신앙, 사회적 통념, 문화적 가치 등을 표현하는 데 기여해 왔다.

하지만 제2차 세계 대전 직후인 1950년대에 비구상 미술이 비평적으로 가장 주목을 끌게 되면서 서구의 구상 미술은 격동의 시기를 보내게 되었다. 이 시기의 작가들은 객관적인 대상을 그대로 표현하는 데에서 벗어나, 순수한 구성을 독특한 색채나 추상적 형태로 표현하는 것에 집중하는 예술적 경향을 보였으며, 이로 인해 행위 예술이나 신체 미술 등 다양한 형태의 비구상 예술이 유행하게 되었다. 그중 신체 미술은 인체를 사실적으로 표현하려는 구상 미술과 달리 인체 위에 행하거나 인체를 수단으로 하여, 육체적 한계의 실험에서부터 작가의 몸을 공간의 한 형식으로 제시하는 것에 이르기까지 다양한 형태를 망라한 비구상 예술이었다.

한편 1960년대 초에 미국에서 일어난 회화의 한 양식인 팝 아트*는 인간 형상을 다시 도입하면서 새로운 형태의 구상 미술에 대한 가능성을 제시했다. 팝 아트가 유행했던 시기에 비구상 미술은 미니멀리즘**의 형태로 퇴조하였다. 그리고 1970년대에 유럽에서 시작되어 1980년대에 미국에서 꽃을 피운 신표현주의는 구상 회화 및 조각을 중앙 무대로 다시 끌어 올리게 되었다. 하지만 창작 과정의 신체성과 재료의 질감을 강조한 신표현주의식 구상 미술은 인간 형상 자체보다는 역사나 개인적인 심리, 신화, 문학 같은 것에 주목하는 경우가 더 많았다는 점에서 기존의 구상 미술과는 차이가 있다.

* 팝 아트: 일상생활 용구 따위를 소재로 삼아 전통적인 예술 개념을 타파하는 전위적(前衛的)인 미술 운동.
** 미니멀리즘: 최소한의 수단을 사용하여 단순하고 기하학적인 그림이나 조각으로 표현하는 미술.

069 윗글의 내용과 일치하지 않는 것은?

① 구상 미술은 제2차 세계 대전 직후에 비평적으로 가장 주목을 받았다.
② 일부 소수 문화권에서는 인간 형상을 중요한 미술 모티프로 여기지 않았다.
③ 신체 미술은 인체 위에 행하거나 인체를 수단으로 하는 비구상 예술이었다.
④ 비구상 미술은 팝 아트가 유행했던 시기에 미니멀리즘의 형태로 퇴조하였다.
⑤ 신표현주의식 구상 미술은 역사나 개인적인 심리, 신화, 문학 등에 주목하였다.

070 윗글의 서술상의 특징에 대한 설명으로 가장 적절한 것은?

① 구상 미술이 걸어온 길을 통시적으로 보여주고 있다.
② 구상 미술에 대한 여러 관점들을 다양하게 소개하고 있다.
③ 구상 미술의 문제점을 언급한 뒤에 대안을 제시하고 있다.
④ 구체적인 작품을 언급하며 구상 미술에 대한 이해를 돕고 있다.
⑤ 전문가의 견해를 인용하여 구상 미술의 체계에 대해 설명하고 있다.

071 문맥에 비추어 볼 때, [㉮]에 들어갈 말로 가장 적절한 것은?

① 작가들의 상상력을 제한하여 다양성을 감소시켰다.
② 작가들이 예술의 한계를 스스로 인식하게 만들었다.
③ 작가들에게 형식과 내용 모두를 제공하는 데 기여해 왔다.
④ 작가들이 자신의 정치적 성향을 표현하는 최고의 방편이었다.
⑤ 작가들에게 도전의 대상이었지만 의미 있는 성과를 내지는 못했다.

[072~073] 다음 글을 읽고 물음에 답하시오.

지구와 충돌할 수 있는 천체는 혜성과 소행성이다. 혜성은 태양계의 가장 외곽에 자리 잡고 있는 '오르트 구름'이나 '카이퍼 벨트'에서 오는 것으로 알려져 있다. '오르트 구름'이나 '카이퍼 벨트'에 있는 혜성들이 태양계를 지나가는 다른 천체들의 섭동으로 궤도가 수정되면 태양계 내로 진입할 수 있다. 이때 섭동이란 가까이 지나가는 천체의 중력이나 이 천체와의 충돌로 인해 생기는 천체 운동의 편차를 말한다.

한편 소행성은 목성의 궤도나 목성과 화성 사이에 소행성대라고 불리는 곳에 주로 존재하는데, 1801년 가장 큰 소행성으로 알려져 있는 세레스가 발견된 이후 200여 년이 지난 지금까지, 발견된 소행성의 수만 4만 개가 넘는다. 소행성은 고유한 궤도를 가지고 태양 주위를 공전하는데 때에 따라서는 소행성의 궤도가 목성 같은 거대 행성의 중력 때문에 달라지거나 소행성들 간의 충돌로 바뀌는 일도 생긴다.

그래서 혜성이나 소행성은 조건만 주어지면 언제든지 지구와 충돌할 수 있다. 혜성은 큰 타원 궤도나 포물선 궤도를 그리며 돌지만, 혜성이 목성 같은 거대 행성 주위를 지나게 되면 목성의 중력에 이끌려 궤도가 수정되고 결과적으로 지구와 충돌할 수 있다. 또 혜성은 목성 궤도 내에 무수히 존재하는 소행성들과의 상호 작용으로 그 궤도가 수정되어 지구와 충돌할 수도 있다.

또 소행성도 지구와 충돌할 가능성이 상존한다. 소행성은 주로 화성과 목성 사이의 소행성대에 존재하지만 화성 궤도 내에도 많은 소행성들이 존재한다. 이 중 일부 소행성들은 공전 궤도가 지구 공전 궤도를 통과하거나 지구 공전 궤도 근처를 지나간다. 또 원래의 궤도가 지구 공전 궤도와 무관해도 목성과 태양에 의한 중력 섭동, 소행성들 간의 충돌로 본궤도를 이탈하여 지구 공전 궤도를 통과하는 소행성이 생길 수 있다.

이와 같이 지구 공전 궤도를 통과하거나 지구로부터 0.3AU* 이내로 접근하는 혜성이나 소행성들을 '지구 접근 천체'라고 한다. 그리고 천문학자들은 이 중에 지구에 0.05AU 이내로 접근하는 지름 150m 이상의 것들을 '지구 위협 천체'로 분류하여 감시하고 있는데, 2006년 1월까지 약 770여 개가 발견된 바 있다. 혜성이나 소행성들은 관측이 어렵고 궤도의 수정이 일어날 수 있기 때문에, 이러한 '지구 위협 천체'는 지금도 계속해서 발견되고 있다.

직경 100m 정도의 소행성이 지구에 떨어질 확률은 1천 년에 한 번꼴이다. 소행성의 크기가 클수록 지구에 떨어질 확률은 감소하지만 이것은 통계적 수치이기 때문에, ㉠<u>구체적으로 소행성이 언제 지구에 떨어질 것인지는 아무도 모른다.</u> 따라서 우리가 할 수 있는 것은 '지구 위협 천체'를 계속해서 감시하고, 그 천체들이 지구와 충돌할 때를 대비하는 것이다.

* AU: 태양계 내에서 거리를 표현할 때 쓰는 기본 단위. 지구에서 태양까지 평균 거리인 1억 4천 960만㎞를 1AU라고 함.

072 윗글의 내용과 일치하지 <u>않는</u> 것은?

① 혜성은 목성 궤도 내에 있는 소행성과의 상호 작용으로 인해 본궤도가 수정될 수 있다.
② 혜성은 '오르트 구름'이나 '카이퍼 벨트'에서 태양계로 진입하는 것으로 알려져 있다.
③ 혜성은 거대 행성의 중력에 이끌려 궤도가 수정되면 지구와 충돌할 수 있다.
④ 태양의 중력에 의해 섭동이 발생하면 소행성의 본궤도가 변화할 수 있다.
⑤ 약 770여 개의 소행성이 '지구 위협 천체'로 분류되어 감시되고 있다.

073 ㉠의 이유로 가장 적절한 것은?

① 발견된 소행성의 수만 해도 4만 개를 넘기 때문에
② 소행성이 목성과 화성 사이에 주로 존재하고 있기 때문에
③ 소행성의 원래 궤도와 지구 공전 궤도가 무관하기 때문에
④ 소행성은 고유한 궤도를 따라 태양 주위를 공전하고 있기 때문에
⑤ 소행성을 관측하는 것이 어렵고 궤도의 수정이 발생할 수 있기 때문에

[074~075] 다음 글을 읽고 물음에 답하시오.

우리는 때로 어떤 사람이 한 일 덕분에 한 푼도 대가를 치르지 않고 큰 이익을 얻는다. 반면 다른 사람이 나에게 엄청난 손해를 끼쳤는데도 속수무책으로 당해야만 하는 경우도 있다. 이런 현상을 일컬어 경제학에서는 ㉠'외부 효과'라고 한다. 즉, 외부 효과란 어떤 사람의 행위가 시장을 통하지 않고 다른 사람에게 경제적 이익이나 손해를 주는 현상을 말한다.

그렇다면 외부 효과는 국민 경제에 어떤 영향을 미칠까? 어떤 사람의 행동이 나쁜 외부 효과를 일으켜 다른 사람에게 피해를 주는 것은 분명히 좋지 않은 일이다. 하지만 만약 그가 얻는 이익과 다른 사람이 입는 피해가 정확하게 일치한다면, 이것은 정의에는 분명 어긋나는 일이기는 해도 사회 전체의 복지에는 영향을 미치지 않는다. 그런데 만약 나쁜 외부 효과로 인해 발생하는 손해가 이익에 비해 훨씬 크다면 이는 정의를 해치는 동시에 사회 전체의 복지를 감소시킨다. 경제학자들은 이러한 사태를 가리켜 '외부 효과가 자원 배분을 왜곡함으로써 낭비를 초래한다.'라고 표현한다.

시장이 제대로 작동할 경우, 시장은 상품의 가격(= 사회적 가치)과 한계 생산비(= 사회적 비용)가 일치하게 만드는데, 바로 이것이 자원을 가장 효과적으로 배분한 상태이다. 경제학자들은 언제나 이런 상태를 최적으로 간주하기 때문에 이 상태를 훼손하는 요소에 대해서는 부정적인 가치 판단을 내린다.

어떤 상품을 생산하는 데 나쁜 외부 효과가 발생하면 거기에 들어가는 사회적 비용이 상품의 사회적 가치를 초과하게 된다. 예컨대 운동화 공장에서 폐수를 방출하는 경우를 생각해 보자. 이때 운동화 공장은 자신들이 배출하는 각종 유독 물질이 법정 기준치를 초과하지 않도록 정화 시설을 제대로 가동한다고 가정하자. 하지만 기준치 이하의 폐수도 수질에 나쁜 영향을 미치기 때문에 정부는 하수 종말 처리장과 상수원 정수장에 비용을 들일 수밖에 없다. 결국 이 비용은 사회 전체가 감당해야 하기 때문에 운동화 생산에 들어가는 사회적 비용은 운동화 자체에 드는 비용과 공장의 폐수 정화 비용, 정부의 수질 정화 비용, 불특정 다수의 시민이 짊어지는 피해를 모두 합한 것이 된다.

그런데 문제는 실제로 운동화 공장에서 부담하는 비용은 맨 앞의 두 가지뿐이라는 데 있다. 그렇다고 운동화 공장을 비난할 수는 없다. 그들은 공익이나 환경 보호를 위해서 기업 활동을 하는 것이 아니라 조금이라도 더 많은 이윤을 남기기 위해 일하는 사람들이다. 죄를 물으려면 운동화 생산의 사회적 비용이 운동화 공장이 감당하는 사적 비용을 초과하게 만든 외부 효과에 물어야 한다.

074 ㉠의 사례로 제시하기에 적절하지 않은 것은?

① 아파트 단지가 들어서자 인근 지역 땅값이 두 배 이상 상승하였다.
② 한 도시의 자동차 판매율이 급증하자 공기 오염 지수가 상승하였다.
③ 화장품 광고 모델을 남성으로 바꾸자 해당 제품의 매출이 증대되었다.
④ 건물 신축 공사가 진행되자 인근 낙농업자의 우유 생산이 감소하였다.
⑤ 대규모 화훼 단지가 조성되자 인근 양봉 농가의 꿀 생산이 증가하였다.

075 윗글을 읽고 〈보기〉에 대해 판단한 내용으로 적절하지 않은 것은?

보기

A 마을 주민들이 마을 인근에 있는 B 연탄 공장을 상대로 제기한 소송에서, 대법원은 주민들의 손을 들어 주었다. 주민들은 공장에서 발생하는 먼지 때문에 창문을 열어 놓지 못하고 빨래를 널 수 없는 등 일상생활에 심각한 피해를 입었으며, 심지어 공장이 들어선 이후 주민들 중 진폐증 환자가 크게 늘었다고 호소하였다. 반면 B 연탄 공장은 공장의 매연 농도가 법정 기준치를 초과하지 않으며, 이제까지 일정한 공기 정화 비용을 부담해 왔다는 점을 들어 자신들은 정당한 경제 활동을 하고 있다는 반론을 제기하였다. 하지만 대법원은 주민들의 피해 사실과 공장의 매연 방출 사이에는 논리적 인과 관계가 성립하며, 따라서 공장은 10명의 피해 주민들에게 일인당 1,000만 원을 보상해야 한다는 판결을 내렸다.

① 대법원은 판결 이전, B 공장이 부담했던 사적 비용이 사회적 비용에 비해 적다고 보았다.
② 대법원은 B 공장에서 생산하는 연탄의 한계 생산비가 판결 이전보다 늘어야 한다고 보았다.
③ 대법원은 B 공장의 경제 활동이 사회 전체의 복지를 감소시키는 악영향을 미쳤다고 보았다.
④ 대법원은 B 공장이 부담해야 하는 사회적 비용은 대략 일억 원 정도가 되어야 한다고 보았다.
⑤ 대법원은 B 공장의 경제 활동이 시장 경제에 입각한 정상적인 자원 배분을 왜곡한다고 보았다.

[076~077] 다음 글을 읽고 물음에 답하시오.

대개 박물관이라고 하면 역사적 유물이나 기록들이 가득 찬 곳을 상상한다. 그리고 대부분의 사람들은 그런 박물관을 한 번쯤은 방문한 경험이 있고, 이러한 박물관에 식상해 하는 경우가 많다. 그래서 꽃피는 봄에는, 세계적으로 그 유례를 찾아볼 수 없는 문자 박물관, 국립한글박물관을 관람하기를 적극 추천한다.

전 세계적으로 자국에서 사용되는 문자를 기념하는 날을 제정하고 이를 기념하기 위해 박물관을 건립하는 나라는 거의 찾아볼 수 없다. 하지만 세계 최고의 문자를 발명하여 사용하고 있는 우리나라에는 문자 박물관이 있다. 국립한글박물관은 한글의 우수성을 알리고 한글 창제와 관련한 소중한 자료들을 보존하기 위해 2014년 한글날에 문을 연 젊은 박물관이다.

[A]
한글박물관을 마주하면 그 모습부터가 새롭다. 박물관의 외형은 모음의 창제 원리인 천지인의 형상과 모음이 형성되는 원리를 형상화한 기하학적 모양이다. 마치 현대 추상 미술 작품을 보는 것 같다. 더욱이 한글을 통해 문화를 꽃피우자는 의미를 담아 기하학적 구조물들이 꽃봉오리 모양을 하고 있다.

박물관의 주 전시실은 2층에 자리한 '한글이 걸어온 길'이다. 전시실 안에 들어서면 한글이 없던 시대의 문자, 『훈민정음』 해례본 서문, 한글 창제의 원리 등을 볼 수 있다. 또 훈민정음이 반포된 이후 한글이 널리 퍼지게 되는 과정과 일상 속에 자리 잡게 되는 모습도 볼 수 있다. 일제 강점기에 접어들며 한글 사용이 금지되었지만 주시경 선생을 비롯한 국어학자들의 노력으로 우리말과 글을 지켜낸 역사는 감동적이다. 사라진 옛말과 지방마다 다른 말, 남북한의 말, 세종 대왕에게 편지 쓰기도 인상적이다.

한편 3층에는 한글과 세계 문자와 관련된 다양한 주제를 기획해서 전시하는 공간이 있다. 최근에는 오래전에 사용했던 타자기, 컴퓨터 등을 전시하고 한글의 전산화 과정을 체험할 수 있는 전시가 마련되었다. 청소년들에게는 마냥 신기하고, 어른들은 한글을 통해 향수에 젖는 이색적인 체험을 할 수 있다. 또 외국인을 위한 한글 배움터도 있다. 한글 배움터에서는 외국인과 다문화 주민이 한글을 쉽게 배울 수 있도록 자음과 모음의 합자 원리와 발음 등을 익힐 수 있다. 그리고 한글을 매개로 태권도, 비빔밥 등 대표적인 한국 문화도 접할 수 있다. 외국인들보다 한국인들에게 더 유익한 전시와 체험 마당이라는 생각이 든다.

숨 쉬는 공기처럼 우리는 늘 한글을 이용하면서도 한글의 가치와 중요성을 망각한 채 살고 있다. 세계적으로 유례를 찾아볼 수 없는 문자 박물관에서 색다른 박물관 체험을 해 볼 것을 적극 추천한다.

076 윗글을 통해 알 수 있는 내용이 아닌 것은?

① 한글박물관의 외형
② 한글박물관의 전시 품목
③ 한글박물관의 건립 연도
④ 한글박물관의 건립 목적
⑤ 한글박물관의 관람 가능 시간

077 [A]에 대한 설명으로 가장 적절한 것은?

① 한글박물관의 단점을 밝히고 개선 방안을 제시하고 있다.
② 한글박물관의 전시 공간을 중심으로 박물관을 소개하고 있다.
③ 전문가의 말을 인용하여 한글박물관의 가치를 부각하고 있다.
④ 외국 박물관과의 비교를 통해 한글박물관의 우수성을 드러내고 있다.
⑤ 주관적 견해를 배제한 채 한글박물관에 대한 사실적 정보를 전달하고 있다.

078 다음 글을 근거로 할 때, 〈보기〉의 '민규'가 지불할 주차 요금을 바르게 계산한 것은?

○○몰 주차 요금 안내

○○몰 주차장의 주차 요금은 '15분당 1,250원'입니다. 다만 영화 관람 및 의류 매장 상품 구매 시, 최대 5시간에 한하여 다음과 같이 주차 요금을 할인해 드리오니 참고하시기 바랍니다.

구분	구매 금액	무료 주차 가능 시간
영화관	영화 1편 관람	2시간
의류 매장	50,000원 이상	1시간
	100,000원 이상	3시간
	150,000원 이상	5시간

예 영화 1편을 관람하고(2시간 무료), 120,000원 상당의 의류 상품을 구입할(3시간 무료) 경우 총 5시간의 무료 주차 가능

보기

민규는 영화를 관람하고 바지를 구입하기 위해 ○○몰 주차장에 주차하였다. 주차권에는 입차 시간이 2월 15일 14시 15분으로 기록되어 있었다. 민규는 영화 1편을 관람하고 의류 매장에서 70,000원 상당의 바지를 구입한 후, 같은 날 20시 15분에 주차 요금을 지불하기 위해 주차 요금 정산소 앞에 차를 세웠다.

① 5,000원　② 10,000원　③ 12,000원
④ 15,000원　⑤ 18,000원

[079~080] 다음 글을 읽고 물음에 답하시오.

○○ 약품 복용 안내문

[약품명] ○○정, ○○액

☞ ○○ 약품은 위의 두 종류로 출시되었으며, 환자에 따라 두 가지 중에 하나를 선택하여 복용할 수 있음.(약효는 동일하나 복용 방법에는 차이가 있음.)

[약품 분류] 일반 의약품

☞ 일반 의약품은 약리 작용이 전문 의약품만큼 강하지 않아서 의사의 처방 없이도 환자가 직접 구매할 수 있는 의약품이지만, 부작용이 없는 것은 아니므로 자신의 상태에 맞게 약사에게 상담을 의뢰하여 조언을 구하기 바람.

[효능 · 효과] 콧물, 기침, 코 막힘 증상, 알레르기성 비염, 편두통, 피부 가려움증, 두드러기 등

[성상]

1) ○○정: 황색의 알약

2) ○○액: 백색의 오렌지 향 시럽

[용법 · 용량]
1) ○○정: 6세 이상인 경우에만 복용할 수 있고, 1일 1회 1정(10mg)을 취침 전에 복용함. 만일 이상 반응에 민감한 사람인 경우에는 1정을 반으로 나누어 5mg씩 아침, 저녁으로 나누어 복용해야 함.
2) ○○액: 4세 이상 12세 미만의 소아는 1일 1회 5ml, 12세 이상의 소아 및 성인의 경우에 1일 1회 10ml를 복용함. 만일 이상 반응에 민감한 사람인 경우에는 정해진 용량을 아침, 저녁으로 절반씩 나누어 복용해야 함.

[사용상의 주의 사항]
1) 다음 환자는 이 약을 절대로 복용하지 말 것
- 소화성 궤양 환자, 심한 고혈압 환자, 급성 심근 경색 환자, 심한 간 질환 환자
2) 다음 환자는 이 약을 복용하기 전에 반드시 의사 또는 약사와 상의할 것
- 신장 장애가 있는 환자, 고령자(노인), 임산부, 기타 과민증의 병력이 있는 사람

[보관 및 취급상의 주의 사항]
1) 어린이의 손이 닿지 않는 곳에 보관할 것
2) 기밀 용기에 보관할 것
의약품을 원래 용기에서 꺼내어 다른 용기에 보관하는 것은 의약품 오용에 따른 사고 발생이나 의약품 품질 저하의 원인이 될 수 있으므로 원래의 용기에 넣고 꼭 닫아 보관해 주십시오.
3) 실온(1~30℃)에서 보관할 것

[사용 기간] ○○정, ○○액 모두 제조 일자로부터 36개월

079 ○○ 약품에 대한 설명으로 잘못된 것은?

① 사용 기간이 정해져 있으므로 반드시 제조 일자를 확인해야 한다.
② 피부 가려움증이나 두드러기에 시달리는 사람이 복용하면 효과가 있다.
③ 실온에서는 쉽게 변질될 수 있으므로 반드시 냉장 보관을 하여야만 한다.
④ 이상 반응에 민감한 사람은 정해진 용량을 2회에 걸쳐 나누어 복용해야 한다.
⑤ 원래 용기 그대로 약을 보관해야 하며, 다른 용기에 옮겨 보관하는 것은 좋지 않다.

080 위 안내문의 내용을 읽고 보인 반응으로 가장 적절한 것은?

① ○○정은 하루에 한 번, 아침에 일어나자마자 한 정만 복용하면 되니 간편하겠군.
② 신장 장애가 있는 환자는 어떠한 경우에도 이 약품을 절대로 복용하면 안 되겠군.
③ 올해 5살인 조카는 너무 어리니까 이 약이 아무리 효과가 좋아도 복용할 수 없겠군.
④ 이 약은 의사 처방을 받아야만 살 수 있으니 처방전 없이 약국에 가면 살 수 없겠군.
⑤ 우리 할아버지는 고령이시므로 이 약을 복용하기 전에 반드시 약사와 상의를 해야겠군.

081 〈보기〉의 안내문을 잘못 이해한 것은?

보기

산천어 얼음낚시 – 현장 접수 안내

1. 운영 기간: 2016년 1월 9일~1월 31일
2. 운영 시간: 09:00~18:00(현장 접수: 08:30~17:00)
   * 주말에는 8시부터 접수를 진행하고, 8시 30분부터 입장하실 수 있습니다.
3. 낚시터 위치: 강원도 ○○군 ○○읍 산천어길 낚시터
4. 수용 인원: 1일 최대 동시 수용 가능 인원 1,000명
5. 접수 방법: 산천어 축제 기간 중에 현장에서 선착순으로만 접수함.
   * 주말에는 오전에 마감되는 경우가 많습니다.
   * 현장 여건에 따라 수용 인원은 조정될 수 있습니다.
   * 기상 상황 및 얼음의 상태 등에 따라 낚시터를 탄력적으로 운영할 수 있습니다.
6. 참가비 안내

구분	참가비(현장 접수 1인 기준)
일반 참가자	휴일/평일 구분 없이 10,000원
우대자	휴일/평일 구분 없이 5,000원
미취학 아동	무료(보호자 동반 시)

   * 우대자에 대한 기준
     – 초등학생, 다자녀(만 18세 미만 자녀 3인 이상), 노인(65세 이상), 장애인(1~3급), 국가 유공자 및 그 배우자, 외국인
     – 우대 혜택을 받기 위해서는 자격을 확인할 수 있는 증명서 등이 필요합니다.
     – 장애인의 경우에는 보호자 1인에 한해 무료로 입장하실 수 있습니다.
7. 낚시터 이용객 주의 사항
   ① 쾌적한 환경 유지를 위해 낚시터 내에 음식물 반입이 금지됩니다.
   ② 접수 시에 산천어를 담을 수 있는 전용 봉투를 지급합니다.(외부 물품 반입 금지)
   ③ 산천어는 입장객 1인당 최대 3마리까지만 반출이 가능합니다.
   ④ 낚시터 안전을 위해 개인 설치물(바람막이, 텐트 등)의 설치 및 이용이 금지됩니다.
   ⑤ 낚시터가 실외에 위치해 있으므로 따뜻한 옷차림으로 입장해 주십시오.
   ⑥ 낚시터 내의 전 지역이 금연입니다.(흡연자는 출구 옆 흡연 부스를 이용하기 바람)
8. 개인 준비물: 낚시 도구(소형 낚싯대, 산천어 낚시 전용 미끼), 의자, 장갑 등
   * 기본적인 낚시 도구는 현장에서 유료로 대여할 수 있습니다.
   * 수질 오염 방지를 위해 살아 있는 미끼는 사용을 금지하고 있습니다.
9. 낚시터에서 잡으신 산천어로 신선한 회, 구이, 찜 요리 등을 해 드실 수 있습니다.

① 얼음낚시에 사용할 개인 의자는 낚시터 입장 시에 반입이 허용된다.
② 3급 장애인이 보호자 1인과 함께 입장할 경우에 참가비는 5,000원만 내면 된다.
③ 평일과 달리 주말에는 현장 접수 시간이 30분 앞당겨진다는 점에 유의해야 한다.
④ 산천어 낚시용 미끼는 살아 있는 것을 사용해야 하므로 현장에서 구입하도록 한다.
⑤ 외국인과 함께 참가한 한국인 안내원의 경우 일반 참가자의 요금을 적용받게 된다.

[082~084] 다음 글을 읽고 물음에 답하시오.

『오리엔트 특급 살인 사건』(1974)은 애거사 크리스티의 최고 걸작 중 하나이며, 탐정 추리물 장르의 고전으로 여겨진다. 또한 이 작품은 좋은 시나리오와 로렌 바콜, 잉그리드 버그먼 등 인기 배우들의 카메오 출연이 유기적으로 어우러져 영화로도 흥행에 성공했다. 이 작품의 특별함은 대부분의 추리물과는 달리 용의자 모두가 살인범이라는 것인데, 이는 용의자를 한 명으로 설정하는 기존 추리물의 관행을 뒤집는 비범하면서도 독창적인 구조의 혁신이었다.

탐정 추리물이 사람들을 매료시키는 이유는 단서를 찾아내고 그것들을 해독하는 일련의 작업들을 포함하기 때문이다. 여기서 말하는 단서는 행동, 단어, 대상 등과 같이 무작위적이거나, 상호 관련성이 없거나, 혹은 둘 다인 것처럼 보이는 기호와 의미들을 말하는데, 이 모든 것들을 하나로 연결하는 실마리를 찾아내기 전까지 이 기호와 의미들은 아무런 의미가 없다. 이 작품의 주인공인 탐정 푸아로는 열차에 탄 승객들 중 대다수가 자연스럽지 않게 행동하는 것을 유심히 관찰하고 그들의 말과 행동을 연관 지어 생각함으로써 실마리를 찾아냈다. 따라서 이 작품을 영화로 보거나 소설로 읽을 때의 재미는 푸아로가 모든 단서들을 어떻게 조합해서 사건의 실체를 밝혀내는가를 보는 데 달려 있다.

이 작품에는 푸아로, 레쳇 그리고 이 두 주요 인물을 매개하는 열두 명의 사람들이 등장하는데, 푸아로는 탐정으로 시리아에 주둔하고 있던 영국 군대 내에서 터진 사건을 해결한 후, 이스탄불에서 오리엔트 특급 열차를 타게 된다. 이 열차의 침대차 안에는 차장을 포함하여 모두 열세 명의 승객이 타고 있었고, 레쳇은 푸아로에게 자신이 살해 위협을 받고 있다고 하면서 신변 보호 요청을 하지만 푸아로는 이를 거절한다. 그날 밤 레쳇은 결국 자신의 방에서 살해당한 채 발견되고, 오리엔트 특급 열차의 담당자인 비앙키가 푸아로에게 살해범을 찾아 달라고 의뢰한다. 푸아로는 살인 사건을 조사하는 과정에서 레쳇이 과거에 '암스트롱'이라는 어린이를 유괴해 살해했었다는 사실을 알게 되었고, 또 열두 명의 승객이 모두 암스트롱 가문과 밀접한 관련이 있다는 사실을 밝혀내게 된다. 결국 암스트롱 가문과 친분이 있었던 열두 명의 승객이 레쳇에게 앙심을 품고 저지른 살인 공모극이었던 것이다. 하지만 푸아로는 레쳇을 죽인 살인범이 누구인지 밝혀냈음에도 불구하고, 레쳇이 살해된 직후에 열차에서 내린 것으로 추정되는 의문의 인물을 살인범으로 지목하고 나머지 열두 명의 승객들을 모두 풀어 주기로 결정한다.

이러한 결말은 사악한 범죄를 저지른 사람은 자신이 저지른 죄에 대한 합당한 처벌을 받는 것이 마땅하며, 정당한 사정이 있다면 구제할 만한 가치가 없는 악인은 죽여도 좋다는 도덕적 약호와 연결되어 있다. 하지만 [㉮]. 그렇기 때문에 이 작품의 결말에서 푸아로가 살인범을 지목하는 행위를 통해 드러난 비정상적이고 감정적인 반응은 생명에 대한 기존의 윤리적 가치관의 틀을 뒤집는 방식으로 볼 수 있다.

기존 추리물은, 극도로 교활한 살인범과 냉철한 추리력을 갖춘 탐정의 대립 구도 속에서 탐정은 독자들이 의식하지 못하고 지나친 많은 단서들을 조합하여 사건 해결의 실마리를 찾아내고 살인범을 잡아 정의를 구현하는 정형화된 방식을 보였다. 하지만 오리엔트 특급 열차 살인 사건의 진범이 직면했던 도덕적 갈등은 자신이 당한 범죄에 대해 사적인 제재를 가하려는 생각을 가진 모든 이들이 한 번쯤은 마주하게 되는 도덕적 갈등인 것이다. 따라서 이 작품은 겉으로는 드러나 있지 않으나 사람의 행동에 영향을 줄 수도 있는 중요한 변수나 원인, 보이지 않는 힘의 존재를 인식하게 했다는 점에서 의의가 있다.

082 윗글의 『오리엔트 특급 살인 사건』에 대한 설명으로 적절하지 않은 것은?

① 푸아로는 열차에 탑승한 승객들의 부자연스러운 행동을 관찰했다.
② 비앙키는 푸아로에게 레쳇을 죽인 살해범을 잡아 달라는 의뢰를 했다.
③ 푸아로가 오리엔트 특급 열차에 탑승한 역은 이스탄불에 위치한 것이었다.
④ 레쳇은 푸아로에게 자신의 신변을 보호해 줄 것을 요청했다가 거절당했다.
⑤ 푸아로는 레쳇이 유괴 살해범이었다는 사실을 열차를 타기 전부터 알고 있었다.

083

(㉮)에 들어갈 말로 가장 적절한 것은?

① 도덕적 약호는 가변적이며 상대적이다.
② 푸아로는 도덕적 약호를 읽어내지 못했다.
③ 사악한 범죄를 저지르는 사람은 많지 않다.
④ 어떠한 경우에도 살인을 정당화할 수는 없다.
⑤ 레쳇은 정당한 사정이 있었기에 구제되어야 했다.

084

레쳇을 죽인 진범을 밝히게 된 결정적인 단서로 가장 적절한 것은?

① 열두 명의 승객이 모두 암스트롱 가문과 친분이 있었다.
② 레쳇은 암스트롱 가문 출신으로 살해 위협을 받고 있었다.
③ 열차에서 내린 의문의 승객에 대한 소재 파악이 전혀 되지 않았다.
④ 레쳇이 과거에 저지른 자신의 죄에 대한 죄책감으로 고통스러워했다.
⑤ 푸아로와 레쳇은 원래 알고 지내던 사이로 평소에 사이가 좋지 않았다.

085

다음 표를 참고할 때, 〈보기〉에 나타난 A~E 지역의 대기에 대해 보인 반응으로 적절하지 않은 것은?

검사 영역별 대기 기준

판정	미세 먼지 (㎍/㎥)	오존 (ppm)	이산화질소 (ppm)	일산화탄소 (ppm)	아황산가스 (ppm)
좋음	0~30	0~0.03	0~0.03	0~2	0~0.02
보통	31~81	0.031~0.09	0.031~0.06	2.01~9	0.021~0.05
나쁨	81~150	0.091~0.15	0.061~0.2	9.01~15	0.051~0.15
매우 나쁨	151~	0.151~	0.21~	15.01~	0.151~

보기

지역	미세 먼지	오존	이산화질소	일산화탄소	아황산가스
A	25	0.026	0.027	0.40	0.007
B	23	0.021	0.017	0.21	0.005
C	33	0.031	0.064	2.10	0.059
D	31	0.011	0.020	0.22	0.022
E	32	0.014	0.029	2.58	0.005

① A 지역의 대기는 모든 검사 영역에서 '좋음' 판정을 받겠군.
② B 지역은 A 지역에 비해 대기의 질이 더 좋다고 할 수 있겠군.
③ C 지역은 나머지 지역에 비해 전반적으로 대기의 질이 나쁘다고 할 수 있겠군.
④ D 지역의 대기는 '미세 먼지'를 제외한 모든 검사 영역에서 '좋음' 판정을 받겠군.
⑤ E 지역의 대기는 '미세 먼지'와 '일산화탄소' 검사 영역에서만 '보통' 판정을 받겠군.

086 다음 그래프의 내용을 바르게 이해하지 못한 것은?

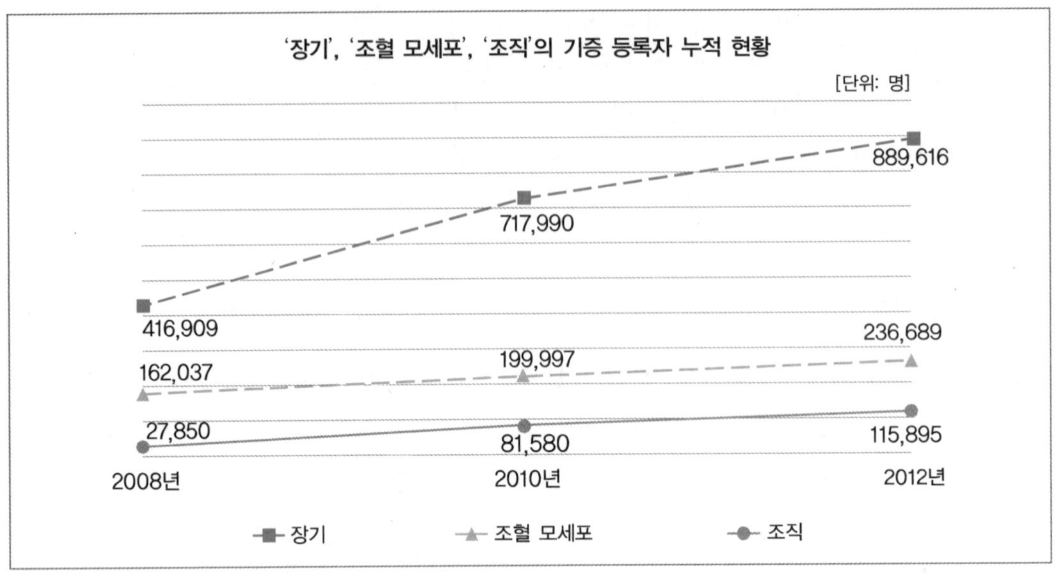

① 2010~2012년 사이에 조혈 모세포 기증을 등록한 사람 수는, 같은 기간에 조직 기증을 등록한 사람 수에 비해 많군.

② 2008~2010년 사이에 장기 기증을 등록한 사람 수는, 2010~2012년 사이에 장기 기증을 등록한 사람 수에 비해 많군.

③ 2010년~2012년 사이에 조직 기증을 등록한 사람 수는, 2008~2010년 사이에 조직 기증을 등록한 사람 수에 비해 적군.

④ 2008~2010년 사이에 조직 기증을 등록한 사람 수는, 같은 기간에 장기 기증을 등록한 사람 수의 20%에도 미치지 못하는군.

⑤ 2010~2012년 사이에 조혈 모세포 기증을 등록한 사람 수는, 2008~2010년 사이에 조혈 모세포 기증을 등록한 사람 수에 비해 크게 늘었군.

087 다음 표의 내용을 바르게 이해하지 못한 것은?

중 · 고등학생 흡연율

[단위: %]

연도	남자 중학생	여자 중학생	남자 고등학생	여자 고등학생
2009	11.1	5.2	23.9	10.2
2010	10.6	5.1	22.5	9.0
2011	11.0	4.8	23.1	8.3
2012	9.8	4.3	22.4	7.5
2013	6.3	2.8	20.7	7.9
2014	5.5	2.3	20.8	6.8

① 남자 중학생의 흡연율은 여자 중학생의 흡연율에 비해 2배 이상 높게 나타나고 있군.
② 중학생이든 고등학생이든 남학생에 비해 여학생의 흡연율이 낮게 나타나고 있군.
③ 여자 고등학생의 흡연율은 여자 중학생의 흡연율보다 항상 높게 나타나고 있군.
④ 여자 고등학생의 흡연율은 매년 1%p 이상 계속 감소하는 추세를 보이고 있군.
⑤ 남자 고등학생의 흡연율은 20% 이하로 떨어진 적이 없군.

[088~089] 다음 글을 읽고 물음에 답하시오.

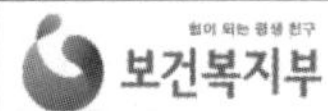	**인플루엔자 유행 주의보 발령**

ㅁ 질병관리본부는 1월 14일 인플루엔자 유행 주의보를 발령하고, 인플루엔자 예방을 위해 손 씻기, 기침 예절 등 개인위생 준수, 고위험군(노약자, 소아, 임신부 등)에게는 예방 접종을 당부하였다.

ㅇ 인플루엔자 유행 주의보가 발표된 이후에 고위험군* 환자에게는 항바이러스제 투약 시 요양 급여가 인정되므로 인플루엔자 의심 증상**이 있는 경우 가까운 의료 기관에서 진료를 받도록 권고하였다.

* 고위험군: 1세 이상 9세 이하 소아, 임신부, 65세 이상, 면역 저하자, 대사 장애, 심장 질환, 폐 질환, 신장 기능 장애 등

** 인플루엔자 의심 증상: 38℃ 이상의 발열과 더불어 기침 또는 인후통

ㅇ 아울러, 인플루엔자 우선 접종 권장 대상자*들은 감염 시 기존에 앓고 있던 만성 질환이 악화되거나 합병증 발생 위험이 높아지기 때문에 아직까지 예방 접종을 받지 않았다면 인플루엔자 유행 시기라도 예방 접종이 필요하다고 밝혔다.

* 65세 이상 노인, 만성 질환자, 생후 6개월~59개월 소아, 임신부, 50~64세 연령 등

– 대부분 보건소에서 65세 이상 어르신에 대한 예방 접종을 백신 소진 시까지 지속적으로 실시 중에 있어, 미접종 어르신들은 보건소를 통해 무료 예방 접종*을 받을 수 있다.

* 보건소에 따라 백신 보유량이 다를 수 있으니 무료 접종 가능 여부를 문의 후 방문 필요

ㅁ 현재는, 2016년 2주차(2016. 1. 3.~2016. 1. 9.)에 신고된 인플루엔자 의사 환자 수가 외래 환자 1,000명당 12.1명으로 유행 기준인 11.3명을 초과하여 인플루엔자 유행 초기로 볼 수 있음. 이는 지난 3년간의 인플루엔자 발병 양상과 유사하며 2월 중에 유행 정점에 이를 것으로 예상되며, 4월까지 유행할 가능성이 있음.

〈생활 속 인플루엔자 예방 수칙〉

- 인플루엔자가 유행할 때에는 가급적 사람들이 많이 모이는 장소의 방문을 피합니다.
- 기침, 재채기를 할 때는 손수건, 휴지, 옷깃으로 입을 가리는 기침 예절을 지킵니다.
- 인플루엔자 의심 증상이 있는 경우 즉시 의사의 진료를 받습니다.

088 윗글의 내용을 <u>잘못</u> 이해한 것은?

① 65세 이상 어르신들의 인플루엔자 예방 접종은 무료로 실시된다.
② 만성 질환자는 인플루엔자 감염 시 합병증이 발생할 위험성이 높아진다.
③ 인플루엔자 유행 시기에는 인플루엔자 예방 접종을 하는 것이 무의미하다.
④ 올겨울 인플루엔자 유행은 2016년 2월 중에 정점에 이를 것으로 예상된다.
⑤ 생후 6개월~59개월의 소아는 인플루엔자 우선 접종 권장 대상자에 해당한다.

089 **윗글을 읽고 보인 반응으로 적절하지 않은 것은?**

① 1세 이상 9세 이하의 소아는 모든 의료 기관에서 인플루엔자 예방 접종을 무료로 받을 수 있겠군.
② 심장 질환이나 폐 질환을 앓고 있는 환자에게 항바이러스제를 투약할 경우 요양 급여가 인정되겠군.
③ 임신부나 65세 이상의 어르신에게는 인플루엔자 예방 접종을 받을 것을 적극적으로 권유하여야겠군.
④ 보건소에서 무료 인플루엔자 예방 접종을 받으려면 사전에 보건소에 접종 가능 여부를 문의해 보아야겠군.
⑤ 인플루엔자 유행 주의보가 발령되었으므로 기침을 할 때 손수건이나 휴지 등으로 입을 가리는 것이 좋겠군.

090 다음 글을 읽고 제기할 수 있는 의문으로 가장 적절한 것은?

 행정자치부	**잃어버린 자전거 찾을 길 열린다.**

ㅁ 자전거 인구가 폭발적으로 늘어나면서 자전거 도난 사고 또한 크게 증가하고 있다. 경찰청에 따르면 자전거 도난 사고는 지난 2010년 3,515대에서 2014년 22,358대로 큰 폭으로 늘었다.

ㅇ 하지만 앞으로는 이 같은 자전거 도난 사고가 크게 줄어 자전거 소유자들의 우려가 대폭 감소할 것으로 보인다. 자전거를 시 · 군 · 구청에 등록하면 전국 어디서나 소유자를 확인할 수 있게 되기 때문이다.

ㅁ 이번에 개정된 법률안에서는 행정자치부 장관이 자전거 도난 사고 예방과 방치된 자전거의 신속한 처리를 목적으로 하는 「자전거 등록 정보 통합 관리 시스템」을 구축, 운영할 수 있는 근거가 마련되었다.

ㅇ 자전거 등록을 원하는 사람이 거주 지역 지자체에 자전거 등록을 신청하면 통합 시스템을 활용하여 자전거에 등록 번호를 부여하고 도난 방지 및 식별 등을 위한 장치(QR 코드 등)를 부착하는 한편, 등록 정보는 전국의 지자체와 경찰 관서가 공유하게 된다.

ㅇ 자전거에 부착된 식별 장치는 절도범을 심리적으로 위축시켜 도난 사고를 예방하는 효과가 있을 것으로 예상된다. 더불어 도난 자전거의 중고 거래를 차단할 수 있게 되고, 자전거가 공공장소에 방치된 경우에도 소유자 정보를 확인해 이를 주인에게 돌려줄 수 있게 된다.

ㅁ 또한 개정 법률은 국가와 지자체가 대중교통 수단 운영자에게 열차 내 자전거 거치대 설치를 권장하고, 그 비용을 지원할 수 있도록 했다. 이에 따라 자전거와 대중교통 수단의 연계를 통하여 도심 내 자전거 이용이 한층 편리해질 것으로 기대된다.

ㅁ 행정자치부는 금년 상반기 중 법 시행을 위한 시행령과 시행 규칙을 개정하고, 「자전거 등록 정보 통합 관리 시스템」 구축을 위한 정보화 전략 계획을 마련하는 등 개정 법률의 차질 없는 시행을 위해 관련 예산 확보에도 전력을 기울인다는 방침이다.

ㅇ 계획이 차질 없이 진행되면, 이르면 2017년 중 「자전거 등록 정보 통합 관리 시스템」 등 제도가 시행돼, 자전거 이용자들이 혜택을 볼 것으로 전망된다.

① 자전거와 대중교통 수단을 연계하기 위한 방안에는 어떤 것이 있는가?
② 자전거에 부착된 도난 방지 및 식별 장치를 통해 얻을 수 있는 직접적 효과는 무엇인가?
③ 등록 번호가 부여되고 QR 코드를 부착한 자전거를 중고 거래하려면 어떻게 해야 하는가?
④ 기존에 자전거를 분실한 사람들도 자전거 QR 코드를 통해 자전거를 찾을 수 있는가?
⑤ 「자전거 등록 정보 통합 관리 시스템」이 구축되기 위해 선행되어야 할 법적, 제도적 조치는 무엇인가?

국어 문화 091번~100번

091 〈보기〉의 밑줄 친 말 중, 동일 한자의 반복으로 형성된 단어만을 있는 대로 고른 것은?

보기

ㄱ. 우리 오빠는 누구를 사사해서 연극을 배운 적이 없었다.
ㄴ. 아저씨는 인근에 소문이 자자할 만큼 지독한 구두쇠였다.
ㄷ. 당선자는 자신을 지지해 준 사람들에게 고마움을 표했다.
ㄹ. 그녀는 딸의 모습이 눈에 암암하여 자리를 뜰 수 없었다.

① ㄱ, ㄹ ② ㄴ, ㄷ ③ ㄴ, ㄹ
④ ㄱ, ㄴ, ㄷ ⑤ ㄱ, ㄷ, ㄹ

092 〈보기〉의 (가), (나)에 대한 분석으로 옳은 것은?

보기

(가) '감사하다' 계열의 사용 양상

사용 단어 (높임 등급)	감사합니다 (하십시오체)	감사해요 (해요체)	감사하오 (하오체)	감사하네 (하게체)	감사해 (해체)	감사하다 (해라체)	합계
빈도(회)	929	43	16	8	5	7	1,008회
비율(%)	92.1	4.3	1.6	0.8	0.5	0.7	100%

(나) '고맙다' 계열의 사용 양상

사용 단어 (높임 등급)	고맙습니다 (하십시오체)	고마워요 (해요체)	고맙소 (하오체)	고맙네 (하게체)	고마워 (해체)	고맙다 (해라체)	합계
빈도(회)	922	366	324	128	57	234	2,031회
비율(%)	45.4	18.0	16.0	6.3	2.8	11.5	100%

* (가), (나)의 조사 대상과 시간은 동일함.

① '고맙다' 계열은 높임 등급 중 '하십시오체' 등급에서는 거의 사용되지 않는다.
② '하오체' 등급에서는 '고맙다' 계열에 비해 '감사하다' 계열이 더 많이 사용된다.
③ '하십시오체' 등급에서는 '감사하다' 계열과 '고맙다' 계열이 비슷한 비율로 사용된다.
④ 높임 등급이 낮은 쪽에서는 '감사하다' 계열보다 '고맙다' 계열이 사용되는 경향이 있다.
⑤ 높임 등급이 높은 쪽에서는 '감사하다' 계열과 '고맙다' 계열이 비교적 균등히 사용된다.

093 방송 언어에 대한 지적으로 잘못된 것은?

① 의사는 수술 후 2일에 한 번 피부를 소독할 것을 권고하고 있습니다. → 방송 뉴스의 전달력을 고려하여 '이틀에'로 수정하는 것이 바람직하다.

② 이번 대회에는 모두 60개국이 참가할 것으로 알려지고 있습니다. → 한자식 읽기 '육십'보다 고유어식 '예순'으로 읽는 것이 뒤의 '개국'과 잘 어울린다.

③ 한국 대표 팀은 비교적 약체인 요르단을 맞아 1:0으로 선전했습니다. → '선전'은 아주 열심히 싸웠는데 졌을 때 어울린다. 간신히 이긴 '신승'이 더 적절하다.

④ 한편 경찰은 1톤 트럭이 좌회전 신호를 켜고는 반대로 우회하는 바람에 사고를 낸 것으로 보고 있습니다. → '우회'는 '멀리 돌아가다'의 의미로, '우회전'을 '우회'로 잘못 쓴 것이다.

⑤ 김 의원은 우선 추천 지역과 단수 추천제와 관련해 이는 전략 공천에 다름 아닌 것이라고 본다고 밝혔습니다. → '다름 아닌'은 일본식 표현으로 '전략 공천과 다름없는 것'으로 고치는 것이 좋다.

094 〈보기〉의 작품이 묘사하고 있는 장면으로 가장 적절한 것은?

보기

밥 먹자 도리깨 잡고 마당에 나서니	飯罷取耞登場立
검게 탄 두 어깨 햇볕 받아 번쩍이네.	雙肩漆澤蒜日赤

①

②

③

④

⑤

095 밑줄 친 장소가 〈보기〉에서 설명하는 [㉠]의 예에 해당하지 않는 것은?

보기

실재 공간이 아닌 가상 공간이 문학 작품에 쓰이는 경우가 더러 있다. 이 가상 공간은 실재 지명같이 보이지만 ㉠작가가 작품을 쓰며 만들어 낸 허구적 공간에 불과하다.

① 임철우, 「사평역」 ② 이순원, 「은비령」 ③ 김동리, 「홍남철수」
④ 김승옥, 「무진기행」 ⑤ 황석영, 「삼포 가는 길」

096 ㉠~㉤에 대한 설명으로 적절하지 않은 것은?

보기

- 그는 하도 ㉠얼척이 없어서 화도 내지 못했다.
- 아무도 우리 같은 ㉡따라지를 거들떠보지 않았다.
- 아버지께서 뒤엉킨 ㉢덩굴에서 참외를 골라내셨다.
- 그 사람은 항상 몸과 의복의 ㉣매무새가 추레했다.
- 어머니는 옷감을 치수에 맞게 재고 ㉤가새로 잘랐다.

① ㉠: '상상 밖의 엄청나게 큰 사람이나 사물'이라는 의미를 지닌 말로 방언이다.
② ㉡: '보잘것없거나 하찮은 처지에 놓인 사람이나 물건'을 속되게 이르는 말로 표준어이다.
③ ㉢: '길게 뻗어 나가면서 다른 물건을 감기도 하고 땅바닥에 퍼지기도 하는 식물의 줄기'를 이르는 말로 방언이다.
④ ㉣: '옷, 머리 따위를 수습하여 입거나 손질한 모양새'라는 의미를 지닌 말로 표준어이다.
⑤ ㉤: '옷감, 종이, 머리털 따위를 자르는 기구'를 이르는 말로 방언이다.

097 밑줄 친 말 중, 〈보기〉의 [㉠]에 들어갈 수 있는 예가 아닌 것은?

보기

국립 국어원은 국민들이 실생활에서 많이 사용하고 있으나 '[㉠]'와 같이 그동안 표준어로 인정되지 않았던 어휘와 활용형을 표준어 또는 표준형으로 인정한다는 내용의 「2015년 표준어 추가 결과」를 발표하였다. 국립 국어원은 급변하는 언어 환경에 대응하고 국민 언어생활의 편의를 높이고자 어문 규범의 큰 틀을 유지하면서 한글 맞춤법 등의 어문 규정을 현실화하고 복수 표준어를 지속적으로 추가하고 있다.

① 떡을 빚을 반죽이 찰지다.
② 여행 생각에 마음이 설레이다.
③ 그대여, 아무 걱정하지 말아요.
④ 그녀는 밥 먹는 모습이 참 이쁘다.
⑤ 가을이 되면 하늘이 유독 푸르르다.

098 〈보기〉는 북한의 교과서에 실린 글이다. ㉠~㉤에 대한 반응으로 적절하지 <u>않은</u> 것은?

보기

어느날 저녁때였습니다. 선희는 시간 ㉠<u>가는줄</u>을 모르고 동무들과 줄넘기놀이를 하고있었습니다. 이때 직장에서 돌아오신 아버지가 ㉡<u>찾으시였습니다</u>.

"선희야!"

줄을 넘던 선희는 갑자기 ㉢<u>멈춰섰습니다</u>.

"왜 그러니?"

줄을 잡고 돌려주던 동무들이 물었습니다.

"아버지가 부르셔."

"야 참, 마저 놀다 가려무나."

"아니야, 아버지가 부르실 땐 빨리 가봐야 해! ㉣<u>래일</u> 놀자."

선희는 놀고 싶었지만 ㉤<u>아무것</u>도 말하지 않고 집으로 뛰여갔습니다.

① ㉠: 북한에서는 남한과 달리 의존 명사 '줄'을 앞말과 붙여 쓰고 있군.
② ㉡: 남한에서는 북한과 달리 '찾으시었습니다'로 쓰는 것이 어법에 맞군.
③ ㉢: 남한에서는 북한과 달리 '멈춰'와 '섰습니다'를 서로 띄어 쓰는 것이 원칙이군.
④ ㉣: 북한에서는 남한과 달리 두음 법칙을 단어의 표기에 적용하지 않고 있군.
⑤ ㉤: 남한에서는 북한과 달리 '아무'와 '것'을 서로 띄어 쓰는 것이 규정에 맞군.

099 〈보기〉의 근대 신문 광고에 대한 설명으로 적절하지 <u>않은</u> 것은?

보기

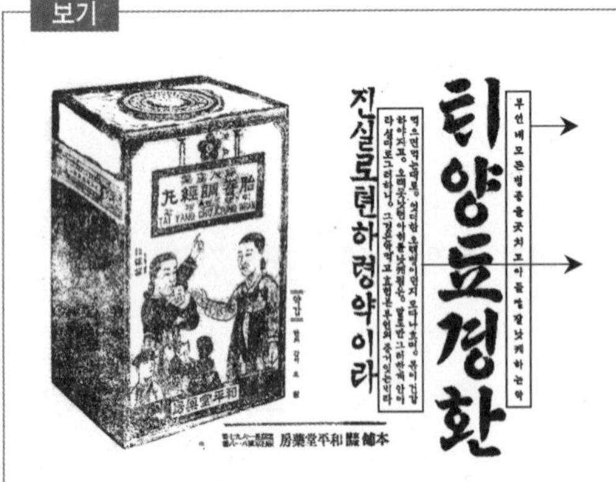

부인네모든병증을곳치고
아들ᄯᅡᆯ잘낫케하는약

먹으면먹는대로。 엇더한 오랜병이던지 모다나흐며。 몸이 건강하야지고。 오래못낫턴 아희를 낫케됨은。 말로만 그러한게 안이라 실디로그러하니。 그것은약먹고 효험본 부인의 증거잇는비라

① 각자 병서가 사용되고 있음을 확인할 수 있다.
② '-던지'의 사용이 현대 국어와 다름을 알 수 있다.
③ 구개음화가 표기에 반영되지 않았음을 알 수 있다.
④ 분철(分綴) 표기가 일반적으로 나타남을 확인할 수 있다.
⑤ 현대 국어와 띄어쓰기의 양상이 다른 것을 확인할 수 있다.

100 〈보기〉의 ㉠~㉤에 대한 반응으로 적절하지 <u>않은</u> 것은?

보기

인터넷 공간의 이슈와 화제를 전해 드리는 인터넷 광장입니다. 제품이 출시될 때 남들보다 먼저 구입해 사용하는 소비자를 '얼리어답터'라고 부르는데요. 국립 국어원은 '얼리어답터'를 대신해 '앞선사용자'를 쓸 것을 제안했습니다. 공모를 통해 누리꾼들로부터 제안 받은 487건 중 누리꾼들의 투표를 받고, 이를 참고하여 위원회에서 결정한 것인데요, 이에 대해 누리꾼들은 "㉠<u>'앞선사용자' 아주 잘 만들었네요. 순화어를 전문가가 일방적으로 결정하는 것보다 좋네요.</u>", "㉡<u>'앞선사용자'의 '앞선'은 우리말 단어 형성법에 어긋나는 것 아닌가요?</u>", "㉢<u>전문가들이 누리꾼들의 의견에 더 귀를 기울였으면 좋겠네요.</u>", "㉣<u>'사용자'도 결국 한자어잖아요. 순우리말 '얼른 지른이'는 어떨까요?</u>", "㉤<u>'앞선사용자'로 바꾸니 오히려 의미가 직접적으로 와 닿지 않는데요.</u>"와 같이 다양한 반응을 보였습니다.

① ㉠: 순화어를 결정할 때에 누리꾼들의 의견을 존중해야 한다는 뜻이 담겨 있군.
② ㉡: 우리말의 단어 형성법에 맞는 순화어를 택하는 것이 좋겠다는 의견이군.
③ ㉢: 소수 누리꾼들의 제안을 비판적으로 수용할 필요가 있다는 것이군.
④ ㉣: 외국어를 다듬고자 할 때에는 순우리말만을 써야 한다는 입장을 드러내었군.
⑤ ㉤: 순화어가 의미 전달에 방해가 되지 않는지 검토할 필요가 있다는 것이군.

[확인 사항]

● 문제지와 답안지에 필요한 내용을 정확히 적었는지 확인하십시오.

수고하셨습니다.

▶▶ 정답과 해설 바로가기 p.134

제41회 셀프 진단표

문항 번호	출제 영역	유형	정답	정답률	약점 체크
001	듣기 · 말하기 15%	사실적 이해	⑤	98%	
002		사실적 이해	③	77.6%	
003		사실적 이해	④	97.6%	
004		사실적 이해	①	97%	
005		추론적 이해	③	34%	
006		추론적 이해	②	96.5%	
007		사실적 이해	①	95.5%	
008		사실적 이해	④	95.1%	
009		추론적 이해	③	83.7%	
010		사실적 이해	④	84.8%	
011		비판적 이해	⑤	92.1%	
012		사실적 이해	⑤	93%	
013		비판적 이해	②	80%	
014		사실적 이해	③	83.3%	
015		추론적 이해	③	90.4%	
016	어휘 · 어법 30%	고유어의 사전적 의미	③	63.5%	
017		한자어의 사전적 의미	④	77.9%	
018		한자어의 문맥적 의미	④	20.7%	
019		한자어의 문맥적 의미	②	62.9%	
020		고유어의 문맥적 의미	②	56.1%	
021		어휘 간의 의미 관계(다의어)	③	97.9%	
022		어휘 간의 의미 관계(유의어)	⑤	81.4%	
023		어휘 간의 의미 관계(상위어, 하위어)	①	50.7%	
024		어휘 간의 의미 관계	②	99.4%	
025		어휘 간의 의미 관계(다의어)	③	23.8%	
026		한자어 표기(독음)	④	77.9%	
027		한자어 표기(독음)	⑤	25.2%	
028		사자성어	④	84.1%	
029		속담	②	83.9%	
030		순화어	③	79.6%	
031		맞춤법	④	95.9%	
032		맞춤법	⑤	54%	
033		맞춤법(사이시옷)	②	50.7%	
034		띄어쓰기	②	43.3%	
035		표준어	①	20.6%	
036		문장 표현	②	36.6%	

문항 번호	출제 영역	유형	정답	정답률	약점 체크
037		문장 표현(중복 표현)	④	92.9%	
038		문장 표현(중의성)	②	82.7%	
039		문법 요소(음운 변동 현상)	②	56%	
040		문법 요소(합성어와 파생어)	②	91.5%	
041		문법 요소(서술어의 자릿수)	④	25.7%	
042		문장 부호	②	45.1%	
043		표준 발음(장단음)	③	36.9%	
044		외래어 표기법	③	18.8%	
045		로마자 표기법	④	62.9%	
046	쓰기 5%	글쓰기 계획	②	98.8%	
047		자료 활용 방안	⑤	91.8%	
048		개요 수정 및 상세화 방안	⑤	88.6%	
049		퇴고	③	97%	
050		논지 전개	②	98.5%	
051	창안 10%	시각 자료를 통한 내용 생성	③	97.9%	
052		시각 자료를 통한 내용 생성	③	97.1%	
053		조건에 따른 내용 생성	③	90.9%	
054		시각 자료를 통한 내용 생성	⑤	98.4%	
055		조건에 따른 내용 생성	⑤	98.5%	
056		조건에 따른 내용 생성	④	97%	
057		조건에 따른 내용 생성	④	97.7%	
058		조건에 따른 내용 생성	④	98.1%	
059		조건에 따른 내용 생성	②	99.2%	
060		조건에 따른 내용 생성	⑤	92.2%	
061	읽기 30%	[현대 시] 작품의 이해와 감상	③	77.5%	
062		[현대 시] 시어의 의미와 기능	①	54.8%	
063		[현대 소설] 작품의 이해와 감상	⑤	96%	
064		[현대 소설] 인물의 심리 및 태도	③	97.3%	
065		[현대 소설] 작품의 이해와 감상	①	97.4%	
066		[학술문－인문] 사실적 이해(정보 확인)	②	96.1%	
067		[학술문－인문] 추론적 이해[구체적(다른) 사례에 적용]	④	93.4%	
068		[학술문－인문] 추론적 이해(생략된 내용 추리)	⑤	86.9%	
069		[학술문－예술] 사실적 이해(정보 확인)	①	88.5%	
070		[학술문－예술] 사실적 이해(전개 방식)	①	96.3%	

문항 번호	출제 영역	유형	정답	정답률	약점 체크
071		[학술문-예술] 추론적 이해(생략된 내용 추리)	③	95.4%	
072		[학술문-과학] 사실적 이해(정보 확인)	⑤	38.7%	
073		[학술문-과학] 추론적 이해(전제 및 근거 추리)	⑤	93.4%	
074		[학술문-사회] 추론적 이해[구체적(다른) 사례에 적용]	③	86.7%	
075		[학술문-사회] 비판적 이해(반응 및 수용)	④	27.9%	
076		[실용문-교술] 사실적 이해(정보 확인)	⑤	98.1%	
077		[실용문-교술] 사실적 이해(정보 확인)	②	96.9%	
078		[실용문-안내문] 추론적 이해[구체적(다른) 사례에 적용]	④	91.7%	
079		[실용문-안내문] 사실적 이해(정보 확인)	③	97.9%	
080		[실용문-안내문] 비판적 이해(반응 및 수용)	⑤	93.3%	
081		[실용문-안내문] 추론적 이해[구체적(다른) 사례에 적용]	④	82.3%	
082		[학술문-평론] 사실적 이해(정보 확인)	⑤	94.6%	
083		[학술문-평론] 추론적 이해(생략된 내용 추리)	④	59.4%	
084		[학술문-평론] 추론적 이해(전제 및 근거 추리)	①	91.9%	
085		[실용문-자료] 사실적 이해(정보 확인)	④	85%	
086		[실용문-자료] 사실적 이해(정보 확인)	⑤	76.5%	
087		[실용문-자료] 사실적 이해(정보 확인)	④	95.5%	
088		[실용문-보도 자료] 사실적 이해(정보 확인)	③	94.6%	
089		[실용문-보도 자료] 사실적 이해(정보 확인)	①	89.4%	
090		[실용문-보도 자료] 비판적 이해(반응 및 수용)	③	54.5%	
091	국어 문화 10%	국어학(문법)	③	65.4%	
092		국어학(문법)	④	87.3%	
093		국어 생활(매체 언어)	②	79.1%	
094		국문학(작품)	②	96.5%	
095		국문학(작가와 작품)	③	31.7%	
096		국어 생활(일상어)	③	33.9%	
097		국어 생활(일상어)	②	45.8%	
098		국어학(북한어)	⑤	27%	
099		국어학(근대 국어)	①	37.8%	
100		국어학(순화어)	③	87.4%	

단 하나의 기출, KBS한국어능력시험 12

초판발행 2017년 2월 3일
4쇄발행 2018년 2월 21일
저 자 KBS한국어진흥원
펴 낸 이 정학동
펴 낸 곳 (주)에듀윌
등록번호 제314-2004-000030호
주 소 08378 서울특별시 구로구 디지털로34길 55
코오롱싸이언스밸리 2차 3층
전 화 02) 2650-3900 Fax 02) 855-0008

ISBN 979-11-5949-322-5(13710)

여러분의 작은 소리
에듀윌은 크게 듣겠습니다.

본 교재에 대한 여러분의 목소리를 들려주세요.
공부하시면서 어려웠던 점, 궁금한 점,
칭찬하고 싶은 점, 개선할 점, 어떤 것이라도 좋습니다.

에듀윌은 여러분께서 나누어 주신 의견을
통해 끊임없이 발전하고 있습니다.

상황별/수준별
KBS한국어능력시험 기출문제집 사용법

START

시험까지 시간과 마음의 여유가 있다.	예	이론부터 문제까지 제대로 공부하면서 고등급을 따고 싶다.	예	D유형
아니요		아니요		
국어는 무념무상의 경지, 모든 것이 새롭다.	예	이론은 조금만, 문풀 연습을 많이 하고 싶다.	예	C유형
아니요		아니요		
어느 정도 국어 지식이 있고, 단기 암기에 자신 있다.	아니요	암기에 약해서 유형 훈련을 통해 보완하고 싶다.	예	B유형
			예	A유형

A유형 시간부족 전략형	B유형 시간부족 유형 공략형	C유형 제대로 문풀훈련형	D유형 제대로 고등급형
2주끝장 2.0	2주끝장 2.0 +딱! 풀어보기!	2주끝장 2.0 +딱! 풀어보기! +기출문제집	한권끝장 +딱! 풀어보기! +기출문제집

KBS한국어능력시험 판매 1위

에듀윌이 출간한 단 하나의 기출문제집

《KBS한국어능력시험 2주끝장》(YES24 2015년 4월 ~ 2018년 1월 기준)

단 하나의 기출

국/가/공/인/자/격

KBS 한국어 능력시험 ⑫

기출은 반복된다!

반복되는 기출을 잡는
결정적 기출문제집

펴낸곳	(주)에듀윌
펴낸이	정학동
출판총괄	남영택
개발책임	김기임
개발	박정미, 김소라
디자인	김소진, 오홍열, 장미례, 허영화 윤인아
품질책임	김경민, 최민근
출판마케팅	박호진, 김성수, 김상민, 김하경 김용은, 신나리, 이준호, 김희림
주소	서울시 구로구 디지털로34길 55 코오롱싸이언스밸리 2차 3층
대표전화	02)2650-3900
등록번호	제314-2004-000030호

KBS한국어진흥원 & 에듀윌

독 점 출 간

단 하나의 기출

국/가/공/인/자/격

KBS 한국어 능력시험

KBS한국어진흥원 지음

12

제44, 43, 42, 41회

기출분석 해설집

| 기출분석 해설집 | 최신기출 유형해설 | 회별 성적분석 결과 | 전 문항 100% 문항분석

☑ 듣기 MP3 파일: 에듀윌 도서몰(book.eduwill.net) 도서자료실에서 무료 다운로드(도서 구매자에 한함)

☑ OMR 카드 | 오답 노트 수록

대한민국 평생교육 No.1 에듀윌

제44회 빠른 정답 확인

문항번호	정답	문항번호	정답	문항번호	정답	문항번호	정답	문항번호	정답
1	④	21	③	41	②	61	④	81	④
2	⑤	22	①	42	⑤	62	③	82	①
3	③	23	③	43	⑤	63	⑤	83	⑤
4	②	24	②	44	④	64	③	84	④
5	②	25	①	45	③	65	③	85	⑤
6	③	26	②	46	⑤	66	⑤	86	③
7	②	27	②	47	④	67	②	87	⑤
8	③	28	②	48	②	68	③	88	④
9	②	29	④	49	③	69	④	89	③
10	②	30	③	50	①	70	④	90	④
11	③	31	②	51	⑤	71	⑤	91	③
12	④	32	④	52	②	72	③	92	③
13	③	33	①	53	③	73	③	93	②
14	⑤	34	⑤	54	⑤	74	③	94	④
15	④	35	②	55	④	75	④	95	①
16	①	36	①	56	④	76	②	96	②
17	③	37	④	57	①	77	③	97	④
18	③	38	①	58	③	78	④	98	④
19	②	39	③	59	④	79	③	99	②
20	⑤	40	①	60	③	80	④	100	②

제43회 빠른 정답 확인

문항번호	정답	문항번호	정답	문항번호	정답	문항번호	정답	문항번호	정답
1	①	21	③	41	④	61	③	81	②
2	③	22	③	42	③	62	⑤	82	⑤
3	④	23	①	43	⑤	63	②	83	④
4	④	24	④	44	③	64	②	84	④
5	②	25	②	45	④	65	⑤	85	③
6	②	26	③	46	③	66	④	86	③
7	⑤	27	⑤	47	④	67	③	87	⑤
8	②	28	③	48	②	68	③	88	⑤
9	④	29	④	49	②	69	③	89	①
10	③	30	③	50	③	70	③	90	③
11	②	31	②	51	②	71	②	91	⑤
12	①	32	③	52	③	72	②	92	⑤
13	⑤	33	⑤	53	⑤	73	①	93	①
14	②	34	①	54	③	74	④	94	④
15	④	35	⑤	55	②	75	④	95	③
16	③	36	③	56	②	76	①	96	②
17	②	37	④	57	④	77	③	97	②
18	③	38	⑤	58	④	78	⑤	98	⑤
19	④	39	①	59	①	79	②	99	③
20	①	40	③	60	④	80	②	100	⑤

제42회 빠른 정답 확인

문항번호	정답	문항번호	정답	문항번호	정답	문항번호	정답	문항번호	정답
1	④	21	②	41	⑤	61	②	81	⑤
2	②	22	②	42	⑤	62	⑤	82	③
3	③	23	③	43	③	63	③	83	③
4	②	24	②	44	①	64	④	84	②
5	①	25	①	45	①	65	⑤	85	③
6	④	26	①	46	①	66	②	86	⑤
7	④	27	③	47	④	67	③	87	④
8	③	28	③	48	⑤	68	③	88	③
9	③	29	③	49	⑤	69	①	89	④
10	⑤	30	③	50	③	70	③	90	⑤
11	③	31	①	51	⑤	71	④	91	⑤
12	④	32	④	52	④	72	②	92	⑤
13	②	33	③	53	⑤	73	⑤	93	②
14	②	34	④	54	②	74	②	94	③
15	②	35	②	55	⑤	75	⑤	95	③
16	②	36	②	56	④	76	①	96	①
17	④	37	③	57	④	77	③	97	⑤
18	②	38	⑤	58	②	78	②	98	④
19	④	39	③	59	④	79	③	99	③
20	②	40	③	60	⑤	80	③	100	④

제41회 빠른 정답 확인

문항번호	정답	문항번호	정답	문항번호	정답	문항번호	정답	문항번호	정답
1	⑤	21	③	41	④	61	③	81	④
2	③	22	⑤	42	②	62	①	82	⑤
3	④	23	①	43	③	63	⑤	83	④
4	①	24	②	44	③	64	③	84	①
5	③	25	③	45	④	65	①	85	④
6	②	26	④	46	②	66	②	86	⑤
7	①	27	⑤	47	⑤	67	④	87	④
8	④	28	④	48	⑤	68	⑤	88	③
9	③	29	②	49	③	69	①	89	①
10	④	30	③	50	②	70	①	90	③
11	⑤	31	④	51	③	71	③	91	③
12	⑤	32	⑤	52	③	72	⑤	92	④
13	②	33	②	53	③	73	⑤	93	②
14	③	34	②	54	⑤	74	③	94	②
15	③	35	①	55	⑤	75	④	95	③
16	③	36	②	56	④	76	⑤	96	③
17	④	37	④	57	④	77	②	97	②
18	④	38	②	58	④	78	④	98	⑤
19	②	39	②	59	②	79	③	99	①
20	②	40	②	60	⑤	80	⑤	100	③

단 하나의 기출

국/가/공/인/자/격

KBS 한국어 능력시험

제44, 43, 42, 41회

기출분석 해설집

대한민국 평생교육 No.1
에듀윌

이 책의 차례

기출문제집

기출분석 해설집

| 2016년 10월 09일 시행 |

제44회
KBS 한국어능력시험

정답과 해설

2016년 10월 09일 시행

제44회 성적 분석 결과

2016년 10월 9일, 4,565명이 응시한 **제44회 〈KBS한국어능력시험〉**의 원점수 평균점은 100점 만점에 75.55점, 표준 편차는 9.05로 나타났다.

제44회 〈KBS한국어능력시험〉의 영역별 평균 점수를 살펴보면, **문법 영역**이 17.57점(30점 만점), **이해 영역**이 34.69점(40점 만점), **표현 영역**이 8.44점(10점 만점), **창안 영역**이 9.19점(10점 만점), **국어 문화 영역**이 5.66점(10점 만점)이었다.

제44회 등급별 성적 분석

등급	인원	비율
1급	50명	1.10%
2+급	187명	4.10%
2-급	448명	9.81%
3+급	733명	16.06%
3-급	764명	16.74%
4+급	1,256명	27.51%
4-급	467명	10.23%
무급	660명	14.46%
합계	4,565명	100.00%

국가공인 자격증 발급 (1급 ~ 4+급)

[등급별 인원 분포]

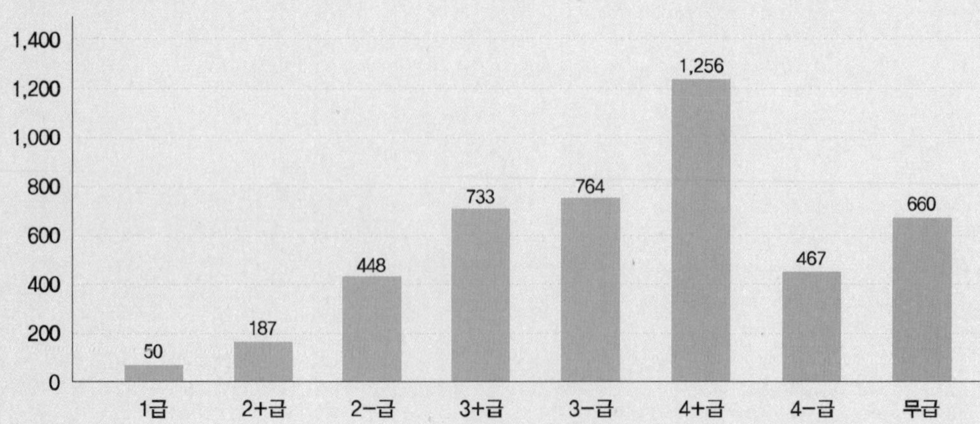

제44회 영역별 성적 분석

	문법	이해	표현	창안	문화	원점수
평균	17.57	34.69	8.44	9.19	5.66	75.55
표준 편차	3.59	4.13	1.18	1.08	1.85	9.05
만점	30.00	40.00	10.00	10.00	10.00	100.00
최고점	27.00	40.00	10.00	10.00	10.00	94.00
최저점	0.00	0.00	0.00	0.00	0.00	0.00

[원점수 분포]

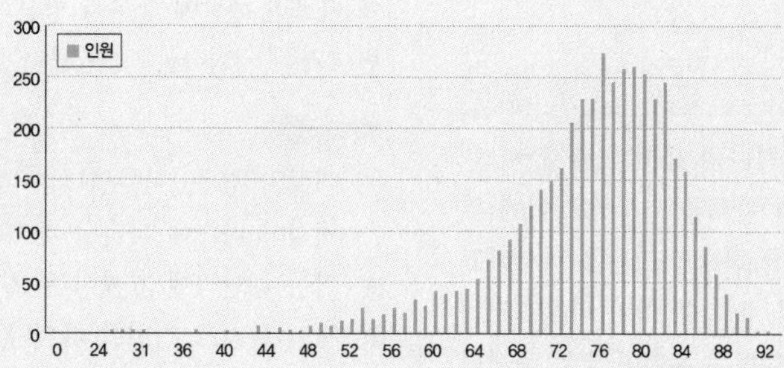

[영역별 점수 분포]

① 문법 영역 점수 분포

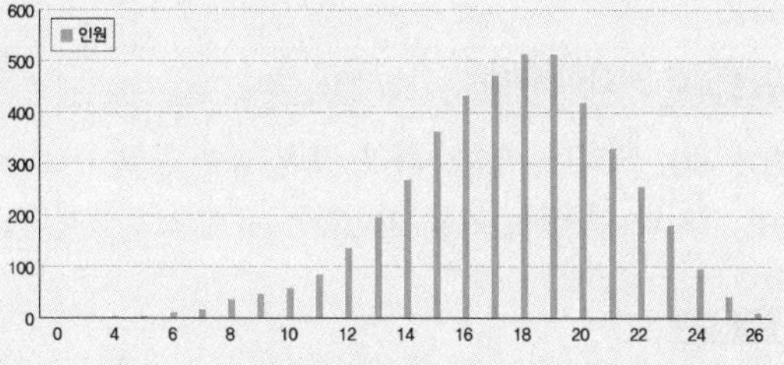

② 이해 영역 점수 분포

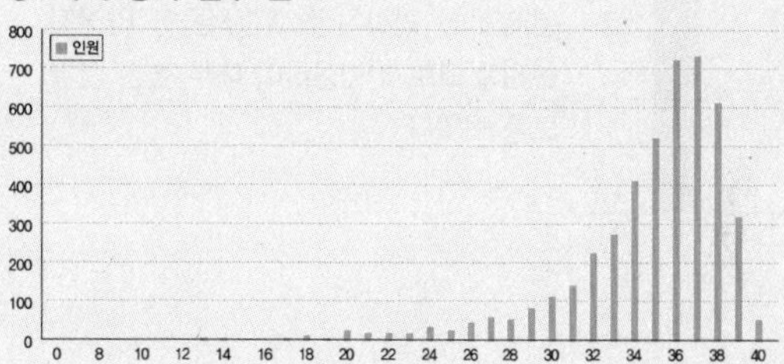

③ 표현 영역 점수 분포

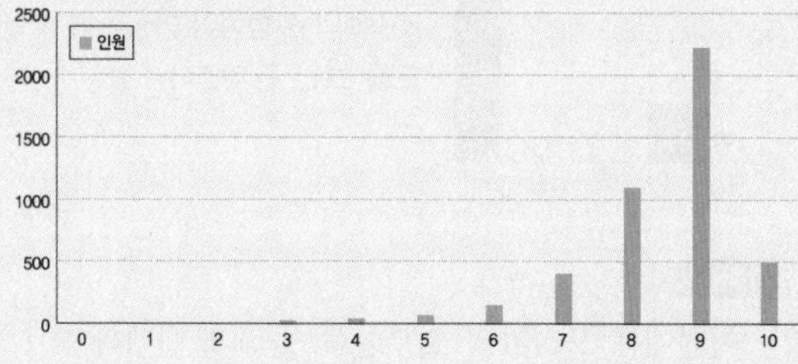

④ 창안 영역 점수 분포

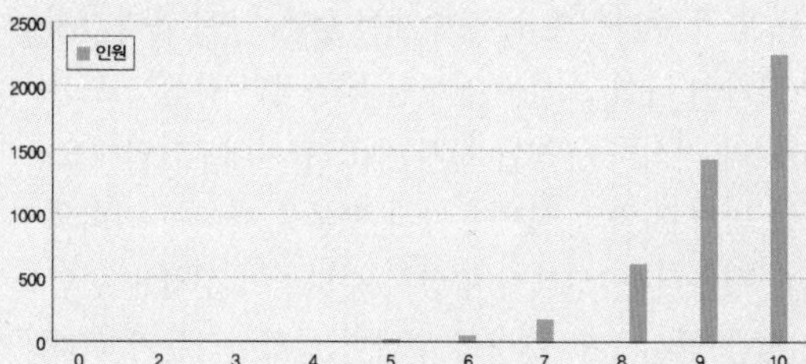

⑤ 문화 영역 점수 분포

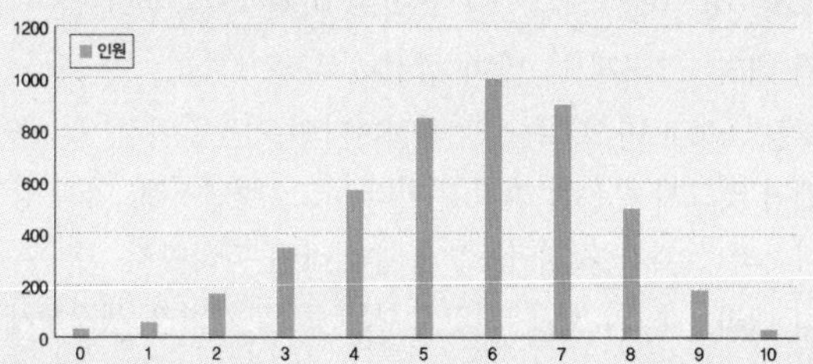

제44회 정답과 해설

최신기출 유형해설로 출제의 흐름을 파악하세요!

듣기·말하기 001번~015번

기출문제집 p.15

001	④	002	⑤	003	③	004	②	005	②
006	③	007	②	008	③	009	②	010	②
011	③	012	④	013	③	014	⑤	015	④

001 ④

유형 해설 **사실적 이해**

1~5번 문제는 하나의 듣기 지문에 하나의 문제가 출제된다. 1번 문제는 사진이나 그림 등의 시각 자료를 제시하고 이에 부합하는 답을 고르는 문제가 출제된다. 하나의 그림을 제시하고 그에 대한 설명이 옳은지 묻는 유형, 선지에 각기 다른 5개의 그림을 제시하고 그중 옳은 것을 선택하는 유형이 교차 출제되고 있다.

문항 분석 답지반응률 확인!!

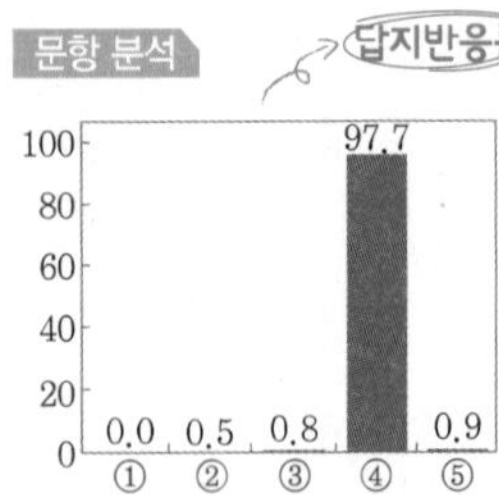

수험생의 97.7%가 정답지를 고른 쉬운 문제였다. 최하위권 수험생들이 나머지 선지에 고르게 반응하여 매우 높은 변별도를 보였다.

듣기 대본

1번. 먼저 봉수제에 대한 설명을 들려 드립니다.

오늘은 봉수제에 대해서 말씀드리겠습니다. 봉수제에서 봉은 횃불 봉, 수는 연기 수자인데요, 봉수제는 높은 산에 올라가서 횃불을 피워 국가의 급한 소식을 전하던 전통적인 통신 제도를 말합니다. 봉수의 격식이 규정된 시기는 고려 시대부터인데요, 적이 접근하는 변경 지역의 정세에 따라 횃불을 올리는 거화의 숫자를 정하게 됐습니다. 그래서 평상시 주민들이 생업에 편안히 종사하고 있을 때는 1거, 변방이 위급한 상황이라든가 사태의 추이가 험악하게 진전될 때는 2거, 적이 침입해 머지않아 전투가 시작되려고 할 때에는 3거, 적과 아군이 접전해 전황이 급박한 상황에는 4거를 거화하게 했죠. 조선 시대에는 임진왜란을 거치면서 봉수제가 기존의 4구분법에서 5구분법으로 더 세분화됐고 해상과 육상을 구분해 거화를 하게 했습니다. 그래서 해상의 경우에는 아무런 일이 없을 때는 1거, 왜적이 바다에 나타나면 2거, 해안가에 가까이 오면 3거, 우리 병선과 접전해 전투가 벌어지면 4거, 육지로 침입하면 5거를 거화했고요, 육지의 경우에는 적이 국경 밖에 나타나면 2거, 변경에 가까이 오면 3거, 국경을 침범하면 4거, 우리 군사와 접전하면 5거를 거화하도록 했습니다.

정답 해설

그림에 대한 사실적 정보를 전달하는 설명을 듣고 그 내용을 정확히 이해하였는지 평가하기 위한 문제로, 정답은 ④이다. 설명에 따르면 해상에서 우리 병선과 적선이 접선해 전투가 벌어지면 4거를 거화하는 것이 옳다.

오답 해설

① 해상의 경우, 아무런 일이 없을 때이다.
② 왜적이 바다에 나타날 때이다.
③ 적이 해안가에 가까이 왔을 때이다.
⑤ 적이 육지로 침입할 때이다.

▶ **대본 출처** 네이버 지식백과(한국민족문화대백과), 「봉수(烽燧)」, 한국중앙연구원

002 ⑤

유형 해설 **사실적 이해**

2번 문제는 드라마, 영화, 회의, 토론 등을 듣고 등장인물의 생각이 선지와 일치하는지를 확인하는 유형으로 출제되고 있다.

문항 분석

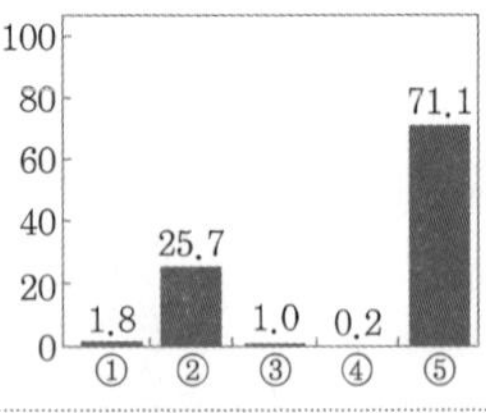

수험생의 71.1%가 정답지를 고른 보통 난이도의 문제였다. 매력적인 오답인 ②에 25.7%의 수험생이 반응하여 적절한 변별도를 보인 문제였다.

듣기 대본

2번. 이번에는 드라마의 일부분을 들려 드립니다.

김 대리: (커피 내려놓으며) 부장님. 커피 한 잔 드세요.
부장: 어, 어. 그 부장님 소리도 이제 다음 주면 끝이야.
김 대리: 그러게요. 많이 섭섭하시죠?
부장: (커피 마시고는) 안 섭섭하나면 거짓말이지. 첫 출근의 설렘이 엊그제 같은데 벌써 흰머리 나고, 정년이래. 아직 짱짱한데, 나가라니 기가 차지만, 그게 순리라면 따라야지. 별 수 있어?
김 대리: 제2의 삶을 시작하시는 좋은 기회라 생각하세요.

부장: 제2의 삶이라……. 참, 아까 김 대리 앞으로 꽃다발 하나 왔던데. 웬 거야?
김 대리: 아~ 그거요? 오늘이 첫 결혼기념일이거든요. 그래서 와이프한테 선물로 돈 꽃다발을 만들어 주려고요. 완전 감동하겠죠?
부장: (기가 찬) 참. 별 거 다 하네. 요즘 젊은 사람들은 다 그래?
김 대리: 뭐, 다 그렇지는 않겠지만, 나름 신경 쓰긴 하죠. 부장님은 결혼기념일에 뭐 하셨어요? 인생 선배시니까 저한테 팁 좀 주세요.
부장: 낯간지럽게 뭘 그런 걸. 우리 정도 되면 무덤덤해져. 지금이야 아직 젊고 신혼이니까 그렇지. 조금만 더 살아봐. 살면서 챙길 게 얼마나 많은데 그런 거까지 일일이 다 챙겨, 안 그래?
김 대리: 에이, 부장님은 여자를 너무 모르신다. 그간 사모님께서 많이 서운해 하셨겠는데요?
부장: 그 사람, 그런 사람 아냐.
김 대리: 표현을 안 하셔서 그렇지, 속으론 엄청 섭섭해 하셨을 걸요. 올해가 몇 주년이신데요?
부장: (골똘히) 글쎄……. 올해가 몇 주년이더라? 헷갈리네.

정답 해설

드라마에 제시된 대화를 듣고 등장인물이 지닌 생각을 사실적으로 이해하는 능력을 평가하는 문제로, 정답은 ⑤이다. 김 대리는 부장의 질문에 답하며, 젊은 사람들 모두가 결혼기념일을 챙기는 것은 아니라고 언급하였으므로, ⑤는 김 대리의 생각과 일치하지 않는다.

오답 해설

① 부장의 말 중 "아직 짱짱한데, 나가라니 기가 차지만, 그게 순리라면 따라야지. 별 수 있어?"라고 말한 부분에서 알 수 있다.
② 부장의 말 중 "낯간지럽게 뭘 그런 걸."라고 말한 부분에서 확인할 수 있다.
③ 부장의 말 중 "조금만 더 살아봐. 살면서 챙길 게 얼마나 많은데 그런 거까지 일일이 다 챙겨, 안 그래?"라고 말한 부분에서 확인할 수 있다.
④ 김 대리의 말 중 "에이, 부장님은 여자를 너무 모르신다. 그간 사모님께서 많이 서운해 하셨겠는데요?"라고 말한 부분에서 확인할 수 있다.

▶ **대본 출처** KBS무대(2016.07.16. 05:50-08:00), 「관계자 출입금지」

003 ③

유형 해설 사실적 이해

3번 문제는 인문, 예술, 과학, 건강, 문학 등 다양한 분야에 대한 듣기 지문을 듣고 정보를 확인하는 유형으로 출제되고 있다.

문항 분석

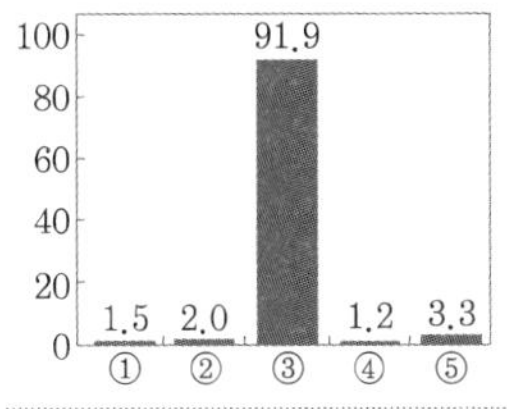

수험생의 91.9%가 정답지를 고른 쉬운 문제였다. 최하위권 수험생들이 나머지 선지에 고르게 반응하여 높은 변별도를 보였다.

듣기 대본

3번. 다음은 고전의 일부분을 들려 드립니다.
한 점의 불티가 만경(萬頃)의 숲을 태우고, 반 마디 그릇된 말이 평생 쌓은 덕을 허물어뜨린다. 몸에 실 한 오라기를 감았으니 항상 베 짜는 여인의 수고스러움을 생각하고, 하루 세 끼니의 밥을 먹거든 늘 농부의 수고를 생각하라. 구차하게 탐내고 시기하여 남에게 손해를 끼친다면, 끝내 10년의 편안함도 없을 것이요, 선(善)을 쌓고 인(仁)을 보존한다면 반드시 후손들에게 영화가 있으리라. 행복과 경사는 선행을 쌓는 데서 생긴다. 범인의 경지를 초월해서 성인의 경지에 들어가는 것은 모두 진실로써 얻어지는 것이다.

정답 해설

고전의 내용을 듣고 언급되지 않은 내용을 식별하고 들은 내용을 사실적으로 확인하는 능력을 평가하기 위한 문제이다. 정답은 ③으로 고전의 내용에 따르면, '한 점의 불티', '반 마디 그릇된 말'과 같이 작은 실수 하나가 감당할 수 없을 정도의 결과를 가져 온다고 하였으므로 '작은 실수 하나에 연연해서는 안 된다.'는 내용은 어울리지 않는다.

오답 해설

① "선(善)을 쌓고 인(仁)을 보존"해야 한다고 하였으므로 고전의 가르침으로 볼 수 있다.
② "반 마디 그릇된 말이 평생 쌓은 덕을 허물어뜨린다."라고 하였으므로 역시 고전의 가르침으로 볼 수 있다.
④ "몸에 실 한 오라기를 감았으니 항상 베 짜는 여인의 수고스러움을 생각하고, 하루 세 끼의 밥을 먹거든 늘 농부의 수고를 생각하라."고 하였으므로 고전의 가르침과 상통한다.
⑤ "구차하게 탐내고 시기하여 남에게 손해를 끼친다면, 편안함도 없을 것"이라고 하였으므로 역시 고전의 가르침으로 볼 수 있다.

▶ **대본 출처** 『명심보감』, 「성심 편」

004 ②

유형 해설 사실적 이해

4번 문제는 3번과 동일하게 인문, 예술, 과학, 건강, 문학 등 다양한 분야의 주제에 대한 정보를 확인하는 유형으로 출제되고 있다.

문항 분석

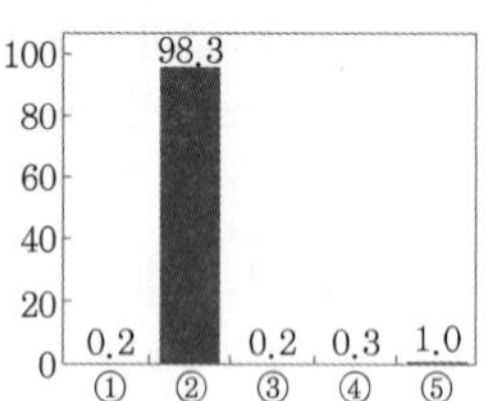

수험생의 98.3%가 정답지를 고른 매우 쉬운 문제였다. 최하위권 수험생들이 나머지 선지에 고르게 반응하여 매우 높은 변별도를 보였다.

듣기 대본

4번. 이번에는 건강 강연을 들려 드립니다.

오늘은 간염에 대해 말씀드리겠습니다. 간염은 바이러스 종류에 따라 A, B, C형으로 나눌 수 있는데요, A형 간염은 만성 간염으로 진행되지 않고 6개월 이내에 증상이 없어집니다. 하지만 B형, C형 간염의 경우는 만성 간염으로 진행돼 간 경변이나 간암으로 발전하고 6개월 이상 지속적으로 간에 염증이 생깁니다. A형 간염은 주로 감염자의 대변으로 인해 오염된 물이나 음식물 등을 섭취해 감염되는 반면에 B형, C형 간염은 주로 감염자의 혈액에 접촉해 감염됩니다. A형 간염은 갑자기 열이 발생하는 증상이 나타나고 B형 간염은 전신이 쇠약하거나 피로감, 무력증을 느끼는 증상이 있지만 C형 간염은 대부분 증상을 느끼지 못합니다. A, B형 간염은 예방 백신이 있지만 C형 간염은 아직 예방 백신이 없습니다. 그래서 C형 간염에 감염됐다면 간의 초기 섬유화가 진행되기 전에 바이러스를 없애는 것이 중요하죠. 아직까지 A형 간염 바이러스를 치료하는 약은 개발되지 않았고요, 증상을 완화시키기 위한 대증 요법이 주된 치료 방법입니다. B형 간염에 걸린 경우 B형 간염 바이러스를 제거하는 항바이러스제 같은 치료 약제를 투여하고요, C형 간염에 걸리면 페그인터페론과 같은 치료 약제를 24주 이상 투여해 C형 간염 바이러스를 제거합니다.

정답 해설

건강 강연과 같이 정보 전달을 목적으로 한 강연의 내용을 듣고 그 내용을 사실적으로 이해하는 능력을 평가하는 문제이다. 정답은 ②로 강연의 내용에 따르면, 'C형 간염'은 감염자의 '타액'이 아니라 '혈액'에 의해 감염된다고 설명하고 있다.

▶ **대본 출처** 네이버 지식백과, 「A, B, C형 간염(hepatitis A, B, C)」(서울대학교병원 의학정보)

005 ②

유형 해설 추론적 이해

5번 문제는 문학 작품을 듣고 주제, 중심 소재, 시적 화자의 정서 등을 파악하는 유형으로 출제되고 있다.

문항 분석

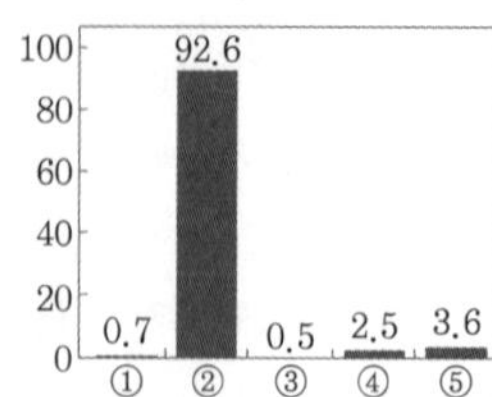

수험생의 92.6%가 정답지를 고른 매우 쉬운 문제였다. 최하위권 수험생들이 나머지 선지에 고르게 반응하여 적절한 변별도를 보였다.

듣기 대본

5번. 다음은 시 한 편을 들려 드립니다.

그에게는 계급이 없습니다.
그는 세상에서 가장 좁은 동굴이며
구름의 속도로 먼 길을 걸어온 수행자입니다.
궤도를 이탈한 적 없는 그가 걷는 길은
가파른 계단이거나 어긋난 교차로입니다.
지하철에서부터 먼 풍경을 지나
검은 양복 즐비한 장례식장까지
그는 나를 짐승처럼 끌고 왔습니다.
오늘 나는 기울기가 삐딱한 그를 데리고
수선 가게에 갔다가 그의 습성을 알았습니다.
그는 상처의 흔적을 숨기기 좋아하고
내가 그의 몸을 닮게 해도 불평하지 않습니다.
나는 그와 정면으로 마주한 적은 없지만
가끔 그는 코를 치켜들기 좋아합니다.

정답 해설

시를 듣고 시의 중심 소재가 무엇인지 추론하는 능력을 평가하는 문제로, 정답은 ②이다. 제시된 시에서 '그'는 "세상에서 가장 좁은 동굴"이라는 표현을 통해 그 생김새가 드러났으며, 시적 화자를 끌고 다니고 내가 그의 몸을 닮게 해도 불평하지 않으며, 수선 가게에 가서 그의 습성을 알았다는 표현을 통해 '그'가 '구두'라는 것을 추론할 수 있다.

▶ **대본 출처** 김성태, 「검은 구두」

006 ③

유형 해설 추론적 이해

6번~15번 문제는 듣기와 말하기가 혼합되어 하나의 지문에 두 문제가 출제된다. 이 유형에서는 강연, 논설문, 뉴스, 인터뷰 등이 듣기 지문으로 많이 등장하고, '중심 내용 + 이어질 말', '중심 내용 + 말하기 전략', '강연의 내용과 일치하는 것 + 말하기 전략', '내용의 적용 + 이어질 말' 등의 구성으로 출제되고 있다. 6번 문제는 7번 문제와 동일한 듣기 지문을 듣고 푸는 유형으로, 듣기 문제로 출제되고 있다.

문항 분석

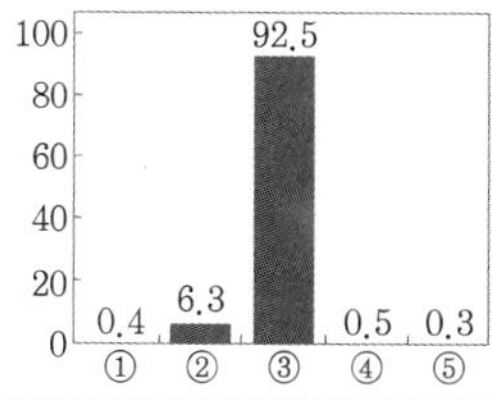

수험생의 92.5%가 정답지를 고른 매우 쉬운 문제였다. 최하위권 수험생들이 나머지 선지에 고르게 반응하여 적절한 변별도를 보였다.

듣기 대본

이번에는 뉴스 보도를 들려 드립니다. 6번은 듣기 문항, 7번은 말하기 문항입니다.

앵커 멘트: 평지를 걷는 것과 계단을 오르는 것 중, 어떤 것이 운동 효과가 더 클까요? 심폐 기능까지 높여 주는 계단 오르기가 2배 이상 효과가 크다고 하는데요, 하루에 네 개 층만 걸어 올라가도 기대 이상의 효과를 얻을 수 있다고 합니다. 이세호 의학 전문 기자가 자세히 전해 드립니다.

기자 멘트: 매일 계단을 네 개 층만 걸어 올라가도 사망 위험을 3분의 1가량 낮출 수 있다는 연구 결과가 나왔습니다. 실제로 그러한지 평지 걷기와 계단 오르기의 운동 효과를 실험을 통해 직접 비교해 보았습니다. 빠르게 평지를 걸을 때에는 분당 산소 섭취량, 이른바 에너지 소모량이 14.4인 반면, 계단 오르기에서는 31.3으로 2배 이상 늘어납니다. 심장 박동 수도 97회에서 147회로 50%p 이상 증가합니다. 계단 오르기는 중력을 거슬러 올라가야 하는 운동인 만큼, 다리 근육이 지속적으로 움직이고 심장이 더 빨리 뛰어 유산소 운동이 활발히 일어나기 때문입니다. 미국 하버드 의대 연구팀의 연구 결과에 따르면, 매일 적어도 여든 개의 계단, 네 개 층 이상 오르는 사람이, 앉아서 생활하는 사람보다 심혈관 질환 사망 위험이 33%p 낮은 것으로 나타났습니다. 매일 2㎞를 걷는 사람과 비교해도 사망 위험은 22%p 더 낮게 나타났습니다. 의학 전문가의 말을 들어보겠습니다.

전문가 인터뷰: "계단을 오르면 체지방 감소, 체내 지질량의 감소로 혈관이 더욱 건강해지게 됩니다. 이와 같은 심폐 기능의 호전이 결국 사망 위험을 줄여 주는 효자 역할을 하는 것이지요."

기자 멘트: 계단을 오를 때에 한 층은 빠르게, 다음 층은 느리게 오르는 등 계단을 오를 때 속도에 변화를 주면 자율 신경을 자극해 운동 효과를 더 높일 수 있습니다. 또한 계단을 오를 때에 운동량을 높이려는 젊은이들은 발바닥 절반으로, 균형 감각이 떨어지는 노인이라면, 발바닥 전체로 계단을 딛는 게 좋다고 합니다.

정답 해설

뉴스 보도의 내용을 근거로 하여 매체를 바르게 활용할 수 있는지를 평가하기 위한 문제로, 정답은 ③이다. ③은 계단을 오르는 올바른 자세와 잘못된 자세를 나타내는 자료이다. 마지막 기자 멘트에서 계단을 오르는 자세를 언급하고 있기는 하지만, 전달하고자 하는 핵심 내용은 아니므로 실제 방송에서 사용하지 않았을 것이라는 추측을 할 수 있다.

오답 해설

① "미국 하버드 의대 연구 결과, 매일 적어도 여든 개의 계단, 네 개 층 이상 오르는 사람이, 앉아서 생활하는 사람보다 심혈관 질환 사망 위험이 33%p 낮은 것으로 나타났습니다. 매일 2km를 걷는 사람과 비교해도 사망 위험은 22%p 더 낮게 나타났습니다."에서 확인할 수 있다.

② "계단 오르기는 중력을 거슬러 올라가야 하는 운동인 만큼, 다리 근육이 지속적으로 움직이고"에서 확인할 수 있다.

④ "빠르게 평지를 걸을 때에는 분당 산소 섭취량, 이른바 에너지 소모량이 14.4인 반면, 계단 오르기에서는 31.3으로 2배 이상 늘어납니다."에서 확인할 수 있다.

⑤ "심장 박동 수도 97회에서 147회로 50%p 이상 증가합니다."에서 확인할 수 있다.

▶ **대본 출처** KBS 뉴스, 「하루 계단 네 개 층 오르면 사망 위험 33%p 낮춘다」(http://news.kbs.co.kr/news/view.do?ncd=3332284&ref=A)를 재구성해 출제함.

007 ②

유형 해설 사실적 이해

7번 문제는 6번 문제와 동일한 듣기 지문을 듣고 푸는 문제로, 화자의 말하기 전략에 대해 묻는 유형으로 출제되고 있다.

문항 분석

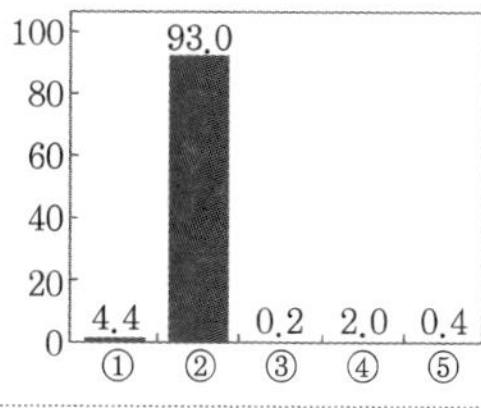

수험생의 93%가 정답지를 고른 매우 쉬운 문제였다. 최하위권 수험생들이 나머지 선지에 고르게 반응하여 매우 높은 변별도를 보였다.

정답 해설

뉴스 보도의 내용을 바르게 이해하였는지를 파악하는 문제로, 정답은 ②이다. 일반인의 통념을 드러내는 인터뷰는 뉴스 보도에 제시되어 있지 않다.

오답 해설

① "평지를 걷는 것과 계단을 오르는 것 중, 어떤 것이 운동 효과가 더 클까요? 심폐 기능까지 높여 주는 계단 오르기가 2배 이상 효과가 크다고 하는데요, 하루에 네 개 층만 걸어 올라가도 기대 이상의 효과를 얻을 수 있다고 합니다."에서 확인할 수 있다.

③ "빠르게 평지를 걸을 때에는 분당 산소 섭취량, 이른바 에너지 소모량이 14.4인 반면, 계단 오르기에서는 31.3으로 2배 이상 늘어납니다. 심장 박동 수도 97회에서 147회로 50%p 이상 증가합니다."에서 확인할 수 있다.

④ "미국 하버드 의대 연구 결과, 매일 적어도 여든 개의 계단, 네 개 층 이상 오르는 사람이, 앉아서 생활하는 사람보다 심혈관 질환 사망 위험이 33%p 낮은 것으로 나타났습니다."에서 확인할 수 있다.

⑤ "계단을 오르면 체지방 감소, 체내 지질량의 감소로 혈관이 더욱 건강해지게 됩니다. 이와 같은 심폐 기능의 호전이 결국 사망 위험을 줄여 주는 효자 역할을 하는 것이지요."에서 확인할 수 있다.

008 ③

유형 해설 사실적 이해

8번 문제는 9번 문제와 동일한 듣기 지문을 듣고 푸는 문제로, 듣기 문제로 출제되고 있다.

문항 분석

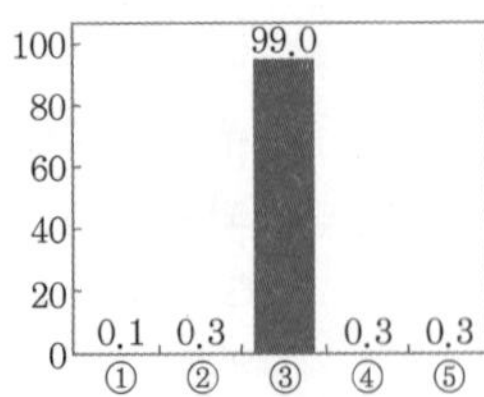

수험생의 99%가 정답지를 고른 매우 쉬운 문제였다. 최하위권 수험생들이 나머지 선지에 고르게 반응하여 매우 높은 변별도를 보였다.

듣기 대본

다음은 이야기 한 편을 들려 드립니다. 8번은 듣기 문항, 9번은 말하기 문항입니다.

쌍둥이 두 아들과 살아가던 어머니가 어느 날 밖에 외출한 사이 집에 불이 났습니다. 밖에서 돌아온 어머니는 불구덩이에 뛰어들어 두 아들을 이불에 싸안고 나왔습니다. 아이들은 무사했지만 어머니는 온몸에 심한 화상을 입고 다리를 다쳐 절게 되었습니다. 그때부터 어머니는 거지가 되어 구걸을 하며 두 아들을 어렵게 키웠습니다. 어머니의 눈물 어린 온갖 희생 덕분에 큰아들과 작은아들 모두 서로 다른 명문 대학에 각각 수석으로 입학하게 되었습니다.

세월이 흘러 어느덧 두 아들이 대학을 졸업하게 되었습니다. 졸업하는 아들을 보고 싶은 어머니는 먼저 큰아들이 졸업하는 대학에 다리를 절며 찾아갔습니다. 수석으로 졸업하게 된 큰아들은 졸업 후 큰 회사에 들어가기로 약속이 되어 있었습니다. 아들은 수위실 근처에서 아들을 찾고 있는 어머니를 발견하고는 수많은 귀빈들이 모이는 자리에 남루한 어머니가 오시는 것이 부끄러웠습니다. 그래서 수위실에 아들이 졸업식장에 없다고 전달하라고 했습니다. 어머니는 수위 아저씨로부터 아들의 말을 전해 듣고 몹시 실망하여 슬픈 마음으로 발걸음을 돌렸습니다.

큰아들에게서 버림받은 어머니는 서러움이 복받쳐 죽을 결심을 했습니다. 죽기 전에 작은아들 얼굴만이라도 보고 싶어 작은아들이 졸업하는 대학을 찾았습니다. 하지만 차마 들어가지 못하고 교문 밖에서 발길을 돌렸습니다. 그때 마침! 어머니의 모습을 발견한 작은아들이, 절뚝거리며 황급히 자리를 떠나는 어머니를 큰 소리로 부르며 달려 나왔습니다. 그리고 어머니를 들쳐업고 학교 안으로 들어갔습니다. 어머니가 "사람을 잘못 봤소." 라고 소리쳤지만 아들은 어머니를 졸업식장 귀빈석 한가운데에 앉혔습니다. 값비싼 귀금속으로 치장한 귀부인들이 수군거리자 어머니는 몸 둘 바를 몰랐습니다. 수석으로 졸업하는 작은아들이 답사를 하면서 귀빈석에 초라한 몰골로 앉아 있는 어머니를 가리키며 자신을 불속에서 구해 내고, 온갖 고생을 하며 공부를 시킨 어머니의 희생을 설명했습니다. 그러자 졸업식에 참석했던 사람들의 눈에는 감동의 눈물이 고였습니다.

이 소식은 곧 신문과 방송을 통해 전국에 알려지게 되었고 작은아들은 큰 회사 사장의 사위가 되었습니다. 하지만 어머니를 부끄러워한 큰아들은 입사가 취소되고 말았습니다.

정답 해설

이야기의 내용을 듣고 사실적으로 이해하는 능력을 평가하기 위한 문제로, 정답은 ③이다. 이야기의 내용에 따르면, 어머니가 아들이 부끄러워할까봐 거짓말을 한 졸업식장은 작은아들의 졸업식장이다. 어머니는 큰아들의 졸업식장에서는 자신을 모른 체하며 외면한 큰아들에게 배신감과 충격을 느낀 것으로 제시되어 있다.

▶ **대본 출처** 좋은글, 「세상에서 가장 강한 사람, 어머니」(http://www.joungul. co.kr/admonition/admonition1/일화_59074.asp)

009 ②

유형 해설 추론적 이해

9번 문제는 8번 문제와 동일한 듣기 지문을 듣고 푸는 문제이다. 말하기 문제로 출제돼 말하기 전략을 파악하는 유형으로 추론적 듣기 능력을 평가하기 위해 출제되고 있다.

문항 분석

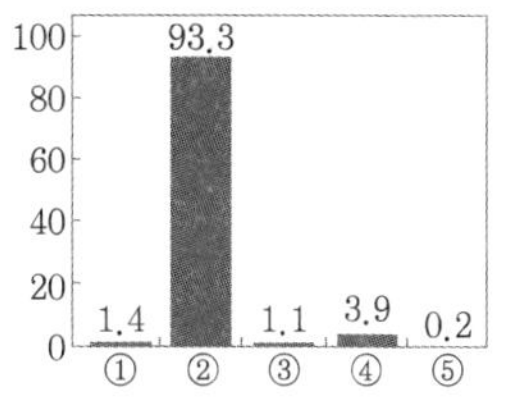

수험생의 93.3%가 정답지를 고른 쉬운 문제였다. 최하위권 수험생들이 나머지 선지에 고르게 반응하여 매우 높은 변별도를 보였다.

정답 해설

이야기의 내용을 바탕으로, 이를 말하기 과정에 적용할 때 적절한 내용을 추론하는 능력을 평가하는 문제로, 정답은 ②이다. 큰아들은 온갖 고생을 하여 자신을 키워 준 어머니의 남루한 모습이 부끄러워 어머니에게 거짓말을 하고 졸업식장에서 어머니를 외면하였다. 그리고 이러한 큰아들의 행동과 관련하여 자신이 취업하기로 한 회사에 취업하지 못했다. '큰아들'은 자신의 비윤리적이고 패륜적 행동에 걸맞은 결과를 맞이하게 된 것이므로 '인과응보'라는 사자성어를 활용하여 표현할 수 있다.

오답 해설

③ '인생무상'은 큰 회사에 취업이 확정되었던 것이 취소되었다는 점에서 큰아들의 상황과 일부 어울리기는 하지만, 이제 대학을 졸업한 청년에게 사용하기에는 다소 무리가 있는 사자성어이다.

010 ②

유형 해설 사실적 이해

10번 문제는 11번 문제와 동일한 듣기 지문을 듣고 푸는 문제로, 듣기 문제로 출제되고 있다.

문항 분석

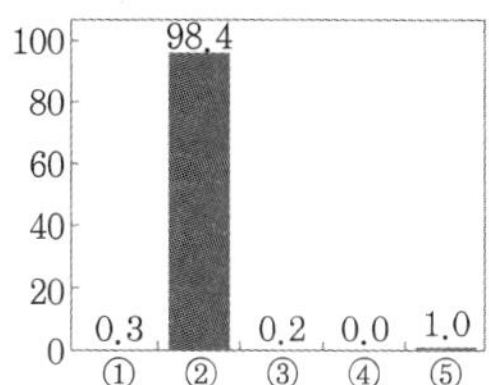

수험생의 98.4%가 정답지를 고른 매우 쉬운 문제였다. 최하위권 수험생들이 나머지 선지에 고르게 반응하여 매우 높은 변별도를 보였다.

듣기 대본

이번에는 의학 강연을 들려 드립니다. 10번은 듣기 문항, 11번은 말하기 문항입니다.

오늘은 '이상지혈증'에 대해 말씀드릴게요. '이상지질혈증'이란 혈중에 총콜레스테롤, LDL 콜레스테롤, 중성지방이 증가된 상태이거나 HDL 콜레스테롤이 감소된 상태를 말합니다. 고지혈증, 고콜레스테롤혈증 등의 용어들도 '이상지질혈증'과 유사한 의미로 통용되고 있는데요, '이상지질혈증'은 이 둘을 모두 포함하는 광의의 질환명이라고 볼 수 있습니다. '이상지질혈증'은 대부분 비만, 당뇨병, 음주와 같은 원인에 의해 발생할 수 있지만, 유전적 요인으로 혈액 내 특정 지질이 증가되어 '이상지질혈증'을 보이는 경우도 있습니다.

2015년 발표된 자료에 따르면, 대한민국 30세 이상 성인의 절반이 '이상지질혈증'을 가지고 있으며, 남자의 경우 10명 중 6명, 여자는 10명 중 4명이 '이상지질혈증'을 가지고 있는 것으로 나타났습니다. 연령별로는 전 연령대 남성의 2명 중 1명에서, 여성은 50대 이후에 '이상지질혈증'이 급증하는 추세를 보이는 것으로 나타났습니다.

나이를 먹으면 혈관 벽이 딱딱해지고 약해지는데요, 이때 혈액 속에 쌓여 있는 콜레스테롤이 혈관 내벽에 상처를 입히고 그곳으로 여분의 콜레스테롤이 침투해 쌓이는 과정에서 동맥경화가 심각해질 수 있습니다. 그리고 동맥경화는 협심증이나 심근경색, 뇌졸중 등 생명에 직결되는 심각한 질환의 주요 원인이 됩니다.

콜레스트롤 중에서도 LDL 콜레스테롤 수치가 높으면 심혈관과 뇌혈관 질환의 위험이 높아지지만 LDL 콜레스테롤이 높지 않더라도 이러한 질병을 잘 일으키는 LDL 입자가 많을 경우 이러한 질병이 발병할 위험성이 높아집니다. 혈중 콜레스테롤이 1% 높아지면 심혈관 질환에 의한 사망률이 2~3% 상승한다는 연구 결과가 있는데요, 특히 한국인의 경우, 총 콜레스테롤 수치가 190mg/dl 이상일 때 심혈관계 질환의 위험도가 크게 증가하는 것으로 알려져 있습니다. '이상지질혈증'을 치료하기 위해서는 LDL 콜레스테롤과 중성 지방의 수치를 낮추고, 몸에 좋은 HDL 콜레스테롤 수치를 올려야 합니다. 이를 위해서는 식사 요법, 운동 요법, 체중 조절, 생활 습관 개선 등이 필요합니다. 만약 이러한 노력에도 불구하고 콜레스테롤 수치가 정상화되지 않으면, 약물치료를 병행하고 약을 먹는 동안에도 식사 조절과 운동 관리, 체중 조절 등을 꾸준히 실시해야 합니다. 그리고 이와 함께 혈압과 혈당을 적절히 조절하면 '이상지질혈증'으로 인한 질환을 예방할 수 있습니다.

정답 해설

정보를 전달하는 강연의 내용을 사실적으로 이해하며 듣는 능력을 평가하기 위한 문제로, 정답은 ②이다. 강연 내용에 따르면 LDL 콜레스테롤이 높지 않더라도 LDL 입자가 많을 경우 동맥경화, 협심증, 심근경색, 뇌졸중 등과 같은 질환이 발병할 위험성이 높아진다고 하였다.

▶ **대본 출처** 네이버 캐스트, 「콜레스테롤의 날」

011 ③

유형 해설 추론적 이해

11번 문제는 10번 문제와 동일한 듣기 지문을 듣고 푸는 문제로, 말하기 문제로 출제가 되고 있다.

문항 분석

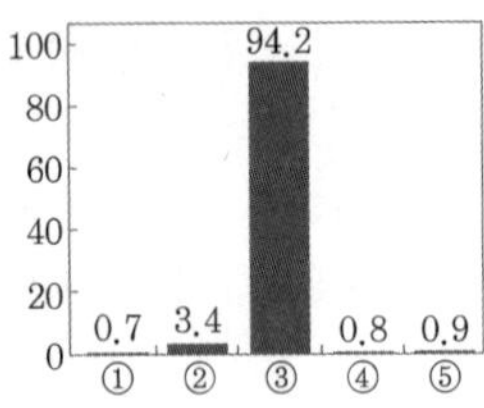

수험생의 94.2%가 정답지를 고른 쉬운 문제였다. 최하위권 수험생들이 나머지 선지에 고르게 반응하여 매우 높은 변별도를 보였다.

정답 해설

말하기 전략에 대한 이해력을 간접적으로 평가하는 문제로, 강연자가 사용한 설명 방식을 묻는 문제이다. 정답은 ③이다. 제시된 강연에서는 우리나라 성인들의 상당수가 이상지질혈증을 앓고 있다는 것을 드러내기 위해 통계 자료를 제시하고 있다.

오답 해설

① 청자에게 질문을 던지거나 대답을 확인하는 부분을 찾을 수 없으므로 적절한 설명이 아니다.

② 이상지질혈증에 대한 다양한 견해가 제시된 바가 없으므로 적절한 설명이 아니다.

④ 청자에게 질문을 넌시서나 청중의 관심을 유도하는 부분이 없으므로 적절한 설명이 아니다.

⑤ 강연에서 시간의 순서에 따라 중심 화제가 변화하는 것을 제시한 바 없으므로 적절한 설명이 아니다.

012 ④

유형 해설 사실적 이해

12번 문제는 13번 문제와 동일한 듣기 지문을 듣고 푸는 문제로, 듣기 문제로 출제가 되고 있다.

문항 분석

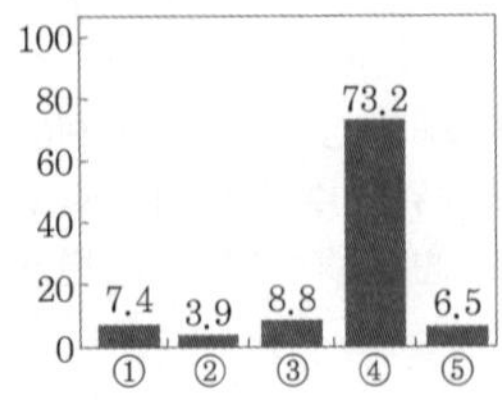

수험생의 73.2%가 정답지를 고른 보통 난이도의 문제였다. 하위권 수험생들이 나머지 선지에 고르게 반응하여 높은 변별도를 보인 문제였다.

듣기 대본

이번에는 외환 정보를 들려 드립니다. 12번은 듣기 문항, 13번은 말하기 문항입니다.

앵커 멘트: 영국 중앙은행이 통화정책위원회를 열고 기준 금리를 0.5%에서 0.25%로 0.25%p 인하하였습니다. 이로 인해 외환 시장에 위험 자산 선호 심리가 형성되었고, 원/달러 환율은 하락세를 보였습니다. 이승호 투자 연구원을 연결하여 외환 시장 동향에 대해 자세히 알아보겠습니다.

기자 멘트: 영국 중앙은행이 경기 부양을 위한 조치로 기준 금리를 인하하였습니다. 지난 2009년 3월 기준 금리를 연 0.5%로 내린 뒤 7년 5개월 만에 0.25%로 인하한 것인데요, 이는 사상 최저치에 해당합니다. 심지어 필요하다면 올해 말까지 기준 금리를 제로 수준으로 떨어뜨리겠다는 입장도 발표하였습니다. 또한 영국 중앙은행은 앞으로 6개월 안에 자산 매입 규모를 기존 3,750억 파운드에서 4,350억 파운드로 600억 파운드 더 확대하고, 1년 6개월 안에 최대 100억 파운드의 회사채를 사들이겠다는 계획도 내놓았습니다. 이와 함께 기준 금리 인하 효과를 높이기 위해 시중 은행과 건설업계에 저리로 자금을 제공하기로 결정했습니다. 이번 조치는 기준 금리 인하에만 그칠 것이라는 시장의 전망을 뛰어넘는 강력한 통화 완화책으로 받아들여지는데요, 브렉시트 여파로 영국 경제가 침체 위기에 직면했다는 점이 분명해진 데 따른 조치라는 평가입니다.

앵커 멘트: 그렇군요. 영국 중앙은행의 이러한 통화 완화책이 외환 시장에도 영향을 주었을 것 같은데요, 어떻습니까?

기자 멘트: 그렇습니다. 영국 중앙은행이 내놓은 통화 정책의 영향으로 위험 자산 선호 심리가 강화되면서 파운드화를 제외한 주요국 통화가 달러화 대비 강세 흐름을 나타냈습니다. 전날 대비 원화, 엔화, 호주 달러화, 대만 달러화, 인도네시아 루피아화, 말레이시아 링깃화, 필리핀 페소화 모두 절상되었으며, 파운드화만 절하되었습니다. 원-엔 재정 환율은 1,098.97원으로 전일 대비 1.27원 상승했고, 원-유로 환율은 1유로당 1237.21

원으로 전날 대비 4.34원 하락했습니다. 그리고 원-달러 환율은 장중 소폭의 하락세를 이어가며, 전날 대비 3원 60전 내린 1,110원 40전으로 마감됐습니다.

정답 해설

외환 정보를 듣고 내용을 바르게 이해하였는지를 평가하기 위한 문제로, 정답은 ④이다. "심지어 필요하다면 올해 말까지 기준 금리를 제로 수준으로 떨어뜨리겠다는 입장도 발표하였습니다."를 볼 때, 필요시 내년 말이 아닌 올해 말까지 기준 금리를 제로 수준으로 내리겠다고 하였음을 알 수 있다.

오답 해설

① "이와 함께 기준 금리 인하 효과를 높이기 위해 시중 은행과 건설업계에 저리로 자금을 제공하기로 결정했습니다."를 볼 때, 시중 은행과 건설업계에 저리로 자금을 제공하기로 결정하였음을 알 수 있다.

② "지난 2009년 3월 기준 금리를 연 0.5%로 내린 뒤 7년 5개월 만에 0.25%로 인하한 것인데요, 이는 사상 최저치에 해당합니다."를 볼 때, 7년 5개월 만에 기준 금리를 사상 최저치인 0.25%로 인하하였음을 알 수 있다.

③ "1년 6개월 안에 최대 100억 파운드의 회사채를 사들이겠다는 계획도 내놓았습니다."를 볼 때, 18개월 안에 100억 파운드의 회사채를 사들이겠다고 발표하였음을 알 수 있다.

⑤ "또한 영국 중앙은행은 앞으로 6개월 안에 자산 매입 규모를 기존 3,750억 파운드에서 4,350억 파운드로 600억 파운드 더 확대하고,"를 볼 때, 앞으로 6개월 안에 자산 매입 규모를 더 확대하겠다는 계획을 내놓았음을 알 수 있다.

▶ **대본 출처** 머니투데이(2016.08.05.), 「英 통화정책 영향에 원/달러 환율 하락…1110.4원 마감」(http://www.mt.co.kr/view/mtview.php?type= 1&no=2016080516002418343&outlink=1)

013 ③

유형 해설 비판적 이해

13번 문제는 14번 문제와 동일한 듣기 지문을 듣고 푸는 문제로, 말하기 문제로 출제되고 있다.

문항 분석

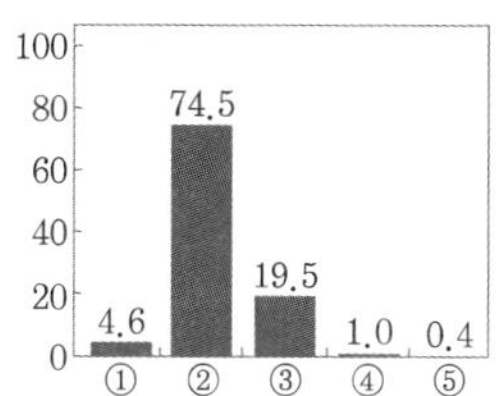

수험생의 19.5%만이 정답지를 고른 매우 어려운 문제였다. 매력적인 오답인 ②에 무려 74.5%의 수험생이 반응하여 적절한 변별도를 보였다.

정답 해설

듣기 지문의 내용을 바르게 이해하고 반응하는지를 평가하기 위한 문제로, 정답은 ③이다. "원-달러 환율은 장중 소폭의 하락세를 이어가며, 전일 대비 3원 60전 내린 1,110원 40전에 마감했습니다."라는 내용에 비추어 볼 때, 전일은 1,110원 40전보다 3원 60전 많은 1,114원임을 알 수 있다.

오답 해설

① 1,098.97원보다 1.27원 적은 1,097.70원은 어제의 원-엔 환율에 해당한다.

⑤ 1,237.21원보다 4.34원 많은 1,241.55원은 어제의 원-유로 환율에 해당한다.

014 ⑤

유형 해설 사실적 이해

14번 문제는 15번 문제와 동일한 듣기 지문을 듣고 푸는 문제로, 듣기 문제로 출제되고 있다.

문항 분석

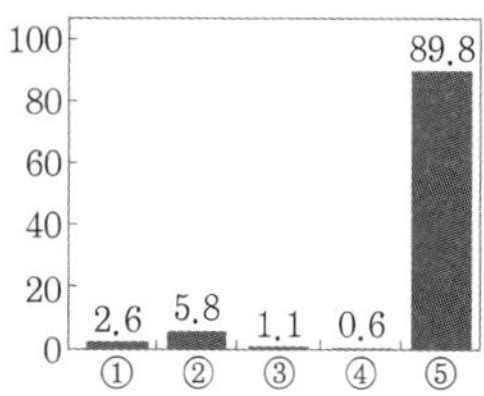

수험생의 89.8%가 정답지를 고른 쉬운 문제였다. 최하위권 수험생들이 나머지 선지에 고르게 반응하여 매우 높은 변별도를 보였다.

듣기 대본

끝으로 뉴스 해설을 들려 드립니다. 14번은 듣기 문항, 15번은 말하기 문항입니다.

리우 올림픽이 잘 끝났습니다. 이번 올림픽은 우리에게 매우 소중한 교훈 몇 가지를 남겼습니다. 무엇보다도 한국 양궁이 올림픽 단체전 8연패란 대기록을 이룩한 실질적인 힘은 양궁 협회에 파벌이 없어서 선수 선발이 공정했기 때문이라는 것입니다. 다른 단체들은 물론 우리 사회의 모든 분야가 꼭 따랐으면 하는 귀감입니다. 우리가 다른 어느 나라보다 더 열심히 일하고 창의적인데도 정치, 경제, 예술, 교육 등 많은 분야에서 충분한 성과를 못 내는 것은 연고주의와 파벌이 너무 심해 공정한 경쟁이 힘들기 때문입니다. 경쟁심이 강한 한국인에겐 경쟁만 공정하면 폭발적인 힘이 생겨난다는 사실을 우리 양궁 팀이 다시 확인시켰습니다.

리우 올림픽의 또 다른 의미는 영국과 일본의 약진입니다. 영국은 중국을 제쳤고 일본은 12년 만에 한국에 앞섰습니다. 생활체육이 정착되는 나라들이 국가 순위에 집착하는 엘리트 체육

위주의 나라들을 이긴 것입니다. 우리도 이제는 많은 시민들이 즐기는 생활 체육 중심으로 체육 정책을 바꿔야 합니다. 엘리트 체육은 오직 승리에만 몰두하는 후진적인 체육 정책입니다. 스포츠 경기의 근본은 결국 공정한 경쟁에 있습니다. 올림픽이 인류의 축제로 살아남으려면 그런 정신을 더욱 살려야 합니다. '할 수 있다'는 희망이 살아 숨 쉬어야 합니다. 그리고 공정한 규칙의 확립과 정정당당한 승부, 결과에 대한 뒤끝 없는 승복은 스포츠뿐만 아니라 ____________________

정답 해설

뉴스 해설의 내용을 듣고 그 내용을 정확히 이해하였는지 평가하는 문제로, 정답은 ⑤이다. 뉴스 해설의 내용에 따르면, 영국은 생활 체육이 정착된 나라로 생활 체육의 위력이 중국을 제치게 된 원동력으로 설명되어 있다. 따라서 영국이 엘리트 체육 정책으로 전환하였다는 설명은 뉴스 해설의 내용과 일치하지 않는다.

오답 해설

① 우리나라 사람들은 다른 어느 나라보다 더 열심히 일하고 창의적이며, 경쟁심이 강하다고 언급되어 있으므로 뉴스 해설의 내용과 일치한다.
② 일본이 12년 만에 한국을 앞섰다고 언급하였으므로 뉴스 해설의 내용과 일치한다.
③ 뉴스 해설에서 후진적인 엘리트 위주 체육에서 탈피하여 시민이 즐기는 생활 체육 중심으로 체육 정책을 전환해야 한다는 내용을 확인할 수 있다.
④ 양궁 협회는 파벌 없이 선수 선발을 공정하게 했기 때문에 올림픽 8연패라는 대기록을 이룰 수 있었다고 하였으므로 역시 뉴스 해설의 내용과 일치한다.

▶ **대본 출처** KBS 뉴스 해설(2016.08.23.), 「리우 올림픽이 남긴 교훈」

015 ④

유형 해설 추론적 이해

15번 문제는 14번 문제와 동일한 듣기 지문을 듣고 푸는 문제로 말하기 문제로 출제되고 있다.

문항 분석

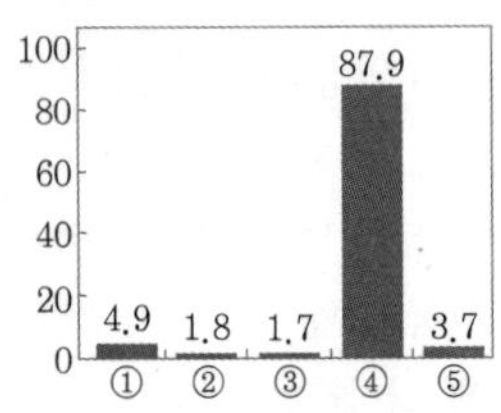

수험생의 87.9%가 정답지를 고른 쉬운 난이도의 문제였다. 최하위권 수험생들이 나머지 선지에 고르게 반응하여 높은 변별도를 보였다.

정답 해설

뉴스 해설에 제시된 내용을 바탕으로 문맥의 흐름에 적절하게 이어질 문구를 추론하는 능력을 평가하는 문제로, 정답은 ④이다. 뉴스 해설의 말미에는 "스포츠뿐만 아니라"라는 어구가 있으므로 스포츠가 아닌 다른 영역이 뒤에 이어질 말에 언급되어야 한다. 또 앞 문장에 "공정한 규칙의 확립과 정정당당한 승부, 결과에 대한 뒤끝 없는 승복"이라는 내용이 있으므로 이러한 정신이 적용될 수 있는 분야가 제시되어야 한다. 그런 맥락에서 스포츠가 아닌 사회적, 경제적 문제를 언급하고 스포츠가 이러한 분야에 긍정적 영향을 미칠 것이라는 내용을 담은 ④가 적절하다고 볼 수 있다.

오답 해설

①, ⑤ '단합'과 관련된 내용이나 '한국인들의 뛰어난 체력과 우수한 운동 능력'은 뉴스 해설의 말미에 제시된 '공정한 규칙의 확립과 정정당당한 승부, 결과에 대한 뒤끝 없는 승복'과는 관련이 없으므로 적절한 맺음말로 볼 수 없다.
②, ③ '스포츠'와 다른 영역에 대한 내용이 아니므로 이어질 말로 적절하지 않다.

어휘·어법 016번~045번

기출문제집 p.20

016	①	017	③	018	③	019	②	020	⑤
021	③	022	①	023	③	024	②	025	①
026	②	027	②	028	②	029	④	030	③
031	②	032	④	033	①	034	⑤	035	②
036	①	037	④	038	①	039	③	040	①
041	②	042	⑤	043	⑤	044	④	045	③

016 ①

유형 해설 고유어의 사전적 의미

16번 문제는 고유어의 사전적 의미를 묻는 유형으로 출제되고 있다. 고유어는 한번쯤 들어본 친숙한 단어들 위주로 출제되는 경향을 보인다.

문항 분석

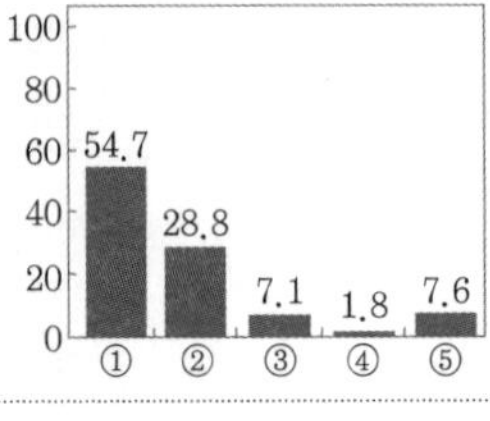

수험생의 54.7%만이 정답지를 고른 어려운 수준의 문제였다. 매력적인 오답인 ②에 28.8%의 수험생이 몰려 적절한 변별도를 보였다.

정답 해설

정답은 ①이다. '홀몸'은 '배우자나 형제가 없는 사람'을 뜻하는 말이다. '아이를 배지 아니한 몸.'이라는 의미를 지닌 말은 '홑몸'이다. '홀몸'과 '홑몸'처럼 혼동하기 쉬운 어휘들을 따로 정리해두는 것이 좋다.

017 ③

유형 해설 **한자어의 사전적 의미**

한자어의 사전적 의미를 정확히 이해하고 이를 문맥에 맞게 사용하는지를 평가하기 위한 문제가 출제되고 있다.

문항 분석

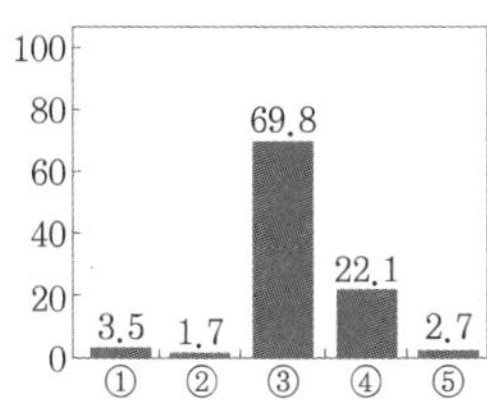

수험생의 69.8%가 정답지를 고른 보통 난이도의 문제였다. 매력적인 오답인 ④에 22.1%의 수험생이 반응하여 매우 높은 변별도를 보였다.

정답 해설

정답은 ③이다. '강구(講究)'는 '좋은 대책과 방법을 궁리하여 찾아내거나 좋은 대책을 세움.'이라는 의미를 지닌 말이다. '전체 속에서 어떤 물건, 생각, 요소 따위를 뽑아냄.'을 의미하는 말은 '추출(抽出)'이다.

018 ③

유형 해설 **한자어의 문맥적 의미**

18번 문제는 일상생활에서 자주 사용하는 한자어의 정확한 의미를 알고 이를 문맥에 맞게 사용하는지를 평가하는 유형으로 출제되고 있다.

문항 분석

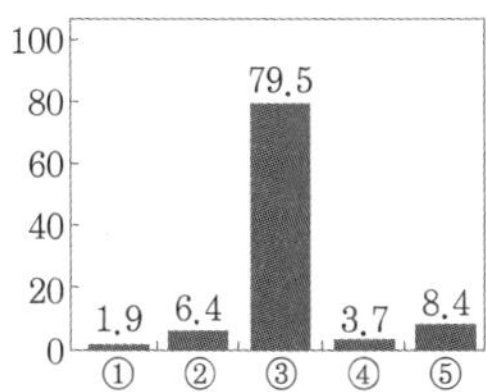

수험생의 79.5%가 정답지를 고른 보통 난이도의 문제였다. ⑤에 8.4%의 수험생이 반응하였으며 매우 높은 변별도를 보인 문제였다.

정답 해설

정답은 ③이다. '착공(着工)'은 '공사를 시작함.'이라는 의미를 지닌 말로 ③의 문맥에 사용하는 것은 적절하지 않다. ③에는 '공사를 다 마침.'이라는 의미를 지닌 '준공(竣工)'이라는 말을 사용하는 것이 적절하다.

오답 해설

① '입찰(入札)'은 '상품의 매매나 도급 계약을 체결할 때 여러 희망자들에게 각자의 낙찰 희망 가격을 서면으로 제출하게 하는 일.'이라는 의미를 가진 말로 문맥에 맞게 사용되었다.

② '구축(構築)'은 '어떤 시설물을 쌓아 올려 만듦.', '체제, 체계 따위의 기초를 닦아 세움.'이라는 의미를 가진 말'로 ②에서는 후자의 의미로 사용되었다.

④ '송치(送致)'는 '수사 기관에서 검찰청으로, 또는 한 검찰청에서 다른 검찰청으로 피의자와 서류를 넘겨 보내는 일.', '서류나 물건 따위를 보내어 정해진 곳에 이르게 함.'이라는 의미를 지닌 말로 ④에서는 전자의 뜻으로 문맥에 맞게 사용되었다.

⑤ '제재(制裁)'는 '일정한 규칙이나 관습의 위반에 대하여 제한하거나 금지함. 또는 그런 조치.', '법이나 규정을 어겼을 때 국가가 처벌이나 금지 따위를 행함. 또는 그런 일.'의 의미를 지닌 말로 역시 문맥에 어울리게 사용되었다.

019 ②

유형 해설 **한자어의 문맥적 의미**

19번 문제는 18번 문제와 함께 일상생활에서 자주 사용하는 한자어의 정확한 의미를 알고 이를 문맥에 맞게 사용하는지의 여부를 평가하는 유형으로 출제되고 있다.

문항 분석

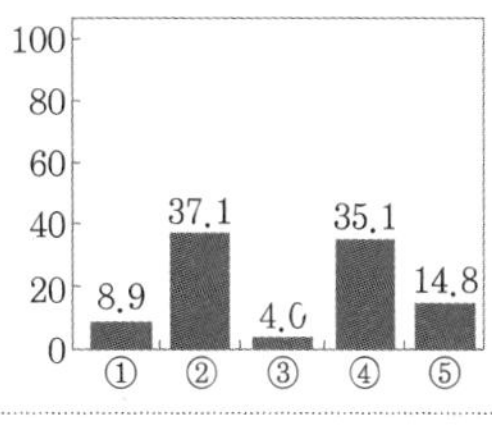

수험생의 37.1%만이 정답지를 고른 매우 어려운 문제였다. 매력적인 오답인 ④에 35.1%의 수험생이 몰렸으며 ⑤에도 14.8%의 수험생이 반응하여 낮은 변별도를 보인 문제였다.

정답 해설

정답은 ②이다. 흔히 잘못 사용하는 한자어 어휘의 정확한 뜻과 쓰임을 알아야 풀 수 있는 문제였다. ② '공감(共感)'은 '남의 감정, 의견, 주장 따위에 대하여 자기도 그렇다고 느낌. 또는 그렇게 느끼는 기분.'을 의미하는데, 승리의 기쁨은 선수들이 느낀 것이므로 국민들의 감정에 공감한다는 상황은 적절하지 않다. 따라서 이 경우에는 '두 사람 이상이 한 물건을 공동으로 소유함.'의 의미를 지닌 '공유(共有)'를 사용하는 것이 적절하다.

오답 해설

① '전망(展望)'은 '앞날을 헤아려 내다봄.' 또는 '내다보이는 장래의 상황.'을 뜻하므로, "경기가 곧 좋아질 것이라는 전망"으로 사용하는 것은 적절하다.
③ '확률(確率)'은 '일정한 조건 아래에서 어떤 사건이나 사상(事象)이 일어날 가능성의 정도. 또는 그런 수치.'를 뜻하므로, "잔병에 걸릴 확률"로 사용하는 것은 적절하다.
④ '배열(配列)'은 '일정한 차례나 간격에 따라 벌여 놓음.'을 뜻하므로, "상품을 진열대에 보기 좋게 배열"로 사용하는 것은 적절하다.
⑤ '반응(反應)'은 '자극에 대응하여 어떤 현상이 일어남. 또는 그 현상.'을 뜻하므로 "브레이크는 살짝만 밟아도 민감하게 반응"으로 사용하는 것은 적절하다.

020 ⑤

유형 해설 고유어의 문맥적 의미

20번 문제는 고유어의 쓰임이 문맥상 적절한지 파악하는 유형으로 출제되고 있다.

문항 분석

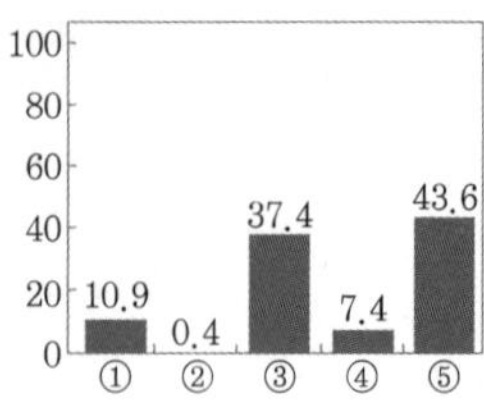

수험생의 43.6%만이 정답지를 고른 매우 어려운 문제였다. 매력적인 오답인 ③에 37.4%의 수험생이 몰렸으며 ①에도 10.9%의 수험생이 반응하여 적절한 변별도를 보인 문제였다.

정답 해설

정답은 ⑤이다. '듬성듬성'은 '매우 드물고 성긴 모양.'을 뜻하는 말이다. ⑤의 경우에는 '정성을 들이지 않고 대강대강 일을 하는 모양.'을 뜻하는 말인 '건성건성'을 사용하는 것이 적절하다.

오답 해설

① '와들와들'은 '춥거나 무서워서 몸을 잇따라 아주 심하게 떠는 모양.'을 의미하므로 적절하게 사용되었다.
② '토닥토닥'은 '잘 울리지 않는 물체를 잇따라 가볍게 두드리는 소리. 또는 그 모양.'을 의미하므로 적절하게 사용되었다.
③ '꼬들꼬들'은 '밥알 따위가 물기가 적거나 말라서 속은 무르고 겉은 조금 굳은 상태.'를 의미하므로 적절하게 사용되었다.
④ '데면데면'은 '사람을 대하는 태도가 친밀감이 없이 예사로운 모양.'을 의미하므로 적절하게 사용되었다.

021 ③

유형 해설 어휘 간의 의미 관계(다의어)

21번 문제는 단어의 기본형을 물어보는 유형, 즉 한 단어에 내포된 여러 의미와 그것의 문맥적 활용 양상을 정확히 알고 있는지 여부를 평가하기 위한 문제로 출제되고 있다.

문항 분석

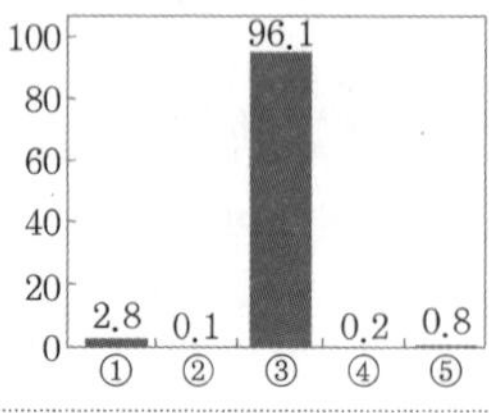

수험생의 96.1%가 정답지를 고른 쉬운 문제였다. 최하위권 수험생들이 나머지 선지에 고르게 반응하여 매우 높은 변별도를 보였다.

정답 해설

정답은 ③이다. 〈보기〉의 빈칸에 공통으로 쓰일 수 있는 단어는 '붓다'이다. 그러나 각 문장에 쓰인 '붓다'의 문맥적 의미는 조금씩 다른데, 첫째 문장에서 '붓다'는 '모종을 내기 위하여 씨앗을 많이 뿌리다.'라는 의미로, ' 볍씨를 붓다./모판에 배추씨를 붓다.'로 쓸 수 있다. 둘째 문장에서 '붓다'는 '액체나 가루 따위를 다른 곳에 담다.'를 의미하며, '자루에 밀가루를 붓다./가마솥에 물을 붓다.'로 쓸 수 있다. 그리고 셋째 문장에서 '붓다'는 '불입금, 이자, 곗돈 따위를 일정한 기간마다 내다.'를 의미하며, '은행에 적금을 붓다.'로 쓸 수 있다.

오답 해설

①, ⑤ '담다'와 '덜다'는 문맥의 의미상 첫째 문장과 둘째 문장에서 어색하게나마 쓰일 수 있으나, 셋째 문장에서는 사용할 수 없다.
② '심다'는 문맥의 의미상 첫째 문장에서만 사용될 수 있으며, 나머지 문장에서는 사용하기 어렵다.
④ '찾다'는 문맥의 의미상 첫째 문장과 셋째 문장에서만 사용될 수 있으며, 둘째 문장에서는 사용하기 어렵다.

022 ①

유형 해설 어휘의 의미 관계(반의어)

22번 문제는 낱말 퍼즐을 활용하여 단어의 의미 관계를 파악하는 유형으로 출제되고 있다. 제시된 낱말의 뜻풀이를 보고 퍼즐의 빈칸을 채운 후, 해당 단어의 유의어나 반의어를 찾으면 된다.

문항 분석

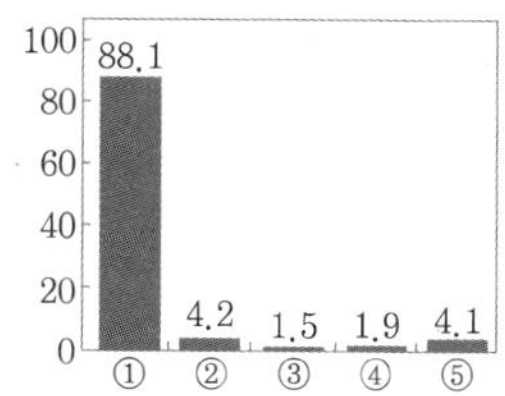

수험생의 88.1%가 정답지를 고른 쉬운 문제였다. 최하위권 수험생들이 나머지 선지에 고르게 반응하여 매우 높은 변별도를 보였다.

정답 해설

낱말의 뜻풀이를 보고 세로 4번에 들어갈 단어를 알아 낸 후 이와 반의 관계를 이루는 말을 찾아내는 문제로, 정답은 ①이다. 가로 1번은 '점멸(點滅)', 가로 3번은 '망종(亡終)', 세로 2번은 '멸망(滅亡)', 가로 5번은 '강평(講評)'으로, 세로 4번에 들어갈 단어는 '한 학기의 강의가 끝나거나 강의를 끝마침. 또는 한 학기의 마지막 강의.'라는 의미의 '종강(終講)'이다. '개강(開講)'은 '강의나 강습 따위를 시작함.'이라는 의미로, '종강(終講)'과 반대의 의미를 가지고 있다.

023

③

유형 해설 어휘 간의 의미 관계

23번 문제는 단어 간의 관계를 바르게 이해하고 있는지를 평가하는 유형으로 출제되고 있다.

문항 분석

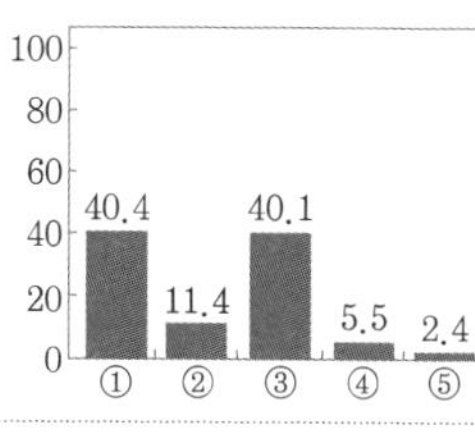

수험생의 40.1%만이 정답지를 고른 어려운 문제였다. 매력적인 오답인 ①에 40.4%의 수험생이 몰렸으며 ②에도 11.4%의 수험생이 반응하여 적절한 변별도를 보인 문제였다.

정답 해설

정답은 ③이다. 결국 사자성어와 관련된 문제이므로 다양한 사자성어를 학습해 두면 풀 수 있는 문제이다. 〈보기〉에서 '우이독경(牛耳讀經)'과 '소[牛]'는 사자성어와 사자성어에 등장하는 동물의 관계로 이루어져 있다. '묘항현령(猫項懸鈴)'은 '쥐가 고양이 목에 방울을 단다'는 뜻으로, 실행할 수 없는 헛된 논의를 이르는 말이다. 쥐가 고양이의 습격을 미리 막기 위한 수단으로 고양이의 목에 방울을 다는 일을 의논하였으나, 실행 불가능으로 끝났다는 우화에서 유래한다. 이 사자성어에 등장하는 동물은 '토끼'가 아니라 '고양이[猫]'이다.

오답 해설

① '이전투구(泥田鬪狗)'는 '진흙탕에서 싸우는 개'라는 뜻으로, 강인한 성격의 함경도 사람을 이르는 말이다. 사자성어에 등장하는 동물은 '개[狗]'로 적절하다.

② '화사첨족(畫蛇添足)'은 '뱀을 다 그리고 나서 있지도 아니한 발을 덧붙여 그려 넣는다'는 뜻으로, 쓸데없는 군짓을 하여 도리어 잘못되게 함을 이르는 말이다. 사자성어에 등장하는 동물은 '뱀[蛇]'으로 적절하다.

④ '기호지세(騎虎之勢)'는 '호랑이를 타고 달리는 형세'라는 뜻으로, 이미 시작한 일을 중도에서 그만둘 수 없는 경우를 비유적으로 이르는 말이다. 사자성어에 등장하는 동물은 '호랑이[虎]'로 적절하다.

⑤ '오비이락(烏飛梨落)'은 '까마귀 날자 배 떨어진다.'는 뜻으로, 아무 관계도 없이 한 일이 공교롭게도 때가 같아 억울하게 의심을 받거나 난처한 위치에 서게 됨을 이르는 말이다. 사자성어에 등장하는 동물은 '까마귀[烏]'로 적절하다.

024

②

유형 해설 어휘 간의 의미 관계

24번 문제는 단어의 구조를 파악하는 유형, 〈보기〉에 제시된 단어의 형성 방식을 고려하여 선지 중 같은 방식으로 만들어진 단어를 찾을 수 있는지 여부를 평가하는 문제로 출제되고 있다.

문항 분석

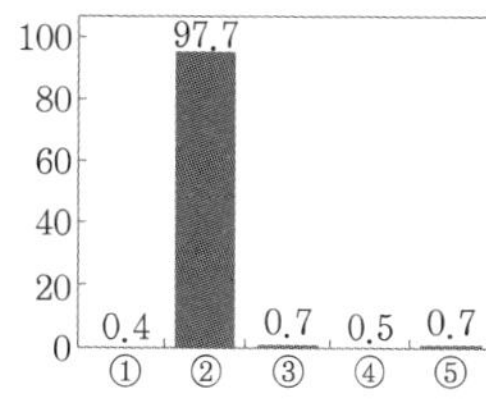

수험생의 97.7%가 정답지를 고른 쉬운 문제였다. 최하위권 수험생들이 나머지 선지에 고르게 반응하여 매우 높은 변별도를 보였다.

정답 해설

정답은 ②이다. '디딤돌'은 '디디고 다닐 수 있게 드문드문 놓은 평평한 돌.'을 의미하는 말로, '(사물의) 기능+(사물을 만든) 재료'의 구조로 형성된 단어이다.

오답 해설

① '도로나 철도 따위에서, 사고가 일어나거나 교통이 지체되는 것을 막기 위하여 교차 지점에 입체적으로 만들어서 신호 없이 다닐 수 있도록 한 시설.'을 의미하는 말로, '용도+공간'의 구조로 형성된 단어이다.

③ '살이 드러난 다리.'를 의미하는 말로, '성질+사물'의 구조로 형성된 단어이다.

④ '주먹처럼 둥글게 뭉친 밥덩이.'를 의미하는 말로, '모양+재료'의 구조로 형성된 단어이다.

⑤ '글씨나 그림 따위를 지우는 물건.'을 의미하는 말로, '용도+사물'의 구조로 형성된 단어이다.

025 ①

유형 해설 어휘 간의 의미 관계(다의어)

25번 문제는 동음이의어와 다의어의 의미를 이해하고, 그것을 바탕으로 품사를 구분할 수 있는 능력을 평가하는 유형이다. 최근 들어 여러 품사로 사용되는 다의어를 묻는 유형으로 출제되고 있다.

문항 분석

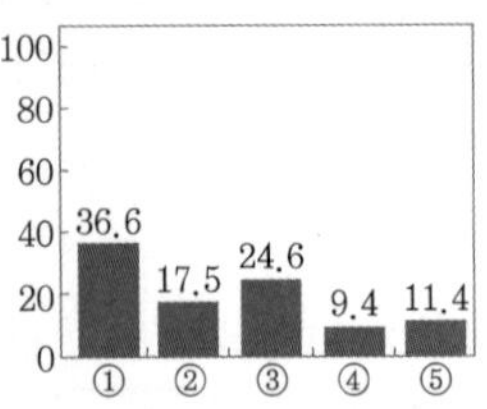

수험생의 36.6%만이 정답지를 고른 매우 어려운 문제였다. 매력적인 오답인 ③에 24.6%의 수험생이 몰렸으며 ②, ⑤에도 각각 17.5%, 11.4%의 수험생이 반응하여 적절한 변별도를 보인 문제였다.

정답 해설

다의어의 의미를 이해하고, 그것을 바탕으로 품사를 구분해 낼 수 있는 능력을 평가하는 문제이다. 〈보기〉에서 '필수적 부사어'라는 단서를 주었으므로, 문법 용어에 대해서 어느 정도 학습해 둘 필요가 있다. 정답은 ①이다. '감사하다'는 동사와 형용사 로 모두 쓰이는 단어이다. ㉠에 쓰인 '감사하다'는 '고마운 마음이 있다.'라는 의미를 지닌 형용사에 해당하고, 나머지는 모두 '고맙게 여기다.'라는 의미를 지닌 동사에 해당한다. 동사 '감사하다'와 형용사 '감사하다'는 의미상 구분하기가 쉽지 않으나 문장의 구조를 파악하면 쉽게 구분해 낼 수 있다. 즉, 동사 '감사하다'의 경우 '【…에게 …에】, 【…에게 …을】, 【…에게 -음을】('…에'나 '…을' 대신에 '…에 대하여'가 쓰이기도 함.)'의 구조로 사용되고, 형용사 '감사하다'의 경우 '【…이】('…이'가 쓰이지 않을 때는 '-어서', '-으면' 따위와 함께 쓰이기도 함.)'의 구조로 사용됨에 착안하여 둘의 품사를 구분해 낼 수 있다.

026 ②

유형 해설 한자어 표기(독음)

26번 문제는 동음이의어의 한자 병기(함께 나란히 적는 것)를 묻는 유형이다. 평소의 한자 실력을 측정하는 문제라 볼 수 있다.

문항 분석

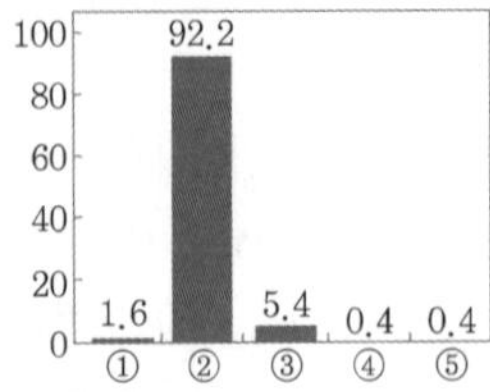

수험생의 92.2%가 정답지를 고른 매우 쉬운 문제였다. 최하위권 수험생들이 나머지 선지에 고르게 반응하여 적절한 변별도를 보였다.

정답 해설

한자어를 문맥에 맞게 사용할 수 있는 능력을 평가하기 위한 문제로 특히 이 문제는 동음이의 관계의 한자어의 표기와·쓰임을 정확히 알고 있는지 확인하는 문제라고 할 수 있다. 정답은 ②번이다. ㉠에는 문맥을 고려할 때, '아침에 밀려들었다가 나가는 바닷물.', '달, 태양 따위의 인력에 의하여 주기적으로 높아졌다 낮아졌다 하는 바닷물.'이라는 의미를 지닌 '조수(潮水)'를 사용하는 것이 적절하다. ㉡에는 '새와 짐승을 아울러 이르는 말.'인 '조수(鳥獸)'가 들어가는 것이 적절하다. 마지막으로 ㉢에는 '어떤 책임자 밑에서 지도를 받으면서 그 일을 도와주는 사람.'이라는 의미를 지닌 '조수(助手)'가 들어가는 것이 적절하다.

027 ②

유형 해설 한자어 표기(독음)

27번 문제는 26번 문제와 마찬가지로 한자를 바르게 병기할 수 있는 능력을 평가하기 위한 유형으로 출제되고 있다.

문항 분석

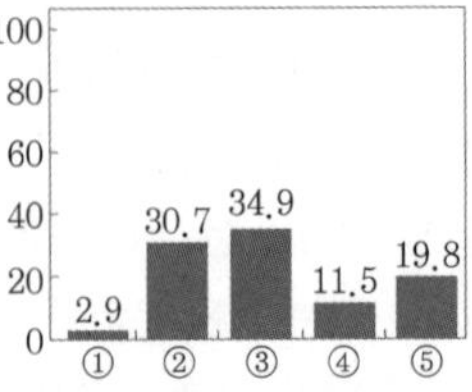

수험생의 30.7%만이 정답지를 고른 매우 어려운 문제였다. 매력적인 오답인 ③에 34.9%의 수험생이 몰렸으며 ④, ⑤에도 각각 11.5%, 19.8%의 수험생이 반응하여 적절한 변별도를 보인 문제였다.

정답 해설

정답은 ②이다. '자연적인 재해나 사회적인 피해를 당하여 어려운 처지에 있는 사람을 도와줌.'의 뜻을 지닌 '구제'는 '구제(救濟)'와 같이 병기하는 것이 맞다. 구제(驅除)는 '해충 따위를 몰아내어 없앰.'의 뜻을 지닌다.

028 ②

유형 해설 속담과 사자성어

28번 문제는 관용 표현의 의미를 알고 있는지를 평가하는 유형으로 출제되며, 주로 사자성어와 속담이 출제된다. 의미를 제시하고 그에 해당하는 사자성어나 속담을 찾게 하는 유형으로 출제되고 있다.

문항 분석

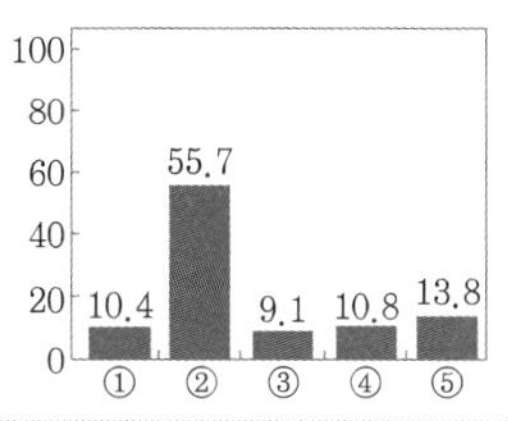

수험생의 55.7%만이 정답지를 고른 어려운 문제였다. 매력적인 오답인 ⑤에 13.8%의 수험생이 반응했으며 나머지 선지에도 각각 10% 내외의 수험생이 반응하여 높은 변별도를 보인 문제였다.

정답 해설

사자성어와 속담의 의미를 정확하게 알고 있는지를 평가하기 위한 문제로, 정답은 ②이다. 속담의 의미 추론보다는 제시된 사자성어의 의미 추론에서 답이 갈렸을 것으로 보이며 이는 다양한 사자성어 학습의 필요성을 암시한다. '견강부회(牽强附會)'는 '이치에 맞지 않는 말을 억지로 끌어 붙여 자기에게 유리하게 함.'을 이르는 사자성어인데, 이는 '자기에게만 이롭게 되도록 생각하거나 행동한다.'는 뜻을 지닌 속담인 '제 논에 물 대기'와 유사한 의미를 지니고 있다고 볼 수 있다.

오답 해설

① '누워서 떡 먹기'는 '하기가 매우 쉬운 것을 비유적으로 이르는 말.'이다.

③ '다 된 죽에 코 풀기'는 '거의 다 된 일을 망쳐버리는 주책없는 행동을 비유적으로 이르는 말.'이다.

④ '자기 얼굴에 침 뱉기'는 '남을 해치려고 하다가 도리어 자기가 해를 입게 된다는 것을 비유적으로 이르는 말.'이라는 뜻이다.

⑤ '바늘구멍으로 하늘 보기'는 '전체를 포괄적으로 보지 못하는 매우 좁은 소견이나 관찰을 비꼬는 말'이다.

029 ④

유형 해설 관용구

29번 문제는 생활 속에서 자주 사용하는 관용구의 의미를 정확하게 알고 있는지 평가하기 위한 유형으로 출제되고 있다.

문항 분석

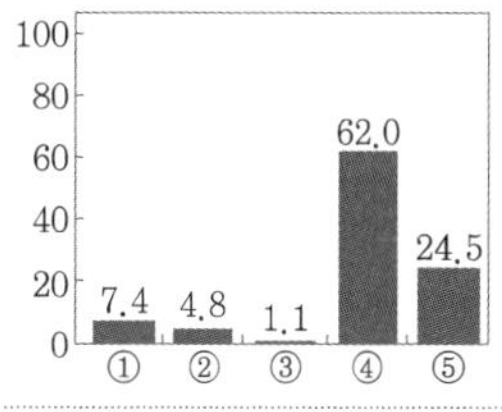

수험생의 62%가 정답지를 고른 보통 난이도의 문제였다. 매력적인 오답인 ⑤에 24.5%의 수험생이 반응하여 적절한 변별도를 보인 문제였다.

정답 해설

정답은 ④이다. '공기가 팽팽하다'는 '분위기가 몹시 긴장되어 있다.'라는 의미를 지닌 말이다. '더 낫고 더 못함의 차이가 거의 없이 대등하다.'는 사자성어 '막상막하(莫上莫下)'의 의미이다.

030 ③

유형 해설 순화어

30번 문제는 무분별하게 사용되는 외래어, 일본어 잔재 표현, 어려운 한자어 등 일상생활 속에서 부적절하게 사용되는 어휘의 올바른 순화어를 알고 있는지 평가하는 유형으로 출제되고 있다.

문항 분석

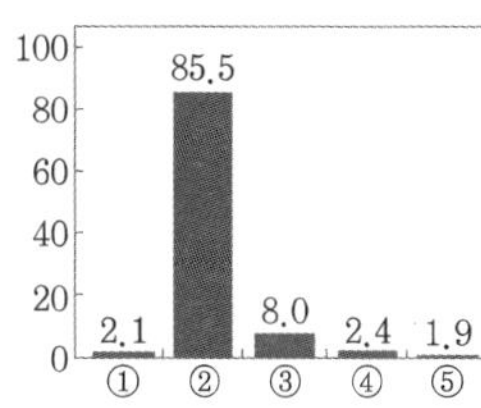

수험생의 단 8%만이 정답지를 고른 매우 어려운 난도의 문제였다. 매력적인 오답인 ②에 무려 85.5%의 수험생이 반응하여 매우 낮은 변별도를 보인 문제였다.

정답 해설

일본어에서 온 말에 대한 올바른 순화어를 파악할 수 있는 능력을 평가하기 위한 문제로, 정답은 ③이다. '지라시(〈일〉chirashi[散])'는 '선전을 위해 만든 종이 쪽지.'를 일컫는 말로, '낱장 광고', '선전지'로 순화할 수 있다. '전단'은 '선전을 위해 만든 종이 쪽지.'를 일컫는 말로, '알림 쪽지'로 순화할 수 있다.

오답 해설

① '노가다(〈일〉dokata[土方])'는 '이것저것 가리지 아니하고 닥치는 대로 하는 노동.'을 의미하는 말로, '막일'로 순화하

는 것이 바람직하다.

② '칠부바지(七〈일〉bu[分]－－)'는 '길이가 정강이 밑까지 내려오는 바지.'를 의미하는 말로, '칠푼 바지'로 순화하는 것이 바람직하다.

④ '바께쓰(〈일〉baketsu)'는 '한 손으로 들 수 있도록 손잡이를 단 통.'을 의미하는 말로, '들통', '양동이'로 순화하는 것이 바람직하다.

⑤ '무데뽀(〈일〉muteppô[無鐵砲/無手法])'는 '일의 앞뒤를 잘 헤아려 깊이 생각하는 신중함이 없음.'을 의미하는 말로, '막무가내', '무모'로 순화하는 것이 바람직하다.

031 ②

유형 해설 맞춤법

31번~33번 문제는 일상생활에서 표기를 혼동하기 쉬운 단어들의 정확한 표기를 알고 있는지 평가하는 유형으로 출제되고 있다. 한글 맞춤법 규정과 표준어 규정을 정확하게 이해하고 있어야만 풀 수 있다.

문항 분석

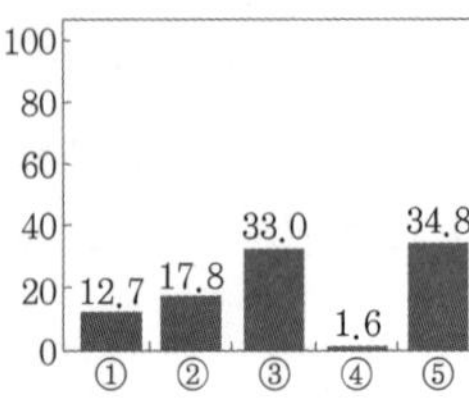

수험생의 17.8%만이 정답지를 고른 매우 어려운 난이도의 문제였다. 매력적인 오답인 ③, ⑤에 각각 33%, 34.8%의 수험생이 몰렸으며 ①에도 12.7%의 수험생이 반응하여 매우 낮은 변별도를 보인 문제였다.

정답 해설

문맥에 어울리지 않는 단어를 바르게 수정할 수 있는지를 평가하기 위한 문제로, 정답은 ②이다. '기침이나 가래 따위가 잠잠해지거나 가라앉게 함.'을 나타내는 말은 '삭이다'이므로, 이 문장에서는 '삭이는'을 쓰는 것이 맞다. 한편 '삭히다'는 '김치나 젓갈 따위의 음식물이 발효되어 맛이 들다.'를 뜻하는 '삭다'의 사동사로 쓰인다.

오답 해설

① '남의 머리털을 빗 따위로 가지런히 골라 주다.'를 뜻하는 말은 '빗다'가 아닌 '빗기다'로서, '어머니가 딸의 머리를 빗기다.'처럼 쓰인다. 또 '빗기다'는 '머리털을 빗 따위로 가지런히 고르다.'를 나타내는 '빗다'의 사동사로서 '여왕은 시녀에게 머리를 빗겼다.'처럼 쓰이기도 한다. 이 문장은 노파가 딸의 머리털을 빗으로 가지런히 골라주다라는 뜻을 나타내므로 '빗겨'를 쓰는 것이 맞다.

③ '양념을 한 고기나 생선, 채소 따위를 국물에 넣고 바짝 끓여서 양념이 배어들게 하다.'의 뜻으로 쓰이는 단어는 '조리다'이다. '졸이다'는 '찌개, 국, 한약 따위의 물이 증발하여 분량이 적어지다.'를 뜻하는 말로, '찌개를 졸이다.'처럼 쓰인다. 따라서 이 문장에서는 '조리다'의 과거형인 '조렸다'를 쓰는 것이 맞다.

④ 문맥에 비추어 볼 때, '어른스럽다'가 옳은 표현이다. '－답다'가 붙은 '어른답다'는 어른이 어른으로서의 성질을 가졌음을 뜻할 때 쓰이고, '－스럽다'가 붙은 '어른스럽다'는 나이는 어리지만 어른 같은 데가 있음을 뜻하는 경우에 쓰인다. 따라서 이 문장에서는 '어른스럽다'를 쓰는 것이 맞다.

⑤ '얼굴이나 눈치 따위를 잠시 또는 약간 나타내다.'를 뜻하는 말은 '비치다'이고, '비추다'는 '빛을 내는 대상이 다른 대상에 빛을 보내어 밝게 하다.'(예 손전등을 방 안에 비추다.), '빛을 받게 하거나 빛이 통하게 하다.'(예 햇빛에 필름을 비추다.), '빛을 반사하는 물체에 어떤 물체의 모습이 나타나게 하다.'(예 거울에 얼굴을 비추다.) 등을 나타낸다. 따라서 이 문장에서는 '비치다'를 활용한 '비칠'을 쓰는 것이 맞다.

032 ④

유형 해설 맞춤법

31번~33번 문제는 일상생활에서 표기를 혼동하기 쉬운 단어들의 정확한 표기를 알고 있는지 평가하는 유형으로 출제되고 있다.

문항 분석

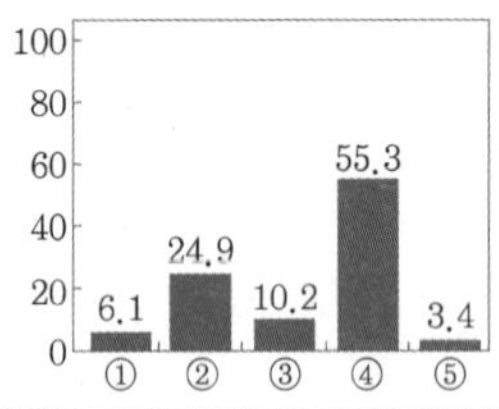

수험생의 55.3%만이 정답지를 고른 어려운 문제였다. 매력적인 오답인 ②에 24.9%의 수험생이 반응했으며 ③에도 10.2%의 수험생이 반응하여 적절한 변별도를 보인 문제였다.

정답 해설

정답은 ④이다. '상대편이 눈치로 알아차릴 수 있도록 미리 슬그머니 일깨워 줌.'의 의미로 쓰이는 말은 '귀띔'이다. 표준어 규정에 따라 의미 차이가 없이 쓰이는 말 중 널리 쓰이는 '귀띔'을 표준어로 삼았다.

오답 해설

① '남의 눈을 피하여 한밤중에 도망함.'을 뜻하는 말은 '야반도주(夜半逃走)'이다. '야반'은 '밤중' 즉 '밤이 깊은 때'를 나타내는 말이다. '야밤도주'는 '야반도주'를 잘못 표기한 것이다.

② '사람이나 동물이 몹시 괴롭거나 흥분했을 때 입에서 나오는

거품 같은 침.'을 이르는 말은 '게거품'이다. '게거품'은 '게가 토하는 거품'의 뜻으로 쓰이기도 한다. '개거품'은 잘못된 표현이다.

③ '초생(初生)'은 '갓 생겨남'을 뜻하는 말인데, '초승'은 '초생'의 음이 변하여 굳어진 말로, '음력으로 그달 초하루부터 처음 며칠 동안.'을 가리킨다. 따라서 '초승에 뜨는 달'을 뜻하는 말로 '초승달'과 '초생달' 중 바른 표기는 '초승달'이다.

⑤ '오이, 무, 마늘 따위의 야채를 간장이나 소금물에 담가 놓거나 된장, 고추장에 박았다가 조금씩 꺼내 양념하여서 오래 두고 먹는 음식.'을 이르는 말은 '장아찌'이다. '장아찌'는 '장에 있는 지(저장 발효 식품의 일종)'라는 뜻으로 구성된 말로, '장아찌'를 '짱아찌'로 적거나 [짱아찌]로 발음하는 것은 올바르지 않다.

033 ①

유형 해설 맞춤법

31번~33번 문제는 일상생활에서 표기를 혼동하기 쉬운 단어들의 정확한 표기를 알고 있는지 평가하는 유형으로 출제되고 있다.

문항 분석

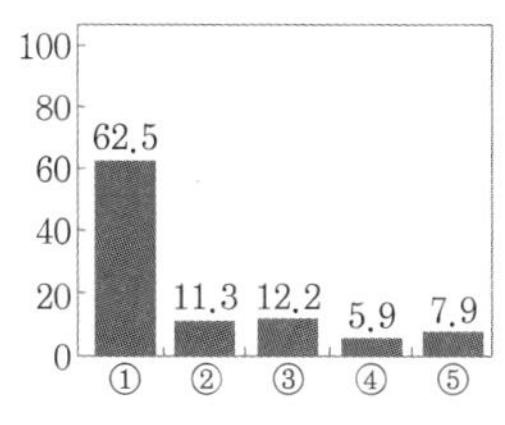

수험생의 62.5%가 정답지를 고른 보통 난이도의 문제였다. 매력적인 오답인 ③에 12.2%의 수험생이 반응했으며 ②에도 11.3%의 수험생이 반응하여 낮은 변별도를 보인 문제였다.

정답 해설

정답은 ①이다. '꺼멓다'의 '꺼멓-'에는 모음 조화에 따라 '-어'가 결합하여 '꺼메'가 된다. 따라서 '꺼메졌다'로 표기하는 것이 옳다.

오답 해설

② '애티가 있어 어려 보이다.'를 뜻하는 단어는 '앳되다'이다. '앳되다'에 어미 '-어'가 결합한 말은 '앳되어(앳돼)'이다. 참고로 '애띠다'는 비표준어이므로 이를 활용한 '애띠어'는 잘못된 표기이다.

③ '마음속으로 겁이 나고 탈이 날까 불안해하다.'라는 뜻을 나타내는 단어는 '켕기다'이다. '녀석이 자꾸 나를 피하는 것이 뭔가 켕기는 것이 있는 것 같았다.', '친구에게 거짓말을 한 것이 켕겨서 마음이 편치 않았다.'처럼 쓴다. 참고로 '캥기다'는 '켕기다'의 잘못된 표기이다.

④ '겉모양이 깨끗하지 못하고 생기가 없다.'라는 뜻으로 쓰이는 단어는 '추레하다'이다.

⑤ '아무런 변동이나 탈이 없이 매우 온전하다.'는 뜻을 나타내는 말은 '끄떡없다'로, '그는 무수한 매를 맞았는데도 끄떡없다.'처럼 쓴다. 참고로 '끄덕없다'는 '끄떡없다'의 잘못된 표기로, '끄덕'은 '고개 따위를 아래위로 거볍게 한 번 움직이는 모양.'을 뜻한다.

034 ⑤

유형 해설 띄어쓰기

34번 문제는 국어 규범에 따라 띄어쓰기를 바르게 할 수 있는지를 평가하기 위한 문제로 출제되고 있다. 띄어쓰기와 관련된 문제에서는 예시 단어가 합성어로 인정되었는지 여부를 꼼꼼하게 숙지하고 있어야 한다.

문항 분석

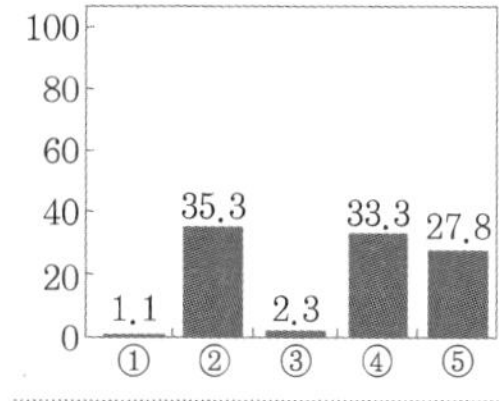

수험생의 27.8%가 정답지를 고른 매우 어려운 문제였다. 매력적인 오답인 ②에 35.3%의 수험생이 몰렸으며 ④에도 33.3%의 수험생이 반응하여 낮은 변별도를 보인 문제였다.

정답 해설

우리가 자주 쓰는 복합어의 띄어쓰기를 바르게 이해하고 있는지 평가하기 위해 출제한 것으로, 정답은 ⑤이다. '관심 사병'은 사회적으로 많이 사용되기는 하지만 아직 하나의 합성어로 굳어진 단어가 아니므로 띄어 쓰는 것이 맞다.

오답 해설

①, ③ '수학여행', '주식회사'는 이미 굳어져 하나의 단어가 되었으므로 붙여 쓴다.

②, ④ '절대 평가', '대리 만족'은 여전히 하나의 단어로 인정받지 못하고 있으므로 띄어 쓰는 것이 맞다.

035 ②

유형 해설 표준어

35번 문제는 표준어 규정을 바르게 알고 있는지 생활 속에서 자주 사용하는 어휘들이 표준어인지 판별할 수 있는 능력을 평가하는 유형으로 출제되고 있다.

문항 분석

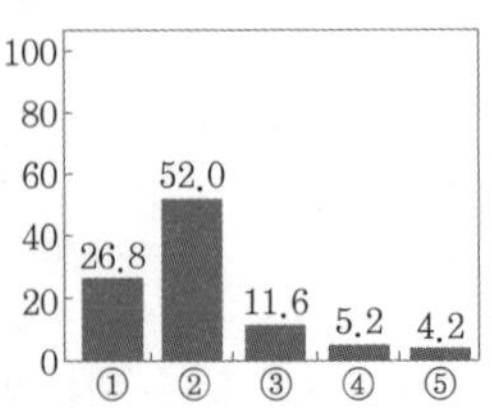

수험생의 52%만이 정답지를 고른 어려운 문제였다. 매력적인 오답인 ①에 26.8%의 수험생이 몰렸으며 ③에도 11.6%의 수험생이 반응하여 적절한 변별도를 보인 문제였다.

정답 해설

정답은 ②이다. '솔찮이'는 '꽤 많이'라는 의미를 지닌 부사 '수월찮이'를 잘못 쓰는 말이다.

오답 해설

① '마뜩이' '제법 마음에 들 만하게.'라는 의미를 지닌 말로 표준어이다.
③ '근근이'는 '어렵사리 겨우.'라는 의미를 지닌 말로 표준어이다.
④ '오붓이'는 '홀가분하면서 아늑하고 정답게.' '살림 따위가 옹골지고 포실하게.'라는 의미를 지닌 말로 표준어이며 이 문장에서는 전자의 의미로 사용되었다.
⑤ '적잖이'는 '적지 않은 수나 양으로.', '소홀히 하거나 대수롭게 여길 만하지 아니하게.'라는 의미를 지닌 표준어로 이 문장에서는 후자의 의미로 사용되었다.

036 ①

유형 해설 문장 표현

36번 문제는 문장의 다양한 오류 유형을 알고 실제 문장들 중 바른 문장을 고를 수 있는 능력을 평가하는 유형으로 출제되고 있다.

문항 분석

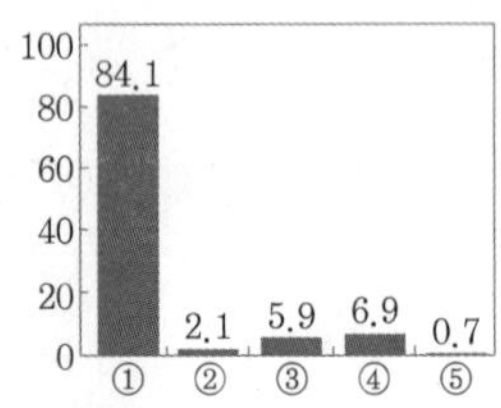

수험생의 84.1%가 정답지를 고른 쉬운 문제였다. 최하위권 수험생들이 나머지 선지에 고르게 반응하여 매우 높은 변별도를 보였다.

정답 해설

정답은 ①이다. ①은 이어지는 문장과의 연결 관계가 자연스럽고, 어법에 맞는 문장이다.

오답 해설

② 주어와 서술어의 관계가 호응을 이루지 못하고 있다. 주어가 '성찰은'이라는 점을 감안할 때 '더욱 요구되고 있다.'와 같이 서술부가 수정되어야 한다.
③ 주어인 '많은 사람들은'이 생각하는 대상, 즉 목적어가 생략되어 필요한 문장 성분이 생략된 문장이다.
④ 문맥의 흐름상 '널리 보편되었지만'이 '널리 보편화되면서'와 같이 수정되어야 한다.
⑤ '~만들면서도'와 호응을 이루려면 '필요로 하는 것이다.'와 같이 서술부가 수정되어야 한다.

037 ④

유형 해설 문장 표현(중복 표현)

37번 문제는 일반적으로 잘못 사용하고 있는 문장 표현들을 분별해 낼 수 있는 능력을 평가하는 유형으로 출제되고 있다.

문항 분석

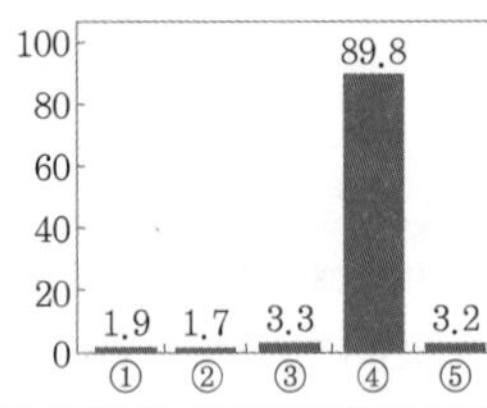

수험생의 89.8%가 정답지를 고른 쉬운 문제였다. 최하위권 수험생들이 나머지 선지에 고르게 반응하여 매우 높은 변별도를 보였다.

정답 해설

우리의 언어생활에서 자주 사용하는 중복 표현을 판별할 수 있는 능력을 평가하기 위한 문제로, 정답은 ④이다. ④에 사용된 '정리하다'는 '체계적으로 분류하고 종합하다.'의 의미로 사용된 것으로 '하나' 혹은 '한데'의 의미가 없다. 따라서 '한마디'와 의미상 중복된 표현이 아니다.

오답 해설

① '예고'는 '미리 알림.'의 의미를 지닌 말로 '이미'와 의미가 중복된 표현이다.
② '조작극'은 '꾸며 내거나 지어서 만든 일을 비유적으로 이르는 말.'로 '꾸미다'와 의미가 중복된 표현이다.
③ '숙원'은 '오래전부터 품어 온 염원이나 소망.'을 이르는 말로 '오래된'과 의미가 중복된 표현이다.
⑤ '통곡'은 '소리를 높여 슬피 욺.'의 의미로 '울다'와 의미가 중복된 표현이다.

038 ①

유형 해설 문장 표현(중의성)

38번 문제는 우리의 언어생활에서 혼란을 초래하는 여러 의미로 해석되는 문장(문장의 중의성)에 대해 묻는 유형으로 출제되고 있다. 주로 중의성이 없는 자연스러운 문장을 찾거나, 중의성이 발생하는 이유를 파악하여 이를 제대로 수정한 문장을 찾는 유형으로 출제된다.

문항 분석

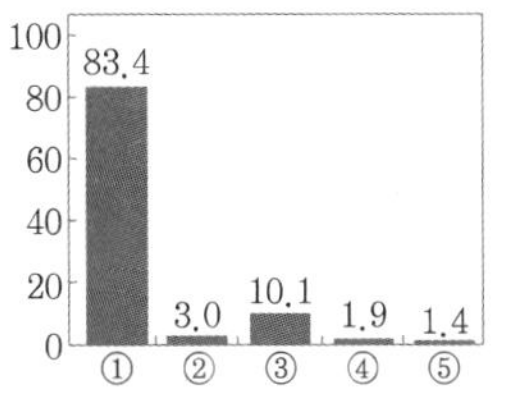

수험생의 83.4%가 정답지를 고른 보통 난이도의 문제였다. 매력적인 오답인 ③에 10.1%의 수험생이 반응하여 매우 높은 변별도를 보였다.

정답 해설

중의성을 지닌 문장을 의미가 명확한 문장으로 변환할 수 있는 능력을 평가하기 위한 문제로, 정답은 ①이다. 바뀐 문장에서도 초대 받은 사람들이 '한 명도' 오지 않음과 초대 받은 사람 중 '일부가' 오지 않음이라는 의미를 모두 가지게 되므로 중의성이 해결된 것으로 볼 수 없다.

오답 해설

② '동생'을 돌보는 주체가 '나'인지, '나와 누나'인지가 분명하지 않다. '나와 누나가' 동생을 돌본 문장으로 수정함으로써 중의성을 해소하고 있다.

③ '내가 고향에서 온 후배를 만난 것이 어제'라는 것인지 '내가 어제 막 고향에서 올라온 후배를 만난 것'인지 분명하지 않다. '어제 온 후배'를 만난 것으로 수정되었으므로 중의성이 해소되었다.

④ '나라는 존재보다 영화를 더 좋아한다'는 것인지, '내가 영화를 좋아하는 정도보다 더 영화를 좋아한다'는 것인지 분명하지 않다. '내가 영화를 좋아하는 정도보다 그녀가 좋아하는 정도'가 더 크다로 제시하였으므로 중의성이 해소되었다.

⑤ '기쁜 마음으로'의 주체가 '그'인지 '떠나는 그녀'인지 불분명한 문장이다. 어순을 바꾸어 '기쁜 마음으로'의 주체를 '그'로 한정하고 있으므로 중의성이 해소되고 있다.

039 ③

유형 해설 문법 요소(음운 변동 현상)

39번~41번 문제는 '문법 요소의 이해'를 묻는 유형으로 출제되고 있다. '음운의 변동, 조사의 역할, 용언의 활용, 합성어와 파생어, 높임 · 피동 · 사동 표현, 접사, 홑문장과 겹문장, 서술어의 자릿수' 등 주요 문법 요소에서 출제된다.

문항 분석

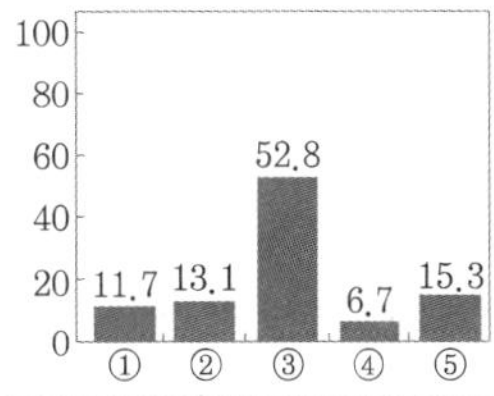

수험생의 52.8%만이 정답지를 고른 어려운 문제였다. 매력적인 오답인 ⑤에 15.3%의 수험생이 몰렸으며 ①, ②에도 각각 11%대와 13%대의 수험생이 반응하여 낮은 변별도를 보인 문제였다.

정답 해설

음운 변동 현상 중 유음화와 'ㄴ' 첨가 현상에 대해 묻는 문제로, 정답은 ③이다. '알약'은 우선 'ㄴ' 첨가 현상이 일어나 [알냑]이 되고, 그 뒤 'ㄴ'이 앞의 'ㄹ'에 의해 유음화되어 [알략]으로 발음된다.

오답 해설

① 'ㄴ' 첨가 현상만 일어났다.

②, ⑤ 'ㄴ' 첨가 발생 이후 유음화가 아닌 비음화가 일어났는데, 첨가된 'ㄴ'이 비음이기 때문에 앞 음절 자음 'ㅂ'과 'ㄱ'이 각각 비음인 'ㅁ', 'ㅇ'으로 변한 것이다.

④ 유음화만 일어났다.

040 ①

유형 해설 문법 요소(활용)

문항 분석

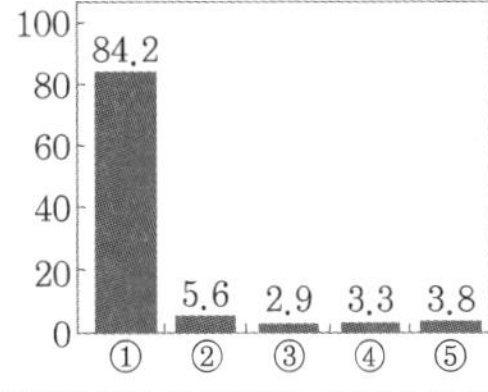

수험생의 84.2%가 정답지를 고른 쉬운 문제였다. 최하위권 수험생들이 나머지 선지에 고르게 반응하여 높은 변별도를 보였다.

정답 해설

'이에요/예요'에 대한 표기에 대한 원리를 정확하게 알고 있는지를 평가하기 위한 문제로, 정답은 ①이다. '이에요'는 특정 환경(앞말이 모음으로 끝날 경우)에서만 '예요'의 형태로 줄여 쓸 수 있다. ㄱ의 '매제'는 'ㅔ', ㄷ의 '누나'는 'ㅏ'로, '이에요'앞말이 모음으로 끝나는 경우에 해당하므로 '그는 매제예요.', '나는 누나예요.'와 같이 줄여 쓸 수 있다.

오답 해설

ㄴ의 '동생', ㄹ의 '딸'은 '이에요' 앞말이 자음으로 끝나는 경우이므로 '예요'의 형태로 줄여 쓸 수 없다.

041 ②

유형 해설 문법 요소(홑문장과 안은문장)

문항 분석

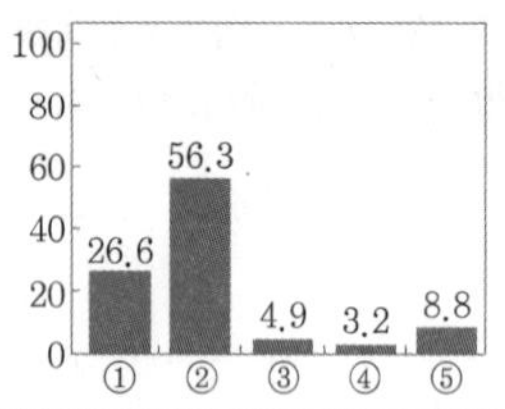

수험생의 56.3%만이 정답지를 고른 어려운 난이도의 문제였다. 매력적인 오답인 ①에 26.6%의 수험생이 반응하여 매우 높은 변별도를 보였다.

정답 해설

<보기>에 제시된 문장 구조를 바탕으로 문장을 분석할 수 있는지를 평가하는 문제로, 정답은 ②이다. 고등학교 수준의 문법적 지식을 갖추고 있으면 더욱 쉽게 해결할 수 있는 문항이었다. '주어+(주어+서술어)'의 구조는 서술절을 안은문장에 해당하는 구조이다. '큰누나는'이 주어, '마음이 넓다'가 이에 대한 서술절이 된다. 서술절은 다시 주어 '마음이'와 서술어 '넓다'로 분석할 수 있다.

오답 해설

① '주어 + 보어 + 서술어'의 구조로 이루어진 홑문장에 해당한다.

③ '관형어 + 주어 + 서술어'의 구조로 이루어진 홑문장에 해당한다.

④ '주어 + 목적어 + 서술어'의 구조로 이루어진 홑문장에 해당한다.

⑤ '주어 + 관형어 + 서술어'의 구조로 이루어진 홑문장에 해당한다.

042 ⑤

유형 해설 문장 부호

42번 문제는 한글 맞춤법 중 문장 부호와 관련한 규정을 숙지하고 그 용례를 바르게 알고 있는지 묻는 유형으로 출제되고 있다.

문항 분석

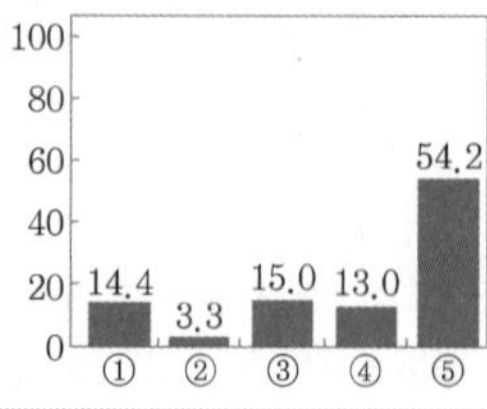

수험생의 54.2%만이 정답지를 고른 어려운 난이도의 문제였다. 매력적인 오답인 ③에 15%의 수험생이 몰렸으며 ①, ④에도 각각 14%대, 13%대의 수험생이 반응하여 매우 높은 변별도를 보였다.

정답 해설

정답은 ⑤이다. 특히 이 문제는 2015.01.01.을 기해 새롭게 개정된 문장 부호 규정의 내용을 정확히 이해하고 있는지를 평가하기 위한 문제로, 금기어나 공공연히 쓰기 어려운 속어임을 나타낼 때, 그 글자의 수효만큼 쓰는 숨김표는 'ㅇ', '×'로 표시한다. '□'는 빠짐표로 옛 비문이나 문헌 등에서 글자가 분명하지 않을 때 그 글자의 수효만큼 쓰거나, 글자가 들어가야 할 자리를 나타낼 때 쓰는 기호이다.

043 ⑤

유형 해설 표준 발음(사잇소리)

43번 문제는 묻는 국어 규범인 표준 발음법의 내용을 정확히 이해하고 이를 적용하는 능력을 묻는 유형으로 출제되고 있다. '음의 첨가, 겹받침의 발음' 등과 같이 자주 출제되는 표준 발음법 규정은 원리를 이해하고, 규정에 명시된 대표적인 예는 외워 두는 것이 좋다.

문항 분석

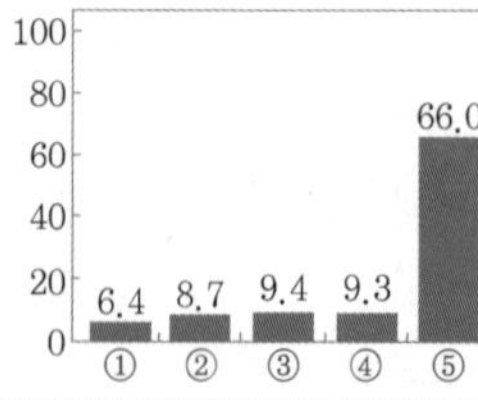

수험생의 66%가 정답지를 고른 보통 난이도의 문제였다. 하위권 수험생들이 나머지 선지에 고르게 반응하여 적절한 변별도를 보였다.

정답 해설

정답은 ⑤로 '솜방망이'는 [솜방망이]와 같이 소리가 나므로 표준 발음법 제28항과 같이 된소리로 발음되는 부분이 없다.

오답 해설

①, ②, ③, ④ 모두 표준 발음법 제28항에 따라 각각 [문꼬리], [창쌀], [그믐딸], [손째주]와 같이 발음한다.

044 ④

유형 해설 외래어 표기법

44번 문제는 국어의 지위를 얻은 외래어의 정확한 표기를 묻는 유형으로 출제되고 있다. 외래어의 원지음 표기는 함께 제시되지 않기 때문에 단어 자체의 바른 표기를 알아야 한다.

문항 분석

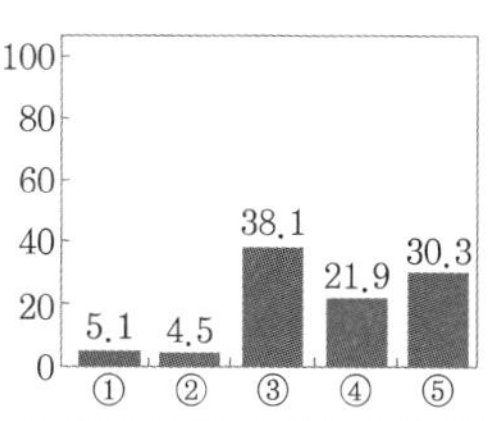

수험생의 21.9%만이 정답지를 고른 매우 어려운 문제였다. 매력적인 오답인 ③에 38.1%의 수험생이 몰렸으며 ⑤에도 30.3%의 수험생이 반응하여 낮은 변별도를 보인 문제였다.

정답 해설

뉴스나 언론 보도에서 자주 사용되는 유명 정치인의 이름을 외래어 표기법에 맞게 표기할 수 있는 능력을 평가하는 문제로, 정답은 ④이다.

오답 해설

① '힐러리 클린턴'으로 표기한다.
② '앙겔라 메르켈'로 표기한다.
③ '테리사 메이'로 표기한다.
⑤ '도널드 트럼프'로 표기한다.

045 ③

유형 해설 로마자 표기법

45번 문제는 국어의 로마자 표기법을 알고 있는지를 평가하는 유형으로 출제되고 있다.

문항 분석

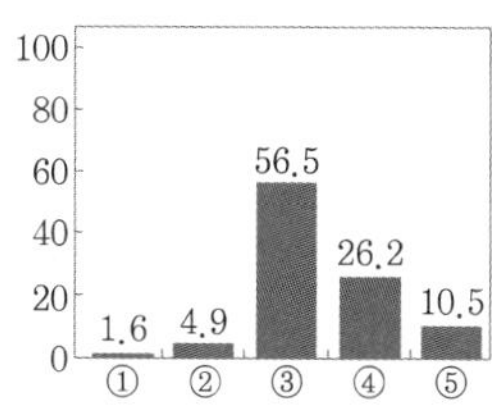

수험생의 56.5%만이 정답지를 고른 어려운 난이도의 문제였다. 매력적인 오답인 ④에 26.2%의 수험생이 반응했으며 ⑤에도 10.5%의 수험생이 반응하여 적절한 변별도를 보였다.

정답 해설

정답은 ③이다. 국어의 로마자 표기법 제6항에 따르면, 자연 지물명, 문화재명, 인공 축조물명은 붙임표(-) 없이 붙여 쓴다.

쓰기 046번~050번

기출문제집 p.29

046	⑤	047	④	048	②	049	③	050	①

046 ⑤

유형 해설 글쓰기 계획

46번~50번 문제는 쓰기 영역의 문제가 출제되며, 5문제가 하나의 주제로 긴밀히 연결이 되어 있다. 쓰기 문제는 글쓰기의 전략을 수집하는 능력 확인하기, 글쓰기에 필요한 자료를 수집하고 활용하는 능력 확인하기, 개요를 각성하고 이를 적합하게 수정하는 능력 확인하기, 논리를 전개하여 글을 쓰는 능력 확인하기, 쓴 글을 평가해 고쳐 쓰는 능력 확인하기 등을 묻는 문제가 출제된다.

46번 문제는 글쓰기의 첫 번째 단계인 글쓰기 계획 및 전략 수립 능력을 평가하기 위한 유형으로 출제되고 있다.

문항 분석

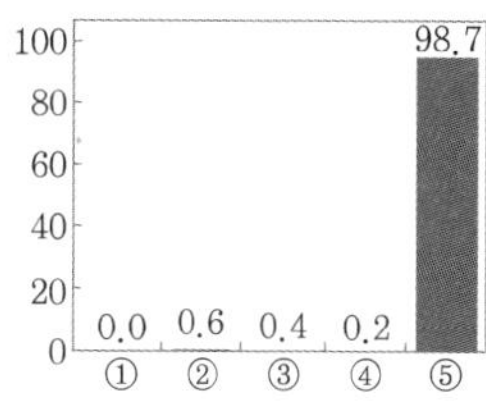

수험생의 98.7%가 정답지를 고른 쉬운 문제였다. 최하위권 수험생들이 나머지 선지에 고르게 반응하여 매우 높은 변별도를 보였다.

정답 해설

정답은 ⑤이다. 제시된 글쓰기 계획에 따르면 작성하려고 하는 글의 주제는 '바람직한 음주 문화 정착을 위한 개선 방안 마련'이다. 그러한 맥락에서 음주 문화에 대한 인식 및 실태 분석이나 문제점 제시, 해결책 마련 등의 내용이 들어가야 한다. ⑤에서 '음주의 지역별 차이를 비교하여 지역 불균형의 발생 원인을 제시'하는 것은 주제에서 벗어난다.

047 ④

유형 해설 자료 활용 방안

47번 문제는 한 편의 완성된 글을 쓰고자 할 때, 주제와 내용에 맞는 자료를 수집할 수 있는지, 그리고 글쓰기 목적에 맞게 해석하고 활용할 수 있는지를 평가하기 위한 유형으로 출제되고 있다. 대개 1~2개의 시각 자료, 2~3개의 전문가 의견이나 연구 결과에 대한 자료 등이 제시된다. 주어진 자료를 가지고 글을 전개할 때 어떠한 방법으로 활용하는 것이 적절한지, 이 근거들을 가지고 어떠한 부분을 부각시키거나 반박할 수 있을지 잘 판단하여 정답을 선택해야 한다. 즉, 주어진 자료를 개요 중 어느 부분에 어떻게 적용할 것인지를 고민해 보아야 한다.

문항 분석

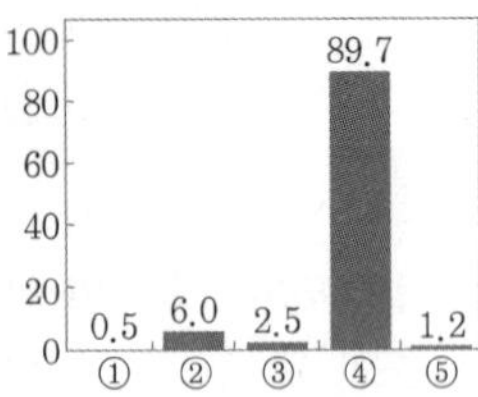

수험생의 89.7%가 정답지를 고른 쉬운 문제였다. 최하위권 수험생들이 나머지 선지에 고르게 반응하여 매우 높은 변별도를 보였다.

정답 해설

정답은 ④이다. (다)와 (라)-2를 통해 알코올 중독으로 인한 사회적 손실 비용이 크다는 것을 알 수 있으나, 사회적 비용이 점점 증가하고 있음을 확인할 수 있는 비교 자료가 언급되지 않았으므로 적절하지 않다.

오답 해설

① (가)에서 비음주자 대비 고위험 음주자의 자살 사망 위험도가 1.9배 높고, 중독 사망 위험도도 2.9배 높다고 했으므로, 고위험 음주자가 비음주자에 비해 생명의 위협을 느낄 가능성이 크다는 것을 확인할 수 있다.

② (나)-1을 통해 우리나라 성인들의 최근 1주일 이내 평균 음주량이 세계보건기구 적정 권장량을 넘는 비율이 절반을 넘는다는 것을 확인할 수 있고, (나)-2에서 고위험 음주 경험자 비율도 높다는 것을 확인할 수 있으므로 이를 통해 음주 실태의 문제점을 지적하고 개선의 필요성을 드러낼 수 있다.

③ (다)에서 우리나라는 상대적으로 증류주를 많이 소비하고 있고, 이는 알코올 중독으로 이어져 사회적 손실을 발생시킨다고 했는데, (가)의 자료를 통해 사회적 손실 비용이 구체적으로 연간 1조 5,367억 원이라는 것을 드리낼 수 있다.

⑤ (라)-1에서 과도한 음주는 각종 질병이 유발되거나 악화될 수 있다는 언급이 있고, (나)-1의 경우에 우리나라 성인 음주자 중 상당수의 평균 음주량이 세계보건기구 적정 권장량을 넘고 있다는 점을 확인할 수 있으므로 적절하다.

048

②

유형 해설 **개요 수정 및 상세화 방안**

48번 문제는 본격적으로 글을 쓰기 전에 개요를 작성하고, 이를 적합하게 수정하는 유형으로 출제된다. 쓰기 능력을 평가하는 시험에서 반드시 출제되는 유형이다. '쓰기' 영역은 5문제가 연결되어 있으므로 앞서 제시된 글을 작성하기 전에 세운 계획의 흐름을 잘 이어나갈 수 있는 개요가 완성되었는지를 점검해야 한다. '서론 – 배경 지식의 활성화, 현황의 소개', '본론 – 문제점 – 해결 방안 제시', '결론 – 전체 내용 마무리'의 3단 구성이 출제되고 있다. 글의 개요를 객관적으로 판단하는 능력과 함께 글의 부족한 부분을 보완하고 관련 내용을 확장하는 추론적 능력도 요구된다.

문항 분석

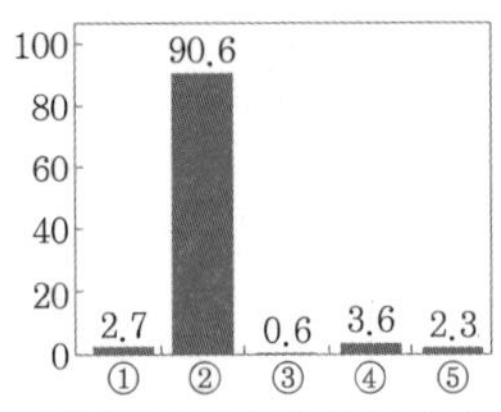

수험생의 90.6%가 정답지를 고른 쉬운 문제였다. 최하위권 수험생들이 나머지 선지에 고르게 반응하여 매우 높은 변별도를 보였다.

정답 해설

정답은 ②이다. ㉡과 'Ⅱ-가'를 유사한 내용으로 볼 수 없으므로 고위험 음주자 비율과 불건전한 음주 문화는 그 내용이 상이한 것이므로 삭제하는 것은 적절하지 않다.

오답 해설

① ㉠에는 Ⅰ에는 '우리나라 음주 문화의 실태'와 관련한 하위 항목이 와야 하는데, 우리나라 술의 종류와 특징을 언급하는 것은 적절하지 않다. 오히려 '우리나라 주류 소비 실태'를 제시하면 우리나라 사람들이 주로 어떤 술을 마시는 지에 대해 파악할 수 있으므로 음주 문화의 실태를 드러내기에 적절하다.

③ Ⅲ의 하위 항목에 제시된 내용들은 '우리나라 음주 문화의 형성 배경'에 대한 것들이 아니라 문제점에 대한 해결책들이므로 '우리나라 음주 문화의 개선 방안'으로 수정하자는 의견은 적절하다.

④ 'Ⅲ-다'의 내용은 'Ⅱ-다'와 연관된 내용이므로 이를 고려하여 '음주 문화 개선을 위한 관련 정책 마련'으로 수정하자는 의견은 적절하다.

⑤ 본문에서 외국의 음주 문화와 우리나라의 음주 문화를 비교하는 내용이 제시된 적이 없는데, 결론에서 이러한 내용을 새롭게 제시하는 것은 적절하지 않다.

049 ③

유형 해설 고쳐쓰기

49번 문제는 글쓰기의 마지막 단계인 고쳐 쓰기 유형이 출제되고 있다. 제시된 글을 수정한 내용이 적절하지 확인하는 능력을 평가하는 유형과 작성된 글의 내용상의 전개 흐름을 파악하여 빈칸에 들어가기에 적절한 것을 찾는 능력을 평가하는 유형이 교차 출제되고 있다.

문항 분석

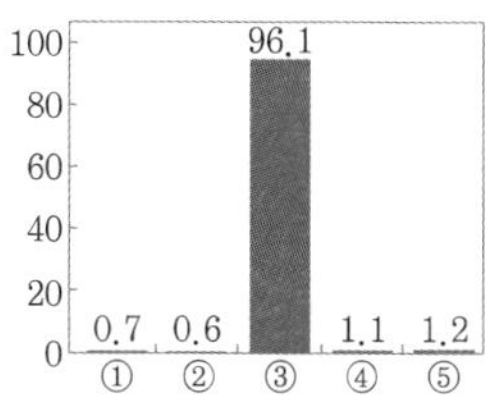

수험생의 96.1%가 정답지를 고른 쉬운 문제였다. 최하위권 수험생들이 나머지 선지에 고르게 반응하여 매우 높은 변별도를 보였다.

정답 해설

정답은 ③이다. 우리나라에 만연된 부적절한 음주 문화 중 가장 대표적인 것인 '폭탄주 마시기'와 '술잔 돌리기'를 대등하게 연결하고 있으므로 ㉢에는 '그리고'가 들어가는 것이 적절하다.

오답 해설

① 제시된 지문은 사회적 비용을 발생시키는 요인에 대해 기술하고 있는 글이 아니므로 ㉠은 통일성을 해치는 문장이라고 할 수 있다.

② 뒤에 이어지는 '노출(露出)'의 사전적 의미가 '겉으로 드러나거나 드러냄.'이므로 의미상 중복된다.

④ 무엇에 대한 잘못된 인식인지 분명하게 드러나 있지 않아 의미가 모호하므로, 의미를 보다 분명하게 하기 위해 '음주에 대한'을 삽입하는 것은 적절하다.

⑤ ㉤의 주어가 '정책이'이므로, 주술 관계를 고려할 때 '마련해야'는 적절하지 않다. 사람이 주어가 아닐 때는 서술어를 피동형으로 해야 호응이 되므로, '마련되어야'로 수정해야 한다.

050 ①

유형 해설 논지 전개

50번 문제는 글의 유기적인 짜임과 전체적인 내용의 흐름을 고려하여, 제시된 글을 보완할 방안을 작성하는 유형이 출제된다.

문항 분석

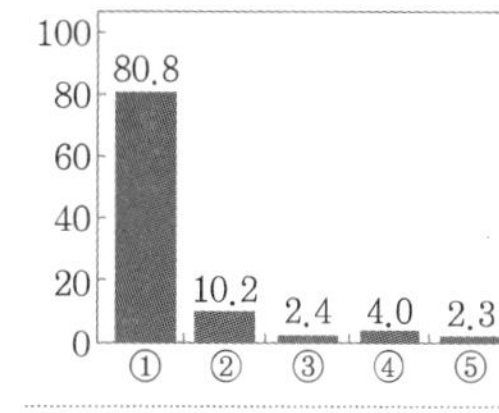

수험생의 80.8%가 정답지를 고른 보통 난이도의 문제였다. 매력적인 오답인 ②에 10.2%의 수험생이 반응하여 매우 높은 변별도를 보였다.

정답 해설

정답은 ①이다. 지문에서 통계 수치를 제시한 부분을 보면 '음주 경험이 있는 성인을 대상으로 조사한 결과에 따르면,'과 같이 막연하게 서술되어 있는데, 주장의 신뢰성을 높이기 위해 글에 사용된 자료의 출처를 밝히는 것은 적절한 수정 및 보완 방안이다.

오답 해설

② 음주 실태를 드러내는 구체적인 통계 수치는 이미 언급되어 있으므로 적절하지 않다.

③ 이 글을 쓴 목적은 우리나라의 잘못된 음주 문화의 문제점을 지적하고 개선 방안을 드러내는 것이므로 외국의 부적절한 음주 문화의 사례를 추가하는 것은 적절하지 않다.

④ 우리나라의 부적절한 음주 문화의 구체적인 예시로 '폭탄주 마시기', '술잔 돌리기'가 이미 언급되어 있으므로 적절하지 않다.

⑤ 이 글에서는 음주 문화를 개선해야 한다고 주장하고 있는데, '바람직한 음주 문화의 정착이 어렵다는 점'은 이에 대한 근거가 될 수 없다.

창안 051번~060번

기출문제집 p.33

051	⑤	052	②	053	③	054	⑤	055	④
056	④	057	①	058	③	059	④	060	③

051 ⑤

유형 해설 시각 자료를 통한 내용 생성

51번~60번은 문제는 창안 문제가 출제되고 있다. 창안 문제는 그림을 활용해 내용 전달하기, 그림을 활용해 문구 창안하기, 언어유희를 통해 내용 전달하기, 두 그림 사이의 연관성을 창안하기, 조건에 맞는 창의적인 문구 생성하기, 연상을 통해 창의적 내용 생성하기, 독특한 형식의 텍스트 생성하기 등의 유형으로 출제되고 있다.

문항 분석

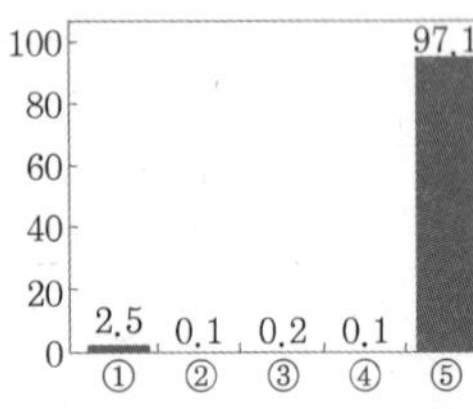

수험생의 97.1%가 정답지를 고른 매우 쉬운 문제였다. 최하위권 수험생들이 나머지 선지에 고르게 반응하여 적절한 변별도를 보였다.

정답 해설

정답은 ⑤이다. 책을 펼친 그림의 전면에 제시된 각도기를 통해 책을 펼치면 세상을 보는 각도가 넓어진다는 내용을 추론할 수 있다.

▶ **자료 출처** 문화체육관광부 누리집(http://www.mcst.go.kr/)

052 ②

유형 해설 시각 자료를 통한 내용 생성

52번 문제는 제시된 문구에 적합한 시각 자료를 고르는 능력을 평가하는 유형이나 제시된 문구를 시각 자료를 활용해 보강할 수 있는 능력을 평가하는 유형이 출제되고 있다.

문항 분석

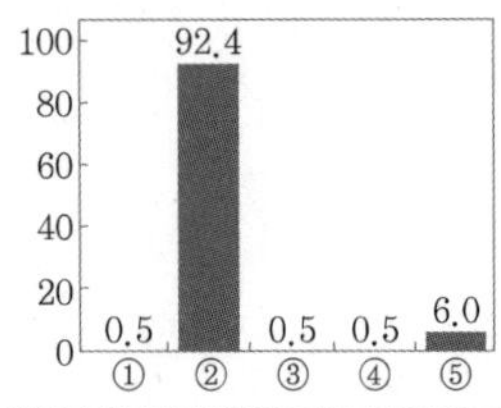

수험생의 92.4%가 정답지를 고른 쉬운 문제였다. 최하위권 수험생들이 나머지 선지에 고르게 반응하여 높은 변별도를 보였다.

정답 해설

정답은 ②이다. 〈보기〉의 시각 자료 중 ②는 '봅슬레이'를 나타낸 시각 자료로, 〈보기〉의 대화에서 '봅슬레이'에 대한 언급은 드러나 있지 않으므로 이를 제시하는 것은 적절하지 않다. 참고로 '봅슬레이'는 2명 또는 4명의 선수가 한 조를 이루어 방향을 조정하는 키가 달린 강철제 썰매로 눈과 얼음으로 만든 코스를 활주하는 경기이다.

오답 해설

① '컬링'을 나타낸 시각 자료로, "얼음판에서 둥글고 납작한 돌을 미끄러뜨려 과녁에 넣는 '컬링'도 있지."에서 확인할 수 있다.

③ '바이애슬론'을 나타낸 시각 자료로, "스키와 사격을 복합한 '바이애슬론'도 있고."에서 확인할 수 있다.

④ '스키 점프'를 나타낸 시각 자료로, "스키를 타고 허공을 날다가 착지하는 '스키 점프'는 아는데……."에서 확인할 수 있다.

⑤ '루지'를 나타낸 시각 자료로, "한두 명의 선수가 누워서 썰매를 타고 코스를 활주하는 '루지'도 있고,"에서 확인할 수 있다.

053 ③

유형 해설 조건에 따른 내용 생성

53번 문제는 대체로 언어유희의 종류를 알고 그와 같은 방식이 적용된 선지를 고르는 유형이다. 최근에는 시구나 광고에 사용된 표현 기법(대조법, 역설적 표현) 등을 찾는 유형으로 출제되기도 한다.

문항 분석

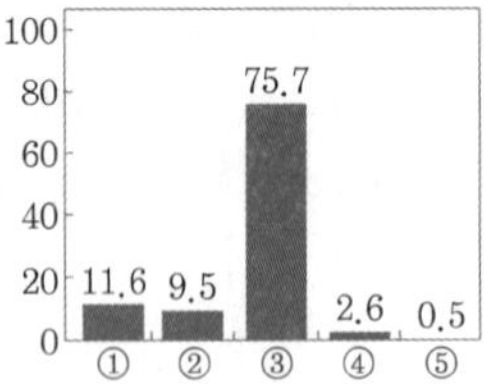

수험생의 75.7%가 정답지를 고른 보통 난이도의 문제였다. ①, ②에 각각 11%대, 9%대의 수험생이 반응하여 매우 높은 변별도를 보였다.

정답 해설

〈보기〉의 빈칸에 들어갈 표현을 바르게 유추할 수 있는지를 평가하기 위한 문제로, 정답은 ③이다. 운자는 1, 2, 4구의 마지막 글자에 배치하므로 빈칸에 해당하는 운자는 '다'가 된다. 또한 주제가 '탄로(歎老)'라고 하였으므로 문맥상 ③이 정답이다.

오답 해설

① 운자가 '라'이기 때문에 적절하지 않다.
② 운자가 '다'이지만 자명종 소리는 잠을 깨우지 잠을 재촉한다고 보기 어려우므로 문맥상 어울리지 않는다.
④ 운자가 '나'이기 때문에 적절하지 않고 주제와도 어울리지 않는다.
⑤ 운자가 '가'이기 때문에 적절하지 않고 주제와도 어울리지 않는다.

054 ⑤

유형 해설 시각 자료를 통한 내용 생성

54번 문제는 그림이나 사진을 하나의 텍스트로 규정하고 이를 해석하는 능력을 평가하는 유형이다.

문항 분석

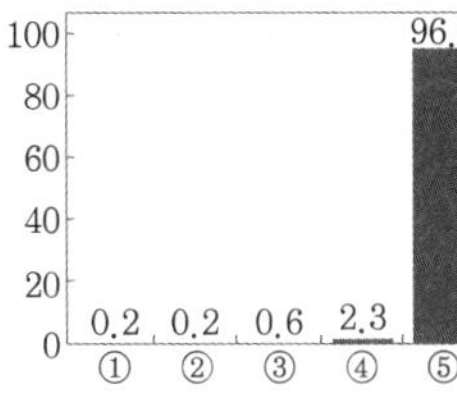

수험생의 96.6%가 정답지를 고른 쉬운 문제였다. 최하위권 수험생들이 나머지 선지에 고르게 반응하여 매우 높은 변별도를 보였다.

정답 해설

이 문제는 제시된 두 사진을 보고, 이를 바탕으로 연상할 수 있는 내용을 찾는 문제로, 정답은 ⑤이다. 〈보기〉에 제시된 두 사진은 물을 흘려 보내며 낭비하고 있는 모습과 물 부족 국가 사람들의 모습을 대비하여 나타내고 있다. 이를 통해 우리가 무심코 흘려 보낸 물이 어떤 이들에게는 겨우 얻을 수 있는 식수일 수도 있다는 내용을 창안해 낼 수 있다.

오답 해설

① 물을 아껴 쓰는 습관에 대해서는 연상할 수 있으나 수도 요금 절약에 대한 내용은 적절하지 않다.
② 물이 조금씩 새고 있는 것이 아니며, 배관 수리에 대한 내용도 적절하지 않다.
③ 배고픔으로 힘겹게 살아가는 사람들이나 그들을 위한 모금이 필요한 때라는 내용은 적절하지 않다.
④ 물 부족 사태에 대한 내용은 연상할 수 있으나 생활 하수를 재활용하는 기술에 대한 내용은 적절하지 않다.

055 ④

유형 해설 조건에 따른 내용 생성

55번 문제는 조건에 맞는 창의적인 문구를 생성할 수 있는지 평가하는 유형이다. 조건에 제시된 개념을 이해하는 것이 문제 해결의 핵심이다. 조건으로 시의 표현법(비유적인 표현, 대조, 대구 등), 문장의 종결법(특히 평서형, 의문형, 명령형, 청유형)이 자주 제시된다.

문항 분석

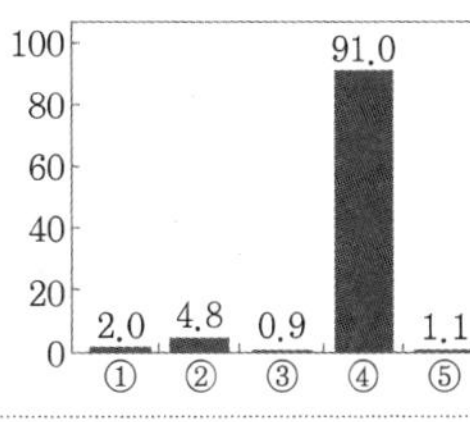

수험생의 91%가 정답지를 고른 쉬운 문제였다. 최하위권 수험생들이 나머지 선지에 고르게 반응하여 매우 높은 변별도를 보였다.

정답 해설

정답은 ④이다. 품격 있고 콧대 높은 고전 음악이 이제는 대중에게 찾아간다고 하여, 고전 음악을 대중화하고자 하는 축제 의도와 의인화를 통한 효과적인 의미 표현이 모두 드러났다.

오답 해설

①, ②, ⑤ 의인화도 사용되지 않았으며 고전 음악의 대중화와도 무관하므로 답이 아니다.
③ 의인화는 사용되었으나, 고전 음악의 대중화와 무관하므로 답이 아니다.

056 ④

유형 해설 조건에 따른 내용 생성

56번 문제는 주어진 시각 텍스트를 해석하고, 이를 주어진 조건에 맞게 문구로 만드는 능력을 평가하는 유형이다.

문항 분석

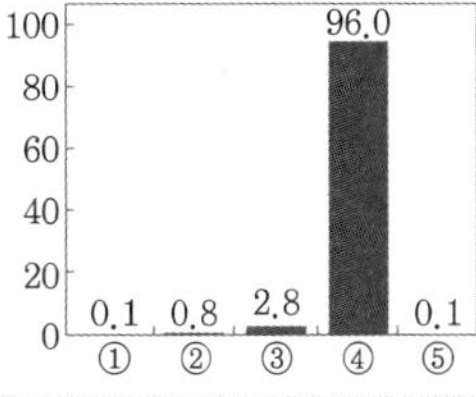

수험생의 96%가 정답지를 고른 쉬운 문제였다. 최하위권 수험생들이 나머지 선지에 고르게 반응하여 매우 높은 변별도를 보였다.

정답 해설

정답은 ④이다. 제시된 시각 자료의 왼쪽에는 겉으로 보기에 멀쩡한 연필이 있고, 오른쪽에는 연필심이 모두 부러진 연필이 있다. 이를 종합해 보면, 겉으로는 멀쩡해 보이는 연필일지라도 속에 있는 연필심은 온전하지 않을 수 있음을 드러내고 있다고 할 수 있다. 따라서 이를 '시설물 안전'과 관련한 '실천의 메시지'를 담은 문장으로 표현했을 때 가장 적절한 것은 ④이다. '시설물이 겉으로 보기에 괜찮다고 속까지 온전하지는 않을 수 있다.'는 의미를 드러냈고 '기울입시다.'라는 청유형 종결 표현을 사용했기 때문이다.

오답 해설

①, ⑤ 청유형 종결 표현을 사용했지만 시설물 안전과 무관하다.

② 시설물 안전과 연관이 있다고 볼 수 있으나 청유형 종결 표현이 없다.

③ 내용이 시설물 안전과도 무관하고 청유형 종결 표현도 없다.

▶ **자료 출처** 한국방송광고공사 누리집(http://www.kobaco.co.kr/)

057 ①

유형 해설 자료를 통한 내용 생성

57번 문제는 일상에서 자주 마주하는 대상을 바탕으로 적절한 연상을 통해 글의 내용을 생성하는 능력을 평가하는 유형이다. 표어를 생성할 때도 있고, 일상적인 메시지를 생성할 때도 있다.

문항 분석

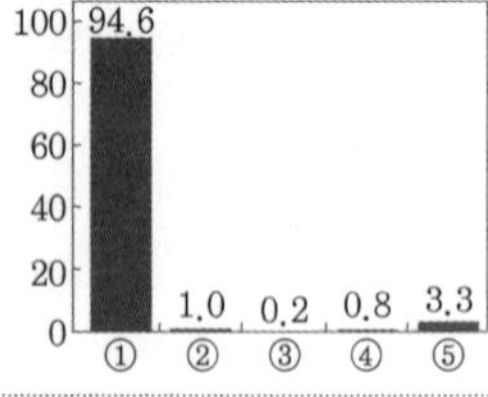

수험생의 94.6%가 정답지를 고른 쉬운 문제였다. 최하위권 수험생들이 나머지 선지에 고르게 반응하여 매우 높은 변별도를 보였다.

정답 해설

정답은 ①이다. 검은 건반의 크기나 위치 등 겉모습에서 흰 건반보다 부수적인 역할을 한다는 인상을 받을 수 있지만 그 역할이 흰 건반과 다르지 않다고 설명하고 있으므로, 이를 활용하여 사람의 가치와 능력을 외모만으로 판단해서는 안 된다는 내용을 이끌어 낼 수 있다.

오답 해설

②, ⑤ 〈보기〉와 무관한 내용이다.

③ 흰 건반과 검은 건반의 관계에서 어느 한 쪽이 희생한다고 볼 수 없으므로 개인의 희생을 감수해야 한다는 내용을 이끌어 내기에 적절하지 않다.

④ 흰 건반과 검은 건반의 역할이 다르지 않다고 했으므로 어느 한 쪽이 어려운 처지에 있다거나 그러한 인재를 도와주어야 한다는 내용을 이끌어 내기에 적절하지 않다.

058 ③

유형 해설 조건에 따른 내용 생성

58번 문제는 특정한 글을 보고 내용을 파악한 후 그 내용을 조건에 맞게 문구를 만들어 내는 능력을 측정하는 유형이다. 다른 창안 문제와 마찬가지로 조건으로 자주 제시되는 시의 표현법과 문장의 종결형을 알아 두어야 한다.

문항 분석

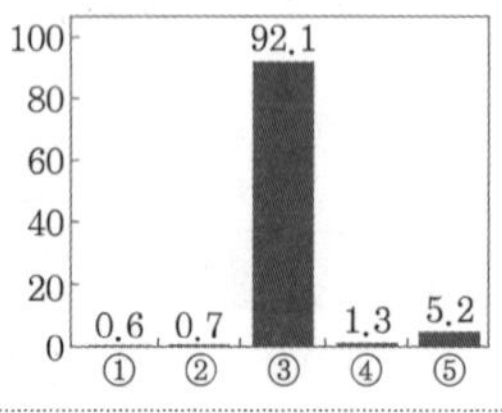

수험생의 92.1%가 정답지를 고른 쉬운 문제였다. 최하위권 수험생들이 나머지 선지에 고르게 반응하여 매우 높은 변별도를 보였다.

정답 해설

주어진 이야기의 줄거리를 따라가며 빈칸에 적절한 내용이 무엇일지 채워 넣는 문제로, 줄거리를 고려하되 조건을 충족시켜 표현하는 능력을 평가하기 위해 출제되었다. 정답은 ③이다. 시를 통해 마음을 주고받는 남녀의 이야기가 지문으로 제시되어 있고, 남자는 여자에 대한 사랑의 마음을, 여자는 그 마음에 대한 거절의 표시를 전해야 한다. 이때 거절의 의사를 우회적으로 표현하는 것이 관건이다. 남자는 노새를 타고 떠나가는 여자를 바라볼 수밖에 없는 안타까운 마음을 표현하고 있지만, 이에 대해 여자는 "그대 마음까지 태우기에는 노새가 너무 불쌍하오."라고 답장을 보내며, 마음을 받아줄 수 없다는 표현을 우회적으로 하고 있다.

오답 해설

①, ②, ④ 남자의 마음에 대한 거절의 의사가 제대로 드러나지 않았으므로 정답으로 보기 어렵다.

⑤ "그대의 마음을 받아 줄 여유가 없소."라고 함으로써 거절의 의사를 드러내고는 있지만, 거절의 표시를 우회적으로 한 것이 아니라 직설적으로 하고 있으므로 오답이다.

059 ④

유형 해설 조건에 따른 내용 생성

59번 문제는 특정한 글을 보고 내용을 파악한 후 그 내용을 조건에 맞게 문구를 만들어 내는 능력을 평가하는 유형이다.

문항 분석

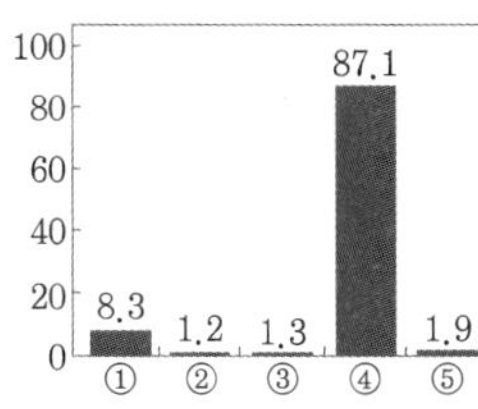

수험생의 87.1%가 정답지를 고른 쉬운 문제였다. ①에 8.3%의 수험생이 반응했으며 최하위권 수험생들이 나머지 선지에 고르게 반응하여 매우 높은 변별도를 보였다.

정답 해설

두세 개의 조건을 제시한 뒤, 이 조건들을 모두 만족하는 문구를 고르게 하는 문제로, 대학수학능력시험에서도 자주 출제되는 유형이다. 정답은 ④이다. 이 문제에서는 세 개의 조건을 제시하고 있는데, '사업 목표(미래에 대한 긍정성, 열정적 구직)의 반영, 발음의 유사성의 활용, 대구의 표현 방식'이 그것이다. 이러한 조건을 모두 갖춘 것은 ④로, 먼저 '내일을 향한 희망'은 '미래에 대한 긍정성'을 '내 일을 위한 도전'은 '열정적 구직'의 사업 목표를 담고 있다. 또한 '내일'과 '내 일'의 동음이의 관계를 활용하고 있으며, '목적어를 포함한 수식어 + 비수식어'의 표현이 대구를 이루고 있다.

오답 해설

① '가치'와 '같이'에서 동음이의 관계가 활용되었지만, 대구의 표현이 쓰이지 않았고, 사업 목표의 '미래에 대한 긍정성'도 반영되어 있지 않다.

②, ③ 대구를 이루고 있지만, 동음이의 관계가 활용되지 않았다.

⑤ 대구의 관계를 이루지 않았고, 동음이의 관계도 드러나지 않았다.

060 ③

유형 해설 조건에 따른 내용 생성

60번 문제로 최근 새롭게 출제되고 있는 유형으로 조건에 맞추어 유추할 수 있는 능력을 측정하는 문제이다. 선지를 유추를 위한 3단계로 구성하고 있다.

문항 분석

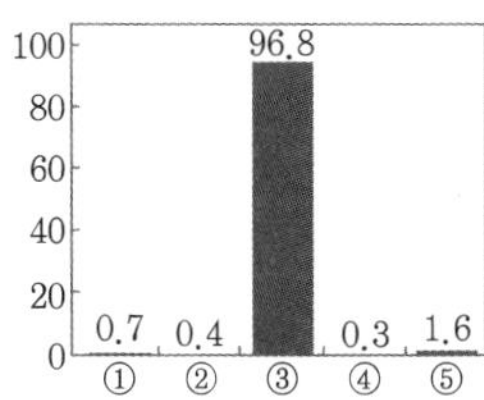

수험생의 96.8%가 정답지를 고른 쉬운 문제였다. 최하위권 수험생들이 나머지 선지에 고르게 반응하여 매우 높은 변별도를 보였다.

정답 해설

대상의 속성을 바탕으로 생각을 확장시켜 주제를 구체화할 것을 요구하는 문제로, 정답은 ③이다. ③ "삶의 의미를 생각하고 감사하는 마음으로 살아간다."는 몸으로 자신의 감정을 표현하는 댄스 음악과는 관련성이 부족하다.

오답 해설

① 트로트의 속성을 '정형화된 리듬'과 관련지어 설명하는데, '정형화'와 '규칙적'이 서로 연관된다.

② 발라드의 속성을 '사랑'과 '감상적인 것'으로 제시하는데, 주변 사람들과 교감하며 살아가는 것을 '사랑'과 관련지어 생각할 수 있다.

④ 록의 속성을 '열광적'인 것으로 제시하는데, 주어진 일을 '열정적'으로 해야 한다는 것과 관련지어 생각할 수 있다.

⑤ 힙합의 속성을 '애환의 표현'이라고 제시하고 있는데, 힘든 일이 있을 때 그것을 드러내게 한다는 점이 힙합의 속성과 관련된다.

▶ **자료 출처** 문무학(2009), 『낱말, 품사 다시 읽기』, 동학사

읽기 061번~090번

기출문제집 p.38

061	④	062	③	063	⑤	064	③	065	③
066	⑤	067	②	068	③	069	④	070	④
071	⑤	072	③	073	③	074	③	075	④
076	②	077	③	078	④	079	③	080	④
081	④	082	①	083	⑤	084	④	085	⑤
086	③	087	⑤	088	④	089	③	090	④

061 ④

유형 해설 [현대 시] 작품의 이해와 감상

61번~90번 문제는 읽기 문제가 출제되며, 시, 소설의 문학 작품과 인문, 예술, 과학, 사회 제재의 학술문, 교술, 안내문, 통계 자료 등의 실용문이 지문으로 제시된다. 각 장르 안에서 지문의 정보 확인하기(사실적 이해), 지문의 내용을 바탕으로 추론하기(추론적 이해), 실생활에 적용하기(비판적 이해), 적절한 표현이나 어휘 택하기 등의 유형이 출제된다. 지문의 주제가 매회 상이하며, 글의 길이도 만만치 않으므로, 지문을 빠르고 정확하게 분석하는 능력이 기본적으로 요구된다.

61번~62번 문제는 시 작품이 읽기 지문으로 고정 출제된다. 시

의 표현 기법, 주제 파악, 시적 화자의 정서, 시어의 의미와 기능 등의 유형이 출제되고 있다. 수능의 문학 제재의 문제와 유사하다.

문항 분석

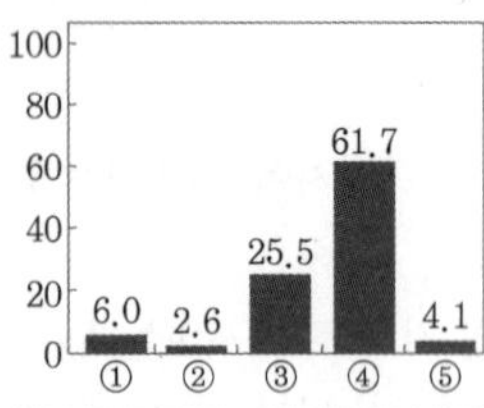

수험생의 61.7%가 정답지를 고른 보통 난이도의 문제였다. 매력적인 오답인 ③에 25.5%의 수험생이 반응하여 높은 변별도를 보였다.

정답 해설

현대 시에 사용된 표현 기법을 분석하여 사실적으로 이해하였는지를 평가하는 문제로, 정답은 ④이다. 이 시는 '존재 혹은 존재의 본질'이라는 관념적인 의식을 '꽃'이라는 구체적 대상을 통해 형상화하고 있다.

오답 해설

① 이 시에 영탄적 표현은 나타나 있지 않다.
② 이 시가 유성음으로 리듬감을 형성하고 있다고 보기 어렵다.
③ 이 시에 시구의 반복은 있지만, 화자의 감정이 고조된 부분을 찾아보기는 어렵다.
⑤ 이 시에서 '빛깔과 향기' 등 감각적 이미지가 드러나기는 하지만 이것이 중심 소재를 사실적으로 묘사하기 위해 사용된 것은 아니다.

▶ **지문 출처** 김춘수, 「꽃」

062 ③

유형 해설 **[현대 시] 시어의 의미와 기능**

문항 분석

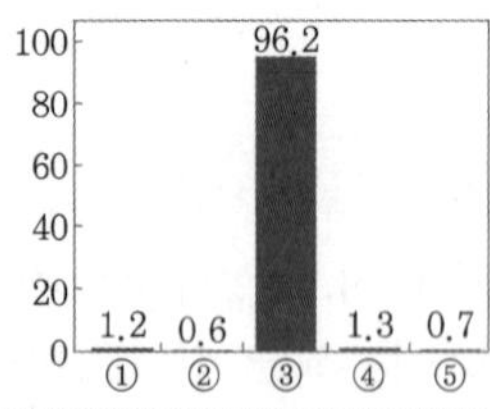

수험생의 96.2%가 정답지를 고른 쉬운 문제였다. 최하위권 수험생들이 나머지 선지에 고르게 반응하여 매우 높은 변별도를 보였다.

정답 해설

현대 시 작품과 관련한 자료를 바탕으로 시어나 어구에 담긴 의미를 추론하는 능력을 평가하기 위한 문제로, 정답은 ③이다. '이 빛깔과 향기'는 시적 화자인 '내'가 가진 것으로 화자는 자신의 이러한 '빛깔과 향기'에 걸맞은 의미를 부여받는 존재가 되기를 희망하고 있다. 그러나 이 시에 어떤 부분에서도 ㉢이 '성숙한 경지에 도달하지 못한 화자의 내면 의식을 표현한 것'으로 인식될 수 있는 부분을 찾아볼 수 없다.

오답 해설

① 명명 행위를 통해 '너'가 '나'에게로 와 '꽃'이 되었다고 하였으므로 ㉠은 곧 내가 아닌 대상에게 의미를 부여하는 행위로 이해할 수 있다.
② '꽃'의 유의미한 존재의 본질을 의미하는 것이므로 ㉡은 '의미 있는 존재가 되었음'을 의미한다.
④ ㉣에서는 '내'가 아닌 타자인 '그에게로 가서' 의미 있는 존재가 되고 싶다고 하였으므로 화자의 적극적인 자세가 드러난 것으로 이해할 수 있다.
⑤ 의미 있는 존재가 되고자 하는 화자의 욕망을 '우리들은 모두'로 확장하여 인간의 보편적 욕망으로 일반화하여 표현한 것으로 볼 수 있다.

063 ⑤

유형 해설 **[현대 소설] 작품의 이해와 감상**

63번~65번 문제는 소설 작품이 읽기 지문으로 고정 출제된다. 소설의 핵심 내용(제목, 주제) 파악, 내용 일치, 등장인물의 성격 파악, 서술 방식 파악, 문맥을 파악하여 빈칸 채우기, 문맥상 가리키는 대상 찾기 등의 유형이 출제된다. 수능의 문학 제재의 문제와 유사하다.

문항 분석

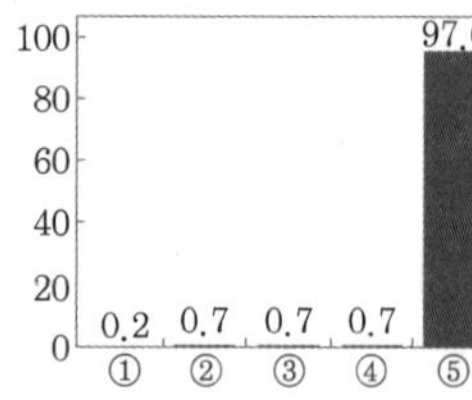

수험생의 97.6%가 정답지를 고른 쉬운 문제였다. 최하위권 수험생들이 나머지 선지에 고르게 반응하여 매우 높은 변별도를 보였다.

정답 해설

소설 작품의 내용을 바르게 이해하였는지를 평가하기 위한 문제로, 정답은 ⑤이다. 엘리베이터 문을 억지로 열고 나가려다가 엘리베이터가 갑자기 움직이는 바람에 몸이 낀 사람은 '나'가 아침에 본 '남자'이다.

오답 해설

① "여자는 처음에는 천천히, 그러나 나중에는 신경질적으로 빨간색 '호출' 버튼을 눌러 댔다. 여자는 손가락이 빨개질 정도로 되어서야 포기했다."에서 확인할 수 있다.
② "여자는 공포에 질린 표정으로 문 두드리는 일을 멈췄다. 오늘 아침에 엘리베이터에 몸이 낀 사람도 봤는걸요. 우린 이

만하면 다행이잖아요. 위로랍시고 꺼낸 말이 상황을 더 악화시켰다."에서 확인할 수 있다.

③ 남자가 한 말 중 "회사에 출근해야 했고 전 핸드폰도 없었거든요."와 "우리는 동시에 한숨을 쉬었다. 핸드폰이 있었다면 좋았을 텐데. 나는 아쉬웠다. 여자가 핸드폰을 가지고 있었다면 우리가 갇혀 있다는 것도 알리고 엘리베이터에 낀 그 남자도 119에 신고해 줄 수 있었을 텐데."에서 확인할 수 있다.

④ "나와 여자는 엘리베이터 문을 힘차게 두들겨 우리가 이 안에 갇혀 있다는 걸 바깥에 있는 사람들에게 알리기로 했다. 우리는 손과 발을 이용해서 쿵쾅쿵쾅 문을 두들겨 댔다."에서 확인할 수 있다.

▶ **지문 출처** 김영하, 「엘리베이터에 낀 그 남자는 어떻게 되었나」

064

③

유형 해설 [현대 소설] 서술상의 특징 및 효과

문항 분석

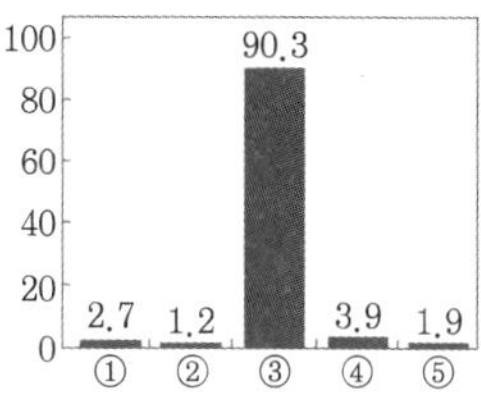

수험생의 90.3%가 정답지를 고른 보통 난이도의 문제였다. 최하위권 수험생들이 나머지 선지에 고르게 반응하여 매우 높은 변별도를 보였다.

정답 해설

소설 작품의 서술상 특징을 파악하는 문제로, 정답은 ③이다. "막막하고 답답한 분위기가 엘리베이터 안에 가득 찼다. 고장인가 봐요. 비상벨을 눌러 볼까요? 여자가 초조한 목소리로 말했다. 그게 좋겠군요. 나는 고개를 끄덕이며 말했다."와 같은 부분에서 확인할 수 있다.

오답 해설

① 인물이 처한 시대적 현실이 은근히 드러나 있으나 현학적 표현을 사용하고 있다고 보기 어렵다.

② 인물이 처한 시대적 현실이 은근히 드러나 있으나 시대적 상황을 구체적으로 드러내고 있지 않으며, 현실을 비판적으로 드러내고 있지도 않다.

④ 이 작품의 공간적 배경은 엘리베이터이다. 엘리베이터라는 공간적 배경을 세밀하게 묘사하고 있으나, 인물의 우울한 내면을 그리지 않았다.

⑤ '나'와 '여자'의 체험을 삽화 형식으로 나열하고 있지 않다. 출근길 '나'의 체험이 드러나 있을 뿐이다.

065

③

유형 해설 [현대 소설] 추론적 이해(생략된 내용 추리)

문항 분석

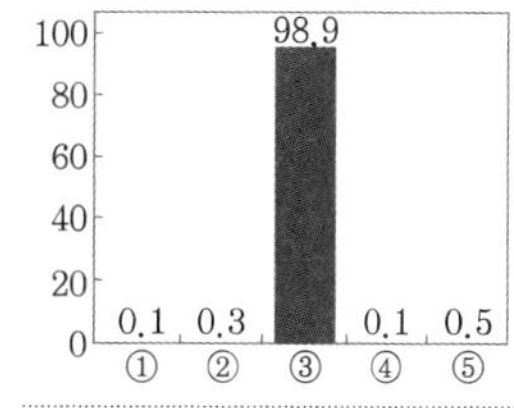

수험생의 98.9%가 정답지를 고른 매우 쉬운 문제였다. 최하위권 수험생들이 나머지 선지에 고르게 반응하여 매우 높은 변별도를 보였다.

정답 해설

제시된 내용을 읽고 문맥에 알맞은 표현을 찾을 수 있는지 평가하기 위한 문제로, 정답은 ③이다. '묵묵부답(默默不答)'은 '잠자코 아무 대답도 하지 않음.'이라는 의미이다. 문맥상 여자에게 '나'가 말을 건네지만 여자는 고장 난 엘리베이터보다 '나'를 더 무서워하는 상황이기 때문에 이에 별다른 반응을 보이지 않는 것이 적절함을 알 수 있다.

오답 해설

① '동문서답(東問西答)'은 '물음과는 전혀 상관없는 엉뚱한 대답.'을 의미하는 말이다.

② '무사가답(無辭可答)'은 '사리가 옳아 감히 무어라고 대답할 말이 없음.'을 의미하는 말이다.

④ '우문현답(愚問賢答)'은 '어리석은 질문에 대한 현명한 대답.'을 의미하는 말이다.

⑤ '자문자답(自問自答)'은 '스스로 묻고 스스로 대답함.'을 의미하는 말이다.

066

⑤

유형 해설 [학술문-인문] 사실적 이해(정보 확인)

66번~75번 문제는 '인문, 예술, 과학, 사회, 평론' 분야의 학술문이 읽기 지문으로 제시된다. 대체로 '인문 > 예술 > 과학 > 사회 > 평론'의 순으로 출제가 된다. 학술문이 지문으로 제시되는 문제는 지문과 선지 사이의 내용 일치, 핵심 정보(주제, 제목) 파악, 전개 방식 파악, 전제 및 근거 추리하기, 생략되거나 숨겨진 내용 추리하기, 다른 예에 적용시키기, 반응 및 수용하기 등의 유형으로 출제가 된다. 학술문 지문을 풀기 위해서는 지문에 대한 이해가 선행되어야 하며, 내용을 꼼꼼하게 읽고 풀어야 한다.

66번~68번 문제는 '인문' 분야의 학술문이 읽기 지문으로 출제되고 있다.

문항 분석

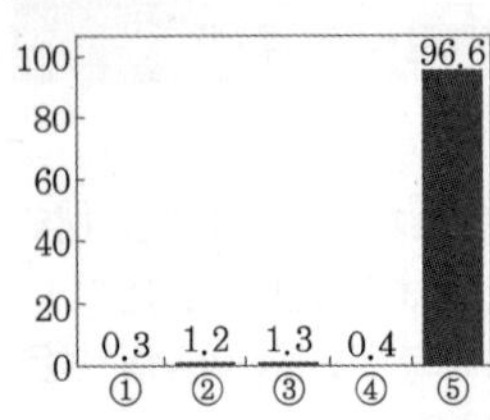

수험생의 96.6%가 정답지를 고른 쉬운 문제였다. 최하위권 수험생들이 나머지 선지에 고르게 반응하여 매우 높은 변별도를 보였다.

정답 해설

인문학 관련 교양 글을 읽고 내용 일치 여부를 파악하는 능력을 평가하는 문제로, 정답은 ⑤이다. 지문은 인문학의 기원과 전개 양상에 대해 드러내고 있다. 플라톤은 36권의 대화편을 통해 많은 학문적 주제를 다루었던 고대 그리스 시대의 대표적인 철학자이며, 고대 그리스의 도시 국가들에서 청년들에게 문법, 수사학, 변증론 등의 글을 가르친 사람들은 소피스트였다. 또한 '자유 학예'는 그리스가 로마에 의하여 정복된 기원전 146년경에 소피스트들이 가르쳤던 과목들이 널리 보급된 것이라는 언급이 있다.

오답 해설

① 4문단에 자유 학예는 1세기경에 로마의 정치 사상가인 키케로에 의해 처음으로 인문학이라는 용어로 사용되기 시작했다는 언급이 있으므로 적절하다.
② 마지막 문단에 자유 학예로서의 인문학은 중세의 대학들에 의해 기초 교양 학문으로 가르쳐졌으며, 대학생들은 그 전공에 관계없이 철학부에 개설된 인문학을 일정 학점 이수하도록 하였다는 언급이 있으므로 적절하다.
③ 4문단에 일곱 자유 학예에는 문법, 수사학, 변증론의 3학과 산수, 기하, 음악, 천문학의 4과가 포함되었으며, 여기서 3학은 '화법에 관한 학예'였고, 4과는 '실재에 관한 학예'라고 할 수 있다는 언급이 있으므로 적절하다.
④ 1문단에 아리스토텔레스는 수 백 권에 이를 정도의 방대한 저서를 남겼으며, 논리학, 자연학, 수사학, 철학에 이르기까지 다양한 주제들을 다루었다는 언급이 있으므로 적절하다.

▶ **지문 출처** 영식(2014), 「치유의 인문학」, 『대한민국학술원논문집』

067

유형 해설 [학술문－인문] 사실적 이해(전개 방식)

문항 분석

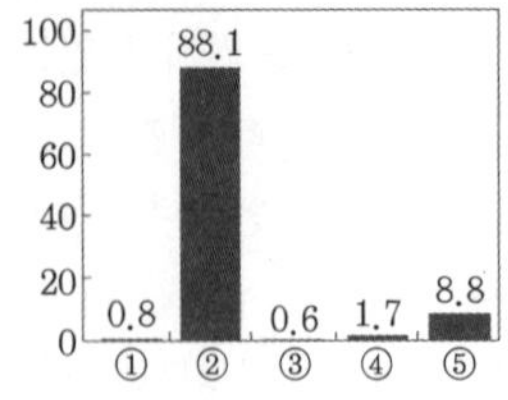

수험생의 88.1%가 정답지를 고른 보통 난이도의 문제였다. ⑤에 8.8%의 수험생이 반응했으며 최하위권 수험생들이 나머지 선지에 고르게 반응하여 매우 높은 변별도를 보였다.

정답 해설

인문학 관련 교양 글을 읽고 내용 전개 방식을 설명할 수 있는지 측정하는 문제로, 정답은 ②이다. 제시된 지문은 인문학의 기원과 전개 양상에 대해 시대의 흐름을 고려하여 설명하고 있다. 따라서 통시적 방법으로 인문학의 전개 양상에 대한 이해를 돕고 있다고 볼 수 있다.

오답 해설

① 인문학을 다른 대상과 비교하고 있지 않으므로 적절하지 않다.
③ 질문의 방식을 사용하고 있지 않으므로 적절하지 않다.
④ 인문학에 대한 통념이 언급되어 있지 않으므로 적절하지 않다.
⑤ 인문학에 대한 다양한 개념을 밝히기보다는 인문학이라는 개념 자체의 역사에 대해 주목하고 있으므로 적절하지 않다.

068

유형 해설 [학술문－인문] 추론적 이해(생략된 내용 추리)

문항 분석

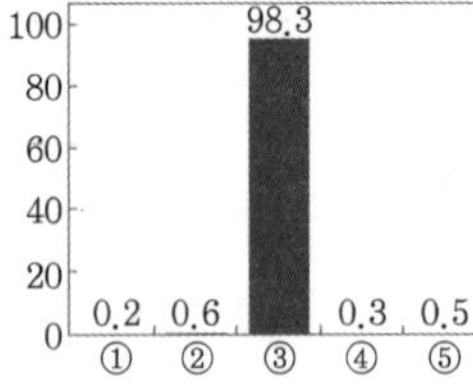

수험생의 98.3%가 정답지를 고른 쉬운 문제였다. 최하위권 수험생들이 나머지 선지에 고르게 반응하여 매우 높은 변별도를 보였다.

정답 해설

인문학 관련 교양 글을 읽고 문맥적 의미를 잘 파악할 수 있는지 여부를 평가하기 위한 문제로, 정답은 ③이다. ㉠의 뒤에 이어진 문장에 학문들이 인간을 신화적 사고에서, 종교적 허상에서 깨어난 존재가 되게 한다는 언급이 있다. 또한 다음 문단에서도 그 후 자유 학예는 1세기경에 로마의 정치 사상가인 키케로에 의해 처음으로 인문학이라는 용어로 사용되기 시작했는데, 키케로가 자유 학예를 인문학이라고 한 이유는 이 학문들이 인간에 관한 학문들이요, 인간으로서 알아야 할 학문이요, 인간을 자유인으로 만드는 학문이요, 인간을 이성적 존재로 세우는 학문이라고 보았기 때문인 것으로 보인다는 언급이 있다. 이를 종합적으로 추론하면 ㉠에는 '자유로운 사고를 하는 이성적 존재'가 들어가는 것이 가장 적절하다.

069 ④

유형 해설 [학술문 - 예술] 사실적 이해(정보 확인)

69번~71번 문제는 '예술' 분야의 학술문이 읽기 지문으로 제시되고 있다.

문항 분석

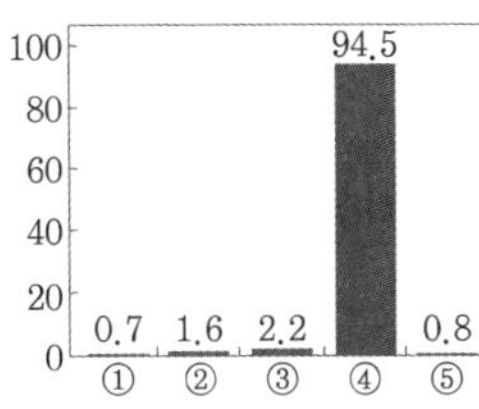

수험생의 94.5%가 정답지를 고른 쉬운 문제였다. 최하위권 수험생들이 나머지 선지에 고르게 반응하여 매우 높은 변별도를 보였다.

정답 해설

제시된 글의 내용을 제대로 파악하였는지 여부를 평가하기 위한 문제로, 정답은 ④이다. 마지막 문단의 "세상에 있는 갖가지 불꽃들이 다 제 나름의 쓸모와 아름다움을 지니듯이, 예술의 미적 효과 또한 어느 한 가지만을 절대화할 수는 없다." 부분을 보면 ④가 적절하지 않음을 알 수 있다.

오답 해설

① 마지막 문단의 "예술가와 예술 감상자는 물론 저마다의 예술적 개성과 취미를 가지기 마련이다."에서 확인할 수 있다.
② 3문단의 "이런 예술 작품은 인생의 어떤 모습이나 문제를 보여 주는 것이 아니라, ~ 새로운 감각과 느낌을 불러일으키는 데 관심을 기울인다. 추상 미술이 그러하고, 기악이 또한 그러하다."에서 확인할 수 있다.
③ 1~2문단의 "실로폰은 소리가 꽹과리보다 고와서 듣기에 쾌적하므로 더 예술적인 악기라고 할 수 있는가? 예술이 추구하는 미적 쾌감은 곱고 예쁜 것에서 느끼는 쾌적함과 반드시 일치하는 것은 아니다."에서 확인할 수 있다.
⑤ 3문단의 "어떤 종류의 예술은 촛불처럼 사람의 마음을 고요하게 가라앉히고, ~ 그림이라면 정물화나 고요한 산수화, 문학으로는 명상적 분위기의 서정시 같은 예술들이다."에서 확인할 수 있다.

▶ **지문 출처** 김흥규(1933), 『아름다운 세상 아름다운 사람』, 한샘

070 ④

유형 해설 [학술문 - 예술] 사실적 이해(전개 방식)

문항 분석

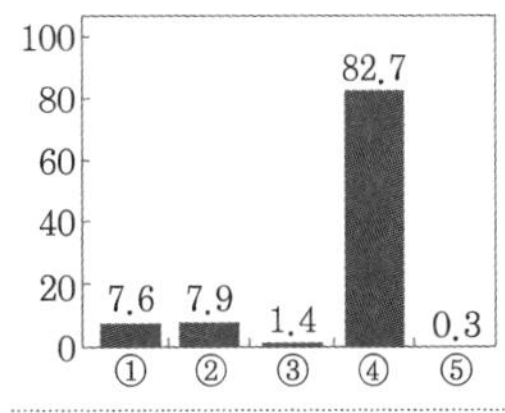

수험생의 82.7%가 정답지를 고른 쉬운 문제였다. 하위권 수험생들이 나머지 선지에 고르게 반응하여 높은 변별도를 보였다.

정답 해설

예술 관련 글을 읽고, 글의 짜임과 핵심 내용을 정확하게 이해하고 있는지 여부를 평가하기 위한 문제로, 정답은 ④이다. 예술의 미적 효과는 촛불과 같은 경우도 있고, 횃불이나 폭죽 같은 경우도 있다고 하면서 예술의 미적 효과가 다양하다는 것을 비유를 통해 드러내고 있다.

오답 해설

① 예술의 개념을 드러낸 것이 아니라 예술의 미적 효과의 다양함을 드러낸 부분이므로 적절하지 않다.
② 예술을 분류하는 기준이 드러나 있지 않으므로 적절하지 않다.
③ 예술의 미적 효과를 드러내고 있는 것은 맞지만 그 과정을 설명하고 있지는 않으므로 적절하지 않다.
⑤ 예술이 지닌 순기능과 역기능을 모두 언급한 것이 아니라 예술의 미적 효과에 대해서만 언급하고 있으므로 적절하지 않다.

071 ⑤

유형 해설 [학술문 - 예술] 추론적 이해(전제 및 근거 추리)

문항 분석

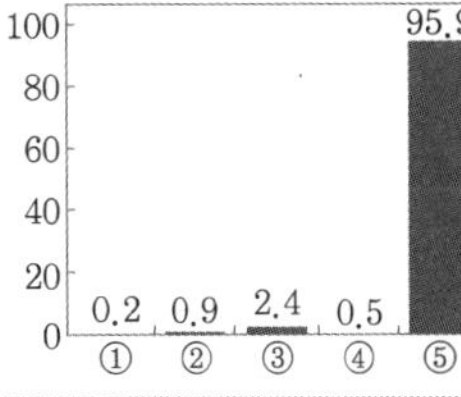

수험생의 95.9%가 정답지를 고른 쉬운 문제였다. 최하위권 수험생들이 나머지 선지에 고르게 반응하여 매우 높은 변별도를 보였다.

정답 해설

예술 관련 글을 읽고, 글쓴이의 관점을 또 다른 자료와 연계하여 추론할 수 있는지를 평가하기 위한 문제로, 정답은 ⑤이다. 제시된 지문의 2문단에서 글쓴이는 예술의 미라는 것이 '단순히 보고 듣기에 쾌적한 것'이 아닌, '우리의 삶과 세계에 대한 깊은 인식, 체험'을 생생하고도 감동적인 방법으로 전해 주는 데서 우러나는 특질임을 말해 준다. 또한 예술의 미란 소재의 문제가

아니라, 인생, 자연, 사회에 대한 통찰과 그 표현의 탁월성에서 나오는 것이라고 언급하고 있다.

▶ **자료 출처** (좌) 르누아르, 「사마리 부인의 초상」, (우) 피카소, 「도라 마르의 초상」

072 ③

유형 해설 [학술문-과학] 사실적 이해(정보 확인)

72번~73번 문제는 '과학' 분야의 학술문이 읽기 지문으로 제시되었다.

문항 분석

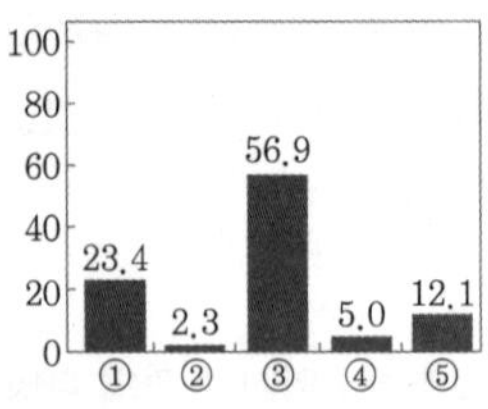

수험생의 56.9%만이 정답지를 고른 어려운 문제였다. 매력적인 오답인 ①에 23.4%의 수험생이 몰렸으며 ⑤에도 12.1%의 수험생이 반응하여 높은 변별도를 보였다.

정답 해설

과학 관련 글을 읽고 글의 내용을 사실적으로 이해하였는지 묻는 문제로, 정답은 ③이다. 1문단의 내용을 살펴보면 "불안정 에너지 상태의 원자핵들은 여러 가지 입자와 전자기파를 내놓고 안정한 에너지 상태의 원자핵으로 바뀐다. 이런 원소를 방사선 동위 원소라 하고"라고 하였으므로, ③은 옳지 않다.

오답 해설

①, ② 1문단의 내용을 통해 확인할 수 있다.
④ 2문단의 내용을 통해 확인할 수 있다.
⑤ 마지막 4문단의 내용을 통해 확인할 수 있다.

073 ③

유형 해설 [학술문-과학] 사실적 이해(정보 확인)

문항 분석

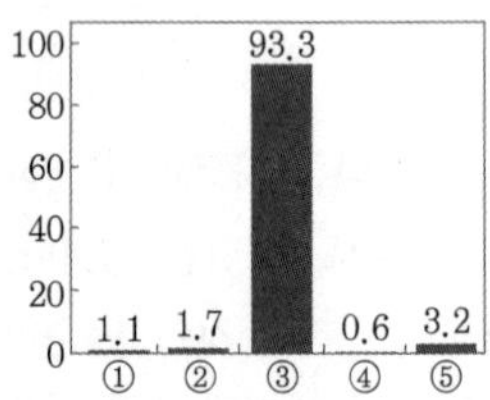

수험생의 93.3%가 정답지를 고른 쉬운 문제였다. 최하위권 수험생들이 나머지 선지에 고르게 반응하여 매우 높은 변별도를 보였다.

정답 해설

과학 관련 글에 제시된 특정 대상에 대한 사실적 이해 능력을 평가하는 문제로, 정답은 ③이다. 마지막 문단의 내용에 따르면 '테크네튬99'는 인체에 주입하고 시간이 지남에 따라 방사선 세기가 약해짐을 알 수 있다.

오답 해설

①, ②, ⑤은 3문단의 내용을 통해 확인할 수 있다.
④ 마지막 문단에서 확인할 수 있다.

074 ③

유형 해설 [학술문-사회] 사실적 이해(전개 방식)

74번~75번 문제는 '사회' 분야의 학술문이 읽기 지문으로 제시되고 있다.

문항 분석

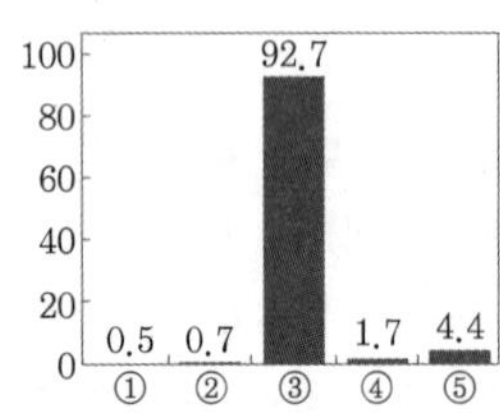

수험생의 92.7%가 정답지를 고른 쉬운 문제였다. 최하위권 수험생들이 나머지 선지에 고르게 반응하여 매우 높은 변별도를 보였다.

정답 해설

사회 관련 글을 읽고 서술상 특성을 바르게 이해하였는지를 평가하기 위한 문제로, 정답은 ③이다. 지문에서는 부정부패의 사회적, 제도적 원인을 4가지로 분류한 후, 각각의 원인을 제시하고 부패가 발생하는 과정을 설명하고 있다.

▶ **지문 출처** 반부패특별위원회(2001), 『부패방지백서』

075 ④

유형 해설 [학술문-사회] 비판적 이해(반응 및 수용)

문항 분석

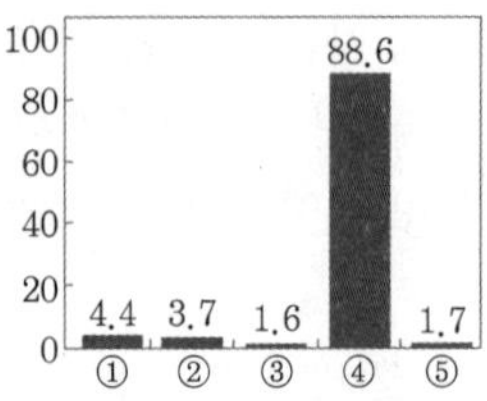

수험생의 88.6%가 정답지를 고른 보통 난이도의 문제였다. 최하위권 수험생들이 나머지 선지에 고르게 반응하여 매우 높은 변별도를 보였다.

정답 해설

사회 관련 글을 읽고, 글의 내용을 이해하고 개선 방안을 도출해 내는 능력을 평가하기 위한 문제로, 정답은 ④이다. 3문단에 따르면 경제 활동과 국민 생활에 대한 관의 규제와 인허가 등 행정 규정과 절차로 인해 부정부패가 발생하기도 한다고 언급하고 있다.

오답 해설

① 마지막 문단에서 부패 행위를 통제하기 위해 설치된 정부 기관들이 제 기능을 발휘하지 못하면 부패 방지의 실질적 효력이 사라지고 만다고 언급하고 있다.

②, ③, ⑤ "각종 정보를 독점하고 신분 보장의 특혜를 누리는 관료 집단은 점차 일반 국민과는 이해관계를 달리하는 전문 집단으로 변질된다. 그리고 이러한 관료주의의 폐해는 까다로운 행정 절차, 인사 제도의 결함, 관료들의 무사 안일한 태도, 형식주의 등과 함께 관료 집단의 부패를 더욱 심화시킨다."고 하였으므로 관료들의 전문성을 강화하거나 공무원의 재량권을 관료들에게 집중시키는 것은 적절하지 않다.

076 ②

유형 해설 [실용문-교술] 사실적 이해(정보 확인)

76번~90번 문제는 '교술, 안내문, 보도 자료, 통계 자료, 설명문' 등의 실용문이 읽기 지문으로 제시된다. 대체로, 제시된 지문과 선지의 내용 일치, 핵심 정보 파악, 구체적인 사례에 적용하기, 숨겨진 내용 추리하기, 지문에 대한 반응 및 수용하기 유형이 출제되고 있다. 특히 실용문은 지문을 읽고 구체적인 상황에 적용하는 유형이 빈출되고 있다.

76~77번 문제는 '교술' 분야의 실용문이 읽기 지문으로 제시된다. '교술' 장르는 '수필'과 유사하므로, 지문에 대한 이해와 함께 글쓴이의 입장을 파악할 필요성이 있다. '교술' 분야의 지문이 읽기 지문으로 출제되는 문제는 76번~90번 중 유일하게 글쓴이의 심리 및 태도 파악의 유형이 출제되고 있다.

문항 분석

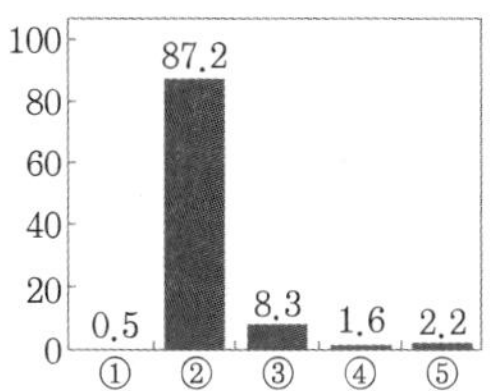

수험생의 87.2%가 정답지를 고른 쉬운 문제였다. ③에 8.3%의 수험생이 반응했고 최하위권 수험생들이 나머지 선지에 고르게 반응하여 매우 높은 변별도를 보였다.

정답 해설

일기와 같은 생활 관련 글을 읽고, 글의 내용을 사실적으로 이해하는 능력을 평가하기 위해 출제한 문제로, 정답은 ②이다. 지문에 따르면 '만수'와 '순규'는 전쟁의 급박함과 앞으로의 미래에 대한 걱정이나 우려, 불안함을 거의 느끼지 못하고 있음을 알 수 있다. 왜냐하면 밤사이 대포 소리가 한결 가까이 들려 왔고, '나'가 아침 차로 고향에 내려가라고 일렀으나 '민수'와 '순규'는 사태가 잘 이해되지 않는 것 같다고 서술되어 있으며, 아침을 지어 시름없이 먹고 있는 둘의 숟가락을 빼앗다시피 하고 등 떠밀듯이 내보낸 사람은 '나'이기 때문이다. 따라서 전쟁 상황에서 '나'를 보살피고자 하였다는 진술은 적절하지 않다.

▶ **지문 출처** 김성칠, 「역사 앞에서」, 『2007 개정 고등학교 화법과 작문 교과서』, 미래엔

077 ③

유형 해설 [실용문-교술] 사실적 이해(전개 방식)

문항 분석

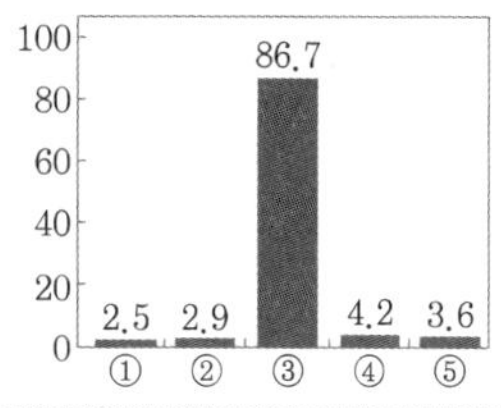

수험생의 86.7%가 정답지를 고른 쉬운 문제였다. 최하위권 수험생들이 나머지 선지에 고르게 반응하여 매우 높은 변별도를 보였다.

정답 해설

생활 관련 글을 읽고 글에 사용된 내용 전개 방식상의 특성을 파악할 수 있는 능력을 평가하기 위한 문제로, 정답은 ③이다. 지문은 한국 전쟁이라는 역사적 사건을 배경으로 하고 있는 데, 다양한 역사적 사건을 열거하거나 이로부터 교훈을 도출한 부분을 확인할 수 없다.

오답 해설

① 글쓴이가 '열하일기'의 내용을 인용하여 특별히 도망갈 곳도 필요도 없다는 자신의 생각을 뒷받침하고 있음을 알 수 있다.

② 밤중과 새벽의 라디오 방송을 들은 내용부터, 산책을 가지 않은 아침의 이야기, 점심을 지어 먹이고 학생들을 피란시킨 글쓴이의 경험이 시간 순서에 따라 제시되고 있으므로 적절한 설명이다.

④ 글쓴이가 학생들에게 건네는 말을 통해 전쟁 상황의 급박성과 예측 불허의 상황임을 알리고 있으므로 적절한 설명이다.

⑤ "손바닥 만 한", "생활의 둥지"와 같은 비유적 표현을 통해 전쟁 상황에 대한 글쓴이의 주관적 인식이 드러나고 있으므로 적절한 설명이다.

078 ④

유형 해설 [실용문-자료] 추론적 이해[구체적(다른) 사례에 적용]

78번~80번 문제 또는 78~81번 문제는 '자료' 또는 '안내문' 등의 실용문이 읽기 지문으로 출제된다. 제시된 지문과 선지의 내용 일치, 핵심 정보 파악, 구체적인 사례에 적용하기, 숨겨진 내용 추리하기 등의 유형이 출제되고 있다. 특히 '자료, 안내문' 분야의 지문이 읽기 지문으로 출제되는 문제는 구체적인 상황, 다른 사례에 적용하는 유형이 빈출되는 편이다.

문항 분석

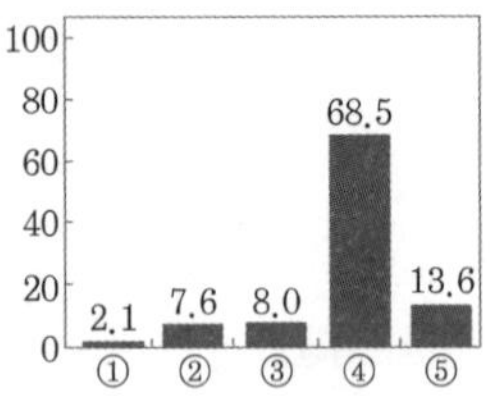

수험생의 68.5%가 정답지를 고른 보통 난이도의 문제였다. 매력적인 오답인 ⑤에 13.6%의 수험생이 반응하여 높은 변별도를 보였다.

정답 해설

제시된 글을 읽고 이를 바르게 적용하였는지를 평가하는 문제로, 정답은 ④이다. 회사 연차 규정에서 3년 이상 근무하면 2년마다 연차 휴가 일수가 하루씩 추가된다고 하였고, 연차 휴가 일수는 최대 25일이라고 하였다. 이에 따라 20년 3개월 근무한 '김 씨'는 24일의 연차 휴가 일수를 사용할 수 있다.

079 ③

유형 해설 [실용문-안내문] 비판적 이해(반응 및 수용)

문항 분석

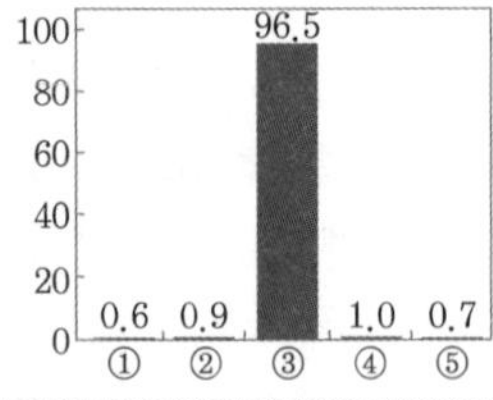

수험생의 96.5%가 정답지를 고른 쉬운 문제였다. 최하위권 수험생들이 나머지 선지에 고르게 반응하여 매우 높은 변별도를 보였다.

정답 해설

안내문을 읽고 해당 내용을 정확히 이해하고 바르게 반응하는지를 평가하기 위한 문제로, 정답은 ③이다. 안내문의 '추천인 유의 사항'에 동일인이 동일 공적으로 중복 추천된 경우에는 최초 접수된 건만 인정한다고 언급되어 있으므로, 동일한 추천서를 여러 번 중복하여 접수한다고 해서 수상 확률이 높아지지는 않는다.

오답 해설

① '추천 방법'에 제출 파일 이름은 추천인명으로 작성하라고 되어 있고, '추천 시 유의 사항'에 추천인, 피추천인, 동의인의 성명이 실명이 아닌 경우에 접수하지 않는다고 했으므로 적절하다.

② '추천 방법'에 추천 서류가 정상적으로 접수되면 접수 완료 문자 메시지를 발송한다고 했으므로 적절하다.

④ '추천 대상'에 어려운 이웃에 대한 봉사와 선행을 지속적으로 실천하여 공헌이 있는 개인 또는 단체가 언급되어 있으므로 적절하다.

⑤ '추천 시 유의 사항'에 피추천인의 성명, 공적 내용 등은 포상 대상으로 선정될 경우에 일반인에게 공개된다고 했으므로 적절하다.

▶ **지문 출처** 한국중앙자원봉사센터 누리집(https://www.nanumkorea.go.kr)

080 ④

유형 해설 [실용문-안내문] 사실적 이해(정보 확인)

문항 분석

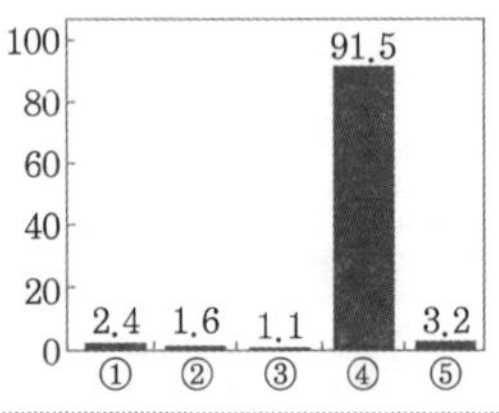

수험생의 91.5%가 정답지를 고른 보통 난이도의 문제였다. 최하위권 수험생들이 나머지 선지에 고르게 반응하여 매우 높은 변별도를 보였다.

정답 해설

안내문에 제시된 정보를 사실적으로 파악할 수 있는 능력을 평가하기 위한 문제로, 정답은 ④이다. 안내문에 포상을 수여하는 날짜는 '자원봉사자의 날(12/5)'이라고 언급되어 있지만 구체적인 사항은 추후에 공지한다고 했으므로, 상을 수여하는 시간과 장소는 알 수 없다.

오답 해설

① '추천 대상'에 본인은 추천할 수 없으며, 추천 시 반드시 5인 이상의 동의서를 첨부해야 한다는 내용이 있으므로 본인 추천 가능 여부를 알 수 있다.

② '추천 기간'이 2016년 10월 4일(화)부터 10월 31일(월) 오후 6시까지라고 구체적으로 언급되어 있으므로 포상 후보자 추천 마감일을 알 수 있다.

③ '추천 방법'에 추천서 제출 방법은 전자 우편(abc@ksmail.or.kr)으로 하면 된다고 했으므로 추천 서류 제출 방법을 알 수 있다.

⑤ '추천 방법'의 제출 서류로 '추천서 1부, 동의서 5부, 공적 내용 1부(A4용지 5매 이내로 기술)'를 언급하였으므로 공적 내용의 최대 기술 분량을 알 수 있다.

081 ④

유형 해설 [학술문 – 평론] 사실적 이해(정보 확인)

81번~83번, 또는 82번~84번 문제는 '예술' 분야의 학술문이 읽기 지문으로 제시된다.

문항 분석

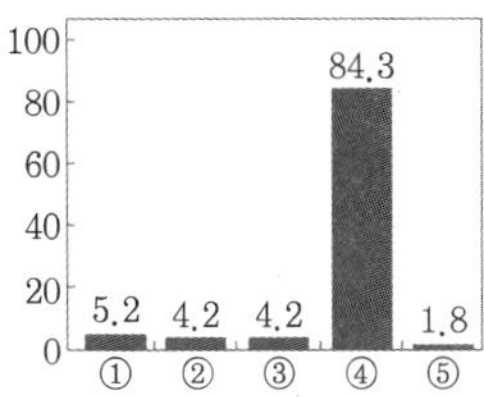

수험생의 84.3%가 정답지를 고른 보통 난이도의 문제였다. 최하위권 수험생들이 나머지 선지에 고르게 반응하여 매우 높은 변별도를 보였다.

정답 해설

평론문을 읽고 평론의 대상이 되는 영화에 대한 적절한 설명을 파악하는 문제로, 정답은 ④이다. 영화 〈사랑을 카피하다〉는 주인공 남녀에게는 제 3자의 부차적 인물인 레스토랑 여주인에 의해 작가와 팬이던 관계가 부부로 규정되어 이후 극의 내용을 이끌어 나가게 된다.

오답 해설

① 1문단에서 감독의 리얼리즘이 이 영화에서는 보이지 않는다고 언급하고 있으므로 정답이 아니다.
② 영화 〈사랑을 카피하다〉에서 주인공 남자가 작가로 등장할 뿐, 이 영화가 원작 소설을 가지고 있는 것은 아니다.
③ 이 글에서 영화 〈사랑을 카피하다〉가 남녀가 사랑에 빠지는 과정을 담고 있다는 내용을 확인할 수 없으므로 답이 아니다.
⑤ 이 영화의 원제를 그대로 번역하면 '인증 받은 복제품, 복사'라는 의미지만 국내 제목은 그것을 그대로 따르고 있지 않으므로 정답이 아니다.

▶ **지문 출처** 김봉석(2011), 「압바스 키아로스타미, 사랑을 카피하다」, 시사인(191호)

082 ①

유형 해설 [학술문 – 평론] 사실적 이해(핵심 정보)

문항 분석

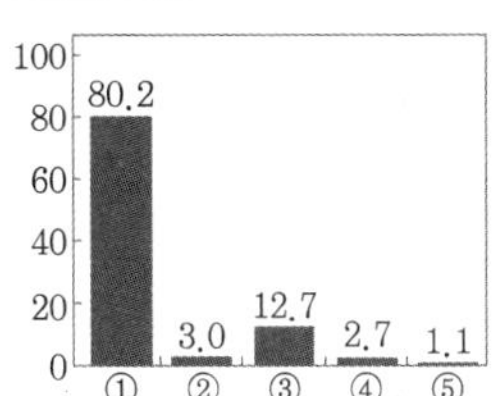

수험생의 80.2%가 정답지를 고른 보통 난이도의 문제였다. 매력적인 오답인 ③에 12.7%의 수험생이 반응하여 매우 높은 변별도를 보인 문제였다.

정답 해설

평론문을 읽고 글의 핵심 내용을 질문으로 축약할 수 있는지 확인하는 문제로, 정답은 ①이다. 영화 〈사랑을 카피하다〉는 원본과 복제품의 가치에 대해 고민하게 만드는 영화로, 주인공 남녀가 부부 역할을 하면서 진짜 부부처럼 말하고 행동하게 되는 과정을 보여준다. 이것을 관람하는 관객은 원본과 그것을 모방한 복제품 사이의 모호한 경계선에 대해 고민하게 되고, '과연 무엇이 진짜이고, 무엇이 가짜인가?'에 대한 물음을 가지게 된다. 즉, 영화 〈사랑을 카피하다〉는 '무엇이 진짜이고, 무엇이 가짜인가?'라는 물음 자체를 시적으로 승화시키는 영화이다.

오답 해설

② 이 영화는 예술을 위한 요건에 대한 근원적 질문을 던지고 답하는 영화가 아니므로 답이 아니다.
③ 이 영화는 삶과 개인의 역할과의 관계에 대해 논하고 있는 영화가 아니므로 답이 아니다.
④ 이 영화는 진실을 찾기 위해 골몰하고 이에 대해 탐구하는 영화가 아니므로 답이 아니다.
⑤ 이 영화는 인증 받는 복제품의 요건에 대해 탐구하는 영화가 아니므로 답이 아니다.

083 ⑤

유형 해설 [학술문 – 평론] 추론적 이해[구체적(다른) 사례에 적용]

문항 분석

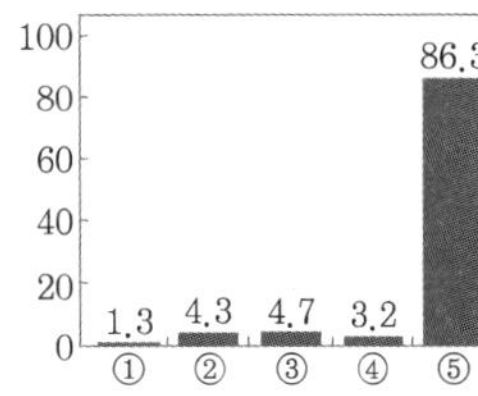

수험생의 86.3%가 정답지를 고른 보통 난이도의 문제였다. 최하위권 수험생들이 나머지 선지에 고르게 반응하여 매우 높은 변별도를 보였다.

정답 해설

평론문을 읽고 영화에 반영된 감독의 생각이 무엇인지 파악하는 능력을 확인하기 위한 문제로, 정답은 ⑤이다. 3~4문단에는 영화에 담긴 감독의 의도 및 생각이 담겨 있다. '관객에 의해 의미가 만들어지는 예술품', '작품 자체에 내재하는 본질 혹은 아우라에 의해 감상자가 일정한 반응을 나타내는 것이 아니라, 그의 반응에 따라 작품 자체의 의미가 변형 혹은 창조된다는 것', '결말도 열려 있다. 하지만 그 모든 것을 창조하고, 결정짓는 것은 결국 관객이다.' 등의 언급을 통해 이 영화의 감독이 관객의 판단을 중시하고, 관객에 의해 작품이 재창조될 수 있다는 생각을 가졌다는 것을 알 수 있다. 즉, 영화 〈사랑을 카피하다〉에는 작품이 관객의 가치관이나 경험과 적극적으로 조응할 때 의미를 가질 수 있다는 생각이 반영되어 있다.

오답 해설

① 작품은 그 자체로서 완벽한 의미를 구현한다는 관점과 상통하는 진술로 〈사랑을 카피하다〉 감독의 생각과 상반된다.
② 〈사랑을 카피하다〉에는 사물의 의미는 원래부터 주어져 있는 것이 아니라 수용자에 의해 만들어질 수 있다는 생각이 담겨 있으므로 정답이 아니다.
③ 작품에 반영된 감독의 관점과 역할이 중요하다는 진술로 〈사랑을 카피하다〉에서 감독의 관점보다는 관객의 생각을 중요하게 생각하므로 정답이 아니다.
④ 〈사랑을 카피하다〉가 사회적 상황을 반영하여 이에 민감한 반응을 보이고 있는 영화가 아니므로 정답이 아니다.

084 ④

유형 해설 [실용문 – 자료] 사실적 이해(정보 확인)

84번~87번 또는 85번~87번 문제는 '자료' 또는 '안내문' 등의 실용문이 읽기 지문으로 출제된다. 제시된 지문과 선지의 내용 일치, 핵심 정보 파악, 구체적인 사례에 적용하기, 숨겨진 내용 추리 등의 유형이 출제되고 있다. 특히 '자료, 안내문' 분야의 지문이 읽기 지문으로 출제되는 문제는 구체적인 상황, 다른 사례에 적용하는 유형이 빈출되는 편이다.

문항 분석

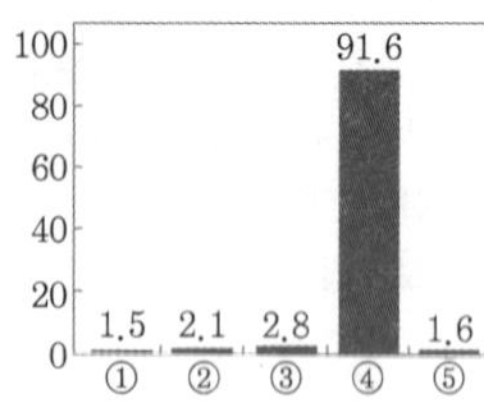

수험생의 91.6%가 정답지를 고른 보통 난이도의 문제였다. 최하위권 수험생들이 나머지 선지에 고르게 반응하여 매우 높은 변별도를 보였다.

정답 해설

공장형 퇴비의 구성을 나타낸 자료를 분석하여 알 수 있는 내용을 바르게 도출해 낼 수 있는지를 평가하기 위한 문제로, 정답은 ④이다. 유기질 함유량의 평균치는 55.9%이다. 이 수치보다 이상을 나타내는 공장형 퇴비는 '돈분 퇴비', '우분 퇴비'이다. '혼합 퇴비'는 55.6%로, 55.9%에 미치지 못한다.

오답 해설

① 유기질 / 질소 비율은 '돈분 퇴비'가 31.1%로 가장 높고, '계분 퇴비'가 25.1%로 가장 낮음을 알 수 있다.
② '계분 퇴비'의 수분 함유율은 37.0%, '혼합 퇴비'의 수분 함유량은 39.1%로, '계분 퇴비'에 비해 '혼합 퇴비'는 상대적으로 많은 수분을 함유하고 있음을 알 수 있다.
③ 질소 함유율이 2% 이상인 퇴비는 '계분 퇴비'(2.1%), '우분 퇴비'(2.0%), '혼합 퇴비'(2.0%)임을 알 수 있다.
⑤ '돈분 퇴비'와 '혼합 퇴비' 각각에 포함되어 있는 구리의 양은 166.3mg/kg, 108.1mg/kg로, 모두 평균치인 107.7mg/kg 이상임을 알 수 있다.

085 ⑤

유형 해설 [실용문 – 안내문] 사실적 이해(정보 확인)

문항 분석

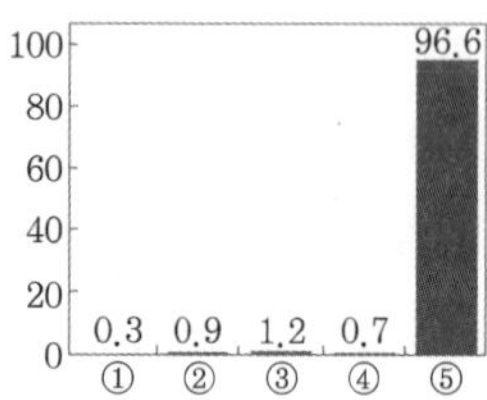

수험생의 96.6%가 정답지를 고른 쉬운 문제였다. 최하위권 수험생들이 나머지 선지에 고르게 반응하여 매우 높은 변별도를 보였다.

정답 해설

안내문을 읽고 구체적인 상황에 적용해 보는 문제로, 정답은 ⑤이다. 위의 안내문에는 '야외 활동 시 벌 쏘임 사고 관련 안전 수칙'에 대한 정보가 언급되어 있다. 응급 처치 방법 3)에 "체질에 따라 과민 반응으로 쇼크가 일어날 수도 있으며, 이때는 환자를 눕혀 호흡을 편하게 해준 뒤 119에 신고한다."고 언급되어 있으므로, 벌에 쏘여 쇼크가 발생한 환자를 눕히지 않는 것은 적절하지 않다.

오답 해설

① 예방 수칙 3)에 벌을 만났을 때는 가능한 한 낮은 자세를 취하거나 엎드린다는 언급이 있으므로 적절하다.
② 응급 처치 방법 2)에 통증과 부기를 가라앉히기 위해 얼음찜질을 하고 스테로이드 연고를 바른 뒤 안정을 취해야 한다고 언급되어 있으므로 적절하다.
③ 예방 수칙 1)에 향수를 가급적 피하라는 언급이 있고, 예방 수칙 5)에 야외 활동 시에는 벌에 쏘일 수 있으므로 가급적 긴 옷을 입으라는 언급이 있으므로 적절하다.
④ 예방 수칙 2)에 벌이 날아다니거나, 벌집을 건드려서 벌이 주위에 있을 때에는 손이나 손수건 등을 휘둘러 벌을 자극하지 않는다는 언급이 있으므로 적절하다.

▶ **지문 출처** 국민안전처 제공, 「가을철 야외 활동 시 안전 수칙」

086

③

유형 해설 [실용문-자료] 사실적 이해(정보 확인)

문항 분석

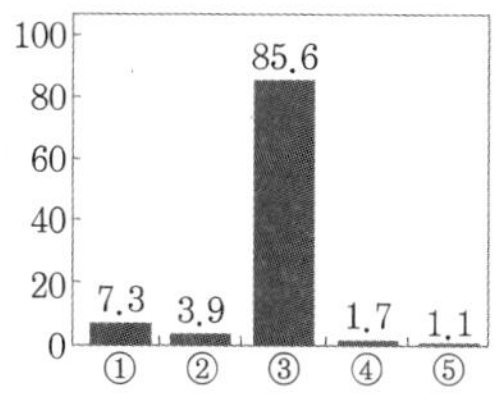

수험생의 85.6%가 정답지를 고른 보통 난이도의 문제였다. ①에 7.3%의 수험생이 반응하여 매우 높은 변별도를 보였다.

정답 해설

성별 취업자 수와 관련된 그래프의 내용을 분석하는 능력을 평가하기 위한 문제로, 정답은 ③이다. 그래프의 내용을 보면 여성 취업자의 수는 2011년에 비해 2014년에 증가하기는 했지만, 10%p 이상 증가한 것은 아님을 알 수 있다.

오답 해설

① 남녀 총 취업자의 수는 2012년(173,139명 + 167,509명 = 340,648명)이 2011년(174,618명 + 161,538명 = 336,156명)에 비해 더 많음을 알 수 있다.

② 남성 취업자의 수는 2011년 174,618명, 2012년 173,139명, 2013년 163,885명, 2014년 161,480명으로, 감소세를 보임을 알 수 있다.

④ 남성 취업자와 여성 취업자 수의 차이는 2013년(164,621명 −163,885명 = 736명)에 가장 적게 나타났음을 알 수 있다.

⑤ 2011년의 남성 취업자와 여성 취업자 수(174,618명−161,538명 = 3,083명)는 10,000명 이상 차이가 남을 알 수 있다.

087

⑤

유형 해설 [실용문-자료] 사실적 이해(정보 확인)

문항 분석

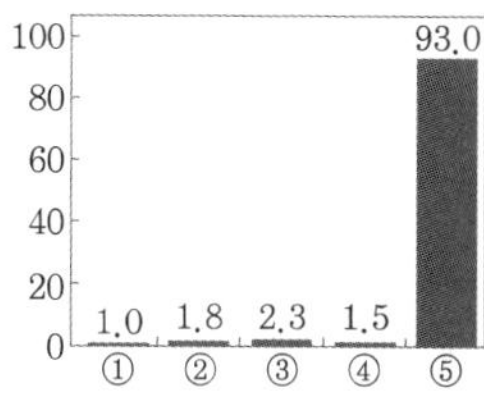

수험생의 93%가 정답지를 고른 쉬운 문제였다. 최하위권 수험생들이 나머지 선지에 고르게 반응하여 매우 높은 변별도를 보였다.

정답 해설

제시된 자료를 바르게 이해하였는지를 묻는 문제로, 정답은 ⑤이다. 'B 씨'가 받은 점수의 표준 편차는 다른 참가자들이 받은 점수의 표준 편차에 비해 큼을 알 수 있다.

오답 해설

① 참가자들의 조정 점수는 참가자 'B'를 제외한 참자가 'A', 'C', 'D'가 모두 195점으로 동일하므로, 조정 점수만으로는 대회의 준우승을 1명으로 선정하기는 어려울 것이다.

② 총점과 평균의 합으로 순위를 결정한다면 490점을 획득한 참가자 'D'가 대회의 우승자가 될 것이다.

③ 조정 점수를 순위 결정의 기준으로 삼는다면 조정 점수가 197점으로 가장 높은 참가자 'B'가 대회의 우승자가 될 것이다.

④ 심사 위원 '갑'이 준 점수는 모든 참가자가 97점으로 동일하다는 점에서 변별력이 떨어진다고 볼 수 있을 것이다.

088

④

유형 해설 [실용문-보도 자료] 추론적 이해[구체적(다른) 사례에 적용]

88번~90번 문제는 '보도 자료'가 읽기 지문으로 출제가 된다. 내용 이해, 다른 사례 또는 구체적 사례에 적용하기, 고쳐쓰기 방안, 보도 자료를 읽고 보일 수 있는 반응 추론하기 등의 유형이 출제되고 있다. 특히, 제시된 보도 자료의 내용을 읽고 어떻게 실생활에 적용해야 하는지, 어떻게 반응해야 하는지를 묻는 유형이 빈출된다.

문항 분석

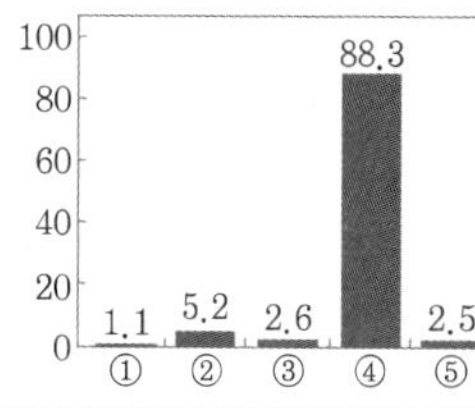

수험생의 88.3%가 정답지를 고른 쉬운 문제였다. 최하위권 수험생들이 나머지 선지에 고르게 반응하여 매우 높은 변별도를 보였다.

정답 해설

보도 자료의 내용을 사실적으로 이해하고 실제 사례에 적용할 수 있는지를 평가하기 위한 문제로, 정답은 ④이다. 보도 자료에 따르면, '금융 사기 문자 메시지'는 '메시지에 첨부된 누리망 주소를 접속하도록 유도한 후, 누리망 주소를 접속하면 휴대 전화에 악성 코드가 설치되어 휴대 전화 소액 결제가 이루어지는 사기 수법'이라고 언급하고 있으므로 이러한 누리망 주소나 연결을 유도하는 내용이 없는 ④는 금융 사기 문자 메시지로 볼 수 없다.

오답 해설

① 'http://~'와 같은 누리망 주소가 제시되어 있다.

② '누리망의 URL'이 제시되어 있으므로 역시 금융 사기 문자 메시지일 가능성이 높다.

③, ⑤ '[클릭]'이라는 메시지 내용을 통해 스마트폰에 터치를 유도하여 이를 악성 프로그램 설치나 소액 결제로 연결할 수 있으므로 역시 금융사기 문자 메시지로 의심된다.

▶ **지문 출처** 경찰청 보도 자료(2016.09.07.)

089 ③

유형 해설 [실용문-보도 자료] 퇴고

문항 분석

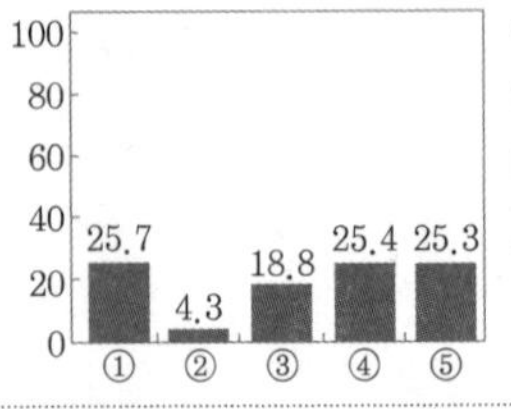

수험생의 18.8%만이 정답지를 고른 매우 어려운 문제였다. ①, ④, ⑤에 각각 25% 대의 수험생이 반응하여 낮은 변별도를 보인 문제였다.

정답 해설

보도 자료의 내용을 읽고 적절한 수정, 보완 방안을 생각해 낼 수 있는 추론 능력을 평가하기 위한 문제로, 정답은 ③이다. '누리망'은 현재 비표준어이다. '홈페이지'의 순화된 표준어는 '누리집'이다.

090 ④

유형 해설 [실용문-보도 자료] 비판적 이해(반응 및 수용)

문항 분석

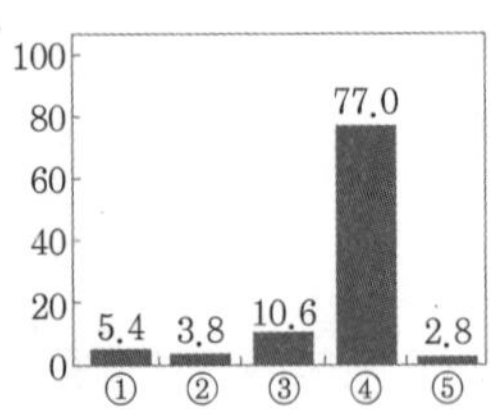

수험생의 77%가 정답지를 고른 보통 난이도의 문제였다. ③번 선지에 10.6%의 수험생이 반응하여 매우 높은 변별도를 보였다.

정답 해설

보도 자료의 내용을 정확히 이해하는 능력을 평가하기 위한 문제로, 정답은 ④이다. 보도 자료의 내용에 따르면 '지연 인출제' 시행으로 30분 이내에 출금이 불가능한 경우는 100만 원 이상을 이체한 경우이므로 사기로 송금된 돈이 100만 원 이하인 경우는 사기 전화 범인이 그 돈을 인출할 수 있다.

국어 문화 091번~100번

기출문제집 p.56

091	③	092	③	093	②	094	④	095	①
096	②	097	④	098	④	099	②	100	②

091 ③

유형 해설 국어학(신조어)

91번~100번 문제는 국어 문화 영역의 문제가 출제되며, 사회언어학적 분석 능력 확인하기(언어 사용 실태 조사 결과 등), 국어 문화에 대한 이해 능력 확인하기(문헌 찾기, 작가 찾기 등), 국어 사용 현상에 대한 이해 능력 확인하기(방송 매체의 기사 바로 잡기 등), 표준어와 방언의 이해 능력 확인하기, 남북 공통점을 중심으로 접근한 북한어의 이해 능력, 근대 신문 광고를 통해 본 근대 국어의 분석 능력, 국어 순화와 관련된 우리 사회의 이해 능력 등을 묻는 문제가 출제된다.

91번 문제는 국어 생활에 대한 문제로, 출제되고 있다. 최근에는 국어 사전의 표제어 등재 순서, 국어의 특징, 신생어 등 다양한 주제로 출제되고 있다.

문항 분석

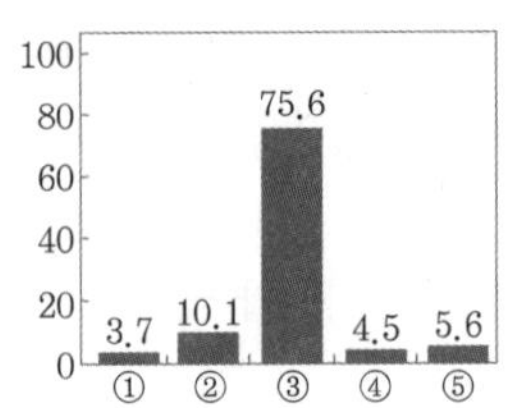

수험생의 75.6%가 정답지를 고른 보통 난이도의 문제였다. ②에 10.1%의 수험생이 반응하여 매우 높은 변별도를 보였다.

정답 해설

제시된 단어를 바탕으로 새로운 말이 생성되는 원리를 파악하고 이해하는 능력을 평가하는 문제로, 정답은 ③이다. (다)의 '대리운전'과 '반려동물'은 모두 한자어로 이루어진 단어이지만 '반려동물'의 경우 '방법+행위'의 관계로 보기 어렵다.

오답 해설

① 모든 단어가 고유어와 고유어의 결합으로 이루어져 있으며, '두루누리'는 부사와 명사가, '배바지', '불닭'은 모두 명사와 명사가 결합된 것이므로 적절한 설명이다.

② '새싹', '새집', '젓꼭지'와 같은 고유어와 '채소', '증후군', '공갈'과 같은 한자어가 결합된 것이며, '공갈젓꼭지'의 경우 다른 단어와 달리 한자어와 고유어가 결합된 단어이므로 적절한 설명이다.

④ '올빼미', '목'과 같은 고유어와 '투어', '폴라'와 같은 외래어가 결합되어 이루어진 말이며, 이 말들 모두 자립 명사이므

로 적절한 설명이다.

⑤ '디지털', '레포츠'는 외래어에 해당하고 '치매', '족'은 모두 한자이다. '디지털치매'는 어근 '디지털'과 '치매'가 결합된 말로 합성어이며, '레포츠족'은 어근 '레포츠'에 접사 '-족'이 결합된 것이므로 파생어로 볼 수 있다.

092 ③

유형 해설 국어학(근대 국어)

92번 문제는 국어학의 일반적인 용어의 개념을 확인하는 유형으로 출제되고 있다. 중세 국어의 기본적인 내용, 현대 국어의 어근과 어간, 어간과 어미, 단어와 어절, 접사와 어근 등 많이 사용되지만 헷갈리기 쉬운 국어학 용어들을 정확하게 알아야 풀 수 있는 문제들이 출제된다.

문항 분석

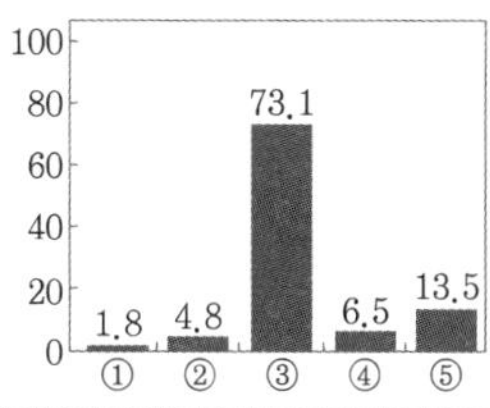

수험생의 73.1%가 정답지를 고른 쉬운 문제였다. 매력적인 오답인 ⑤에 13.5%의 수험생이 반응했으며 최하위권 수험생들이 나머지 선지에 고르게 반응하여 낮은 변별도를 보였다.

정답 해설

한글 자음의 가획자에 대해 바르게 이해하고 있는지와 국어 문화적 교양 능력을 평가하기 위한 문제로, 정답은 ③이다.

오답 해설

① 'ㄴ'은 기본자에 해당한다.

② 'ㆁ'은 어금닛소리로 이체자에 해당한다.

④ 'ㅿ'은 이체자에 해당한다.

⑤ 'ㄹ'은 이체자에 해당한다.

093 ②

유형 해설 국어 생활(매체 언어)

93번 문제는 방송 언어 문장들 중 문법적으로 적절하지 않은 부분을 수정하는 능력을 확인하는 유형으로 출제되고 있다. 주로 뉴스, 신문, 보도 내용 등의 문장이 제시되며, 주어와 서술어의 호응, 띄어쓰기의 적절성, 어휘 선택의 적절성 판단하기, 주어와 서술어의 호응 등의 내용이 출제된다.

문항 분석

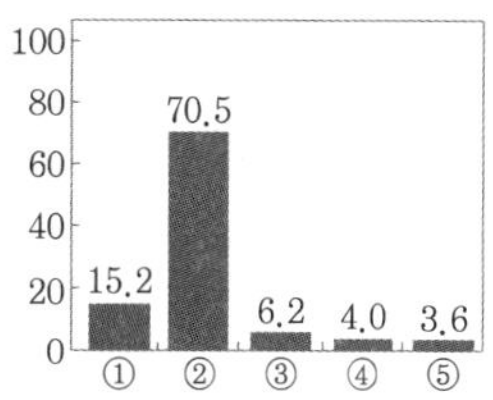

수험생의 70.5%가 정답지를 고른 쉬운 난이도의 문제였다. 매력적인 오답인 ①에 15.2%의 수험생이 반응했으며 적절한 변별도를 보인 문제였다.

정답 해설

방송 언어의 특성을 알고 이를 통해 적절한 방송 보도 언어를 구사할 수 있는지 평가하기 위한 문제로, 정답은 ②이다. 민간 항공기 기종은 개별 숫자로 읽는 것이 원칙이므로 [에이삼팔공]으로 읽어야 한다.

094 ④

유형 해설 국어학(문법)

국어학 유형이 출제될 경우 어미, 어휘의 적절성, 동음이의어, 다의어, 다양한 의미를 포괄하고 있는 문법의 내용 등을 알고 있어야 한다.

문항 분석

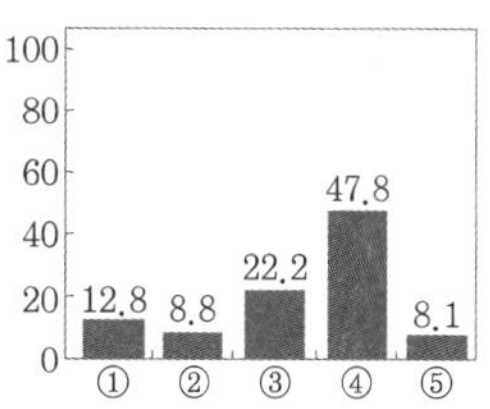

수험생의 47.8%만이 정답지를 고른 어려운 문제였다. 매력적인 오답인 ③에 22.2%의 수험생이 몰렸으며 ①에도 12.8%의 수험생이 반응하여 적절한 변별도를 보였다.

정답 해설

고유어 수량 단위를 정확하게 알고 있는지를 묻고 있는 문제로, 고유어 단위 명사들을 학습해 두었다면 풀이에 더 유리한 문제이다. 정답은 ④이다. 고등어 한 손은 고등어 두 마리를 뜻한다. '손'은 '한 손에 잡을 만한 분량을 세는 단위로, 조기, 고등어, 배추 따위 한 손은 큰 것 하나와 작은 것 하나를 합한 것을 이르고, 미나리나 파 따위 한 손은 한 줌 분량.'을 이른다. 또한 '두름'은 '조기 따위의 물고기를 짚으로 한 줄에 열 마리씩 두 줄로 엮은 것을 세는 단위.'로, 굴비 한 두름은 스무 마리를 말한다. 따라서 고등어 두 손은 네 마리, 굴비 한 두름은 스무 마리로, 둘을 더하면 생선 스물네 마리가 된다.

095 ①

유형 해설 **국문학(작가)**

국문학 유형이 출제될 경우, 문학 작품을 묻거나, 작가를 묻는 유형으로 출제되고 있다. 주요 내용이 제시되고 작품의 이름을 묻거나, 작품의 이름을 제시하고 작가의 이름을 묻는 형태로 출제된다.

문항 분석

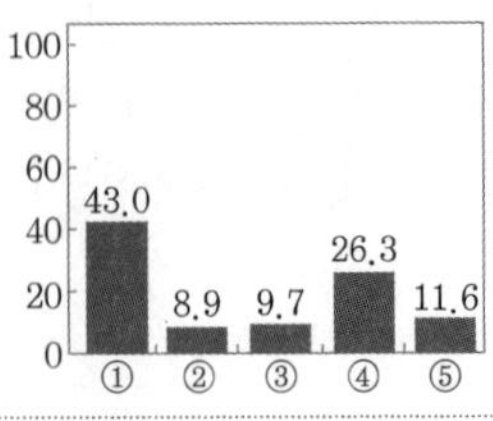

수험생의 43%만이 정답지를 고른 어려운 문제였다. 매력적인 오답인 ④에 26.3%의 수험생이 몰렸으며 ⑤에도 11.6%의 수험생이 반응하여 적절한 변별도를 보였다.

정답 해설

〈보기〉에 제시된 평전의 일부를 보고 문인의 이름을 알 수 있는지와 국문학적 교양 능력을 평가하기 위한 문제로, 정답은 ①이다. '백석'은 시인으로, 본명은 기행(夔行)이다. 1936년 시집 『사슴』을 간행하여 문단에 데뷔하였으며, 방언을 즐겨 쓰면서도 모더니즘을 발전적으로 수용한 시들을 발표하였다. 작품에 「정주성(定州城)」, 「산지(山地)」, 「북방에서」 등이 있는데, 〈보기〉의 내용은 백석의 오산고보 학창 시절에 대한 설명에 해당한다.

오답 해설

② '이상'은 시인 · 소설가(1910~1937)로, 본명은 김해경(金海卿)이다. 초현실주의적이고 실험적인 시와 심리주의적 경향이 짙은 독백체의 소설을 써서 문단의 주목을 받았다. 작품에 시 「오감도」, 소설 「날개」, 「종생기(終生記)」, 수필 「권태」 따위가 있다.

③ '김소월'은 시인(1902~1934)으로, 본명은 정식(廷湜)이다. 김억의 영향으로 문단에 등단하였고, 1922년에 『개벽』에 대표작 「진달래꽃」을 발표하였다. 민요적인 서정시를 썼으며 작품에 「산유화(山有花)」, 「접동새」 따위가 있고 시집 『진달래꽃』, 『소월 시집』 따위가 있다.

④ '윤동주'는 시인(1917~1945)으로, 북간도에서 출생하였으며, 연희 전문학교를 거쳐 일본에 유학한 후 1943년에 독립운동의 혐의로 일본 경찰에 검거되어 규슈 후쿠오카 형무소에서 옥사하였다. 광복 후 그의 유고를 모은 시집 『하늘과 바람과 별과 시』가 발간되었다.

⑤ '이육사'는 시인(1904~1944)으로, 본명은 원록(源祿) · 활(活), 자는 태경(台卿)이다. 1937년 윤곤강 등과 함께 동인지 『자오선(子午線)』을 발간하였다. 상징주의적이고도 웅혼한 시풍으로 일제 강점기의 민족의 비극과 의지를 노래하였다. 민족 운동과 관련된 혐의로 체포되어 베이징 감옥에서 옥사하였다. 작품에 시집 『청포도』, 유고집 『육사 시집』이 있다.

096 ②

유형 해설 **국어 생활(일상어)**

96번 문제는 고유어, 방언, 표준어의 의미에 대해 묻는 유형 또는 언어 예절, 즉 인사어, 호칭어와 지칭어, 봉투 쓰기, 나이 표현 등이 출제되고 있다. 일상어 유형에 대비하기 위해서는 생소한 표준어 혹은 일상에서 자주 쓰이는 방언을 따로 확인해 둘 필요가 있다.

문항 분석

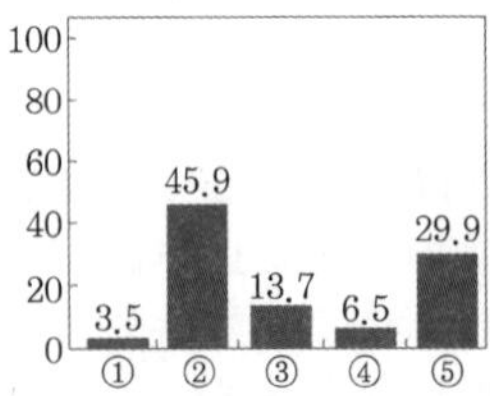

수험생의 45.9%만이 정답지를 고른 어려운 문제였다. 매력적인 오답인 ⑤에 29.9%의 수험생이 몰렸으며 ③에도 13.7%의 수험생이 반응하여 높은 변별도를 보였다.

정답 해설

생활 주변에서 자주 사용하는 어휘 중 표준어를 구분하는 능력을 평가하기 위한 문제이다. 정답은 ②로 '달음질'은 '급히 뛰어 달려감.'이라는 의미를 지닌 말로 '달음박질'로도 쓰는 표준어이다.

097 ④

유형 해설 **국어 생활(일상어)**

문항 분석

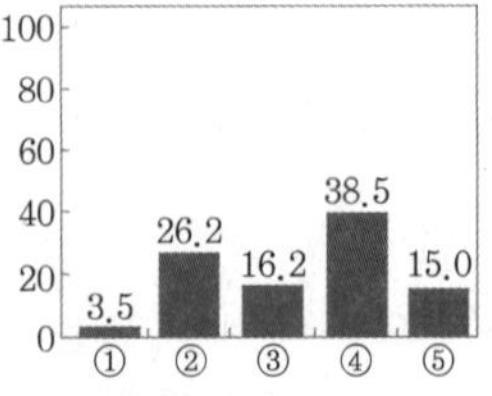

수험생의 38.5%만이 정답지를 고른 어려운 난이도의 문제였다. 매력적인 오답인 ②에 26.2%의 수험생이 몰렸으며 ③, ⑤에도 각각 16.2%, 15%의 수험생이 반응하여 적절한 변별도를 보였다.

정답 해설

나이를 이르는 말을 정확하게 알고 있는지 여부를 평가하기 위한 문제로, 정답은 ④이다. 88세(여든여덟 살)를 달리 이르는 말은 '미수(米壽)'이다. '희수(喜壽)'는 일흔일곱 살을 달리 이르는 말에 해당한다.

오답 해설

① '불혹(不惑)'은 마흔 살을 달리 이르는 말이다. 『논어』「위정편(爲政篇)」에서, 공자가 마흔 살부터 세상일에 미혹되지 않았다고 한 데서 나온 말이다.

② '이순(耳順)'은 예순 살을 달리 이르는 말이다. 『논어』「위정편(爲政篇)」에서, 공자가 예순 살부터 생각하는 것이 원만하여 어떤 일을 들으면 곧 이해가 된다고 한 데서 나온 말이다.

③ '고희(古稀)'는 '고래(古來)'로 '드문 나이'란 뜻으로, 일흔 살을 이르는 말이다. 두보의 「곡강시(曲江詩)」에 나오는 말이다.

⑤ '백수(白壽)'는 아흔아홉 살을 이르는 말이다. '百'에서 '一'을 빼면 99가 되고 '白' 자가 되는 데서 유래한다.

098 ④

유형 해설 국어학(북한어)

98번 문제는 제시된 자료를 바탕으로 남북한의 어문 규정을 비교하여 남북한 언어의 차이를 파악하는 문제로 출제되고 있다.

문항 분석

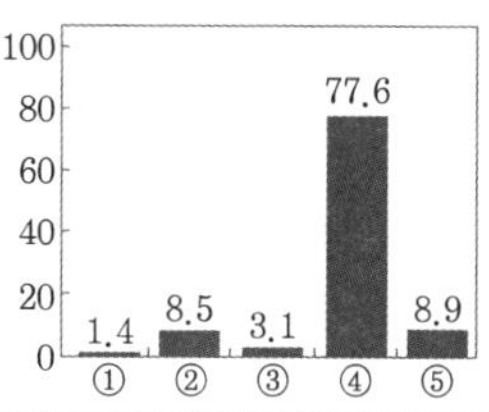

수험생의 77.6%가 정답지를 고른 보통 난이도의 문제였다. ②, ⑤에 각각 8%대의 수험생이 반응하여 매우 높은 변별도를 보였다.

정답 해설

제시된 자료를 바탕으로 남북한 언어의 차이를 파악하는 문제로, 정답은 ④이다. 남한에서도 북한에서와 같이 '말끔히'로 표기하는 것이 어법에 맞다.

오답 해설

① 북한에서는 남한에서와 달리 두음 법칙을 표기에 적용하지 않고 있다. 두음 법칙은 일부 소리가 단어의 첫머리에 발음되는 것을 꺼려 다른 소리로 발음되는 일을 말하는데, 'ㅣ, ㅑ, ㅕ, ㅛ, ㅠ' 앞에서의 'ㄹ'과 'ㄴ'이 'ㅇ'이 되고, 'ㅏ, ㅓ, ㅗ, ㅜ, ㅡ, ㅐ, ㅔ, ㅚ' 앞의 'ㄹ'은 'ㄴ'으로 변하는 것 따위이다. '여학생'이 아닌 '녀학생'으로 표기한 것으로 보아 두음 법칙을 표기에 적용하지 않았음을 알 수 있다.

② 남한에서는 북한에서와 달리 '어둑새벽'으로 쓰는 것이 문맥상 적절하다. '어뜩새벽'은 '어둑새벽'의 북한어로, '날이 밝기 전 어둑어둑한 새벽'이라는 의미를 나타낸다.

③ 남한에서는 북한에서와 달리 사이시옷을 표기한 '빗자루'로 써야 옳다. '비자루'는 '빗자루'의 북한어에 해당한다.

⑤ 북한에서는 남한에서와 달리 명사 '나무'와 명사 '밑'을 붙여 쓰고 있음을 알 수 있다. 남한에서는 '나무 밑'으로 표기해야 옳다.

▶ **지문 출처** 김형운, 「공원속의 세 아이」

099 ②

유형 해설 국어학(근대 국어)

99번 문제는 근대 신문 광고가 지문으로 제시되고, 근대 국어가 사용된 신문 광고의 내용을 바탕으로 국어의 역사에 대한 지식과 분석 능력을 평가하는 문제로 출제되고 있다. 문법의 적용, 어휘의 의미, 표기법에 대한 유형이 빈출된다.

문항 분석

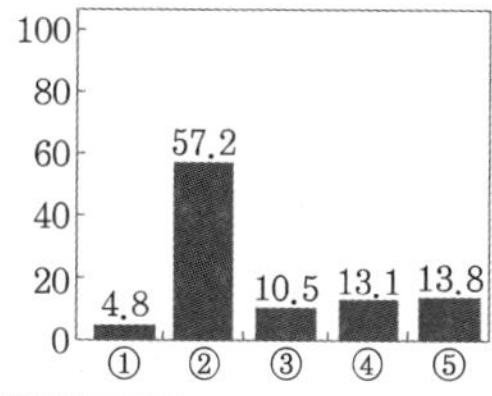

수험생의 57.2%만이 정답지를 고른 어려운 문제였다. ③, ④, ⑤에 각각 10~13%대의 수험생이 반응했으며 높은 변별도를 보인 문제였다.

정답 해설

정답은 ②이다. 거센소리를 재분석하여 적는 양상은 중철 표기에 대한 설명인데, '그러케'는 '그렇게'의 'ㅎ'과 'ㄱ'을 축약하여 연철 표기하였으므로 중철에 해당하지 않는다.

오답 해설

① '째'는 'ㅅ'과 'ㄷ'이 결합된 합용 병서가 어두에 사용되고 있으므로 적절한 설명이다.

③ 현대 국어에서는 '젊은이'와 같이 표기하고 겹받침을 사용하는데 비해 '절문이'와 같이 표기하고 있으므로 역시 적절한 설명이다.

④ 올의 말 중 "맛잇게된답니다"라는 표기에서 'ㅂ' 받침이 쓰이는 곳에 'ㅁ' 받침이 쓰인 것을 확인할 수 있다.

⑤ 현대 국어에서는 '신기한'과 같이 표기하므로 '기'로 표기될 자리에 '긔'가 사용된 것을 확인할 수 있다.

100 ②

유형 해설 국어학(순화어)

100번 문제는 국어 순화의 양상에 대해 묻는 유형으로 출제되고 있다. 국어 순화는 국어를 다듬는 일로 외래어를 가능한 한 고유어로, 비속한 말을 고운 말로, 틀린 말을 표준어로 또는 맞춤법에 맞게 바르게 쓰는 것을 의미한다.

문항 분석

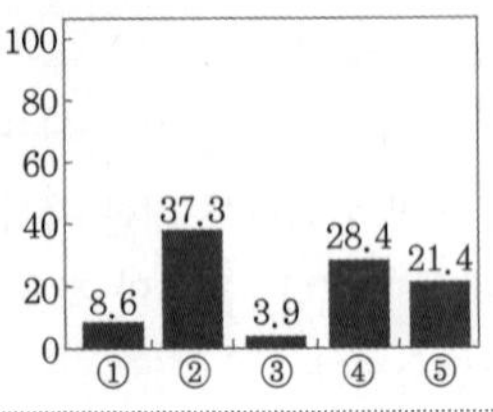

수험생의 37.3%만이 정답지를 고른 어려운 문제였다. 매력적인 오답인 ④에 28.4%의 수험생이 몰렸으며 ⑤에도 21.4%의 수험생이 반응하여 높은 변별도를 보인 문제였다.

정답 해설

순화어의 대상과 구성 방식에 대한 이해 능력을 평가하기 위한 문제로, 정답은 ②이다. ㉡은 순화어를 만들 때 고유어를 활용하는 경우를 가리키는데, 제시된 순화어 '기억상자'의 '기억(記憶)'과 '상자(箱子)' 모두 한자어이기 때문이다.

오답 해설

① 순화 대상 어휘가 영어인 경우를 제시하면 되는데, '패딩'은 '옷을 만들 때, 솜이나 오리털을 넣어 누비는 방식'이라는 뜻으로 영어 'padding'에서 온 말이다.

③ 한자어를 활용하여 순화어를 만든 사례를 제시하면 되는데, '결혼설계사'에서 '결혼(結婚)'과 '설계사(設計士)'는 모두 한자어이다.

④ 고유어와 한자어를 조합한 사례를 제시하면 되는데, '결'은 고유어, '지방(脂肪)'은 한자어이다.

⑤ 외래어를 활용하여 순화어를 만든 사례를 제시하면 되는데, '칠판펜'의 '펜'은 외래어이다.

| 2016년 08월 21일 시행 |

제43회 KBS 한국어능력시험

정답과 해설

제43회 성적 분석 결과

2016년 8월 21일, 7,305명이 응시한 **제43회 〈KBS한국어능력시험〉**의 원점수 평균점은 100점 만점에 71.94점, 표준 편차는 8.94로 나타났다.

제43회 〈KBS한국어능력시험〉의 영역별 평균 점수를 살펴보면, **문법 영역**이 15.25점(30점 만점), **이해 영역**이 33.77점(40점 만점), **표현 영역**이 9.05점(10점 만점), **창안 영역**이 8.27점(10점 만점), **국어 문화 영역**이 5.61점(10점 만점)이었다.

제43회 등급별 성적 분석

등급	인원	비율
1급	156명	2.14%
2+급	391명	5.35%
2-급	792명	10.84%
3+급	1,106명	15.14%
3-급	1,183명	16.19%
4+급	1,624명	22.23%
4-급	951명	13.02%
무급	1,102명	15.09%
합계	7,305명	100.00%

국가공인 자격증 발급

[등급별 인원 분포]

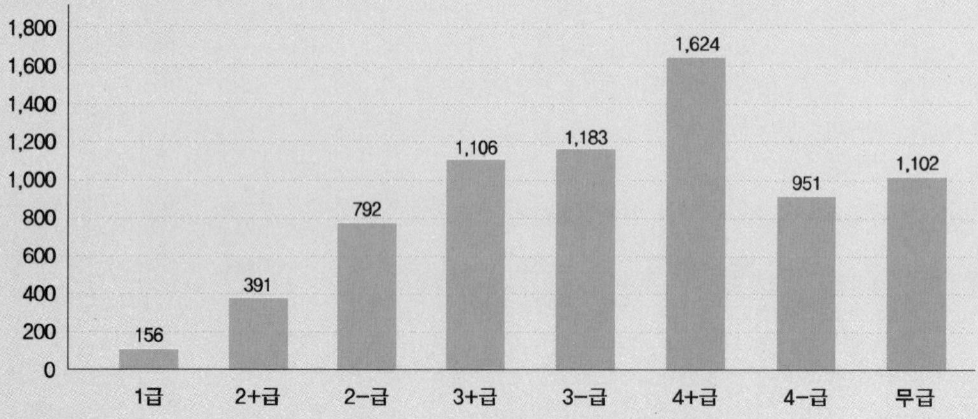

제43회 영역별 성적 분석

	문법	이해	표현	창안	문화	원점수
평균	15.25	33.77	9.05	8.27	5.61	71.94
표준 편차	3.57	4.42	1.07	1.15	1.82	8.94
만점	30.00	40.00	10.00	10.00	10.00	100.00
최고점	30.00	40.00	10.00	10.00	10.00	93.00
최저점	3.00	6.00	1.00	0.00	0.00	20.00

[원점수 분포]

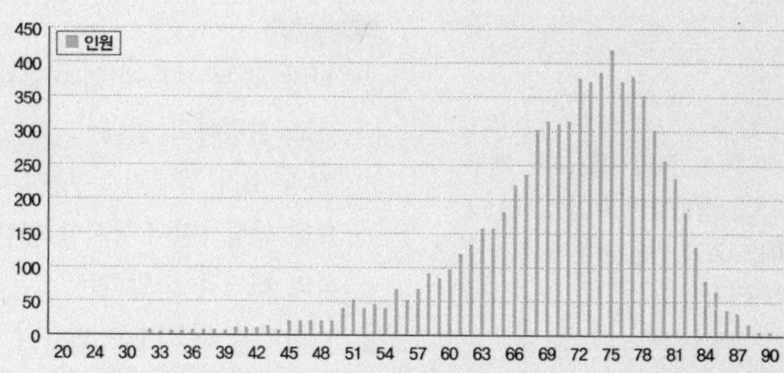

[영역별 점수 분포]

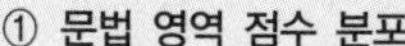

① 문법 영역 점수 분포

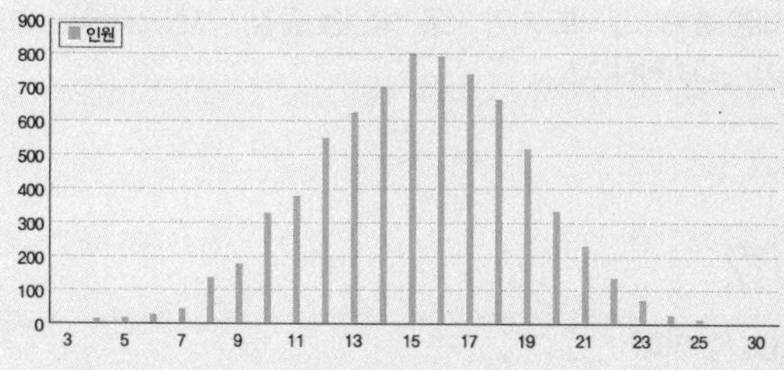

② 이해 영역 점수 분포

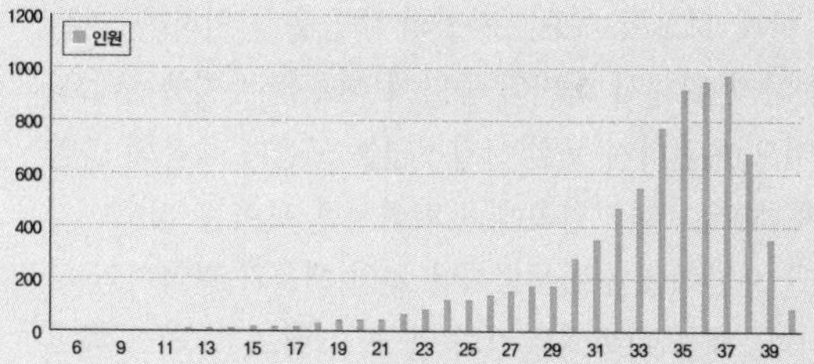

③ 표현 영역 점수 분포

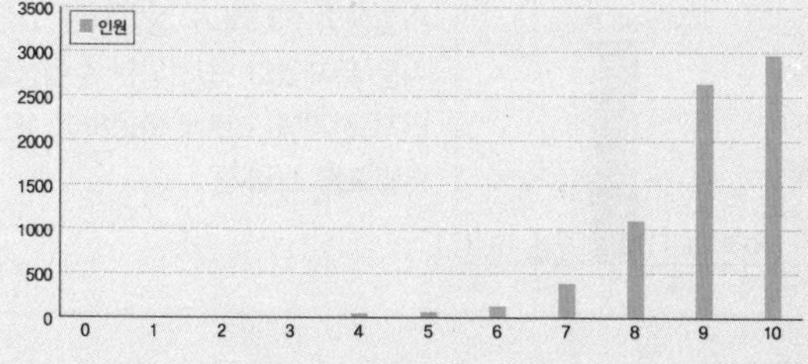

④ 창안 영역 점수 분포

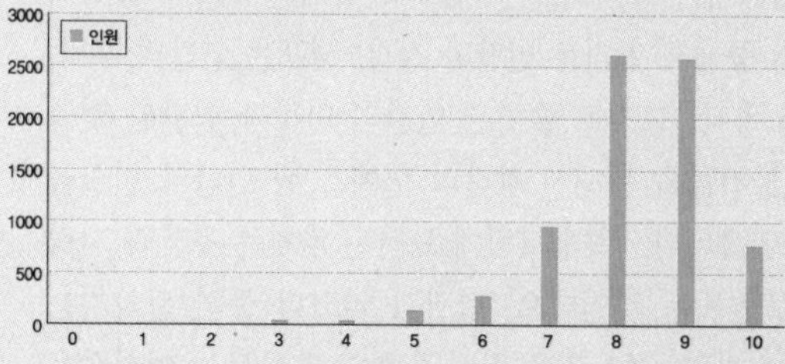

⑤ 문화 영역 점수 분포

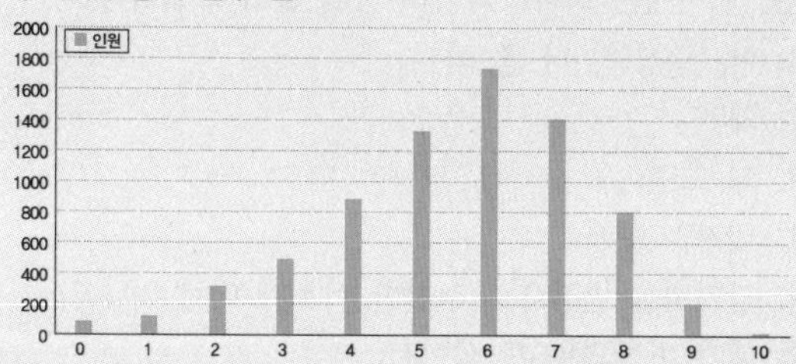

제43회 정답과 해설

듣기·말하기 001번~015번

기출문제집 p.65

001	①	002	③	003	④	004	④	005	②
006	②	007	⑤	008	②	009	④	010	③
011	②	012	①	013	⑤	014	②	015	④

001 ①

사실적 이해

문항 분석 답지반응률 확인!!

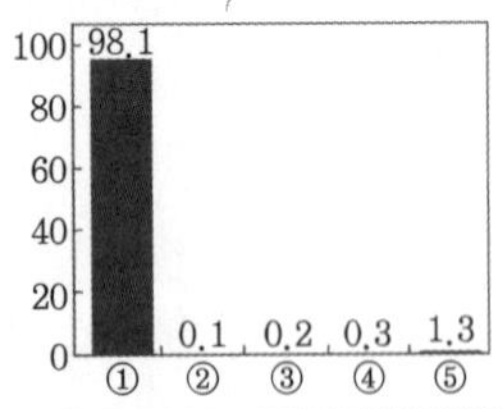

수험생의 98.1%가 정답지를 고른 매우 쉬운 문제였다. 최하위권 수험생들이 나머지 선지에 고르게 반응하여 매우 높은 변별도를 보였다.

듣기 대본

1번. 먼저 그림에 대한 설명을 들려 드립니다.

오늘은 네덜란드의 화가 하르멘 스텐베이크의 작품 '인간 생활의 허영'을 함께 보도록 해요. '자신의 죽음을 기억하라.'라는 주제를 표현하기 위해서 화면의 중앙에 해골을 배치했는데요, 턱도 없고 이도 온전하지 못한 보잘것없는 모습이 죽음의 씁쓸함을 느끼게 하죠. 해골 왼쪽에는 피리처럼 보이는 리코더가 있고요, 해골 오른쪽에는 아무렇게나 놓인 책들과 관악기인 나팔이 보입니다. 해골 뒤쪽에는 칼과 불 꺼진 램프, 그리고 류트라는 둥근 현악기가 뒤집혀 있습니다. 그림 왼쪽 탁자 모서리에는 소라 껍데기가 보이고요, 그림 오른쪽에는 커다란 술병이 있습니다. 이 중에서 악기는 인간의 청각, 램프는 인간의 후각, 칼은 인간의 촉각, 그리고 술병은 인간의 미각과 연관된 것들인데요, 이 물건들을 통해서 감각의 노예가 된 인간의 현실을 이야기하고 있습니다. 특히 그림에 묘사된 악기는 구혼과 사랑의 행위에 동원되는 것인데요, 나팔과 리코더 등의 관악기는 남성성을 상징하고, 부드러운 곡선의 현악기 류트는 여성성을 상징하고 있습니다. 그림 속에서 인간의 지식을 상징하는 책은 지식의 허영을 고발하고 있고요, 칼과 소라 껍데기는 당시 수집가들의 진귀품으로 부와 풍요를 상징하면서 동시에 인간의 끝없는 탐욕을 의미합니다. 특히 빈 소라 껍데기는 죽음과 허무의 상징으로 우리에게 직접적으로 죽음의 의미를 드러냅니다. 왼쪽 윗부분에서 내리쬐는 빛이 해골을 환하게 밝히고 있는데요, 하늘에서 내려오는 빛줄기와 그 빛으로 환한 모습을 드러내는 탁자 보가 보는 이의 마음에 다시금 희망의 가치를 새기고 있습니다.

정답 해설

그림에 대한 사실적 정보를 전달하는 설명을 듣고 그 내용을 정확히 이해하였는지 평가하기 위한 문제로, 정답은 ①이다. 그림에 대한 설명에 따르면 그림 오른쪽에 있는 술병은 인간의 미각과 연관된 것임을 알 수 있다.

오답 해설

② '탁자 보'는 보는 이의 마음에 희망의 가치를 새기는 물건이라고 설명하고 있다.

③ '칼과 소라 껍데기'는 당시 수집가들의 진귀품으로 부와 풍요를 상징하면서 동시에 인간의 끝없는 탐욕을 의미한다. 지식의 허영을 고발하는 것은 '책'이다.

④ '나팔이나 리코더'는 인간의 청각과 관련이 있으며 남성성과 관련이 있는 것이다. '부와 풍요'를 상징하는 것은 '칼과 소라 껍데기'이다.

⑤ '해골의 좌우'에 있는 악기는 '나팔과 리코더'로 남성성을 상징하는 악기이다. 여성성을 상징하는 악기는 '류트'이다.

▶ **대본 출처** 로버트 커밍 지음, 박인용 옮김, 「그림으로 읽는 그림 이야기」, 디자인하우스

002 ③

사실적 이해

문항 분석

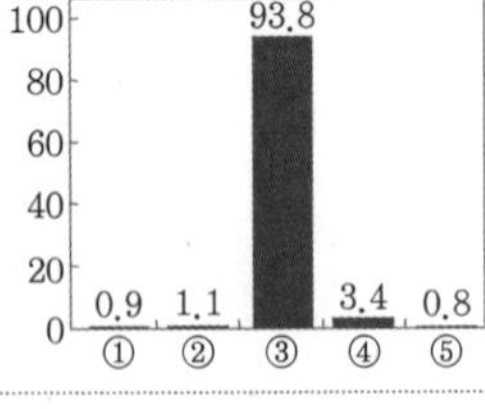

수험생의 93.8%가 정답지를 고른 매우 쉬운 문제였다. 최하위권 수험생들이 나머지 선지에 고르게 반응하여 매우 높은 변별도를 보였다.

듣기 대본

2번. 이번에는 드라마의 일부분을 들려 드립니다.

여: 야, 주성준, 나 좀 봐.

남: 왜?

여: 왜 그랬어?

남: 뭐가?

여: 강기범을 반장으로 추천한 이유가 대체 뭐냐고.

남: 네가 반장되는 게 싫어서.

여: 그럼 다른 애를 추천해도 되잖아. 왜 하필 강기범이야?
남: 우리 반에서 걜 누를 수 있는 사람 없어. 그럴 바엔 차라리 걔가 반장하는 게 낫다고 생각해.
여: 그게 말이 되니?
남: 유나야, 우린 1분 1초가 아까운 고 3이야. 괜한데 시간 뺏기지 말고 공부나 하자.
여: 아니? 나 반장 포기 안 해.
남: 나광수 당하는 거 못 봤어? 난 네가 강기범이랑 맞서는 거 싫어.
여: 날 위하는 척 하지 마. 결국 넌 널 위한 거잖아.
남: 뭐?
여: 강기범이 반장이 되면 최소 교실은 조용해질 테니까. 아니야?
남: 아니라고는 말 못해. 하지만 네가 다칠까봐 그게 더 걱정 돼.
여: 내가 반장되면 나만 다치면 돼. 하지만 걔가 반장되면 우리 모두가 다치게 된다고.
남: 누가 다치든 상관없어. 너랑 나만 아니면.
여: 너 바보니? 우리 모두가 다친다고. 너와 내가 포함된 우리! 내가 아무리 잘나가도 우리가 불행하면 나도 불행해지는 거고, 내가 아무리 못 나가도 우리가 행복하면 나도 행복해지는 거야. 정말 모르겠어?
남: 어. 몰라. 알고 싶지도 않고. 더 이상 이런 문제로 너랑 실랑이하고 싶지 않다. 정~ 반장이 하고 싶으면 알아서 해. 하지만 난 너 안 뽑는다.

정답 해설

드라마에 제시된 대화를 듣고 등장인물이 지닌 생각을 사실적으로 이해하는 능력을 평가하는 문제로, 정답은 ③이다. 남학생은 대화를 나누고 있는 여학생이 "강기범이 반장이 되면 최소 교실은 조용해질 테니까. 아니야?"라는 물음에 대해 "아니라고는 말 못해."라고 답변한 부분을 통해 확인할 수 있다.

오답 해설

① 남학생의 말 중 "유나야, 우린 1분 1초가 아까운 고 3이야. 괜한데 시간 뺏기지 말고 공부나 하자."라고 말한 부분을 통해 확인할 수 있다.
② 남학생이 한 말 중 "난 네가 강기범이랑 맞서는 거 싫어.", "네가 다칠까봐 그게 더 걱정 돼.", "누가 다치든 상관없어. 너랑 나만 아니면."을 통해 확인할 수 있다.
④ 여학생의 말 중 "날 위하는 척 하지 마. 결국 넌 널 위한 거잖아."라고 말한 부분을 통해 확인할 수 있다.
⑤ 여학생의 말 중 "우리 모두가 다친다고. 너와 내가 포함된 우리! 내가 아무리 잘나가도 우리가 불행하면 나도 불행해지는 거고, 내가 아무리 못 나가도 우리가 행복하면 나도 행복해지는 거야."라는 말을 통해 확인할 수 있다.

▶ **대본 출처** KBS무대(2016.04.09. 32:30–34:15), 「반장 투표」

003 ④

사실적 이해

문항 분석

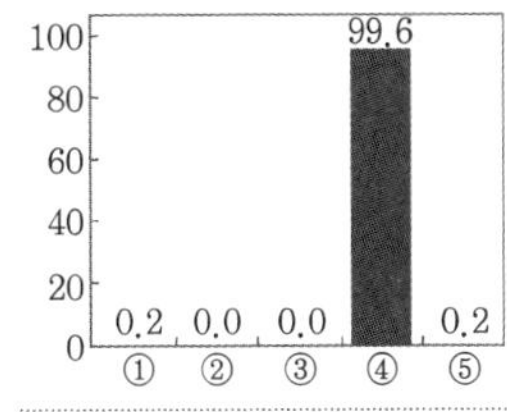

수험생의 99.6%가 정답지를 고른 매우 쉬운 문제였다. 최하위권 수험생들이 나머지 선지에 고르게 반응하여 매우 높은 변별도를 보였다.

듣기 대본

3번. 다음은 건강 강좌를 들려 드립니다.
건망증은 치매 환자들에게 자주 나타나는 기억 장애와는 구별되는 증상인데요, 건망증이 치매의 초기 증상일 수는 있지만 건망증이 곧 치매는 아닙니다. 건망증은 나이를 먹음에 따라 뇌세포가 점차 위축되고 퇴화되면서 기억력이 저하되는 것입니다. 반면에 치매는 정상적으로 생활해 오던 사람이 다양한 원인에 의해 뇌 기능이 손상되면서 기억력을 포함한 인지 기능의 장애가 발생하는 것을 말합니다. 이때 치매에서 보이는 기억 장애는 건망증과 차이가 있는데요, 건망증은 사건의 세세한 부분을 잊는 것이지만 치매는 사건 자체를 잊어버립니다. 또 건망증은 본인이 기억력에 문제가 있다는 것을 인정하지만 치매는 본인의 기억력에 문제가 있다는 것 자체를 모르거나 인정하지 않습니다. 또 기억을 생성하는 과정에서도 건망증과 치매는 차이가 있습니다. 건망증은, 기억이 뇌 속에 저장은 잘 되지만 기억 창고에서 기억을 꺼내는 것이 원활하지 못해 생기는 것이고, 치매는 기억이 뇌 속에 저장되는 과정에서부터 문제가 있어서 기억하지 못하는 것입니다. 따라서 건망증은 이미 기억이 뇌 속에 저장되어 있기 때문에 힌트를 주면 기억해 낼 수 있지만, 치매는 힌트를 줘도 기억해 내지 못합니다. 치매는 기억력뿐만 아니라 판단력에도 문제가 생기고 성격까지 변하지만 자신은 의식하지 못하는 경우가 대부분입니다. 그러나 건망증의 경우는 단순한 기억 장애일 뿐 다른 지적 기능에는 전혀 문제가 없습니다.

정답 해설

정보를 전달하는 건강 강좌의 내용을 듣고 정확히 이해하는 능력을 평가하기 위한 문제로, 정답은 ④이다. 강좌의 내용에 따르면, 건망증은 기억이 뇌 속에 저장은 잘 되지만 기억 창고에서 기억을 꺼내는 것이 원활하지 못해 생기는 것이고, 치매는 기억이 뇌 속에 저장되는 과정에서부터 문제가 있어서 기억하지 못하는 것이다.

▶ **대본 출처** 네이버 지식백과, 「건망증, 극복할 수 있다」(삼성서울병원 건강칼럼), 「건망증이 치매의 증상인가요?」(중앙대학교병원 건강칼럼)

004 ④

사실적 이해

문항 분석

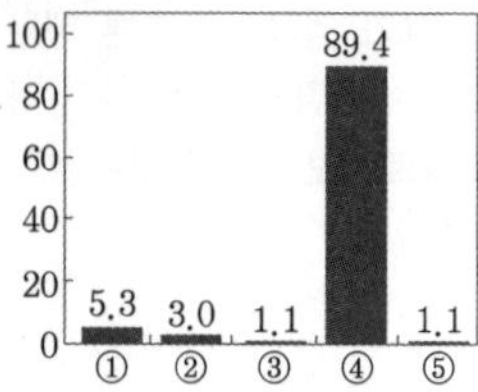

수험생의 89.4%가 정답지를 고른 매우 쉬운 문제였다. 최하위권 수험생들이 나머지 선지에 고르게 반응하여 적절한 변별도를 보였다.

듣기 대본

4번. 이번에는 고전의 일부를 들려 드립니다.

안정돼 있는 것은 유지하기 쉽고, 아직 조짐이 없을 때는 도모하기 쉬우며, 취약한 것은 깨지기 쉽고, 미미한 것은 흩어져 버리기 쉽다. 아직 일이 생겨나기 전에 조치를 취하고, 아직 어지러워지기 전에 다스려라. 아름드리나무도 털끝 같은 움에서 나오고, 9층의 누각도 한 줌 흙이 쌓여 올라가며, 천 리를 가는 것도 발아래에서 시작된다. 억지로 행하는 자는 실패하고, 붙잡고만 있는 자는 잃어버린다. 그런 까닭에 성인은 억지로 하지 않기에 실패가 없고, 붙잡고만 있지 않기에 잃지 않는다. 일을 할 때는 항상 거의 이루었다가 실패하는데, 처음과 같이 끝까지 신중하다면 실패하는 일이 없다. 그런 까닭에 성인은 남들이 하지 않으려는 것을 하고자 하고, 구하기 어려운 재화를 귀하게 여기지 않으며, 남들이 배우지 않는 것을 배우고, 뭇사람들이 소홀히 지나치는 것을 돌이켜 본다. 그럼으로써 만물이 자연스럽게 되도록 도와주지만 구태여 억지로 하지는 않는다.

정답 해설

고전의 내용을 듣고 들은 내용을 정확히 이해하고 있는지 평가하기 위한 문제로, 정답은 ④이다. 고전의 내용에 따르면, 성인은 구하기 어려운 재화를 귀하게 여기지 않는다고 하였다.

오답 해설

① 아직 일이 생겨나기 전에 조치를 취해야 한다고 언급한 부분을 통해 확인할 수 있다.

② 성인은 남들이 하지 않으려는 것을 하고자 한다고 언급한 부분을 통해 확인할 수 있다.

③ 처음과 같이 끝까지 신중하다면 실패하는 일이 없다고 언급한 부분을 통해 확인할 수 있다.

⑤ 성인은 뭇사람들이 소홀히 지나치는 것을 돌이켜 본다고 언급한 부분을 통해 확인할 수 있다.

▶ **대본 출처** 박영규, 「도덕경 읽는 즐거움」, 이가서

005 ②

추론적 이해

문항 분석

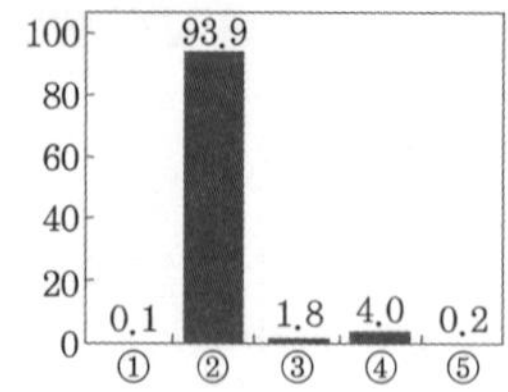

수험생의 93.9%가 정답지를 고른 매우 쉬운 문제였다. 최하위권 수험생들이 나머지 선지에 고르게 반응하여 적절한 변별도를 보였다.

듣기 대본

5번. 다음은 시 한 편을 들려 드립니다.

행여나 다칠세라 너를 안고 줄 고르면
떨리는 열 손가락 마디마디 에인 사랑
손 닿자 애절히 우는 서러운 내 가얏고여.

둥기둥 줄이 울면 초가삼간 달이 뜨고
흐느껴 목메이면 꽃잎도 떨리는데
푸른 물 흐르는 정에 눈물 비친 흰 옷자락.

통곡도 다 못하여 하늘은 멍들어도
피맺힌 열두 줄은 굽이굽이 애정인데
청산아 왜 말이 없이 학처럼만 여위느냐.

정답 해설

시의 내용을 듣고, 화자의 정서와 표현을 이해하고 이를 바탕으로 추론하는 능력을 평가하기 위한 문제로, 정답은 ②이다. 시에는 애절히 우는 '가얏고'를 비롯해 '꽃잎', '흰 옷자락', '청산', '학' 등에 애절함이 응축되어 있고 '목메이면', '통곡' 등의 시어를 통해 애절함의 정서를 확인할 수 있다.

오답 해설

①, ⑤ '신선함'이나 '지루함'은 이 시의 주된 정서와 어울리지 않는다.

③ '간절함'은 '정성이나 마음 씀씀이가 더없이 정성스럽고 지극함, 마음속에서 우러나와 바라는 정도가 매우 절실함.'이라는 의미를 지닌 말로 이 시의 주된 정서와는 차이가 있다.

④ '고고함'은 '세속을 초월하여 고상하고 고풍스러움.'이라는 의미를 지닌 말로 이 시의 주된 정서와 어울리지 않는다.

▶ **대본 출처** 정완영, 「조국」

006 ②

추론적 이해

문항 분석

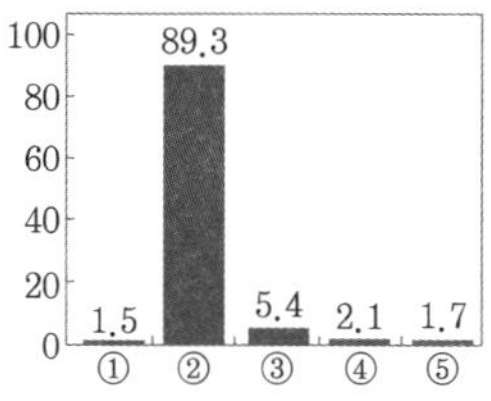

수험생의 89.3%가 정답지를 고른 매우 쉬운 문제였다. 최하위권 수험생들이 나머지 선지에 고르게 반응하여 적절한 변별도를 보였다.

듣기 대본

이번에는 뉴스 보도를 들려 드립니다. 6번은 듣기 문항, 7번은 말하기 문항입니다.

앵커 멘트: 한국은행이 올해 경제 성장률을 기존 3%에서 2.8%로 또 다시 하향 조정했습니다. 지난 1분기 경기가 생각보다 안 좋았기 때문인데, 한국은행은 경기 회복을 지원하겠다는 입장을 밝혀 향후 조처가 주목됩니다. 한경식 기자가 보도합니다.

기자 멘트: 지난 2월 12일 주가가 곤두박질치며 코스피는 연중 최저치인 1,835를 기록했고, 코스닥 거래는 20분간 중단되었습니다. 일본을 포함한 세계 증시가 급락하자 우리 금융 시장도 그 소용돌이에 휘말린 것입니다. 한국은행이 올 성장률 전망치를 2.8%로 전망한 것은, 대외 경제 여건 악화로 지난 1분기 경제 성적이 예상보다 훨씬 안 좋았기 때문입니다. 경제 전문가의 이야기를 들어보겠습니다.

전문가 인터뷰: "유가 하락 등의 이유로, 세계의 경제 성장률이 낮아진 것이 우리 성장률 전망치를 낮추게 된 주된 이유라고 할 수 있습니다. 하지만 하락했던 유가가 다시 반등할 가능성이 있기 때문에 다음 분기에는 경제 성장률이 현재보다 나아질 여지가 충분히 있다고 봅니다."

기자 멘트: 올 성장률 전망치는 최근 IMF가 2.7%로 내린 데 이어 민간 경제 연구소들도 올 성장률을 2% 중반대로 줄줄이 하향 조정했습니다. 다만 2분기부터는 국내 경제가 완만한 성장세를 보일 것이라는 게 한국은행의 판단입니다. 또한 금융 통화 위원회에서는 기준 금리를 열 달째 연 1.5%로 동결했습니다. 그러면서 한국은행은 이례적으로 경기 회복을 위해 연내 금리 인하의 가능성을 밝히기도 했습니다. KBS 뉴스 한경식입니다.

정답 해설

뉴스 보도의 내용을 근거로 하여 매체를 바르게 활용할 수 있는지를 평가하기 위한 문제로, 정답은 ②이다. ②는 1분기 수출이 15.7%p 줄어들었음을 나타내는 자료로, 제시된 뉴스 보도에서는 이를 직접 언급하고 있지 않다.

오답 해설

① 첫 번째 기자 멘트 중, "지난 2월 12일 주가가 곤두박질치며 코스피는 연중 최저치인 1,835를 기록했고, 코스닥 거래는 20분간 중단되었습니다."에서 확인할 수 있다.

③ 두 번째 기자 멘트 중, "또한 금융 통화 위원회에서는 기준 금리를 열 달째 연 1.5%로 동결했습니다."에서 확인할 수 있다.

④ 두 번째 기자 멘트 중, "올 성장률 전망치는 최근 IMF가 2.7%로 내린 데 이어 민간 경제 연구소들도 올 성장률을 2% 중반대로 줄줄이 하향 조정했습니다."에서 확인할 수 있다.

⑤ 첫 번째 기자 멘트 중, "한국은행이 올 성장률 전망치를 2.8%로 전망한 것은, 대외 경제 여건 악화로 지난 1분기 경제 성적이 예상보다 훨씬 안 좋았기 때문입니다."에서 확인할 수 있다.

▶ **대본 출처** KBS뉴스(2016.04.20.), 「한국은행, 성장률 2.8%로 하향 조정… "성장세 지원"」(http://news.kbs.co.kr/news/view.do?ncd=3266746&ref=D)

007 ⑤

사실적 이해

문항 분석

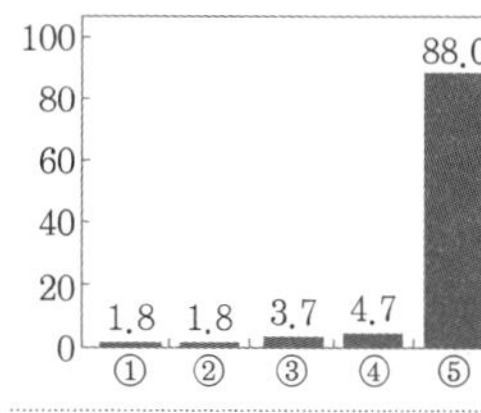

수험생의 88%가 정답지를 고른 쉬운 문제였다. 최하위권 수험생들이 나머지 선지에 고르게 반응하여 매우 높은 변별도를 보였다.

정답 해설

뉴스 보도의 내용을 바르게 이해하였는지를 파악하는 문제로, 정답은 ⑤이다. 경제 성장률의 조정에 대한 내용은 언급되어 있지만, 원화 가치 하락의 관계를 설명하며 보도 내용을 마무리하고 있는 것은 아니다.

오답 해설

① 앵커 멘트 중, "한국은행이 올해 경제 성장률을 기존 3%에서 2.8%로 또 다시 하향 조정했습니다."에서 확인할 수 있다.

② 두 번째 기자 멘트 중, "올 성장률 전망치는 최근 IMF가 2.7%로 내린데 이어 민간 경제 연구소들도 올 성장률을 2% 중반대로 줄줄이 하향 조정했습니다."와 "금융 통화 위원회에서는 기준 금리를 열 달째 연 1.5%로 동결했습니다."에서 확인할 수 있다.

③ 첫 번째 기자 멘트 중, "한국은행이 올 성장률 전망치를 2.8%로 전망한 것은, 대외 경제 여건 악화로 지난 1분기 경

제 성적이 예상보다 훨씬 안 좋았기 때문입니다."에서 확인할 수 있다.

④ 전문가 인터뷰 중, "유가 하락 등과 같은 이유로, 세계의 경제 성장률이 낮아진 것이 우리 성장률 전망치를 낮추게 된 주된 이유라고 할 수 있습니다. 하지만 하락했던 유가가 다시 반등될 가능성이 있기 때문에 다음 분기에는 경제 성장률이 현재보다 나아질 여지가 충분히 있다고 봅니다."에서 확인할 수 있다.

008 ②

사실적 이해

문항 분석

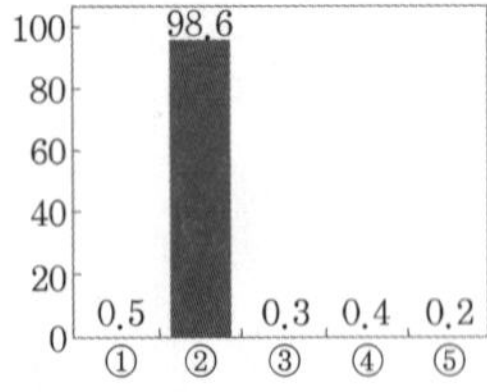

수험생의 98.6%가 정답지를 고른 매우 쉬운 문제였다. 최하위권 수험생들이 나머지 선지에 고르게 반응하여 매우 높은 변별도를 보였다.

듣기 대본

다음은 연설을 들려 드립니다. 8번은 듣기 문항, 9번은 말하기 문항입니다.

실천 없는 이론은 먹을 수 없는 양식과 같습니다. 우리는 조선 500년 내내 '수신제가 치국평천하'의 말만 하고 그 일을 하지 않았습니다. 마치 소에게 무엇을 먹여야 좋다는 토론으로 세월을 보내다가 소를 굶겨 죽이는 것과 같으니, 풀 한 짐 베어 소에게 먹이는 것이 백의 이론보다 나았을 것입니다. 독립운동에 대해서도 마찬가지입니다. 자신은 아무것도 하지 않으면서 남 비판하기만 일삼았습니다.

그리고 자비를 잊어버리고 타인을 꾸지람합니다. 아무것도 한 것이 없으니까 책임이 없습니다. 또 제게는 잘못이 있더라도 꾸며 버립니다. 남은 애써 했더라도 왜 더 잘못하였느냐고, 그렇게 해서 쓰겠느냐고 자책했습니다. 그러므로 모든 죄과는 다 무슨 일을 한다는 남들에게 있다고 보고, 저는 물러나서 험담이나 하는 사람으로 압니다.

그러기 때문에 조선 500년에 경제적으로나 문화적으로나 위대한 유산이 적고, 오직 갑론을박뿐으로 협조를 모르고 음해뿐이요, 찬양을 모르고 훼손뿐이요, 동족상잔, 골육상쟁의 기록이 있을 뿐입니다. 심지어 이렇다 할 건물이나 토목 공사 하나 크게 자랑할 것이 없지 않습니까? 그리고 우리 2천만 대한 국민 속에는 너나 나나 죄다 들지 않습니까? 그러면 이완용, 이용구로 하여금 나라를 팔게 한 것이 우리 국민이니 나를 뺀 국민이 어디 있소! 그런데 우리는 일본을 원망하고, 이완용을 원망하고, 우리 국민의 무기력함을 원망하고, 심지어 우리 조상을 원망하고, 선배를 원망하였으나, 일찍 한 번도 나 자신을 원망한 적은 없었소. 마치 망국의 모든 죄는 다 남에게 있고 나 하나만이 무죄한 피고자인 것처럼 생각하고 있었으니, 이것이 책임 전가가 아니고 무엇이오!

그러므로 나는 경술국치에 대하여 우리나라를 망하게 한 책임자는 곧 나 자신이오. 내가 왜 일본으로 하여금 내 조국에 맹수의 이빨을 박게 하였으며, 왜 내가 이완용의 매국을 용서하였나. 그러므로 망국의 책임자는 곧 나 자신이오. 우리 민족 각자가 한국은 내 것이요, 한국을 망하게 하거나 흥하게 한 것이 내게 달렸다고 자각하는 때에 비로소 민족 부흥의 여명이 오는 것이라고 확신합니다.

정답 해설

연설의 내용을 듣고 사실적으로 이해하는 능력을 평가하기 위한 문제로, 정답은 ②이다. 연설의 내용에 따르면, 조선 500년 동안 경제적으로나 문화적으로 위대한 유산이 적다는 내용이 언급되어 있다.

오답 해설

① 연설의 처음 부분에서 "우리는 조선 500년 내내 '수신제가 치국평천하'의 말만 하고 그 일을 하지 않았습니다. 마치 소에게 무엇을 먹여야 좋다는 토론으로 세월을 보내다가 소를 굶겨 죽이는 것과 같으니, 풀 한 짐 베어 소에게 먹이는 것이 백의 이론보다 나았을 것입니다."라고 언급한 부분에서 확인할 수 있다.

③ 연설의 중간 부분에서 "우리 2천만 대한 국민 속에는 너나 나나 죄다 들지 않습니까? 그러면 이완용, 이용구로 하여금 나라를 팔게 한 것이 우리 국민이니 나를 뺀 국민이 어디 있소!"라고 언급한 부분에서 확인할 수 있다.

④ 연설의 처음 부분에서 "독립운동에 대해서도 마찬가지입니다. 자신은 아무것도 하지 않으면서 남 비판하기만 일삼았습니다."라고 언급한 부분에서 확인할 수 있다.

⑤ 연설의 끝부분에서 "우리 민족 각자가 한국은 내 것이요, 한국을 망하게 하거나 흥하게 한 것이 내게 달렸다고 자각하는 때에 비로소 민족 부흥의 여명이 오는 것이라고 확신합니다."라고 언급한 부분에서 확인할 수 있다.

▶ **대본 출처** 「도산 안창호 연설」, 『2009 개정 고등학교 화법과 작문 교과서』, 미래엔

009 ④

추론적 이해

문항 분석

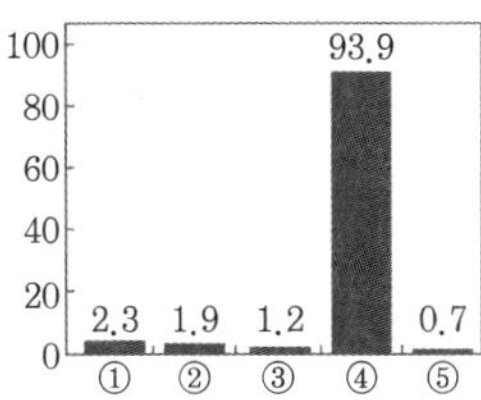

수험생의 93.9%가 정답지를 고른 매우 쉬운 문제였다. 최하위권 수험생들이 나머지 선지에 고르게 반응하여 매우 높은 변별도를 보였다.

정답 해설

연설의 내용을 듣고 연설자가 말하기의 과정에서 계획한 내용을 추론하는 문제로, 정답은 ④이다. 연설에는 '조선 500년' 이외에는 어떠한 구체적 수치도 제시되어 있지 않다. 그리고 '조선 500년'이라는 수치는 핵심 내용에 대한 신뢰성을 높이는 것과는 무관하다.

오답 해설

① "수신제가 치국평천하", "동족상잔", "골육상쟁" 등의 사자성어가 연설에서 사용되고 있다. 이를 통해 확인할 수 있다.

② "이것이 책임 전가가 아니고 무엇이오!"라는 표현을 통해 확인할 수 있다.

③ "마치 소에게 무엇을 먹여야 좋다는 토론으로 세월을 보내다가 소를 굶겨 죽이는 것과 같으니" 등과 같은 비유적 표현을 통해 민족의 처지를 드러내고 있음을 알 수 있다.

⑤ "그런데 우리는 일본을 원망하고, 이완용을 원망하고, 우리 국민의 무기력함을 원망하고, 심지어 우리 조상을 원망하고, 선배를 원망하였으나, 일찍 한 번도 나 자신을 원망한 적은 없었소."와 같이 유사한 구조의 문장을 반복해 전달하려는 의미를 강조하고 있음을 알 수 있다.

010 ③

사실적 이해

문항 분석

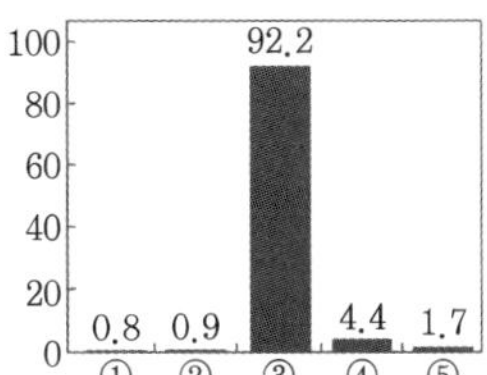

수험생의 92.2%가 정답지를 고른 매우 쉬운 문제였다. 최하위권 수험생들이 나머지 선지에 고르게 반응하여 매우 높은 변별도를 보였다.

듣기 대본

이번에는 강연을 들려 드립니다. 10번은 듣기 문항, 11번은 말하기 문항입니다.

오늘은 지구 상에서 가장 무덥고 건조한 곳으로 메마른 고원과 자갈로 뒤덮인 평원, 그리고 광활한 모래가 끝없이 펼쳐져 있는 땅, 바로 세계 최대의 사막인 사하라 사막에 대해 살펴보겠습니다.

사하라는 '황야'라는 뜻을 지닌 아랍어 '사흐라'에서 유래한 말입니다. 사하라 사막의 연평균 강수량은 250mm 이하로 매우 건조합니다. 연평균 기온이 27℃ 이상인 곳이 대부분이고, 낮과 밤의 기온 차는 30℃가 넘습니다. 이러한 기후 조건이 암석의 기계적 풍화 작용을 촉진시켜 사막에 모래를 공급하는 주요인이 되는 것입니다.

그런데 사하라 사막에서 모래사막은 약 20%에 불과합니다. 나머지는 대부분 암석과 자갈로 된 대지입니다. 사막의 기반암은 약 6억 년 이전의 선캄브리아대에 형성된 것이며, 이 기반암 위를 사암과 석회암이 덮고 있었습니다. 이 사암과 석회암은 약 1억 년 전 사하라 사막 대부분이 바다에 잠겼을 때 퇴적되어 형성된 것으로 사막의 모래는 이 암석들이 풍화된 알갱이들입니다.

지금은 황량하고 메마른 사막이지만 약 6,000년 전만 해도 사하라 사막은 강이 흐르고 나무와 풀로 덮인 비옥한 땅이었습니다. 주민들은 사냥과 낚시를 하며 살았습니다. 알제리의 타실리나제르의 암벽에 그려진 기린, 코뿔소, 영양, 사자 등의 동물과 이를 사냥하는 사람들의 모습을 통해 알 수 있지요. 이런 풍요의 땅에서 불모의 땅으로 변한 것은 기온의 변화 때문이었습니다.

약 4,000~7,000년 전에는 지구의 기온이 현재보다 1~2℃가량 높았습니다. 따라서 적도 부근의 기단이 세력을 확장하여 적도 수렴대가 북상했고, 이 적도 수렴대에 사하라 사막 일대가 있었기 때문에 비가 많이 내려 울창한 초원과 삼림을 이루었습니다. 반면 지중해 부근은 고압대에 위치하여 지금의 사하라 사막과 같은 매우 건조한 기후를 띠고 있었지요. 그러나 기온이 점차 내려가면서 적도 수렴대가 남하하자 사하라 사막에 비가 내리지 않게 되었고, 사하라 사막은 점차 건조한 사막으로 변하기 시작했습니다.

정답 해설

사하라 사막의 특징과 사하라 사막이 풍요의 땅에서 불모의 땅으로 변화하게 된 이유를 소개하고 있는 강연 내용을 듣고 정보를 파악하는 사실적 이해력을 평가하기 위한 문제이다. 정답은 ③이다. 사하라 사막이 건조한 기후를 띠게 된 이유는 지구의 기온이 내려갔기 때문이다. 과거 지구의 기온이 지금보다 높았을 때에, 사하라 사막은 초원과 삼림을 이루는 땅이었으나, 기온이 내려감에 따라 적도 수렴대가 남하하여 비가 내리지 않아 건조하게 된 것이다.

오답 해설

① 사하라 사막은 모래사막이 20%를 차지하고 나머지가 대부분 암석과 자갈로 된 대지로 되어 있다는 강연 내용을 통해 확인할 수 있다.
② 약 6,000년 전까지만 해도 사하라 사막은 비옥한 토지였으며, 사냥과 낚시를 했다는 내용을 통해 확인할 수 있다.
④ 250mm 이하의 강수량과 높은 기온, 일교차가 기계적 풍화 작용을 촉진하고 있다는 내용을 통해 확인할 수 있다.
⑤ 사하라 사막의 기반암이 약 6억 년 전 선캄브리아대에 형성되었고 그 위를 사암과 석회암이 덮고 있다는 내용을 통해 알 수 있다.

▶ **대본 출처** 네이버 캐스트, 「그 많은 모래는 어디서 왔을까? 사하라 사막 (http://navercast.naver.com/contents.nhn?contents_id=6915)

011 ②

추론적 이해

문항 분석

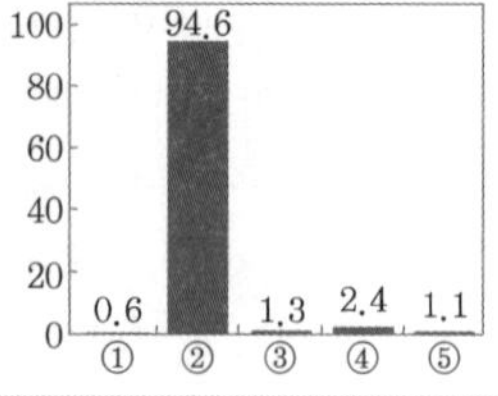

수험생의 94.6%가 정답지를 고른 매우 쉬운 문제였다. 최하위권 수험생들이 나머지 선지에 고르게 반응하여 매우 높은 변별도를 보였다.

정답 해설

강연자가 사용한 설명 방식을 묻는 방식으로 말하기 전략에 대한 이해력을 간접적으로 평가하는 문제이다. 정답은 ②이다. 강연자는 사하라 사막의 과거와 현재의 대비를 통해 사하라 사막이 비옥한 땅에서 건조하고 황량한 사막으로 변하게 된 원인을 밝히고 있다.

오답 해설

① 본 강연에서는 청중에게 하는 질문이 한 번도 나타나지 않았다.
③ 강연자는 사하라 사막의 기본적인 소개부터 특징, 과거와 현재의 대비까지 객관적인 시각을 유지하고 있으며 자신의 경험을 설명 내용에 반영하지 않고 있다.
④ 본 강연에서는 사하라 사막에 대해 다양한 정보를 제공하고 있을 뿐 구체적 사례에서 보편적인 내용으로 설명 범위를 확대하고 있지는 않다.
⑤ 지구의 기온이 현재보다 높았지만 점차 내려갔다는 내용의 일반적인 통념과 다른 정보가 제시되어 있으나, 새로운 이론을 도출하고 있지는 않다.

012 ①

사실적 이해

문항 분석

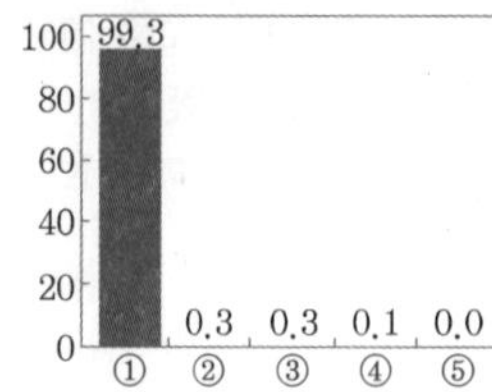

수험생의 99.3%가 정답지를 고른 매우 쉬운 문제였다. 최하위권 수험생들이 나머지 선지에 고르게 반응하여 매우 높은 변별도를 보였다.

듣기 대본

다음은 해외 증시 정보를 들려 드립니다. 12번은 듣기 문항, 13번은 말하기 문항입니다.

앵커: 일본 닛케이지수가 급락했습니다. 아시아 증시도 약세를 면치 못하고 있습니다. 일본 도쿄에 있는 특파원을 연결해서 지금 이 시각 해외 증시에 대해 자세히 알아보겠습니다.

기자: 일본 닛케이지수가 장중 한때 4%p 이상 급락했습니다. 일본 닛케이지수는 전일 대비 1.87%p 하락한 상태에서 출발한 뒤 점차 낙폭이 커지면서 오전 10시 20분에는 마이너스 4.01%p 하락을 기록했습니다. 일본 토픽스지수도 마이너스 3%p 중반에서 등락을 거듭하고 있습니다. 이러한 일본 증시의 하락세 원인은 여러 가지로 분석됩니다. 우선 미국의 경기 회복에 대한 우려가 제기되면서 뉴욕 증시가 2%p 이상 급락한 데다, 브렌트유 가격이 배럴당 30달러 이하로 하락한 것을 가장 큰 원인으로 볼 수 있습니다. 또 어제 발표된 중국 무역 지표에 대한 의구심이 제기되면서 중국 성장 둔화에 대한 우려가 커진 것도 하락을 부채질한 것으로 보입니다.

어제 5개월 만에 3천 선이 붕괴되었던 중국 증시는 오늘도 약세를 면치 못하고 있습니다. 상하이종합지수는 전날보다 2.6%p 떨어진 채 장을 시작했는데요, 이는 중국 증시가 폭락했던 지난해 8월 종가 최저치에도 못 미치는 것으로, 지난해 12월 최고점 대비 20%p가 떨어진 것입니다. 지금 상하이종합지수는 1%p 정도 빠진 채 거래되고 있습니다. 홍콩 항셍지수도 전날보다 2.04%p 내려 장을 시작하는 등 아시아 증시가 동반 약세를 보이고 있습니다. 지금까지 도쿄에서 전해 드렸습니다.

정답 해설

해외 증시 정보를 듣고 내용을 바르게 이해하였는지를 평가하기 위한 문제로, 정답은 ①이다. 대만 가권지수 역시 해외 증시에 해당하는 것은 사실이지만 제시된 듣기 내용에서는 다루어지지 않았다.

오답 해설

② '홍콩 항셍지수'는 "홍콩 항셍지수도 전날보다 2.04%p 내려 장을 시작하는 등 아시아 증시가 동반 약세를 보이고 있습니

다."에서 알 수 있다.

③ '일본 토픽스지수'는 "일본 토픽스지수도 마이너스 3%p 중반에서 등락을 거듭하고 있습니다."에서 알 수 있다.

④ '일본 닛케이지수'는 "일본 닛케이지수가 장중 한때 4%p 이상 급락했습니다. 일본 닛케이지수는 전일 대비 1.87%p 하락한 상태에서 출발한 뒤 점차 낙폭이 커지면서 오전 10시 20분에는 마이너스 4.01%p 하락을 기록했습니다."에서 알 수 있다.

⑤ '중국 상하이종합지수'는 "상하이종합지수는 전날보다 2.6%p 떨어진 채 장을 시작했는데요, ~지금 상하이종합지수는 1%p 정도 빠진 채 거래되고 있습니다."에서 알 수 있다.

▶ **대본 출처** YTN(2016.01.04.), 「日 닛케이지수 장중 4% 급락...아시아 증시 약세」(http://www.ytn.co.kr/_ln/0104_201601141156265882)

013 ⑤

사실적 이해

문항 분석

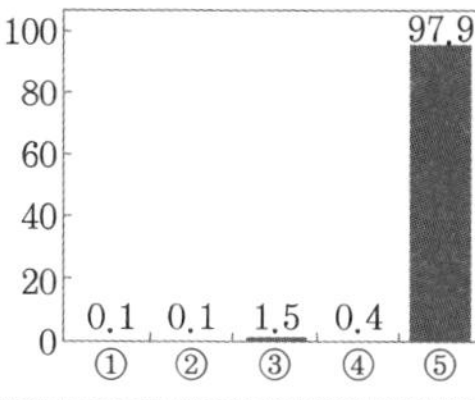

수험생의 97.9%가 정답지를 고른 매우 쉬운 문제였다. 최하위권 수험생들이 나머지 선지에 고르게 반응하여 매우 높은 변별도를 보였다.

정답 해설

해외 증시 정보의 내용을 바르게 이해였는지를 평가하기 위한 문제로, 정답은 ⑤이다. "이러한 일본 증시의 하락세의 원인은 여러 가지로 분석됩니다. 우선 미국의 경기 회복에 대한 우려가 제기되면서 뉴욕 증시가 2%p 이상 급락한 데다, 브렌트유 가격이 배럴당 30달러 이하로 하락한 것을 가장 큰 원인으로 볼 수 있습니다. 또 어제 발표된 중국 무역 지표에 대한 의구심이 제기되면서 중국 성장 둔화에 대한 우려가 커진 것도 하락을 부채질한 것으로 보입니다."의 내용에 비추어 볼 때, 30달러에 밑도는 가격에 거래된 브렌트유(ㄴ), 뉴욕 증시의 2%p 이상 급락(ㄷ), 중국 무역 지표에 대한 의구심으로 인한 중국 성장 둔화에 대한 우려 증가(ㄹ)가 증시 하락세의 원인으로 지목되고 있음을 확인할 수 있다.

오답 해설

국제 금값 하락(ㄱ)에 대한 내용은 언급되지 않았다.

014 ②

사실적 이해

문항 분석

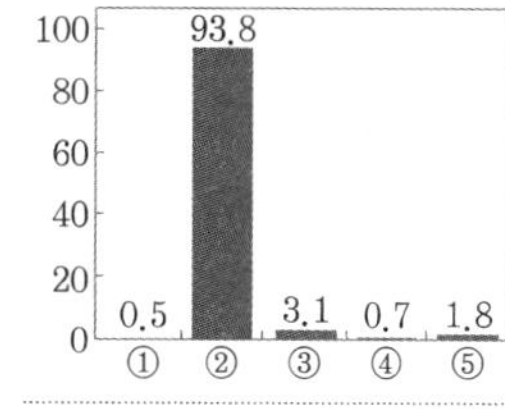

수험생의 93.8%가 정답지를 고른 쉬운 문제였다. 최하위권 수험생들이 나머지 선지에 고르게 반응하여 매우 높은 변별도를 보였다.

듣기 대본

끝으로 뉴스 해설을 들려 드립니다. 14번은 듣기 문항, 15번은 말하기 문항입니다.

소설가 한강 씨가 연작 소설 「채식주의자」로 우리나라 문인 가운데 처음으로, 세계적인 권위의 문학상을 받은 것은 한국 문단의 쾌거입니다. '노벨 문학상', 프랑스의 '공쿠르상'과 더불어 세계 3대 문학상으로 꼽히는 '맨부커상'의 인터내셔널 부문 수상을 계기로, 지구촌 독자와 출판사들은 작가와 그의 모국인 한국을 주목하고 있습니다.

노벨 문학상 수상자 등 쟁쟁한 후보들을 제치고 수상자가 된 배경은 '잊히지 않는 강력하고 근원적인 소설'이라는 심사평에서 알 수 있습니다. 한강의 주제는 대중적이지 않습니다. 그러나 인간 내면에 대한 탐구와 시적 감성은 작가를 거장 반열에 올려놓았습니다.

이번 수상은 문학의 세계화를 위해 번역이 얼마나 중요한지도 새삼 일깨워 줬습니다. 한 젊은 영국인이 한국어를 6년간 독학한 끝에 우리말의 묘미를 영어로 옮기는 작업을 해냈고, 현지 출판계에도 번역본을 소개했습니다. 주최 측이 번역가를 공동 수상자로 발표한 것은 어떻게 보면 당연해 보입니다.

사실 우리 문학의 해외 소개는 꾸준히 이어지기는 했지만 바람을 일으키는 데까지는 미치지 못한 것으로 평가됩니다. 그럼에도 일본과 중국에서 노벨 문학상 수상자가 나왔던 사실을 떠올리며, 매년 '우리도 혹시나' 하고 관련 뉴스를 지켜봐 왔습니다. 독서율은 매년 떨어지고 있고, 주요 출판사의 단행본 매출은 1년 새 15%p나 감소한 상황에서 말입니다.

벌써 여러 서점들이 발 빠르게 한강 작가 특설 코너를 만들었습니다. 모처럼 문학에 발길이 이어지는 상황이 기대됩니다.

정답 해설

뉴스 해설의 내용을 듣고 그 내용을 정확히 이해하였는지 평가하는 문제로, 정답은 ②이다. 뉴스 해설의 내용에 따르면 「채식주의자」는 영국인에 의해 6년 전에 영국에서 번역본으로 출간된 것이 아니라 번역한 영국인이 한국어를 6년간 독학한 이력이 있을 뿐이다.

오답 해설

① 중국과 일본에서 노벨 문학상 수상자가 나와 우리 국민들도 혹시나 하는 기대를 했다고 언급한 부분을 통해 확인할 수 있다.

③ 한강 씨가 노벨 문학상 수상자 등 쟁쟁한 후보를 제치고 수상자가 되었다고 하였으므로 뉴스 해설의 내용과 일치한다.

④ 우리나라의 독서율이 떨어지는 상황을 설명하며 우리나라 주요 출판사의 단행본 서적 매출이 1년 동안 15%p 감소했다고 언급한 부분을 확인할 수 있다.

⑤ 한강의 '채식주의자'가 인간 내면에 대한 탐구와 시적 감성으로 인해 '맨부커상'을 수상하게 되었다고 언급한 부분을 확인할 수 있다.

▶ **대본 출처** KBS뉴스해설(2016.05.18.), 「문화 세계화의 계기」

015 ④

추론적 이해

문항 분석

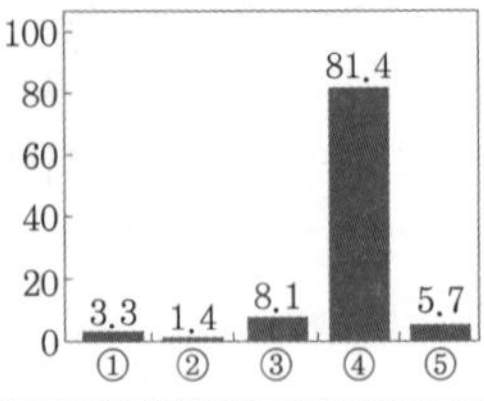

수험생의 81.4%가 정답지를 고른 쉬운 문제였다. 최하위권 수험생들이 나머지 선지에 고르게 반응하여 적절한 변별도를 보였다.

정답 해설

뉴스 해설에 제시된 내용을 바탕으로 문맥의 흐름에 적절한 문구를 추론하는 능력을 평가하는 문제로, 정답은 ④이다. 뉴스 해설의 말미에는 모처럼 문학에 발길이 이어지고 있다는 내용이 제시되어 있으므로, 이러한 독자들의 관심과 관련된 내용이 언급되어야 한다. 또 뉴스 해설의 내용이 우리 문학의 세계화와 관련된 내용이므로 우리 문학 작품에 대한 적절한 번역의 중요성과 세계화에 대한 기대를 피력하는 내용이 가장 적절하다.

오답 해설

①, ② 앞서 제시된 문장과 유기적 연결을 이루지 못하고 있으며 뉴스 해설의 중심 내용과 상이한 내용을 담고 있으므로 적절하지 않다.

③, ⑤ 문맥의 흐름에 어울리기는 하나 뉴스 해설의 주제, 내용과 직접적인 관련성이 부족하므로 적절하지 않다.

어휘·어법 016번~045번

기출문제집 p.70

016	③	017	②	018	③	019	④	020	①
021	③	022	③	023	①	024	④	025	②
026	③	027	⑤	028	③	029	④	030	③
031	②	032	③	033	⑤	034	①	035	⑤
036	③	037	④	038	⑤	039	①	040	③
041	④	042	③	043	⑤	044	③	045	④

016 ③

고유어의 사전적 의미

문항 분석

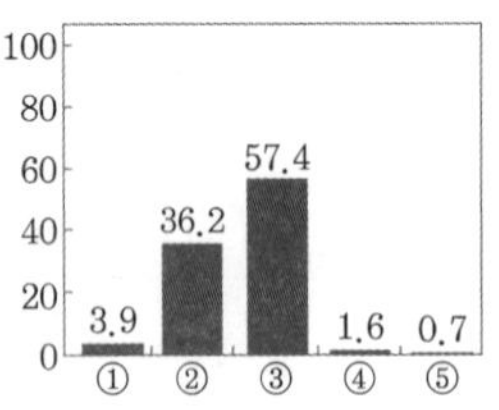

수험생의 57.4%가 정답지를 고른 쉬운 수준의 문제였다. 매력적인 오답인 ②에 36.2%의 수험생이 몰려 매우 낮은 변별도를 보였다.

정답 해설

고유어의 사전적 의미를 알고 있는지 평가하기 위한 문제로, 정답은 ③이다. ③의 밑줄 친 '굴레'는 본래 '말이나 소 따위를 부리기 위하여 머리와 목에서 고삐에 걸쳐 얽어매는 줄.'을 이르는 말이며, 비유적으로 '부자연스럽게 얽매이는 일.'을 이르는 말이기도 하다. '사람이 걸려들게 만든 수단이나 술책.'이라는 의미를 지닌 말은 '올가미'이다.

017 ②

한자어의 사전적 의미

문항 분석

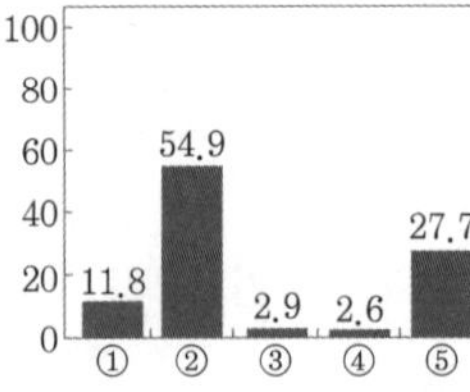

수험생의 54.9%가 정답지를 고른 보통 난이도의 문제였다. 매력적인 오답인 ⑤에 27.7%의 수험생이 몰렸으며, ①에도 11.8%의 수험생이 반응하여 적절한 변별도를 보였다.

정답 해설

한자어의 사전적 의미를 정확히 이해하고 이를 문맥에 맞게 사용하는 능력을 평가하기 위한 문제로, 정답은 ②이다. '수임(受任)'은 '임무나 위임을 받음.', '『법률』 위임 계약에 의하여 상대편의 법률 행위나 사무 처리를 맡음.'이라는 의미를 지닌 말이다. '어떤 일에 손을 댐. 또는 어떤 일을 시작함.'이라는 의미를 지닌 말은 '착수(着手)'이다.

018 ③

한자어의 문맥적 의미

문항 분석

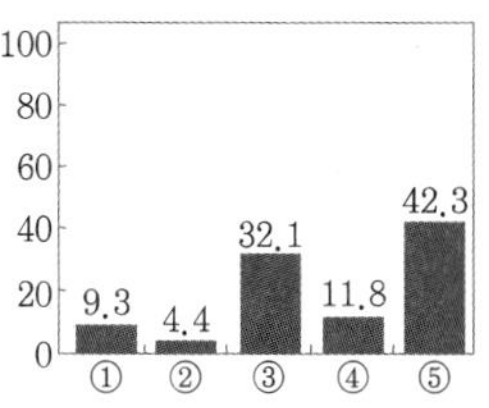

수험생의 32.1%만이 정답지를 고른 어려운 문제였다. 매력적인 오답인 ⑤에 42.3%의 수험생이 몰렸으며, ④에도 11.8%의 수험생이 반응하여 높은 변별도를 보였다.

정답 해설

일상생활에서 사용하는 한자어의 의미를 정확히 알고 문맥에 맞게 적절히 사용하는 능력을 평가하는 문제이다. 일상에서 자주 쓰이는 한자어 어휘라도 그 정확한 뜻과 쓰임을 알고 있어야 한다. 정답은 ③이다. '노파(老婆)'는 '늙은 여자.'를 의미하는 말이므로 ③에서 '노파를 자신의 아버지일지도 모른다고 생각했다.'라는 예문은 적절하지 않다.

오답 해설

① '칩거(蟄居)'는 '나가서 활동하지 아니하고 집 안에만 틀어박혀 있음.'이라는 의미를 지닌 말로 문맥에 적절하게 사용되었다.
② '감수(甘受)'는 '책망이나 괴로움 따위를 달갑게 받아들임.'이라는 의미를 지닌 말로 문맥에 적절하게 사용되었다.
④ '고증(考證)'은 '예전에 있던 사물들의 시대, 가치, 내용 따위를 옛 문헌이나 물건에 기초하여 증거를 세워 이론적으로 밝힘.'이라는 의미를 지닌 말로 문맥에 적절하게 사용되었다.
⑤ '정치(精緻)'는 '정교하고 치밀함.'이라는 의미를 지닌 말로 문맥에 적절하게 사용되었다.

019 ④

한자어의 문맥적 의미

문항 분석

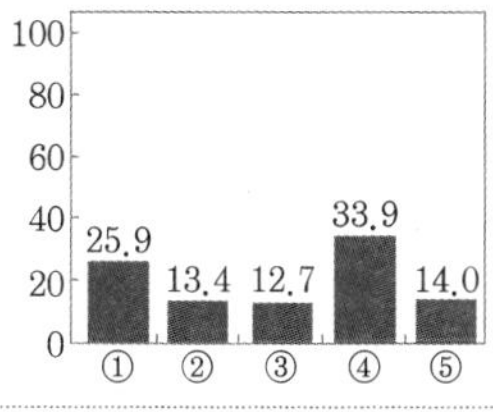

수험생의 33.9%만이 정답지를 고른 매우 어려운 문제였다. 매력적인 오답인 ①에 25.9%의 수험생이 몰렸으며, ②, ③, ⑤에도 각각 12~14%의 수험생이 반응하여 낮은 변별도를 보였다.

정답 해설

일상생활 가운데 자주 사용하는 한자어의 정확한 의미를 파악하고 있는지 여부를 평가하기 위한 문제이다. 이러한 유형의 문제를 풀기 위해서는 평소에 혼용하기 쉬운 한자어의 정확한 쓰임을 학습해 둘 필요가 있다. 정답은 ④이다. '관측(觀測)'은 '어떤 사정이나 형편 따위를 잘 살펴보고 그 장래를 헤아림.'의 의미이므로, '경기가 회복기에 접어들 것이라는 희망적인 관측(觀測)이 지배적이다.'라는 문장에서 '관측(觀測)'은 적절하게 사용되었다.

오답 해설

① '영유(領有)'는 '자기의 것으로 차지하여 가짐.'의 의미로, ①의 경우에는 '일을 꾸려 나감.'이라는 의미의 '영위(營爲)'를 쓰는 것이 적절하다.
② '개념(概念)'은 '어떤 사물이나 현상에 대한 일반적인 지식.'의 의미로, ②의 경우에는 '마음에 두고 걱정하거나 잊지 않음.'의 의미의 '괘념(掛念)'을 쓰는 것이 적절하다.
③ '전용(專用)'은 '특정한 목적으로 일정한 부문에만 한하여 씀.'의 의미로, ③의 경우에는 '충분히 잘 이용함.'의 의미를 지닌 '활용(活用)'을 쓰는 것이 적절하다.
⑤ '조장(助長)'은 '바람직하지 않은 일을 더 심해지도록 부추김.'의 의미로 주로 부정적인 상황에 어울리는 표현이다. ⑤의 경우에는 '분위기나 정세 따위를 만듦.'의 의미를 지닌 '조성(造成)'을 쓰는 것이 적절하다.

020 ①

고유어의 문맥적 의미

문항 분석

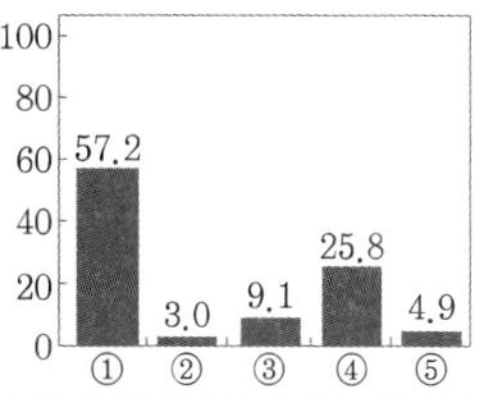

수험생의 57.2%가 정답지를 고른 보통 난이도의 문제였다. 매력적인 오답인 ④에 25.8%의 수험생이 몰렸으며, ③에도 9.1%의 수험생이 반응하여 적절한 변별도를 보였다.

정답 해설

고유어의 문맥적 의미를 파악하여 쓰임의 적절성을 판단할 수 있는지를 평가하기 위한 문제로, 정답은 ①이다. '다닥다닥'은 '자그마한 것들이 한곳에 많이 붙어 있는 모양.'을 뜻하는 말이다. ①의 경우에는 '물기나 풀기가 있는 물체의 거죽이 거의 말라서 빳빳한 상태.'를 뜻하는 말인 '가닥가닥'을 사용하는 것이 적절하다.

오답 해설

② '한들한들'은 '가볍게 자꾸 이리저리 흔들리거나 흔들리게 하는 모양.'을 의미하므로 적절하게 사용되었다.
③ '자글자글'은 '적은 양의 액체나 기름 따위가 걸쭉하게 잦아들면서 자꾸 끓는 소리. 또는 그 모양.'을 의미하므로 적절하게 사용되었다.
④ '딸각딸각'은 '딸가닥딸가닥'의 준말로, '작고 단단한 물건이 자꾸 맞부딪치는 소리.'를 의미하므로 적절하게 사용되었다.
⑤ '성큼성큼'은 '다리를 잇달아 높이 들어 크게 떼어 놓는 모양.'을 의미하므로 적절하게 사용되었다.

021 ③

어휘 간의 의미 관계(다의어)

문항 분석

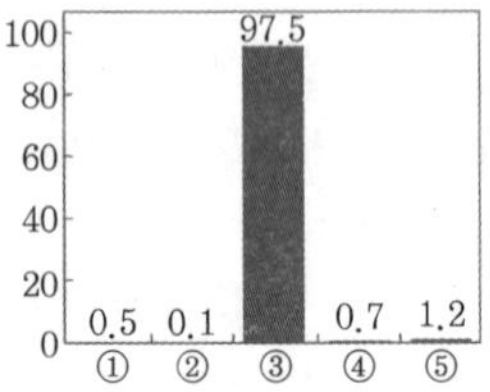

수험생의 97.5%가 정답지를 고른 매우 쉬운 문제였다. 최하위권 수험생들이 나머지 선지에 고르게 반응하여 매우 높은 변별도를 보였다.

정답 해설

한 단어에 내포된 여러 의미와 그것의 문맥적 활용 양상을 정확히 알고 있는지 여부를 평가하기 위한 문제로, 정답은 ③이다. 〈보기〉의 빈칸에 공통으로 쓰일 수 있는 단어는 '살다'이다. 그러나 각 문장에 쓰인 '살다'의 문맥적 의미는 조금씩 다른데, 첫째 문장에서 '살다'는 '불 따위가 타거나 비치고 있는 상태에 있다.'라는 의미로, '아궁이 속의 불씨가 아직 꺼지지 않고 살아 있다.'로 쓰일 수 있다. 둘째 문장에서 '살다'는 '움직이던 물체가 멈추지 않고 제 기능을 하다.'를 의미하며, '시계가 바닥에 세게 부딪혔는데도 아직 살아 있다.'의 형식으로 쓰일 수 있다. 그리고 셋째 문장에서 '살다'는 '본래 가지고 있던 색깔이나 특징 따위가 그대로 있거나 뚜렷이 나타나다.'를 의미하며, '그는 개성이 살아 있는 글을 쓰기 위해 꾸준히 노력했다.'의 형식으로 쓰일 수 있다.

오답 해설

① '남다'는 문맥의 의미상 첫째 문장과 셋째 문장에서 어색하게나마 쓰일 수 있으나, 둘째 문장에서는 사용할 수 없다.
② '붙다'는 문맥의 의미상 첫째 문장에서만 사용될 수 있으며, 나머지 문장에서는 사용하기 어렵다.
④ '솟다'는 문맥의 의미상 첫째 문장에서만 사용될 수 있으며, 나머지 문장에서는 사용하기 어렵다.
⑤ '돌다'는 문맥의 의미상 둘째 문장에서는 사용할 수 있으나, 나머지 문장에서는 쓰임이 어색하다.

022 ③

어휘 간의 의미 관계(반의어)

문항 분석

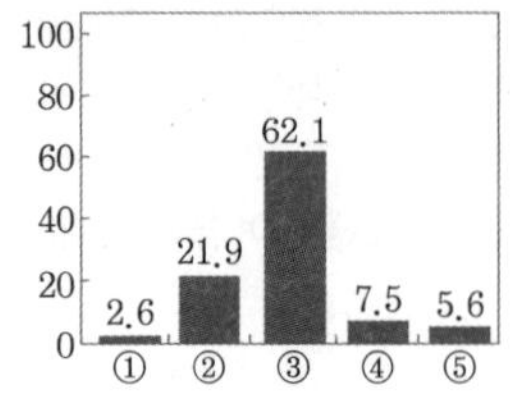

수험생의 62.1%가 정답지를 고른 보통 수준의 문제였다. 매력적인 오답인 ②에 21.9%의 수험생이 몰려 높은 변별도를 보였다.

정답 해설

단어의 뜻풀이를 보고 세로 4번에 들어갈 단어를 알아 낸 후 이와 반의 관계를 이루는 말을 찾아내는 문제이다. 가로 1번은 '대열', 가로 3번은 '전달', 세로 2번은 '열전', 가로 5번은 '변호'로, 세로 4번에 들어갈 단어는 '달변'이다. '달변'은 '능숙하여 막힘이 없는 말.'이라는 의미를 가진 말로, '더듬거리는 서툰 말솜씨.'를 의미하는 ③의 '눌변'과 반대의 의미를 가지고 있다.

오답 해설

① '강변(強辯)'은 '이치에 닿지 아니한 것을 끝까지 굽히지 않고 주장하거나 변명함.'을 의미하는 말이다.
② '궤변(詭辯)'은 '상대편을 이론으로 이기기 위하여 상대편의 사고(思考)를 혼란시키거나 감정을 격앙시켜 거짓을 참인 것처럼 꾸며 대는 논법.'을 의미하는 말이다.
④ '답변(答辯)'은 '물음에 대하여 밝혀 대답함. 또는 그런 대답.'을 의미하는 말이다.
⑤ '언변(言辯)'은 '말을 잘하는 재주나 솜씨.'를 의미하는 말이다.

023 ①

어휘 간의 의미 관계(유의어)

문항 분석

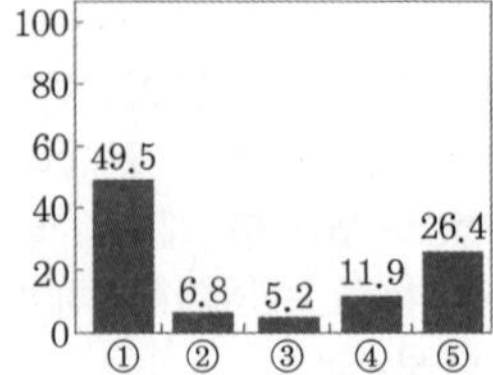

수험생의 49.5%가 정답지를 고른 보통 수준의 문제였다. 매력적인 오답인 ⑤에 26.4%의 수험생이 몰렸으며, ④에도 11.9%의 수험생이 반응하여 적절한 변별도를 보였다.

정답 해설

두 단어 간의 관계를 바르게 이해하고 있는지를 평가하기 위한 문제로, 정답은 ①이다. 〈보기〉에서 '뼈마디'와 '관절(關節)'은 모두 '뼈와 뼈가 서로 맞닿아 연결되어 있는 곳.'을 나타내는 말로, 고유어와 한자어의 관계가 서로 유의 관계를 나타내고 있다. ①의 '염통'은 '심장'을 의미하고, '폐부'는 '허파'를 의미하므로 이 두 단어는 유의 관계가 아니다.

오답 해설

② '뒤통수'와 '후두(後頭)'는 유의 관계를 나타내고 있다. 둘은 '머리의 뒷부분.'을 나타내는 말이다.
③ '허리뼈'와 '요추(腰椎)'는 유의 관계를 나타내고 있다. 둘은 '척추뼈 중 등뼈와 엉치뼈 사이 허리 부위에 있는 다섯 개의 뼈.'를 나타내는 말이다.
④ '손가락'과 '수지(手指)'는 유의 관계를 나타내고 있다. 둘은 '손끝의 다섯 개로 갈라진 부분. 또는 그것 하나하나.'를 나타내는 말이다.
⑤ '무릎뼈'와 '슬개골(膝蓋骨)'은 유의 관계를 나타내고 있다. 둘은 '무릎 앞 한가운데 있는 작은 종지 모양의 오목한 뼈.'를 나타내는 말이다.

024 ④

어휘 간의 의미 관계

문항 분석

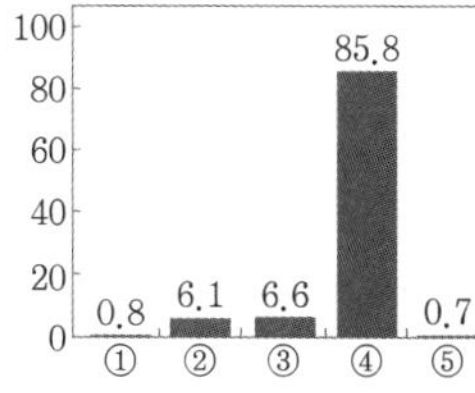

수험생의 85.8%가 정답지를 고른 쉬운 문제였다. 최하위권 수험생들이 나머지 선지에 고르게 반응하여 높은 변별도를 보였다.

정답 해설

〈보기〉에 제시된 단어의 형성 방식을 고려하여 같은 방식으로 만들어진 단어를 찾을 수 있는지 여부를 평가하는 문제로, 정답은 ④이다. '소걸음'은 '걸음이 소처럼 느리다 → 소처럼 느린 걸음 → 소걸음'의 방식으로 만들어진 단어로, '띠구름'과 동일한 방식으로 만들어졌다고 볼 수 있다.

오답 해설

① '촛불'은 '초에 불을 켜다 → 초에 켠 불 → 촛불'의 방식으로 만들어진 단어에 해당한다.
② '종이배'는 '배를 종이로 만들다 → 종이로 만든 배 → 종이배'의 방식으로 만들어진 단어에 해당한다.
③ '새그물'은 '새를 그물로 잡다 → 새를 잡는 그물 → 새그물'의 방식으로 만들어진 단어에 해당한다.
⑤ '쌀가게'는 '가게에서 쌀을 팔다 → 쌀을 파는 가게 → 쌀가게'의 방식으로 만들어진 단어에 해당한다.

025 ②

어휘 간의 의미 관계(다의어)

문항 분석

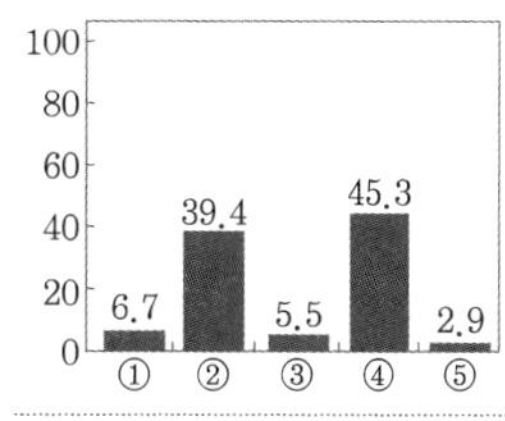

수험생의 39.4%만이 정답지를 고른 매우 어려운 문제였다. 매력적인 오답인 ④에 45.3%의 수험생이 몰려 낮은 변별도를 보였다.

정답 해설

다의어의 의미를 이해하고, 그것을 바탕으로 품사를 구분할 수 있는 능력을 평가하는 문제이다. 다의어이면서 여러 품사로 통용되는 단어의 경우, 문맥으로 품사를 파악하는 것에 더하여 품사 구별 방법을 학습해 두는 것이 좋다. 이를 테면, 동사와 형용사는 명령형/청유형이 가능한지 여부나 '-ㄴ/는'을 붙여 현재형으로 쓸 수 있는지 여부 등으로 구분할 수 있다. 정답은 ②이다. '크다'는 동사와 형용사로 모두 쓰이는 단어이다. ㉡에 쓰인 '크다'는 '사람이 자라서 어른이 되다.'라는 의미를 지닌 동사에 해당하고, 나머지는 모두 형용사에 해당한다.

오답 해설

① '일의 규모, 범위, 정도, 힘 따위가 대단하거나 강하다.'라는 의미를 지닌 형용사이다.
③ '사람이나 사물의 외형적 길이, 넓이, 높이, 부피 따위가 보통 정도를 넘다.'라는 의미를 지닌 형용사이다.
④ '가능성 따위가 많다.'라는 의미를 지닌 형용사이다.
⑤ '소리가 귀에 거슬릴 정도로 강하다.'라는 의미를 지닌 형용사이다.

026 ③

한자어 표기(독음)

문항 분석

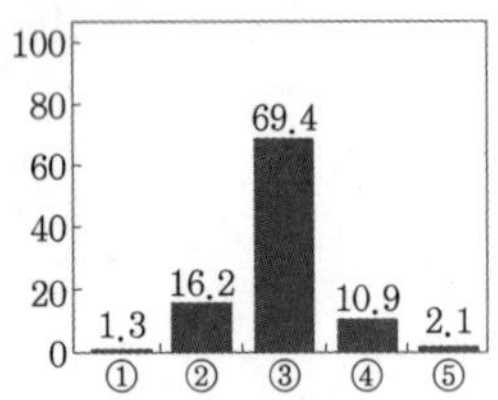

수험생의 69.4%가 정답지를 고른 쉬운 수준의 문제였다. 매력적인 오답인 ②에 16.2%의 수험생이 반응하였으며, ④에도 10.9%의 수험생이 반응하여 적절한 변별도를 보였다.

정답 해설

한자어를 문맥에 맞게 사용할 수 있는 능력을 평가하기 위한 문제이다. 특히 이 문제는 동음이의 관계의 한자어의 표기와 쓰임을 정확히 알고 있는지를 확인하는 문제이다. 정답은 ③이다. ㉠은 '내장의 여러 기관.'을 뜻하는 '장기(臟器)'를 쓰는 것이 적절하다. ㉡은 '가장 잘하는 재주.'라는 의미를 지닌 '장기(長技)'를 쓰는 것이 적절하다. ㉢은 '장기간.'이라는 의미를 지닌 '장기(長期)'를 쓰는 것이 적절하다.

027 ⑤

한자어 표기(독음)

문항 분석

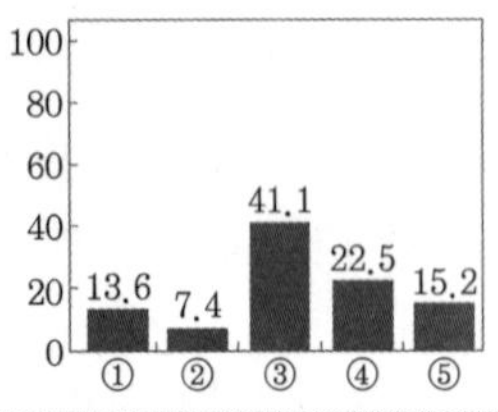

수험생의 15.2%만이 정답지를 고른 매우 어려운 문제였다. 매력적인 오답인 ③에 41.1%의 수험생이 몰렸으며, ④에도 22.5%, ①에도 13.6%의 수험생이 반응하여 낮은 변별도를 보였다.

정답 해설

한자를 바르게 병기할 수 있는지를 평가하기 위한 문제이다. 한자 표기 문제는 많은 수험생이 어려워하므로 각별한 주의가 필요하다. 정답은 ⑤로, '성질, 양식(樣式), 사상 따위가 다르던 것이 서로 같게 됨.'이라는 의미를 지닌 '동화'는 '同化'로 써야 한다. '同和'는 '같이 화합함.'이라는 의미를 지닌 말이다.

028 ③

속담과 사자성어

문항 분석

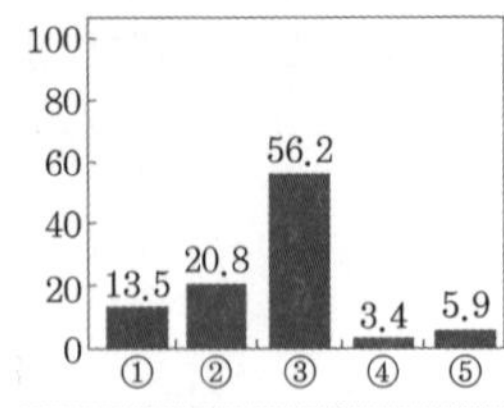

수험생의 56.2%가 정답지를 고른 보통 난이도의 문제였다. 매력적인 오답인 ②에 20.8%의 수험생이 몰렸으며, ①에도 13.5%의 수험생이 반응하여 높은 변별도를 보였다.

정답 해설

속담과 사자성어의 정확하게 알고 있는지 여부를 평가하기 위한 문제로, 정답은 ③이다. '삼순구식(三旬九食)'은 '삼십 일 동안 아홉 끼니밖에 먹지 못한다.'는 뜻으로 몹시 가난함을 이르는 사자성어이다. '책력 보아가며 밥 먹는다' 역시 '매일 밥을 먹을 수가 없어 책력을 보아 가며 좋은 날만을 택하여 밥을 먹는다.'는 뜻으로 몹시 가난함을 뜻하는 속담이다.

오답 해설

① '주마간산(走馬看山)'은 '말을 타고 달리며 산천을 구경한다.'는 뜻으로, 자세히 살피지 아니하고 대충대충 보고 지나감을 이르는 사자성어이다. 하지만 '닫는 말에도 채를 친다'는 '기세가 한창 좋을 때 더 힘을 가한다.'는 말이므로 유사하다고 볼 수 없다.

② '하석상대(下石上臺)'는 '아랫돌 빼서 윗돌 괴고 윗돌 빼서 아랫돌 괸다.'는 뜻으로, 임시변통으로 이리저리 둘러맞춤을 이르는 사자성어이다. 하지만 '낙숫물이 댓돌을 뚫는다'는 '작은 힘이라도 꾸준히 계속하면 큰일을 이룰 수 있음.'을 비유적으로 이르는 말이므로 유사하다고 볼 수 없다.

④ '포복절도(抱腹絕倒)'는 '배를 그러안고 넘어질 정도로 몹시 웃음.'을 뜻하는 사자성어이다. 하지만 '사흘 굶어 도둑질 아니 할 놈 없다'는 '아무리 착한 사람이라도 몹시 궁하게 되면 못하는 짓이 없게 됨.'을 비유적으로 이르는 말이므로 유사하다고 볼 수 없다.

⑤ '호가호위(狐假虎威)'는 '남의 권세를 빌려 위세를 부림.'의 뜻으로, 『전국책』의 「초책(楚策)」에 나오는 말이다. 여우가 호랑이의 위세를 빌려 호기를 부린다는 데에서 유래한 사자성어이다. 하지만 '호랑이 굴에 가야 호랑이 새끼를 잡는다'는 '뜻하는 성과를 얻으려면 그에 마땅한 일을 하여야 함.'을 비유적으로 이르는 말이므로 유사하다고 볼 수 없다.

029 ④

관용구

문항 분석

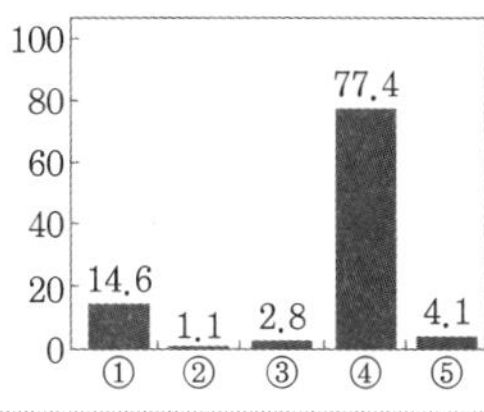

수험생의 77.4%가 정답지를 고른 쉬운 문제였다. 매력적인 오답인 ①에 14.6%의 수험생이 반응하였으며, 최하위권 수험생들이 나머지 선지에 고르게 반응하여 적절한 변별도를 보였다.

정답 해설

생활 속에서 자주 사용하는 관용구의 의미를 정확하게 알고 있는지 평가하기 위한 문제로, 정답은 ④이다. '손이 뜨다'는 '일하는 동작이 매우 굼뜨다.'라는 의미를 지닌 관용구이다. '할 일이 있는데도 아무 일도 안 하고 그냥 있다.'라는 의미를 지닌 말은 '손을 맺다'이다.

030 ③

순화어

문항 분석

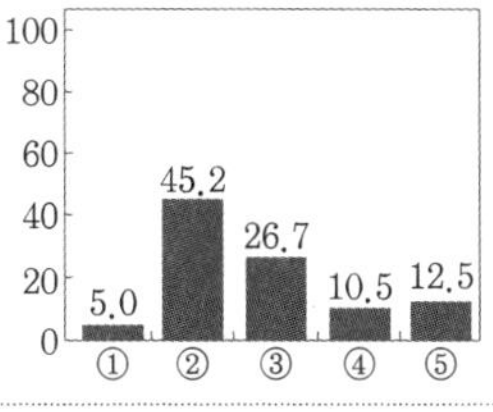

수험생의 26.7%만이 정답지를 고른 매우 어려운 문제였다. 매력적인 오답인 ②에 45.2%의 수험생이 몰렸으며, ⑤, ④에도 각각 12.5%, 10.5%의 수험생이 반응하여 적절한 변별도를 보였다.

정답 해설

프랑스에서 들어온 말에 대한 올바른 순화어를 파악할 수 있는지를 평가하기 위한 문제로, 정답은 ③이다. '콩쿠르'는 '음악, 미술, 영화 따위를 장려할 목적으로 그 기능의 우열을 가리기 위하여 여는 경연회.'를 일컫는 말로, '음악을 연주하여 청중에게 들려주는 모임.'을 일컫는 '연주회'와는 다른 의미를 가진 말이다. 따라서 '콩쿠르'의 순화어로 적절하지 않다.

오답 해설

① '뉘앙스'는 '음색, 명도, 채도, 색상, 어감 따위의 미묘한 차이. 또는 그런 차이에서 오는 느낌이나 인상.'을 의미하는 말로, '느낌', '말맛', '어감'으로 순화하는 것이 바람직하다.

② '그랑프리'는 '가요제나 영화제 따위에서 최우수자에게 주는 상.'을 의미하는 말로, 주로 베니스의 국제 영화제에서의 최고상을 이른다. '대상', '최우수상'으로 순화하는 것이 바람직하다.

④ '르포'는 '방송 · 신문 · 잡지 따위에서, 현지 보고나 보고 기사.'를 의미하는 말로, '보고 기사', '현장 보고', '현장 보고서'로 순화하는 것이 바람직하다.

⑤ '데뷔'는 '일정한 활동 분야에 처음으로 등장함.'을 의미하는 말로, '등단', '등장', '첫 등장'으로 순화하는 것이 바람직하다.

031 ②

맞춤법(음운 축약)

문항 분석

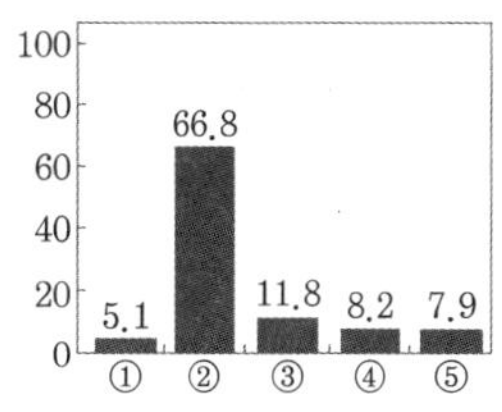

수험생의 66.8%가 정답지를 고른 쉬운 문제였다. 매력적인 오답인 ③에 11.8%의 수험생이 반응하였으며, 최하위권 수험생들이 나머지 선지에 고르게 반응하여 적절한 변별도를 보였다.

정답 해설

어간의 끝음절 '하'의 'ㅏ'가 줄고 'ㅎ'이 다음 음절의 첫소리와 어울려 거센소리로 될 적에는 거센소리로 적는다는 한글 맞춤법 제40항을 해석하고, 이를 실제의 단어 표기에 적용할 수 있는 능력을 평가하기 위한 문제이다. 정답은 ②로, '깨끗하지'의 경우, [붙임 2]의 내용인 "어간의 끝음절 '하'가 아주 줄 적에는 준 대로 적는다."에 적용되는 예이다. 즉 '깨끗지'로 줄여 쓸 수 있다.

오답 해설

① '달성하게'는 어간의 끝음절 '하'의 'ㅏ'가 줄고 'ㅎ'이 다음 음절의 첫소리와 어울려 거센소리로 되므로 '달성케'로 줄여 쓸 수 있다.

③ '간편하게'는 어간의 끝음절 '하'의 'ㅏ'가 줄고 'ㅎ'이 다음 음절의 첫소리와 어울려 거센소리로 되므로 '간편케'로 줄여 쓸 수 있다.

④ '사임하고자'는 어간의 끝음절 '하'의 'ㅏ'가 줄고 'ㅎ'이 다음 음절의 첫소리와 어울려 거센소리로 되므로 '사임코자'로 줄여 쓸 수 있다.

⑤ '연구하도록'은 어간의 끝음절 '하'의 'ㅏ'가 줄고 'ㅎ'이 다음 음절의 첫소리와 어울려 거센소리로 되므로 '연구토록'으로 줄여 쓸 수 있다.

032 ③

표준어

문항 분석

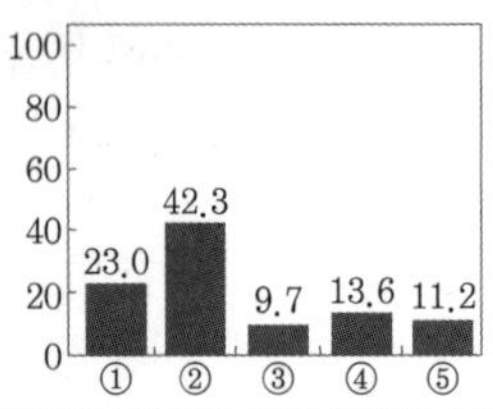

수험생의 9.7%만이 정답지를 고른 매우 어려운 문제였다. 매력적인 오답인 ②에 42.3%의 수험생이 몰렸으며, ①에 23%, ④, ⑤에도 각각 11% 이상의 수험생이 반응하여 매우 낮은 변별도를 보였다.

정답 해설

일상생활에서 사용하는 단어 중, 잘못 표기하기 쉬운 단어의 표기를 정확하게 알고 있는지를 평가하기 위한 문제이다. 이런 유형에 대처하기 위해서는 일상에서 흔히 잘못 쓰이고 있는 단어들을 따로 확인해 둘 필요가 있다. 정답은 ③이다. '젓을 담그는 데 쓰는 명태의 창자.'를 의미하는 말은 '창난'이다. '창란'이라고 쓰는 경우가 있는데, 이는 잘못된 표기이다.

오답 해설

① '바퀴의 아래쪽에 붙어 있는 살.'을 의미하는 말은 '귓볼'이 아닌 '귓불'이다.
② '배와 가슴 사이를 분리하는 근육.'을 의미하는 말은 '횡경막'이 아닌 '횡격막'이다.
④ '소맷부리의 구석 부분.'을 의미하는 말은 '소매깃'이 아닌 '소맷귀'이다.
⑤ '부항단지에 불을 넣어 공기를 희박하게 만든 다음 부스럼 자리에 붙여 부스럼의 고름이나 독혈을 빨아내는 일.'을 의미하는 말은 '부황'이 아닌 '부항'이다.

033 ⑤

표준어

문항 분석

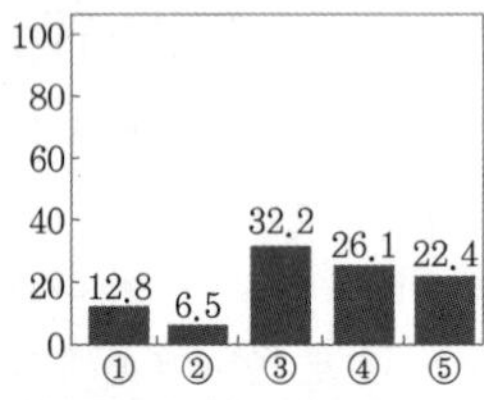

수험생의 22.4%만이 정답지를 고른 매우 어려운 문제였다. 매력적인 오답인 ③에 32.2%의 수험생이 몰렸으며, ④, ①에도 각각 26.1%, 12.8%의 수험생이 반응하여 낮은 변별도를 보였다.

정답 해설

일상생활에서 사용하는 단어 중, 잘못 표기하기 쉬운 단어의 표기를 정확하게 알고 있는지를 평가하기 위한 문제로, 정답은 ⑤이다. '타고난 것처럼 아주.'라는 의미를 지닌 말은 '천생(天生)'이다. '천상'은 '하늘 위.' 등과 같은 의미를 지닌 말로 문맥상 적절하지 않다.

오답 해설

① '사리 분별을 못하고 세상 물정을 잘 모르는 사람.'을 의미하는 말의 올바른 표기는 '숙맥'이다. 참고로 '쑥맥'은 '숙맥'의 잘못된 표기이다.
② '땅 위로 내민 돌멩이의 뾰족한 부분.'을 의미하는 말의 올바른 표기는 '돌부리'이다. 참고로 '돌뿌리'는 '돌부리'의 잘못된 표기이다.
③ '남을 단단히 윽박질러서 혼을 냄.'을 의미하는 말의 올바른 표기는 '닦달'이다. 참고로 '닥달'은 '닦달'의 잘못된 표기이다.
④ '나무줄기에서 뿌리에 가까운 부분.'을 의미하는 말의 올바른 표기는 '밑동'이다. 참고로 '밑둥'은 '밑동'의 잘못된 표기이다.

034 ①

띄어쓰기

문항 분석

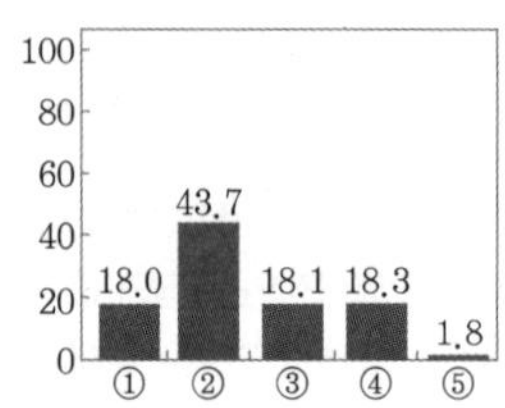

수험생의 18%만이 정답지를 고른 매우 어려운 문제였다. 매력적인 오답인 ②에 43.7%의 수험생이 몰렸으며, ③, ④에도 18%대의 수험생이 반응하여 매우 낮은 변별도를 보였다.

정답 해설

국어 규범에 따라 띄어쓰기를 바르게 할 수 있는 능력을 평가하기 위한 문제이다. 특히 이 문제에서는 우리가 자주 쓰는 복합어의 띄어쓰기를 바르게 이해하고 있는지 묻고 있는데, 이렇게 띄어쓰기와 관련된 문제에서는 예시 단어가 합성어로 인정되었는지 여부를 꼼꼼하게 숙지하고 있어야 점수를 얻을 수 있다. ①의 '후속 조치'는 하나의 단어로 굳어진 복합어가 아니므로 '후속 조치'와 같이 띄어 쓰는 것이 맞다. 따라서 정답은 ①이다.

오답 해설

②, ④ '돌발 상황'과 '폭력 행위'는 하나의 단어로 굳어진 복합어가 아니므로, 띄어 쓰는 것이 옳다.
③, ⑤ '학교생활'과 '문화유산'은 이미 하나의 단어로 굳어져 사용되는 복합어로, 붙여 쓰는 것이 옳다.

035 ⑤

표준어

문항 분석

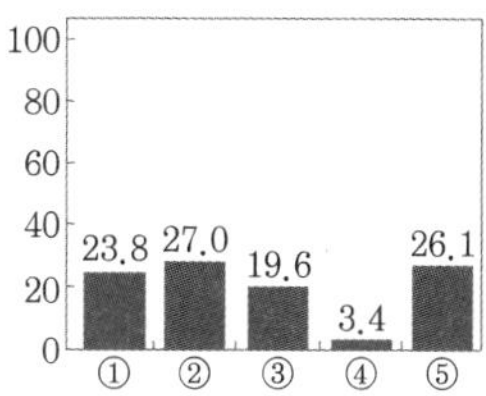

수험생의 26.1%만이 정답지를 고른 매우 어려운 문제였다. 매력적인 오답인 ②에 27%의 수험생이 몰렸으며, ①, ③에도 각각 23.8%, 19.6%의 수험생이 반응하여 매우 낮은 변별도를 보였다.

정답 해설

생활 속에서 자주 사용하는 어휘들이 표준어인지 판별할 수 있는 능력을 평가하기 위한 문제로, 정답은 ⑤번이다. '생선과 채소, 두부 따위를 넣어 맑게 끓인 국.'이라는 의미를 지니며 우리의 생활 주변에서 자주 사용하고 있는 말인 '지리'는 일본어이므로 '맑은탕'으로 순화해서 사용해야 한다.

오답 해설

① '얼결'은 '뜻밖의 일을 갑자기 당하거나, 여러 가지 일이 너무 복잡하여 정신을 가다듬지 못하는 판.'이라는 의미를 지닌 말로 표준어이다.
② '마대'는 '굵고 거친 삼실로 짠 커다란 자루.'라는 의미를 지닌 말로 표준어이다.
③ '트림'은 '먹은 음식이 위에서 잘 소화되지 아니하여서 생긴 가스가 입으로 복받쳐 나옴. 또는 그 가스.'라는 의미를 지닌 말로 표준어이다.
④ '넝마'는 '낡고 해어져서 입지 못하게 된 옷, 이불 따위를 이르는 말.'로 표준어이다.

036 ③

문장 표현

문항 분석

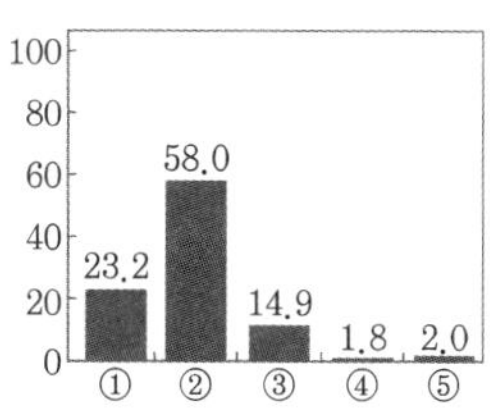

수험생의 14.9%만이 정답지를 고른 매우 어려운 문제였다. 매력적인 오답인 ②에 무려 58%의 수험생이 몰렸으며, ①에도 23.2%의 수험생이 반응하여 낮은 변별도를 보였다.

정답 해설

다양한 문장의 오류 유형을 이해하고 실제 문장들 가운데 올바른 문장을 고를 수 있는 능력을 평가하기 위한 문제로, 정답은 ③이다. ③은 전후 문맥에 맞는 접속 부사가 사용되었으며 어법에 맞고 자연스러운 문장이다.

오답 해설

① '역사'는 유정 명사가 아니므로 능동 표현이 어색하다. 따라서 '주목하는'이 아니라 '주목받는' 혹은 '주목되는'과 같이 수정해야 자연스러운 문장이 된다.
② '여성 최초의 도안 인물로 선정되었다.'의 의미가 중의적으로 해석될 수 있으므로 자연스러운 문장이 아니다.
④ '사임당은 언제 태어났는지 분명하게 알려져 있지만'이라는 절이 전후 맥락과 호응을 이루고 있지 못하여 자연스럽지 못한 문장이다.
⑤ 주어가 '~기억하는 것은'인데 서술어가 '율곡 이이의 어머니이다.'이므로 주어와 서술어의 호응이 이루어지지 않은 자연스럽지 못한 문장이다.

037 ④

문장 표현(중의성)

문항 분석

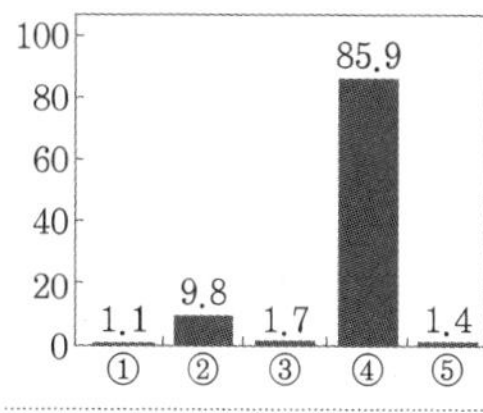

수험생의 85.9%가 정답지를 고른 쉬운 문제였다. ②에 9.8%의 수험생이 반응했으며, 최하위권 수험생들이 나머지 선지에 고르게 반응하여 매우 높은 변별도를 보였다.

정답 해설

문장에서 중의성이 발생하는 이유를 파악하여 중의성을 해소할 수 있는지 평가하기 위한 문제로, 정답은 ④이다. ④의 원래 문장은 '않았다'가 부정하고 있는 대상이 무엇인지에 따라 여러 의미로 해석된다. 이 경우에는 보조사 '은/는'을 사용하는 방법 등을 통해 부정 표현이 지시하는 대상을 명확히 하여야 중의성이 해소된다. ④와 같이 '어제'와 '나는'의 위치를 바꾸는 것만으로는 부정 표현이 지시하는 대상이 명확하지 않아 중의성이 해소되지 않는다.

오답 해설

① '배'라는 단어가 다의성을 지녀 문장의 중의성이 발생하는데, '배'를 '선박'으로 교체함으로써 중의성을 해소할 수 있다.
② '손'이 중심 의미로 쓰여 '신체의 일부인 손을 씻었다.'는 의미로 해석될 수도 있고, '손'이 주변 의미로 쓰여 '부정적인 일이나 찜찜한 일에 대하여 관계를 청산하였다.'는 의미로 해석될 수도 있다. 바꾼 문장에서는 '그 일에서'라는 구를 삽입하여 상황 맥락을 구체적으로 제시함으로써 '손을 씻었

다.'의 의미를 후자로 한정지을 수 있다.

③ 관형어 '예쁜'이 수식하는 대상이 '딸'인지 '옷'인지 모호하여 중의성이 발생하였다. '예쁜'이라는 단어의 위치를 변경하여 '옷'을 수식하게 하였으므로 중의성을 해소할 수 있다.

⑤ 비교 대상이 '나'와 '음악'인지, '내가 음악을 좋아하는 정도'와 '동생이 음악을 좋아하는 정도'인지에 따라 중의적인 해석이 가능한데, 비교 대상을 명확히 서술함으로써 중의성을 해소할 수 있다.

038 ⑤

문장 표현

문항 분석

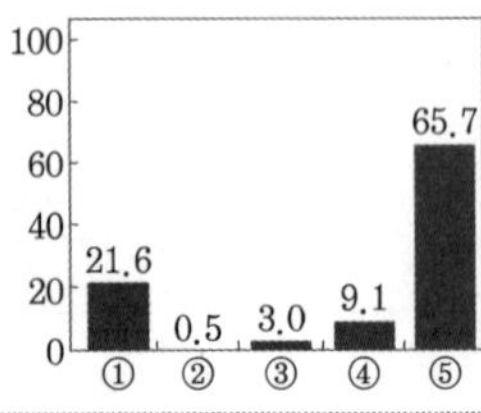

수험생의 65.7%가 정답지를 고른 보통 난이도의 문제였다. 매력적인 오답인 ①에 21.6%의 수험생이 몰렸으며, ④에도 9.1%의 수험생이 반응하여 매우 높은 변별도를 보였다.

정답 해설

각 문장이 비문인지의 여부를 꼼꼼히 따져 확인할 수 있는지를 평가하기 위한 문제이다. 특히 이 문제에서는 '부사어의 호응'이라는 요소를 이해하고 있는지를 묻고 있다. 정답은 ⑤이다. '여간'은 주로 부정의 의미를 나타내는 말과 함께 쓰여, '그 상태가 보통으로 보아 넘길 만한 것임.'을 나타내는데, ⑤는 '여간'과 '않다'가 적절하게 연결되어 쓰고 있다. 참고로, '보통이 아니고 대단하다.'는 뜻으로 쓰이는 '여간이 아니다.'를 생각하면 어렵지 않게 부정 서술어와 '여간'의 관계를 파악할 수 있다.

오답 해설

① '비단'은 부정하는 말 앞에서 '다만', '오직'의 뜻으로 쓰이기 때문에 부정 서술어와 연결되어야 한다. 즉, '비단 나뿐이 아니었다.' 정도로 써야 한다.

② '도무지'는 부정을 나타내는 말과 함께 쓰여 '아무리 해도' 또는 '이러니저러니 할 것 없이 아주'의 뜻을 가진다. 따라서 '도무지 말이 안 통한다.'로 써야 한다.

③ '결코'는 '아니다, 없다, 못하다' 등의 부정어와 함께 쓰여 '어떤 경우에도 절대로'의 뜻을 가지는 부사어이다. 따라서 '너를 만난 것은 결코 우연이 아니다.'와 같이 써야 한다.

④ '비록'은 '-ㄹ지라도', '-지마는'과 같은 어미가 붙는 용언과 쓰여 '아무리 그러하더라도'의 뜻을 갖는 부사어이다. 따라서 '비록 몸은 피곤할지라도' 혹은 '비록 몸은 피곤하지마는'으로 쓰여야 한다.

039 ①

문법 요소(음운 변동 현상)

문항 분석

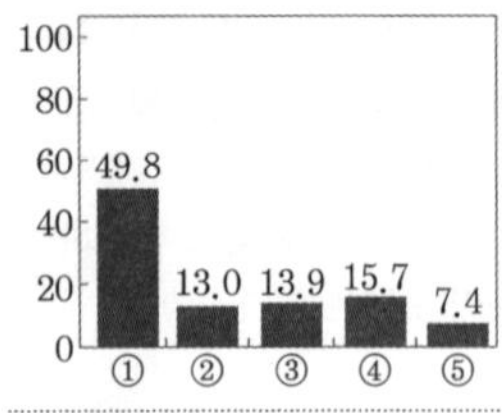

수험생의 49.8%가 정답지를 고른 보통 난이도의 문제였다. 매력적인 오답인 ④에 15.7%의 수험생이 반응하였으며, ②, ③에도 13%대의 수험생이 반응하여 낮은 변별도를 보였다.

정답 해설

밑줄 친 단어의 음운 변동 현상에 대한 이해 정도를 평가하는 문제로, 정답은 ①이다. '서울역'을 [서울력]으로 발음하는 것은 /ㄹ/을 첨가한 것이 아니라 /ㄴ/을 첨가한 결과이다. 즉, '서울역'에서 /ㄴ/이 첨가되어 [서울녁]으로, /ㄴ/이 /ㄹ/로 교체되어 [서울력]으로 발음되는 것이다.

040 ③

문법 요소(어휘적 부사화와 통사적 부사화)

문항 분석

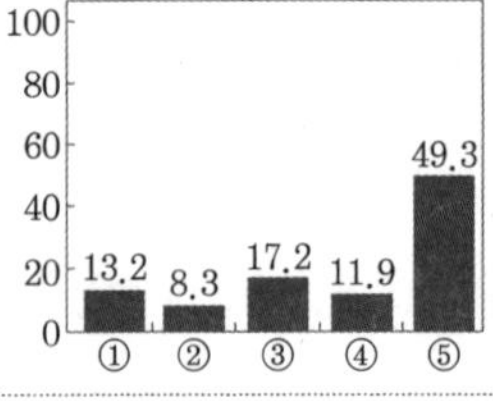

수험생의 17.2%만이 정답지를 고른 매우 어려운 문제였다. 매력적인 오답인 ⑤에 무려 49.3%의 수험생이 몰렸으며, ①, ④에도 각각 13.2%, 11.9%의 수험생이 반응하여 매우 낮은 변별도를 보였다.

정답 해설

어휘적 부사화와 통사적 부사화를 바르게 구분할 수 있는지를 평가하는 문제이다. 특히 이 문제는 문제에 쓰인 용어 자체가 생소하여 수험생들이 선지 이해에 난항을 겪은 것으로 보이므로, 국어 문법 용어에 대한 학습이 요구된다. 정답은 ③이다. '더럽게'는 '더럽다'의 어간 '더럽-'에 부사형 전성 어미 '-게'가 붙어 부사처럼 기능하도록 하고 있다. 이는 '통사적 부사화'의 예에 해당한다.

오답 해설

① '낱낱이'는 명사 '낱낱'에 부사를 만드는 접미사 '-이'가 붙어 만들어진 부사로, '어휘적 부사화'의 예에 해당한다.

② '대단히'는 '대단하다'의 어간 '대단-'에 부사를 만드는 접미사 '-히'가 붙어 만들어진 부사로, '어휘적 부사화'의 예에 해당한다.

④ '빨리'는 형용사 '빠르다'에 부사를 만드는 접미사 '-이'가

붙어 만들어진 부사로, '어휘적 부사화'의 예에 해당한다.

⑤ '또다시'는 부사 '또'와 부사 '다시'가 합성법에 의해 만들어진 부사로, '어휘적 부사화'의 예에 해당한다.

041 ④

문법 요소(청유문)

문항 분석

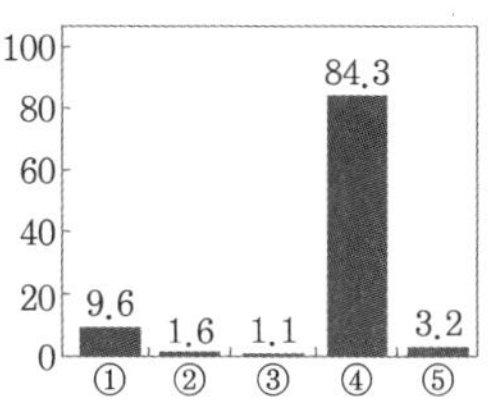

수험생의 84.3%가 정답지를 고른 매우 쉬운 문제였다. ①에 9.6%의 수험생이 반응하였으며, 최하위권 수험생들이 나머지 선지에 고르게 반응하여 적절한 변별도를 보였다.

정답 해설

청유문의 의미를 파악하여 기준에 맞게 제시된 문장을 구분할 수 있는지를 평가하기 위한 문제로, 정답은 ④이다. ㄴ. "(아빠가 아들에게 약을 먹일 때) 우리 아들, 이리 와 약 먹자."는 아들이 약을 먹기를 바라는 경우이고, ㄷ. "(연설자가 조용히 할 것을 지시할 때) 여러분, 조용히 좀 합시다."는 시끄러운 상대방이 조용히 해 줄 것을 바라는 경우에 해당한다. 따라서 ㄴ, ㄷ은 모두 청자만 행하기를 바라는 경우에 해당한다. ㄱ. "(밥을 먼저 먹은 사람이 귀찮게 말을 걸 때) 식사 좀 합시다."는 자신이 식사를 하겠다는 것으로, 화자만 행하려는 행동을 나타내는 경우에 해당한다. 반면, ㄹ. "(회의에서 논의가 길어질 때) 이 문제는 내일 아침에 다시 이야기하자."는 화자와 청자 모두 내일 다시 이 문제에 대해 이야기를 하자는 것으로, 화자가 청자에게 같이 행동할 것을 바라는 경우에 해당한다.

042 ③

문장 부호

문항 분석

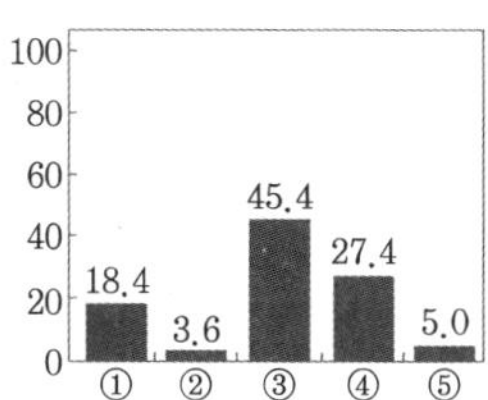

수험생의 45.4%만이 정답지를 고른 어려운 문제였다. 매력적인 오답인 ④에 27.4%의 수험생이 몰렸으며, ①에도 18.4%의 수험생이 반응하여 매우 낮은 변별도를 보였다.

정답 해설

문장 부호와 관련한 규정을 숙지하고 그 용례를 바르게 알고 있는지 평가하기 위한 문제이다. 특히 이 문제는 2015년 1월 1일을 기해 새롭게 개정된 문장 부호 규정의 내용을 정확히 이해하고 있는지를 평가하기 위한 것이므로, 개정 문장 부호 규정에 대한 충분한 학습이 선행될 필요가 있다. 정답은 ③이다. 두 개 이상의 어구가 밀접한 관련이 있음을 나타내고자 할 때 에는 붙임표(-)를 쓴다. 특히 붙임표와 줄표는 모양이 유사하므로 문장 부호 규정에 맞게 주의하여 사용하여야 한다.

043 ⑤

표준 발음법

문항 분석

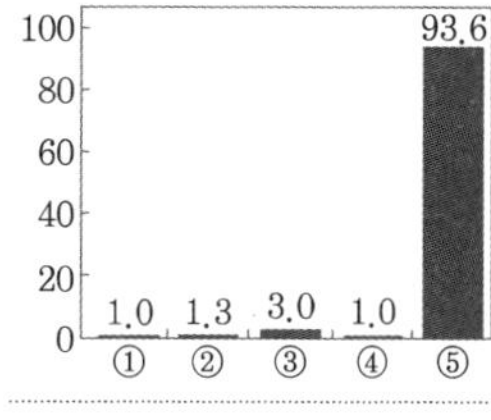

수험생의 93.6%가 정답지를 고른 쉬운 문제였다. 최하위권 수험생들이 나머지 선지에 고르게 반응하여 매우 높은 변별도를 보였다.

정답 해설

국어 규범인 표준 발음법의 내용을 정확히 이해하고 이를 적용하는 능력을 평가하기 위한 문제로, 정답은 ⑤이다. 표준 발음법 24항은 특정 어간 받침 뒤에 결합되는 어미의 첫소리를 된소리로 발음하는 규정이다. 그러나 '안기다'는 어간이 '안기'이므로 어간 받침이 없기 때문에 이 규정이 적용되지 않는다.

오답 해설

표준 발음법 제24항에 따라 ① [껴안따], ② [담꼬], ③ [보듬찌], ④ [언따]로 발음한다.

044 ③

외래어 표기법

문항 분석

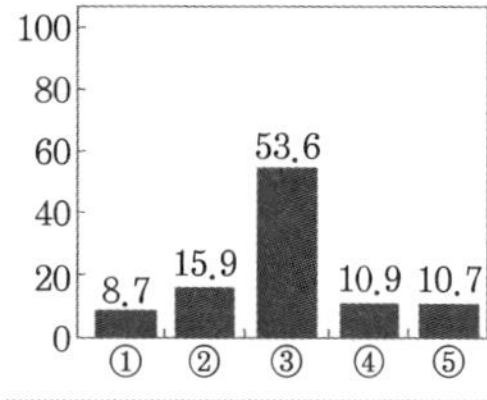

수험생의 53.6%가 정답지를 고른 보통 수준의 문제였다. 매력적인 오답인 ②에 15.9%의 수험생이 몰렸으며, ④, ⑤에도 10%대의 수험생이 반응하여 적절한 변별도를 보였다.

정답 해설

생활 속에서 자주 사용하는 외래어의 표기와 의미를 정확히 알고 있는지 평가하기 위한 문제이다. 특히 이 문제는 외국어로는 모두 'cut'이지만 그 의미와 표기가 다른 '컷'과 '커트'의 표기와 그 의미에 대해 묻고 있다. 정답은 ③이다. 미용을 목적으로 머리를 자르는 일을 의미하는 외래어는 '커트'가 맞다. 다음은 표준국어대사전에서 규정하고 있는 외래어 '컷'과 '커트'의 의미를 제시한 것이다. 생활 속에서 맥락과 의미를 고려하여 '컷'과 '커트'를 정확하게 구분하여 사용할 수 있도록 주의해야 한다.

- 컷(cut): 「명사」 「1」 『연영』 한 번의 연속 촬영으로 찍은 장면을 이르는 말. '장면04'으로 순화. ≒숏 「2」 『연영』 대본이나 촬영한 필름에서 불필요한 부분을 삭제하는 일. 「3」 『출판』 인쇄물에 넣는 삽화(插畫). '삽화02'로 순화
  「감탄사」 『연영』 영화 촬영에서, 촬영을 멈추거나 멈추라는 뜻으로 하는 말.
- 커트(cut): 「명사」 「1」 전체에서 일부를 잘라 내는 일. 또는 진행되던 일을 중간에서 차단하는 일. 「2」 미용을 목적으로 머리를 자르는 일. 또는 그 머리 모양. 「3」 『운동』 야구에서, 투수가 던진 공이 타자가 바라던 공이 아니거나 치기 거북할 때 배트를 살짝 대어 파울 볼로 처리하는 일. 「4」 『운동』 야구에서, 한 야수가 던진 공이 목적한 야수에게 도달하기 전에 다른 야수가 그 공을 잡아 버리는 일. 「5」 『운동』 농구 따위에서, 상대편의 공을 가로채는 일. 「6」 『운동』 탁구나 테니스에서, 라켓을 비스듬히 한 채로 깎아 쳐서 공에 회전력을 주는 일. ≒깎아치기

045 ④

로마자 표기법

문항 분석

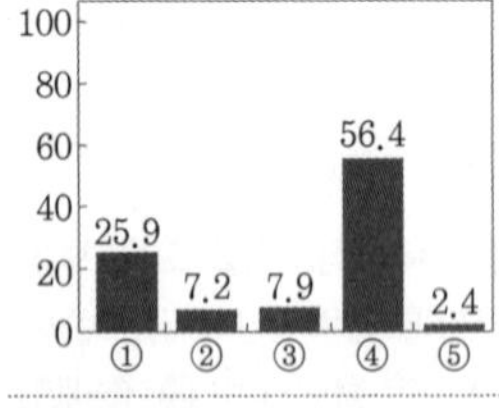

수험생의 56.4%가 정답지를 고른 보통 수준의 문제였다. 매력적인 오답인 ①에 25.9%의 수험생이 몰려 적절한 변별도를 보였다.

정답 해설

국어의 로마자 표기법을 이해하고 있는 정도를 확인하기 위한 문제이다. 외래어 표기법은 소리 나는 대로 적는 것이 원칙임을 항상 숙지해야 한다. 정답은 ④로, '촉석루'는 [촉성누]로 발음되므로 'Chokseongnu'와 같이 소리 나는 대로 적다.

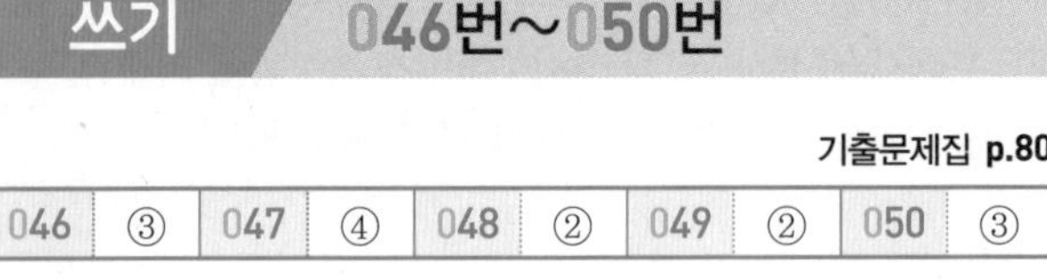

쓰기 046번~050번

기출문제집 p.80

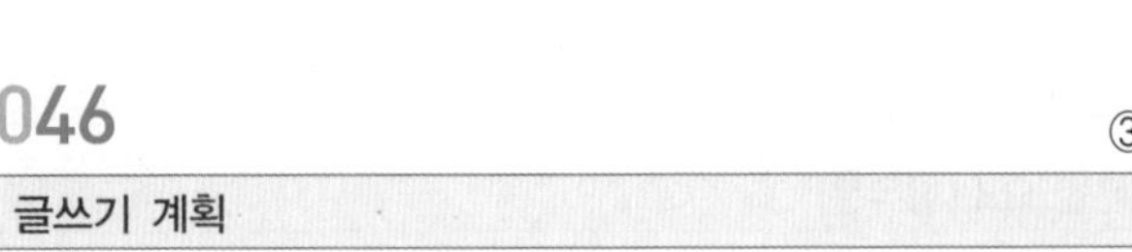

046	③	047	④	048	②	049	②	050	③

046 ③

글쓰기 계획

문항 분석

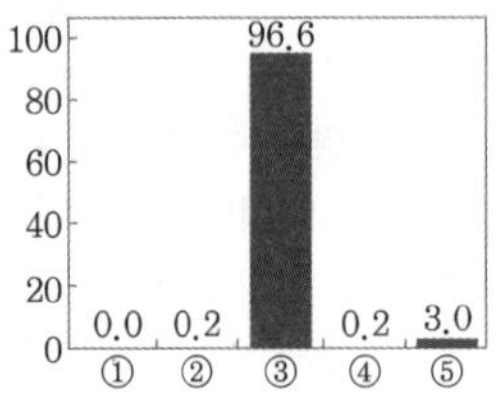

수험생의 96.6%가 정답지를 고른 매우 쉬운 문제였다. 최하위권 수험생들이 나머지 선지에 고르게 반응하여 높은 변별도를 보였다.

정답 해설

글쓰기의 첫 번째 단계인 글쓰기 계획 및 전략 수립 능력을 평가하기 위한 유형의 문제로, 정답은 ③이다. 제시된 글쓰기 계획에 따르면 작성하려고 하는 글의 주제는 '수면 부족 문제의 원인과 해결 방안'이다. 그러한 맥락에서 이 글은 수면 부족 문제의 심각성을 부각하고, 수면 부족이 발생하는 원인을 규명한 다음, 수면 부족 문제를 해결하는 방안을 제시하는 것이 적절하다. 따라서 ③에서 수면 부족의 위험성을 수면 과다의 경우와 비교하여 제시하는 것은 글의 통일성을 해치는 내용이므로 적절하지 않다.

오답 해설

① 수면 부족 문제가 발생하게 되는 원인을 구체적으로 제시하는 것은 수면 부족 문제에 대한 해결 방안을 제시하기 위해 필요한 내용이다.

② 수면 부족으로 인해 발생할 수 있는 여러 문제들을 구체적으로 언급하는 것은 수면 부족 문제의 심각성을 부각하여 해결의 필요성을 드러내기에 적절하다.

④ 수면 부족 문제를 해결할 수 있는 다양한 방법들을 정리하여 제시하는 것은 글의 주제와 목적을 드러내는 데 필요한 내용이므로 적절하다.

⑤ 평균 수면 시간을 권장 수면 시간과 비교하면 우리나라 사람들이 심각한 수면 부족 문제를 겪고 있다는 것을 효과적으로 부각할 수 있으므로 적절하다.

047 ④

자료 활용 방안

문항 분석

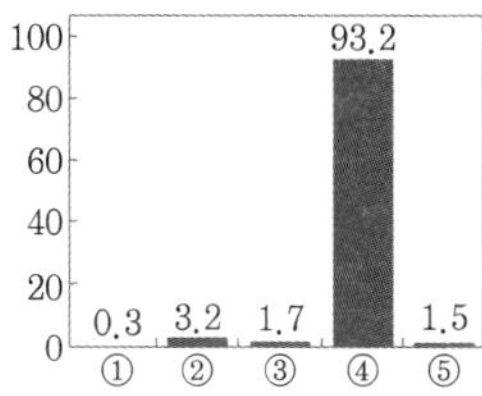

수험생의 93.2%가 정답지를 고른 매우 쉬운 문제였다. 최하위권 수험생들이 나머지 선지에 고르게 반응하여 매우 높은 변별도를 보였다.

정답 해설

한 편의 완성된 글을 쓰고자 할 때 주제와 내용에 맞는 자료를 수집하고, 그 자료들을 글쓰기 목적이나 계획에 맞게 활용할 수 있는지를 평가하기 위한 문제이다. 정답은 ④이다. (나)는 우리나라의 성인 평균 수면 시간에 대해 1994년부터 2014년까지의 변화 추이를 나타낸 그래프이다. 우리나라 성인의 평균 수면 시간은 1994년부터 2014년까지 OECD 성인 평균 수면 시간인 8.37시간에 미치지 못하므로 우리나라 성인은 수면 부족 상태에 있음을 확인할 수 있다. 하지만 (라)에서 무리하게 자신의 수면 습관을 바꾸는 것은 좋지 않으며, 수면의 질을 높이려면 잠자리에 드는 시간과 일어나는 시간을 매일 일정하게 유지해야 한다고 했으므로, 기상 및 취침 시간의 변화를 주는 것이 바람직한 수면 습관이라고 볼 수 없다.

오답 해설

① (가)는 연령대별 권장 수면 시간을 나타낸 것이고, (나)에서 우리나라의 성인 평균 수면 시간은 7시간 미만으로 나타나 있으므로, 성인 권장 수면 시간인 7~9시간에 못 미치는 수준임을 확인할 수 있다.
② (가)를 통해 연령대별로 권장 수면 시간의 기준이 다르다는 것을 확인할 수 있고, (다)를 통해 젊은 층에 비해 노인들의 경우에 수면 부족의 위험성이 더욱 급증하는 것으로 나타나 연령대가 높아질수록 수면 부족의 위험성이 높아진다는 것도 확인할 수 있으므로 적절하다.
③ (라)에서 무리하게 자신의 수면 습관을 바꾸는 것은 좋지 않다고 했으므로, (가)에서 확인할 수 있는 연령대별 권장 수면 시간을 확보하기 위해 무리하게 수면 습관을 바꾸지 말아야 함을 확인할 수 있다.
⑤ (다)를 통해 평균 수면 시간이 짧으면 짧을수록 심장 질환에 걸릴 위험성이 더욱 증가한다는 것을 확인할 수 있고, (라)에서 카페인이 든 커피나 홍차, 초콜릿, 탄산음료 등도 가급적 피하는 것이 좋다고 했으므로, 이를 통해 질병 위험성을 높이는 수면 부족 문제를 해결할 수 있음을 확인할 수 있다.

048 ②

개요 수정 및 상세화 방안

문항 분석

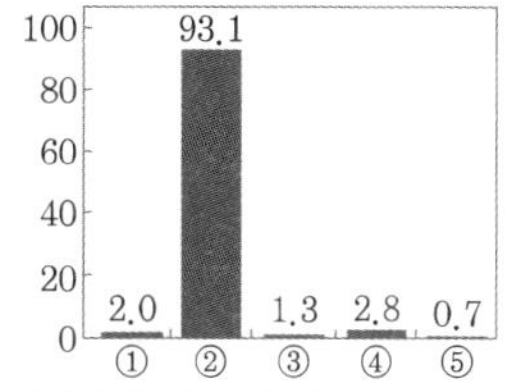

수험생의 93.1%가 정답지를 고른 쉬운 문제였다. 최하위권 수험생들이 나머지 선지에 고르게 반응하여 매우 높은 변별도를 보였다.

정답 해설

쓰기 능력을 평가하는 시험에서는 반드시 출제되는 문제로, 본격적으로 글을 쓰기 전에 개요를 작성하고 이를 적합하게 수정하는 능력을 평가하는 문제이다. 정답은 ②이다. 개요의 서론과 본론에 제시된 전체적인 내용을 고려했을 때, Ⅱ에서는 수면 부족으로 인해 발생할 수 있는 여러 문제들을 언급해야 하고, 하위 항목에 제시된 내용들도 정신 건강을 악화시킨다는 것, 각종 질환을 유발한다는 것이다. 따라서 ㉡을 '수면 부족의 여러 유형'으로 수정하는 것은 적절한 방안으로 볼 수 없다.

오답 해설

① Ⅰ은 '수면 부족이란?'이므로 수면 부족에 대한 정확한 이해를 필요로 하는 내용들이 하위 항목에 와야 한다. 따라서 수면 부족에 좋은 음식을 제시하는 것은 적절하지 않고, 수면 부족의 판단 기준으로 수정하여 제시하는 것이 적절하다.
③ 수면 부족을 해결하기 위한 방안이 먼저 제시되고, 수면 부족의 원인이 글의 마지막에 제시되면 글의 전체적인 흐름이 부자연스러우므로, Ⅲ과 Ⅳ의 위치를 바꾸어 제시하는 것이 적절하다.
④ ㉣에 제시될 수면 부족의 원인은 'Ⅲ-다'에 제시된 수면 부족을 해결하기 위한 방안과 연결되어야 하므로, 이를 고려하여 '카페인이 함유된 음식물의 과도한 섭취'를 원인으로 제시하는 것이 적절하다.
⑤ 각종 안전사고의 발생 가능성이 커지는 것은 수면 부족 발생의 원인이 아니라 수면 부족으로 인한 문제점에 해당하므로, ㉤은 Ⅱ의 하위 항목으로 위치를 옮기는 것이 적절하다.

049 ②

퇴고

문항 분석

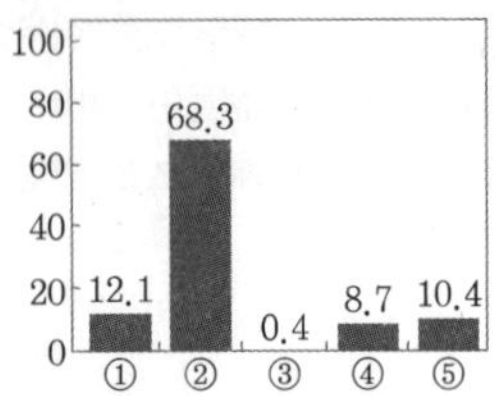

수험생의 68.3%가 정답지를 고른 매우 쉬운 문제였다. 매력적인 오답인 ①에 12.1%의 수험생이 반응하였으며, ⑤에도 10.4%의 수험생이 반응하여 낮은 변별도를 보였다.

정답 해설

글쓰기의 마지막 단계인 고쳐 쓰기 능력을 평가하기 위한 문제로, 정답은 ②이다. ㉡의 내용은 "수면 부족으로 인해 신체 반응 속도가 떨어지게 되면 각종 안전사고 및 교통사고로 이어질 수도 있으므로 주의해야 합니다."인데, 이는 수면 부족으로 인해 발생할 수 있는 사회적 문제를 언급한 것이므로 통일성을 해치는 문장이라고 보기 어렵다. 따라서 ㉡을 삭제하는 것은 적절하지 않다.

오답 해설

① ㉠의 뒤에 이어지는 '지속(持續)'의 사전적 의미가 '어떤 상태가 오래 계속됨. 또는 어떤 상태를 오래 계속함.'이므로 중복되는 '오래'를 삭제하는 것이 적절하다.
③ ㉢의 앞 문단은 '수면 부족으로 인해 발생되는 문제들'이고 ㉢의 다음 문단은 '수면 부족의 원인'이므로 대등한 연결이라고 볼 수 없다. 따라서 유기적인 흐름을 고려해 전환의 의미를 드러낼 수 있는 '그렇다면'으로 고치는 것이 적절하다.
④ ㉣의 "규칙적으로 유지하도록 노력해야 합니다."에는 목적어가 생략되어 의미가 분명하게 드러나지 않으므로 의미를 보다 분명하게 하기 위해 '수면 습관을'을 삽입하는 것은 적절하다.
⑤ ㉤의 주어가 '운동을 하는 것은'이므로 서술어로는 사동형인 '향상시키는'을 사용하는 것이 적절하다.

050 ③

논지 전개

문항 분석

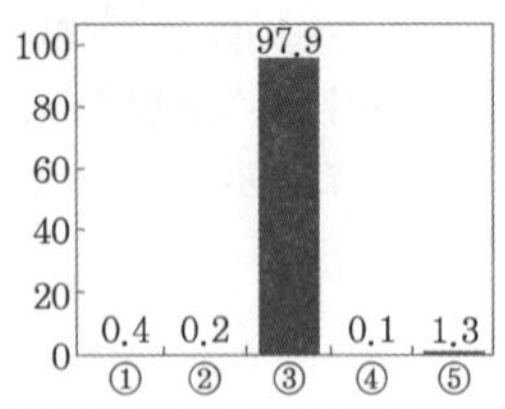

수험생의 97.9%가 정답지를 고른 매우 쉬운 문제였다. 최하위권 수험생들이 나머지 선지에 고르게 반응하여 매우 높은 변별도를 보였다.

정답 해설

지문의 전체적인 내용의 흐름을 고려하여 〈조건〉에 맞게 빈칸에 들어갈 문구를 작성하는 능력을 평가하기 위한 문제로, 정답은 ③이다. ㉮ 뒤에 이어진 문장에 "잠을 잘 자는 것이 정신적, 육체적으로 지친 몸과 마음을 회복하는 데 얼마나 중요한 것인가를 강조하고 있습니다."라고 하였으므로, 문맥상 강조되어야 할 수면의 긍정적인 효과는 '지친 몸과 마음의 회복'이다. ③ "수면은 피로한 몸과 마음의 치료제"에서 '수면'은 은유의 방식으로 '치료제'에 비유한 표현이다.

오답 해설

① 수면의 긍정적인 효과를 언급하고 있지만, 문맥을 고려했을 때 적절하지 않다. 또한 '꿀처럼'은 직유의 방식을 사용한 표현으로, 은유의 방식도 활용하지 않았다.
②, ④ 수면의 긍정적 효과를 언급하지 않았으므로 적절하지 않다.
⑤ 수면의 긍정적인 효과를 언급하고 있지만, 은유의 방식을 활용하고 있지 않으므로 적절하지 않다.

창안 051번~060번

기출문제집 p.84

051	②	052	③	053	⑤	054	③	055	②
056	②	057	④	058	④	059	①	060	④

051 ②

시각 자료를 통한 내용 생성

문항 분석

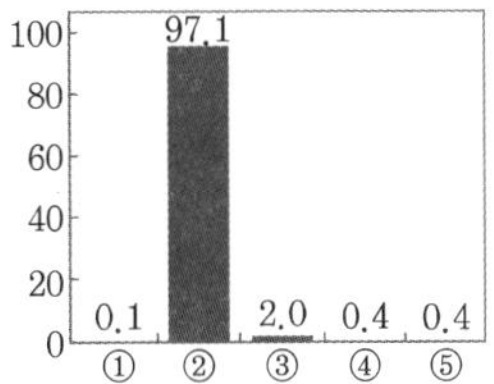

수험생의 97.1%가 정답지를 고른 매우 쉬운 문제였다. 최하위권 수험생들이 나머지 선지에 고르게 반응하여 매우 높은 변별도를 보였다.

정답 해설

제시된 시각 자료를 통해 있는 내용을 생성하는 창안 문제로, 추론 능력을 평가하기 위한 문제이다. 정답은 ③이다. 제시된 그림은 '장애인 마크'에 대해 편견의 문제를 제기한 뉴욕의 한 디자이너가 2002년에 제작하여 캠페인에 활용한 새로운 장애인 마크이다. 1968년부터 국제적으로 통용되고 있는 장애인 마크는 다소 뻣뻣해 보이는 팔과 누군가가 밀어주지 않으면 아무것도 할 수 없을 것 같은 장애인의 수동적이고 나약한 모습이 형상화되어 있는데, 새로운 장애인 마크는 앞을 향해 나아가려는 몸체와 스스로 휠체어를 있는 힘껏 잡으려는 팔을 통해 스스로의 의지를 가지고 앞으로 나아갈 수 있는 존재라는 것을 형상화하고 있다. 그리고 아래의 그림은 뉴욕에서 시작한 장애인에 대한 편견 퇴치 캠페인에 영향을 받아 우리나라에서 기존의 ISO 마크를 보완하여 새롭게 제작한 장애인 마크이다. 두 그림 모두 장애인의 수동적인 모습을 능동적인 모습으로 바꾸어 형상화했다는 점이 공통적이며, 장애인은 수동적이고 나약한 존재라는 잘못된 인식을 장애인도 능동적이고 활동적인 존재일 수 있다는 인식으로 전환할 필요가 있다는 것을 추론해 낼 수 있다.

▶ **자료 출처** 행정자치부 누리집(http://www.kobaco.co.kr)

052 ③

시각 자료를 통한 내용 생성

문항 분석

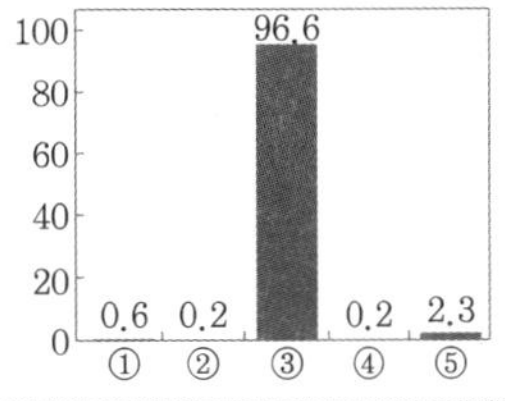

수험생의 96.6%가 정답지를 고른 매우 쉬운 문제였다. 최하위권 수험생들이 나머지 선지에 고르게 반응하여 매우 높은 변별도를 보였다.

정답 해설

제시된 문구를 시각 자료를 활용해 보강할 수 있는 능력을 평가하기 위한 문제로, 정답은 ③이다. 선지 중 ③은 '양궁'을 나타낸 시각 자료인데, 〈보기〉의 대화에서 '양궁'에 대한 언급은 드러나 있지 않아 이를 활용하기는 적절하지 않다.

오답 해설

① '사격'을 나타낸 시각 자료로, 아빠의 말 중, "사격도 볼만했고요."에서 확인할 수 있다.

②, ⑤ '휠체어 테니스'와 '역도'를 나타낸 시각 자료로, 남편의 말 중, "지난 장애인 올림픽 때 역도와 휠체어 테니스에서 박진감 넘치는 승부가 펼쳐졌던 거 기억하시죠?"에서 확인할 수 있다.

④ '휠체어 펜싱'을 나타낸 시각 자료로, 아빠의 말 중, "그리고 휠체어 펜싱도 꽤 흥미로웠어요."에서 확인할 수 있다.

053 ⑤

조건에 따른 내용 생성

문항 분석

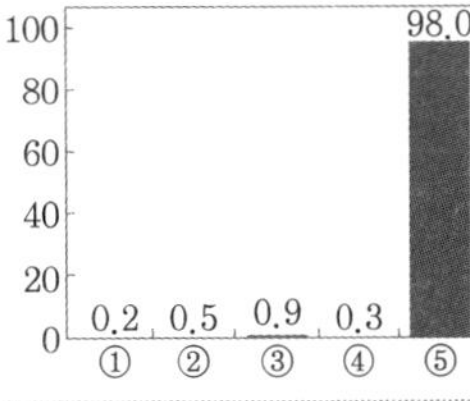

수험생의 98%가 정답지를 고른 매우 쉬운 문제였다. 최하위권 수험생들이 나머지 선지에 고르게 반응하여 매우 높은 변별도를 보였다.

정답 해설

〈보기〉의 밑줄 친 부분에 해당하는 예를 찾을 수 있는지를 평가하기 위한 문제로, 정답은 ⑤이다. "난 레몬이야. 레몬 향처럼 상큼하게 네게 다가갈래."에서 '레몬'을 '레몬 향처럼'으로 활용하고 있으나, 이는 비유적 표현에 해당할 뿐 말이나 글자를 원래 용법과 다르게 사용하여 재미를 끌어내는 언어유희에 해당하지는 않는다.

오답 해설

① "난 자두야."의 '자두'를 "밤에 잠을 자두 네 생각만 계속 나."에서 '잠을 자두'와 같이 동일하거나 유사한 발음을 활용하여 언어유희를 형성하고 있다.

② "난 바나나야."의 '바나나'를 "네가 얼마나 나한테 반하나 볼래."에서 '반하나'와 같이 동일하거나 유사한 발음을 활용하여 언어유희를 형성하고 있다.

③ "난 사과야."의 '사과'를 "너만 생각하는 죄를 지은 것 사과해."에서 '사과해'와 같이 동일하거나 유사한 발음을 활용하여 언어유희를 형성하고 있다.

④ "난 오렌지야."의 '오렌지'를 "널 사랑하게 된 게 얼마나 오랜지."에서 '오렌지'와 같이 동일하거나 유사한 발음을 활용하여 언어유희를 형성하고 있다.

054 ③

시각 자료를 통한 내용 생성

문항 분석

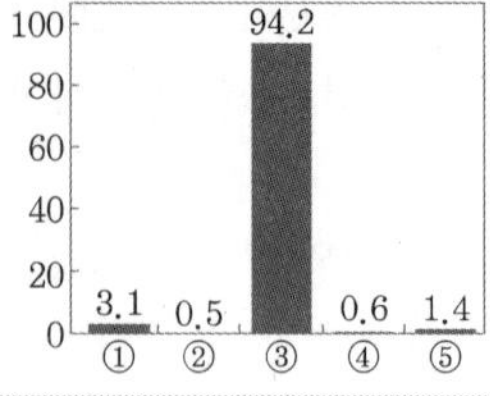

수험생의 94.2%가 정답지를 고른 매우 쉬운 문제였다. 최하위권 수험생들이 나머지 선지에 고르게 반응하여 높은 변별도를 보였다.

정답 해설

제시된 두 그래프를 보고 연상할 수 있는 내용을 찾는 문제로, 정답은 ③이다. 〈보기〉에서 두 그래프는 사실 동일한 통계 수치를 나타낸 그래프이다. 그런데 그래프의 세로 축의 범위를 달리하다 보니 기울기가 달라져 다른 그래프로 보일 뿐이다. 즉, 다르게 보이는 그래프이지만 동일한 통계 수치를 나타낸 그래프이다.

오답 해설

① 그래프의 기울기가 커질수록 주장의 타당성이 확보된다는 내용을 도출해 내기 어렵고 두 그래프의 차이에 착안한 내용으로도 볼 수 없다.

② 두 그래프는 다양한 통계 그래프의 종류를 보여 주고 있지 않으므로 적절하지 않다.

④ 두 그래프의 차이에 착안한 내용이 아니다.

⑤ 양적인 것과 질적인 것이 균형 잡힌 통계라는 내용을 도출해 내기 어렵고, 두 그래프의 차이에 착안한 내용으로도 볼 수 없다.

055 ②

조건에 따른 내용 생성

문항 분석

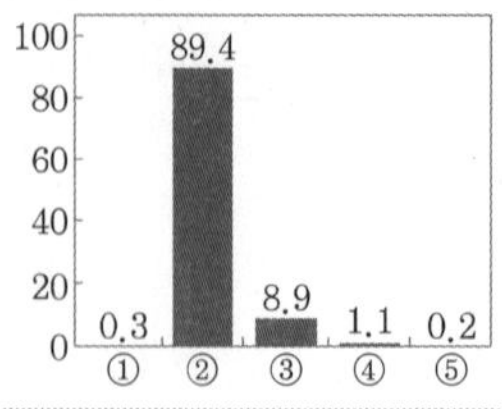

수험생의 89.4%가 정답지를 고른 쉬운 문제였다. ③에 8.9%의 수험생이 반응하였으며, 최하위권 수험생들이 나머지 선지에 고르게 반응하여 매우 높은 변별도를 보였다.

정답 해설

조건을 만족시키는 문구를 창의적으로 생성해 낼 수 있는 능력을 평가하기 위한 문제로, 정답은 ②이다. "에너지 효율이 높은 가전제품 사용!"이라는 구절을 통해 에너지 절약을 실천하기 위한 개인의 구체적인 방안을 담고 있으며, "낭비하면 큰 짐, 절약하면 큰 힘"이라는 표현에 대조와 대구의 표현 방식이 모두 담겨 있으므로 적절하다.

오답 해설

① "대중교통 이용의 활성화!"라는 에너지 절약을 실천하기 위한 개인의 구체적인 방안이 있지만, 대구와 대조의 표현이 사용되지 않았다.

③ "안 쓰는 가전제품의 전기 플러그 뽑기!"라는 에너지 절약을 실천하기 위한 개인의 구체적인 방안이 있고, "풍부해지는 에너지, 풍족해지는 경제"에는 대구의 표현이 있지만, 대조의 조건을 만족시키지 못하고 있으므로 적절하지 않다.

④ "에너지 효율은 높이고, 전기 요금은 낮추고"라는 표현에 대조와 대구가 담겨 있지만, "친환경 제품 개발을 가로막는 규제의 완화!"는 개인 차원의 에너지 절약 방안으로 보기 어려우므로 적절하지 않다.

⑤ "냉장고 온도를 적정 온도로 맞추기!"는 에너지 절약을 실천하기 위한 개인의 구체적인 방안이지만, 대구와 대조를 만족시키는 표현 방식이 사용되지 않았으므로 적절하지 않다.

056 ②

조건에 따른 내용 생성

문항 분석

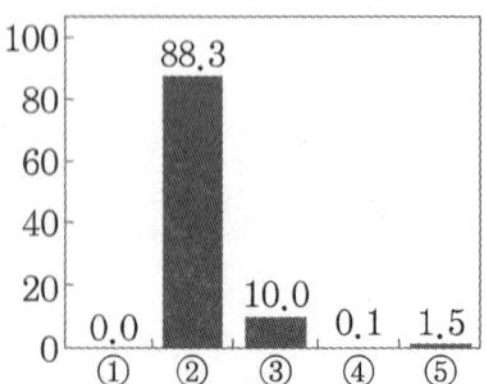

수험생의 88.3%가 정답지를 고른 매우 쉬운 문제였다. ③에 10%의 수험생이 반응했으며, 최하위권 수험생들이 나머지 선지에 고르게 반응하여 적절한 변별도를 보였다.

정답 해설

시각 자료를 활용하여 그 의미를 언어적으로 활용하는 능력을 평가하기 위한 문제로, 정답은 ②이다. 제시된 시각 자료의 한 쪽에는 쟁반에 놓여 있는 술이, 다른 쪽에는 운전대가 각각 그려져 있다. 이를 종합해 보면 양 손으로 운전대를 잡은 모습이 연상되는데, 갈라진 장면을 통해 음주와 운전 중 하나만 선택해야 한다는 것을 강조하고 있다. ②는 "우리의 생명도 하나, 음주와 운전 중 선택도 하나!"라는 문구에서 '~도 하나'라는 어구를 반복적으로 사용하였고, 음주와 운전을 동시에 할 수 없으며 하나만 선택해야 한다고 하면서 음주 운전에 대해 경고 하고 있으므로 적절하다.

오답 해설

①, ④ '음주 운전'에 대한 경고의 메시지를 담지 않았고, 같거나 비슷한 어구를 되풀이하지도 않았으므로 적절하지 않다.

③ '술자리 문화'에 대한 비판적 메시지를 담고 있으나 '음주 운전'에 대한 경고의 메시지로 보기에는 부족하고, 같거나 비슷한 어구를 되풀이하지도 않았으므로 적절하지 않다.

⑤ "운전을 하는 순간"이라는 어구를 반복하였으나, '음주 운전'에 대한 경고의 메시지를 담지 않았으므로 적절하지 않다.

▶ **자료 출처** 국민안전처 누리집(http://www.mpss.go.kr)

057 ④

조건에 따른 내용 생성

문항 분석

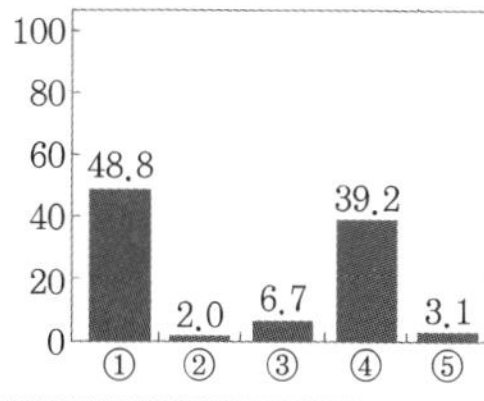

수험생의 39.2%만이 정답지를 고른 매우 어려운 문제였다. 매력적인 오답인 ①에 48.8%의 수험생이 몰려 낮은 변별도를 보였다.

정답 해설

선조들이 창안한 민요시에서 창안의 방식을 찾아내는 능력을 평가하는 문제이다. 민요시에서는 언어유희를 활용한 발상을 쉽게 찾을 수 있는데, 이는 현대인의 창안 능력에 본보기가 될 수 있다. 〈보기〉의 ㉠, ㉡, ㉢, ㉣은 각기 다른 방식으로 나무를 형상화하고 있는데, 이 중 그 형상화 방식이 같은 것은 ㉠, ㉢과 ㉡, ㉣이므로, 정답은 ④이다.

㉠ '밤[栗]'을 본래의 뜻인 '먹는 밤'이 아니라, 그 동음이의어인 '해가 진 밤'으로 해석하여 '낮-밤'의 대비로 '밤나무'를 표현하고 있다.

㉢ 동음이의어를 활용하고 있다는 점에서 ㉠과 같다. ㉢에서 '배[梨]'는 본래 '먹는 배'를 뜻하는데, 여기에서는 '어기영차'라는 수식어를 붙여 '타는 배[舟]'라는 동음이의어로 해석하고 있다.

㉡, ㉣ 나무 이름을 있는 그대로 해석하면서 수식어를 더하고 있다. ㉡은 '차나무의 차'가 먹는 차(茶)라는 점을 활용하여 '차 향기가 향기롭다'라는 수식어를 덧붙이고 있고, ㉣은 '가시나무'의 특성인 '가시가 많다'는 것을 활용하여 '따끔따끔'이라는 의태어를 활용하여 가시나무를 형상화하고 있다.

▶ **지문 출처** 전라도 민요시

058 ④

시각 자료를 통한 내용 생성

문항 분석

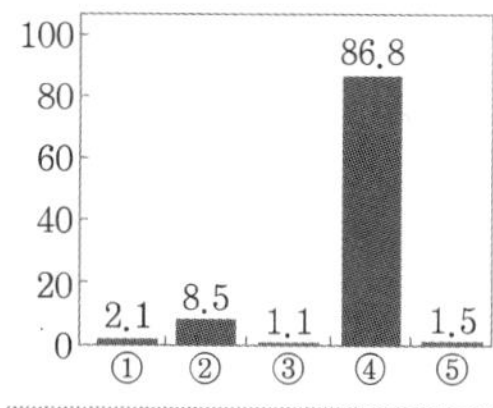

수험생의 86.8%가 정답지를 고른 쉬운 문제였다. ②에 8.5%의 수험생이 반응했으며, 최하위권 수험생들이 나머지 선지에 고르게 반응하여 매우 높은 변별도를 보였다.

정답 해설

시각 자료의 내용을 해석하여 특정 대상과 관련한 유의미한 내용을 연상하는 능력을 평가하기 위한 문제로, 정답은 ④이다. 〈보기〉에 제시된 그림은 프랙털 구조를 가진 것으로 자기 유사성이 점점 더 미시적인 수준으로 확장되고 있는 모습을 볼 수 있는데, 자기 유사성에 의해 똑같은 양상이 반복되고 있으므로 무질서나 혼돈과는 거리가 멀다. 따라서 핵심 원리가 작고 부분적인 사회의 원리로 복제된다고 설명한 ④가 적절하다.

오답 해설

①, ③ 무분별하고 무질서한 분열과 혼돈은 프랙털의 자기 유사성과 배치되므로 적절한 설명이 아니다.

② 프랙털로 인한 복제 양상이 다양함과는 관련이 없으므로 적절한 설명이 아니다.

⑤ '다양함'에서 '단순함'으로 변화하는 구조는 프랙털의 구조와 무관하므로 적절한 설명이 아니다.

059 ①

시각 자료를 통한 내용 생성

문항 분석

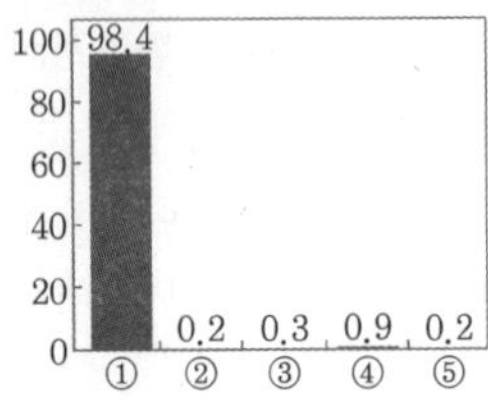

수험생의 98.4%가 정답지를 고른 매우 쉬운 문제였다. 최하위권 수험생들이 나머지 선지에 고르게 반응하여 매우 높은 변별도를 보였다.

정답 해설

추상적인 내용을 담고 있는 그림을 보고 적합한 내용을 생성할 수 있는지를 평가하는 문제로, 정답은 ①이다. 두 그림은 관점에 따라 하나의 그림이 두 가지로 해석된다는 핵심 내용을 동일하게 담고 있다. 즉, 두 그림 모두 검은 부분을 볼 것인가, 흰 부분을 볼 것인가에 따라 서로 다른 대상으로 해석될 수 있다는 것이다. 주목하는 대상에 따라 바라보는 세상의 모습이 달라질 수 있음을 언급하고 있으므로, 이 그림을 통해 생성할 수 있는 내용으로 ①이 가장 적합하다.

오답 해설

②의 '사회 속의 개인', ③의 '흑백 논리 배제', ④의 '도전 정신', ⑤의 '확고한 자기 주관' 모두 제시된 그림을 통해 생성해 내기 어려운 내용들이다.

060 ④

조건에 따른 내용 생성

문항 분석

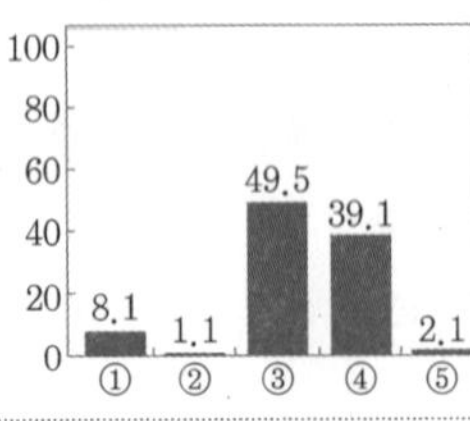

수험생의 39.1%만이 정답지를 고른 매우 어려운 문제였다. 매력적인 오답인 ③에 무려 49.5%의 수험생이 몰려 매우 낮은 변별도를 보였다.

정답 해설

특정한 소재로부터 관련 내용을 유추하여 글을 쓰는 능력을 평가하는 문제로, 정답은 ④이다. '장애물 달리기'로부터 일반적인 달리기보다 더 큰 체력을 요구한다는 속성을 유추한 것은 설득력이 있다. 하지만 이로부터 "살면서 난관에 부딪히게 되면 인간은 보다 더 많이 성장할 수 있다."는 내용을 유추하기는 어렵다. 속성과 교훈 간의 직접 관련성이 부족하므로 적절한 유추의 과정이라고 볼 수 없다.

오답 해설

① '단거리 달리기'의 숨을 들이쉬지 않고 결승점까지 달리는 속성을 바탕으로 목표 달성을 위해 쉼 없이 노력해야 한다는 내용을 유추하는 과정은 적절하다.
② '마라톤'의 쉼 없이 달릴 수 있는 지구력을 요구하는 속성을 바탕으로 살아가는 과정에서 어려운 일에 봉착하더라도 포기하지 않고 꾸준하고 성실하게 살아야 한다는 교훈을 도출하고 있으므로 적절한 유추의 과정이다.
③ 순발력을 기르는 데 효과적인 '왕복 달리기'의 속성을 바탕으로 변화하는 사회에 재빠르게 대응해야 한다는 교훈을 도출하고 있으므로 적절한 유추이다.
⑤ '이어달리기'에서는 선수들 간의 원활한 바통 전달이 승리의 관건이라는 속성을 바탕으로 다른 사람과 어울려 사는 방법을 익혀야 성공할 수 있다는 교훈을 도출하고 있으므로 적절한 유추이다.

읽기 061번~090번

기출문제집 p.89

061	③	062	⑤	063	②	064	②	065	⑤
066	④	067	③	068	③	069	③	070	③
071	②	072	②	073	①	074	④	075	④
076	①	077	③	078	⑤	079	②	080	②
081	②	082	⑤	083	④	084	④	085	③
086	③	087	⑤	088	⑤	089	①	090	③

061 ③

[현대 시] 작품의 이해와 감상

문항 분석

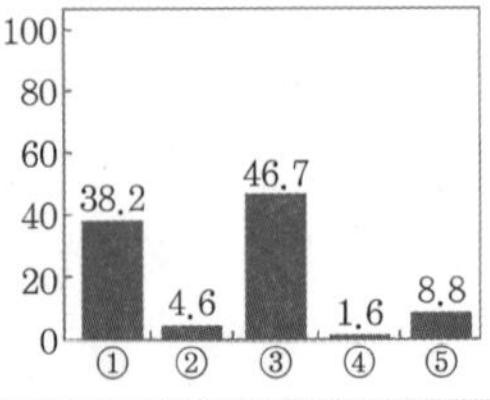

수험생의 46.7%만이 정답지를 고른 어려운 문제였다. 매력적인 오답인 ①에 38.2%의 수험생이 몰려 낮은 변별도를 보였다.

정답 해설

현대 시에 사용된 표현 기법을 분석하여 사실적으로 이해하였는지 평가하는 문제로, 정답은 ③이다. 제시된 작품의 각 연은 모두 하나의 문장으로 제시되어 있으나 각 연이 모두 다른 문장 구조를 보이고 있으므로 동일한 통사 구조의 문장을 반복했다는 진술은 적절하지 않다.

오답 해설

① 1연은 태초, 2연은 지형이 형성되던 시기, 3연은 역사 시기의 시작, 4연은 현재의 시점, 5연은 미래의 시점으로 시상이 전개되고 있으므로 적절한 설명이다.

② 4연의 '씨를 뿌려라'와 같은 명령형 어조와 5연의 '부르게 하리라'와 같은 종결 어미를 활용하여 화자의 의지를 드러내고 있으므로 적절한 설명이다.

④ '하늘', '닭 우는 소리', '강물', '매화 향기', '가난한 노래의 씨', '초인', '광야' 등의 상징적 의미를 지닌 시어가 다양하게 사용되었으며 이를 통해 주제가 형상화되고 있으므로 적절한 설명이다.

⑤ 2연에서 '모든 산맥들이/바다를 연모해 휘달릴 때에도'와 같은 역동적인 이미지를 통해 생동감을 부여하고 있으므로 적절한 설명이다.

▶ **지문 출처** 이육사, 「광야」

062 ⑤

[현대 시] 작품의 이해와 감상

문항 분석

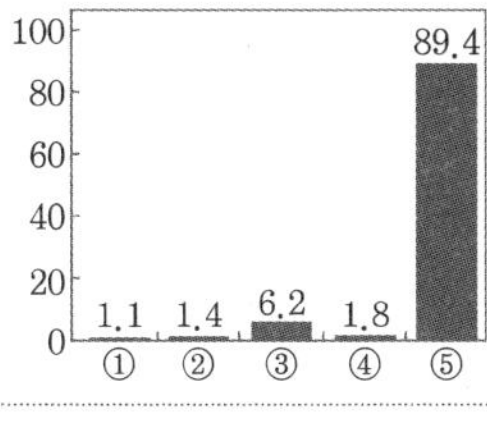

수험생의 89.4%가 정답지를 고른 쉬운 문제였다. 최하위권 수험생들이 나머지 선지에 고르게 반응하여 매우 높은 변별도를 보였다.

정답 해설

현대 시와 관련된 자료를 바탕으로 시어나 어구에 담긴 의미를 추론하는 능력을 평가하기 위한 문제로, 정답은 ⑤이다. 제시된 작품에 따르면 "목놓아 부르게 하리라"의 주체는 미래 시점에서 광야로 돌아온 '초인'이며 이러한 행위는 일제 강점기를 이겨내고 광복과 해방의 공간인 '광야'에서 마음껏 자신의 생각이나 정서를 표현하는 것과 관련이 있다. 따라서 작가가 독립운동을 통해 경험하게 된 체포와 투옥의 고통을 확인할 수 있다는 진술은 적절하지 않다.

오답 해설

① 〈보기〉의 내용을 참고할 때, 제시된 작품에서 태초의 신성한 공간으로 묘사된 '광야'는 '우리나라' 즉, '조국'을 의미하는 것으로 볼 수 있다.

② 〈보기〉의 내용을 참고할 때 '지금 눈 나리고'는 화자, 작가가 경험하고 있는 일제 강점의 혹독한 시련으로 이해할 수 있다.

③ '연모', '광음', '천고'와 같은 한자어는 다소 생소한 한자어인데, 이는 〈보기〉에서 작가가 한문과 한학을 공부했다는 내용과 관련이 있다.

④ '내 여기 가난한 노래의 씨를 뿌려라'는 속죄의 모티프가 사용된 표현으로, 조국 광복을 위해 희생하려는 화자, 작가의 정신이 드러난 것으로 볼 수 있다.

063 ②

[현대 소설] 작품의 이해와 감상

문항 분석

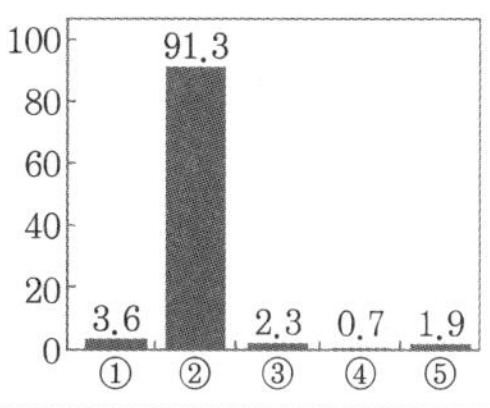

수험생의 91.3%가 정답지를 고른 쉬운 문제였다. 최하위권 수험생들이 나머지 선지에 고르게 반응하여 매우 높은 변별도를 보였다.

정답 해설

제시된 작품의 내용을 바르게 이해하였는지를 평가하기 위한 문제로, 정답은 ②이다. 노인네의 "기럼 송 씨도 다른 사람들처럼 니산가족인가 뭔가 하는 데 내레 나갔어야 한다구 생각합네까?"와 같은 질문에 "아, 아닙니다. 할아버지 생각이 틀리신 것만은 아닐 겁니다."라는 대답을 한 것으로 보아, 송 씨는 노인네가 동생을 만나러 갔어야 했다고 주장한 것이 아님을 알 수 있다.

오답 해설

① "아니, 동생이 조 씨를 찾겠다고 나섰는데도 그만둔단 말이유?"에서 노인네의 동생 조 씨는 노인네를 찾겠다고 나선 바 있음을 알 수 있다.

③ "내레 사람인데 왜 혈육이 보고 싶디 않갔습네까?"에서 노인네는 동생 조 씨를 만나고 싶다는 생각을 가지고 있었음을 알 수 있다.

④ "그 뒤로 노인네는 마을 사람들에게 이해할 수 없는 괴짜가 되어 예전보다 더 쉽게 마을사람들로부터 외면당한 채 이산가족에 대한 마을 사람들의 기억으로부터 사라져 버렸다."에서 마을 사람들은 동생을 만나려 하지 않는 노인네를 괴짜로 보았음을 알 수 있다.

⑤ "나의 말에 노인네는 긍정도 부정도 아닌 애매한 대답으로 말꼬리를 흐렸다."에서 노인네는 동생을 만나보라는 송 씨의 권유에 애매하게 대답하였음을 알 수 있다.

▶ **지문 출처** 송기원, 「월문리에서4 – 김매기」

064 ②

[현대 소설] 서술상의 특징 및 효과

문항 분석

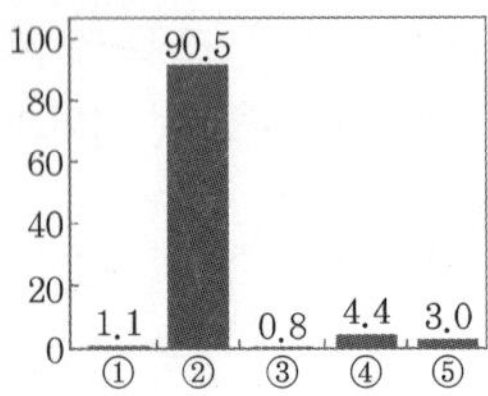

수험생의 90.5%가 정답지를 고른 쉬운 문제였다. 최하위권 수험생들이 나머지 선지에 고르게 반응하여 매우 높은 변별도를 보였다.

정답 해설

제시된 작품의 서술상 특징을 파악하는 문제로, 정답은 ②이다. 제시된 부분에서 이렇다 할 공간적 배경이 제시되어 있지 않으며, 작품에서 공간적 배경이 주제를 암시하고 있는 역할을 담당하고 있지도 않다.

오답 해설

① 노인네와 마을 사람들, 노인네와 나의 대화를 통해 이산가족 찾기 상황에 대한 인물들의 입장을 드러내고 있다.

③ "기렇시다. 내레 동생이 살아 있는 거를 알았으니끼니 그걸루 됐시다. 내레 다 늙은 놈이 더 이상 뭐를 바라겠이오?"와 같이 노인네의 지역 방언을 직접 드러내어 상황을 사실성 있게 전달하고 있다.

④ "노인네는 나의 반문에 또다시 긍정인지 부정인지 애매한 표정으로 고개를 끄덕거렸다. ~문제는 이산가족 몇몇을 만나게 해 주는 데 있지 않고 분단 그 자체에 있을 것이었다."에서 서술자인 '나'가 작품 속 상황에 대한 주관적인 인식을 드러내고 있다.

⑤ 이 작품은 1인칭 관찰자 시점으로, 작중 인물인 '나'가 서술자의 역할을 담당하며 노인네가 동생 조 씨를 만나는 것을 거부한 것에 대한 이야기를 전개하고 있다.

065 ⑤

[현대 소설] 작품의 이해와 감상(문맥에 알맞은 표현)

문항 분석

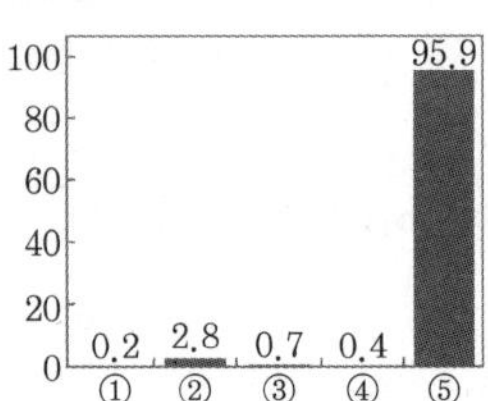

수험생의 95.9%가 정답지를 고른 매우 쉬운 문제였다. 최하위권 수험생들이 나머지 선지에 고르게 반응하여 매우 높은 변별도를 보였다.

정답 해설

문맥에 알맞은 표현을 찾을 수 있는지 평가하기 위한 문제로, 정답은 ⑤이다. '평안 감사도 저 싫다면 그만'이라는 말은 아무리 좋은 일이라도 저 싫으면 억지로 시킬 수 없을 때 쓰는 표현으로, 문맥상 ㉠에 들어가기에 가장 적절하다.

오답 해설

① '금강산도 식후경'은 아무리 재미있는 일이라도 배가 불러야 흥이 나지 배가 고파서는 아무 일도 할 수 없음을 비유적으로 이르는 말이다.

② '송도 말년의 불가사리'는 고려 말에 불가사리라는 괴물이 나타나 못된 짓을 많이 하였으나 죽이지 못하였다는 이야기에서 나온 말로, 몹시 무지하고 못된 짓을 하는 자를 비유적으로 이르는 말이다.

③ '춘향이네 집 가는 길 같다'는 이 도령이 남의 눈을 피해서 골목길로 춘향이네를 찾아가는 길과 같다는 뜻으로, 길이 꼬불꼬불하고 매우 복잡한 경우를 비유적으로 이르는 말이다.

④ '빼덕어멈 외상 빚 걸머지듯'은 빚을 잔뜩 걸머지고 헤어나지 못하는 모양을 비유적으로 이르는 말이다.

066 ④

[학술문-인문] 사실적 이해(핵심 정보)

문항 분석

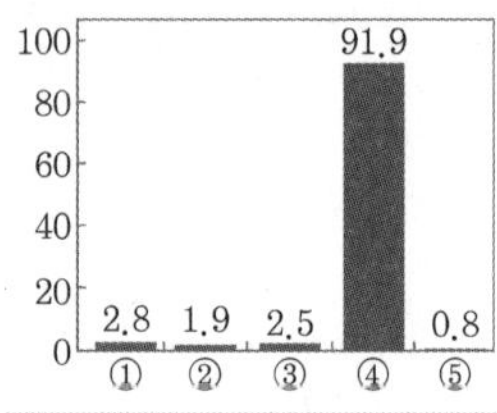

수험생의 91.9%가 정답지를 고른 쉬운 문제였다. 최하위권 수험생들이 나머지 선지에 고르게 반응하여 매우 높은 변별도를 보였다.

정답 해설

인문학 관련 교양 글을 읽고 핵심 내용을 파악하는 능력을 평가하는 문제이다. 지문은 역사적으로 동양 사회에 지대한 영향력을 행사해 왔던 유학과 노자 사상에 대해 서술하고 있다. 특히 노자 사상의 핵심인 '무위자연(無爲自然)'과 '소국과민(小國寡民)'에 주목하면서 지금까지는 비주류에 머물렀지만 자연을 따라가는 '친환경적인' 문명을 요청하는 새로운 시대에는 노자의 가르침인 자연스러움이 본류가 되어 이 세상을 부드럽게 흐르는 물처럼 바꾸어 나갈 것이라 긍정적인 전망을 제시하고 있다. 따라서 정답은 ④이다.

▶ **지문 출처** 안광복(2005), 『철학, 역사를 만나다』, 웅진지식하우스

067 ③

[학술문-인문] 추론적 이해[구체적(다른) 사례에 적용]

문항 분석

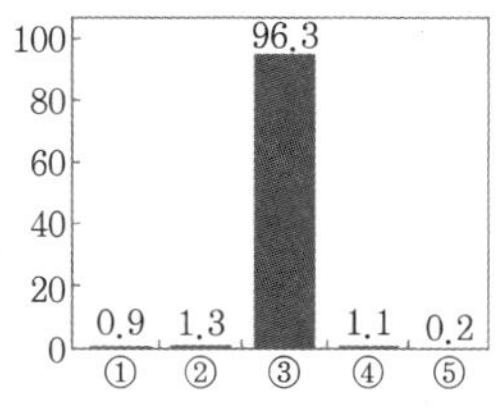

수험생의 96.3%가 정답지를 고른 쉬운 문제였다. 최하위권 수험생들이 나머지 선지에 고르게 반응하여 매우 높은 변별도를 보였다.

정답 해설

인문학 관련 교양 글을 읽고 핵심 내용을 다른 작품에 적용할 수 있는지 여부를 평가하는 문제로, 정답은 ③이다. 노자가 언급한 "가장 좋은 것은 물과 같다[上善若水]."라는 말은 물의 부드럽고 자연스러운 속성을 강조한 것이다. 노자의 사상은 억지로 하거나 인위를 가하지 않고 자연스러운 상태에서 행해지도록 하는 '무위자연(無爲自然)'을 추구하는 삶과 관계가 있으므로, ㉠은 물이 자연스럽게 흘러가는 것처럼 무위자연(無爲自然)의 정치를 해야 한다는 의미로 이해할 수 있다.

068 ③

[학술문-인문] 추론적 이해(생략된 내용 추리)

문항 분석

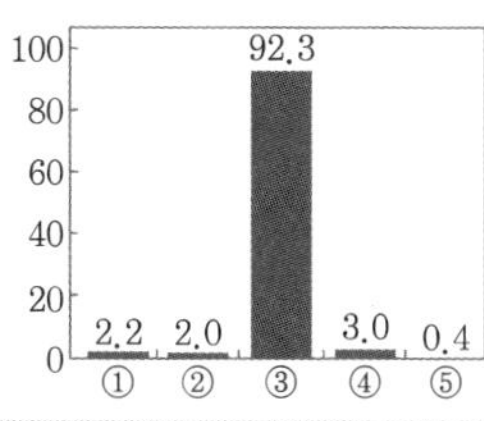

수험생의 92.3%가 정답지를 고른 쉬운 문제였다. 최하위권 수험생들이 나머지 선지에 고르게 반응하여 매우 높은 변별도를 보였다.

정답 해설

지문의 핵심 내용을 제대로 파악하였는지 여부를 평가하기 위한 문제로, 정답은 ③이다. 지방 귀족들은 오히려 '아무 것도 하지 않음으로써 모든 것을 한다.[爲無爲]'는 노자의 주장을 추종한다고 했는데, 이는 한 무제가 강력한 중앙 집권 국가를 만들기 위해 유학을 국교로 삼으면서 한 무제 자신을 아버지와 동등한 지위에 있는 강력한 지도자로 만들려는 것에 대해 반대하는 입장을 취한 것으로 볼 수 있다. 따라서 문맥상 임금이 지방 귀족들의 통치에 간섭하지 말라는 주장을 하는 것은 타당하다.

069 ③

[학술문-예술] 사실적 이해(정보 확인)

문항 분석

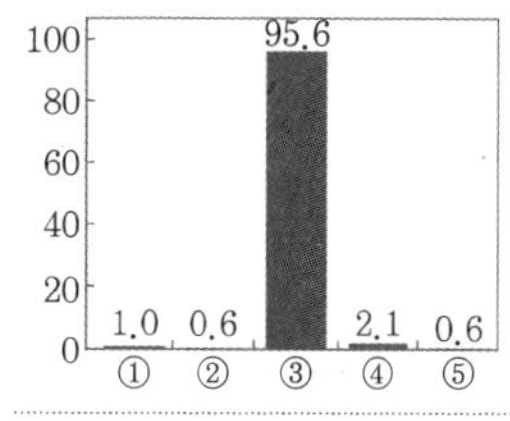

수험생의 95.6%가 정답지를 고른 쉬운 문제였다. 최하위권 수험생들이 나머지 선지에 고르게 반응하여 매우 높은 변별도를 보였다.

정답 해설

지문의 핵심 내용을 제대로 파악하였는지 여부를 평가하기 위한 문제로, 정답은 ③이다. 유화 물감으로 그린 유화는 마른 다음의 색이나 마르기 전의 색의 차이가 없다고 했으므로, 유화는 물감이 마르기 전과 후의 색이 달라서 표현의 효과가 탁월하다는 설명은 적절하지 않다.

오답 해설

① 1문단 마지막 부분에서 동양화는 먹을 사용하여 사물을 생략적이고 압축적으로 표현했다는 내용을 확인할 수 있다.

② 2문단에 "서양 회화는 왜 대상의 외형을 실제와 똑같이 재현하려고 그토록 애를 썼을까?"라는 언급이 있으므로 적절하다.

④ 3문단에서 휴머니즘을 중시하는 서양 회화는 인간을 가장 중요한 소재로 다루면서 인간이 지닌 가치를 표현하고자 노력했지만 시간이 흐를수록 이러한 순수함은 점점 희미해져 갔다는 내용을 확인할 수 있다.

⑤ 4문단에 유화로 그린 서양 회화는 매우 사실적이기 때문에, 유화를 본 관객들은 그림을 통해 그림 속 대상을 온전히 소유한 것 같이 느끼게 되었다는 언급이 있으므로 적절하다.

▶ **지문 출처** 이주헌(2003), 『소유의 매체로서의 유화, 서양화 자신 있게 보기 1』, 학고재

070 ③

[학술문-예술] 사실적 이해(전개 방식)

문항 분석

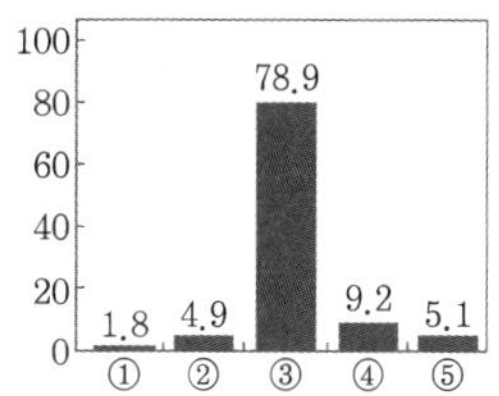

수험생의 78.9%가 정답지를 고른 쉬운 문제였다. ④에 9.2%의 수험생이 반응했으며, 최하위권 수험생들이 나머지 선지에 고르게 반응하여 매우 높은 변별도를 보였다.

정답 해설

예술 관련 글을 읽고, 글의 짜임을 정확하게 파악하고 있는지 여부를 평가하기 위한 문제로, 정답은 ③이다. 2문단에서는 풍경화를 예로 들어 서양 회화가 소유의 매체임을 설명하고 있고, 3문단에서는 여성을 제재로 한 인물화를 예로 들어 이에 대한 보충 설명을 하고 있으므로 다양한 예를 통해 대상의 특징을 알기 쉽게 설명하고 있다는 설명은 적절하다.

오답 해설

① 소유의 매체로서 서양 회화가 지닌 특성을 구체적인 예시와 함께 설명하고 있을 뿐, 통념을 소개하거나 이를 반박하는 내용은 이 글에 드러나 있지 않다.
② 다양한 비유를 통해 서양 회화의 개념을 구체화한 부분은 이 글에서 찾아볼 수 없다.
④ 서양 회화에 대한 개념의 변천 과정을 보여주고 있지 않으므로 적절하지 않다.
⑤ 마지막 문단에서 "어쩌면 서양 문명 전체가 인간의 물질적 소유에 대한 욕망을 구체적으로 실현하고자 노력해 온 문명이고, 유화는 그 반영인지도 모른다."라는 글쓴이의 견해가 드러나 하고 있기는 하지만, 여러 견해를 절충하여 새로운 결론을 도출한 것은 아니다.

071 ②

[학술문 – 예술] 추론적 이해[구체적(다른) 사례에 적용]

문항 분석

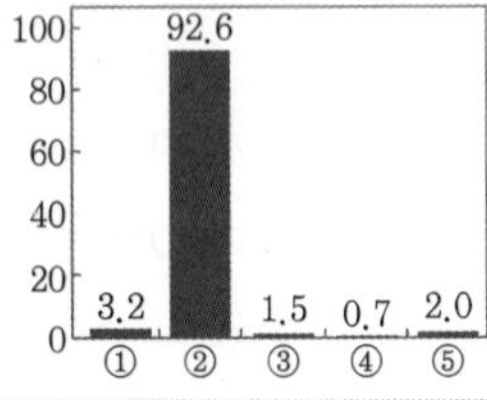

수험생의 92.6%가 정답지를 고른 쉬운 문제였다. 최하위권 수험생들이 나머지 선지에 고르게 반응하여 매우 높은 변별도를 보였다.

정답 해설

예술 관련 글을 읽고, 글쓴이의 관점을 또 다른 자료와 연계하여 추론할 수 있는지를 평가하기 위한 문제로, 정답은 ②이다. 이 글의 글쓴이는 유화로 그린 서양 회화가 '소유의 매체'였다는 것을 주장하고 있으므로, 〈보기〉를 감상할 때 이러한 글쓴이의 관점에 따라 감상해야 한다. 〈보기〉의 그림을 보면, 널따란 풍경을 배경으로 한 부부가 포즈를 취하고 있고, 남편은 사냥꾼 복장을 하고 있으며, 부인은 꽤 부유하고 세련된 복장을 하고 있다. 그런데 주인공인 듯한 두 사람이 화면에서 차지하고 있는 자리는 왼쪽 구석이다. 글쓴이의 관점에 따라 〈보기〉를 감상했을 때, 배경의 전원인 이 부부의 소유지를 보기 좋게 드러내 놓고 싶었던 것으로 짐작할 수 있다. 부부의 얼굴을 자세히 보면, 두 사람 모두 자부심과 만족감에 차 있으며, 재산이 멋지고, 아름답다고 칭찬해주기를 기대하는 듯하다.

▶ **자료 출처** 토머스 게인즈버러의 유화, 「앤드류스 부부」, 런던 내셔널 갤러리 소장

072 ②

[학술문 – 과학] 추론적 이해[구체적(다른) 사례에 적용]

문항 분석

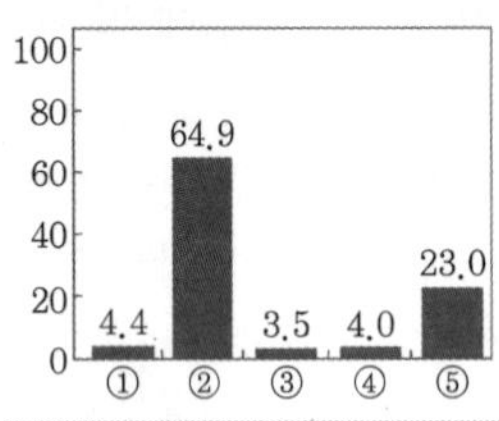

수험생의 64.9%가 정답지를 고른 보통 난이도의 문제였다. 매력적인 오답인 ⑤에 23%의 수험생이 반응하여 매우 높은 변별도를 보였다.

정답 해설

기술 관련 글에 제시된 핵심적 기술 원리를 도식과 함께 이해하고 분석하는 능력을 평가하기 위한 문제로, 정답은 ②이다. 3문단에 따르면, 자동차가 완전 정지 상태에서 출발하여 저속 상태에 이르기까지 가속하는 동안에는 주로 전기 모터가 동력을 공급하며, 경우에 따라 가솔린 엔진을 완전히 끈다는 것을 알 수 있다. 따라서 저속 주행 시 ⓑ가 나타나지 않는 것은 아니다.

오답 해설

① 4문단에서 내리막길 운행이나 탄력 주행 시 운동 에너지를 배터리로 충전한다고 하였으므로 적절한 진술이다.
③ 4문단에서 고속 주행 시 주로 가솔린 엔진이 동력을 제공하며 추가적인 동력이 필요한 경우 전기 모터를 작동시킬 수 있다고 하였으므로 적절한 진술이다.
④ 3문단에서 자동차가 완전 정지 상태에서 출발하여 저속 상태에 이르기까지 가속하는 동안에는 주로 전기 모터가 동력을 제공한다고 하였으므로 적절한 설명이다.
⑤ 4문단에서 가솔린 엔진의 전체 출력이 모두 사용되지 않는 상황에서는 남는 동력을 이용하여 발전기를 돌리므로 배터리를 충전할 수 있음을 알 수 있다.

▶ **지문 출처** 물리학연구소, 「일반물리학」

073 ①

[학술문-과학] 사실적 이해(정보 확인)

문항 분석

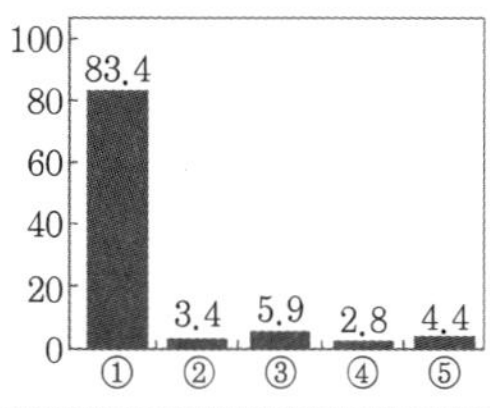

수험생의 83.4%가 정답지를 고른 쉬운 문제였다. 최하위권 수험생들이 나머지 선지에 고르게 반응하여 매우 높은 변별도를 보였다.

정답 해설

기술 관련 글을 읽고 그 내용을 사실적으로 이해하는 능력을 평가하기 위한 문제로, 정답은 ①이다. 지문에 따르면 배터리 충전 시설이 부족하다는 단점을 가진 자동차는 하이브리드 자동차가 아니라 전기 자동차이다.

오답 해설

② 1문단에서 전기 자동차는 유해 가스를 배출하지 않는 무공해 엔진을 사용한다는 점에서 친환경적이라고 언급한 부분을 확인할 수 있다.
③ 6문단에서 정부가 환경 오염 방지를 위해 각종 세제 혜택과 보조금 지급을 하고 있다는 언급을 확인할 수 있다.
④ 5문단에서 하이브리드 자동차는 아직 동급 수준의 가솔린 엔진 자동차에 비해 가격이 비싸다는 내용을 확인할 수 있다.
⑤ 6문단에서 국제 환경 기준 강화와 환경 보전에 대한 관심에 힘입어 하이브리드 자동차에 대한 호응이 커지고 있다는 내용을 확인할 수 있다.

074 ④

[학술문-사회] 추론적 이해[구체적(다른) 사례에 적용]

문항 분석

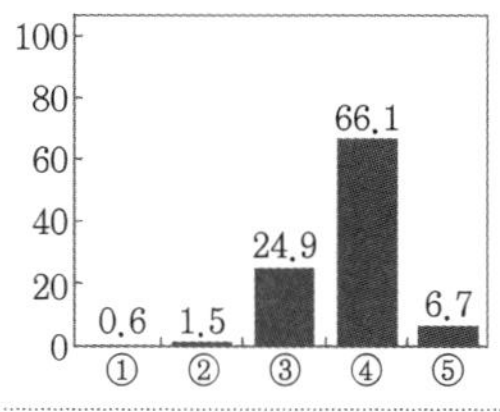

수험생의 66.1%가 정답지를 고른 쉬운 난이도의 문제였다. 매력적인 오답인 ③에 24.9%의 수험생이 몰렸으며, 적절한 변별도를 보였다.

정답 해설

〈보기〉의 내용을 지문의 흐름에 맞게 활용할 수 있는지를 평가하기 위한 문제로, 정답은 ④이다. '리디노미네이션'은 자국 화폐의 가치를 높여주는 효과는 있지만 복잡한 사회·경제적인 면을 고려해야만 하는 부담이 있다. 〈보기〉의 내용은 일본에서도 '리디노미네이션'을 고려한지가 40년이나 되었지만 이를 실시하는 것이 쉬운 일이 아님을 강조하고 있다. 이런 일본의 상황은 '리디노미네이션'의 실시에는 그만큼 신중함이 따라야 한다는 것을 강조하는 근거로 활용할 수 있다. 그러므로 '리디노미네이션'을 실시하기 위해 필요한 요건들을 제시하고 있는 (라)의 뒤에 추가하는 것이 적절하다.

오답 해설

① (가)는 리디노미네이션의 개념과 필요성 대해 설명하고 있다. 또한 〈보기〉에서는 리디노이네이션을 실시하는 것이 쉬운 일이 아님을 강조하고 있다. 따라서 이러한 자료를 일본은 못했지만 우리나라는 해낼 수 있다는 자긍심을 심어 주는 자료로 활용한다는 것은 적절한 진술이 아니며, (가)의 흐름과도 맞지 않다.
② 리디노미네이션의 문제는 국가적 자존심의 문제라는 진술은 〈보기〉의 내용과 관련이 없으며, 리디노미네이션 단행의 장점을 설명하고 있는 (나)의 흐름과도 맞지 않다.
③ 앞서 언급한 바와 같이, 〈보기〉는 리디노미네이션의 실시에 신중함이 따라야 한다는 것을 강조하는 근거로 활용할 수 있는 것이지, 국민 경제에 미치는 부정적인 면을 고려하여, 일본 내에서의 실행 가능성을 재고해 보는 근거로 이용하기에는 적절하지 않다.
⑤ 〈보기〉를 일본이 겪었던 혼란을 구체적으로 설명하여 우리 국민들이 리디노미네이션에 대해 막연한 기대를 품지 않도록 하는 예로 든다는 것은 〈보기〉의 핵심 내용을 정확하게 파악하지 못한 것이다.

▶ **지문 출처** 추창근, 「화폐개혁의 바람, 리디노미네이션」

075 ④

[학술문-사회] 추론적 이해[구체적(다른) 사례에 적용]

문항 분석

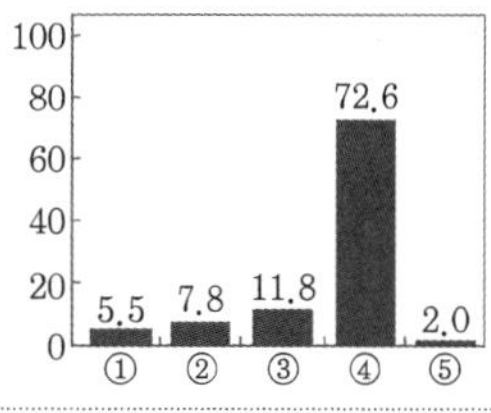

수험생의 72.6%가 정답지를 고른 보통 난이도의 문제였다. 매력적인 오답인 ③에 11.8%의 수험생이 반응하여 매우 높은 변별도를 보였다.

정답 해설

지문에 대한 이해를 바탕으로 구체적인 상황을 분석할 수 있는지를 평가하는 문제로, 정답은 ④이다. 〈보기〉는 실제로 리디노미네이션이 이루어진 터키를 예로 하여 구체적인 상황을 제시하고 있다. 100만 리라를 1리라로 바꾸게 되면 리라의 화폐 가치는 높아지게 되므로 ④는 잘못된 서술이다.

오답 해설

① 리디노미네이션의 첫째 조건은 물가 안정이다. 따라서 연일 물가가 뛰어오르는 상황에서는 리디노미네이션을 시행하기 어렵다.

② 실제 우리나라 돈으로 치면 그리 큰 값이 아니므로, 물건의 가치가 높아졌다기보다는 화폐의 가치가 떨어져서 일어난 현상이라고 할 수 있다.

③ 화폐 개혁을 단행하기 이전, 당시 터키의 환율이 유로당 180만 리라였으므로, 100만 리라를 1리라로 낮추었다는 것은 터키의 환율이 유로당 1.8리라가 되었다는 것을 의미한다.

⑤ 리디노미네이션을 시행하면, 새 화폐를 발행해 옛 화폐와 교환해야 할 뿐만 아니라, 은행 등의 현금 지급기와 자동판매기 등을 교체해야 하므로 엄청난 비용 지출이 있어야 한다.

076 ①

[실용문-교술] 사실적 이해(핵심 정보)

문항 분석

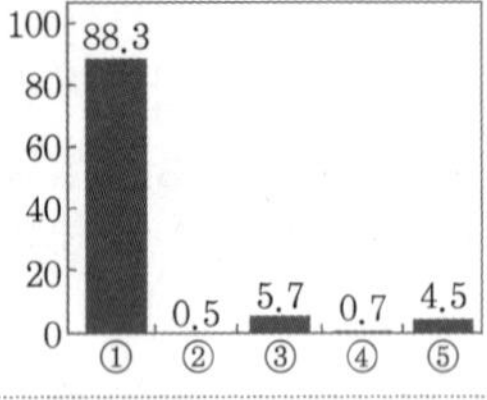

수험생의 88.3%가 정답지를 고른 쉬운 문제였다. 최하위권 수험생들이 나머지 선지에 고르게 반응하여 매우 높은 변별도를 보였다.

정답 해설

생활 관련 글을 읽고 내용을 이해한 후 핵심 내용을 파악할 수 있는지를 평가하기 위한 문제로, 정답은 ①이다. 지문에는 '나'가 과거 자신의 경험을 통해 아이들이 아픔을 경험하며 더욱 성숙하고 건강하게 자라난다는 것을 깨닫고, 그러한 인간사의 진리를 처제에게 전달하며 느낀 솔직한 심리와 정서가 제시되어 있다. 따라서 이 글을 통해 얻을 수 있는 핵심적인 교훈이 담긴 ①이 가장 적절한 제목이다.

오답 해설

② 아이들로부터 부모인 '나'와 '처제'가 어떤 직접적 깨달음을 얻고 있지는 않으므로 적절한 제목이 아니다.

③ 글의 핵심적인 교훈과 직접 관련성이 부족한 주제이므로 적절한 제목이 아니다.

④ 이 글이 아이들의 아픔을 치유하거나 예방하자는 내용을 다루고 있지 않으므로 적절한 제목이 아니다.

⑤ 이 글의 내용만으로 추론하기에는 의미 범주가 넓고 막연하므로 적절한 제목이 아니다.

▶ **지문 출처** 박영목 외, 『개정 7차 고등학교 국어』, 천재교육

077 ③

[실용문-교술] 비판적 이해(반응 및 수용)

문항 분석

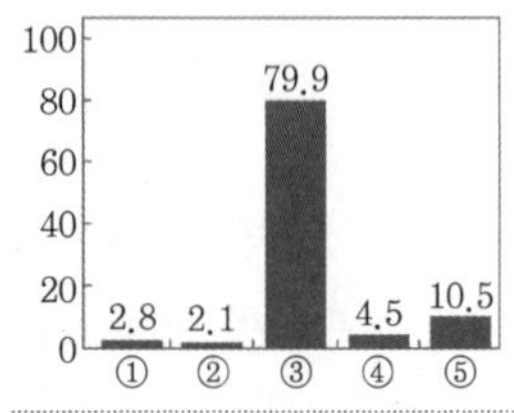

수험생의 79.9%가 정답지를 고른 쉬운 문제였다. ⑤에 10.5%의 수험생이 반응했으며, 최하위권 수험생들이 나머지 선지에 고르게 반응하여 매우 높은 변별도를 보였다.

정답 해설

생활 관련 글을 읽고 내용을 비판적으로 이해하며 내면화하는 과정을 평가하는 문제로, 정답은 ③이다. 지문의 말미에서 글쓴이는 사회의 다양한 혼란과 문제가 어쩌면 보다 성숙한 사회로 가는 과정이라는 생각을 제시하고 있는데, 이러한 글쓴이의 생각은 자칫 사회의 모든 문제를 합리화하고 묵과할 수 있는 위험성을 지니고 있다. 즉, 사회적 혼란과 아픔이 '성숙의 한 과정이므로 큰 문제가 되지 않는다.' 혹은 '시간이 지나면 해결된다.', '어쩔 수 없이 겪어야만 하는 것이다.'와 같은 식으로 해석될 경우 사회 혼란이 방치되고 근본적인 해결이 요원해질 가능성이 높다. 따라서 이러한 비판적 견해가 제시된 ③이 글쓴이의 생각을 비판적으로 이해한 내용으로 적절하다.

오답 해설

① 글쓴이가 사회적 효용만을 강조할 것이라는 점을 글의 내용을 통해 유추할 수 없으므로 적절하지 않다.

② 할머니의 말을 처음부터 맹신한 것이 아니라 삶의 경험을 통해 이를 확인해 가고 있으므로 기성세대의 낡은 생각을 무비판적으로 수용한 것이라 볼 수 없다.

④ 사물의 다양한 측면을 외면한 채, 자신의 관점을 강요하거나 주장한 부분을 찾아볼 수 없으므로 역시 적절하지 않다.

⑤ 오히려 글쓴이는 아이가 아픈 상황을 성숙과 성장을 위한 하나의 과정으로 인식하고 있으므로 암울한 현실 인식으로 일관하고 있다는 반응은 적절하지 않다.

078 ⑤

[실용문-안내문] 비판적 이해(반응 및 수용)

문항 분석

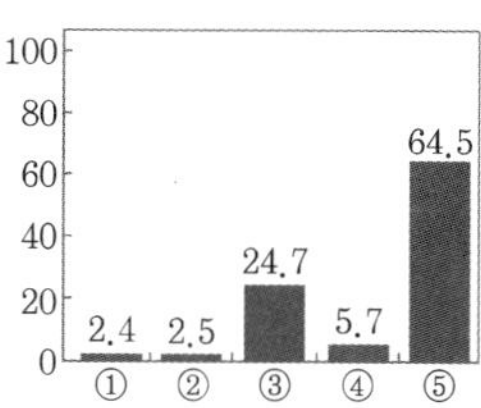

수험생의 64.5%가 정답지를 고른 쉬운 난이도의 문제였다. 매력적인 오답인 ③에 24.7%의 수험생이 몰렸으며 적절한 변별도를 보였다.

정답 해설

안내문을 읽고 해당 내용을 정확히 이해하였는지 평가하기 위한 문제로, 정답은 ⑤이다. 암표 등 불법적인 관람권 유통 방지를 위해 예매권 교환 시, '예매자 명의로 된 신분증'을 반드시 지참해야 한다고 언급되어 있으므로 ⑤는 적절하지 않다.

오답 해설

① 관람 시간은 오후 10시까지이지만, 입장 마감 시간은 관람 종료 1시간 전이므로 적절하다.
② 관람 기간은 7월 16일부터이지만 인터넷 예매는 7월 7일부터이므로 적절하다.
③ 안내문의 주의 사항에서 야간 특별 관람 기간에는 주간과 달리 기타 할인이 적용되지 않는다고 했으므로 적절하다.
④ 많은 국민에게 관람 기회를 제공하기 위해 관람권 구매를 '1인당 2매'로 제한(인터넷, 현장)한다고 했으므로, 관람권 4매를 예매하려면 적어도 2명 이상이 예매에 참여해야 한다.

▶ **지문 출처** 경복궁 누리집(http://www.royalpalace.go.kr)

079 ②

[실용문-안내문] 사실적 이해(정보 확인)

문항 분석

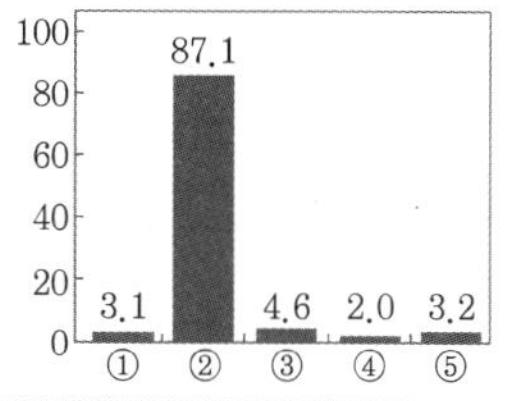

수험생의 87.1%가 정답지를 고른 쉬운 문제였다. 최하위권 수험생들이 나머지 선지에 고르게 반응하여 매우 높은 변별도를 보였다.

정답 해설

안내문에 제시된 정보를 사실적으로 파악할 수 있는지를 평가하기 위한 문제로, 정답은 ②이다. 이 안내문에는 평일에 전화 예매 가능 시간이 언급되어 있기는 하지만 인터넷 예매 가능 시간은 언급되어 있지 않다.

오답 해설

① 관람 요금 안내에서 무료 관람 조건을 확인해 볼 수 있으므로 적절하다.
③ 주의 사항에서 관람객 반입 불가 물품을 확인할 수 있으므로 적절하다.
④ 예매 방법에서 전화 예매 가능 요일과 시간을 확인할 수 있으므로 적절하다.
⑤ 주의 사항에 "ㅇㅇ궁 야간 특별 관람은 우천 시에도 정상적으로 운영됨."이라고 언급되어 있으므로 적절하다.

080 ②

[실용문-자료] 추론적 이해[구체적(다른) 사례에 적용]

문항 분석

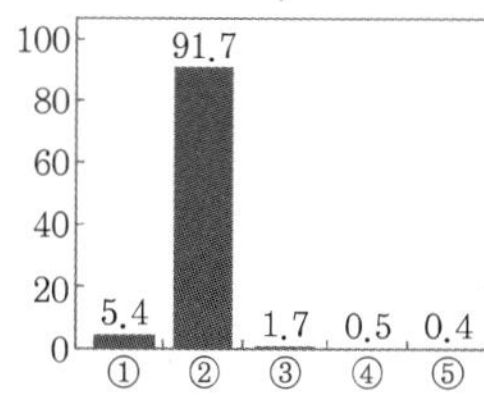

수험생의 91.7%가 정답지를 고른 쉬운 문제였다. 최하위권 수험생들이 나머지 선지에 고르게 반응하여 매우 높은 변별도를 보였다.

정답 해설

제시된 자료를 보고 이를 조건에 맞추어 바르게 적용하였는지를 평가하는 문제로, 정답은 ②이다. 〈보기〉에 제시된 제품은 "한국의 2공장에서 401번째로 생산된 검은색 1TB 하드 디스크"이다. 한국은 'KC', 2공장은 '522', 401번째 출고는 '0401', 검정색은 '401', 1TB는 '363'으로, 이를 제품 일련번호 생성 규칙 순서에 따라 배열하면 'KC5223634010401'이 된다.

오답 해설

① 'KC5224013630401'은 한국의 2공장에서 401번째 생산된 제품이다. 다만 용량과 색상은 표에 제시된 규칙에 맞게 생성된 것이 아니다.
③ 'KC5233634010401'은 한국의 3공장에서 생산된다. 1TB 용량의 검정색으로 401번째 출고된 제품이다.
④ 'CC5211214011363'은 중국의 1공장에서 생산된 250GB 용량의 검정색으로 1363번째 출고된 제품이다.
⑤ 'CC5224013630401'은 중국의 2공장에서 401번째 생산된 제품이다. 다만 용량과 색상은 표에 제시된 규칙에 맞게 생성된 것이 아니다.

081

②

[실용문 - 안내문] 비판적 이해(반응 및 수용)

문항 분석

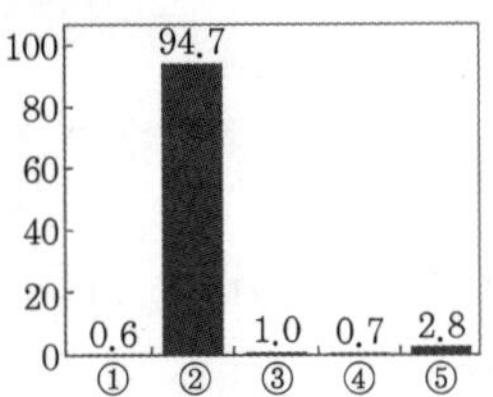

수험생의 94.7%가 정답지를 고른 쉬운 문제였다. 최하위권 수험생들이 나머지 선지에 고르게 반응하여 매우 높은 변별도를 보였다.

정답 해설

안내문을 읽고 구체적인 상황에 적용해 보는 문제로, 정답은 ②이다. 안내문에는 '호우 특보 시 행동 요령'에 대한 정보가 언급되어 있다. 행동 요령 5)에서 아파트와 고층 건물 옥상이나 지하실 및 하수도 맨홀에 가까이 가지 말라고 했으므로, 호우 특보가 발표된 그 즉시 고층 건물 옥상으로 대피하는 것은 적절하지 않다.

오답 해설

① '행동 요령 9)'에서 호우 특보가 발표되면 산간 계곡의 야영객은 미리 대피하라고 했으므로 적절하다.

③ '호우 특보 기준'에 6시간 동안 예상 강우량이 110㎜ 이상이거나 12시간 동안 예상 강우량이 180㎜ 이상이면 기상청에서 호우 경보를 발표한다고 했으므로 적절하다.

④ '행동 요령 6)'에서 호우 특보가 발표되면 라디오, TV, 인터넷, 휴대 전화 등을 통해 기상 예보 및 호우 상황을 잘 알아두라고 했으므로 적절하다.

⑤ '행동 요령 10)'에서 호우 특보가 발표되면 침수가 예상되는 건물의 지하 공간에는 주차를 하지 말고, 지하에 살고 있는 분은 대피해야 한다고 했으므로 적절하다.

▶ **자료 출처** 국민안전처, 「호우 특보 시 국민 행동 요령」

082

⑤

[학술문 - 평론] 사실적 이해(핵심 정보)

문항 분석

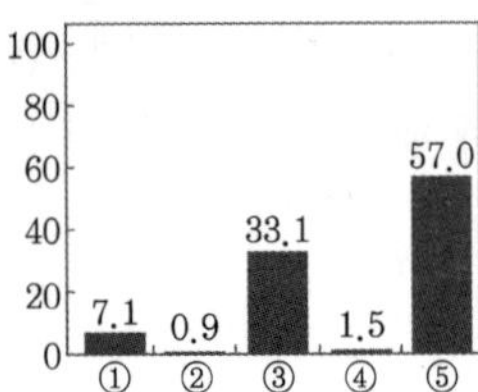

수험생의 57%가 정답지를 고른 보통 난이도의 문제였다. 매력적인 오답인 ③에 33.1%의 수험생이 반응하여 적절한 변별도를 보였다.

정답 해설

영화 평론과 관련된 글을 읽고 핵심 내용을 파악하고, 이를 바탕으로 제목을 추론할 수 있는지를 평가하기 위한 문제이다. 정답은 ⑤로, 지문에서는 시간이라는 새로운 자본이 등장하는 미래 사회를 그린 영화 내용을 논하고 있다. 지문의 마지막 부분에 부자들의 시간을 훔쳐 나눈다는 내용을 통해 '시간이 자본이 되는 미래 사회, 부자들의 시간을 훔쳐 나누다'라는 제목이 가장 적절하다.

오답 해설

① 영화가 화폐의 교환 가치가 없어진 미래 사회의 모습을 그리고 있다는 점에서 일치하지만, 새로운 자본으로 등장하는 시간에 대한 언급을 하지 않아 핵심 내용을 담고 있는 제목이라고 보기 어렵다.

② 지문에서 민주 사회의 가치와 관련한 내용이 없으므로 적절한 제목이라고 볼 수 없다.

③ 불평등한 미래 사회에 대한 언급은 있으나 '시간의 중요성' 자체를 논하는 글이 아니기 때문에 제목이 될 수 없다.

④ 슈퍼 히어로식의 내용 전개에 대해 비판적인 입장을 취하고 있으므로 적절한 제목이 아니다.

▶ **지문 출처** 세계일보(2011.11.11.), 「강유정의 시네마 logue」

083

④

[학술문 - 평론] 사실적 이해(글쓴이의 심리 및 태도)

문항 분석

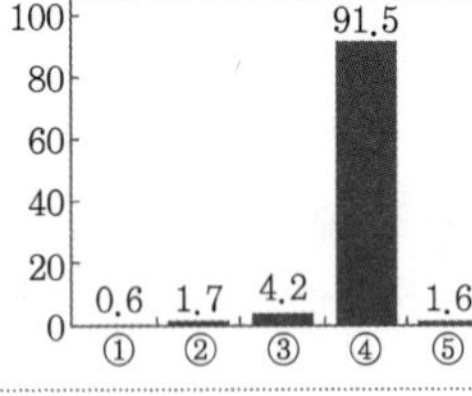

수험생의 91.5%가 정답지를 고른 쉬운 문제였다. 최하위권 수험생들이 나머지 선지에 고르게 반응하여 매우 높은 변별도를 보였다.

정답 해설

영화 평론을 읽고 평론을 쓴 글쓴이의 입장을 정확하게 이해하고 있는지를 평가하기 위한 문제로, 정답은 ④이다. 2문단에서 "시간이 돈이라는 약속은 곧 시간을 많이 가져야만 한다는 강박으로 연쇄된다. 그리고 돈을 시간으로 바꾸자 돈 때문에 죽는 일이 훨씬 더 사실적으로 그려진다."를 통해 돈이 없어서 죽는다는 간접적인 인과 관계가 시간이 없으면 바로 죽는 직접적인 인과 관계로 나타나 죽는 일이 사실적으로 그려지고 있음을 밝히고 있다.

오답 해설

①은 1문단에, ②와 ⑤는 3문단에, ③은 마지막 문단에 글쓴이의 입장이 나타나 있다.

084 ④

[학술문-평론] 어휘의 사전적 의미

문항 분석

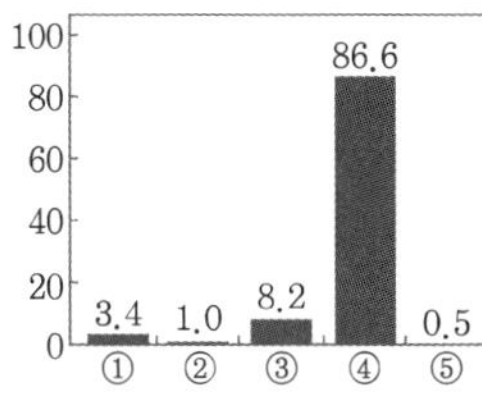

수험생의 86.6%가 정답지를 고른 쉬운 문제였다. ③에 8.2%의 수험생이 반응했으며, 최하위권 수험생들이 나머지 선지에 고르게 반응하여 매우 높은 변별도를 보였다.

정답 해설

지문에 사용된 어휘의 사전적 의미를 정확히 알고 있는지 평가하기 위한 문제로, 정답은 ④이다. '탕진(蕩盡)'은 '재물 따위를 다 써서 없앰. 시간, 힘, 정열 따위를 헛되이 다 써 버림.'이라는 의미를 지닌 말이다. '정치, 도덕 따위 사회적 현상이 어지럽고 깨끗하지 못함.'을 이르는 말은 '혼탁(混濁)'이다.

085 ③

[실용문-자료] 비판적 이해(반응 및 수용)

문항 분석

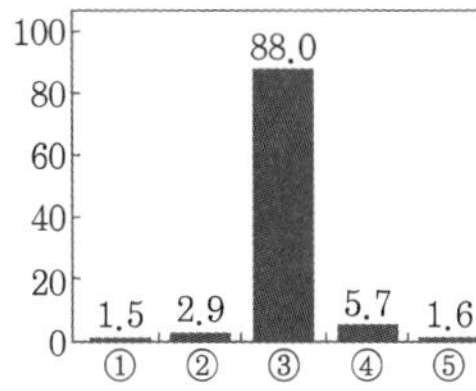

수험생의 88%가 정답지를 고른 쉬운 문제였다. 최하위권 수험생들이 나머지 선지에 고르게 반응하여 매우 높은 변별도를 보였다.

정답 해설

자료를 분석하여 알 수 있는 내용을 바르게 도출해 낼 수 있는지를 평가하기 위한 문제로, 정답은 ③이다. 울산(61명)의 경우 전국 모집 인원(4,988명)의 1.2%에 해당하는 인원을 모집하였으므로, 1%에도 미치지 못하는 인원을 모집하였다는 설명은 적절하지 않다.

오답 해설

① 서울(13.2 : 1), 경기(10.0 : 1), 인천(8.8 : 1)과 같이 서울을 비롯한 수도권 지역에서는 실제 경쟁률이 모두 8 : 1을 넘어섰음을 알 수 있다.

② 모집 인원이 400명을 상회한 지역은 경기(956명), 강원(418명), 충남(475명)의 세 지역뿐임을 알 수 있다.

④ 광역시에 해당하는 지역인 인천(8.8 : 1), 부산(11.2 : 1), 대전(11.3 : 1), 대구(10.2 : 1), 광주(10.0 : 1), 울산(9.9 : 1)의 실제 경쟁률은 전국 평균(8.3 : 1)보다 모두 높게 나타났음을 알 수 있다.

⑤ 실제 경쟁률이 가장 높은 지역은 서울(13.2 : 1)이고, 불합격자가 가장 많은 지역은 경기(8,675명)임을 알 수 있다.

▶ **자료 출처** 전국 시도 교육청

086 ③

[실용문-자료] 사실적 이해(정보 확인)

문항 분석

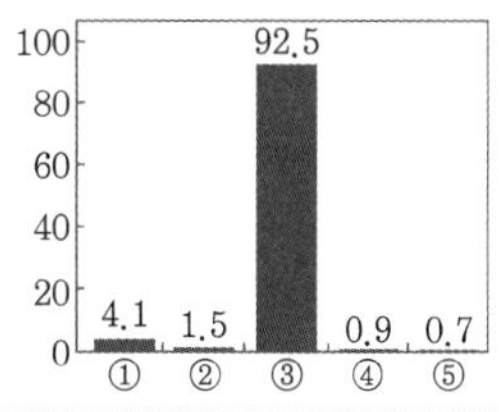

수험생의 92.5%가 정답지를 고른 쉬운 문제였다. 최하위권 수험생들이 나머지 선지에 고르게 반응하여 매우 높은 변별도를 보였다.

정답 해설

제시된 그래프의 내용을 분석하는 능력을 평가하기 위한 문제로, 정답은 ③이다. 그래프의 내용을 보면 남성의 경우 '위암(85.1) > 대장암(68.4) > 간암(48.6)', 여성의 경우 '대장암(43.8) > 위암(41.1) > 간암(17.1)'으로, 위암, 대장암, 간암의 조발생률 순위가 남성과 여성이 상이함을 알 수 있다.

오답 해설

① 갑상샘암의 조발생률은 남성(27.9)이 여성(134.1)에 비해 낮은 편에 속함을 알 수 있다.

② 여성의 경우, 자궁경부암(14.9)보다 유방암(63.7)의 조발생률이 더 높게 나타났음을 알 수 있다.

④ 남성의 경우, 전립샘암(35.7)은 신장암(10.9)보다 조발생률이 3배 이상 높게 나타났음을 알 수 있다.

⑤ 남성은 '대장암(68.4), 폐암(60.5), 간암(48.6), 췌장암(11.2)', 여성은 '대장암(43.8), 폐암(26.3), 간암(17.1), 췌장암(9.1)'으로, 남성이 여성에 비해 조발생률이 높음을 알 수 있다.

087 ⑤

[실용문-자료] 비판적 이해(반응 및 수용)

문항 분석

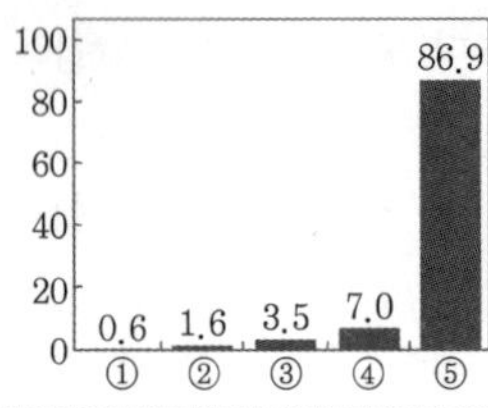

수험생의 86.9%가 정답지를 고른 쉬운 문제였다. 최하위권 수험생들이 나머지 선지에 고르게 반응하여 매우 높은 변별도를 보였다.

정답 해설

제시된 자료를 바르게 이해하였는지를 묻는 문제로, 정답은 ⑤이다. 제시된 열차 운행 시간표에서 '서울역 - 부산역' 구간에서 정차하는 역의 수가 가장 적은 KTX 열차는 113편이다.

오답 해설

① '용산역'에서 운행하는 경부선 하행 KTX 열차는 6시 15분에 출발하는 109편과 7시 정각에 출발하는 113편밖에 없다.
② '대전역'은 운행 시간표를 볼 때, 모든 경부선 하행 KTX 열차가 정차하고 있으므로 적절한 설명이다.
③ '광명역'에서 '천안 아산역'까지 KTX 열차를 타고 가면 23분이 소요됨을 알 수 있다.
④ '오송역'에서 '신경주역'까지 KTX 열차로 환승 없이 가려면 115편을 이용해야 한다.

088 ⑤

[실용문-보도 자료] 사실적 이해(정보 확인)

문항 분석

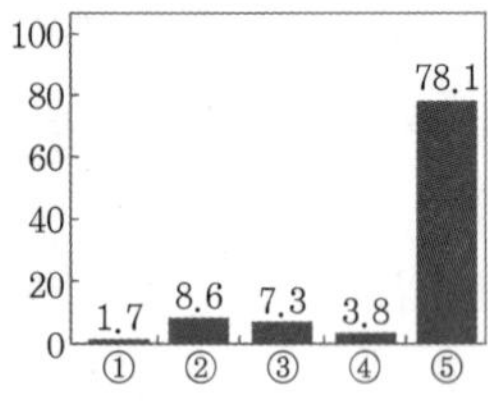

수험생의 78.1%가 정답지를 고른 쉬운 문제였다. 최하위권 수험생들이 나머지 선지에 고르게 반응하여 매우 높은 변별도를 보였다.

정답 해설

보도 자료의 내용을 사실적으로 이해하는 능력을 평가하기 위한 문제로, 정답은 ⑤이다. 보도 자료의 마지막 부분을 살펴보면, 빈병 무인 회수기에 대한 만족도 조사는 이미 실시되었으며 10명 중 7명이 편리하다고 응답했음을 알 수 있다.

▶ **지문 출처** 환경부 보도 자료(2016.06.29.), 「빈병 보증금 제도, 눈에 확 띄게 준비 착착~」

089 ①

[실용문-보도 자료] 비판적 이해(반응 및 수용)

문항 분석

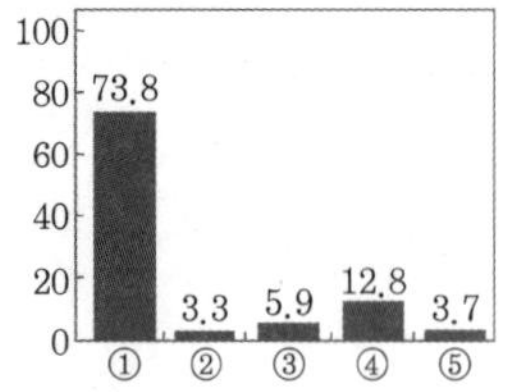

수험생의 73.8%가 정답지를 고른 보통 난이도의 문제였다. 매력적인 오답인 ④에 12.8%의 수험생이 반응하여 매우 높은 변별도를 보였다.

정답 해설

보도 자료의 내용을 읽고 적절한 반응을 추론을 하고 있는지를 평가하기 위한 문제로, 정답은 ①이다. 보도 자료 내용에 따르면, 환경부의 보증금 상담 센터는 대량의 빈병을 직접 수거하는 장소가 아니라, 빈 병 반환을 거부하는 소매점을 신고하거나, 한국순환자원유통지원센터와 함께 빈 병 보관과 관련한 소매점의 문제를 해결하는 역할을 하는 곳이다.

오답 해설

② 보도 자료에서 작년 9월부터 수도권 대형 마트에 빈 병 무인 회수기가 설치되어 운영되고 있다고 하였으므로 적절한 반응이다.
③ 오염된 빈 병은 환불받기가 어렵다고 하였으므로 적절한 반응이다.
④ '빈 용기 신고 보상제'는 5만 원 이내의 보상금을 1인당 연간 10건 이내로 지급하여 연간 최대 50만 원 이내의 보상금을 지급받을 수 있으므로 적절한 반응이다.
⑤ 환경부에서 빈 병 회수와 관련한 자료집, 홍보 책자, 포스터 등을 제작하여 6월 중에 배포했다고 하였으므로 적절한 반응이다.

090 ③

[실용문-보도 자료] 사실적 이해(정보 확인)

문항 분석

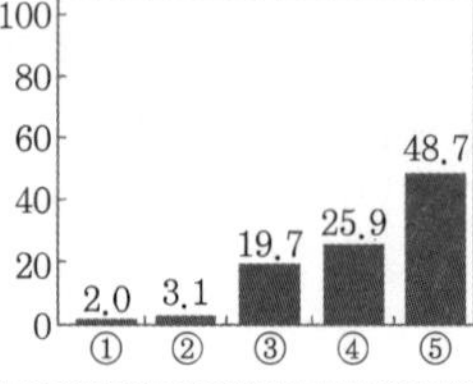

수험생의 19.7%만이 정답지를 고른 매우 어려운 문제였다. 매력적인 오답인 ⑤에 48.7%의 수험생이 몰렸으며, ④에도 25.9%의 수험생이 반응하여 적절한 변별도를 보였다.

정답 해설

보도 자료의 내용을 정확히 이해하는 능력을 평가하기 위한 문제로, 정답은 ③이다. 보도 자료의 내용에 따르면 질병관리본부 긴급 상황실은 리우데자네이루 현지에 설치되는 것이 아니라 국내에 설치되는 것임을 알 수 있다.

오답 해설

① 보도 자료의 마지막 부분에서 모기가 옮기는 감염병으로 황열, 말라리아, 뎅기열, 지카 바이러스 등을 언급하고 있다.
② 리우 올림픽 선수단 96.3%에게 예방 접종을 완료하였고 예방 교육을 진행 중이라고 하였다.
④ 질병관리본부는 선수단과 임원진뿐만 아니라 응원단 등의 출국자를 파악하여 예방 접종과 교육을 실시한다고 하였다.
⑤ 질병관리본부의 대책은 하계 올림픽 이후 개최되는 패럴림픽(장애인 올림픽)에도 적용됨을 알 수 있다.

▶ **지문 출처** 보건복지부 보도 자료

국어 문화 091번~100번

기출문제집 p.110

091	⑤	092	⑤	093	①	094	④	095	③
096	②	097	②	098	⑤	099	③	100	⑤

091 ⑤

국어 생활(일상어)

문항 분석

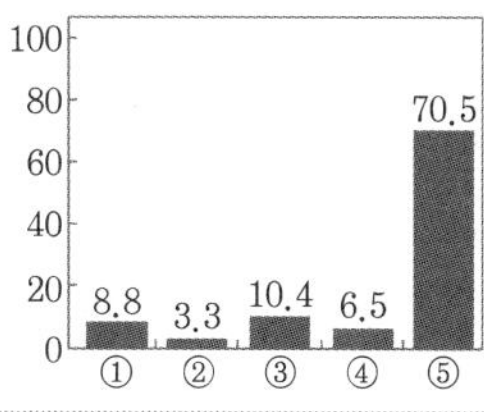

수험생의 70.5%가 정답지를 고른 보통 난이도의 문제였다. 매력적인 오답인 ③에 10.4%의 수험생이 반응하여 매우 높은 변별도를 보였다.

정답 해설

〈보기〉에 제시된 단어 설명을 메타적으로 이해할 수 있는지 여부를 평가하기 위한 문제이다. 〈보기〉는 KBS에서 방영하였던 퀴즈 프로그램에서 영어권 교포 화자가 스피드 퀴즈 형식으로 각 단어들을 설명한 것인데, 단어의 정확한 의미를 모르는 상태에서 여러 요소들을 동원하여 단어를 설명하고 있는 양상을 확인할 수 있다. (마) '실랑이'를 설명할 때, '신랑 + 이(2)'로 분해하여 설명하는 모습을 확인할 수 있다. 이는 '표기'에 주목 것이 아니라 '실랑'과 '신랑'의 발음에 주목한 경우에 해당한다. 따라서 정답은 ⑤이다.

오답 해설

① '구름'을 '뽀글뽀글한 것'이라고 설명한 것은 대상의 형태에 주목한 것에 해당한다. 다만, 모어 화자라면 구름에 '뽀글뽀글'이라는 의태어를 사용하지는 않았을 것이다.
② '매'라는 단어를 음소 단위(ㅁ + ㅐ)로 쪼개어 전자를 상자 혹은 박스에, 후자를 사다리 혹은 에이치(H)로 설명한다는 점에서 타당한 설명이다.
③ 동물 '자라'와 '자다'의 명령형 '자라'의 동음이의 관계를 활용하면서도 '거북이 친구'라 하여 보다 익숙한 말로 대체하는 모습을 확인할 수 있다.
④ '품팔이'를 '품 + 팔 + 이'로 쪼개어 설명하면서 각각의 요소들을 원래 단어의 의미와는 무관하게 설명하는 모습을 확인할 수 있다. 특히 품팔이의 '품'은 '어떤 일에 드는 힘이나 수고.'의 뜻이지만, 안긴다는 의미의 '품'은 '두 팔을 벌려서 안을 때의 가슴.'임을 주의해야 한다.

▶ **자료 출처** 강남욱(2009), 「영어권 교포 화자의 한국어 어휘 인식 유형화 연구」, 『국어교육연구 24집』, 서울대 국어교육연구소

092 ⑤

국어 생활(일상어 – 갑자의 순서)

문항 분석

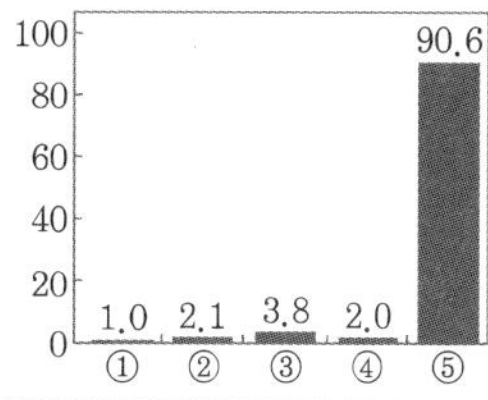

수험생의 90.6%가 정답지를 고른 쉬운 문제였다. 최하위권 수험생들이 나머지 선지에 고르게 반응하여 매우 높은 변별도를 보였다.

정답 해설

갑자의 순서를 바르게 이해하고 있는지를 평가하기 위한 문제로, 국어 문화적 교양 능력을 평가하기 위한 문제이다. 정답은 ⑤이다. 표를 통해 유추해 볼 때, '천간'과 '지지'는 각각 순서에 따라 매해 바뀜을 알 수 있다. 즉, '천간'의 경우 2013년 '계', 2014년 '갑', 2015년 '을', 2016년 '병'이므로 순서에 따라 2017년에는 '정'이 들어가야 한다. 또한 '지지'의 경우 2013년 '사', 2014년 '오', 2015년 '미', 2016년 '신'이므로 순서에 따라 2017년에는 '유'가 들어가야 한다. 그러므로 2017년의 갑자는 '정유'가 되는 것이다. 2018년 '무술', 2019년 '기해'가 되는 것도 이러한 원리에 따라 이루어진 것이다.

093 ①

국어 생활(매체 언어)

문항 분석

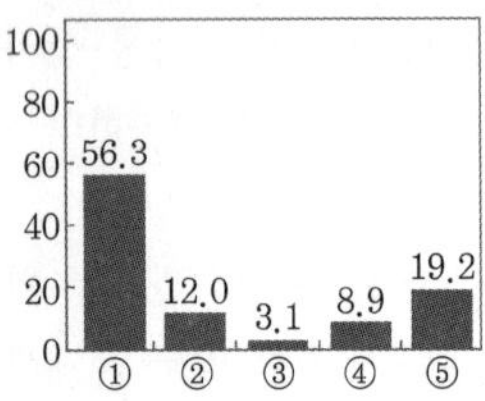

수험생의 56.3%가 정답지를 고른 보통 난이도의 문제였다. 매력적인 오답인 ⑤에 19.2%의 수험생이 반응하였으며, ②에도 12%의 수험생이 반응하여 적절한 변별도를 보였다.

정답 해설

방송 언어의 특성을 알고 있는지 평가하기 위한 문제로, 정답은 ①이다. ①의 밑줄 친 맥락에서는 고유어가 아닌 한자어로 읽는 것이 더욱 적절하다.

오답 해설

② '이견'은 말 그대로 서로 다른 의견을 의미한다. '이견을 보이다' 등이 자연스럽다. 서로의 의견을 조율하면서 협의하는 과정이 '의견의 차를 좁히는 과정'이다.

③ '예정으로 있습니다'는 어법에 맞지 않으며, 일본식 표현이다.

④ '효자 품목'은 부지불식간에 쓰는 성차별 용어의 일종이다. '김 여사', '복부인', '여장부' 등도 같은 부류이다.

⑤ '장본인'은 결과가 부정적일 때 쓴다. 긍정적인 결과인 경우에는 '주역' 혹은 '주인공'으로 쓰는 것이 적절하다.

094 ④

국문학(작품)

문항 분석

수험생의 65%가 정답지를 고른 쉬운 난이도의 문제였다. 매력적인 오답인 ⑤에 18.6%의 수험생이 반응하여 적절한 변별도를 보였다.

정답 해설

〈보기〉의 설명에 해당하는 민속극을 바르게 이해하고 있는지를 묻는 문제로, 국문학적 교양 능력을 평가하기 위한 문제이다. 정답은 ④이다. '꼭두각시놀음'은 우리나라의 민속 인형극으로, 홍동지, 박첨지 따위의 여러 가지 인형을 무대 위에 번갈아 내세우며 무대 뒤에서 조종하고 그 인형의 동작에 맞추어 조종자가 말을 하는 것이 특징이다.

오답 해설

① '봉산 탈춤'은 황해도 봉산에 전해지는 산대놀음 계통의 탈춤으로, 7마당으로 구성되며 사자춤이 있는 것이 특색이다. 중요 무형 문화재 제17호이다.

② '수영 야유'는 부산광역시 수영구 수영동에 전승되고 있는 탈놀이로, 모두 4과장으로 구성되며 정월 대보름에 산신제와 함께 벌인다. 중요 무형 문화재 제43호이다.

③ '고성 오광대'는 경상남도 고성 지역에서 전승되는 오광대 놀이이다. 5마당으로 되어 있는데 문둥이, 원양반, 접양반, 접광대, 말뚝이, 중 따위 19명의 배역이 등장하며, 19개의 가면과 아기 인형이 사용되는 가면극이다. 주로 음력 대보름날에 행해졌으나 현재는 봄가을에 오락적인 놀이로 공연되며 중요 무형 문화재 제7호이다.

⑤ '송파 산대놀이'는 서울 송파 지역에서 18세기 중반부터 전승되어 온 산대놀이로, 원래는 직업적인 놀이패의 흥행물이었던 것이 그 지역의 세시 행사로 수용되었다고 한다. 현재 전승되는 놀이는 모두 12과장으로 33개의 탈을 쓴다. 중요 무형 문화재 제49호이다.

095 ③

국어 생활(일상어-호칭어)

문항 분석

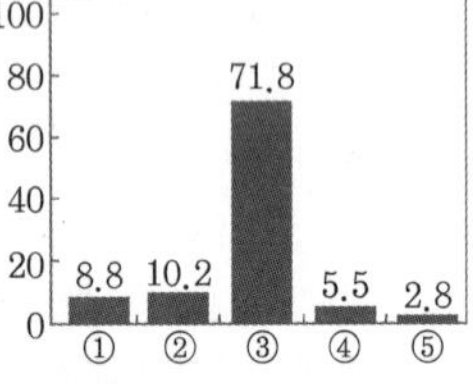

수험생의 71.8%가 정답지를 고른 쉬운 난이도의 문제였다. ②에 10.2%의 수험생이 반응하였으며, 최하위권 수험생들이 나머지 선지에 고르게 반응하여 높은 변별도를 보였다.

정답 해설

이 문제는 〈보기〉에 제시된 가족 관계도를 바탕으로 호칭 표현을 바르게 이해하고 있는지를 묻는 것으로, 정답은 ③이다. '심수민'에게 '강우영'은 '처제'가 아닌 '올케'이다. '처제'는 아내의 여자 동생을 이르거나 부르는 말이다.

오답 해설

① '심준하'에게 '강찬기'는 '처남'이다. '처남'은 자기보다 나이가 적은, 아내의 손위 남자 형제를 이르거나 부르는 말이며, 아내의 손아래 남자 형제를 이르거나 부르는 말이다.

② '강찬기'에게 '심준하'는 '매제'이다. '매제'는 손아래 누이의 남편을 이르거나 부르는 말이다.

④ '강우영'에게 '심수민'은 '시누이'이다. '시누이'는 남편의 누나나 여동생을 이르는 말이다.

⑤ '윤현진'에게 '정지우'는 '안사돈'이다. '안사돈'은 딸의 시어머니나 며느리의 친정어머니를 양편 사돈집에서 서로 이르거나 부르는 말이다.

096 ②

국어학(문법 – 표준어와 방언)

문항 분석

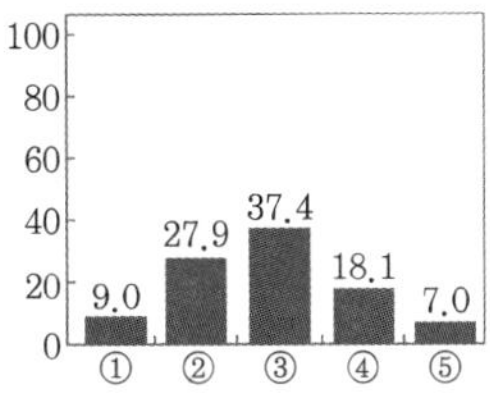

수험생의 27.9%만이 정답지를 고른 매우 어려운 문제였다. 매력적인 오답인 ③에 37.4%의 수험생이 몰렸으며, ④에도 18.1%의 수험생이 반응하여 적절한 변별도를 보였다.

정답 해설

생활 주변에서 자주 사용하는 어휘 중 표준어를 구분하는 능력을 평가하기 위한 문제이다. 생소한 표준어 혹은 일상에서 자주 쓰이는 방언을 따로 확인해 둘 필요가 있다. 정답은 ②이다. '오지랖'은 '웃옷이나 윗도리에 입는 겉옷의 앞자락.'을 뜻하는 표준어이다. 흔히 '오지랖이 넓다'와 같은 관용구로 쓰이는데, '쓸데없이 지나치게 아무 일에나 참견하는 면이 있다.'라는 의미이다.

오답 해설

① ㉠의 '뜨락'은 '집 안의 앞뒤나 좌우로 가까이 딸려 있는 빈 터.'를 의미하는 '뜰'과 같은 말로 표준어이다.

③ ㉢의 '가리'는 주로 '값을 나중에 치르기로 하고 물건을 사거나 파는 일.'을 뜻하는 외상(外上)을 의미하는 말로 사용되지만 표준어가 아니다.

④ ㉣의 '마수걸이'는 '맨 처음으로 물건을 파는 일. 또는 거기서 얻은 소득.'을 의미하는 말로 표준어이다.

⑤ ㉤의 '마루'는 '등성이를 이루는 지붕이나 산 따위의 꼭대기, 파도가 일 때 치솟은 물결의 꼭대기.'를 의미하는 말로 표준어이다.

097 ②

국어 생활(일상어 – 봉투 적기)

문항 분석

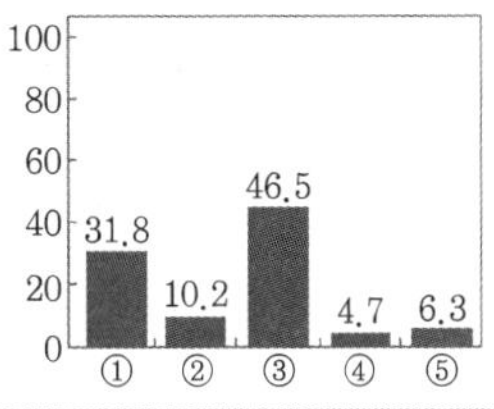

수험생의 10.2%만이 정답지를 고른 매우 어려운 문제였다. 매력적인 오답인 ③에 46.5%의 수험생이 몰렸으며, ①에도 31.8%의 수험생이 반응하여 적절한 변별도를 보였다.

정답 해설

축하나 위로의 뜻을 전하는 봉투의 문구를 정확하게 알고 있는지 여부를 평가하기 위한 문제로, 정답은 ②이다. 환갑을 축하하는 봉투에는 '축 수연(祝 壽宴)', '축 환갑(祝 還甲)', '축 화갑(祝 華甲)' 등이라고 쓰는 것이 예의이다. 환갑을 기원하는 것이 아니라 축하하는 것이므로 '기 환갑(祈 還甲)'이 아닌 '축 환갑(祝 還甲)'으로 써야 한다. 국어 예절 문제에서는 생소한 한자어가 많이 나오는 경향이 있으므로 알아 둘 필요가 있다.

오답 해설

① 퇴임을 축하하는 봉투에는 그 동안의 공을 기린다는 뜻의 '송공(誦功)'이나 삼가 축하한다는 뜻의 '근축(謹祝)'을 쓰는 것이 예의이다.

③ 결혼을 축하하는 봉투에는 '축 혼인(祝 婚姻)', '축 결혼(祝 結婚)', '축 화혼(祝 華婚)', '축의(祝儀)', '하의(賀儀)'라고 쓰는 것이 예의이다.

④ 문병에서 위로 봉투의 문구에는 조속한 쾌유를 기원한다는 뜻에서 '기 쾌유(祈 快癒)'라고 쓰는 것이 예의이다.

⑤ 초상에서 위로하는 봉투에는 '부의(賻儀)'가 가장 일반적이며 '근조(謹弔)'라고 쓰기도 한다.

098 ⑤

국어학(북한어)

문항 분석

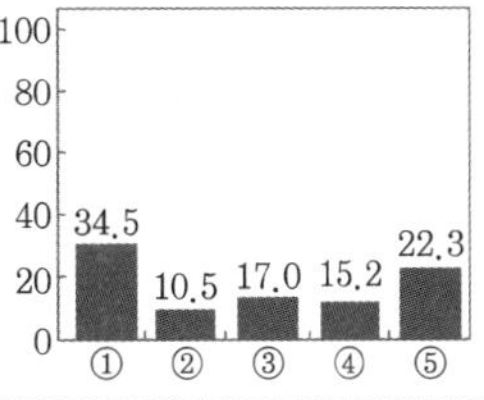

수험생의 22.3%만이 정답지를 고른 매우 어려운 문제였다. 매력적인 오답인 ①에 34.5%의 수험생이 몰렸으며, 나머지 선지에도 각각 10~17%대의 수험생이 반응하여 낮은 변별도를 보였다.

정답 해설

제시된 자료를 바탕으로 남북한 언어의 차이를 파악하는 문제로, 정답은 ⑤이다. '꼬마'와 '곰'을 '꼬마곰'과 같이 북한에서는 붙여 쓰고 있지만, 남한에서는 '꼬마 곰'과 같이 띄어 써야 한다. 명사와 명사의 구성이기 때문에 두 명사는 띄어 쓰는 것이 원칙이다.

오답 해설

① 북한에서는 '햇님'처럼 사이시옷을 표기하지 않고 있다. 남한에서도 북한에서처럼 사이시옷을 표기하지 않은 '해님'이 어법에 맞는 표현이다.
② 남한에서도 북한에서처럼 '산너머로'로 쓰는 것이 문맥상 적절하다.
③ 남한에서도 북한에서와 같이 '돌아보자꾸나.'로 쓰는 것이 어법에 맞다.
④ 남한에서도 북한에서와 같이 '사뿐히'로 표기하는 것이 규정에 맞다.

099 ③

국어학(근대 국어)

문항 분석

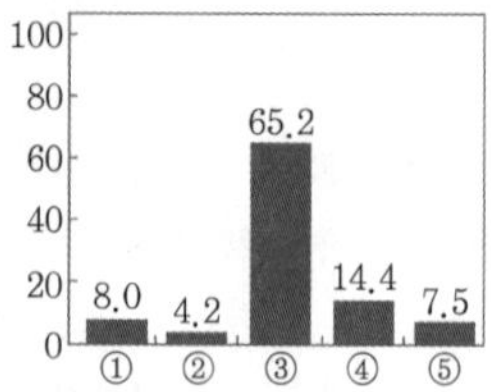

수험생의 65.2%가 정답지를 고른 보통 난이도의 문제였다. 매력적인 오답인 ④에 14.4%의 수험생이 반응하여 매우 높은 변별도를 보였다.

정답 해설

근대 국어가 사용된 신문 광고의 내용을 바탕으로 국어의 역사에 대한 지식과 분석 능력을 평가하는 문제이다. 정답은 ③이다. 〈보기〉의 '살님살이'는 '살림'과 '살이'가 결합한 말로 [살림사리]로 발음한다. 그런데 〈보기〉에서는 '살님살이'로 표기되어 'ㄹㄹ'이 'ㄹㄴ'으로 표기된 것을 확인할 수 있다.

오답 해설

① '가뎡정돈', '자졔교육' 등에서 단모음화가 이루어지지 않은 것을 확인할 수 있다.
② 〈보기〉에서는 명사형 어미 '-기'가 사용된 부분을 확인할 수 없다.
④ 〈보기〉에서는 재음소화 표기를 확인할 수 없다.
⑤ '가뎡정돈', '뎨일', '이상뎍됴미료' 등의 어휘에서 구개음화가 이루어지지 않은 것을 확인할 수 있다.

100 ⑤

국어학(순화어)

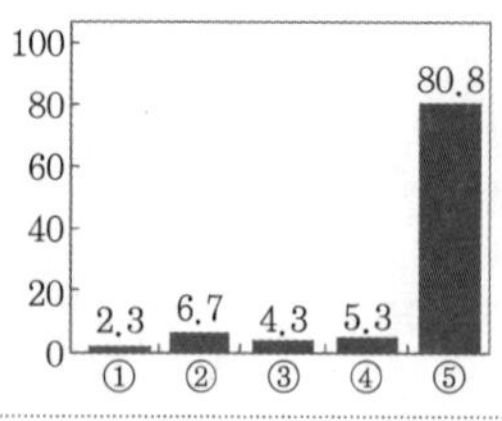

수험생의 80.8%가 정답지를 고른 쉬운 문제였다. 최하위권 수험생들이 나머지 선지에 고르게 반응하여 매우 높은 변별도를 보였다.

정답 해설

〈보기〉의 설명을 정확하게 이해하여 그에 부합하는 순화어를 찾을 수 있는지 여부를 묻는 문제이다. 순화어와 관련된 문제는 매 시험에서 반드시 출제되고 있으며, 이번 시험에서는 〈보기〉에 일정한 관점을 제시한 후 그에 부합하는 사례를 찾게 하는 형식을 취한다는 점이 특징적이다. 〈보기〉에서는 순화어의 요건으로 1) 의미적으로 타당할 것, 2) 한자어도 배척하지 않을 것의 두 가지를 꼽고 있다. 이러한 요건에 가장 부합하는 것은 '론칭쇼'를 '신제품 발표회'로 순화한 것이다. 따라서 정답은 ⑤이다.

오답 해설

① '헤드셋'을 '소리귀마개'로 순화하게 되면, 순화어의 의미가 '소리가 나오는 귀마개'인지 '소리를 막기 위한 귀마개'인지 정확하게 드러나지 않는다.
② '정크푸드'를 순화한 '부패 식품'은 원래 말과 의미상으로 전혀 통하지 않는다.
③ '스키니진'은 '달라붙는'이 가장 중요한 속성인데, 이를 '매끈'으로 순화해서는 의미상 전이가 어렵다.
④ '아이콘'은 원래 '우상'과 '최고'의 두 가지 의미를 지니는데, 순화어 '으뜸본'으로는 이 두 의미를 모두 포괄하기 어렵다. 따라서 이들은 모두 〈보기〉의 첫 번째 요건을 충족하지 못한 사례들이다.

▶ **지문 출처** 김세중(2009.7.), 「말 다듬기를 생각하며」, 『국립국어원 전자책 소식지 '쉼표, 마침표' 45호』

|2016년 05월 22일 시행|

제42회 KBS 한국어능력시험

정답과 해설

제42회 성적 분석 결과

2016년 5월 22일, 6,448명이 응시한 **제42회** 〈KBS한국어능력시험〉의 원점수 평균점은 100점 만점에 72.02점, 표준 편차는 9.42로 나타났다.

제42회 〈KBS한국어능력시험〉의 영역별 평균 점수를 살펴보면, **문법 영역**이 16.72점(30점 만점), **이해 영역**이 33.55점(40점 만점), **표현 영역**이 7.85점(10점 만점), **창안 영역**이 8.66점(10점 만점), **국어 문화 영역**이 5.23점(10점 만점)이었다.

제42회 등급별 성적 분석

등급	인원	비율
1급	165명	2.56%
2+급	322명	4.99%
2-급	612명	9.49%
3+급	1,106명	17.15%
3-급	969명	15.03%
4+급	1,587명	24.61%
4-급	670명	10.39%
무급	1,017명	15.77%
합계	6,448명	100.00%

(1급~4+급: 국가공인 자격증 발급)

[등급별 인원 분포]

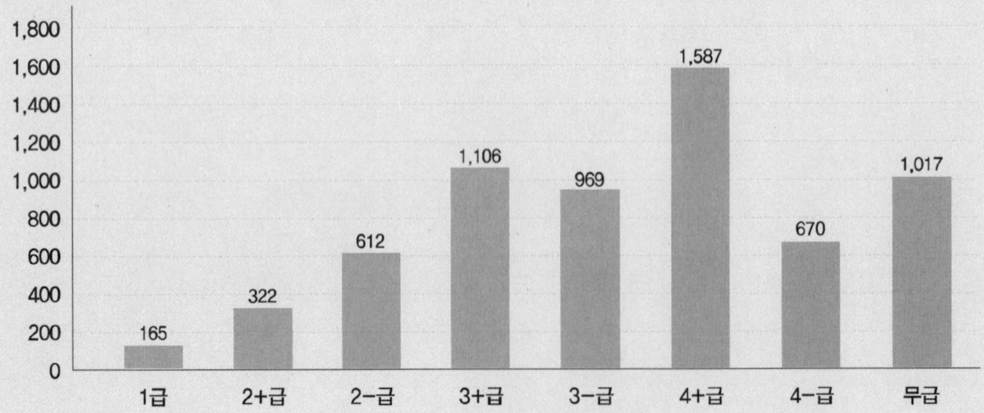

제42회 영역별 성적 분석

	문법	이해	표현	창안	문화	원점수
평균	16.72	33.55	7.85	8.66	5.23	72.02
표준 편차	3.60	4.63	1.50	1.05	1.80	9.42
만점	30.00	40.00	10.00	10.00	10.00	100.00
최고점	28.00	40.00	10.00	10.00	10.00	94.00
최저점	0.00	0.00	0.00	0.00	0.00	00.00

[원점수 분포]

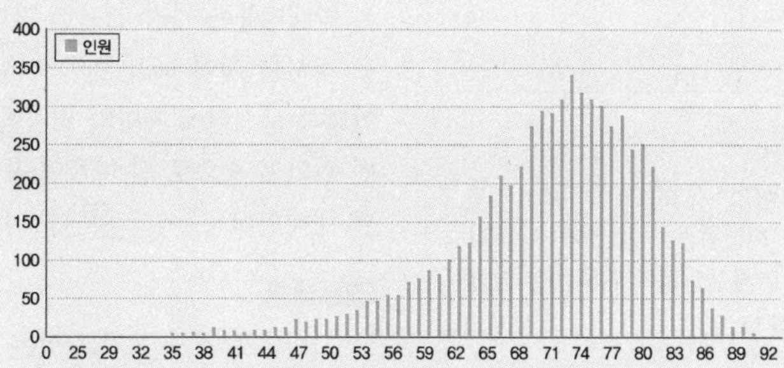

[영역별 점수 분포]

① 문법 영역 점수 분포

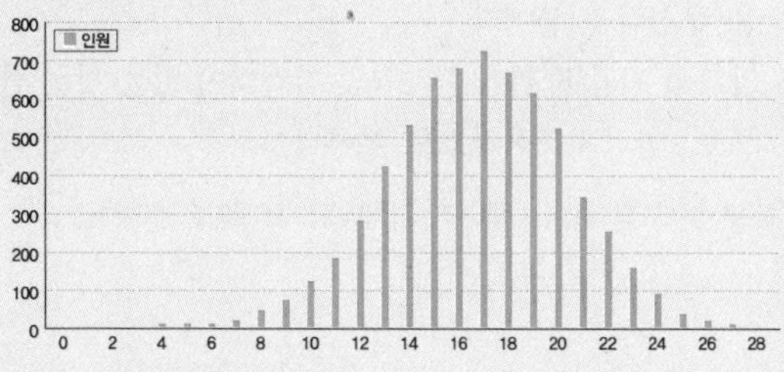

② 이해 영역 점수 분포

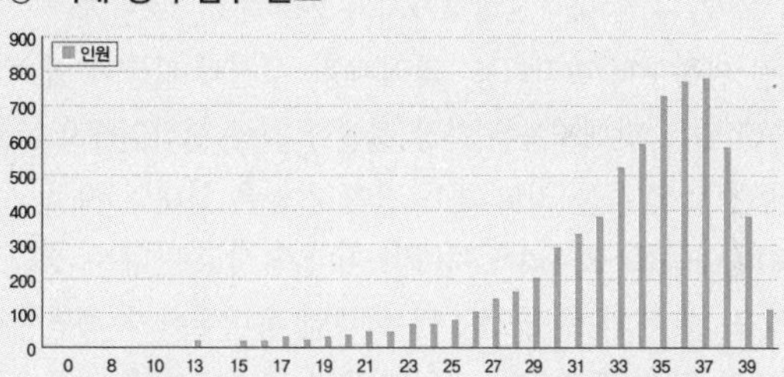

③ 표현 영역 점수 분포

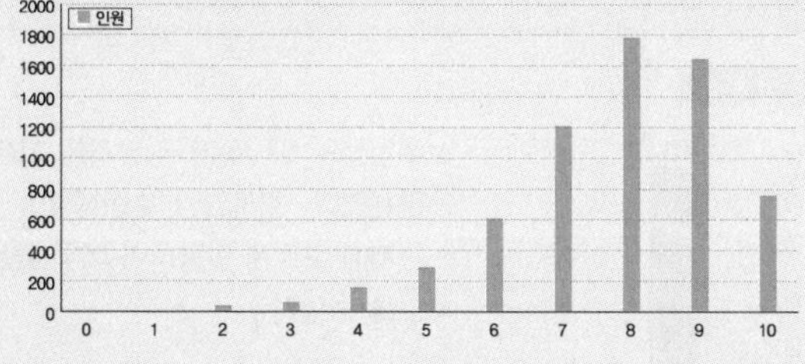

④ 창안 영역 점수 분포

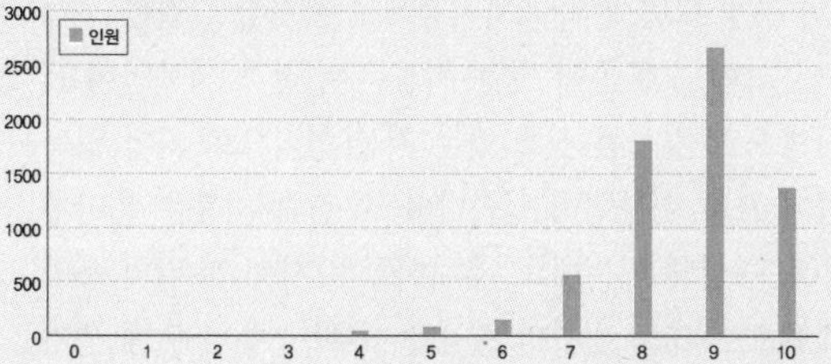

⑤ 문화 영역 점수 분포

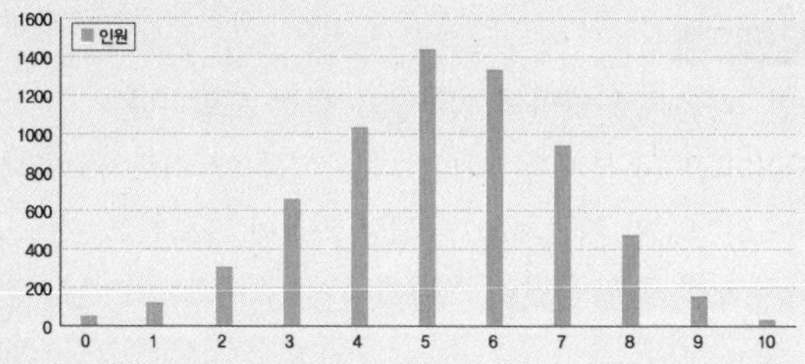

2016년 05월 22일 시행

제42회 정답과 해설

듣기·말하기 001번~015번

기출문제집 p.121

001	④	002	②	003	③	004	②	005	①
006	④	007	④	008	③	009	③	010	⑤
011	③	012	④	013	②	014	②	015	②

001 ④

사실적 이해

문항 분석 답지반응률 확인!!

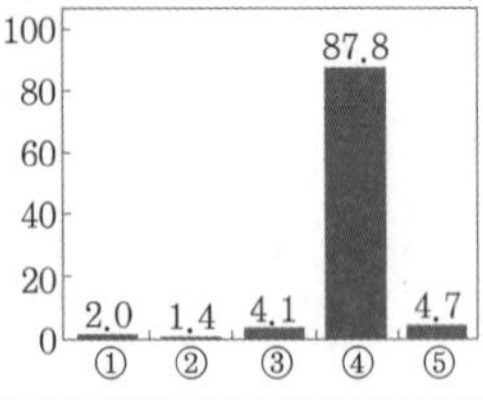

수험생의 87.8%가 정답지를 고른 쉬운 문제였다. 최하위권 수험생들이 나머지 선지에 고르게 반응하여 매우 높은 변별도를 보였다.

듣기 대본

1번. 먼저 그림에 대한 설명을 들려 드립니다.

한식 가옥의 지붕 구조에는 크게 3가지가 있는데요, 그림에서 보시는 것처럼 왼쪽부터 팔작지붕, 맞배지붕, 우진각 지붕이 있습니다. 가운데 있는 맞배지붕은 가장 간단한 지붕 형식인데요, 지붕면이 양면으로 경사를 지어 책을 반쯤 펴놓은 형태의 지붕입니다. 지붕의 아래쪽 모서리에 처마와 처마가 서로 만나는 추녀가 없이 지붕 맨 위의 수평으로 된 마루인 용마루까지 측면 벽이 삼각형으로 된 형태인데요, 집의 앞뒤로 평면에 따라 길쭉하게 지붕이 구성돼 가늘고 긴 지붕 형태가 됩니다. 좌우 측면은 ㅅ 자형의 구성 그대로 둬 기와지붕으로는 가장 간결한 구성이 특징이죠. 그림 오른쪽에 있는 지붕은 우진각 지붕인데요, 지붕면이 사방으로 경사를 짓고 있는 지붕 형식으로 되어 있는데요, 네 면에 모두 지붕면이 있습니다. 우진각 지붕은 용마루와 추녀마루로 구성돼 있는데요, 추녀마루는 지붕 맨 위의 용마루에서 아래쪽으로 45도 방향의 경사를 이루는, 추녀 위에 생기는 마루를 말합니다. 그래서 우진각 지붕은 4개의 추녀마루가 용마루에 몰려 붙은 형태를 하고 있죠. 정면에서 보면 사다리꼴 모양이고요. 측면에서 보면 삼각형으로 되어 있지요. 그림 왼쪽에 있는 지붕은 팔작지붕입니다. 우진각 지붕과 같이 사방으로 지붕면이 있지만 양측면의 지붕면 위에 삼각형의 합각벽이 있어서, 합각지붕이라고도 불립니다. 팔작지붕은 용마루, 내림마루, 추녀마루를 모두 갖춘 가장 복잡한 형태의 지붕인데요, 내림마루는 용마루의 양쪽 끝단에서 아래쪽으로 내려오는 마루를 말합니다. 우진각 지붕의 상부를 수평으로 잘라서 그 위에 맞배지붕을 올려놓은 것 같은 복합형 지붕 형식이라고 할 수 있지요.

정답 해설

그림에 대한 설명을 듣고 그 내용을 정확하게 이해하였는지를 평가하기 위한 문제이다. 이 문제의 정답은 ④이다. "가운데 있는 맞배지붕은 가장 간단한 지붕 형식인데요, 지붕면이 양면으로 경사를 지어 책을 반쯤 펴놓은 형태의 지붕입니다. 지붕의 아래쪽 모서리에 처마와 처마가 서로 만나는 추녀가 없이 지붕 맨 위의 수평으로 된 마루인 용마루까지 측면 벽이 삼각형으로 된 형태인데요."에서 확인할 수 있다.

오답 해설

① 사방으로 경사를 짓고 있는 지붕은 우진각 지붕과 팔작지붕이다.
② 용마루, 내림마루, 추녀마루를 모두 갖추고 있는 것은 팔작지붕이다.
③ 4개의 추녀마루가 용마루에 몰려 붙은 형태를 띠고 있는 것은 우진각 지붕이다.
⑤ 양측의 지붕면 위에 삼각형의 합각벽이 있는 것은 팔작지붕으로, 합각지붕이라고도 부른다.

▶ **대본 및 그림 출처** 네이버 지식백과, 세계미술용어사전

002 ②

사실적 이해

문항 분석

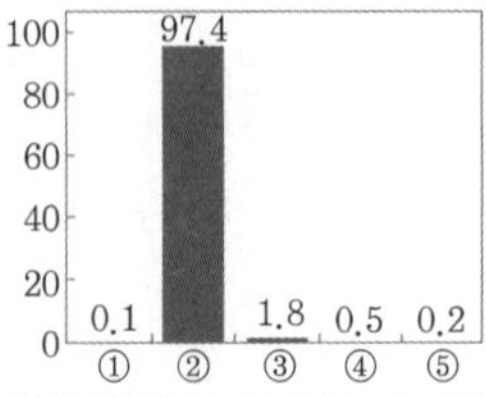

수험생의 97.4%가 정답지를 고른 쉬운 문제였다. 최하위권 수험생들이 나머지 선지에 고르게 반응하여 매우 높은 변별도를 보였다.

듣기 대본

2번. 다음은 드라마의 일부분을 들려 드립니다.

시어머니: (흥분해서) 아니, 너는 애를 안 가르치고 뭐했니?
며느리: 왜 안 가르쳐요. 둘째랑 똑같이 가르쳤고, 저도 그렇게까지 모를 줄은 몰랐죠. 겨우 1학년이잖아요. 어머님, 받아쓰기

점수보다도 학교 자체를 즐겁게 다니고 친구들하고 사이좋게 노는 게 더 중요하잖아요.
시어머니: 받아쓰기 힘들고 점수 낮으면 학교가 재미나겠니? 선생이 재원이 때문에 귀찮아 죽겠는 표정이더라. 그러니 애는 오죽하겠니?
며느리: 재원인 그래도 학교가 재미있대요.
시어머니: (따진다) 어떻게 아니? 네가
며느리: (달래고) 매일 즐겁게 잘 다니니까요. 한글 모른다고 주눅 들고 그러지 않는다니까요.
시어머니: (성에 안차고) 좀 더 지나 봐라. 갑자기 학교 안 간다고 할지도 모르잖니.
며느리: 그건 뭐… 그때 해결해야죠. 이제 두 달짼데 좀 더 두고 보려고요.
시어머니: (대뜸 화가 나고) 네가 이렇게 태평이니까, 재원이도 하려고 안하는 거 아니냐? 아휴. 지금이라도 안 늦었다. 네가 다잡고 가르치든가, 방문 교사를 부르든가 무슨 수를 내라. 아이고, 이게 뭔 날벼락인지, 원. 요즘 1학년은 애 엄마가 학교 다니듯 하는 시대라고 하더라.
며느리: 우리나라만 그래요, 어머님.
시어머니: 너흰 우리나라 사람 아니니?

정답 해설

드라마의 내용을 사실적으로 이해하는 능력을 평가하기 위한 문제로, 정답은 ②이다. 이 드라마에서 방문 교사에 대한 언급은 시어머니가 며느리를 채근하며 손자에게 방문 교사를 부르든가 무슨 수를 내라고 하라는 부분뿐이다. 며느리는 방문 교사를 불러 가르치는 것에 대해 언급한 바가 없다.

오답 해설

① 며느리의 첫째 발화에서 받아쓰기 점수보다 학교 자체를 즐겁게 다니고 친구들과 사이좋게 노는 게 더 중요하다고 언급한 내용을 통해 확인할 수 있다.
③ 며느리의 다섯째 발화에서 시어머니의 말을 듣고 "우리나라만 그래요."라고 언급한 부분을 통해 확인할 수 있다.
④ 시어머니의 둘째 발화에서 "받아쓰기 힘들고 점수가 낮으면 학교가 재미있겠니?"라고 물은 부분을 통해 확인할 수 있다.
⑤ 시어머니의 첫째 발화와 다섯째 발화에서, 며느리가 손자를 다잡고 가르치지 않고 있다고 생각하고 있음을 확인할 수 있다.

▶ **대본 출처** KBS무대(2016.03.05. 08:40-10:20), 「재원이는 1학년」

003 ③

사실적 이해

문항 분석

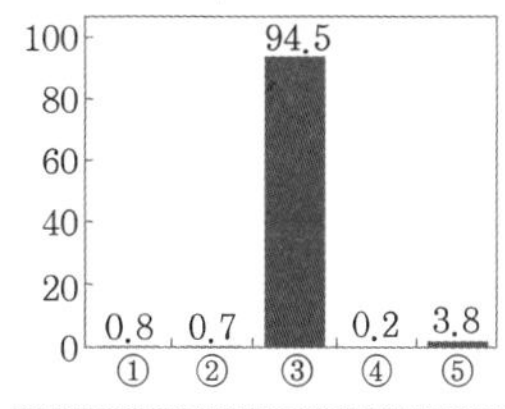

수험생의 94.5%가 정답지를 고른 쉬운 문제였다. 최하위권 수험생들이 나머지 선지에 고르게 반응하여 매우 높은 변별도를 보였다.

듣기 대본

3번. 이번에는 고전의 일부분을 들려 드립니다.
재주 많은 자를 떠받들지 않아야 백성들이 재주를 가지고 다투지 않을 것이고, 얻기 어려운 재물을 귀하게 여기지 않아야 백성들이 도둑질하지 않을 것이며, 욕심낼 만한 것을 보여 주지 않아야 백성들의 마음이 어지럽지 않을 것이다. 이런 까닭에 성인의 다스림은 백성들의 마음은 비워 주면서도 배는 채워 주며 백성들의 삶의 토대를 튼튼하게 해 주며 백성들이 세상에 대해 그릇된 뜻을 품지 않도록 하며 오직 백성들로 하여금 앎도 없고 욕심도 없게 하며 지혜 있는 자를 필요치 않게 한다. 인간의 지식이나 욕심에 따라 인위를 가하지 않고 오히려 무위를 행하니 다스려지지 않는 것이 없도다.

정답 해설

고전을 듣고 그 내용을 사실적으로 이해하는 능력을 평가하는 제로, 정답은 ③이다. 고전의 내용 중 성실히 재산을 모아 미래를 대비해야 한다는 내용은 제시되지 않았다.

오답 해설

① 백성들의 마음은 비워 주면서도 배는 채워 주어야 한다는 내용을 통해 확인할 수 있다.
② 인간의 지식이나 욕심에 따라 인위를 가하지 않는다는 내용을 통해 확인할 수 있다.
④ 백성들이 재주를 가지고 다투지 않아야 하고 얻기 어려운 재물을 귀하게 여기지 않아야 한다고 한 부분에서 확인할 수 있다.
⑤ 재주 많은 자를 떠받들지 않아야 한다고 언급한 부분을 통해 확인할 수 있다.

▶ **대본 출처** 박영규, 『도덕경 읽는 즐거움』, 이가서

004 ②

사실적 이해

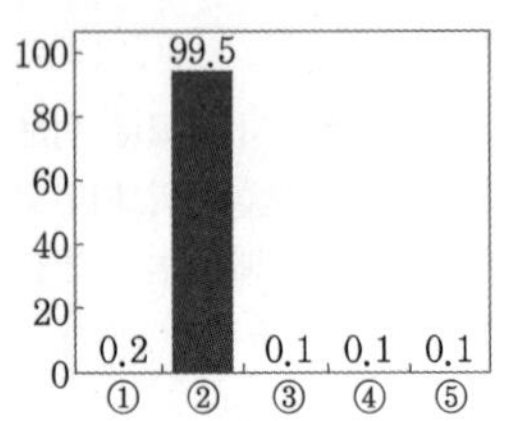

수험생의 99.5%가 정답지를 고른 매우 쉬운 문제였다. 최하위권 수험생들이 나머지 선지에 고르게 반응하여 매우 높은 변별도를 보였다.

듣기 대본

4번. 다음은 건강 강좌를 들려 드립니다.

갑상샘과 관련된 주요 질환에는 갑상샘 항진증과 갑상샘 저하증이 있습니다. 우리 몸에 필요한 양보다 갑상샘 호르몬을 많이 만들어 내 갑상샘 중독 증상이 나타나는 경우를 갑상샘 항진증이라고 합니다. 갑상샘 항진증이 발생하면 갑상샘 호르몬이 과다하게 분비돼 체력 소모가 심해지고 쉽게 피로를 느낍니다. 식욕이 왕성해서 잘 먹는데도 계속해서 체중이 감소되는 것이 가장 큰 특징적인 증상인데요, 이외에도 대사량이 증가해 더위를 많이 타고, 가슴이 두근거리며 심박수가 증가해 가벼운 운동에도 숨이 차게 됩니다. 갑상샘 항진증의 치료 방법은 항갑상샘제를 6알 정도 다량 복용하고, 증상이 호전되면 점차 줄여 나갑니다. 갑상샘 항진증과 반대로 갑상샘 저하증은 갑상샘에서 우리 몸에 필요한 양보다 갑상샘 호르몬을 적게 만들어 내는 경우를 말합니다. 갑상샘 저하증에 걸리면 식욕이 주는데도 체중이 증가하고 장운동이 느려져 변비가 잘 생깁니다. 대사량이 감소해 체온이 낮아져서 추위를 많이 타고 심박수가 감소하게 됩니다. 갑상샘 저하증은 갑상샘 호르몬이 충분히 만들어지지 않는 상태이기 때문에 모자라는 만큼의 호르몬을 갑상샘 호르몬 제제로 보충해야 합니다.

정답 해설

건강 강좌의 내용을 듣고 사실적으로 이해하는 능력을 평가하는 문제로, 정답은 ②이다. 강좌의 내용에 따르면 갑상샘 항진증은 식욕이 왕성하여 잘 먹지만 계속해서 체중이 감소하는 것이 특징이라고 언급하고 있다. 반대로 갑상샘 저하증은 식욕이 줄어도 체중이 증가한다고 언급하고 있다.

▶ **대본 출처** 네이버 지식백과, 「갑상선기능항진증/갑상선기능저하증 바로 알기」

005 ①

추론적 이해

문항 분석

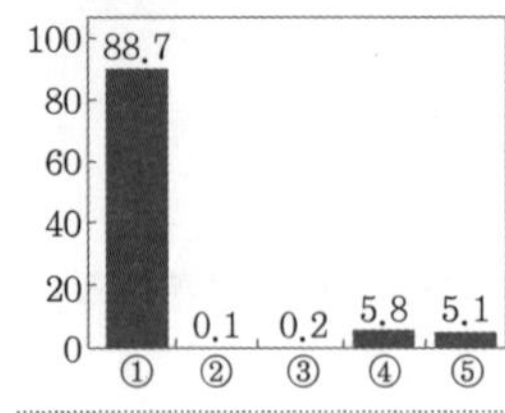

수험생의 88.7%가 정답지를 고른 쉬운 문제였다. 최하위권 수험생들이 나머지 선지에 고르게 반응하여 높은 변별도를 보였다.

듣기 대본

5번. 다음은 시조를 들려 드립니다.

풍지(風紙)에 바람 일고 구들은 얼음이다.
조그만 책상 하나 무릎 앞에 놓아두고
그 뒤엔 한두 송어리 피어나는 수선화

투술한 전복 껍질 바로 달아 등에 대고
따뜻한 볕을 지고 누워있는 해형수선(蟹形水仙)
서리고 잠들던 잎도 굽이굽이 펴이네.
등(燈)에 비친 모양 더우기 연연하다.
웃으며 수줍은 듯 고개 숙인 숭이숭이
하이얀 장지문 위에 그리나니 수묵화를

정답 해설

시조를 듣고 그 내용을 이해한 후 화자의 태도를 추론하는 능력을 평가하는 문제로, 정답은 ①이다. 들려 준 시조의 화자는 자연물의 모습을 관조적으로 바라보며 자신의 정서를 드러내고 있다.

오답 해설

②, ③ 화자는 시적 대상인 자연물에 대해 비판적이거나 부정적 관점을 드러내지 않고 있다. 반면에 자연을 바라보며 긍정적이고 호의적인 정서를 드러내고 있으므로 적절하지 않다.

④ 화자가 시적 대상인 자연물을 관조하고 있을 뿐 어떤 의지를 드러내고 있지는 않으므로 적절하지 않다.

⑤ 시적 상황이 화자의 방관적 태도와는 무관하므로 적절하지 않다.

▶ **대본 출처** 이병기, 「수선화」

006 ④

추론적 이해

문항 분석

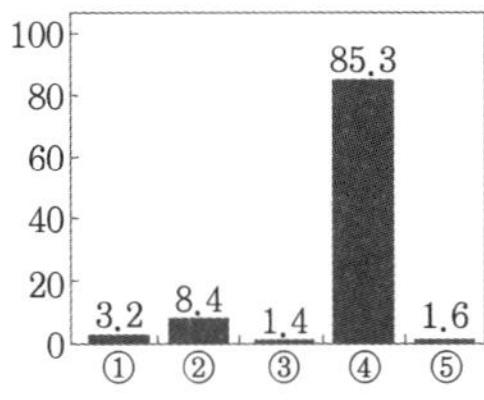

수험생의 85.3%가 정답지를 고른 쉬운 문제였다. 최하위권 수험생들이 나머지 선지에 고르게 반응하여 높은 변별도를 보였다.

듣기 대본

이번에는 뉴스 보도를 들려 드립니다. 6번은 듣기 문항, 7번은 말하기 문항입니다.

앵커 멘트: 저출산과 급속한 고령화로, 부양해야 할 우리 사회의 노인 인구 비율이 계속 높아지고 있습니다. 현재 우리나라의 고령화 수준은 18명 정도인데, 2060년에 77명까지 늘어날 것으로 전망됐습니다. 사회적 부담을 줄일 해법은 없는지 황진성 기자가 전해 드립니다.

기자 멘트: 만 15세에서 만 64세까지 돈을 벌 수 있는 나이 대에 있는 사람들을 '생산 가능 인구'라고 합니다. 통상 이 생산 가능 인구 100명당 부양해야 하는 노인 수를 보면 그 사회의 고령화 수준을 알 수 있는데, 통계 분석 결과 현재 우리나라는 고령화 수준이 18.1명으로 나타났습니다. 지난 1975년에 5.9명이었는데, 40년 사이에 3배 넘게 우리 사회가 부양해야 할 노인의 비율이 높아진 것입니다. 출산율이 낮아져 출생아의 수는 줄고 있는데, 평균 수명은 늘어나 노인 인구는 늘었기 때문으로 분석됩니다. 문제는 미래입니다. 2015년에 태어난 아이들이 45살이 되는 2060년에는 생산 가능 인구 100명이 노인 77명을 부양해야 할 것으로 예측됐습니다. 경제 연구원의 이야기를 들어 보겠습니다.

연구원 인터뷰: "증가하는 노인 복지 비용 등 고령화로 인한 경제적 부담을 다음 세대가 고스란히 떠안아야 하는 상황이 오게 될 것입니다. 이에 대한 대책이 필요한 상황이지요."

기자 멘트: 다음 세대의 부담을 줄이기 위해서는 은퇴 이후에도 오랫동안 일할 수 있도록 노인의 일자리를 창출하는 것이 필요합니다. 또한 근본적으로 출산 장려 정책 등을 통해 생산 가능 인구가 자연스레 늘어날 수 있도록 사회적 분위기를 조성하는 것이 필요합니다. KBS 뉴스 황진성입니다.

정답 해설

뉴스 보도의 내용을 근거로 하여 매체를 바르게 활용할 수 있는지를 평가하기 위한 문제로, 정답은 ④이다. ④는 생산 가능 인구와 65세 이상 인구의 증가율을 나타내고 있는 자료로, 제시된 뉴스 보도에서는 이를 직접 언급하고 있지는 않다.

오답 해설

① "현재 우리나라는 고령화 수준이 18.1명으로 나타났습니다. 지난 1975년에 5.9명이었는데, 40년 사이에 3배 넘게 우리 사회가 부양해야 할 노인의 비율이 높아진 것입니다."에서 확인할 수 있다.

② "만 15세에서 만 64세까지 돈을 벌 수 있는 나이 대에 있는 사람들을 '생산 가능 인구'라고 합니다."에서 확인할 수 있다.

③ "통상 이 생산 가능 인구 100명당 부양해야 하는 노인 수를 보면 그 사회의 고령화 수준을 알 수 있는데, 통계 분석 결과 현재 우리나라는 고령화 수준이 18.1명으로 나타났습니다."에서 확인할 수 있다.

⑤ "2015년에 태어난 아이들이 45살이 되는 2060년에는 생산 가능 인구 100명이 노인 77명을 부양해야 할 것으로 예측됐습니다."에서 확인할 수 있다.

▶ **대본 출처** KBS 뉴스(2016.03.03.), 「생산 인구 100명당 부양 노인 18명…2060년엔?」(http://news.kbs.co.kr/news/view.do?ncd=3029738)

007 ④

사실적 이해

문항 분석

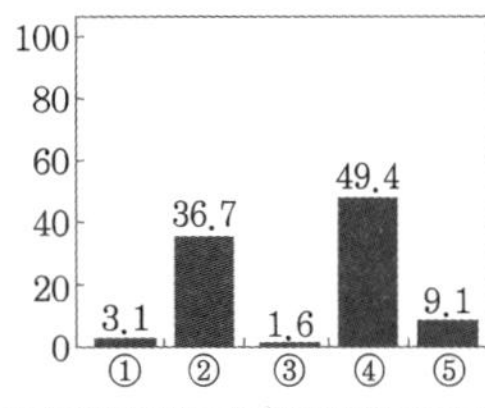

수험생의 49.4%가 정답지를 고른 어려운 문제였다. 매력적인 오답인 ②에 36.7%의 수험생이 몰려 적절한 변별도를 보였다.

정답 해설

뉴스 보도의 내용을 바르게 이해하였는지를 파악하는 문제로, 정답은 ④이다. 해당 뉴스 보도에는 '사회 복지' 전문가가 아니라 '경제' 전문가와의 인터뷰 내용이 삽입되어 있다.

오답 해설

① "저출산과 급속한 고령화로, 부양해야 할 우리 사회의 노인 인구 비율이 계속 높아지고 있습니다."에서 확인할 수 있다.

② "출산율이 낮아져 출생아의 수는 줄고 있는데, 평균 수명은 늘어나 노인 인구는 늘었기 때문으로 분석됩니다."에서 확인할 수 있다.

③ "통계 분석 결과 현재 우리나라는 고령화 수준이 18.1명으로 나타났습니다. 지난 1975년에 5.9명이었는데, 40년 사이에 3배 넘게 우리 사회가 부양해야 할 노인의 비율이 높아진 것입니다."에서 확인할 수 있다.

⑤ "다음 세대의 부담을 줄이기 위해서는 은퇴 이후에도 오랫동안 일할 수 있도록 노인의 일자리를 창출하는 것이 필요합니다. 또한 근본적으로 출산 장려 정책 등을 통해 생산 가능 인구가 자연스레 늘어날 수 있도록 사회적 분위기를 조성하는 것이 필요합니다."에서 확인할 수 있다.

008 ③

비판적 이해

문항 분석

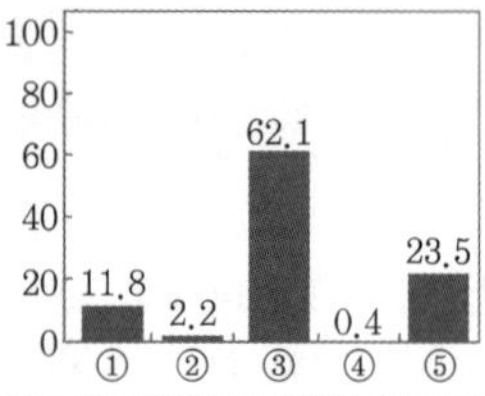

수험생의 62.1%가 정답지를 고른 보통 난이도의 문제였다. 매력적인 오답인 ⑤에 23.5%의 수험생이 몰렸으며, ①에도 11.8%의 수험생이 반응하여 매우 높은 변별도를 보였다.

듣기 대본

이번에는 강연을 들려 드립니다. 8번은 듣기 문항, 9번은 말하기 문항입니다.

올봄에도 황사와 미세 먼지가 찾아와 야외 활동을 하시는 데 어려움이 많으셨을 것이라고 생각합니다. 오늘은 황사와 미세 먼지를 막아 주는 마스크의 종류와 사용 시 주의 사항에 대해 알아보도록 하겠습니다.

생활 주변에서 다양한 마스크를 접하셨을 텐데요, 황사와 미세 먼지를 막을 수 있는 마스크는 식품의약품안전처가 인증한 보건용 마스크입니다. 보건용 마스크는 입자성 유해 물질이나 감염원으로부터 호흡기를 보호할 목적으로 제작된 마스크인데요, 2016년 3월 기준으로 41개사 165개 제품이 식품의약품안전처의 인증을 받아, 약국, 슈퍼마켓, 대형 마트, 인터넷 쇼핑몰 등에서 판매되고 있습니다.

보건용 마스크는 외부 포장에 '의약 외품'이란 문자와 함께 'KF80', 'KF94'와 같은 표시가 붙어있는데요, 'KF80'은 평균 입자 크기 0.6㎛의 미세 입자를 80% 이상 차단하는 효과가 있다는 의미입니다. 또 'KF94'는 평균 입자 크기 0.4㎛의 미세 입자를 94% 이상 차단하여 입자성 유해 물질과 신종 플루 같은 질환 감염원으로부터 호흡기를 보호할 수 있음을 의미합니다.

그럼 보건용 마스크 사용 시 주의 사항에는 어떤 것이 있을까요? '보건용 마스크'를 착용할 때 수건이나 휴지 등으로 호흡기를 감싼 다음 착용하는 경우가 있는데요, 이런 경우 마스크의 밀착력이 감소하여 미세 먼지 차단 효과가 떨어질 수 있으므로 주의해야 합니다. 또 같은 이유로 착용한 마스크의 겉면을 만지거나 모양을 찌그러트리지 말아야 합니다. 그리고 보건용 마스크를 세탁하게 되면 모양이 변형되고 유해 물질을 차단하는 필터가 손상되어 기능이 저하되기 때문에 마스크를 세탁하여 재사용하지 않는 것이 좋습니다. 마지막으로 마스크 안쪽이 오염된 경우에는 사용을 중지하고 새로운 보건용 마스크를 착용하는 것이 좋습니다.

지금까지 황사와 미세 먼지를 막아 주는 보건용 마스크에 대해 알아보았는데요, 마스크가 유해 물질을 완벽히 차단해 주지는 못하기 때문에 황사나 미세 먼지가 많은 날은 외출을 자제하고, 부득이 외출한 경우에는 외출에서 돌아와서 얼굴, 손, 이 등을 깨끗이 씻는 것이 바람직합니다.

정답 해설

정보 전달을 목적으로 하는 강연의 내용을 듣고 정확하게 이해하는 능력을 평가하기 위한 문제로, 정답은 ③이다. 〈보기〉에 제시된 'KF80'이라는 문구는 평균 입자 크기 0.6㎛의 미세 입자를 80% 이상 차단하는 효과가 있다는 의미로, 호흡기 질병의 80% 이상을 차단하는 효과가 있다는 진술은 적절하지 않다.

오답 해설

① 마스크 사용 시 주의 사항에서 세탁을 하면 유해 물질을 차단하는 필터가 손상된다고 하였으므로 적절한 진술이다.

② 〈보기〉에 제시된 마스크는 식품의약품안전처로부터 인증된 보건용 마스크에 해당하며, 'KF80'이라는 문구가 적혀 있어 감염원인 황사와 미세 먼지로부터 호흡기를 보호하는 제품으로 볼 수 있다.

④ '의약 외품'이라는 마크와 'KF80'이라는 문구가 적혀 있으므로, 식품의약품안전처의 인증을 받은 보건용 마스크로 볼 수 있다.

⑤ 'KF94'라는 문구가 있는 마스크는 평균 입자 크기 0.4㎛의 미세 입자를 94% 이상 차단하는 효과가 있다고 하였고, 'KF80'이라는 문구는 평균 입자 크기 0.6㎛의 미세 입자를 80% 이상 차단하는 효과가 있다고 하였으므로 적절한 진술이다.

▶ **대본 출처** 식품의약품안전처 보도 자료(2016.03.22.)

009 ③

추론적 이해

문항 분석

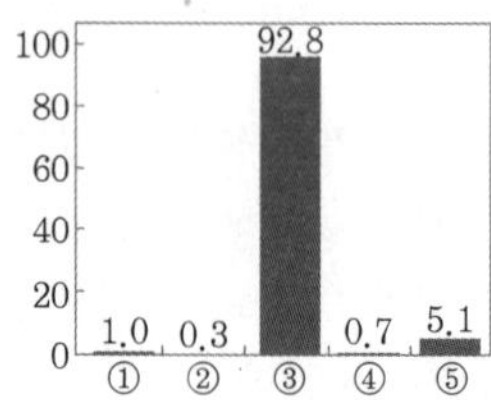

수험생의 92.8%가 정답지를 고른 매우 쉬운 문제였다. 최하위권 수험생들이 나머지 선지에 고르게 반응하여 높은 변별도를 보였다.

정답 해설

강연의 내용을 사실적으로 이해하고 그것을 바탕으로 추론한 내용의 적절성을 평가하는 문제로, 정답은 ③이다. 강연 내용 중 마스크 사용의 주의 사항에 따르면, 마스크가 호흡기에 밀착되지 않으면 유해 물질 차단 효과가 떨어진다고 언급하고 있다.

오답 해설

①, ⑤ 마스크의 밀착력이 떨어질 수 있으므로 마스크의 겉면을 만지거나 모양을 변형시키지 말라는 내용을 확인할 수 있다.

② 마스크의 필터가 손상될 수 있으므로 세탁하여 재사용하지 말라는 내용을 확인할 수 있다.

④ 마스크 안쪽이 오염될 경우 새로운 마스크로 교체하라는 내용을 확인할 수 있다.

010 ⑤

사실적 이해

문항 분석

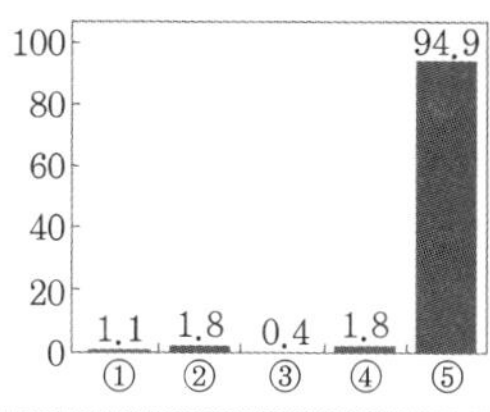

수험생의 94.9%가 정답지를 고른 쉬운 문제였다. 최하위권 수험생들이 나머지 선지에 고르게 반응하여 매우 높은 변별도를 보였다.

듣기 대본

이번에는 시인의 강연을 들려 드립니다. 10번은 듣기 문항, 11번은 말하기 문항입니다.

저는 시인이 되기 위해 가장 필요한 자질이 무엇이냐고 묻는 사람들에게 늘 '관찰하는 능력'이라고 대답합니다. 사물의 현상이나 외면에 집중하는 과학자의 관찰을 넘어 시인은 현상의 이면을 보는 눈을 가져야 합니다. 아무도 거들떠보지 않는 것을 세심하게 관찰하는 일은 그 사물의 본질을 밝히는 첩경입니다. 시인은 그것을 누구보다 먼저 발견해서 형상화해야 하는 임무를 맡은 사람이지요. (하하) 이렇게 말하고 보니 제가 하는 일이 참 중요하게 느껴지네요. 시인이 그러한 일을 잘 해야만 독자는 시를 보면서 '아, 나는 왜 그것을 보지 못했을까?'라는 생각을, 또 가끔은 반성을 해 볼 수 있는 거죠.

세상을 보는 방법에는 여러 가지가 있습니다. 먼 곳을 보기 위해서는 망원경이 필요하고, 또 미세한 것을 보기 위해서는 현미경이 필요하죠. 거대 담론이 우리 사회를 지배하고 있던 1970~1980년대의 시인들은 주로 망원경으로 세상을 보았습니다. 하지만 1990년대 이후 시인들은 현미경으로 사물을 보기 시작했습니다. 그리하여 미시적 세계에 관심을 가지는 작품들이 쏟아져 나오기 시작한 겁니다. '광장'을 바라보던 시인의 눈이 '골방'으로 이동을 한 것입니다. 그것은 외부를 향해 외치던 3인칭의 목소리를 1인칭의 내면 탐구 형식으로 전환했다는 것을 의미합니다. 광장의 햇빛을 뒤로 하고 골방의 그늘에 들어앉은 시인은 그 이전보다 훨씬 촘촘한 밀도의 상상력을 과시하게 되었죠. 그러나 햇빛이 비치지 않는 골방은 음습해서 점차 자폐적 공간으로 바뀌어 가기 마련이죠. 광장을 떠나온 자아는 광장을 아예 기억할 수 없게 된 것이죠. 여기에서 우리는 최근 한국 시의 자폐적 경향이 어디에서 비롯되었는지를 추측해 볼 수 있습니다.

정답 해설

시인의 강연을 듣고 그 내용을 사실적으로 이해하는 능력을 평가하기 위한 문제로, 정답은 ⑤이다. 망원경으로 세상을 보는 시인은 1970~1980년대 시인들이지만, 촘촘한 밀도의 상상력을 발휘하는 것은 1990년대 이후의 시인들이라고 했으므로 ⑤는 강연의 내용을 잘못 이해한 것이다.

▶ **대본 출처** 안도현(2009), 「가슴으로도 쓰고 손끝으로도 써라」, 한겨레출판

011 ③

추론적 이해

문항 분석

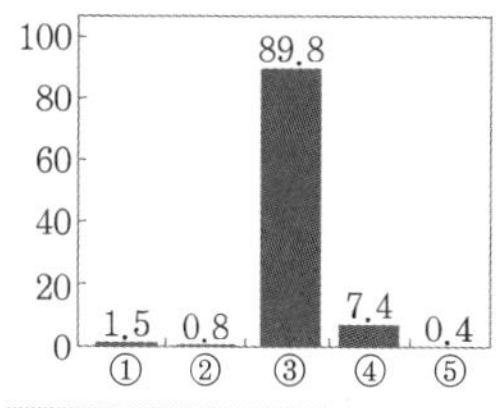

수험생의 89.8%가 정답지를 고른 쉬운 문제였다. 최하위권 수험생들이 나머지 선지에 고르게 반응하여 높은 변별도를 보였다.

정답 해설

강연을 듣고 화자의 핵심적인 의도를 파악하고 이를 효과적으로 요약하여 표현할 수 있는지를 평가하는 문제이다. 문두에서 강연자가 '비판적'인 태도를 드러내고 있음을 알려 주었으므로 어떤 점이 비판의 대상이 되는지를 판단하여야 문제를 해결할 수 있다. 강연자는 마지막 부분에서 광장을 뒤로 하고 골방에 들어앉은 시인이 이전보다 촘촘한 밀도의 상상력을 과시하게 되기는 했지만, 광장을 기억하지 못하는 자폐적 경향을 띠게 된 것이 문제라고 지적하고 있다. 따라서 "시인들이 내면 탐구에만 몰두하여 자폐적 경향의 시만 쓰는 것은 바람직하지 않다."라는 내용을 담고 있는 ③이 정답이다.

오답 해설

① 거대 담론이 사회를 지배하는 것은 1970~1980년대의 일로, 강연자가 비판하는 것은 최근 한국 시의 자폐적 경향이므로 적절하지 않다.

② 시가 어려워졌다는 것에 대한 근거가 분명하지 않고, 최근 한국 시의 자폐적 경향을 시인과 독자 사이 소통의 부재로 연결하는 것도 무리가 있으므로 적절하지 않다.

④, ⑤ 시인들이 내면 탐구와 사회 고발을 균형 있게 표현하는 권리를 가져야 한다는 것과 시인들이 독자의 관심과 욕구를 반영하여야 한다는 것은 강연자가 주장하는 내용이 아니므로 적절하지 않다.

012 ④

사실적 이해

문항 분석

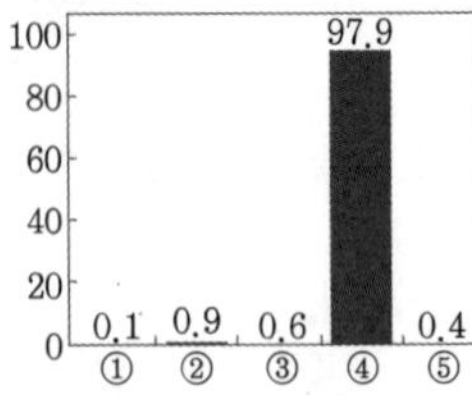

수험생의 97.9%가 정답지를 고른 매우 쉬운 문제였다. 최하위권 수험생들이 나머지 선지에 고르게 반응하여 매우 높은 변별도를 보였다.

듣기 대본

다음은 교통 정보를 들려 드립니다. 12번은 듣기 문항, 13번은 말하기 문항입니다.

오늘은 주말 나들이 인파로 인해 교통량이 평소에 비해 많은 편입니다. 특히 황사와 미세 먼지가 뒤엉켜 있어 가시거리가 짧은 편이기 때문에, 안전을 위해 전조등을 켜시고 차량을 운행하시기 바랍니다.

먼저 경부고속도로 부산 방향, 신갈분기점 일대는 차량의 정체가 극심한 상태로, 동탄에서 신갈 구간에서 정체가 길게 이어져 있습니다. 반대 서울 방향으로는 기흥에서 수원 4km 구간에서 차량 진행이 더딘 상태이고, 특히 서울 도심으로 들어가는 차량은 속도를 내지 못하고 있습니다. 양재에서 한남까지 1시간 가까이 소요되니까 운행에 참고하시기 바랍니다.

반면 중부고속도로 서울 방향은 중부 1터널을 중심으로 짧은 구간 정체가 있지만 대체로 소통이 원활한 편입니다.

서울외곽순환고속도로는 교통량이 꾸준히 증가하고 있습니다. 판교 방향은 김포 요금소에서 주춤했다가 계양에서 송내 6km 구간에서 차량 간격이 줄어들고 있고, 반대 일산 방향은 소래 터널에서 송내 5km 구간에서 정체가 심한 상태입니다.

영동고속도로 인천 방향은 동수원에서 광교 터널 2km 구간에서 거의 움직임이 없습니다. 안산 주변 길까지는 교통 상태가 양호한 편이나 부곡 주변 길에서 정체가 되고 있습니다. 현재 부곡에서 반월 터널 7km 구간에서 차량 진행이 어려운 상태인데요, 반월 터널만 빠져 나오신다면 안산 일대를 포함해서 큰 어려움은 없겠습니다. 서울 방향은 신월 부근에서만 짧은 구간 정체되고 있습니다.

지금까지 이 시각 교통 정보였습니다.

정답 해설

교통 정보의 내용을 바르게 이해했는지를 평가하기 위한 문제로, 정답은 ④이다. "안산 주변 길까지는 교통 상태가 양호한 편이나 부곡 주변 길에서 정체가 되고 있습니다."를 통해서, 안산 주변 길의 소통은 양호한 상태임을 알 수 있다. 극심한 정체를 보이고 있다는 것은 옳지 않은 내용이다.

오답 해설

① "경부고속도로 부산 방향, 신갈분기점 일대는 차량의 정체가 극심한 상태로, 동탄에서 신갈 구간에서 정체가 길게 이어져 있습니다."를 통해 알 수 있다.

② "양재에서 한남까지 1시간 가까이 소요되니까 운행에 참고하시기 바랍니다."를 통해 알 수 있다.

③ "중부고속도로 서울 방향은 중부 1터널을 중심으로 짧은 구간 정체가 있지만 대체로 소통이 원활한 편입니다."를 통해 알 수 있다.

⑤ "서울 방향은 신월 부근에서만 짧은 구간 정체되고 있습니다."를 통해 알 수 있다.

013 ②

추론적 이해

문항 분석

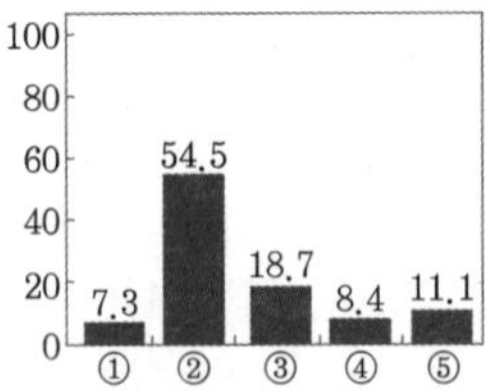

수험생의 54.5%가 정답지를 고른 어려운 문제였다. 매력적인 오답인 ③에 18.7%의 수험생이 몰렸으며, ⑤에도 11.1%의 수험생이 반응하여 적절한 변별도를 보였다.

정답 해설

교통 정보를 듣고 내용을 바르게 이해하였는지를 평가하기 위한 문제로, 정답은 ②이다. 영동고속도로 인천 방향 '부곡에서 반월 터널' 구간은 "현재 부곡에서 반월 터널 7km 구간에서 차량 진행이 어려운 상태인데요"를 볼 때, 정체 구간이 7km로 정체 구간이 가장 긴 곳임을 알 수 있다.

오답 해설

① 경부고속도로 서울 방향의 '기흥－수원' 구간은 "반대 서울 방향으로는 기흥에서 수원 4km 구간에서 차량 진행이 더딘 상태이고"를 볼 때, 정체 구간이 4km임을 알 수 있다.

③ 영동고속도로 인천 방향의 '동수원－광교' 구간은 "영동고속도로 인천 방향은 동수원에서 광교 터널 2km 구간에서 거의 움직임이 없습니다."를 볼 때, 정체 구간이 2km임을 알 수 있다.

④ 서울외곽순환고속도로 판교 방향의 '계양－송내' 구간은 "판교 방향은 김포 요금소에서 주춤했다가 계양에서 송내 6km 구간에서 차량 간격이 줄어들고 있고"를 볼 때, 정체 구간이 6km임을 알 수 있다.

⑤ 서울외곽순환고속도로 일산 방향의 '소래 터널－송내' 구간은 "반대 일산 방향은 소래 터널에서 송내 5km 구간에서 정체가 심한 상태입니다."를 볼 때, 정체 구간이 5km임을 알 수 있다.

014 ②

사실적 이해

문항 분석

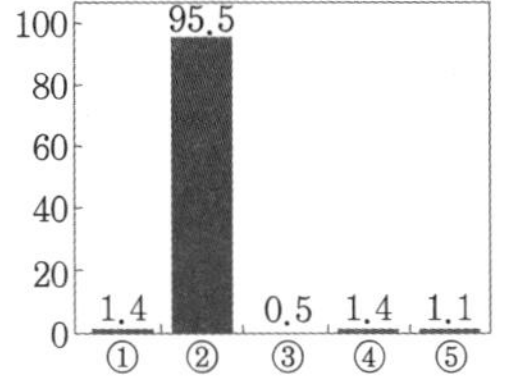

수험생의 95.5%가 정답지를 고른 매우 쉬운 문제였다. 최하위권 수험생들이 나머지 선지에 고르게 반응하여 높은 변별도를 보였다.

듣기 대본

끝으로 뉴스 해설을 들려 드립니다. 14번은 듣기 문항, 15번은 말하기 문항입니다.

일본과 에콰도르 등 태평양 연안 곳곳에서 대규모 지진이 잇따라 발생해 피해도 눈덩이처럼 커지고 있습니다. 특히 일본 구마모토의 지진은 우리나라 남부 지방까지 여파를 미치는 등 한반도도 지진의 안전지대가 아니라는 사실을 다시 한번 확인해 주고 있습니다.

일본 구마모토의 지진은 규슈 지역에서는 100년 만에 가장 큰 규모라고 합니다. 또 남미 에콰도르의 지진은 규모 7.8에 이르는 등 환태평양 조산대에서는 이달 들어서만 규모 5.9가 넘는 강진이 8차례나 발생했습니다. 전문가들은 우리나라에서도 이들 지역의 영향으로 지진 활동이 늘어날 가능성이 큰 것으로 보고 있습니다. 우리나라의 지진 발생 빈도는 1980년대 연평균 열여섯 건에서 2천 년대에는 마흔네 건으로 늘었습니다. 올 들어서만 열일곱 건이 감지돼 지난해 같은 기간보다 배 이상 늘었습니다. 규모 3.0 이상의 지진도 세 차례나 발생했습니다. 특히 우리나라와 같은 유라시아 판에 있는 중국에서 최근 대규모 지진이 잇따르고 있고 불규칙하다는 점도 눈여겨봐야 할 부분입니다.

문제는 우리나라의 경우 지진에 대한 대비가 제대로 이루어지지 않아 비교적 약한 지진에도 큰 피해가 발행할 수 있다는 점입니다. 내진 설계가 된 건물은 35%가 되지 않고 국가 기간망 등 공공 시설물의 내진율도 절반에 못 미치고 있습니다. 학교의 경우 20% 정도만 내진 설계가 돼 있습니다. 6층 이상의 건물은 지난 1988년, 3층 이상은 2005년에 내진 설계 대상으로 포함됐지만 그 이전 건물과 2층 이하 건물은 여전히 무방비 상태나 마찬가지입니다. 지진 대비 매뉴얼도 허술합니다. 지난 16일 수천 건의 지진 감지 신고가 접수됐지만 당국의 안내와 조처가 없어 많은 시민들이 영문도 모르고 불안해 하기도 했습니다.

지난 1월 국민안전처가 지진방재대책추진단을 발족했지만 아직 별다른 역할을 못하고 있습니다. 범정부 차원의 지진 대비 태세 재점검과 함께 민간 건축물에 대한 내진 보강 지원 등 종합적인 지진 방지 대책이 필요합니다. 체계적인 재난 대비 훈련과 지진에 대한 국민의 안전 의식 수준을 높이는 일도 시급한 과제입니다.

뉴스 해설이었습니다.

정답 해설

뉴스 해설의 내용을 정확히 듣고 이해하였는지 평가하기 위한 문제로, 정답은 ②이다. 뉴스 해설에서 이달 들어 환태평양 조산대에 발생한 지진은 규모 5.9 이상의 지진이 8차례 발생했다고 언급한 부분을 확인할 수 있다.

▶ **대본 출처** 뉴스 해설(2016.04.19.), 「체계적인 지진 대비책 시급」

015 ②

추론적 이해

문항 분석

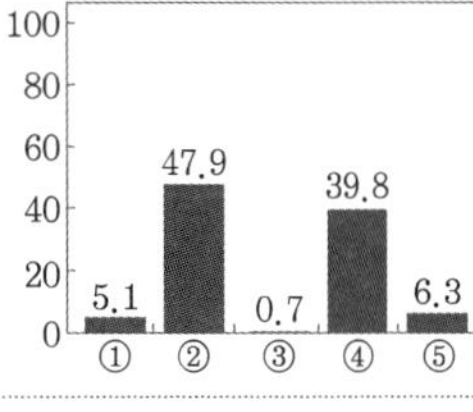

수험생의 47.9%만이 정답지를 고른 어려운 문제였다. 매력적인 오답인 ④에 39.8%의 수험생이 몰려 높은 변별도를 보였다.

정답 해설

뉴스 해설의 내용을 통해 해설자가 준비 과정에서 어떠한 준비를 했을 것인지 추론하는 능력을 평가는 문제로, 정답은 ②이다. 뉴스 해설의 내용 중에서 우리나라와 외국의 지진 대비 태세를 비교하여 제시한 부분은 확인할 수 없다.

오답 해설

① 국민안전처가 지진방재대책추진단을 발족했지만 아직 별다른 역할을 못하고 있다고 평가한 부분을 확인할 수 있다.

③ 우리나라는 지진 방재가 미흡한 것이 문제이며, 특히 국가기간망과 공공 시설물의 내진율도 미흡하고, 지진 대비 매뉴얼도 허술하다고 언급하고 있으므로 적절한 진술이다.

④ 전문가들은 우리나라에서도 환태평양 조산대의 영향으로 지진 활동이 늘어날 가능성이 크다고 전망하고 있다는 내용을 확인할 수 있다.

⑤ 듣지 지문 말미에 범정부 차원의 지진 대비 태세 재점검과 함께 민간 건축물에 대한 내진 보강 지원 등 종합적인 지진 방지 대책이 필요하다고 언급한 부분을 확인할 수 있다.

어휘·어법 016번~045번

기출문제집 p.126

016	②	017	④	018	②	019	④	020	②
021	②	022	②	023	③	024	②	025	①
026	①	027	③	028	③	029	③	030	③
031	①	032	④	033	③	034	④	035	②
036	②	037	③	038	⑤	039	③	040	③
041	⑤	042	⑤	043	③	044	①	045	①

016 ②

고유어의 사전적 의미

문항 분석

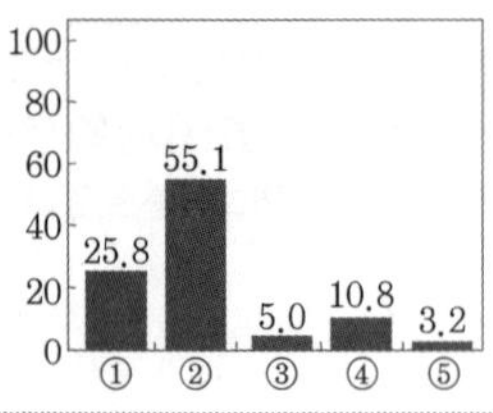

수험생의 55.1%가 정답지를 고른 보통 수준의 문제였다. 매력적인 오답인 ①에 25.8%의 수험생이 몰렸으며 ④에도 10.8%의 수험생이 반응하여 적절한 변별도를 보였다.

정답 해설

고유어의 사전적 의미를 알고 있는지 평가하기 위한 문제로, 정답은 ②이다. '재주'는 '무엇을 잘할 수 있는 타고난 능력과 슬기. 어떤 일에 대처하는 방도나 꾀.'라는 의미를 지닌 말로, 문맥에 따르면 이 문장에서는 후자의 의미로 사용된 것이라고 볼 수 있다.

오답 해설

① '깜냥'은 '스스로 일을 헤아림. 또는 헤아릴 수 있는 능력.'이라는 의미를 지닌 말이다.

③ '짬짜미'는 '남모르게 자기들끼리만 짜고 하는 약속이나 수작.'이라는 의미를 지닌 말이다.

④ '실마리'는 '일이나 사건을 풀어 나갈 수 있는 첫머리.'라는 의미를 지닌 말이다.

⑤ '잔챙이'는 '여럿 가운데 가장 작고 품이 낮은 것. 지지리 못난 사람을 낮잡아 이르는 말.'의 의미를 지닌 말이다.

017 ④

한자어의 사전적 의미

문항 분석

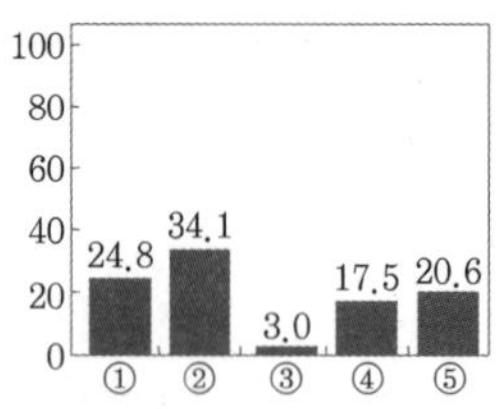

수험생의 17.5%만이 정답지를 고른 매우 어려운 문제였다. 매력적인 오답인 ②에 34.1%의 수험생이 몰렸으며 ①, ⑤에도 각각 24.8%, 20.6%의 수험생이 반응하여 낮은 변별도를 보였다.

정답 해설

한자어의 사전적 의미를 정확히 이해하고 이를 문맥에 맞게 사용하는 능력을 평가하기 위한 문제이다. 이러한 유형의 문제를 풀기 위해서는 평소에 혼동하기 쉬운 한자어의 정확한 쓰임을 학습해 둘 필요가 있다. 정답은 ④이다. '중재(仲裁)'는 '분쟁에 끼어들어 쌍방을 화해시킴.'이라는 의미를 지닌 말이다. '제삼자로서 두 당사자 사이에 서서 일을 주선함.'이라는 의미를 지닌 말은 '중개(仲介)'이다.

018 ②

한자어의 문맥적 의미

문항 분석

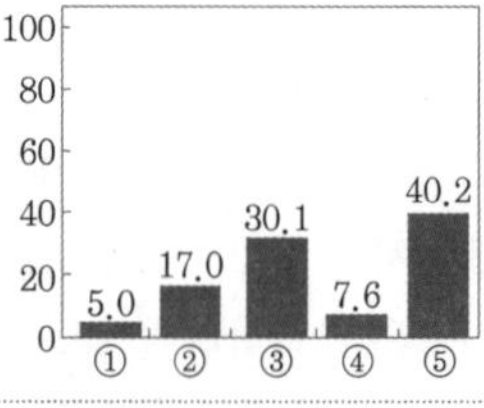

수험생의 17%만이 정답지를 고른 매우 어려운 문제였다. 매력적인 오답인 ⑤에 무려 40.2%의 수험생이 몰렸으며, ③에도 30.1%의 수험생이 반응하여 적절한 변별도를 보였다.

정답 해설

일상생활에서 사용하는 한자어의 의미를 정확히 알고 문맥에 맞게 적절히 사용하는 능력을 평가하기 위해 출제한 문제이다. 한자어 '증편(增便)'은 '정기적인 교통편의 횟수를 늘림.'이라는 의미를 지닌 말로, ②의 문맥에서는 어울리지 않는 한자어이다.

오답 해설

① '잡기(雜技)'는 '잡다한 놀이의 기술이나 재주.'라는 의미를 지닌 말로 문맥에 맞게 사용되었다.

③ '징발(徵發)'은 '남에게 물품을 강제적으로 모아 거둠. 국가에서 특별한 일에 필요한 사람이나 물자를 강제로 모으거나 거둠.'을 의미하는 말로, ③에서는 후자의 의미로 문맥에 맞게 사용되었다.

④ '교착(膠着)'은 '아주 단단히 달라붙음. 어떤 상태가 굳어 조금도 변동이나 진전이 없이 머묾.'이라는 의미를 지닌 말로, ④에서는 후자의 의미로 문맥에 맞게 사용되었다.

⑤ '수작(酬酌)'은 '술잔을 서로 주고받음. 서로 말을 주고받음. 또는 그 말. 남의 말이나 행동, 계획을 낮잡아 이르는 말.'이라는 의미를 지닌 말로, ⑤에서는 첫 번째 의미로 문맥에 맞게 사용되었다.

019 ④

한자어의 문맥적 의미

문항 분석

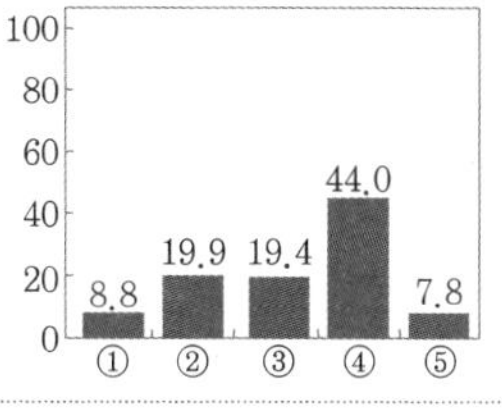

수험생의 44%만이 정답지를 고른 어려운 문제였다. 매력적인 오답인 ②에 19.9%의 수험생이 몰렸으며, ③에도 19.4%의 수험생이 반응하여 적절한 변별도를 보였다.

정답 해설

일상생활 가운데 자주 사용하는 한자어의 의미를 정확히 알고 문맥에 맞게 적절히 사용하는 능력을 평가하기 위한 문제로, 정답은 ④이다. '공포(公布)'는 '이미 확정된 법률, 조약, 명령 따위를 일반 국민에게 널리 알리는 일.'을 의미하므로 적절하게 쓰였다.

오답 해설

① '난삽(難澁)'은 '글이나 말이 매끄럽지 못하면서 어렵고 까다로움.'을 의미하여 방정식을 대상으로 쓰기에 적절하지 않은 말이다.

② '임대(賃貸)'는 '돈을 받고 자기의 물건을 남에게 빌려줌.'의 의미를 가지고 있으며, '돈을 내고 남의 물건을 빌려 씀.'의 의미를 가진 한자어는 '임차(賃借)'이다.

③ '갱신(更新)'은 '경신(更新)'과 한자가 같다. '更'은 두 가지의 뜻을 가지고 있는데, 전자는 '다시'라는 의미를 드러내는 '갱'으로, 후자는 '고치다'라는 의미를 드러내는 '경'으로 각각 사용된다. 따라서 ③의 경우처럼 '세계 기록을 깨뜨리다.'의 의미로 사용할 때는 '기록경기 따위에서, 종전의 기록을 깨뜨림.'의 의미를 드러내는 '경신(更新)'으로 써야 한다. '갱신(更新)'은 '법률관계의 존속 기간이 끝났을 때 그 기간을 연장하는 일.'을 의미하는 말로, 종전의 기록을 깨뜨리는 상황에는 어울리지 않는 말이다.

⑤ '보존(保存)'은 '잘 보호하고 간수하여 남김.'을 의미하므로 문맥상 어울리지 않는 말이다.

020 ②

고유어의 문맥적 의미

문항 분석

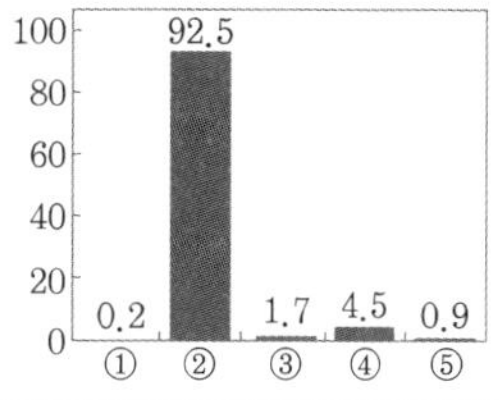

수험생의 92.5%가 정답지를 고른 매우 쉬운 문제였다. 최하위권 수험생들이 나머지 선지에 고르게 반응하여 높은 변별도를 보였다.

정답 해설

고유어의 문맥적 의미를 파악하여 쓰임의 적절성을 판단할 수 있는지를 평가하기 위한 문제로, 정답은 ②이다. '갈팡질팡'은 '갈피를 잡지 못하고 이리저리 헤매는 모양.'을 뜻한다. 따라서 선반 위의 물건을 꺼내려고 안간힘을 쏟는 상황에 사용하기에는 적절하지 않다.

오답 해설

① '고분고분'은 '말이나 행동이 공손하고 부드러운 모양.'을 의미하므로 적절하게 사용되었다.

③ '한들한들'은 '가볍게 자꾸 이리저리 흔들리거나 흔들리게 하는 모양.'을 의미하므로 적절하게 사용되었다.

④ '어슷비슷'은 '큰 차이가 없이 서로 비슷비슷한 모양.'을 의미하므로 적절하게 사용되었다.

⑤ '바득바득'은 '악지를 부려 자꾸 우기거나 조르는 모양.'을 의미하므로 적절하게 사용되었다.

021 ②

어휘 간의 의미 관계(다의어)

문항 분석

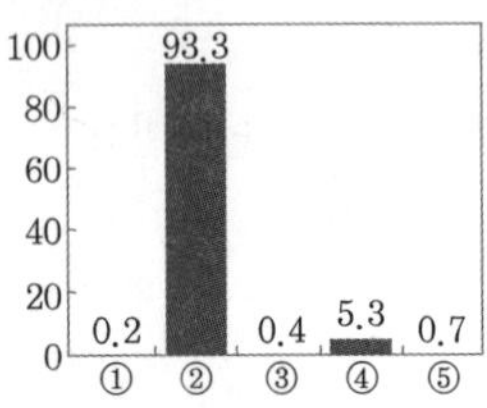

수험생의 93.3%가 정답지를 고른 쉬운 문제였다. 최하위권 수험생들이 나머지 선지에 고르게 반응하여 매우 높은 변별도를 보였다.

정답 해설

한 단어에 내포된 여러 의미와 그것의 문맥적 활용 양상을 정확히 알고 있는지 여부를 평가하기 위한 문제로, 정답은 ②이다. 〈보기〉의 빈칸에 공통으로 쓰일 수 있는 단어는 '일다'이다. 그러나 각 문장에 쓰일 수 있는 '일다'의 문맥적 의미는 조금씩 다르다. 첫째 문장에서 '일다'는 '없던 현상이 생기다.'라는 의미로, '그녀는 고향에 대한 그리움이 일어 잠을 쉽게 이룰 수 없었다.'로 쓰일 수 있다. 둘째 문장에서 '일다'는 '희미하거나 약하던 것이 왕성하여지다.'를 의미하며, '꺼져 가던 불길이 갑자기 일어 소방관들의 움직임이 분주해졌다.'로 쓰일 수 있다. 그리고 셋째 문장에서 '일다'는 '겉으로 부풀거나 위로 솟아오르다.'를 의미하며, '내가 아끼던 스웨터에 보풀이 일어 더 이상 입을 수 없게 되었다.'로 쓰일 수 있다.

오답 해설

① '있다'는 문맥상 둘째 문장에서 쓰일 수 없다.
③ '넘치다'는 문맥상 첫째 문장에서만 사용할 수 있다.
④ '오르다'는 문맥상 둘째 문장에서만 사용할 수 있다.
⑤ '사무치다'는 문맥상 첫째 문장에서만 사용할 수 있다.

022 ②

어휘 간의 의미 관계(유의어)

문항 분석

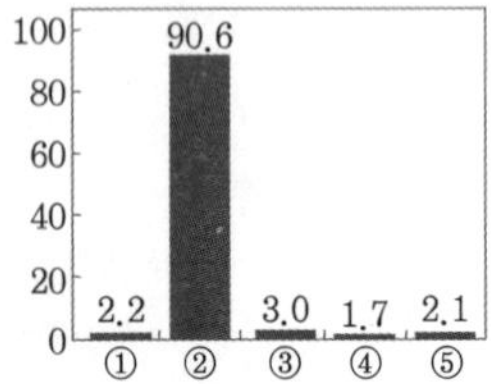

수험생의 90.6%가 정답지를 고른 쉬운 문제였다. 최하위권 수험생들이 나머지 선지에 고르게 반응하여 매우 높은 변별도를 보였다.

정답 해설

단어의 뜻풀이를 보고 '가로 3번'에 들어갈 단어를 알아 낸 후 이와 유의 관계를 이루는 말을 찾아내는 문제이다. 가로 1번은 '코앞', 세로 2번은 '앞뒤', 세로 4번은 '통닭', 세로 5번은 '국수'로, 가로 3번에 들어갈 단어는 '뒤통수'이다. '뒤통수'는 '머리의 뒷부분'이라는 의미를 가진 말로, ②의 '뒷골'과 유사한 의미를 지니고 있다.

오답 해설

① '눈매'는 '눈이 생긴 모양새.'를 의미하는 말로, '뒤통수'와 유의 관계에 있는 말이 아니다.
③ '손목'은 '손과 팔이 잇닿은 부분.'을 의미하는 말로, '뒤통수'와 유의 관계에 있는 말이 아니다.
④ '입가'는 '입의 가장자리.'를 의미하는 말로, '뒤통수'와 유의 관계에 있는 말이 아니다.
⑤ '콧등'은 '코의 등성이.'를 의미하는 말로, '뒤통수'와 유의 관계에 있는 말이 아니다.

023 ③

어휘 간의 의미 관계(높임 표현)

문항 분석

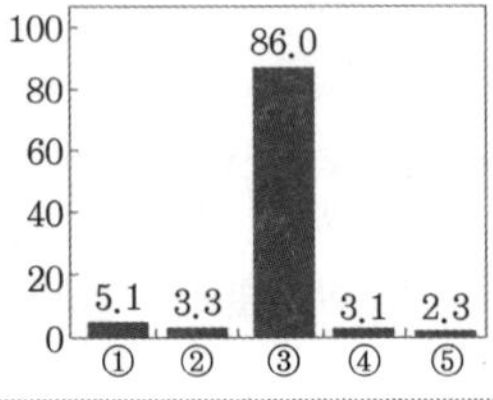

수험생의 86%가 정답지를 고른 쉬운 문제였다. 최하위권 수험생들이 나머지 선지에 고르게 반응하여 매우 높은 변별도를 보였다.

정답 해설

두 단어 간의 문법적 관계를 바르게 이해하고 있는지 평가하기 위한 문제로, 정답은 ③이다. 〈보기〉에 제시된 '드리다'는 '주다'의 객체 높임 표현의 관계를 나타내는 말이다. 즉, 〈보기〉는 예사 표현과 객체 높임 표현의 관계를 나타내고 있다. '묻다'와 '여쭈나' 역시 예사 표현과 객체 높임 표현의 관계를 나타내는 말이다.

오답 해설

① '있다'와 '계시다'는 주체 높임 표현의 관계를 나타내고 있다.
② '먹다'와 '잡수다'는 주체 높임 표현의 관계를 나타내고 있다.
④ '자다'와 '주무시다'는 주체 높임 표현의 관계를 나타내고 있다.
⑤ '죽다'와 '돌아가시다'는 주체 높임 표현의 관계를 나타내고 있다.

024 ②

어휘 간의 의미 관계(한자어와 고유어)

문항 분석

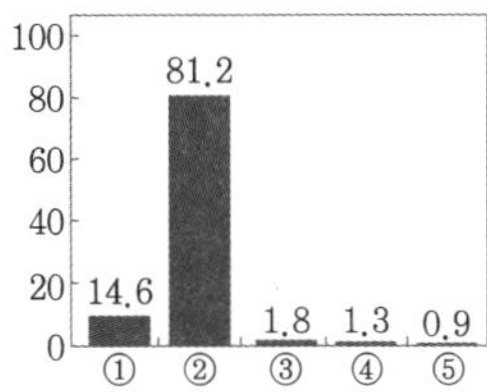

수험생의 81.2%가 정답지를 고른 쉬운 문제였다. 매력적인 오답인 ①에 14.6%의 수험생이 반응했으며 최하위권 수험생들이 나머지 선지에 고르게 반응하여 높은 변별도를 보였다.

정답 해설

〈보기〉에 제시된 사자성어의 의미 관계를 고려하여 ㉠ 에 들어갈 동물의 이름을 바르게 짝지을 수 있는지 평가하는 문제이다. 기초적인 사자성어 문제에서 실수를 하면 높은 점수를 얻기 어렵다. 정답은 ②이다. '양두구육(羊頭狗肉)'은 '양의 머리를 걸어 놓고 개고기를 판다.'는 뜻으로, '겉보기만 그럴듯하게 보이고 속은 변변하지 아니함.'을 이르는 말이다. 즉, '양'과 '개'를 언급하고 있음을 알 수 있다. '견원지간(犬猿之間)'은 '개와 원숭이의 사이.'라는 뜻으로, '사이가 매우 나쁜 두 관계.'를 비유적으로 이르는 말이다. 즉, '개'와 '원숭이'를 언급하고 있음을 알 수 있다.

025 ①

어휘 간의 의미 관계(다의어)

문항 분석

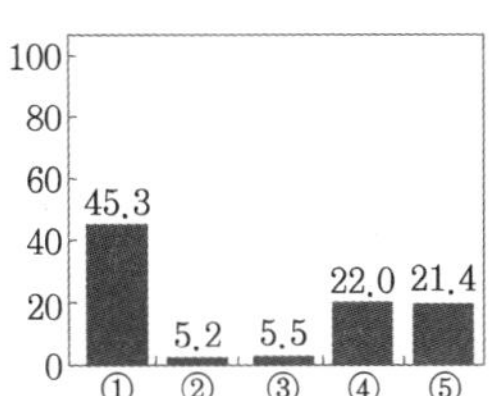

수험생의 45.3%만이 정답지를 고른 어려운 문제였다. 매력적인 오답인 ④에 22%의 수험생이, ⑤에도 21.4%의 수험생이 반응하여 높은 변별도를 보였다.

정답 해설

다의어의 의미를 이해하고, 그것을 바탕으로 품사를 구분할 수 있는 능력을 평가하는 문제로, 정답은 ①이다. ㉠에 쓰인 '보다'는 앞말이 뜻하는 행동을 하고 난 후에 뒷말이 뜻하는 사실을 새로 깨닫게 되거나, 뒷말이 뜻하는 상태로 됨을 나타내는 말로, 보조 동사에 해당한다. 나머지는 모두 보조 형용사이다. 보조 용언은 많은 경우 앞말의 품사를 따라간다는 것을 참고하여 문제를 풀면 된다.

오답 해설

②, ③ ㉡, ㉢에 쓰인 '보다'는 앞말이 뜻하는 상태가 뒷말의 이유나 원인이 됨을 나타내는 말로, 보조 형용사이다.

④, ⑤ ㉣, ㉤에 쓰인 '보다'는 앞말이 뜻하는 행동이나 상태를 추측하거나 어렴풋이 인식하고 있음을 나타내는 말로, 보조 형용사이다.

026 ①

한자어 표기(독음)

문항 분석

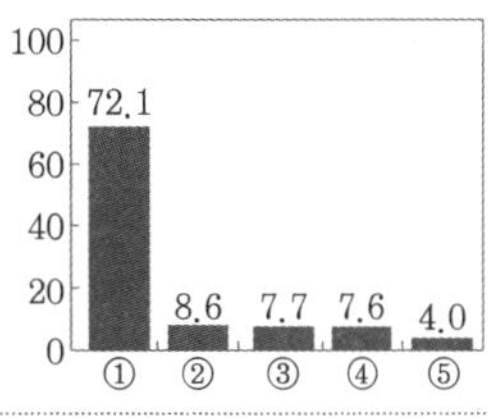

수험생의 72.1%가 정답지를 고른 보통 난이도의 문제였다. 최하위권 수험생들이 나머지 선지에 고르게 반응하여 매우 높은 변별도를 보였다.

정답 해설

한자어를 문맥에 맞게 사용할 수 있는지를 평가하기 위한 문제로, 특히 동음이의 관계의 한자어의 표기와 쓰임을 정확히 알고 있는지 평가하는 문제이다. 정답은 ①로, ㉠은 '한 당파나 무리의 우두머리.'를 의미하는 '수령(首領)'을 쓰는 것이 적절하다. ㉡은 '나무의 나이.'를 뜻하는 '수령(樹齡)'을 쓰는 것이 적절하고, ㉢은 '돈이나 물품을 받아들임.'이라는 의미를 지닌 '수령(受領)'을 쓰는 것이 적절하다.

027 ③

한자어 표기(독음)

문항 분석

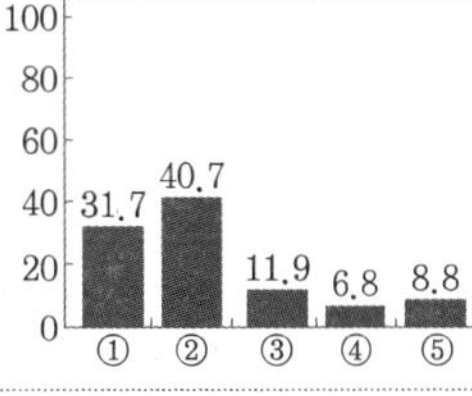

수험생의 11.9%만이 정답지를 고른 매우 어려운 문제였다. 매력적인 오답인 ②에 40.7%의 수험생이 몰렸으며 ①에도 31.7%의 수험생이 반응하여 적절한 변별도를 보였다.

정답 해설

한자어를 바르게 병기할 수 있는지를 평가하기 위한 문제이다. 한자어 표기 문제는 많은 수험생이 어려워하므로 각별한 주의가 필요하다. 정답은 ③으로, '병통과 폐단을 아울러 이르는 말.'인 '병폐'는 '病弊'라고 병기해야 한다. '병폐(病廢)'는 '병으로 인하여 몸을 제대로 쓰지 못하게 됨.'이라는 의미를 지닌 말이다.

028 ③

속담과 사자성어

문항 분석

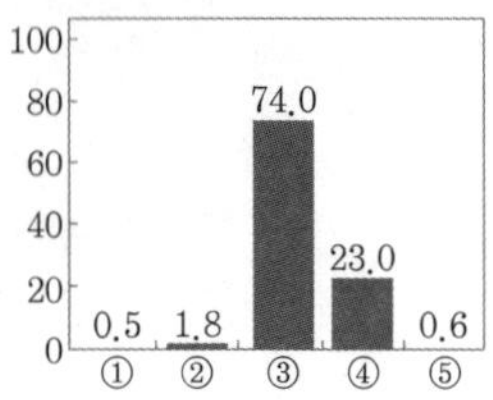

수험생의 74%가 정답지를 고른 보통 수준의 문제였다. 매력적인 오답인 ④에 23%의 수험생이 몰려 매우 높은 변별도를 보였다.

정답 해설

속담과 사자성어의 의미를 정확하게 알고 있는지 여부를 평가하기 위한 문제로, 정답은 ③이다. '교각살우(矯角殺牛)'는 '소의 뿔을 바로잡으려다가 소를 죽인다.'는 뜻으로, '잘못된 점을 고치려다가 그 방법이나 정도가 지나쳐 오히려 일을 그르침을 이르는 말.'이다. '교각살우'는 '빈대 잡으려고 초가삼간 태운다'라는 속담과 매우 유사한 의미를 지니고 있다.

오답 해설

① '부창부수(夫唱婦隨)'는 '남편이 주장하고 아내가 이에 잘 따름. 또는 부부 사이의 그런 도리.'의 뜻으로 '사람의 긴밀한 관계를 비유적으로 이르는 말.'로 쓰이는 '바늘 가는 데 실 간다'와 그 의미가 유사하다.

② '좌정관천(坐井觀天)'는 '우물 속에 앉아서 하늘을 본다.'는 말로, '사람의 견문(見聞)이 매우 좁음.'을 이르는 사자성어이다. '댓구멍으로 하늘을 본다'와 그 의미가 유사하다.

④ '우공이산(愚公移山)'은 '우공이 산을 옮긴다.'는 뜻으로, '어떤 일이든 끊임없이 노력하면 반드시 이루어짐을 이르는 말.'을 뜻하는 사자성어이다. '열 번 찍어 안 넘어가는 나무 없다'와 유사하다.

⑤ '적반하장(賊反荷杖)'은 '도둑이 도리어 매를 든다.'는 뜻으로, '잘못한 사람이 아무 잘못도 없는 사람을 나무람을 이르는 말.'로, '방귀 뀐 놈이 성낸다'와 유사하다.

029 ③

관용구

문항 분석

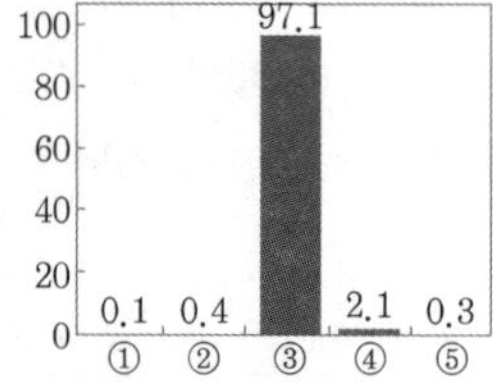

수험생의 97.1%가 정답지를 고른 쉬운 문제였다. 최하위권 수험생들이 나머지 선지에 고르게 반응하여 매우 높은 변별도를 보였다.

정답 해설

생활 속에서 자주 사용하는 관용구의 의미를 정확하게 알고 있는지 평가하기 위한 문제로, 정답은 ③이다. '가슴이 뜨끔하다'는 '자극을 받아 마음이 깜짝 놀라거나 양심의 가책을 받다.'라는 의미를 지닌 말이다. '슬픔이나 걱정으로 마음이 가라앉다.'라는 의미를 지닌 관용구는 '가슴이 무겁다'이다.

030 ③

순화어

문항 분석

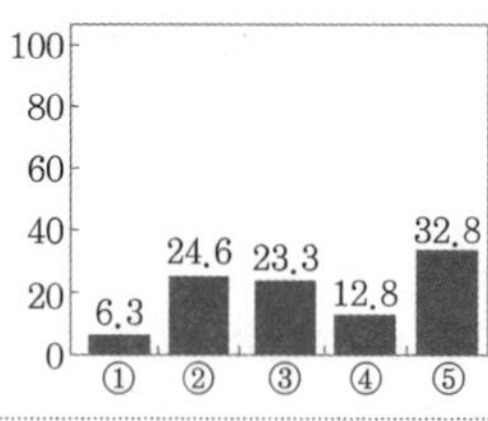

수험생의 23.3%만이 정답지를 고른 매우 어려운 문제였다. 매력적인 오답인 ⑤에 32.8%의 수험생이 몰렸으며, ②에 24.6%의 수험생이, ④에 12.8%의 수험생이 반응하여 낮은 변별도를 보였다.

정답 해설

올바른 순화어를 파악할 수 있는 능력을 평가하기 위한 문제이다. 순화어 문제를 대비하기 위해서는 일상에서 자주 쓰는 무분별한 외래어들의 그 순화어를 평소에 알아 두는 것이 유리하다. 정답은 ③이다. '몸뻬'는 '여자들이 일할 때 입는 바지.'를 일컫는 말로, '왜바지', '일 바지'로 순화하는 것이 바람직하다.

오답 해설

① '다대기'는 '끓는 간장이나 소금물에 마늘, 생강 따위를 다져 넣고 고춧가루를 뿌려 끓인 다음, 기름을 쳐서 볶은 양념.'이라는 의미를 지닌 말로, '다진 양념'으로 순화하는 것이 바람직하다.

② '앙꼬'는 '떡이나 빵의 안에 든 팥.'이라는 의미를 지닌 말로, '팥소'로 순화하는 것이 바람직하다.

④ '무데뽀'는 '일의 앞뒤를 잘 헤아려 깊이 생각하는 신중함이 없음.'을 속되게 이르는 말로, '막무가내'로 순화하는 것이 바람직하다.

⑤ '지라시'는 '선전을 위해 만든 종이 쪽지.'라는 의미를 지닌 말로, '낱장 광고'로 순화하는 것이 바람직하다.

031 ①

맞춤법(두음 법칙)

문항 분석

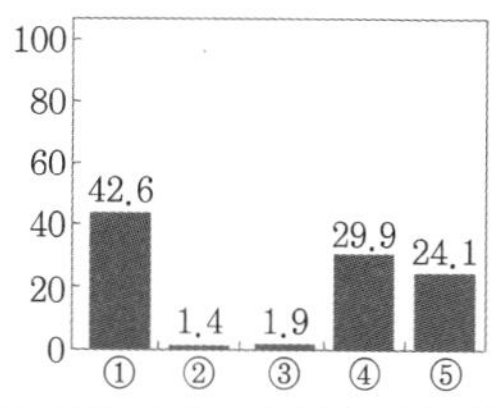

수험생의 42.6%만이 정답지를 고른 어려운 문제였다. 매력적인 오답인 ④에 29.9%의 수험생이 몰렸으며, ⑤에도 24.1%의 수험생이 반응하여 높은 변별도를 보였다.

정답 해설

한자음 '녀, 뇨, 뉴, 니'가 단어 첫머리에 올 적에는, 두음 법칙에 따라 '여, 요, 유, 이'로 적는다는 한글 맞춤법 제10항을 이해하고, 이를 실제의 단어 표기에 적용할 수 있는 능력을 평가하기 위한 문제이다. 정답은 ①로, '여름'은 고유어이기 때문에 한글 맞춤법 제10항이 적용된 단어에 해당하지 않는다. 참고로 단어 첫머리에 위치하는 한자의 음이 두음 법칙에 따라 달라지는 것은 달라지는 대로 적는 것이 원칙이다. 음소 문자인 한글은 원칙적으로 1자 1음(소)의 체계를 취하지만, 표의 문자인 한자의 경우는 국어의 음운 구조에 따라 두 가지 형식을 취한 것에 해당한다.

오답 해설

② '연세'는 '녀'가 단어 첫머리에 오는 단어이기에 두음 법칙을 적용한 표기에 해당한다.
③ '요도'는 '뇨'가 단어 첫머리에 오는 단어이기에 두음 법칙을 적용한 표기에 해당한다.
④ '유대'는 '뉴'가 단어 첫머리에 오는 단어이기에 두음 법칙을 적용한 표기에 해당한다.
⑤ '익명'는 '니'가 단어 첫머리에 오는 단어이기에 두음 법칙을 적용한 표기에 해당한다.

032 ④

맞춤법

문항 분석

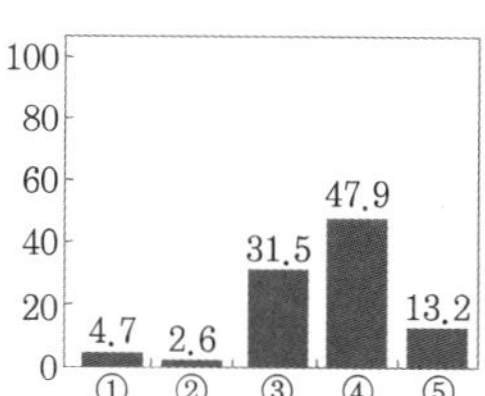

수험생의 47.9%만이 정답지를 고른 어려운 문제였다. 매력적인 오답인 ③에 31.5%의 수험생이 몰렸으며, ⑤에도 13.2%의 수험생이 반응하여 적절한 변별도를 보였다.

정답 해설

일상생활에서 사용하는 단어 중, 표기를 혼동하기 쉬운 단어의 표기에 대해 정확하게 알고 있는지 평가하기 위한 문제로, 정답은 ④이다. '그럴듯한 말로 꾀어 마음을 움직이다.'라는 의미를 지닌 말은 '구슬리다'이다. '구스르다'는 잘못된 표기이다.

오답 해설

① '어떤 목적이나 생각을 가지고. 또는 마음을 내어 굳이.'라는 의미를 가진 말은 '일부러'이다. '일부로'는 잘못된 표기이다.
② '별로 어려움이 없다.'를 의미하는 말은 '무난하다'이고, '문안하다'는 '웃어른께 안부를 여쭈다.'를 의미한다. 따라서 이 문장에서는 '무난하게'를 쓰는 것이 옳다.
③ '어떤 수준이나 대열에 들지 못하고 뒤로 처지거나 남게 되다.'를 의미하는 말은 '뒤처지다'로, '그는 친구들보다 걸음이 뒤처진다.', '그는 친구에게 뒤처진 성적표를 보고 실망하였다.'처럼 쓴다. '뒤처지다'에 어미 '-어서'가 결합되면 '뒤처져'로 쓰는 것이 맞다. '뒤쳐져'는 '뒤처져'의 잘못된 표기이다.
⑤ '비웃음을 살 만큼 언행이 분수에 넘치는 데가 있다.'라는 의미를 가진 말은 '어쭙잖다'이다. '어줍짢다'는 잘못된 표기이다.

033 ③

맞춤법(사이시옷)

문항 분석

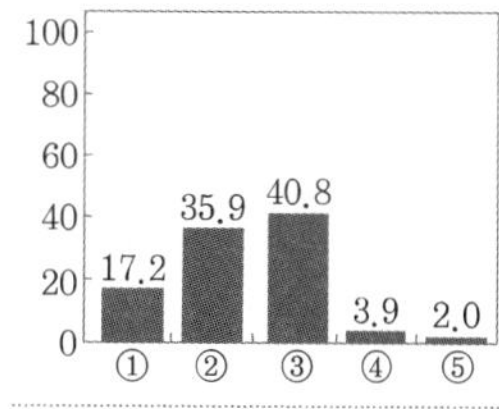

수험생의 40.8%만이 정답지를 고른 어려운 문제였다. 매력적인 오답인 ②에 35.9%의 수험생이 몰렸으며, ①에도 17.2%의 수험생이 반응하여 적절한 변별도를 보였다.

정답 해설

사이시옷의 표기와 관련된 한글 맞춤법 규정에 대해 정확하게 알고 있는지 평가하기 위한 문제이다. 사이시옷 규정은 다소 복잡하고 혼동하기 쉬운 사례가 많아 철저히 숙지해 두어야 한다. 정답은 ③이다. '장미빛'은 '장밋빛'의 잘못된 표기로, '순우리말과 한자어로 된 합성어로서 앞말이 모음으로 끝난 경우'이면서 '뒷말의 첫소리가 된소리로 나는 경우'에 해당하므로 사이시옷을 받치어 적는 것이 옳다.

오답 해설

①, ④, ⑤ 한자어와 한자어의 결합으로 이루어진 말로 사이시옷을 받치어 적지 않는다.
② '예사말'은 '순우리말과 한자어로 된 합성어로서 앞말이 모

음으로 끝난 경우'에는 해당되지만 그 표준 발음은 [예사말]로 덧나는 소리가 없으므로 사이시옷을 받치어 적지 않는다.

034 ④

띄어쓰기

문항 분석

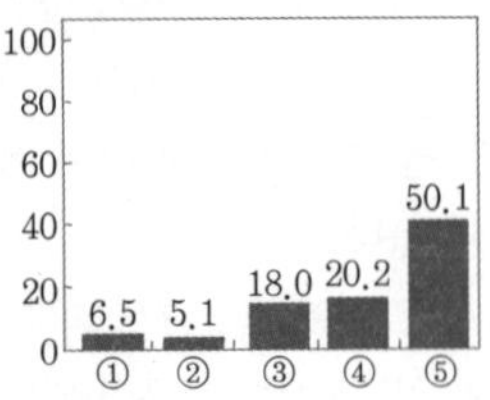

수험생의 20.2%만이 정답지를 고른 매우 어려운 문제였다. 매력적인 오답인 ⑤에 무려 50.1%의 수험생이 몰렸으며, ③에도 18%의 수험생이 반응하여 매우 낮은 변별도를 보였다.

정답 해설

국어 규범에 따라 띄어쓰기를 바르게 할 수 있는지를 평가하기 위한 문제이다. 특히 자주 쓰는 복합어의 띄어쓰기를 바르게 이해하고 있는지를 평가하고 있다. 띄어쓰기와 관련된 문제에서는 예시 단어가 합성어로 인정되었는지 여부를 꼼꼼하게 숙지하고 있어야 한다. 정답은 ④로, '관계당국'이라는 복합어는 존재하지 않기 때문에 '관계 당국'과 같이 띄어 써야 한다.

오답 해설

① '상황 설정', ③ '경기 침체', ⑤의 '최고 회의'는 모두 복합어가 아니므로 띄어 써야 한다.

② '안전사고'는 합성어로 굳어진 말이므로 붙여 써야 한다.

035 ②

표준어

문항 분석

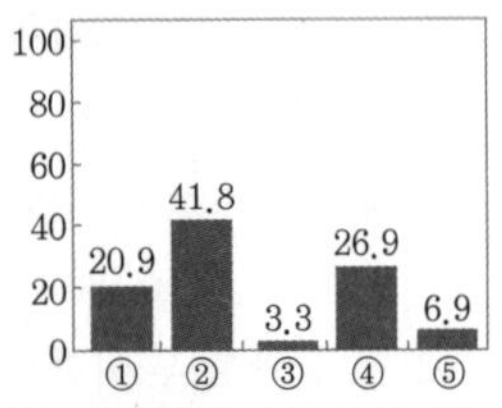

수험생의 41.8%만이 정답지를 고른 어려운 문제였다. 매력적인 오답인 ④에 26.9%의 수험생이 몰렸으며, ①에도 20.9%의 수험생이 반응하여 적절한 변별도를 보였다.

정답 해설

생활 속에서 자주 사용하는 어휘들이 표준어인지 판별할 수 있는 능력을 평가하기 위한 문제로, 정답은 ②이다. ②의 문맥에서는 '둥글게 빙빙 틀어 놓은 것. 또는 그런 모양.'이라는 의미를 지닌 '똬리'를 쓰는 것이 맞다. '또아리'는 비표준어이다.

036 ②

문장 표현(비문)

문항 분석

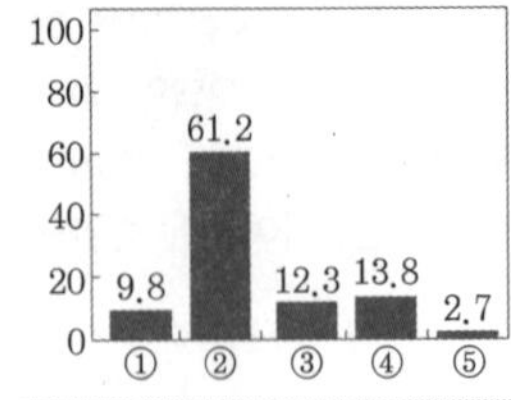

수험생의 61.2%가 정답지를 고른 보통 난이도의 문제였다. 매력적인 오답인 ④에 13.8%의 수험생이 몰렸으며, ③에도 12.3%의 수험생이 반응하여 높은 변별도를 보였다.

정답 해설

다양한 문장의 오류 유형을 이해하고 실제 문장들 가운데 올바른 문장을 고를 수 있는 능력을 평가하기 위한 문제이다. 정답은 ②으로, ②의 문장은 앞뒤 문장 간의 연결이 자연스럽고 문장의 의미가 명확하며 어법에 맞는 표현이다.

오답 해설

① '확대되어졌다'라는 표현이 이중 피동이므로 어법에 맞지 않다.

③ 주어 '인간이라는 존재는'과 서술어 '일부라는 점이다'가 호응되지 않고 있으므로 어법에 맞지 않는 문장이다.

④ '교환함으로써'에 상응하는 목적어가 생략되어 불완전한 문장이 되고 있으므로 어법에 맞지 않는 문장이다.

⑤ '함께'와 '공존하다'에서 의미상 중첩이 나타나 있으므로 어법에 맞지 않는 문장이다.

037 ③

문장 표현(비문)

문항 분석

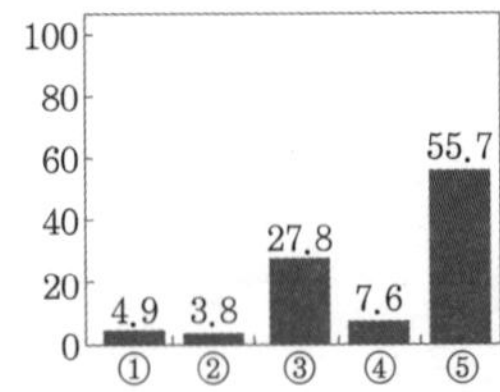

수험생의 27.8%가 정답지를 고른 매우 어려운 문제였다. 매력적인 오답인 ⑤에 무려 55.7%의 수험생이 몰려 적절한 변별도를 보였다.

정답 해설

자연스럽고 정확한 문장에 대한 이해를 평가하기 위한 문제이다. 일상에서 흔히 쓰이는 표현이 사실은 올바르지 못한 표현인 경우가 더러 있으므로 유의하여야 한다. 주어진 문장이 자연스럽고 정확한지 판단하기 위해서는 해당 문장에 빠진 성분은 없는지, 불필요한 성분이 있는 것은 아닌지, 주어와 서술어가 호응을 이루고 있는지 등을 점검해 보아야 한다. 정답은 ③으로,

③의 문장은 주어부와 서술부가 호응을 이루고 있는 자연스러운 문장이다.

오답 해설

① 주어와 서술어가 호응을 이루지 못한 부자연스러운 문장이다. 문장의 호응 관계를 고려하여 '훈련은 반드시 조교의 지시를 따라서 실시한다.' 정도로 고칠 수 있다.

② 필요한 성분이 빠져있고 불필요한 사동 표현이 쓰여 문장이 부자연스러워진 경우이다. '내 주변에 (있는) 내가 잘 아는 사람을 다른 사람에게 소개할 때는 신중해야 한다.' 정도로 고쳐야 자연스럽다.

④ 비도덕적이라고 비난하는 대상을 분명하게 표현해야 자연스러운 문장이 된다. 따라서 '다른 사람을 자신만의 시각으로 비도덕적이라고 비난하는 것은 옳지 않다.'로 고쳐야 한다.

⑤ '노출을 꺼리던'이라는 표현 때문에 비문이 되었다. '언론에 노출되는 것을 꺼리던'이라고 표현해야 한다.

038 ⑤

문장 표현(중의성)

문항 분석

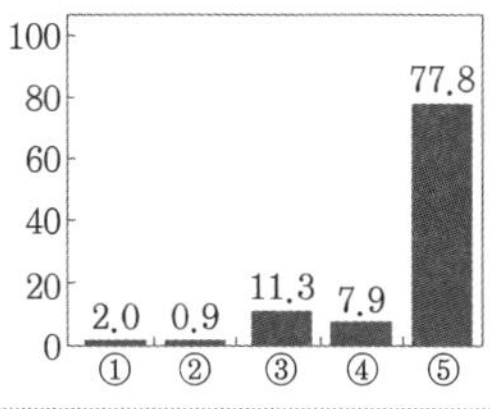

수험생의 77.8%가 정답지를 고른 보통 난이도의 문제였다. ③에 11.3%의 수험생이 반응했으며, 최하위권 수험생들이 나머지 선지에 고르게 반응하여 매우 높은 변별도를 보였다.

정답 해설

문장의 중의성을 해소할 수 있는지 여부를 평가하기 위한 문제로, 정답은 ⑤이다. '아직도 친구들이 모두 모이지 않았다.'라는 문장은 '모두'라는 부사어로 인해 중의성이 발생한 경우이다. 전체 부정인 경우는 '친구들이 단 한 명도 모이지 않았다.'는 의미이며, 부분 부정인 경우는 '친구들 중의 일부만 모였다.'는 의미이다. 따라서 전체 부정인 경우는 '모두'를 '아무도'로 바꿈으로써 중의성을 해소할 수 있으며, 부분 부정인 경우는 보조사 '은/는'을 사용함으로써 중의성을 해소할 수 있다. 즉, '아직도 친구들이 아무도 모이지 않았다.' 혹은 '아직도 친구들이 모두 모이지는 않았다.'로 고치면 중의성이 해소된다. 고친 문장인 '아직도 모든 친구들이 모이지 않았다.'는 '모든'이라는 관형어로 인해 마찬가지의 중의성이 발생한다.

오답 해설

① 조사 '와'로 인해 중의성이 발생한 경우이다. 즉, 두호와 선영이가 각각 결혼을 했다는 것인지, 두호가 선영이를 상대로 하여 결혼했다는 것인지가 불분명하다. 따라서 '두호는 선영이와 결혼했다.'로 고치면 문장의 주체가 '두호'만으로 한정되기 때문에 중의성이 해소될 수 있다.

② '멋진'이 수식하는 대상이 불분명하여 중의성이 발생한 경우이다. 따라서 수식어의 위치를 바꾸어 수식의 범위를 한정하면 중의성이 해소될 수 있다.

③ 동작상을 나타내는 '-고 있다'로 인해 중의성이 발생한 경우이다. '-고 있다'는 '지속되고 있는 상태'를 가리킬 수도 있고, '진행되고 있는 동작'을 가리킬 수도 있다. 따라서 후자의 경우를 표현하고 싶다면, 선지에서와 같이 '-고 있다' 대신에 '-ㄴ/는 중이다'를 써야 한다.

④ 주어의 범주가 다양하게 설정될 수 있어서 중의성이 발생한 경우이다. 즉, 문장의 주체가 '나'인지, '친구들'인지에 따라 그 의미가 달라진다.

039 ③

표준 발음법

문항 분석

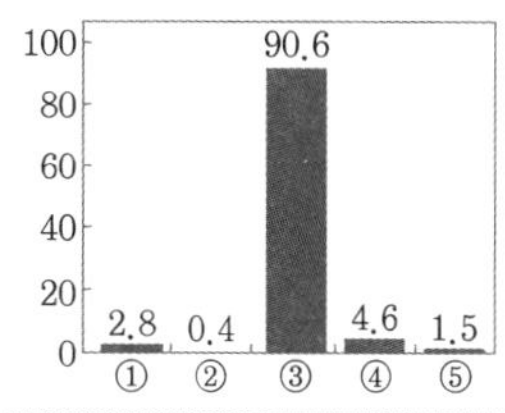

수험생의 90.6%가 정답지를 고른 쉬운 문제였다. 최하위권 수험생들이 나머지 선지에 고르게 반응하여 높은 변별도를 보였다.

정답 해설

표준 발음법에 대한 이해 정도를 평가하는 문제이다. 정답은 ③으로, '넓죽하다'는 예외 조항으로 [넙쭈카다]로 발음하는 것이 원칙이다.

오답 해설

①, ②, ④, ⑤ 모두 규정대로 [삭], [안따], [할따], [갑]으로 발음한다.

040 ③

문법 요소(통사적 합성어와 비통사적 합성어)

문항 분석

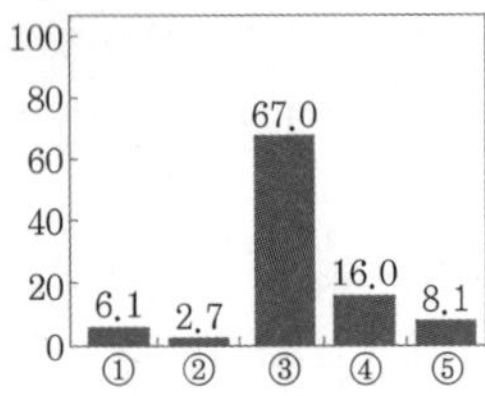

수험생의 67%가 정답지를 고른 보통 난이도의 문제였다. ④에 16%의 수험생이 반응했으며, 최하위권 수험생들이 나머지 선지에 고르게 반응하여 적절한 변별도를 보였다.

정답 해설

통사적 합성어와 비통사적 합성어를 바르게 구분할 수 있는지를 평가하는 문제로, 정답은 ③이다. '덮밥'은 어근 '덮-'과 어근 '밥'이 결합된 합성어로, 어근과 어근의 연결이 우리말의 일반적 문장 구조에서 나타나는 방식을 따르지 않고 이루어진 비통사적 합성어이다. 즉, 국어의 정상적인 단어 배열법을 따르지 않는 합성어에 해당한다.

오답 해설

① 어근 '큰(크- + -ㄴ)'과 어근 '형'이 결합된 합성어로, 어근과 어근의 연결이 우리말의 일반적 문장 구조에서 나타나는 방식을 따르고 있다.
② 어근 '눈'과 어근 '물'이 결합된 합성어로, 어근과 어근의 연결이 우리말의 일반적 문장 구조에서 나타나는 방식을 따르고 있다.
④ 어근 '밤'과 어근 '낮'이 결합된 합성어로, 어근과 어근의 연결이 우리말의 일반적 문장 구조에서 나타나는 방식을 따르고 있다.
⑤ 어근 '새'와 어근 '해'가 결합된 합성어로, 어근과 어근의 연결이 우리말의 일반적 문장 구조에서 나타나는 방식을 따르고 있다.

041 ⑤

문법 요소(이어진문장)

문항 분석

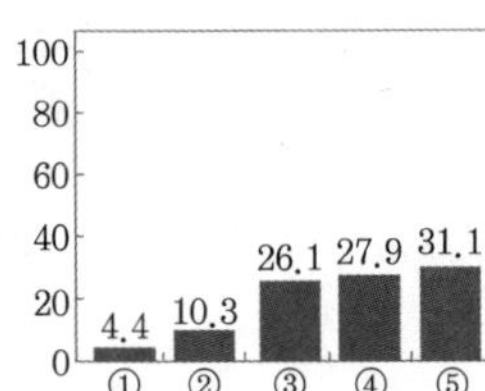

수험생의 31.1%만이 정답지를 고른 어려운 문제였다. 매력적인 오답인 ④에 27.9%의 수험생이 몰렸으며, ③에도 26.1%의 수험생이 몰려 높은 변별도를 보였다.

정답 해설

이어진문장의 의미를 바르게 이해하고 실제 사례에 적용할 수 있는지를 평가하기 위한 문제로, 정답은 ⑤이다. '호랑이도 제 말 하면 온다'는 종속적으로 이어진문장에 해당하여 이어진문장의 사례에 해당한다. 참고로 이 속담은 '깊은 산에 있는 호랑이조차도 저에 대하여 이야기하면 찾아온다.'는 뜻으로, '어느 곳에서나 그 자리에 없다고 남을 흉보아서는 안 된다.'는 말, '다른 사람에 관한 이야기를 하는데 공교롭게 그 사람이 나타나는 경우.'를 이르는 말이다.

오답 해설

① '자기에게만 이롭도록 일을 하는 경우.'를 비유적으로 이르는 말인 '제 논에 물 대기'는 홑문장에 해당한다.
② '말은 사람의 입을 거치는 동안 그 내용이 과장되고 변한다.'는 뜻인 '말이 말을 만든다'는 홑문장에 해당한다.
③ '말은 비록 발이 없지만 천 리 밖까지도 순식간에 퍼진다.'는 뜻으로, '말을 삼가야 함.'을 비유적으로 이르는 말인 '발 없는 말이 천 리 간다'는 관형절을 안은문장에 해당한다.
④ '바늘을 훔치던 사람이 계속 반복하다 보면 결국은 소까지도 훔친다.'는 뜻으로, '작은 나쁜 짓도 자꾸 하게 되면 큰 죄를 저지르게 됨.'을 비유적으로 이르는 말인 '바늘 도둑이 소도둑 된다'는 홑문장에 해당한다.

042 ⑤

문장 부호

문항 분석

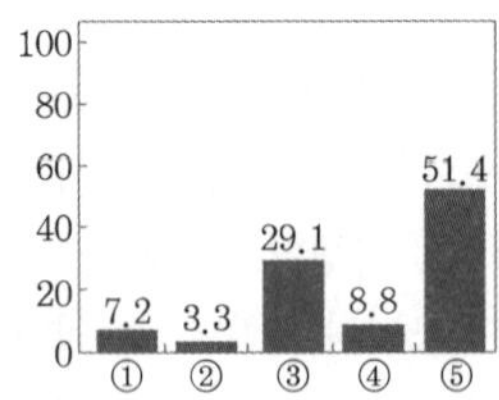

수험생의 51.4%가 정답지를 고른 어려운 문제였다. 매력적인 오답인 ③에 29.1%의 수험생이 몰렸으며, 최하위권 수험생들이 나머지 선지에 고르게 반응하여 적절한 변별도를 보였다.

정답 해설

문장 부호와 관련한 규정을 숙지하고 그 용례를 바르게 알고 있는지 평가하기 위한 문제이다. 특히 2015.01.01.을 기해 새롭게 개정된 문장 부호 규정의 내용을 정확히 이해하고 있는지를 평가하기 위한 문제이다. 정답은 ⑤로, 권, 장, 절 등을 구별할 때는 빗금(/)을 쓰는 것이 아니라 쌍점(:)을 쓴다.

043 ③

표준 발음법(유음화)

문항 분석

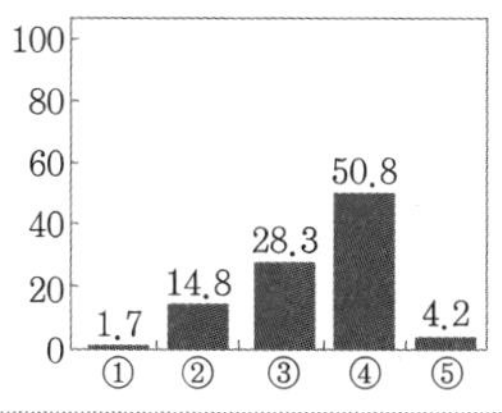

수험생의 28.3%만이 정답지를 고른 어려운 문제였다. 매력적인 오답인 ④에 무려 50.8%의 수험생이 몰렸으며, ②에도 14.8%의 수험생이 반응하여 높은 변별도를 보였다.

정답 해설

국어 규범인 표준 발음법의 내용을 정확히 이해하고 이를 적용할 수 있는지를 평가하기 위한 문제이다. 일상에서 잘못 발음하고 있는 대표적인 사례들을 따로 모아 학습해 둘 필요가 있다. 정답은 ③으로, '절약'은 [저략]과 같이 발음하며 이는 표준 발음법 제29항의 [붙임 1] 규정을 따라 발음한 것이 아니라 단순히 [ㄹ]이 뒤에 오는 모음에 연음되어 발음된 것이라고 볼 수 있다.

오답 해설

①, ②, ④, ⑤ 모두 표준 발음법 제29항에 따라 각각 [물략], [설릭따], [유들류들], [물렫]과 같이 발음한다.

044 ①

외래어 표기법

문항 분석

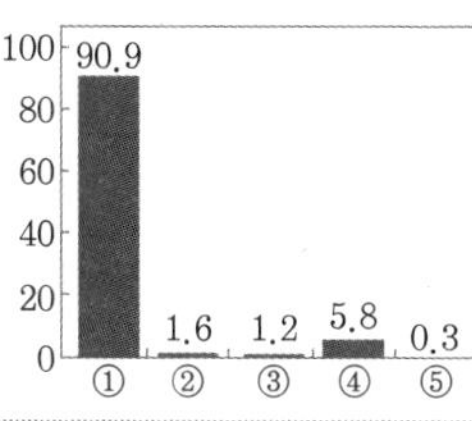

수험생의 90.9%가 정답지를 고른 매우 쉬운 문제였다. 최하위권 수험생들이 나머지 선지에 고르게 반응하여 적절한 변별도를 보였다.

정답 해설

외래어 표기법에 맞추어 외래어 표기를 올바르게 할 수 있는지 평가하기 위한 문제로, 정답은 ①이다. ①은 '샤머니즘'으로 표기하는 것이 맞다.

045 ①

로마자 표기법

문항 분석

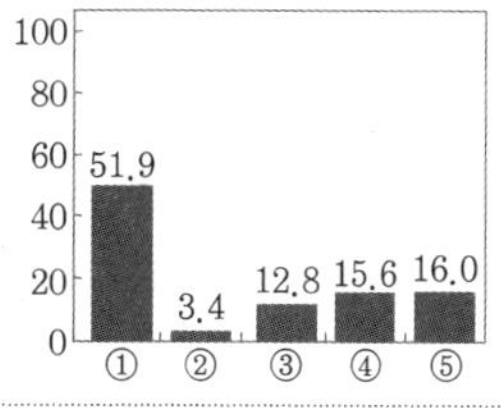

수험생의 51.9%만이 정답지를 고른 어려운 문제였다. ③, ④, ⑤에 12~16% 대의 수험생이 고르게 반응하여 적절한 변별도를 보였다.

정답 해설

국어의 로마자 표기법을 이해하고 적용할 수 있는지를 평가하기 위한 문제로, 정답은 ①번이다. '세종로'는 도로명일 경우에는 'Sejong-ro'로, 도로명이 아닐 경우에는 'Sejongno'로 표기해야 한다.

쓰기 046번~050번

기출문제집 p.136

046	①	047	④	048	⑤	049	⑤	050	③

046 ①

글쓰기 계획

문항 분석

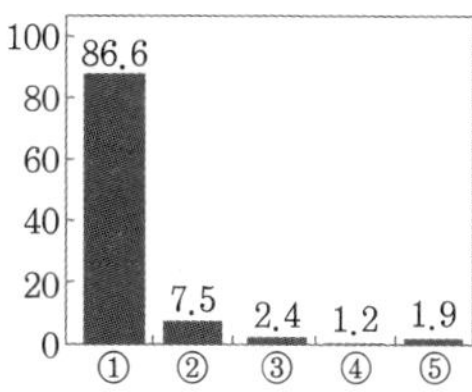

수험생의 86.8%가 정답지를 고른 쉬운 문제였다. 최하위권 수험생들이 나머지 선지에 고르게 반응하여 매우 높은 변별도를 보였다.

정답 해설

글쓰기의 첫 번째 단계인 글쓰기 계획 및 전략 수립 능력을 평가하기 위한 문제이다. 제시된 글쓰기 계획에 따르면, 작성하려고 하는 글의 주제는 '공정 무역 활성화의 필요성을 알고 이를 실천하기 위해 노력하자.'이다. 이 맥락에서 ① 공정 무역 방식이 갖는 문제점을 분석하여 제시하는 것은 적절하지 않다.

오답 해설

② 공정 무역에 대한 사회적 관심의 정도를 조사하여 제시하는 것은 공정 무역 활성화의 필요성을 역설하는 데 도움이 되므로, 글의 주제와 목적을 드러내기에 유용하다.

③ 공정 무역을 활성화할 수 있는 다양한 방법들을 정리하여 제시하는 것은 글의 주제와 목적에 부합한다.
④ 공정 무역을 활성화해야 하는 다양한 이유를 제시하는 것은 글의 주제와 목적에 부합한다.
⑤ 공정 무역을 실천하고 있는 선진국의 성공 사례를 제시하고 우리나라의 실상이 상대적으로 미흡하다는 것을 드러낼 수 있으므로, 글의 주제와 목적을 드러내기에 유용하다.

047 ④

자료 활용 방안

문항 분석

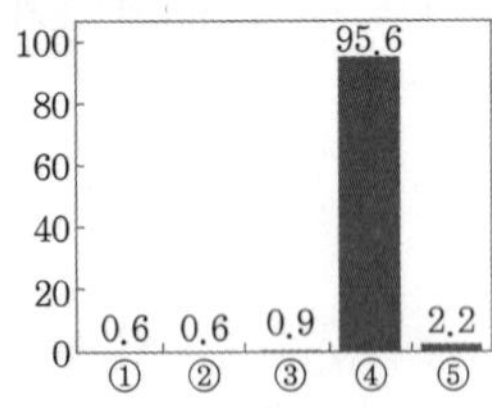

수험생의 95.6%가 정답지를 고른 쉬운 문제였다. 최하위권 수험생들이 나머지 선지에 고르게 반응하여 매우 높은 변별도를 보였다.

정답 해설

한 편의 완성된 글을 쓰고자 할 때 주제와 내용에 맞는 자료를 수집하고, 그 자료들을 글쓰기 목적이나 계획에 맞게 활용할 수 있는지를 평가하기 위한 문제로, 정답은 ④이다. (나)-1에서 기자는 서울에 위치한 대형 할인점만을 방문하였으므로, (나)-1을 지역에 따라 공정 무역의 활성화 정도가 다르다는 근거로 활용할 수 없다.

오답 해설

① (가)를 통해 국내 공정 무역 규모가 점점 커지고 있음을 시각적으로 드러낼 수 있다.
② (나)-2에서 드러난 영국인들의 공정 무역 인식 수준에 반해 (나)-1에서 드러난 우리나라 국민들의 공정 무역 인식 수준이 낮음을 언급할 수 있다.
③ (다)에서 공정 무역 제품의 가격이 비싸고 종류가 다양하지 못하다는 문제점을 드러냈으므로 우리나라에서 공정 무역이 활성화되지 못하고 있는 이유를 제시했다고 볼 수 있다.
⑤ (나)-2에서 공정 무역이 활발하게 일어나고 있는 영국의 사례를 통해 공정 무역 활성화를 위해 우리가 무엇을 준비해야 하는 지를 확인할 수 있고, (다)에서 공정 무역을 활성화하기 위해 우리에게 필요한 구체적인 방안을 확인할 수 있다.

048 ⑤

개요 수정 및 상세화 방안

문항 분석

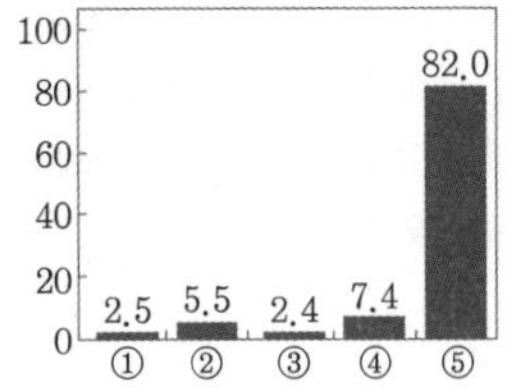

수험생의 82%가 정답지를 고른 보통 난이도의 문제였다. 최하위권 수험생들이 나머지 선지에 고르게 반응하여 매우 높은 변별도를 보였다.

정답 해설

본격적으로 글을 쓰기 전에 개요를 작성하고 이를 적합하게 수정할 수 있는지를 평가하는 문제로, 정답은 ⑤이다. 개요의 서론과 본론에 제시된 전체적인 내용을 고려했을 때, 이 글은 공정 무역의 활성화를 위한 전반적인 노력 촉구로 결론 지을 필요가 있다. 따라서 이를 홍보 전략 제시로 대체하는 것은 적절한 방안으로 볼 수 없다.

오답 해설

① 〈조건〉의 본론에서 우리나라의 경우와 접목하여 서술하도록 개요를 제시하고 있으므로, ㉠을 '공정 무역이 활성화된 선진 사례와 우리나라의 상황 비교'로 구체화하는 것은 수정 방안으로 적절하다.
② ㉡의 하위 항목에서 공정 무역 활성화의 필요성에 해당하는 내용을 제시하고 있으므로, 이를 수정하여 제시하자는 방안은 적절하다.
③ ㉢의 '공정 무역 품목의 다양화'는 공정 무역의 활성화를 저해하는 요인으로 보기 어려우므로 공정 무역 활성화의 실현 방안인 IV로 옮기는 것이 적절하다.
④ 'Ⅲ-2' 항목에서 언급한 문제점을 Ⅳ에서 해결 방안으로 언급하는 것은 적절하다.

049 ⑤

퇴고

문항 분석

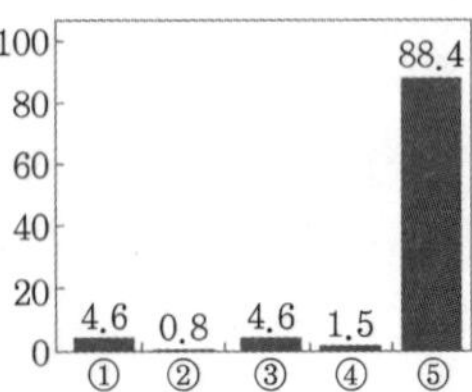

수험생의 88.4%가 정답지를 고른 쉬운 문제였다. 최하위권 수험생들이 나머지 선지에 고르게 반응하여 매우 높은 변별도를 보였다.

정답 해설

글쓰기의 마지막 단계인 퇴고를 할 수 있는 능력을 평가하기 위한 문제로, 정답은 ⑤이다. ⓜ과 앞 문장의 위치를 바꾸어 마지막 문단의 첫째 문장에 위치하게 하면, 오히려 앞 문단과의 연결이 부자연스러워지게 된다. 바로 앞 문단에서 공정 무역 활성화 방안을 소개했으므로, 원래 구성대로 "공정 무역을 활성화하기 위해서는 이처럼 비싼 대가를 치러야 하고, 다소 불편하고 힘든 과정도 감수해야 합니다."가 오는 것이 자연스럽다. 아울러 ⓜ에서 공정 무역은 반드시 실천해야 할 과제이자 의무라고 했으므로, 마지막 문장에서 공정 무역을 적극적으로 실천해 나가자는 주장과의 연결이 자연스러워진다. 따라서 ⑤는 부적절한 수정 방안이라고 할 수 있다.

오답 해설

① '확산(擴散)'이라는 단어가 '흩어져 널리 퍼짐.'의 의미를 지니고 있으므로, ㉠ '널리'를 또 쓰는 것은 의미의 중복이 되므로 이를 삭제하는 것이 적절하다.
② 앞 문단에서 공정 무역의 필요성을 설명하였고, 다음 문단에서 공정 무역의 활성화를 저해하는 걸림돌을 제시하고 있으므로, 문단의 유기적인 연결을 고려하여 역접의 의미를 갖는 '그러나'를 넣는 것이 적절하다.
③ '대기업들의 일감 몰아주기 관행'은 공정 무역의 내용과 관련이 없으므로, ㉢은 글의 전체적인 통일성을 해치는 문장이다. 따라서 삭제하는 것이 적절하다.
④ 주어가 '이를 위해서는'이므로 문장 성분의 호응 관계를 고려해 '~해야 합니다.'가 서술어로 오는 것이 적절하다.

050 ③

논지 전개

문항 분석

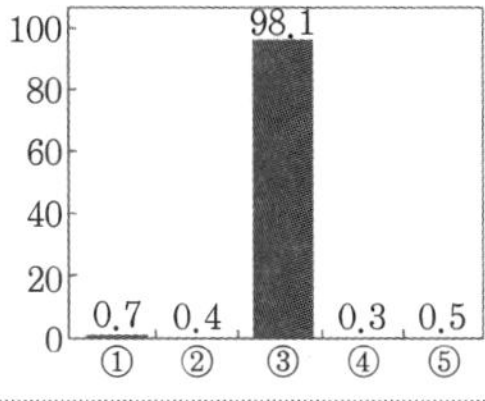

수험생의 98.1%가 정답지를 고른 쉬운 문제였다. 최하위권 수험생들이 나머지 선지에 고르게 반응하여 매우 높은 변별도를 보였다.

정답 해설

글을 읽고 난 후에 보일 수 있는 반응을 추론하고, 이를 비유적 표현으로 적절하게 표현할 수 있는지를 평가하기 위한 문제이다. 정답은 ③으로, 문맥의 의미를 고려할 때 '일을 해 나가는 데에 걸리거나 막히는 장애물을 비유적으로 이르는 말.'인 '걸림돌'을 쓰는 것이 적절하다.

창안 051번~060번

기출문제집 p.140

051	⑤	052	④	053	⑤	054	②	055	⑤
056	④	057	④	058	②	059	④	060	⑤

051 ⑤

시각 자료를 통한 내용 생성

문항 분석

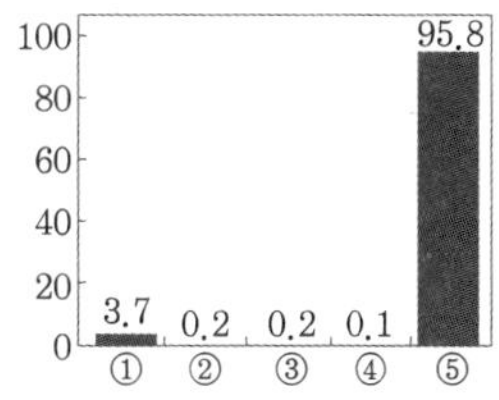

수험생의 95.8%가 정답지를 고른 매우 쉬운 문제였다. 최하위권 수험생들이 나머지 선지에 고르게 반응하여 적절한 변별도를 보였다.

정답 해설

제시된 시각 자료를 통해 내용을 생성하는 창안 문제로, 정답은 ⑤번이다. 책들을 모아 놓은 그림 아래에 바코드를 연상하게 하는 숫자가 나열되어 있고, 그림 위에는 "마음의 양식은 유통 기한이 없습니다."라는 문구가 적혀 있다. 이는 마음의 양식, 즉 '독서'에 유통 기한이 없음을 언급함으로써 평생에 걸쳐 꾸준히 책을 읽는 습관을 지닐 것을 강조한 것으로 볼 수 있다.

오답 해설

① 이 그림에 다양한 종류의 책이 꽂혀 있는 것은 맞지만, 독서의 유통 기한을 언급한 문구와의 연관성을 고려해 보았을 때, 다양한 분야의 책들을 두루 섭렵해야 한다는 설명은 적절하지 않다.
② 이 그림에는 읽는 목적을 유추할 수 있는 정보가 제시되어 있지 않으므로 적절하지 않다.
③ 이 그림을 통해서는 책을 읽는 순서를 정해야 한다는 정보를 유추해 내기 어렵다.
④ 이 그림을 통해서는 책의 수준을 정확히 알 수 없을 뿐만 아니라, 연령대에 맞는 책을 선택해서 읽어야 한다는 내용을 유추할 수 있는 정보 또한 제시되어 있지 않으므로 적절하지 않다.

▶ **자료 출처** 한국방송광고공사 누리집(http://www.kobaco.co.kr)

052 ④

시각 자료를 통한 내용 생성

문항 분석

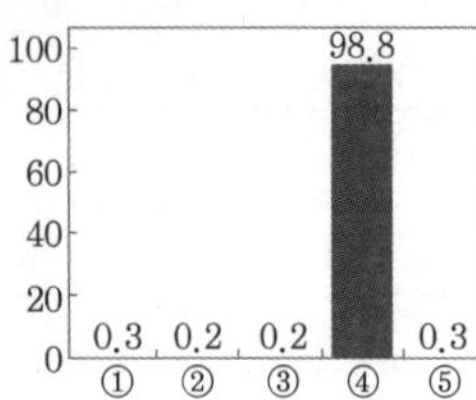

수험생의 98.8%가 정답지를 고른 쉬운 문제였다. 최하위권 수험생들이 나머지 선지에 고르게 반응하여 매우 높은 변별도를 보였다.

정답 해설

제시된 문구를 시각 자료를 활용해 보강할 수 있는 능력을 평가하기 위한 유형의 문제로, 정답은 ④이다. 선지의 시각 자료 중 ④는 '혼합 배출 금지'를 나타낸 표지로, 이를 〈보기〉의 내용을 보강하기에는 적절하지 않다.

오답 해설

① 불법 투기 단속의 경우, "일반 쓰레기를 투기하는 일은 없도록 해 주십시오. 불법 투기에 대한 단속이 강화되고 있사오니 불미스러운 일이 생기지 않도록 유의해 주시기 바랍니다."에서 확인할 수 있다.

②, ⑤ 지정 장소 배출과 종량제 봉투 사용의 경우, "일반 쓰레기는 종량제 봉투에 담아 지정된 장소에 배출해 주십시오. 일반 봉투에 담거나 지정 장소가 아닌 곳에 배출하실 경우 수거해 가지 않습니다."에서 확인할 수 있다.

③ 일몰 후 배출의 경우, "일반 쓰레기는 일몰 후 배출해 주십시오. 아무 때나 일반 쓰레기를 배출하면 도시 미관에 좋지 않으니 지정된 배출 시간을 지켜 주시기 바랍니다."에서 확인할 수 있다.

053 ⑤

조건에 따른 내용 생성

문항 분석

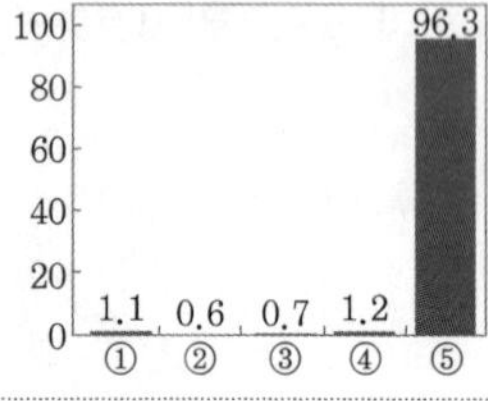

수험생의 96.3%가 정답지를 고른 쉬운 문제였다. 최하위권 수험생들이 나머지 선지에 고르게 반응하여 매우 높은 변별도를 보였다.

정답 해설

〈보기〉의 밑줄 친 부분에 해당하는 예를 찾을 수 있는지를 평가하기 위한 문제로, 정답은 ⑤이다. ⑤ '여-보-게-여-기-저-게-보-여'를 거꾸로 하면 '여-보-게-저-기-여-게-보-여'가 되어 바로 읽었을 때와 거꾸로 읽었을 때가 똑같은 말이 되지 않는다.

054 ②

시각 자료를 통한 내용 생성

문항 분석

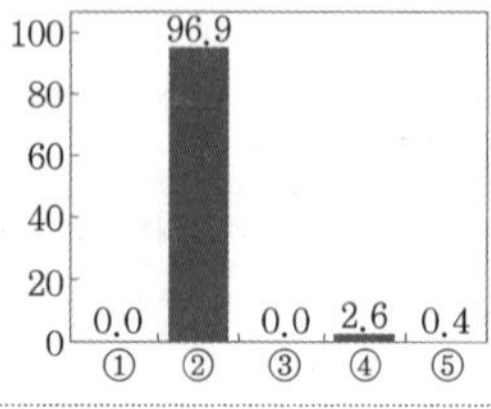

수험생의 96.9%가 정답지를 고른 매우 쉬운 문제였다. 최하위권 수험생들이 나머지 선지에 고르게 반응하여 매우 높은 변별도를 보였다.

정답 해설

제시된 두 그림을 보고, 이를 바탕으로 연상할 수 있는 내용을 찾는 문제이다. 정답은 ②이다. 〈보기〉에서 왼쪽 그림은 날씬한 여성이 거울을 보며 자신이 뚱뚱하다고 여기고 있는 것을 나타내고 있고, 오른쪽 그림은 뚱뚱한 남성이 거울을 보며 자신이 날씬하다고 여기고 있는 것을 나타내고 있다. 이를 바탕으로 할 때, 실제를 왜곡하는 자기중심적 사고에서 벗어나야 한다는 내용을 연상할 수 있다.

오답 해설

① 무분별한 성형 수술의 위험성에 대한 내용을 연상해 내기는 어렵다.

③ 아름다움, 외모와 관련된 내용을 연상해 낼 수 있으나, 진정한 아름다움이 상체가 아닌 하체에서 드러난다는 내용을 연상해 내기는 어렵다.

④ 외모 지상주의와 관련된 내용을 연상해 낼 수 있으나, 그것이 물질 만능주의의 폐해라는 내용을 연상해 내기는 어렵다.

⑤ 몸매에 대한 내용을 연상해 낼 수 있으나, 체중 조절로 건강한 몸매 유지를 이룰 수 있다는 내용을 연상해 내기는 어렵다.

055

⑤

조건에 다른 내용 생성

문항 분석

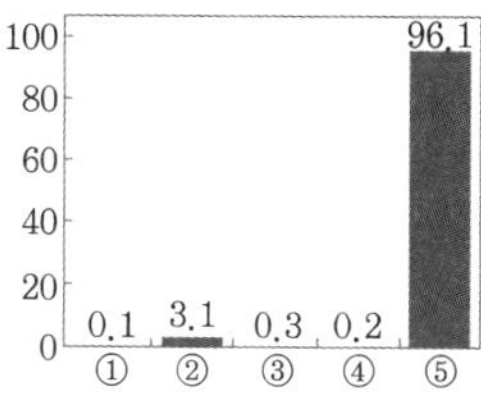

수험생의 96.1%가 정답지를 고른 쉬운 문제였다. 최하위권 수험생들이 나머지 선지에 고르게 반응하여 매우 높은 변별도를 보였다.

정답 해설

조건을 만족시키는 문구를 창의적으로 생성해 낼 수 있는지를 평가하기 위한 문제로, 정답은 ⑤이다. 자가용 대신 버스를 이용한다는 구체적인 대중교통 수단이 제시되었고, 그렇게 하면 탄소 배출량이 줄어드는 장점이 있다고 했다. 또한 탄소 배출량이 줄어들면 지구가 건강해진다고 하여 앞 구절의 끝 어구를 다음 구절의 앞 구절에 이어받아 이미지나 심상을 강조하는 수사법인 연쇄법을 사용하였으므로 〈조건〉을 모두 만족하고 있다.

오답 해설

① 대중교통을 이용하면 경제적이라는 장점을 언급하였으나, 구체적인 대중교통 수단을 언급하지 않았고, 연쇄법도 사용되지 않았다.

② 지하철이라는 구체적인 대중교통 수단을 언급하였고, 혼잡한 도심을 통과하므로 약속 시간을 지켜준다는 장점이 있다고 했으나, 연쇄법이 사용되지 않았다.

③ 대중교통을 이용하면 교통 체증을 해소한다는 장점을 언급하였고, 교통 체증을 해소하면 대한민국이 웃는다고 하여 연쇄법이 사용되었으나, 구체적인 대중교통 수단이 제시되지 않았다.

④ 대중교통의 생활화가 대기 오염을 해결할 수 있다는 장점을 언급하였으나, 구체적인 대중교통 수단이 언급되지 않았고, 연쇄법도 사용되지 않았다.

056

④

조건에 따른 내용 생성

문항 분석

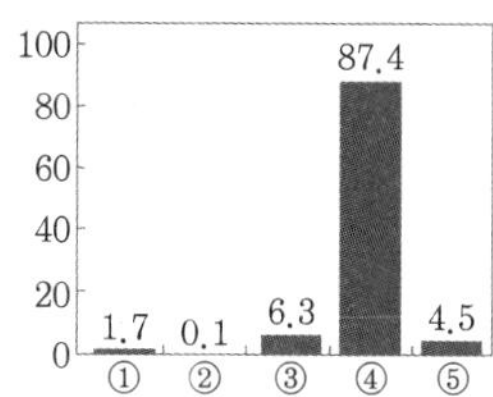

수험생의 87.4%가 정답지를 고른 매우 쉬운 문제였다. 최하위권 수험생들이 나머지 선지에 고르게 반응하여 적절한 변별도를 보였다.

정답 해설

시각 자료를 활용하여 그 의미를 언어적으로 활용하는 능력을 평가하기 위한 문제로, 정답은 ④이다. 〈보기〉에서는 일반인들에게 면식이 있는 조각상 두 개가 제시되어 있는데, 두 조각상 모두 정상에 비해 인물의 몸매가 비대한 것을 확인할 수 있다. 조각상이 고정된 자세로 움직이지 않는다는 점, 두 조각상이 모두 기존에 비해 비대하다는 점에 주목하여 연상해 보면 ④와 같이 비만을 경고하거나 운동을 독촉하는 풍자적 광고의 문구를 작성할 수 있다.

오답 해설

① 두 사람의 차이만 언급하고 있을 뿐이고, 정상에 비해 비대한 조각상의 특징에서 연상한 내용이 없으며, 건강과 관련한 풍자적 수법이 쓰이지도 않았으므로 적절한 광고 문구가 아니다.

② 두 조각상을 통해 인종 차별적인 내용을 찾을 수 없고 '건강'과 관련한 내용으로도 볼 수 없으므로 적절한 문구가 아니다.

③ 두 조각상이 모두 걱정에 시달리고 있음을 나타내는 요소가 없으며, 건강과 관련한 풍자적 수법이 쓰이지도 않았으므로 적절한 문구가 아니다.

⑤ 인류 문화유산에 해당하는 것은 좌측의 다비드 상뿐이며, 훼손되거나 병들어 간다고 판단할 수 있는 요소가 없으므로 역시 적절한 문구가 아니다.

▶ **자료 출처** 독일올림픽스포츠위원회 누리집(http://www.dosb.de/)

057

④

조건에 다른 내용 생성

문항 분석

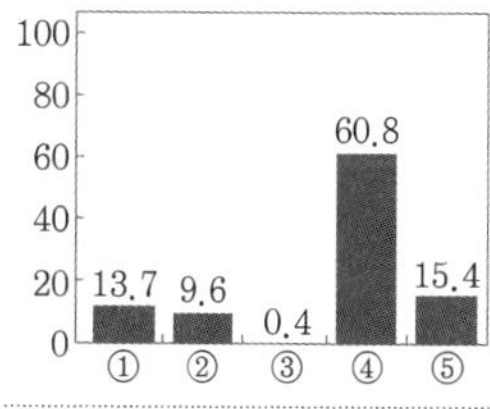

수험생의 60.8%가 정답지를 고른 쉬운 난이도의 문제였다. 매력적인 오답인 ⑤에 15.4%의 수험생이 반응했으며, ①에도 13.7%의 수험생이 반응하여 매우 낮은 변별도를 보였다.

정답 해설

제시된 그림의 내용을 바탕으로 포스터의 문구를 창작하는 능력을 평가하는 문제로, 정답은 ④이다. 포스터에는 '자살'이라는 문구와 이를 거꾸로 한 '살자'라는 문구가 동시에 제시되어 있고 목에 손을 대고 있는 남성의 모습이 제시되어 있다. 포스터의 내용 중 '자살'과 '살자'는 음절의 순서를 바꾸었을 뿐이지만 의미는 정반대이므로 이를 바탕으로 ④와 같은 자살 방지 포스터의 문구를 창작할 수 있다.

오답 해설

①, ⑤ 자살 예방과 일부 관련지어 생각할 수 있는 내용이지만 포스터의 문구와 관련되어 있지 않으므로 적절한 문구가 아니다.

②, ③ 포스터의 주제인 자살 예방과 관련이 없고 포스터의 문구와도 관련이 없으므로 적절한 문구로 볼 수 없다.

▶ **자료 출처** 보건복지부, 「자살 예방 포스터」

058 ②

조건에 따른 내용 생성

문항 분석

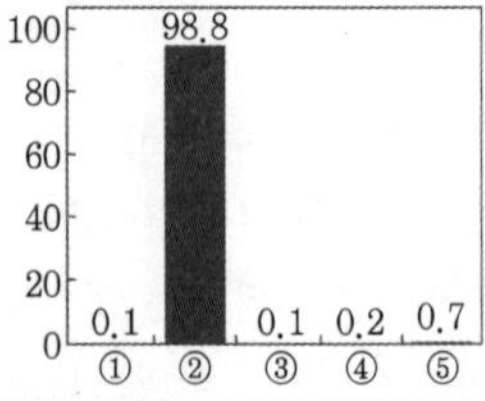

수험생의 98.8%가 정답지를 고른 쉬운 문제였다. 최하위권 수험생들이 나머지 선지에 고르게 반응하여 매우 높은 변별도를 보였다.

정답 해설

특정한 주제에 대한 제한된 형식의 문구를 생성해 낼 수 있는지를 평가하기 위한 문제이다. 이 문제에서는 '희망'을 주제로 하여 삼행시를 생성하게 하고 있는데, 제시된 선지들이 모두 삼행시의 형식은 준수하고 있으므로 '희망'이라는 주제로 접근해야 한다. 정답은 ②이다. 시련과 고난 속에서도 '지상을 뒤덮을 꽃 사태'라는 희망을 노래하고 있기 때문이다.

오답 해설

① 비온 뒤 무지개가 뜬 날을 배경으로 하고 있지만 노래의 초점은 추억을 지우는 일이 주는 슬픔과 아픔에 있다. 배경은 오히려 이러한 슬픔을 배가시킨다.

③ 이별의 아픔을 노래하고 있다.

④ 외로움의 정서를 담아내고 있다.

⑤ 순수한 사랑의 마음을 노래하고 있기는 하지만 '희망'이라는 주제를 전달하지는 않는다.

059 ④

조건에 따른 내용 생성

문항 분석

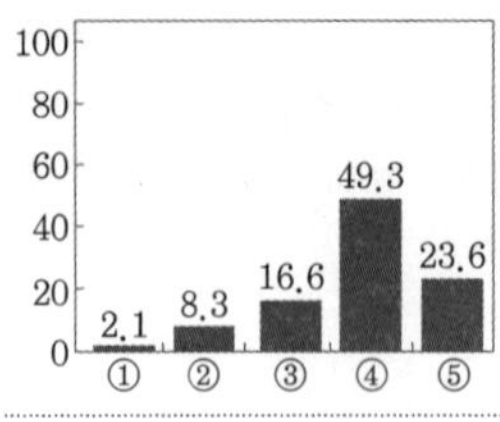

수험생의 49.3%만이 정답지를 고른 어려운 난이도의 문제였다. 매력적인 오답인 ⑤에 23.6%의 수험생이 몰렸으며, ③에도 16.6%의 수험생이 반응하여 적절한 변별도를 보였다.

정답 해설

파자 놀이에 대한 설명을 통해 다른 어휘들에 확대 적용할 수 있는 창의적 발상 능력을 평가하기 위한 문제이다. 상당한 응용력을 요하는 문제였으나, 특정 나이를 뜻하는 한자어들을 숙지하고 있었다면 어렵지 않았을 문제였다. '미수(米壽)'의 '미(米)'에는 여덟 팔(八)이 두 번 숨어 있다는 점, '백수(白壽)'의 '백(白)'이 일백 백(百)에서 하나[一]가 빠진 글자라는 점을 추론해 낼 수 있어야 하기 때문이다. 사실, 이러한 점을 파악하지 못하였다 하더라도 '미수'와 '백수'의 정확한 의미만 알아도 풀 수 있는 문제이기도 했다. 정답은 ④이다.

▶ **지문 출처** 남기탁(2008), 「한자 수수께끼에 관한 고찰」, 『한국어학 제40집』, 한국어학회

060 ⑤

조건에 따른 내용 생성

문항 분석

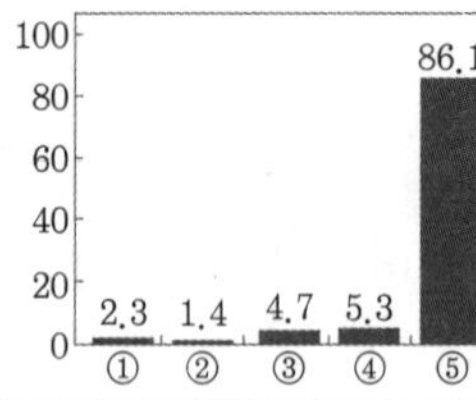

수험생의 86.1%가 정답지를 고른 쉬운 문제였다. 최하위권 수험생들이 나머지 선지에 고르게 반응하여 매우 높은 변별도를 보였다.

정답 해설

여러 가지 창안 글 또는 문구에서 즐겨 사용되는 언어유희에 대한 이해를 평가하는 동시에 이를 활용하여 창의적인 내용을 생성해 내는 능력을 함께 평가하는 문제이다. 〈보기〉의 한시는 '누에'라는 주제에, '오, 고, 소'라는 운자로 지어진 희작시이다. 운자는 '각 시행의 동일한 위치에 규칙적으로 비슷한 음의 글자를 쓰는 것.'을 뜻한다. 네 개의 행으로 이루어진 한시를 '절구'라고 하는데, 절구에서는 보통 첫째, 둘째, 넷째 시행의 끝에 운자를 쓴다. 이 시의 운자는 '오, 고, 소'이므로 시의 첫째 행의 끝 글자는 '오'가 되어야 하고, 둘째 행의 끝 글자는 '고'가 되어

야 하며, 넷째 행의 끝 글자는 '소'가 되어야 한다. 따라서 ㉠에는 끝 글자가 '오'인 시구가 와야 하고, ㉡에는 끝 글자가 '고'인 시구가 와야 한다. 운자가 맞으면서도 '누에'라는 주제에 맞는 것은 ⑤이다.

오답 해설

① ㉡의 운자가 맞지 않는다.
② ㉠과 ㉡ 모두 운자가 맞지 않는다.
③ 운자는 맞지만 '부슬부슬 내리고'라는 것은 누에의 특성에 맞지 않고, 또 앞뒤 시구와의 연결도 자연스럽지 않으므로 정답이 될 수 없다.
④ ㉠의 운자가 맞지 않는다.

▶ **지문 출처** 이규호(2009), 「황산 이종린 편 '언문풍월' 연구」, 『인문과학연구 33』, 대구대학교 인문과학연구소

읽기 061번~090번

기출문제집 p.145

061	②	062	⑤	063	③	064	④	065	⑤
066	②	067	③	068	③	069	①	070	③
071	④	072	②	073	⑤	074	②	075	⑤
076	①	077	③	078	②	079	③	080	③
081	⑤	082	③	083	③	084	②	085	③
086	⑤	087	④	088	③	089	④	090	⑤

061 ②

[현대 시] 작품의 이해와 감상

문항 분석

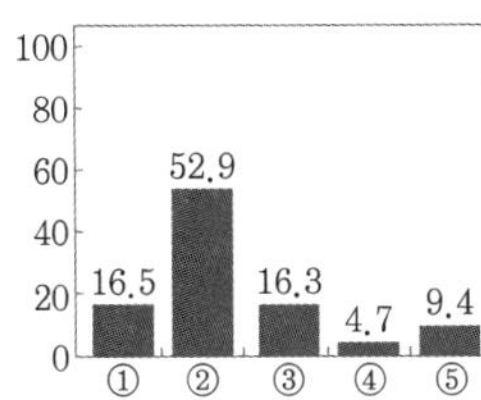

수험생의 52.9%만이 정답지를 고른 어려운 문제였다. 매력적인 오답인 ①, ③에 각각 16%대의 수험생이 반응하여 높은 변별도를 보였다.

정답 해설

현대 시에 사용된 표현상의 특징을 파악하는 능력을 평가하기 위한 문제이다. 이러한 유형의 문제에 대비하기 위해서는 다양한 문학 작품을 읽어 보고 표현상 특징을 정리하는 연습을 하는 것이 유리하다. 정답은 ②로, 제시된 작품에는 부분적으로 유사한 어구가 반복된 부분은 확인할 수 있지만 동일한 문장을 반복한 부분은 찾을 수 없다.

오답 해설

① 1연에서 사랑을 위해 이별이 있어야 한다는 역설적 표현을 통해 주제 의식을 강화하고 있음을 알 수 있다.
③ 3연의 "푸른 은핫물", 4연의 "불타는 홀몸", 5연의 "번쩍이는 모래밭" 등에서 감각적 이미지가 활용되어 시적 대상을 형상화하는 것을 확인할 수 있다.
④ 5연에서 "직녀여"라고 표현한 부분을 통해 구체적인 청자에게 말하는 형식이 사용되었음을 확인할 수 있다.
⑤ 3연에서 "오-"와 같은 영탄적 표현을 통해 고조된 감정을 드러내고 있음을 확인할 수 있다.

▶ **지문 출처** 서정주, 「견우의 노래」

062 ⑤

[현대 시] 작품의 이해와 감상

문항 분석

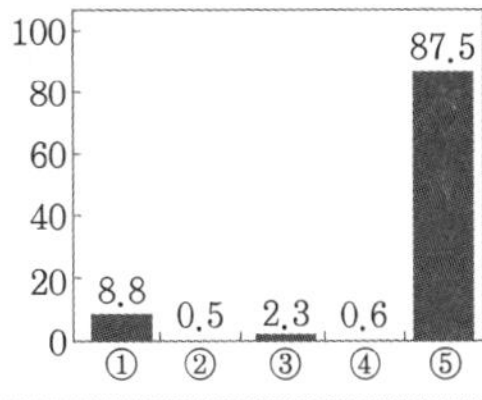

수험생의 87.5%가 정답지를 고른 쉬운 문제였다. 최하위권 수험생들이 나머지 선지에 고르게 반응하여 매우 높은 변별도를 보였다.

정답 해설

〈보기〉의 내용을 바탕으로 작품을 이해하고 평가하는 능력을 파악하기 위한 문제로, 정답은 ⑤이다. 〈보기〉에 따르면 설화 속의 견우와 직녀가 절대자인 하느님의 처분에 순응하고 있음을 알 수 있다. 제시된 시 역시 하느님의 처분을 거역하는 것이 아니라 그것을 더 크고 성숙한 사랑을 위한 통과의례로 인식하는 태도가 드러나 있을 뿐, 절대자의 처분 자체에 대해 적극적으로 대응하거나 반발하고 있지는 않으므로 적절한 반응으로 볼 수 없다.

오답 해설

① 설화에서는 '하느님'이, 제시된 시에서는 '물살', '바람' 등이 견우와 직녀의 사랑에 시련을 주고 있음을 알 수 있다.
② 설화에서 칠월 칠석에 재회하게 된다는 설정은 제시된 시의 7연에 "칠월 칠석이 돌아오기까지는"이라는 표현을 통해 그대로 이어지고 있음을 확인할 수 있다.
③ 설화에서 두 사람의 재회를 도와주던 까막까치와 관련된 내용이 제시된 시에는 제시되어 있지 않으므로 적절한 반응이다.
④ 마지막 연에서 화자인 '견우'는 "검은 암소를 나는 먹이고,

직녀여, 그대는 비단을 짜세."라고 말하고 있으므로 적절한 반응이다.

063 ③

[현대 소설] 작품의 이해와 감상

문항 분석

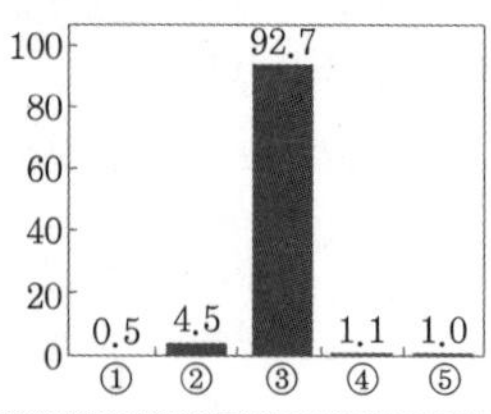

수험생의 92.7%가 정답지를 고른 쉬운 문제였다. 최하위권 수험생들이 나머지 선지에 고르게 반응하여 매우 높은 변별도를 보였다.

정답 해설

작품의 내용을 바르게 이해하였는지를 평가하기 위한 문제로, 정답은 ③이다. "해가 뉘엿뉘엿할 무렵이면 가슴에 하나 가득 갖가지 자물쇠를 늘인 채 봉지 쌀과 자반고등어를 사 들고 뒤뚱뒤뚱 걸어오던 너우네 아저씨의 모습이 떠올랐다."에서 너우네 아저씨가 봉지쌀과 자반고등어를 사 오곤 했다고 볼 수 있으나, 자반고등어를 은표가 좋아했는지에 대해서는 알 수 없다.

오답 해설

① "아주머니가 멀건 죽 냄비를 갖고 들어와 노인의 쭝긋대는 입에 퍼 넣으려고 했다. 그러나 뜻밖에 그는 이를 악물면서 도리질을 했다."에서 확인할 수 있다.

② "그는 아들을 뿌리침과 동시에 아들의 이름까지 잊어버렸을 뿐더러 아예 기억에서 지우고 사는 사람 같았다."에서 확인할 수 있다.

④ 앞부분 줄거리의 "은표의 친구였던 '나'는 이에 분노를 느낀다."와 지문의 중간 부분의 "은표의 단짝이었던 나를 보면"에서 확인할 수 있다.

⑤ "그가 처음으로 입에 올린 은표 소리는 나만 겨우 알아들을 만큼 희미했다. 그러나 내 귀엔 억장이 무너지는 소리로 들렸다."에서 확인할 수 있다.

▶ **지문 출처** 박완서, 「아저씨의 훈장(勳章)」

064 ④

[현대 소설] 서술상의 특징 및 효과

문항 분석

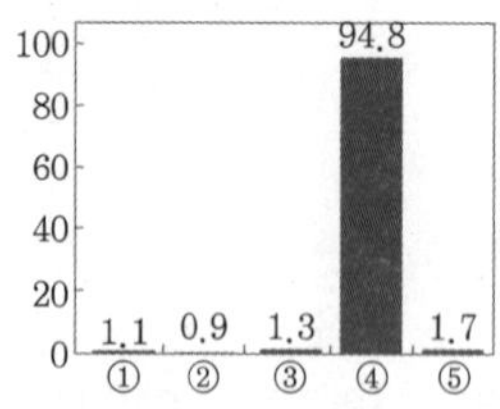

수험생의 94.8%가 정답지를 고른 쉬운 문제였다. 최하위권 수험생들이 나머지 선지에 고르게 반응하여 매우 높은 변별도를 보였다.

정답 해설

소설 작품을 읽고 서술상의 특징을 파악하는 문제로, 정답은 ④이다. '나'는 너우네 아저씨가 아들의 이름까지 잊어버렸을 뿐더러 아예 기억에서 지우고 사는 사람인 것으로 알고 있었는데 그렇지 않았음을 확인하게 된다. 특히 아저씨가 사력을 다해 은표를 부르는 소리는 '나'에게 억장이 무너지는 소리로 들리기까지 하는데, '나'는 이런 소리를 들으며 쾌감보다는 허망감에 소스라친다. 이로 보아 이 작품은 작중 인물인 '나'가 서술자가 되어 '너우네 아저씨'에 대한 태도를 드러낸 글이라고 할 수 있다.

오답 해설

① 의식의 흐름 기법을 활용하여 인물의 무의식을 드러낼 수 있으나, 이 작품에서 의식의 흐름 기법을 활용한 부분은 확인하기 어렵다.

② 장면을 빈번하게 전환하고 있는 부분을 확인하기 어렵다. 또한 사건 전개의 긴박감이 부각되고 있지도 않다.

③ 방언을 통해 이야기를 생동감 있게 풀어가고 있는 부분을 확인하기 어렵다.

⑤ 인물 간의 대화라기보다는 일방적으로 하는 말을 하는 부분만 드러나 있고, 특정 인물의 생각과 행동을 희화화하고 있지도 않다.

065 ⑤

[현대 소설] 인물의 심리 및 태도

문항 분석

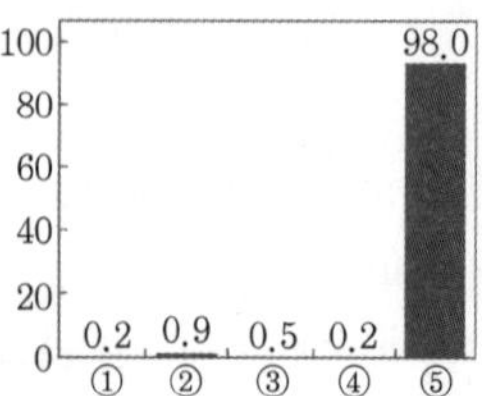

수험생의 98%가 정답지를 고른 쉬운 문제였다. 최하위권 수험생들이 나머지 선지에 고르게 반응하여 매우 높은 변별도를 보였다.

정답 해설

소설 작품을 읽고 인물의 심리를 나타낼 수 있는 사자성어를 찾을 수 있는지 평가하기 위한 문제로, 정답은 ⑤이다. ㉠에는 오랫동안 바라고 기다리는 심리가 드러나 있는데, '학의 목처럼 목을 길게 빼고 간절히 기다림.'을 나타내는 '학수고대(鶴首苦待)'는 이러한 심리를 나타내기에 적절하다.

오답 해설

① '감개무량(感慨無量)'은 '마음속에서 느끼는 감동이나 느낌이 끝이 없음. 또는 그 감동이나 느낌.'을 나타내는 사자성어이다.

② '망운지정(望雲之情)'은 '자식이 객지에서 고향에 계신 어버이를 생각하는 마음.'을 나타내는 사자성어이다.

③ '애이불비(哀而不悲)'는 '슬프지만 겉으로는 슬픔을 나타내지 아니함.', '슬프기는 하나 비참하지는 아니함.'을 나타내는 사자성어이다.

④ '좌불안석(坐不安席)'은 '앉아도 자리가 편안하지 않다.'는 뜻으로, '마음이 불안하거나 걱정스러워서 한군데에 가만히 앉아 있지 못하고 안절부절못하는 모양.'을 이르는 사자성어이다.

066 ②

[학술문-인문] 사실적 이해(핵심 정보)

문항 분석

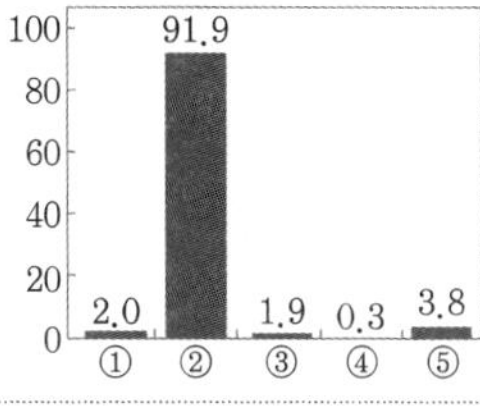

수험생의 91.9%가 정답지를 고른 쉬운 문제였다. 최하위권 수험생들이 나머지 선지에 고르게 반응하여 매우 높은 변별도를 보였다.

정답 해설

인문학적 소양을 담은 글을 읽고 핵심을 파악하여 적절한 제목을 찾는 능력을 평가하는 문제이다. 글의 제목은 글의 전반적인 내용을 포괄할 수 있어야 하므로, 정답은 ②이다.

오답 해설

①, ④ '시의 언어'가 아니라 '시'에 대한 설명들로, 지문에 드러나지 않은 요소들이므로 제목으로 적절하지 않다.

③, ⑤ 지문의 내용의 일부만을 포괄하므로 제목으로 적절하지 않다.

▶ **지문 출처** 김종길, 「시와 언어」

067 ③

[학술문-인문] 사실적 이해(전개 방식)

문항 분석

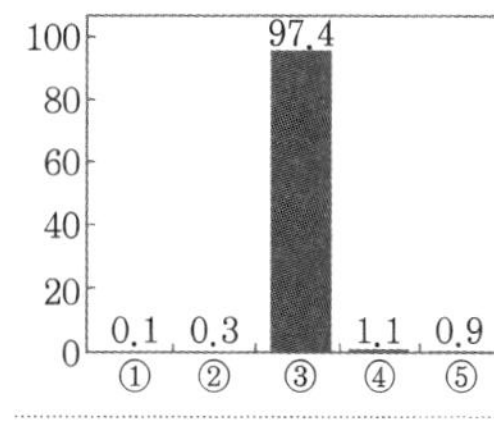

수험생의 97.4%가 정답지를 고른 쉬운 문제였다. 최하위권 수험생들이 나머지 선지에 고르게 반응하여 매우 높은 변별도를 보였다.

정답 해설

인문학적 소양을 담은 글을 읽고 내용 전개 방식을 파악할 수 있는지 여부를 평가하는 문제로, 정답은 ③이다. 지문에서는 시의 언어가 가지는 특징을 과학의 언어를 포함한 보통의 언어와 비교하면서 설명하고 있다.

오답 해설

① 글에서 질문을 찾을 수 없으므로 답이 될 수 없다.

② 이 글은 통념의 문제점을 제시한 글이 아니므로 답이 될 수 없다.

④ 이 글에서 시의 언어를 통시적으로 분석한 부분을 찾을 수 없으므로 답이 될 수 없다.

⑤ 이 글은 대상의 특징을 객관적으로 설명하고 있을 뿐, 그 필요성을 강조하는 데까지 나아가고 있지는 않으므로 답이 될 수 없다.

068 ③

[학술문-인문] 추론적 이해(전제 및 근거 추리)

문항 분석

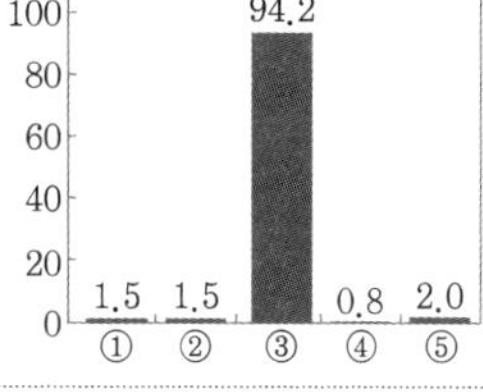

수험생의 94.2%가 정답지를 고른 쉬운 문제였다. 최하위권 수험생들이 나머지 선지에 고르게 반응하여 매우 높은 변별도를 보였다.

정답 해설

지문을 읽고 대상의 특징을 정확하게 파악했는지를 평가하기 위한 문제이다. "과학의 언어는 말의 개념 표시에 주로 의존하는 데 대하여 시의 언어는 말의 함축에 크게 의존하며"라는 진술을 볼 때 정답은 ③이다.

오답 해설

① "과학의 언어는 말의 개념 표시에 주로 의존하는 데 대하여

시의 언어는 말의 함축에 크게 의존하며, 전자가 직접적이요 비개인적인 데 대하여 후자는 간접적이요 개인적이다."에서 확인할 수 있다.

② "이와 같이 시는 언어의 몇 가지 요소에 특히 의존하고, 그리고 그것들의 유기적인 관련에 의존하는 점에 있어서 보통의 언어보다 고도로 조직된 언어이다."에서 확인할 수 있다.

④ "즉, 후자의 경우에는 말하는 사람이 실제적인 관심을 보이거나 사실을 보고하고 있음에 대하여, 전자의 경우에는 말하는 사람의 느낌이나 태도나 해석이 나타나 있다."에서 확인할 수 있다.

⑤ "그러나 시의 언어와 일상생활의 언어 사이에 확연한 구별이 있는 것은 아니다. 일상생활에서 쓰이는 말이 시에서 그대로 쓰일 뿐만 아니라, 시에서 쓰일 법한 말이 일상생활에서도 흔히 쓰이고 있다."에서 확인할 수 있다.

069 ①

[학술문-예술] 사실적 이해(정보 확인)

문항 분석

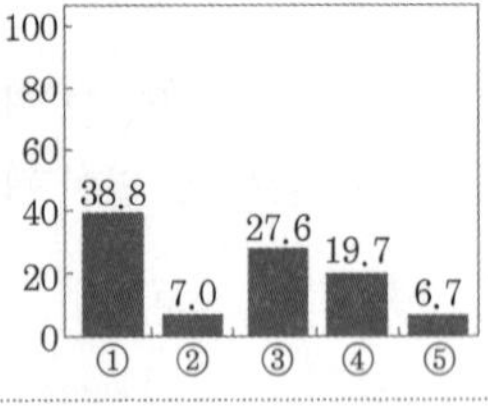

수험생의 38.8%만이 정답지를 고른 어려운 난이도의 문제였다. 매력적인 오답인 ③에 27.6%의 수험생이 몰렸으며, ④에도 19.7%의 수험생이 반응하여 매우 높은 변별도를 보였다.

정답 해설

예술 관련 글에 대한 사실적 이해 능력을 평가하기 위한 문제로, 정답은 ①이다. 1문단에 "선사 시대의 주술 행위로부터 발생한 예술은 중세 시대 이후에 '종교적 예배 의식을 위한 수단'이라는 기능을 오랫동안 유지해 왔다."는 언급이 있다. 이를 토대로 예술이 종교적 의식을 위한 수단으로 사용된 것은 중세 시대 이후이고, 선사 시대에는 주술 행위로 여겨질 뿐이었음을 확인할 수 있으므로 적절하지 않다.

오답 해설

② 3문단에 "19세기 말에 접어들어 '예술을 위한 예술'로 대변되는 유미주의가 확산되면서 예술은 고상한 정신적 가치로서 아름다움을 추구하는 것이라는 근대적 개념이 자리 잡게 되었고, 이는 현대 예술에서 중시하는 '예술의 자율성' 개념을 확립하는 근간이 되었다."는 언급이 있으므로 적절하다.

③ 2문단에 예술 시장이 형성되던 시기에 많은 예술가들이 적어도 당대에는 경제적인 어려움을 겪거나 사회적으로 불명예스러운 삶을 살아야 했다는 언급이 있으므로, 예술가들이 당대에 많은 수입을 올릴 수 없었다는 진술은 적절하다.

④ 1문단에 18세기 이후에 예술은 점차 세속화, 자립화되는 운명을 맞이하게 되어, 예술이 지배층의 직접적인 후원에 전적으로 의존해야만 했던 상황에서 해방되었다고 했으므로 적절하다.

⑤ 4문단에 "20세기 이후 본격적인 현대 예술의 시기로 접어들면서 예술의 자율성은 더욱 중요시되었고, 이러한 맥락에서 예술은 순수한 아름다움을 추구하는 것이라고 이해되었다."는 언급이 있으므로 적절하다.

▶ **지문 출처** 신혜경(2009), 『대중문화의 기만 혹은 해방』, 김영사

070 ③

[학술문-예술] 사실적 이해(전개 방식)

문항 분석

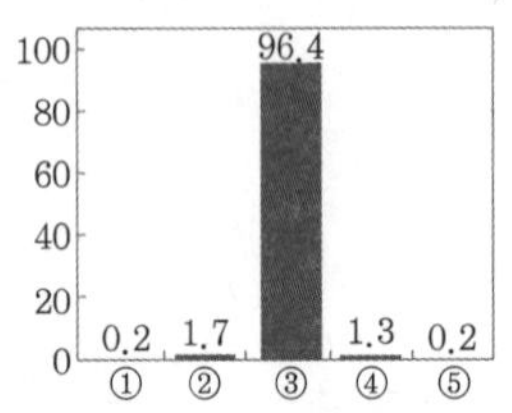

수험생의 96.4%가 정답지를 고른 쉬운 문제였다. 최하위권 수험생들이 나머지 선지에 고르게 반응하여 매우 높은 변별도를 보였다.

정답 해설

예술 관련 글을 읽고 서술상의 특징을 파악하는 능력을 평가하기 위한 문제로, 정답은 ③번이다. 제시된 지문은 선사 시대의 주술 행위로부터 발생한 예술의 속성이 변화하게 된 배경을 시대의 흐름에 따라 고찰해 나가고 있다. 18세기 이후에 절대주의 체제가 붕괴되고, 자본주의 시장 경제가 확산됨에 따라 예술이 세속화, 자립화되었으며, 이러한 흐름 속에서 예술에 대한 직접적인 후원자 체제가 무너지고 예술 시장이 형성되었다. 또한 19세기 말에 접어들면서는 유미주의가 확산되면서 예술의 자율성 개념이 확립되었다. 또한 20세기 이후에도 예술의 자율성은 더욱 중시되었고, 이러한 맥락에서 순수한 아름다움을 추구하는 것으로 이해되었다는 점에서 예술의 개념이 변화하게 된 배경을 통시적으로 보여주고 있다고 할 수 있다.

오답 해설

① 예술에 대한 이해를 돕기 위해 구체적인 작품을 제시하고 있지 않다.

② 예술의 개념이 바뀌는 과정과 배경에 대한 언급은 있으나, 정의의 방식이 사용되지 않았으며, 다양한 개념을 언급하고 있지도 않다.

④ 예술이 선사 시대 주술 행위로부터 발생했다는 언급이 있으나 통념은 아니며, 예술에 대한 새로운 관점을 제시하고 있

지 않으므로 적절하지 않다.

⑤ 예술에 대한 이해를 돕기 위한 전문가의 견해를 추가로 언급하고 있지 않으므로 적절하지 않다.

071 ④

[학술문-예술] 추론적 이해[구체적(다른) 사례에 적용]

문항 분석

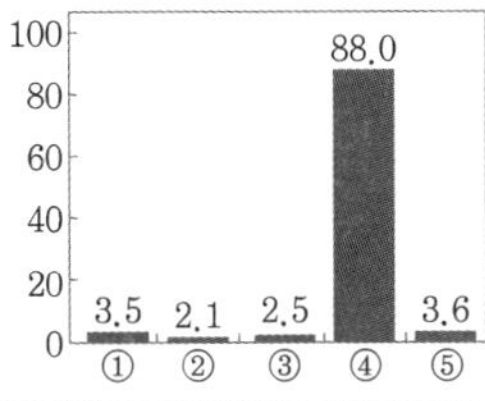

수험생의 88%가 정답지를 고른 쉬운 문제였다. 최하위권 수험생들이 나머지 선지에 고르게 반응하여 매우 높은 변별도를 보였다.

정답 해설

예술 관련 글을 읽고 그에 대한 추론 능력을 평가하기 위한 문제로, 정답은 ④이다. 밑줄 친 ㉠에 해당하는 '현대의 사람들'이 보는 관점에서의 '아름다움'은 덕(德), 선(善), 유용성을 배제한 순수한 아름다움 그 자체일 것이다. 따라서 일상의 가치와는 전적으로 구분되는 정신적 가치이자 무관심적인 관조를 통한 즐거움으로서의 '아름다움'을 지니고 있어야 한다. ④의 경우, 물에 닿으면 쉽게 깨져 버리는 예쁜 유리잔은 유리잔으로서의 유용성이 없다고 볼 수 있다. 하지만 아름다움을 일상생활의 유용성과는 다른 차원의 가치로 보는 ㉠의 관점에서 '예쁜 유리잔'은 아름다움을 갖고 있다고 볼 수 있다.

오답 해설

① 앉으면 편한 의자라는 점에서 의자로서 본연의 유용성을 충분히 갖추고 있으나, 디자인이 투박하므로 ㉠의 관점에서는 아름다움을 갖췄다고 볼 수 없다.

② 쓰임새가 다양하다는 점에서 유용성을 갖추고 있지만 외관이 아름답지 않은 그릇은 ㉠의 관점에서 아름다움을 갖췄다고 볼 수 없다.

③ 선한 행동을 한 것은 훌륭하지만, ㉠의 관점에서는 외모가 출중하지 못한 사람은 아름다움을 갖췄다고 보기 어렵다.

⑤ 내면이 덕스러운 것은 훌륭하지만 아름다운 외모가 아니라면 ㉠의 관점에서는 아름다움을 갖췄다고 보기 어렵다.

072 ②

[학술문-과학] 사실적 이해(정보 확인)

문항 분석

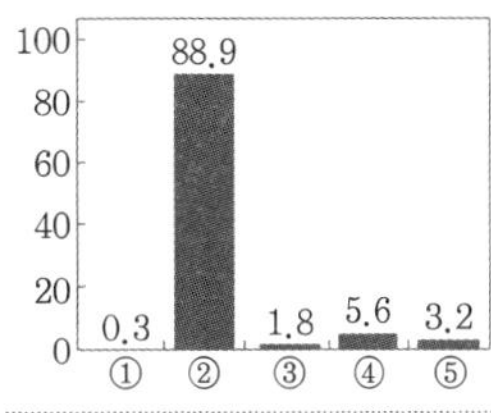

수험생의 88.9%가 정답지를 고른 쉬운 문제였다. 최하위권 수험생들이 나머지 선지에 고르게 반응하여 매우 높은 변별도를 보였다.

정답 해설

과학 기술 관련 글을 읽고, 그 내용을 사실적으로 이해하는 능력을 평가하기 위한 문제로, 정답은 ②이다. 암 환자 중 유전에 의한 암의 발병 비율은 전체 암 발병 대비 10~20%라고 제시되어 있다. 암이 유전에 의해 발병한다는 사회적 속설을 염두에 두고 있었다면 자칫 실수를 범할 수 있는 문제였다.

오답 해설

① 1문단에서 매초 50만 개의 세포가 죽고 하루에 432억 개의 세포가 생겨난다고 하였으므로 옳은 내용이다.

③ 1문단에서 유전자의 염기 서열이 지켜지지 않을 경우 암이 발병할 수 있다고 하였으므로 옳은 내용이다.

④ 3문단에서 "전체 암 중에서 80~90%의 암은 유전성이 아니고 자신의 몸을 이루는 세포의 유전자가 발암 물질에 의해 변화됨으로써 발생하며"라고 하였으므로 옳은 내용이다.

⑤ 1문단에 발암 물질에 노출되었을 경우 유전자 염기 서열이 지켜지지 않아 암이 발생할 수 있다고 제시되어 있으므로 역시 옳은 내용이다.

▶ **지문 출처** 박재갑(2010), 『과학의 모든 것』, 미래인

073 ⑤

[학술문-과학] 추론적 이해(전제 및 근거 추리)

문항 분석

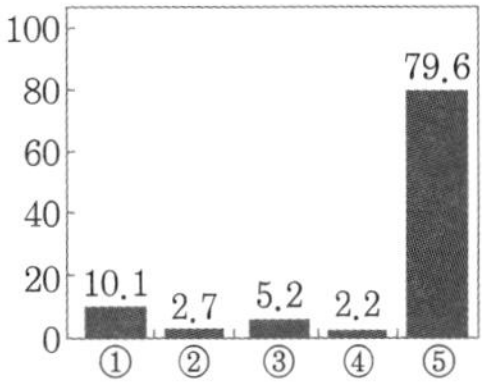

수험생의 79.6%가 정답지를 고른 쉬운 문제였다. ①에 10.1%의 수험생이 몰렸으며, 최하위권 수험생들이 나머지 선지에 고르게 반응하여 매우 높은 변별도를 보였다.

정답 해설

지문에 직접적으로 나타나 있지 않은 내용을 올바르게 추론할 수 있는지를 평가하기 위한 문제로, 정답은 ⑤이다. ㉠ '특수한

혈액 유전자 검사'는 부모의 돌연변이 유전자, 즉 암을 발병시킬 수 있는 유전자가 어느 자녀에게 유전되었는지 확인할 수 있는 검사이다. 이 검사를 실시하면 자녀에게 암을 발병시키는 돌연변이 유전자가 있는지 확인할 수 있고 그렇게 되면 자녀들의 암 발병의 위험성이나 가능성 등을 사전에 경고할 수 있는 효과가 있다.

오답 해설

① 특수한 혈액 유전자 검사는 유전성 암과 관련하여 실시되는 것으로, 암을 유발하는 돌연변이 유전자를 찾아 치료하려는 것은 아니다.
② 검사 자체가 유전 자체를 방지할 수 있는 것은 아니므로 적절하지 않다.
③ 검사를 통해 가족 구성원들이 자연형 유전자를 가지고 있는지 확인할 수는 있으나 이것이 검사의 궁극적인 이유라고 할 수는 없다.
④ 검사를 통해 암을 예방하는 효과가 직접적으로 나타나는 것은 아니므로 적절하지 않다.

074

②

[학술문-사회] 사실적 이해(정보 확인)

문항 분석

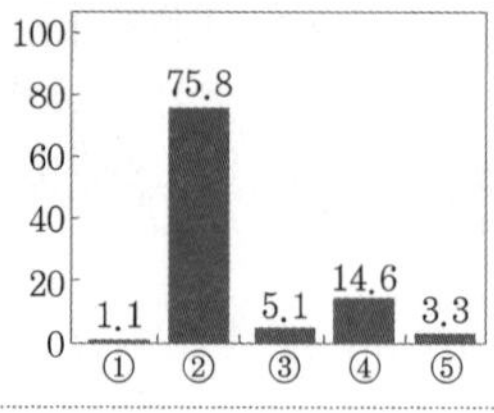

수험생의 75.8%가 정답지를 고른 보통 난이도의 문제였다. 매력적인 오답인 ④에 14.6%의 수험생이 몰렸으며, 최하위권 수험생들이 나머지 선지에 고르게 반응하여 매우 높은 변별도를 보였다.

정답 해설

사회 관련 글을 읽고 그 내용을 파악하는 사실적 이해 능력을 평가하는 문제로, 정답은 ②이다. 2문단의 끝부분에 따르면, 민주주의와 관련한 1차 변환 이후에도 여전히 국가의 실질적 통치권이 소수에게 제한되어 있었음을 알 수 있다.

오답 해설

① 1문단 첫째 문장의 진술을 통해 확인할 수 있다.
③ 2문단에서 정치 공동체의 공간적 확산으로 인해 민주주의의 2차 변환이 필연적으로 발생하였다고 언급하고 있다.
④ 3문단에서 민주 국가가 외부 세력으로 인해 결코 자율적으로 행동하지 못했다는 내용이 언급되어 있다.
⑤ 마지막 문단에서 글쓴이가 주장한 사실을 통해 확인할 수 있다.

▶ **지문 출처** Robert. A. Dahl(1999), 조기제 역, 『민주주의와 그 비판자들(Democracy and Its Critics)』, 문학과 지성사

075

⑤

[학술문-사회] 사실적 이해(전개 방식)

문항 분석

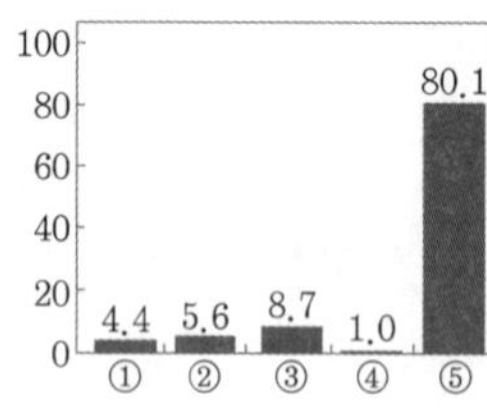

수험생의 80.1%가 정답지를 고른 쉬운 문제였다. ③에 8.7%의 수험생이 몰렸으며, 최하위권 수험생들이 나머지 선지에 고르게 반응하여 매우 높은 변별도를 보였다.

정답 해설

사회 관련 글을 읽고, 글에 사용된 내용 전개 방식을 파악하고 이해할 수 있는 능력을 평가하기 위한 문제이다. 정답은 ⑤이다. 3문단에는 민주주의의 발전 과정에서 나타난 문제가 제시되었으며 마지막 문단에는 이와 관련한 해결 방향이 제시되어 있다.

오답 해설

① 민주주의의 발전 과정에 대해 설명하며, 특정한 공간을 한정한 바 없고 초국가적 세계 공동체에 대한 글쓴이의 견해가 제시되고 있으므로 적절하지 않은 진술이다.
② 민주주의 발전에 있어 중요한 두 가지의 변환이 제시되어 있기는 하지만, 구체적인 역사적 사건을 제시하고 있지는 않으므로 적절하지 않은 진술이다.
③ 민주주의의 근원적인 발생 원인과 결과에 대한 분석을 하고 있지 않으므로 적절하지 않은 진술이다.
④ 민주주의의 긍정적 효과와 장점만을 제시한 것이 아니라 그 한계와 문제점에 대해서도 설명하고 있음으로 적절하지 않은 진술이다.

076

①

[실용문-교술] 사실적 이해(전개 방식)

문항 분석

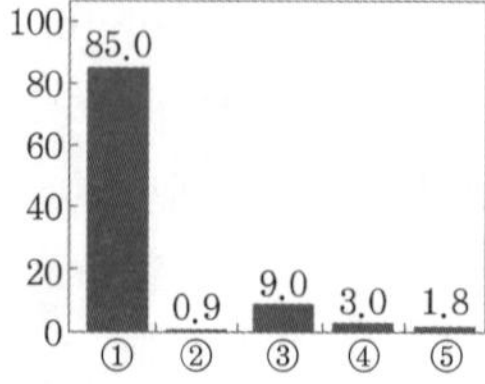

수험생의 85%가 정답지를 고른 쉬운 문제였다. ③에 9%의 수험생이 반응했으며, 최하위권 수험생들이 나머지 선지에 고르게 반응하여 매우 높은 변별도를 보였다.

정답 해설

교술 관련 글을 읽고 글의 전개 방식에 대한 사실적 이해 능력을 평가하기 위한 문제로, 정답은 ①이다. 지문에는 '봄'이라는

자연 현상에 대한 글쓴이의 주관적 견해가 드러나 있다.

오답 해설

② 다른 사람의 말을 인용한 부분을 찾을 수 없다.

③ 글쓴이의 생활 속 일화 한 부분이 제시되어 있을 뿐 다양한 생활 속 일화가 제시되어 있지는 않다.

④ 대상에 대한 다양한 견해가 제시된 바 없으며 이를 절충하지도 않았다.

⑤ 생활 속 일화를 회상하는 부분이 다소 시간의 역전적 성격을 드러내는 것으로 볼 수 있으나 글쓴이의 경험이 속도감 있게 제시되어 있지는 않다.

▶ **지문 출처** 윤오영, 「봄」

077

③

[실용문 - 교술] 사실적 이해(글쓴이의 심리 및 태도)

문항 분석

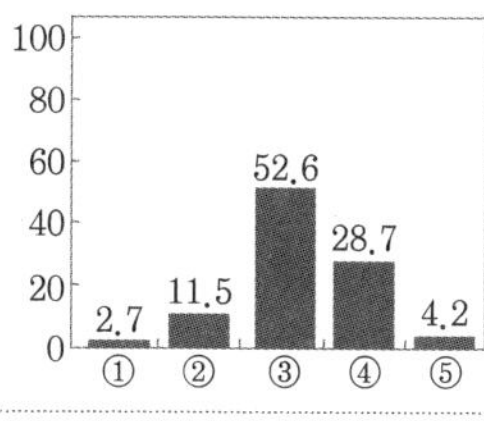

수험생의 52.6%만이 정답지를 고른 어려운 문제였다. 매력적인 오답인 ④에 28.7%의 수험생이 몰렸으며, ②에도 11.5%의 수험생이 반응하여 높은 변별도를 보였다.

정답 해설

글을 읽고 글에 제시된 글쓴이의 생각을 정확히 이해하였는지 평가하기 위한 문제로, 정답은 ③이다. 지문에는 글쓴이의 생각 중 자연의 순리를 따라야 한다는 생각을 확인할 수 없다. 특히 자연의 순리를 따른다고 할 때 봄을 젊은이의 것으로 인식하는 것이 적절한데, 글쓴이는 그러한 봄이 늙은이들에게도 중요하고 의미 있는 것임을 역설하고 있다. 따라서 자연의 순리를 따르는 것이 바람직한 삶의 자세라는 생각은 글쓴이의 생각으로 볼 수 없다.

오답 해설

① 글쓴이는 늙은이의 봄에 의미를 부여하며 그 속에 삶의 연륜이 녹아 있어 의미 있다고 평가하고 있다.

② 마지막 문단에서 글쓴이가 태만하고 둔감하게 사는 것을 경계하는 내용에서 이를 확인할 수 있다.

④ 3문단에서 뜰 앞에 밀감나무에 대해 언급하며 살기 위해 노력한 나뭇가지를 예찬한 내용을 통해 확인할 수 있다.

⑤ 마지막 문단에서 봄에 자신의 과거를 회상하며 반성하는 것에 대해 의미를 부여하고 있다.

078

②

[실용문 - 안내문] 추론적 이해[구체적(다른) 사례에 적용]

문항 분석

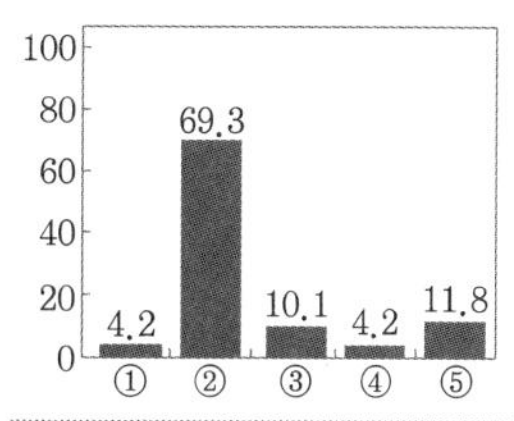

수험생의 69.3%가 정답지를 고른 보통 난이도의 문제였다. 매력적인 오답인 ⑤에 11.8%의 수험생이 반응했으며, ③에도 10.1%의 수험생이 반응하여 매우 높은 변별도를 보였다.

정답 해설

안내문을 읽고 이를 구체적 사례에 바르게 적용하였는지를 평가하는 문제이다. 준희는 30,000포인트를 만들어 동남아 항공권과 바꾸고자 하므로, 기존에 가지고 있던 12,000포인트를 제외한 18,000포인트를 구매해야 한다. 정가는 500포인트당 2만원이므로 1포인트 당 40원이다. 그러므로 18,000포인트의 구입 정가는 72만 원이다. 다만 18,000포인트를 구매할 경우 20% 할인이 되므로 576,000원의 포인트 구매비용이 든다. 따라서 ②가 답이다.

079

③

[실용문 - 안내문] 사실적 이해(정보 확인)

문항 분석

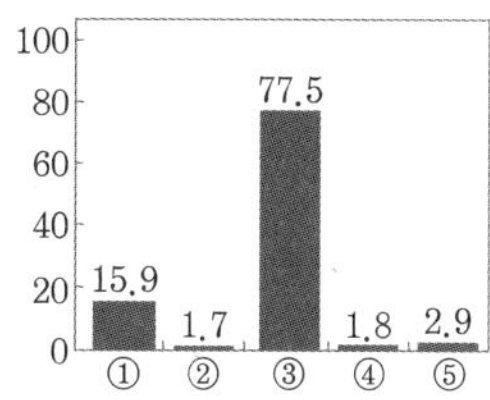

수험생의 77.5%가 정답지를 고른 보통 난이도의 문제였다. 매력적인 오답인 ①에 15.9%의 수험생이 반응하여 매우 높은 변별도를 보였다.

정답 해설

안내문을 읽고 내용을 정확히 이해할 수 있는지를 평가하기 위한 문제로, 정답은 ③이다. 소주병 및 맥주병은 재활용품 분리배출 장소가 아닌 소매점에서 보증금을 환불받을 수 있다고 했으므로 적절하지 않다.

오답 해설

① 종이류 중에 사용한 휴지, 형광등 중 깨진 형광등이나 백열전구는 쓰레기 종량제 봉투에 넣어 배출하라고 했으므로 재활용을 하지 않는 품목으로 볼 수 있다.

② 일반 재활용품 중에 캔 종류 중에 내용물이 있는 것들과 유리병류 중에 내용물이 있는 것들은 내용물을 비우고 배출해야 한다고 명시되어 있으므로 적절하다.

④ 비닐류를 배출할 때는 비닐들을 모아서 투명 비닐봉지에 넣은 다음에 배출해야 한다고 명시되어 있으므로 적절하다.
⑤ 기타 재활용품 중에 형광등 및 전지류는 주민 센터, 편의점, 아파트 등 주요 거점의 지정된 수거함에 배출해야 한다고 명시되어 있으므로 적절하다.

▶ **지문 출처** 서울시 재활용품 분리 배출 안내문을 참조하여 일부 변형함.

080 ③

[실용문 - 안내문] 비판적 이해(반응 및 수용)

문항 분석

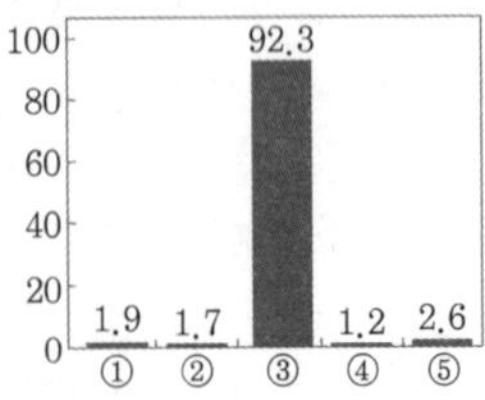

수험생의 92.3%가 정답지를 고른 쉬운 문제였다. 최하위권 수험생들이 나머지 선지에 고르게 반응하여 매우 높은 변별도를 보였다.

정답 해설

안내문을 읽고 내용을 실제 생활에 적용할 때 생길 수 있는 의문이 적절한지를 판단할 수 있는지 평가하는 문제로, 정답은 ③이다. 혼합 재질로 구성되어 분리하기 힘든 재활용품의 경우에는 분류가 어려우므로 어떤 재질로 보고 분리 배출해야 할 지에 대해 궁금증이 생길 수 있을 것이다.

오답 해설

① 부피가 크거나 무거운 생활 폐기물은 주민 센터 또는 구청에 신고 후 배출해야 한다고 명시되어 있다.
② 가는 철사나 못 등과 같이 크기가 작은 고철류는 비닐봉지에 넣거나 끈으로 묶어서 배출한다고 명시되어 있다.
④ 플라스틱 용기에 다른 재질로 된 뚜껑이 있는 경우에는 뚜껑을 제거한 후에 내용물을 비우고 배출해야 한다고 명시되어 있다.
⑤ 내용물을 쉽게 비울 수 없는 부탄가스, 살충제 용기 등은 구멍을 뚫어 배출해야 한다고 명시되어 있다.

081 ⑤

[실용문 - 안내문] 추론적 이해[구체적(다른) 사례에 적용]

문항 분석

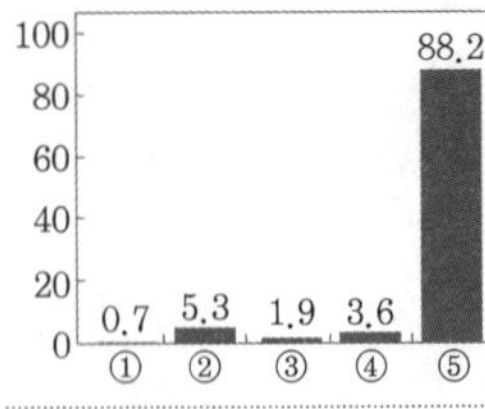

수험생의 88.2%가 정답지를 고른 쉬운 문제였다. 최하위권 수험생들이 나머지 선지에 고르게 반응하여 매우 높은 변별도를 보였다.

정답 해설

안내문을 읽고 구체적인 상황에 적용해 보는 문제이다. 〈보기〉의 안내문 중 기타 참고 사항의 2) 항목에서 행사장에서 중고 교복을 구입하는 가격에 비해 새 제품을 구입하는 금액은 두 배가 된다고 했다. 행사장에서 동복 바지 한 벌을 3,000원에, 하복 바지 한 벌을 2,000원에 각각 팔고 있으므로, 이를 새 제품으로 구입한다면 두 배 가격인 10,000원을 지불해야 한다. 중고 제품인 동복 외투 한 벌의 가격이 8,000원이므로 남방 한 벌과 바지 한 벌을 새 제품으로 구입한 금액이 더 많다. 따라서 정답은 ⑤이다.

오답 해설

① 동복 바지 두 벌을 구매한 금액은 6,000원이고, 하복 티셔츠 세 벌을 구매한 금액도 6,000원이므로 동일하다.
② 교복을 새 제품으로 두 벌 이상 구매하면 중고 와이셔츠 한 벌을 무상으로 준다고 했으므로 적절하다.
③ 판매 행사 종료 후에 남은 교복 및 체육복은 올해 6월에 개장하는 나눔 장터에서 동일한 가격에 판매할 예정이라고 했으므로, 교복 나눔 행사에서 참여하지 못했더라도 행사가 끝난 뒤에 동일한 가격으로 교복을 구매할 기회가 있다는 설명은 적절하다.
④ 학교 체육복은 상 · 하의 한 벌씩 구매하는 가격만 제시되어 있으므로 적절하고, 그 가격은 5,000원으로 조끼 다섯 벌을 중고로 구입한 가격과 동일하므로 적절하다.

▶ **지문 출처** 서울시 모 주민 센터의 교복 나눔 행사 안내문을 참조하여 변형함.

082 ③

[실용문 - 평론] 사실적 이해(핵심 정보)

문항 분석

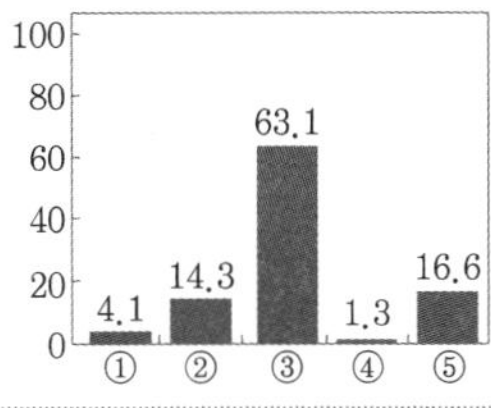

수험생의 63.1%가 정답지를 고른 보통 난이도의 문제였다. 매력적인 오답인 ⑤에 16.6%의 수험생이 반응했으며, ②에도 14.3%의 수험생이 반응하여 매우 높은 변별도를 보였다.

정답 해설

예술 작품에 대한 평론을 읽고 그 핵심 내용을 정확히 이해하는 능력을 평가하기 위한 문제로, 정답은 ③이다. 지문에서는 '항아리'를 소재로 한 그림을 소개하면서 그림에 삽입된 시의 의미를 그림과 관련지어 설명하고 있다.

오답 해설

① 그림의 가치에 대한 다양한 평가가 글에 드러나 있지는 않다.
② 특정 예술가 한 사람의 작품 세계를 조명하고 있을 뿐 여러 예술가의 작품 세계를 비교하고 있지는 않다.
④ 항아리의 변화를 시간 순으로 제시한 글이 아니다.
⑤ 항아리가 작품의 종류에 따라 다르게 표현되는 양상을 확인하기 어렵다.

▶ **지문 출처** 조용훈, 「항아리, 시를 담다.」, 『2007 개정 천재 교육 문학 교과서』

083 ③

[실용문 - 평론] 추론적 이해[구체적(다른) 사례에 적용]

문항 분석

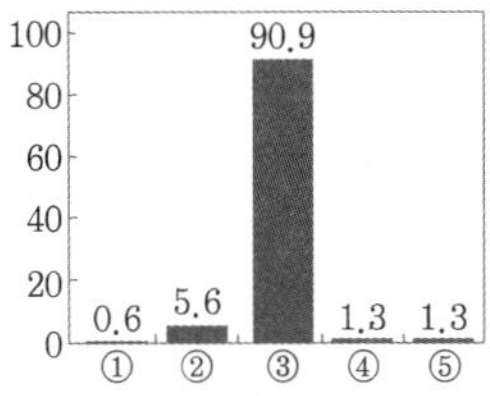

수험생의 90.9%가 정답지를 고른 쉬운 문제였다. 최하위권 수험생들이 나머지 선지에 고르게 반응하여 매우 높은 변별도를 보였다.

정답 해설

지문의 내용을 읽고, 특정 부분의 문맥적 의미를 이해하고 이와 관련된 사자성어를 추론하는 능력을 평가하기 위한 문제이다. 정답은 '외물(外物)과 자아, 객관과 주관, 또는 물질계와 정신계가 어울려 하나가 됨.'이라는 의미를 가진 ③ '물아일체(物我一體)'이다.

오답 해설

① '낭중지추(囊中之錐)'는 '주머니 속의 송곳.'이라는 뜻으로, '재능이 뛰어난 사람은 숨어 있어도 저절로 사람들에게 알려짐.'을 이르는 말이다.
② '동가홍상(同價紅裳)'은 '같은 값이면 다홍치마.'라는 뜻으로, '같은 값이면 좋은 물건을 가짐.'을 이르는 말이다.
④ '백가쟁명(百家爭鳴)'은 '많은 학자나 문화인 등이 자기의 학설이나 주장을 자유롭게 발표하여, 논쟁하고 토론하는 일.'을 뜻하는 말이다.
⑤ '고장난명(孤掌難鳴)'은 '외손뼉만으로는 소리가 울리지 아니한다.'는 뜻으로, '혼자의 힘만으로 어떤 일을 이루기 어려움.'을 이르는 말이다.

084 ②

[실용문 - 평론] 추론적 이해[구체적(다른) 사례에 적용]

문항 분석

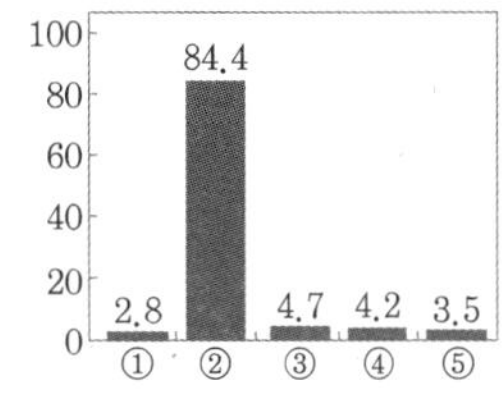

수험생의 84.4%가 정답지를 고른 보통 난이도의 문제였다. 최하위권 수험생들이 나머지 선지에 고르게 반응하여 매우 높은 변별도를 보였다.

정답 해설

평론을 읽고, 평론의 주요 대상인 미술 작품과 그 속에 삽입된 시에 대한 평론 내용을 정확히 이해하였는지를 평가하는 문제이다. 삽입된 시에 따르면 빈 항아리에 광풍이라도 담고 싶다는 내용이 언급되어 있으므로, 현재 화자의 정서를 나타내는 항아리에 무엇인가 채우고자 하는 화자의 의지를 확인할 수 있다. 그런 맥락에서 항아리가 광풍으로부터 벗어나려고 한다는 추론은 적절하지 않다. 따라서 정답은 ②이다.

오답 해설

① 시에서 "저는 시방 텅 비인 항아리와 같기도 하고"로 표현하고 있으므로 적절한 추론으로 볼 수 있다.
③ 화자는 항아리에 꽃과 나비를 모두 담고 싶다고 하면서 허전한 자신의 심리를 드러내고 있으므로, 그 안에 담고자 하는 꽃은 화자의 텅 빈 심리와는 대조적인 속성을 지닌 것으로 이해할 수 있다.
④ 화자는 외로운 심리 상태를 드러내고 있고 항아리 역시 텅 비어 이러한 화자의 심리를 나타내는 시적 대상에 해당하므로 적절한 추론으로 볼 수 있다.
⑤ 시에서 드러나는 결핍의 정서가 그림의 화려한 분위기와 대

조를 이루므로 적절한 추론으로 볼 수 있다.

▶ **자료 출처** 김환기(1954), 「항아리와 시」

085 ③

[실용문-자료] 사실적 이해(정보 확인)

문항 분석

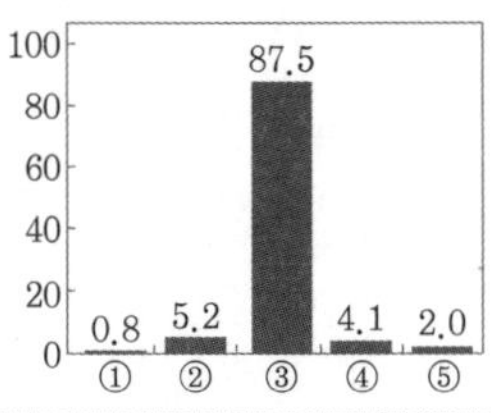

수험생의 87.5%가 정답지를 고른 쉬운 문제였다. 최하위권 수험생들이 나머지 선지에 고르게 반응하여 매우 높은 변별도를 보였다.

정답 해설

자료를 분석하여 내용을 바르게 도출해 낼 수 있는지를 평가하기 위한 문제로, 정답은 ③이다. 2015년과 2016년의 각 부문별 급여 대상자 월 소득 선정 기준은 1인 가구의 경우 대부분 80만 원을 넘지 않지만, 2016년 교육 급여의 경우 812,415원으로 80만 원을 넘었음을 알 수 있다.

오답 해설

① 각 부문별 급여 대상자 선정 월 소득 기준은 2015년에 비해 2016년에 전체적으로 상향되었음을 알 수 있다.
② 2016년 4인 가구의 주거 · 의료 · 생계 급여 선정 월 소득 기준은 각각 1,888,317원, 1,756,574원, 1,273,516원이다. 따라서 4인 가구의 월 소득이 200만 원이라면, 2016년의 경우 주거 · 의료 · 생계 급여 대상자에 선정되지 않을 것임을 알 수 있다.
④ 2016년 생계 급여 대상자 선정 월 소득 기준은 최저 471,201원이다. 이로 보아 월 소득이 40만 원이 넘지 않는다면, 2016년에는 가구원 수와 관련 없이 급여 대상자에 선정될 것임을 알 수 있다.
⑤ 2016년 생계 급여의 경우, 5인 가구원의 급여 대상자 선정 월 소득 기준(1,509,116원)은 1인 가구원의 급여 대상자 월 소득 기준(471,201원)과 100만 원 이상 차이가 남을 알 수 있다.

086 ⑤

[실용문-자료] 사실적 이해(정보 확인)

문항 분석

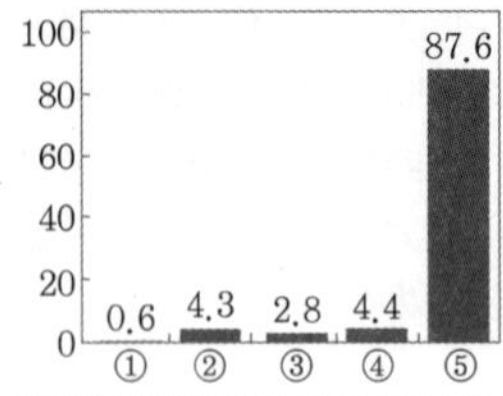

수험생의 87.6%가 정답지를 고른 쉬운 문제였다. 최하위권 수험생들이 나머지 선지에 고르게 반응하여 매우 높은 변별도를 보였다.

정답 해설

제시된 그래프의 내용을 올바르게 분석할 수 있는지를 평가하기 위한 문제로, 정답은 ⑤이다. 그래프의 내용을 보면 2017년 이후로 입영 희망 인원수와 입대 가능 인원수의 차가 점점 커지고 있음을 알 수 있다. 즉, 2017년 28만 명, 2018년 33만 명, 2019년 39만 명, 2020년 50만 명의 차이를 보이고 있다.

오답 해설

① 입대 가능 인원수와 입영 희망 인원수 모두 감소하는 추세를 보이고 있음을 알 수 있다.
② 2015년에서 2019년까지 입대 가능 인원수가 줄어들고 있는 것은 사실이지만 매년 3만 명 이상 줄어들고 있는 것은 아니다.
③ 2020년 입영 희망 인원수는 28만 명, 2014년은 34만 4천 명으로, 약 6만 명 정도의 차이를 나타내고 있으므로 2020년의 입영 희망 인원수가 2014년에 비해 절반 수준에도 미치지 못하고 있지는 않다.
④ 2019년에 입대 가능 인원수와 입대 희망 인원수의 차이는 39만 명으로, 2020년의 인원수 차이 50만 명보다 적게 나타나고 있다.

087 ④

[실용문-자료] 사실적 이해(정보 확인)

문항 분석

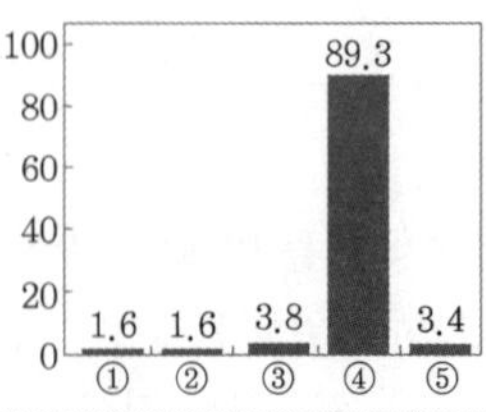

수험생의 89.3%가 정답지를 고른 쉬운 문제였다. 최하위권 수험생들이 나머지 선지에 고르게 반응하여 매우 높은 변별도를 보였다.

정답 해설

제시된 표의 내용을 바르게 이해하였는지를 묻는 문제로, 정답은 ④이다. 100g당 나트륨 포함량이 가락국수(340mg)보다 적은 음식은 울면(260mg) 뿐만 아니라 기스면(276mg)도 있다.

오답 해설

① 열무 냉면의 1인분당 나트륨 포함량은 3,152mg이므로, 2,853mg인 육개장에 비해 많다고 할 수 있다.

② 초마면과 육개장의 100g당 나트륨의 포함량은 모두 400mg으로 서로 동일하다고 할 수 있다.

③ 간장 게장 100g당 나트륨 포함량은 1,388mg이므로 260mg인 울면에 비해 5배 이상 많다고 할 수 있다.

⑤ 1인분당 나트륨 포함량이 초마면(4,000mg) 다음으로 많은 음식은 가락국수(3,396mg)라고 할 수 있다.

088 ③

[실용문-보도 자료] 사실적 이해(정보 확인)

문항 분석

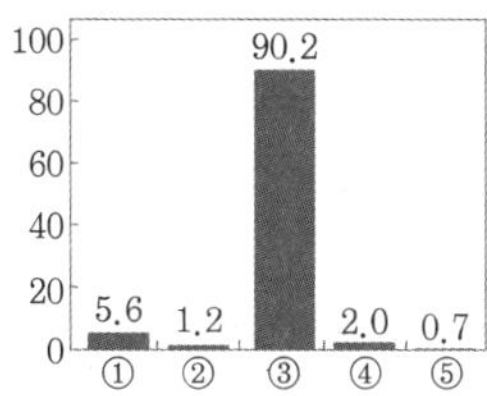

수험생의 90.2%가 정답지를 고른 쉬운 문제였다. 최하위권 수험생들이 나머지 선지에 고르게 반응하여 매우 높은 변별도를 보였다.

정답 해설

보도 자료의 내용을 정확히 이해하였는지를 평가하기 위한 문제로, 정답은 ③이다. 보도 자료에 따르면 식품 장보기는 '냉장 보관이 필요 없는 식품 → 과채류 → 냉장이 필요한 가공식품 → 육류 → 어패류' 순으로 장을 보는 것이 바람직하다고 안내하고 있다. 따라서 이러한 안내의 내용에 가장 잘 부합하는 순서는 ③이다.

오답 해설

① '라면 → 마늘 → 우유 → 고등어' 순으로 장을 보아야 한다.

② '바나나 → 어묵 → 요구르트 → 굴' 순으로 장을 보아야 한다.

④ '복숭아 통조림 → 당근 → 햄 → 조개' 순으로 장을 보아야 한다.

⑤ '꽁치통조림 → 케첩 → 당근 → 돼지고기' 순으로 장을 보아야 한다.

▶ **자료 출처** 식품의약품안전처 보도 자료(2012.07.12.)

089 ④

[실용문-보도 자료] 비판적 이해(반응 및 수용)

문항 분석

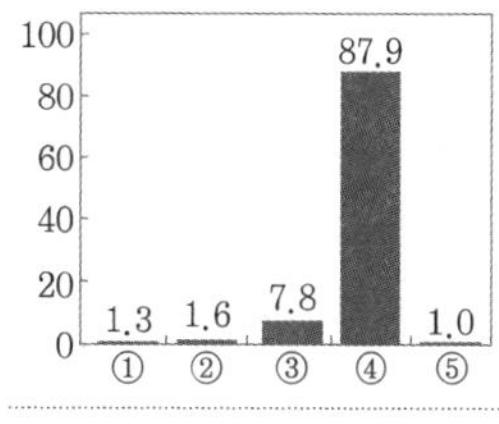

수험생의 87.9%가 정답지를 고른 쉬운 문제였다. 최하위권 수험생들이 나머지 선지에 고르게 반응하여 매우 높은 변별도를 보였다.

정답 해설

보도 자료를 읽고 이해한 내용을 바탕으로 보일 수 있는 반응의 적절성을 판단하는 능력을 평가하기 위한 문제로, 정답은 ④이다. 보도 자료에 따르면 생선을 조리할 때에는 차가운 물로 표면을 세척해야 한다고 제시하고 있다.

오답 해설

① 실온에서 1시간이 지나면 식품의 세균이 급속히 증가한다고 하였으므로 적절한 반응이다.

② "생활 잡화를 먼저 구입하고 식품 구매는 나중에 하며 식품 장보기는 가급적 1시간 이내에 끝마치는 것이 바람직하다."에서 확인할 수 있다.

③ 가열하지 않은 식품은 교차 오염을 방지하기 위해 분리하여 보관하라고 하였으므로 적절한 반응이다.

⑤ 여름철에는 생식은 가급적 자제하는 것이 바람직하다고 하였으므로 적절한 반응이다.

090 ⑤

[실용문-보도 자료] 사실적 이해(정보 확인)

문항 분석

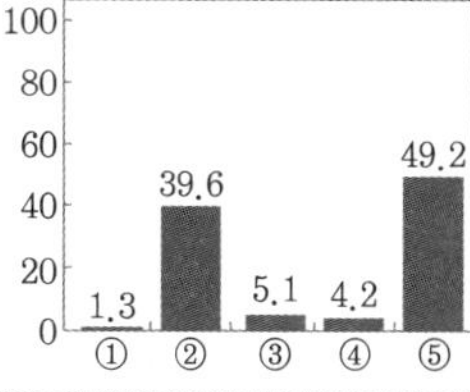

수험생의 49.2%만이 정답지를 고른 어려운 문제였다. 매력적인 오답인 ②에 39.6%의 수험생이 몰려 매우 높은 변별도를 보였다.

정답 해설

보도 자료의 내용을 정확히 이해는 능력을 평가하는 문제로, 정답은 ⑤이다. 보도 자료의 내용에 따르면 장애인 전용 주차 구역의 불법 주차를 단속하는 권한이 교통 관련 공무원에게 확대된 것은 지난해, 즉 2015년인 것을 알 수 있다.

오답 해설

① 보도 자료의 내용 중 장애인 주차 방해 행위에 대한 과태료가 50만 원임을 확인할 수 있다.

② 보도 자료의 내용에 따르면 지난해인 2015년부터 법을 개정하여 다양한 제도 개선이 이루어졌으며 그중 하나가 주차 표지 부당 사용자에 대한 표지 발급을 2년 동안 제한하는 내용임을 알 수 있다.

③ 점검 사항을 제시한 부분에서 장애인 전용 주차 구역 설치의 적절성을 제시한 부분에서 주차 면수 확보 여부가 포함되어 있음을 확인할 수 있다.

④ 주요 점검 내용을 언급한 부분에 보행 장애인 탑승 없이 주차하는 것도 점검 내용임을 명시하고 있다.

▶ **자료 출처** 보건복지부 보도 자료(2016.04.18.)

국어 문화 091번~100번

기출문제집 p.164

091	⑤	092	⑤	093	②	094	③	095	③
096	①	097	⑤	098	④	099	③	100	④

091 ⑤

국어학(문법)

문항 분석

(① 1.6, ② 2.4, ③ 4.2, ④ 8.3, ⑤ 83.2)

수험생의 83.2%가 정답지를 고른 쉬운 문제였다. 최하위권 수험생들이 나머지 선지에 고르게 반응하여 매우 높은 변별도를 보였다.

정답 해설

국어사전의 표제어 등재 순서에 대해 바르게 이해하고 있는지를 평가하기 위한 문제이다. 국어학적 교양 능력을 평가하기 위한 문제로, 정답은 ⑤이다. 국어사전에서 표제어는 가나다순으로 배열되어 있고, 자모의 순서는 초성의 경우는 'ㄱ ㄲ ㄴ ㄷ ㄸ ㄹ ㅁ ㅂ ㅃ ㅅ ㅆ ㅇ ㅈ ㅉ ㅊ ㅋ ㅌ ㅍ ㅎ', 중성의 경우는 'ㅏ ㅐ ㅑ ㅒ ㅓ ㅔ ㅕ ㅖ ㅗ ㅘ ㅙ ㅚ ㅛ ㅜ ㅝ ㅞ ㅟ ㅠ ㅡ ㅢ ㅣ', 종성의 경우는 'ㄱ ㄲ ㄳ ㄴ ㄵ ㄶ ㄷ ㄹ ㄺ ㄻ ㄼ ㄽ ㄾ ㄿ ㅀ ㅁ ㅂ ㅄ ㅅ ㅆ ㅇ ㅈ ㅊ ㅋ ㅌ ㅍ ㅎ'순이다. ⓐ~ⓓ의 초성은 모두 'ㅇ'이기 때문에, 중성을 바탕으로 표제어 등재 순서가 결정된다. 각각의 중성은 'ㅟ', 'ㅘ', 'ㅖ', 'ㅒ'로, 국어사전 표제어 등재 순서대로 나열하면 ⑤ 'ⓓ → ⓒ → ⓑ → ⓐ' 순이 된다.

092 ⑤

국어 생활(매체 언어)

문항 분석

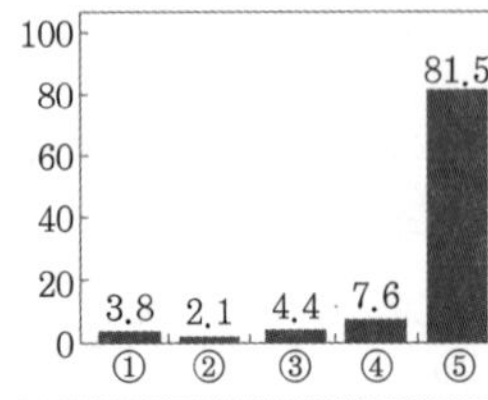

수험생의 81.5%가 정답지를 고른 보통 난이도의 문제였다. 최하위권 수험생들이 나머지 선지에 고르게 반응하여 매우 높은 변별도를 보였다.

정답 해설

제시된 <보기>의 내용을 바르게 판단할 수 있는지를 평가하는 문제로, 정답은 ⑤이다. ㉤은 악성 댓글도 자신의 글에 대한 댓글이기 때문에 댓글이 하나도 없는 것보다 낫다고 하고 있는데, 이는 악성 댓글을 긍정적으로 평가하는 것이 아니라 악성 댓글이 갖는 문제를 반어적으로 표현한 것이다.

오답 해설

① 악성 댓글이 자랑스러운 한국의 문화라면서 악성 댓글 문제를 반어적으로 나타냈다.

② 일반 가정에 컴퓨터가 '열 대 씩' 있는 것을 당연하다는 듯이 과장하여 나타내고 있다.

③ 많은 사람들이 인터넷을 하다가 겪을 수 있는 일들을 제시하면서 사람들의 공감을 불러일으켜 웃음을 유발하고 있다.

④ 악성 댓글을 달다가 자신의 정보가 공개되었을 때 취할 수 있는 대응 방안을 제시하고 있다.

▶ **지문 출처** KBS 프로그램, 「개그콘서트」

093 ②

국어 생활(매체 언어)

문항 분석

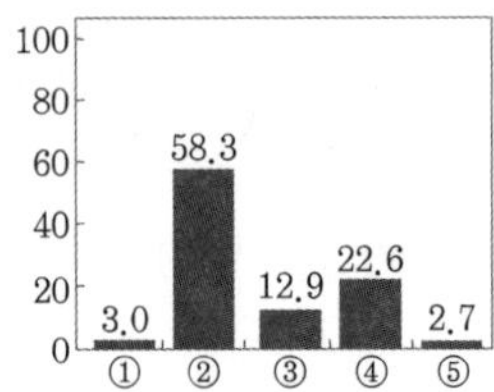

수험생의 58.3%가 정답지를 고른 보통 난이도의 문제였다. 매력적인 오답인 ④에 22.6%의 수험생이 반응했으며, ③에도 12.9%의 수험생이 반응하여 적절한 변별도를 보였다.

정답 해설

국어 사용 양상 중 방송 언어의 속성을 이해하고 적절한 방송 언어를 구사할 수 있는 능력을 평가하기 위한 문제로, 정답은 ②이다. 방송 언어에서는 시청자들에게 더욱 익숙한 용어를 먼저 언급하는 것이 타당하므로 현재와 같이 "WHO, 즉 세계보건기구"로 읽는 것이 타당하다.

094 ③

국문학(작품)

문항 분석

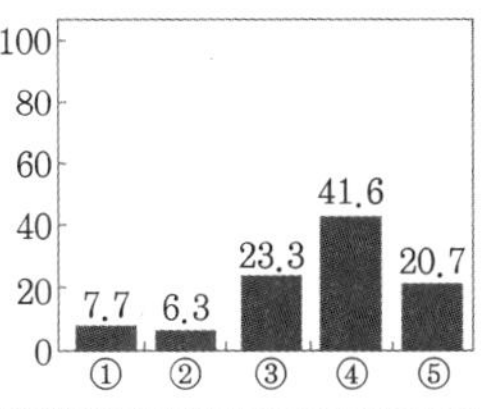

수험생의 23.3%만이 정답지를 고른 매우 어려운 문제였다. 매력적인 오답인 ④에 41.6%의 수험생이 몰렸으며, ⑤에도 20.7%의 수험생이 반응하여 낮은 변별도를 보였다.

정답 해설

〈보기〉에서 설명하는 작품이 아닌 것을 찾는 문제로, 국문학적 교양 능력을 평가하기 위한 문제이다. 정답은 ③으로, 김성한의 「바비도」는 교회의 횡포에 저항하는 가난한 재봉 직공 바비도를 통하여 인간의 양심과 정의의 문제를 다루고 있는 작품으로, 한국 전쟁을 배경으로 하고 있지 않다.

오답 해설

① 전광용의 「사수」는 전쟁을 경험하는 과정에서 친구 사이가 경쟁으로 인해 황폐해져 가는 모습을 그리고 있는 작품으로, 한국 전쟁을 배경으로 하고 있다.

② 오상원의 「유예」는 포로가 되어 처형당하기 직전의 극한 상황에 처한 '나'의 내면세계를 그린 작품으로, 한국 전쟁을 배경으로 하고 있다.

④ 장용학의 「요한시집」은 전쟁이라는 상황이 인간에게 어떻게 작용하는지를 형상화하여 그 비극성의 정체를 탐구하고 인간의 존재 방식에 대한 물음을 던지고 있는 작품으로, 한국 전쟁을 배경으로 하고 있다.

⑤ 하근찬의 「수난이대」는 아버지와 아들의 2대에 걸친 수난을 통해서 우리 민족이 겪은 역사적 비극과 이를 극복하려는 우리 민족의 의지를 형상화하고 있는 작품으로, 한국 전쟁을 배경으로 하고 있다.

095 ③

국문학(작품)

문항 분석

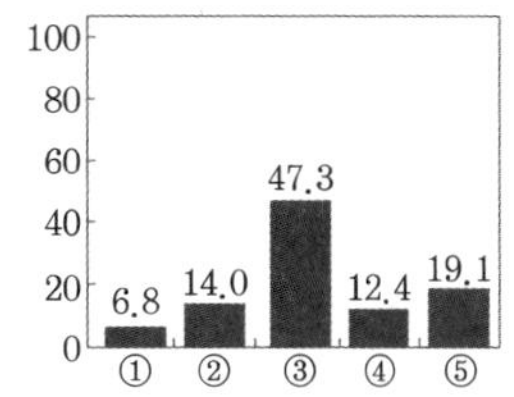

수험생의 47.3%만이 정답지를 고른 어려운 문제였다. 매력적인 오답인 ⑤에 19.1%의 수험생이 반응했으며, ②, ④에도 각각 14%, 12.4%의 수험생이 반응하여 적절한 변별도를 보였다.

정답 해설

〈보기〉의 설명을 참고하여 가전체 문학의 장르적 특성에 대해 바르게 이해하고 있는지를 평가하기 위한 문제로, 국문학적 교양 능력을 평가하기 위한 문제이다. 가전체 문학은 다른 작품군에 비해 그 수가 적어 부담이 크지 않으므로 그 목록을 봐 둘 필요가 있다. 정답은 ③이다. 이옥의 「심생전」은 양반가 자제인 심생과 중인 계층인 소녀 간의 비극적 사랑을 다룬 한문 소설로 가전체 문학에 해당하지 않는다. 참고로 이 작품은 자유연애 사상, 여성 의식의 성장, 신분 질서의 동요, 중인층의 성장 등 조선 후기의 사회상을 함께 엿볼 수 있는 것이 특징이며, 크게 심생과 소녀의 비극적 사랑을 다룬 전반부와 심생의 사랑에 대한 매화외사(梅花外史)의 평이 담긴 후반부로 나눌 수 있다.

오답 해설

① 이첨의 「저생전」은 종이를 의인화하여 위정자들에게 올바른 정치를 권유하는 가전체 소설이다.

② 임춘의 「공방전」은 엽전을 옥석으로 의인화하여 옥은 빛나고 귀하지만 때때로 어지러운 일에 쓰이고 재물만 탐하는 그릇된 길로 이끌어 가니 경계해야 한다는 내용으로, 처신을 올바르게 할 것을 논한 가전체 소설이다.

④ 이규보의 「국선생전」은 등장인물의 이름과 지명을 모두 술 또는 누룩에 관련된 한자를 써서 지었으며, 당시의 문란한 사회상을 풍자한 가전체 소설이다.

⑤ 석식영암의 「정시자전」은 지팡이를 의인화하여 불교 포교와 지도층의 겸허를 권유한 가전체 소설이다.

096
①

국어 생활(일상어 – 방언)

문항 분석

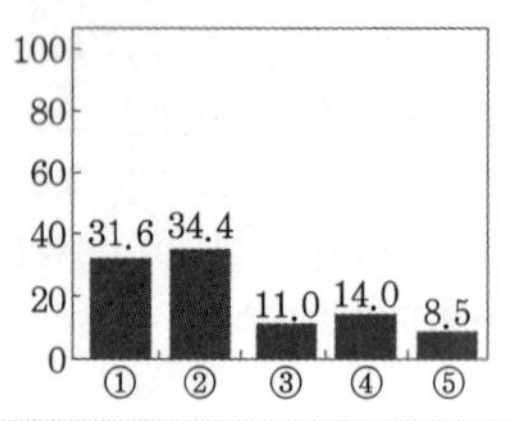

수험생의 31.6%만이 정답지를 고른 매우 어려운 문제였다. 매력적인 오답인 ②에 34.4%의 수험생이 몰렸으며, ③, ④에도 각각 11%, 14%의 수험생이 반응하여 적절한 변별도를 보였다.

정답 해설

우리 생활 주변에서 표준어로 착각하여 무심코 사용하는 방언을 식별해 내는 능력을 평가하기 위한 문제로, 정답은 ①이다. '나락'은 '벼'의 방언이다.

097
⑤

국어 생활(일상어 – 표준 언어 예절)

문항 분석

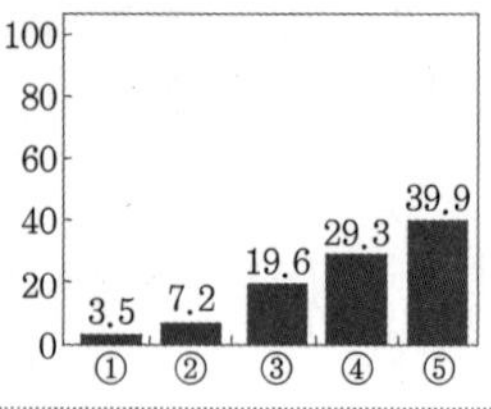

수험생의 39.9%만이 정답지를 고른 어려운 문제였다. 매력적인 오답인 ④에 29.3%의 수험생이 몰렸으며, ③에도 19.6%의 수험생이 반응하여 적절한 변별도를 보였다.

정답 해설

표준 언어 예절에 대한 내용을 정확하게 알고 있는지 여부를 평가하기 위한 문제로, 정답은 ⑤이다. "고맙습니다."라는 말은 윗사람에게 쓰기에 부적절한 말이 아니다. 오히려 "감사합니다."보다 고유어인 "고맙습니다."라는 말을 살려 쓰는 것이 바람직하다.

오답 해설

① '일을 하느라고 힘을 들이고 애를 쓰다.'라는 의미를 지닌 '수고하다'는 동료나 아랫사람에게 쓰는 말이므로 윗사람에게 쓰지 않는 것이 바람직하다.

② 문상을 갔을 때 상주에게 "호상입니다."라고 말하는 것은 상주에 대한 예의가 아니므로 삼가야 한다. 아무리 돌아가신 분이 천수를 다했더라도 상주에 대한 예의가 아니기 때문이다.

③ 세배를 하기 전에 윗사람에게 "절 받으세요."라고 명령조의 말을 하는 것은 예의가 아니다. 나이 차이가 많이 나는 윗사람에게 세배를 할 때에는 말없이 절을 하는 것이 공손하다.

④ 송년 인사에서 고마움을 표현할 때에는 과거형을 쓰는 것보다 현재형을 쓰는 것이 더 자연스럽고 바람직하다. 또한 상대방에 대한 고마움의 뜻을 포함한 말이나 한 해 동안 있었던 기쁜 일과 슬픈 일에 대해 기쁨과 위로의 말을 하는 것이 좋다.

098
④

국어학(북한어)

문항 분석

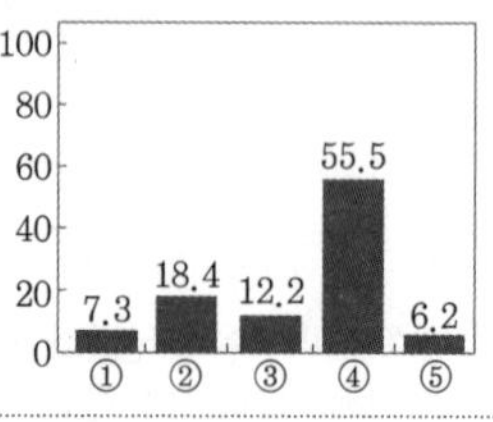

수험생의 55.5%가 정답지를 고른 보통 수준의 문제였다. 매력적인 오답인 ②에 18.4%의 수험생이 반응했으며, ③에도 12.2%의 수험생이 반응하여 적절한 변별도를 보였다.

정답 해설

〈보기〉를 바탕으로 남북한 언어의 차이를 파악하는 문제로, 정답은 ④이다. 남한에서도 '빠짐없이'를 붙여 써야 한다. 왜냐하면 이는 '빠짐없이'가 '하나도 빠뜨리지 아니하고 모두 다 있게.'라는 의미를 지닌 하나의 단어이기 때문이다.

오답 해설

① '인사로 하는 말. 또는 인사를 차려 하는 말'을 나타내는 말은 남한에서도 북한에서와 마찬가지로 '인사말'로 표기해야 한다.

② 남한에서도 북한에서처럼 '토끼'와 '밖에'는 붙여 쓰는 것이 규정에 맞다. '토끼'는 명사, '밖에'는 조사이므로 서로 붙여 쓰는 것이 원칙이다.

③ 북한에서는 남한에서와 달리 의존 명사 '마리'를 앞말과 붙여 쓰고 있다. 남한에서는 명사와 단위성 의존 명사는 띄어 쓰는 것이 원칙이다.

⑤ 남한에서는 북한에서와 달리 '벌이고'를 쓰는 것이 문맥의 흐름상 적절하다. '벌이다'는 '일을 계획하여 시작하거나 펼쳐 놓다.'라는 의미로 문맥상 적절하다. 참고로 남한에서 '벌리다'는 '둘 사이를 넓히거나 멀게 하다.', '껍질 따위를 열어 젖혀서 속의 것을 드러내다.', '우므러진 것을 펴지거나 열리게 하다.' 등의 의미를 나타내는 말이다.

099

③

국어학(근대 국어)

문항 분석

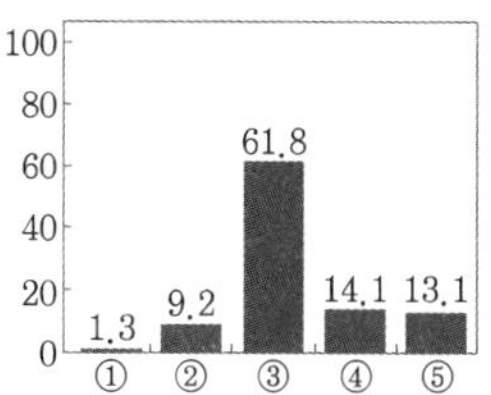

수험생의 61.8%가 정답지를 고른 보통 수준의 문제였다. 매력적인 오답인 ④에 14.1%의 수험생이 몰렸으며, ⑤에도 13.1%의 수험생이 반응하여 높은 변별도를 보였다.

정답 해설

근대 국어 광고문을 읽고 현대 국어와 근대 국어의 차이를 이해하는 능력을 평가하기 위한 문제로, 정답은 ③이다. 〈보기〉의 근대 신문 광고에는 어두에 합용 병서와 각자 병서 모두 사용된 음절이 없으므로 적절한 설명이 아니다.

오답 해설

① 광고에 '사룸', '업ᄂᆞᆫ' 등에서 아래 아가 표기에 사용되었음을 확인할 수 있다.

② '사룸이' 등에는 분철이, '갑슨' 등에는 연철의 표기 방식이 사용된 것을 확인할 수 있다.

④ '엇시니', '잇서야', '갑슨' 등에서 현대 국어와 다른 종성 표기가 사용되고 있음을 확인할 수 있다.

⑤ '죠션', 'ᄌᆞ면' 등에서 이중 모음의 단모음화가 이루어지지 않았음을 확인할 수 있다.

▶ **자료 출처** 독립신문 창간호(1896.04.07.)

100

④

국어학(순화어)

문항 분석

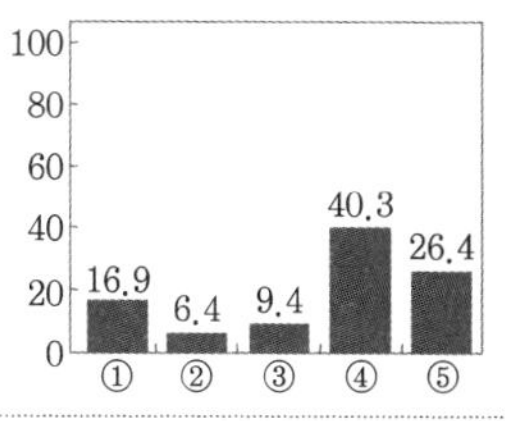

수험생의 40.3%만이 정답지를 고른 어려운 문제였다. 매력적인 오답인 ⑤에 26.4%의 수험생이 몰렸으며, ①에도 16.9%의 수험생이 반응하여 낮은 변별도를 보였다.

정답 해설

우리말 순화와 관련하여 토착화된 한자어의 순화 문제에 대한 인식 수준을 측정하기 위한 문제이다. 정답은 ④로, '가죽'은 원래 고유어이다.

오답 해설

①, ②, ③, ⑤ 모두 이미 우리말로 토착화된 한자어들로, 굳이 한자를 병기하지 않아도 의미를 분명히 이해할 뿐만 아니라 고유어 중에 이를 대체할 말도 마땅하지 않은 사례들이다.

|2016년 02월 20일 시행|

제41회 KBS 한국어능력시험

정답과 해설

제41회 성적 분석 결과

2016년 2월 20일, 6,579명이 응시한 **제41회 〈KBS한국어능력시험〉**의 원점수 평균점은 100점 만점에 76.59점, 표준 편차는 8.56으로 나타났다.

제41회 〈KBS한국어능력시험〉의 영역별 평균 점수를 살펴보면, **문법 영역**이 17.99점(30점 만점), **이해 영역**이 33.85점(40점 만점), **표현 영역**이 9.16점(10점 만점), **창안 영역**이 9.67점(10점 만점), **국어 문화 영역**이 5.92점(10점 만점)이었다.

제41회 등급별 성적 분석

등급	인원	비율
1급	111명	1.69%
2+급	192명	2.92%
2-급	651명	9.90%
3+급	1,379명	20.96%
3-급	798명	12.13%
4+급	1,861명	28.29%
4-급	647명	9.83%
무급	940명	14.29%
합계	6,579명	100.00%

국가공인 자격증 발급 (1급 ~ 4+급)

[등급별 인원 분포]

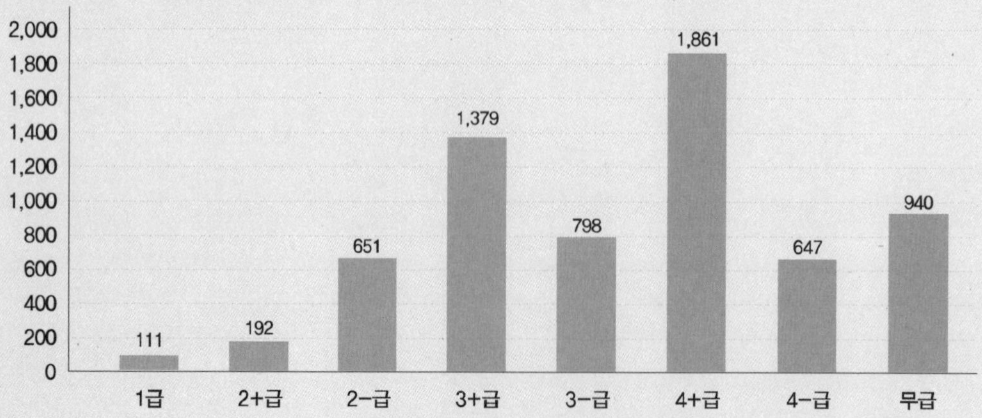

제41회 영역별 성적 분석

	문법	이해	표현	창안	문화	원점수
평균	17.99	33.85	9.16	9.67	5.92	76.59
표준 편차	3.52	4.06	1.15	0.71	1.71	8.56
만점	30.00	40.00	10.00	10.00	10.00	100.00
최고점	29.00	40.00	10.00	10.00	10.00	94.00
최저점	1.00	2.00	0.00	0.00	0.00	3.00

[원점수 분포]

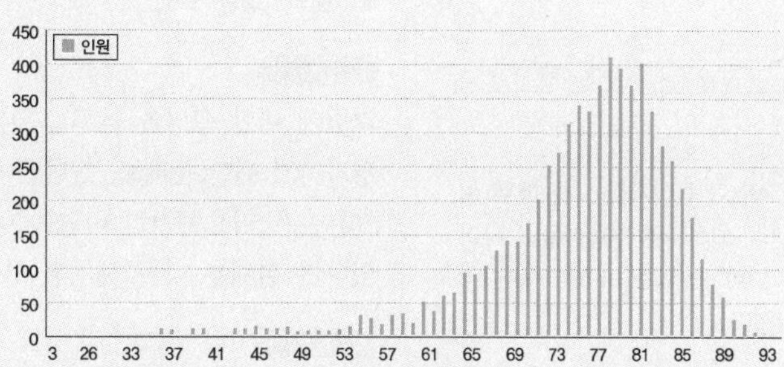

[영역별 점수 분포]

① 문법 영역 점수 분포

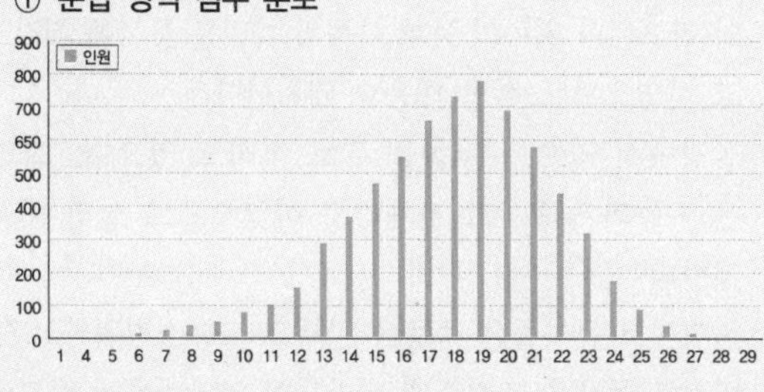

② 이해 영역 점수 분포

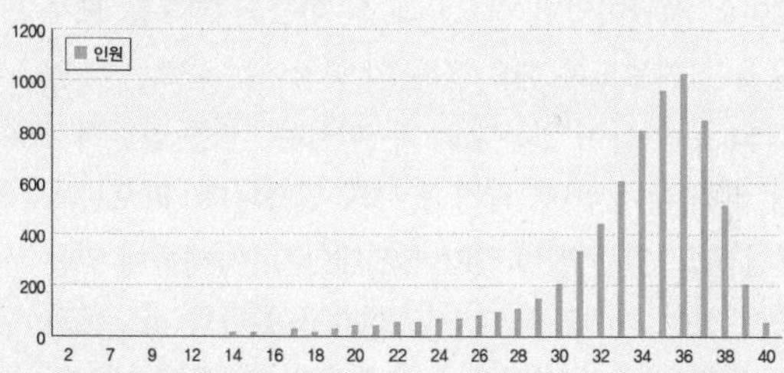

③ 표현 영역 점수 분포

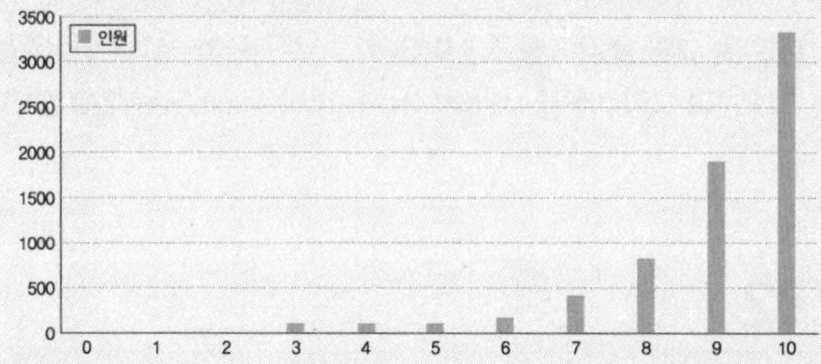

④ 창안 영역 점수 분포

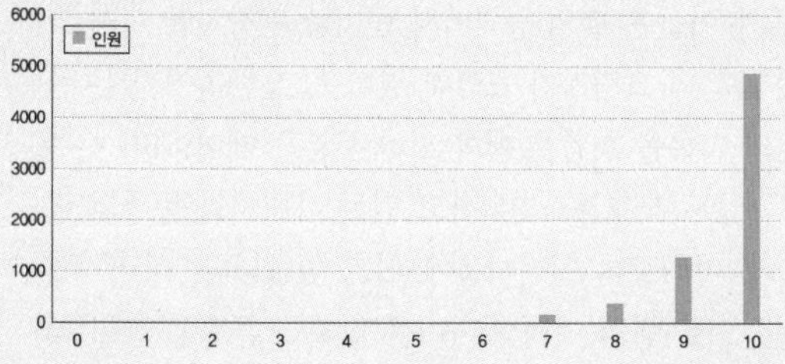

⑤ 문화 영역 점수 분포

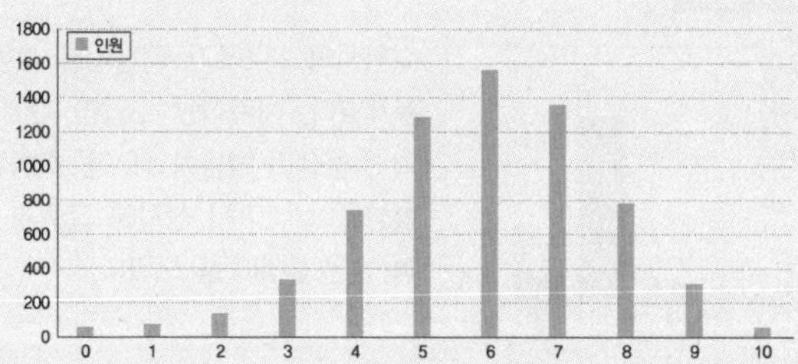

2016년 02월 20일 시행

제41회 정답과 해설

듣기·말하기 001번~015번

기출문제집 p.175

001	⑤	002	③	003	④	004	①	005	③
006	②	007	①	008	④	009	③	010	④
011	⑤	012	⑤	013	②	014	③	015	③

001 ⑤

사실적 이해

문항 분석 답지반응률 확인!!

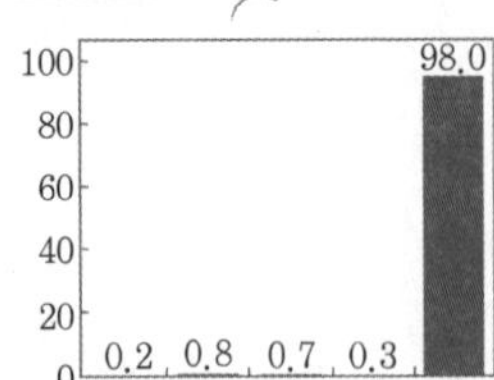

수험생의 98%가 정답지를 고른 매우 쉬운 문제였다. 최하위권 수험생들이 나머지 선지에 고르게 반응하여 매우 높은 변별도를 보였다.

듣기 대본

1번. 먼저 조각 작품에 대한 설명을 들려 드립니다.

오늘은 트로이의 신관이었던 라오콘과 두 아들의 최후를 묘사한 조각 작품을 살펴보도록 해요. 작품의 중앙에는 라오콘이 있고 양쪽에 그의 두 아들이 있는데요, 두 아들은 다 큰 성인이지만 라오콘에 비해 눈에 띄게 작게 묘사돼 있습니다. 라오콘과 아들들을 친친 감고 있는 뱀이 얼마나 거대한지, 아래쪽에 있는 뱀은 오른쪽에 있는 큰아들의 다리를 휘감고 올라와 라오콘과 왼쪽에 있는 둘째 아들의 다리를 동시에 휘감고, 둘째 아들의 상체를 다시 한 번 휘감은 뒤에 오른쪽 가슴을 물고 있습니다. 뱀에 물린 둘째 아들은 뱀의 공격에서 벗어나려 하지만 이미 그의 얼굴에는 죽음의 그림자가 드리워 있어요. 오른쪽에 있는 큰아들은 자신의 발목을 휘감은 뱀의 꼬리 부분을 떼어 내려 하면서도, 죽음을 앞두고 고통스러워하고 있는 아버지와 동생의 얼굴을 걱정스레 바라보며 안타까움에 떨고 있습니다. 아버지인 라오콘은 왼손으로 뱀의 머리 가까이를 잡고 오른팔을 굽힌 채 몸을 뒤로 젖히고 있는데요, 고개를 왼쪽으로 꺾고 하늘을 바라보는 그의 표정은 고통과 공포, 그 자체입니다. 인간의 신체를 중요하게 여긴 그리스 미술답게 비록 고통을 받으며 죽어 가는 모습이지만 라오콘 삼부자의 육체는 완벽한 근육질의 모습으로 아름답게 묘사돼 있습니다. 이 작품은 16세기 초에 발견됐을 때 라오콘의 오른쪽 어깨와 팔이 사라지고 없었는데요, 16세기 당시에는 라오콘의 오른팔이 하늘을 향해 뻗은 모습으로 복원됐습니다. 그러나 당시 미켈란젤로는 라오콘의 어깨 근육과 가슴 근육의 뒤틀린 모양을 주시하고 오른팔이 굽어 있었을 것이라고 주장했는데요, 4백 년이 지난 후 라오콘의 실제 오른팔이 발견됐을 때는 미켈란젤로의 주장대로 오른팔이 뒤로 굽힌 모양을 하고 있었습니다. 큰아들의 오른손과 둘째 아들의 오른팔도 발견 당시 모두 잘려 나가고 없었는데요, 라오콘처럼 하늘을 향해 뻗은 모습으로 잘못 복원됐다가 현재는 다시 해체된 모습으로 남아 있습니다.

정답 해설

그림에 대한 설명을 듣고 그 내용을 정확하게 이해하였는지를 평가하기 위한 문제로, 정답은 ⑤이다. 설명에 따르면 아들들의 오른손은 라오콘처럼 하늘을 향해 뻗은 모습으로 잘못 복원되었다가 현재는 다시 해체된 모습으로 남아 있다.

오답 해설

① 설명의 처음 부분에서 "트로이의 신관이었던 라오콘과 두 아들의 최후를 묘사한 조각 작품을 살펴보도록 해요."라고 언급하고 있다.

② 설명에서 아래쪽에 있는 뱀은 큰아들의 다리를 휘감고 올라와 라오콘과 왼쪽의 둘째 아들의 다리를 동시에 휘감고 있다고 하였으므로 설명 내용과 일치한다.

③ 설명에서 라오콘은 몸을 뒤로 젖히고 있으며, 그의 표정은 고통과 공포, 그 자체라고 하였으므로 설명 내용과 일치한다.

④ 설명에서 큰아들은 죽음을 앞두고 고통스러워하고 있는 아버지와 동생을 걱정스레 바라보며 안타까움에 떨고 있다고 하였으므로 설명 내용과 일치한다.

▶ **대본 및 그림 출처** 황규성 미술사가, 『주간동아-그림 읽어주는 남자』, 「라오콘과 그의 아들들」(http://weekly.donga.com/East/3/99/11/151163/1)

002 ③

사실적 이해

문항 분석

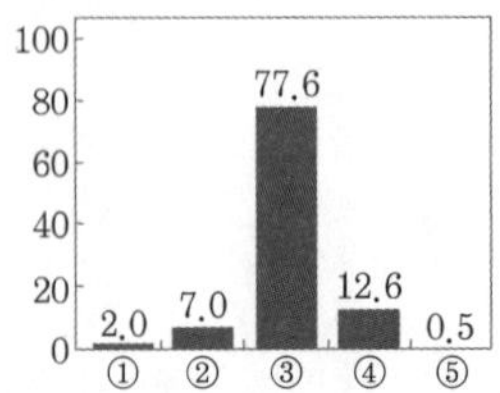

수험생의 77.6%가 정답지를 고른 쉬운 문제였다. 매력적인 오답인 ④에 12.6%의 수험생이 반응하였으며, 최하위권 수험생들이 나머지 선지에 고르게 반응하여 높은 변별도를 보였다.

듣기 대본

2번. 이번에는 드라마의 일부분을 들려 드립니다.

남편: 국이 너무 짜요.

아내: 짜요?

남편: 당신, 점점 음식 맛을 잃어 가는 것 같아요. 짜다 싱겁다를 떠나서 음식이 자꾸 밍밍해져.

아내: 내 입맛에는 맞는데.

남편: 지난번에 애들 왔을 때 먹었던 불고기는 너무 달아서 다들 못 먹었잖아요.

아내: 늙으면 혀도 늙나 보지요.

남편: 모든 걸 다 나이 먹어서 그렇지로 결론 내면 안 되죠.

아내: 작작 좀 하세요. 저 놈의 잔소리. 아이고, 맛만 좋네. 먹기 싫으면 먹지 말아요. 잔소리 그만하고…….

남편: 뭐요? 내가 비록 지금은 이러고 있지만 명색이 가장인데 어디서 아녀자가 그런 말을…….

아내: 아녀자요? 지금이 무슨 조선 시대인 줄 알아요?

남편: 아이 참, 음식 튀잖아요. 입안에 음식이 있는데 그렇게 소리를 치면 어떡해요. 아무리 말을 해도 고쳐지질 않으니…….

아내: 그래요. 나 가방끈 짧고 교양 머리라고는 쥐꼬리만큼도 없어요. 그래도 애들 셋 다 대학 보냈고, 바리바리 싸서 시집, 장가보냈잖아요.

남편: 그걸 당신 혼자 했나?

아내: 누가 혼자 했대요? (음식 튀고)

남편: 당신 요즘 무슨 일 있어요? 짜증이 왜 이렇게 늘었어요?

아내: 삼시 세끼 밥하는 게 얼마나 지겨운데, 그깟 붓이나 들고 앉아서는 국이 짜네, 밥이 되네, 좀생이처럼 잔소리는…….

남편: 좀생이요? 이 여자가 근데…….

아내: 아, 몰라요. 오늘 설거지는 당신이 해요.

남편: 어디가요? 어, 어디 가느냐고요?

남편: 나도 어느새 삼식이가 돼가는 건가. 아니, 그게 왜 나빠? 그동안 돈 버느라 내 청춘 다 바쳤는데, 퇴직했다고 삼시 세끼도 못 받아 먹어?

정답 해설

드라마의 내용을 사실적으로 이해하는 능력을 평가하기 위한 문제로, 정답은 ③이다. 드라마에서 남편은 "모든 걸 다 나이 먹어서 그렇지로 결론 내면 안 되죠."라고 말하고 있으므로 남편은 음식의 간을 못 맞추는 것을 나이 든 탓으로 돌리면 안 된다는 생각을 가진 것으로 볼 수 있다.

오답 해설

① 남편은 아내가 가장인 자신에게 하는 말에 대해 "명색이 가장인데 어디서 아녀자가 그런 말을……."하고 언급했을 뿐 가장이 아내에게 교양 없는 말을 해서는 안 된다고 언급한 부분은 확인할 수 없다.

② 남편이 아내에게 음식의 간을 못 맞춘다며 불평을 하고 있으므로 남편의 생각으로 볼 수 없다.

④ 아내가 남편에게 "누가 혼자 했대요?"라고 언급한 부분을 통해 답이 아님을 확인할 수 있다.

⑤ 아내가 "그깟 붓이나 들고 앉아서는 국이 짜네, 밥이 되네, 좀생이처럼 잔소리는……."이라고 말한 부분을 통해 남편이 음식 트집을 부리는 것이 설거지를 하지 않기 위해서라는 생각은 적절하지 않다.

▶ **대본 출처** KBS무대(2016.01.16. 01:00 - 04:10), 「황혼연가」

003 ④

사실적 이해

문항 분석

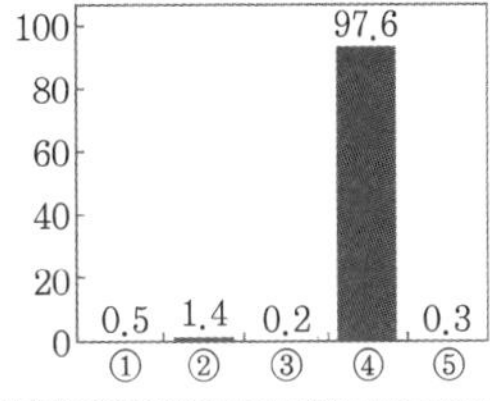

수험생의 97.6%가 정답지를 고른 매우 쉬운 문제였다. 최하위권 수험생들이 나머지 선지에 고르게 반응하여 매우 높은 변별도를 보였다.

듣기 대본

3번. 다음은 건강 강좌를 들려 드립니다.

오늘은 녹내장에 대해서 말씀 드릴게요. 녹내장은 눈으로 받아들인 빛이 뇌로 전달하는 시신경에 이상이 생겨서 시야 결손이 나타나는 질환인데요, 녹내장을 예방하는 특별한 방법은 없습니다. 조기 검진을 통해 녹내장을 발견해 조기에 치료를 하는 것이 유일한 대처법이라 할 수 있습니다. 고도근시, 이전에 안압이 높았거나 당뇨병, 고혈압, 편두통이 있는 경우에는 녹내장의 발병 가능성이 더 높습니다. 일단 녹내장에 걸리면, 평상시에 몸이 편한 복장을 해야 하고 고개를 숙인 자세에서 장시간 독서나 작업을 피해야 합니다. 또 마음을 편하게 하고 흥분하지 않아야 합니다. 머리로 피가 몰리는 물구나무서기 자세나 윗몸일으키기 등 복압이 올라가는 운동은 안압을 올릴 수 있기 때문에 피해야 합니다. 그리고 녹내장은 추운 겨울이나 무더운 여름에 발병하기 쉽기 때문에 항상 기온 변화에 유의해야 합니다. 한쪽 눈에 녹내장이 있으면 다른 쪽 눈에도 발병하기 쉽기 때문에 두 눈 모두 정기적인 검사를 받는 것이 좋습니다. 녹내장은 일단 발병하면 완치될 수 있는 병은 아니지만 더 이상 시신경 손상이 진행되지 않으면 평생 실명하지 않고 살아갈 수 있습니다.

정답 해설

정보 전달을 위한 건강 강좌를 듣고 그 내용을 사실적으로 이해하는 능력을 평가하기 위한 문제로, 정답은 ④번이다. 강좌의 내용에 따르면, 한쪽 눈에 녹내장이 있으면 다른 쪽 눈에도 녹내장이 발생하기 쉽다고 하였다.

오답 해설

① 강좌 내용에 따르면 녹내장은 특별한 예방법이 없다고 하였으므로 잘못된 진술이다.
② 강좌 내용에 따르면 녹내장은 추운 겨울이나 무더운 여름에 발병하기 쉽다고 하였으므로 잘못된 진술이다.
③ 강좌 내용에 따르면 녹내장은 일단 발생하면 완치할 수 있는 병이 아니라고 하였으므로 녹내장에 대한 설명으로 적절하지 않다.
⑤ 강좌 내용에 따르면 고도근시와 고혈압이 있는 경우 녹내장의 발생 가능성이 높다고 하였으므로 해당 내용에 대한 설명은 적절하지 않다.

▶ **대본 출처** 네이버 지식백과, 「녹내장(glaucoma)」(국가건강정보포털 의학정보)

004 ①

사실적 이해

문항 분석

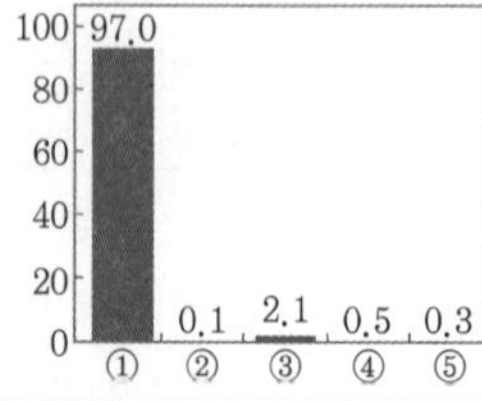

수험생의 97%가 정답지를 고른 매우 쉬운 문제였다. 최하위권 수험생들이 나머지 선지에 고르게 반응하여 매우 높은 변별도를 보였다.

듣기 대본

4번. 이번에는 고전의 일부분을 들려 드립니다.
가장 좋은 것은 물과 같다.
물은 아무와도 다투지 않고
무엇을 억지로 하는 법이 없다.
그러면서도 만물을 이롭게 한다.
물은 뭇사람이 싫어하는
낮은 곳에 몸을 두려 한다.
그러므로 궁극적인 진리인 도와
그 성질이 비슷하다.

도를 터득한 사람은
물처럼 낮은 곳에 몸을 둔다.
그의 마음은 못과 같이 고요하다.
그는 베풀기를 좋아한다.
그는 빈말을 하지 않는다.
그는 억지로 바로잡고자 애쓰지 않는다.
그러면서도 가장 능률적으로 일하고
가장 적절한 때에 움직인다.

도를 터득한 사람은
물이 그러하듯이
다투거나 경쟁하지 않는다.
그래서 아무도 그를 욕하지 않는다.

정답 해설

고전의 일부를 듣고 그 내용을 사실적으로 이해하는 능력을 평가하기 위한 문제로, 정답은 ①이다. 고전의 내용 중 '도를 터득한 사람'은 가장 적절한 때에 움직인다고 했으므로, 모든 일을 천천히 한다는 것은 적절한 설명이 아니다.

오답 해설

② '도를 터득한 사람'은 물이 그러하듯이 다투거나 경쟁하지 않는다고 하였으므로 맞는 설명이다.
③ '도를 터득한 사람'의 마음은 못과 같이 고요하다고 하였으므로 맞는 설명이다.
④ '도를 터득한 사람'은 물처럼 낮은 곳에 몸을 둔다고 하였으므로 맞는 설명이다.
⑤ '도를 터득한 사람'은 억지로 바로잡고자 애쓰지 않는다고 하였으므로 맞는 설명이다.

▶ **대본 출처** 정창영 옮김(2003), 『도덕경』, 시공사

005 ③

추론적 이해

문항 분석

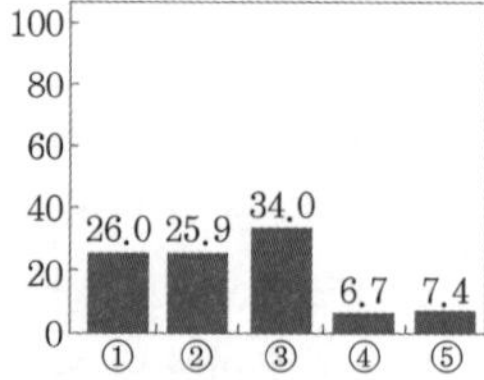

수험생의 34%만이 정답지를 고른 매우 어려운 문제였다. 매력적인 오답인 ①에 26%의 수험생이 몰렸으며, ②에도 25.9%의 수험생이 반응하여 낮은 변별도를 보였다.

듣기 대본

5번. 다음은 시 한 편을 들려 드립니다.
여름 내내 감춘 순정
참되고 아름다운 진실
계절을 참으며

서리 내리는 늦가을에
갈바람에 피어나
인내와 지조를 꽃피우니

여린 이슬 같은 산빛 사랑
참빛 노래 흐르는
너울대는 몸짓
만물이 시들고 퇴락해 가도
홀로 피워
현세를 외면하며 사는
품위 있는 자의 모습이라

가냘픈 허리
이슬에 젖은 미소
큰 관심 원한 적 없어도
은은한 향기로 피워
그대로 둔 채로도
소박함이 전해져 오는
기품이 부드럽고 순결한 맛은
그 겸손이 더 한층 고결하다.

정답 해설

시를 듣고 시의 핵심 소재가 무엇인지 추론하는 능력을 평가하기 위한 문제로, 정답은 ③이다. 늦가을에 꽃 피우고 품위 있는 모습을 보이며, 은은한 향기를 피우는 내용 등을 종합해 볼 때, 핵심 소재가 '국화'인 것을 알 수 있다.

오답 해설

① '매화'는 봄에 피는 꽃이므로 적절하지 않다.
② '난초'는 가을에 꽃을 피우지 않을 뿐만 아니라 인내와 지조를 의미하는 대상도 아니므로 적절하지 않다.
④ '목련'은 봄에 피는 꽃이므로 적절하지 않다.
⑤ '대나무'는 좀처럼 꽃을 피우지 않는 식물로, 은은한 향기를 피워 내는 대상이 아니므로 적절하지 않다.

▶ **대본 출처** 예당 조선윤, 「사군자」 중 '菊'

006 ②

추론적 이해

문항 분석

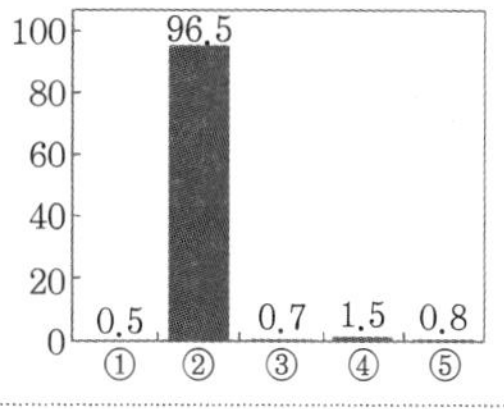

수험생의 96.5%가 정답지를 고른 매우 쉬운 문제였다. 최하위권 수험생들이 나머지 선지에 고르게 반응하여 매우 높은 변별도를 보였다.

듣기 대본

이번에는 뉴스 보도를 들려 드립니다. 6번은 듣기 문항, 7번은 말하기 문항입니다.

앵커 멘트: 시청자 여러분, 치핵이라는 질환에 대해 들어 보신 적 있으십니까? 치핵은 우리나라에서 실시되는 수술 건수 가운데 두 번째로 많을 정도로 흔한 질환인데요, 20대의 경우 남성보다 여성이 특히 조심해야 한다고 합니다. 그 이유가 무엇인지 박은식 의학 전문 기자가 보도합니다.

기자 멘트: 치핵은 항문 안쪽 내부를 둘러싸고 있는 혈관 조직이나 점막의 지지력이 약해져 항문 밖으로 밀려 내려오는 질환으로, 출혈, 가려움 등의 증상이 동반되며 심할 경우에는 통증도 유발됩니다. 국민건강보험공단의 조사 결과 2014년에 치핵 진료를 받은 사람은 65만 명으로, 2009년에 62만 명이었던 것과 비교해 볼 때 연평균 0.8%p 증가하였습니다. 연령별로는 40대 21%, 50대 20%, 30대 19%로 나타났으며, 성별로는 남성 33만 명, 여성 31만 명으로 나타나 크게 차이가 나지는 않았습니다. 다만 대부분 연령대의 경우, 치핵 환자는 남성이 여성보다 조금 더 많았는데, 20대의 경우, 여성이 남성보다 많았습니다. 항문외과 전문의의 이야기를 들어 보겠습니다.

항문 외과 전문의 인터뷰: 그 원인으로 20대 여성들의 다이어트를 지목할 수 있는데요, 다이어트를 위해 식사를 적게 하다 보면 변비가 생길 수 있습니다. 변비가 생기면 배변이 힘들어지니까 화장실에 오래 앉아 있게 되고, 이 때문에 복압이 증가하여 항문 혈관 안에 피가 고이게 됩니다. 이로 인해 치핵이 생기는 것이지요. 또한 여성들의 임신도 치핵을 악화시키는 원인이 될 수 있는데요, 임신 때 증가하는 황체 호르몬이 장운동에 영향을 주어 변비를 유발할 수 있기 때문입니다. 그리고 임신 중에는 자연스레 복압이 올라가서 항문의 혈액 순환에 장애를 일으키는데다 항문 조직이 연해지고 혈액 양이 많아지기 때문에 치핵이 생기기 쉬운 것이지요. 그래서 20대의 경우 남성보다 여성이 특히 조심해야 하는 것입니다.

기자 멘트: 치핵이 생겼을 때에는 좌욕을 하는 것이 큰 도움이 됩니다. 좌욕은 항문 주변 근육을 풀어 주어 통증을 감소시키는

효과가 있기 때문입니다. 좌욕을 할 때에는 대야에 41~43도의 미지근한 물을 준비하여 하루 2~3회, 한 번에 3~5분 정도 항문 부위를 담그고 앉아 있으면 좋습니다. 그러면 항문의 혈액 순환이 촉진되기 때문에 치핵 상처도 치유되고 혈전도 녹이는 효과를 볼 수 있습니다. KBS 뉴스 박은식입니다.

정답 해설

뉴스 보도의 내용을 근거로 하여 매체를 바르게 활용할 수 있는지를 평가하기 위한 문제로, 정답은 ②이다. ②는 치핵의 두 가지 종류에 대해 설명하고 있는 자료를 나타낸 것으로, 제시된 뉴스 보도에서는 이를 직접 언급하고 있지는 않다.

오답 해설

① 첫 번째 기자 멘트 중 "다만 대부분 연령대의 경우, 치핵 환자는 남성이 여성보다 조금 더 많았는데, 20대의 경우, 치핵 환자는 여성이 남성보다 많았습니다."에서 확인할 수 있다.
③ 두 번째 기자 멘트 중 "좌욕을 할 때에는 대야에 41~43도의 미지근한 물을 준비하여 하루 2~3회, 한 번에 3~5분 정도 항문 부위를 담그고 앉아 있으면 좋습니다."에서 확인할 수 있다.
④ 첫 번째 기자 멘트 중 "치핵은 항문 안쪽 내부를 둘러싸고 있는 혈관 조직이나 점막이 지지력이 약해져 항문 밖으로 밀려 내려오는 질환으로, 출혈, 가려움 등의 증상이 동반되며 심할 경우에는 통증도 유발됩니다."에서 확인할 수 있다.
⑤ 첫 번째 기자 멘트 중 "국민건강보험공단의 조사 결과 2014년에 치핵 진료를 받은 사람은 65만 명으로, 2009년에 62만 명이었던 것과 비교해 볼 때 연평균 0.8%p 증가하였습니다. 연령별로는 40대 21%, 50대 20%, 30대 19%로 나타났으며,"에서 확인할 수 있다.

▶ **대본 출처** KBS 뉴스(2015.12.15.), 「은밀한 고통 '치질' 치료 방법은?」

007 ①

사실적 이해

문항 분석

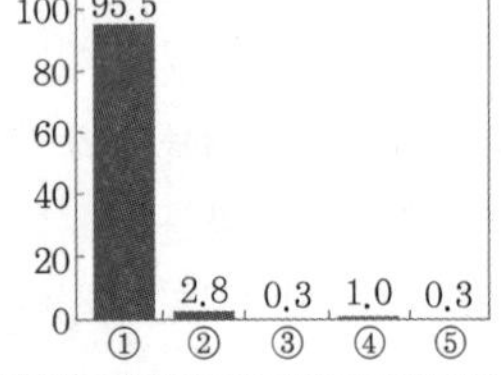

수험생의 95.5%가 정답지를 고른 매우 쉬운 문제였다. 최하위권 수험생들이 나머지 선지에 고르게 반응하여 높은 변별도를 보였다.

정답 해설

뉴스 보도의 내용을 바르게 이해하였는지를 파악하는 문제로, 정답은 ①이다. 보도 내용의 마무리 부분에서 관련된 사자성어를 인용하고 있는 부분은 찾아볼 수 없다.

오답 해설

② 앵커 멘트 중 "시청자 여러분, 치핵이라는 질환에 대해 들어 보신 적 있으십니까?"에서 확인할 수 있다.
③ 첫 번째 기자 멘트 중 "국민건강보험공단의 조사 결과 2014년에 치핵 진료를 받은 사람은 65만 명으로, 2009년에 62만 명이었던 것과 비교해 볼 때 연평균 0.8%p 증가하였습니다. 연령별로는 40대 21%, 50대 20%, 30대 19%로 나타났으며, 성별로는 남성 33만 명, 여성 31만 명으로 나타나 크게 차이가 나지는 않았습니다."에서 확인할 수 있다.
④, ⑤ 항문 외과 전문의의 인터뷰 내용 중 "그 원인으로 20대 여성들의 다이어트를 지목할 수 있는데요, ~ 그래서 20대의 경우 남성보다 여성이 특히 조심해야 하는 것입니다."에서 확인할 수 있다.

008 ④

사실적 이해

문항 분석

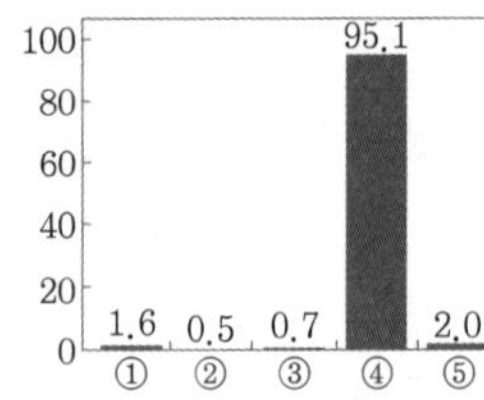

수험생의 95.1%가 정답지를 고른 쉬운 문제였다. 최하위권 수험생들이 나머지 선지에 고르게 반응하여 매우 높은 변별도를 보였다.

듣기 대본

다음은 강연을 들려 드립니다. 8번은 듣기 문항, 9번은 말하기 문항입니다.

오늘은 자동차 리콜 제도에 대해 알아보겠습니다. 자동차의 제작 결함을 일반인들이 밝혀내는 것은 거의 불가능합니다. 그래서 국가 공인 기관이 소비자의 제보나 자체 시험을 통해 리콜을 결정합니다. 자동차를 판매하려면 국가로부터 '형식승인제도'나 '자기인증제도'를 통해 차가 안전하다는 증명을 받아야 합니다. 주로 유럽, 일본, 중국이 시행하는 '형식승인제도'는 자동차를 판매하기 전에 국가로부터 인증을 받는 제도인 반면, 우리나라를 포함해 미국, 캐나다 등이 시행하는 '자기인증제도'는 자동차 제작사가 스스로 안전 기준에 적합하다고 인증을 하고 자동차를 판매하는 제도입니다.

'자기인증제도'는 제작사가 차를 만들고 안전 인증까지 결정하기 때문에 반드시 감독과 관리가 필요합니다. 그래서 우리나라는 제작사가 안전 기준에 적합한 차를 만들고 있는지 사후에 검사하는 규정을 두고 있습니다. 이를 '자기인증적합조사'와 '제작결함조사'라고 하는데요, 교통안전공단의 자동차 성능 연구소에서 이 조사를 시행하고 있습니다. 정부는 조사 결과를 바탕으로 차량에 문제가 있다고 판단되면 제조사에 자발적 리콜을 권유하거나 강제 리콜을 지시하는 것이지요.
만약 리콜이 결정되면 제조 업체는 소비자에게 직접 리콜 사실을 통보합니다. 보통 우편물을 통해 전달하는데요, 자동차 관리 전산망으로 최종 소유자를 확인해 우편을 발송합니다. 또 일간지를 통해 리콜 사실을 알리고 리콜 시행이 저조할 경우에는 우편물을 다시 보내도록 하고 있습니다.
국토교통부의 자료에 따르면 리콜이 시행되는 비율은 약 80%라고 합니다. 즉, 리콜 대상 차량의 20%는 안전 기준에 부적합한 상태로 주행하고 있는 것입니다. 물론 이미 폐차한 차량도 있고 장기간에 걸쳐 리콜이 진행되는 경우도 있습니다. 하지만 안전에 관한 문제인 만큼 리콜 대상으로 통보를 받았다면 즉시 수리를 받는 것이 좋습니다.

정답 해설

정보 전달을 목적으로 하는 강연의 내용을 듣고 정확하게 이해하는 능력을 평가하기 위한 문제로, 정답은 ④이다. 리콜이 결정된 후 그 사실을 소비자에게 통보하는 것은 자동차 제조 업체이다.

오답 해설

① 정부는 교통안전공단의 자동차 성능 연구소에서 '자기인증적합조사'와 '제작결함조사'를 실시한 후 그 결과를 바탕으로 리콜을 권유하거나 강제 리콜을 지시한다고 하였으므로 강연 내용과 일치한다.
② '형식승인제도'는 자동차를 판매하기 전에 국가로부터 인증을 받는 제도로 유럽, 일본, 중국이 주로 시행한다고 하였으므로 강연 내용과 일치한다.
③ '자기인증제도'는 자동차 제작사가 스스로 안전 기준에 적합하다고 인증을 하고 자동차를 판매하는 제도라고 하였으므로 강연 내용과 일치한다.
⑤ 강연의 마지막 부분에서 리콜의 시행 비율이 대체로 80% 정도로 20%는 안전 기준에 부적합한 상태로 주행하고 있다고 하였으므로 강연 내용과 일치한다.

▶ **대본 출처** 네이버 캐스트, 「자동차 리콜 – 완벽한 자동차를 위하여」(http://navercast.naver.com/contents.nhn?rid=114&contents_id=4175&leafId=114)

009 ③

추론적 이해

문항 분석

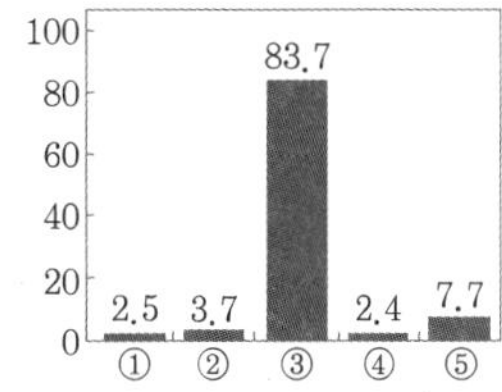

수험생의 83.7%가 정답지를 고른 쉬운 문제였다. 최하위권 수험생들이 나머지 선지에 고르게 반응하여 매우 높은 변별도를 보였다.

정답 해설

강연에 사용된 말하기 방법을 정확히 파악하고 있는지 평가하기 위한 문제로, 정답은 ③이다. 강연의 마지막 부분에 국토교통부의 자료를 인용하여 리콜이 실시되는 비율이 약 80%라고 언급하고 있다.

오답 해설

① 강연에서 전문가의 견해를 인용하고 있지 않으므로 강연에 사용한 말하기 방법으로 볼 수 없다.
② 강연에서 대상이 변화하는 과정이 제시된 바가 없으므로 강연에서 사용한 말하기 방법으로 볼 수 없다.
④ 강연에서 '형식승인제도'와 '자기인증제도'와 같은 상반된 성격을 지닌 대상이 제시되고 있기는 하지만 이를 절충한 새로운 대안을 소개하고 있지는 않으므로 강연에서 사용한 말하기 방법으로 볼 수 없다.
⑤ 강연에서 자동차 리콜 제도의 장점이나 단점, 보완 방안에 대해 설명한 부분이 없으므로 강연에서 사용한 말하기 방법으로 볼 수 없다.

010 ④

사실적 이해

문항 분석

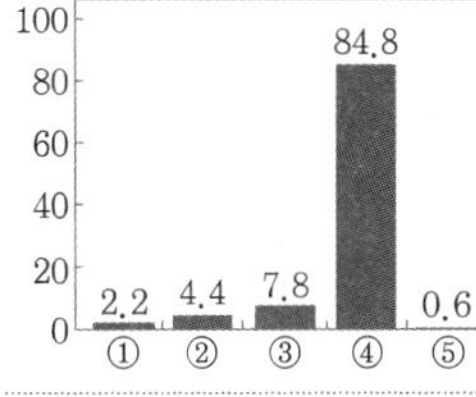

수험생의 84.8%가 정답지를 고른 쉬운 문제였다. 최하위권 수험생들이 나머지 선지에 고르게 반응하여 매우 높은 변별도를 보였다.

듣기 대본

이번에는 예술 강연을 들려 드립니다. 10번은 듣기 문항, 11번은 말하기 문항입니다.
여러분, 우리의 옛 그림을 감상하는 방법, 아시나요?

많은 사람들이 우리의 옛 그림을 감상하는 방법을 몰라 전시된 그림을 그저 스쳐 지나가며 보곤 합니다. 참으로 안타까운 일이지요. 그래서 오늘은 우리의 옛 그림을 감상하는 방법에 대해 간단히 설명해 보겠습니다.

옛 그림을 감상하는 첫 번째 방법은 적절한 거리 두기입니다. 많은 사람들이 그림이 크든 작든 일정한 거리에서 그림을 보곤 합니다. 하지만 그림을 제대로 감상하려면 그림을 그린 화가의 입장에서 생각해 보아야 합니다. 화가는 그림을 전체적으로 조망하며 그립니다. 그래서 그림의 대각선 길이의 1~1.5배 정도 떨어진 거리에서 그림을 감상해야 화가가 그림을 그리며 의도한 것들을 제대로 볼 수 있습니다.

옛 그림을 감상하는 두 번째 방법은 그림을 오른쪽 위에서 왼쪽 아래 방향으로 감상하는 것입니다. 우리 선인들은 글을 쓸 때 모두 위에서 아래로 세로쓰기를 했고 오른쪽부터 공간을 채워 갔습니다. 따라서 옛 그림을 감상할 때에도 오른쪽 위에서 왼쪽 아래 방향으로 시선을 이동하며 보아야 그림을 온전히 감상할 수 있는 것입니다.

이처럼 우리 선인들의 그림을 감상하는 방법은 어려운 것이 아닙니다. 적절한 거리 두기와 오른쪽 위에서 왼쪽 아래 방향으로 감상하는 방법만으로도 여러분들은 옛 그림을 보다 풍성하고 수준 높게 감상할 수 있을 것입니다.

정답 해설

예술 강연의 내용을 사실적으로 이해하는 능력을 평가하기 위한 문제로, 정답은 ④이다. 강연 내용에 따르면, 옛 그림을 감상할 때에는 그림의 대각선 길이의 1~1.5배 정도 떨어진 거리에서 그림을 감상해야 한다고 언급하고 있다.

▶ **대본 출처** 오주석(2003), 『오주석의 한국의 미 특강』, 솔 출판사

011 ⑤

비판적 이해

문항 분석

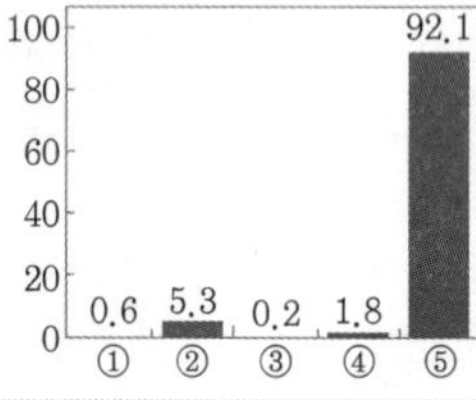

수험생의 92.1%가 정답지를 고른 매우 쉬운 문제였다. 최하위권 수험생들이 나머지 선지에 고르게 반응하여 높은 변별도를 보였다.

정답 해설

강연 내용을 듣고 추가적으로 제기할 수 있는 질문을 추론하는 문제로, 정답은 ⑤이다. 이 강연에서는 우리나라 옛 그림을 보는 방법을 설명하고 있지만 이를 이론적으로만 설명하고 있을 뿐 실제 시각 자료를 통해 설명하지 않아 청중의 이해가 다소 제한되고 있다. 그런 맥락에서 현재의 강연 내용에 적절한 시각 자료를 활용하면 설명의 효과를 더욱 크게 할 수 있다.

오답 해설

① 강연에서 그림의 특정한 의미만을 소개하고 있지 않으므로 적절한 반응으로 볼 수 없다.
② 이 강연의 목적이 옛 그림을 감상하는 방법에 대한 것이므로 서양화의 감상 방법을 함께 설명해 달라고 요청하는 것은 적절한 반응으로 볼 수 없다.
③ 감상 방법으로 제시한 것이 크게 거리 두기와 시선의 이동 방향에 대한 내용이므로 감상 방법이 지나치게 추상적이고 형이상학적이라는 반응은 적절하지 않다.
④ 강연 내용에서 강연자가 선인들의 생각이나 습성을 고려하여 감상 방법을 제시하고 있으므로 적절한 반응으로 볼 수 없다.

012 ⑤

사실적 이해

문항 분석

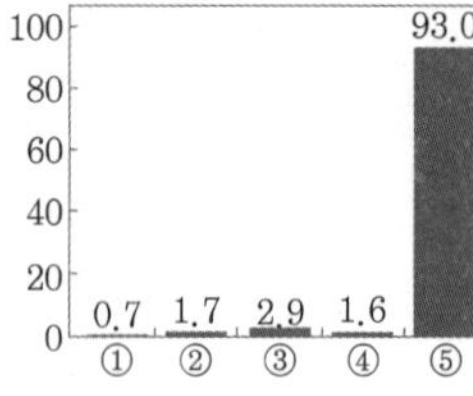

수험생의 93%가 정답지를 고른 매우 쉬운 문제였다. 최하위권 수험생들이 나머지 선지에 고르게 반응하여 높은 변별도를 보였다.

듣기 대본

다음은 기상 정보를 들려 드립니다. 12번은 듣기 문항, 13번은 말하기 문항입니다.

오늘은 모처럼 평년 기온을 회복해 활동하기 좋은 일요일이었습니다. 하지만 추위가 누그러지는 것도 잠깐이겠는데요. 내일 낮까지는 많이 춥지는 않겠지만 저녁부터는 기온이 급격히 떨어지겠습니다. 모레는 서울의 아침 기온이 영하 7도까지 내려가는 등 다시 추위가 찾아오겠습니다. 최근 들어 이렇다 할 눈비가 내리지 않아서 대기는 점점 더 건조해지고 있습니다. 어제 동해안과 영남 지방에 이어 오늘은 전국적으로 건조 주의보가 발효되었습니다.

내일은 전국이 대체로 맑겠지만 낮까지 산발적으로 눈이 날리는 곳도 있겠습니다. 내일 서울의 아침 기온은 영하 2도, 낮 기온은 3도로 오늘보다 조금 높겠습니다. 부산의 낮 기온은 9도로 오늘과 비슷하겠습니다. 바다의 물결은 동해 먼바다에서 최고 5m까지 매우 높게 일겠습니다.

다음 주에는 북쪽에서 내려오는 찬 공기의 영향으로 아침 기온이 영하 10도 가까이 떨어지겠습니다. 수요일과 목요일에는 수도권과 강원 영서 지방에 폭설이 내릴 것으로 예상됩니다.
기상 정보였습니다.

정답 해설

기상 정보의 내용을 바르게 이해였는지를 평가하기 위한 문제로, 정답은 ⑤이다. "내일 서울의 아침 기온은 영하 2도, 낮 기온은 3도로 오늘보다 조금 높겠습니다."를 볼 때, 내일 서울의 아침 기온이 오늘보다 조금 높아질 것임을 알 수 있다.

오답 해설

① "오늘은 모처럼 평년 기온을 회복해 활동하기 좋은 일요일이었습니다."를 통해 알 수 있다.
② "모레는 서울의 아침 기온이 영하 7도까지 내려가는 등 다시 추위가 찾아오겠습니다."를 통해 알 수 있다.
③ "어제 동해안과 영남 지방에 이어 오늘은 전국적으로 건조 주의보가 발효되었습니다."를 통해 알 수 있다.
④ "내일은 전국이 대체로 맑겠지만 낮까지 산발적으로 눈이 날리는 곳도 있겠습니다."를 통해 알 수 있다.

▶ **대본 출처** KBS 기상 정보(2016.01.09.), 「내일 대체로 맑고 저녁부터 다시 추워져」를 재구성함.

013 ②

비판적 이해

문항 분석

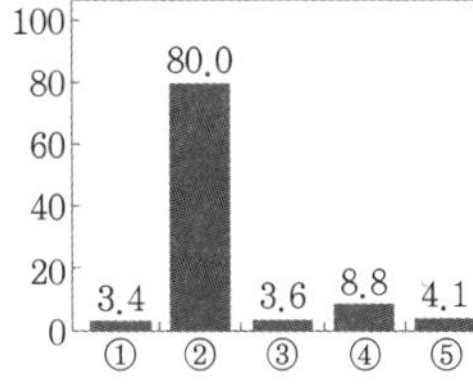

수험생의 80%가 정답지를 고른 쉬운 문제였다. ④에 8.8%의 수험생이 반응하였으며, 최하위권 수험생들이 나머지 선지에 고르게 반응하여 매우 높은 변별도를 보였다.

정답 해설

기상 정보를 듣고 내용을 이해하고 바르게 반응하는지를 평가하기 위한 문제로, 정답은 ②이다. "수요일과 목요일에는 수도권과 강원 영서 지방에 폭설이 내릴 것으로 예상됩니다."를 통해 강원 영서 지방에 폭설이 내릴 수 있다는 것을 확인할 수 있다. 그러나 폭설 예보가 내려진 요일은 화요일이 아니라 수요일과 목요일이며, 장소도 영동 지방이 아니라 영서 지방이다.

오답 해설

① "최근 들어 이렇다 할 눈비가 내리지 않아서 대기는 점점 더 건조해지고 있습니다. 어제 동해안과 영남 지방에 이어 오늘은 전국적으로 건조 주의보가 발효되었습니다."를 통해 보일 수 있는 반응이다.
③ "다음 주에는 북쪽에서 내려오는 찬 공기의 영향으로 아침 기온이 영하 10도 가까이 떨어지겠습니다."를 통해 보일 수 있는 반응이다.
④ "바다의 물결은 동해 먼바다에서 최고 5m까지 매우 높게 일겠습니다."를 통해 보일 수 있는 반응이다.
⑤ "내일 낮까지는 많이 춥지 않겠지만 저녁부터는 기온이 급격히 떨어지겠습니다."를 통해 보일 수 있는 반응이다.

014 ③

사실적 이해

문항 분석

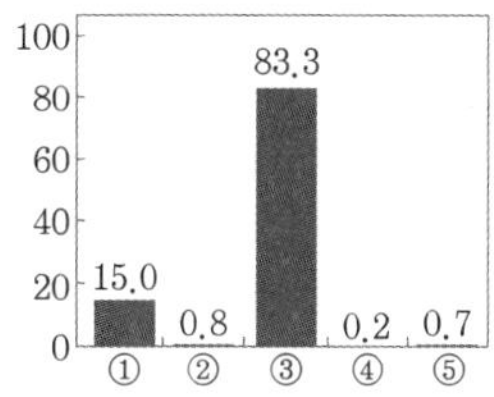

수험생의 83.3%가 정답지를 고른 쉬운 문제였다. 매력적인 오답인 ①에 15%의 수험생이 반응했으며, 최하위권 수험생들이 나머지 선지에 고르게 반응하여 적절한 변별도를 보였다.

듣기 대본

끝으로 뉴스 해설을 들려 드립니다. 14번은 듣기 문항, 15번은 말하기 문항입니다.
2016년에 우리 사회가 해소해야 할 과제가 아주 무겁습니다. 갈수록 심각해지는 양극화 문제는 연애와 결혼, 출산을 포기하는 '삼포 세대'를 낳고 급기야 금 수저, 은수저, 흙 수저를 타고난다는 수저 계급론까지 확산시키면서 우리 사회의 존속을 위협하고 있습니다.
현대인의 삶은 주로 다른 사람과의 관계에서 이루어지고, 우리의 행복과 불행은 자연이 아니라 사회에 의해 결정됩니다. 이념과 빈부, 노사, 세대에 따라 사회가 갈라져 대립하고, 소수만 승자가 되고 다수가 패자가 되면 결과적으로 승자조차 불행해집니다. 생활 수준이 웬만큼 높아졌고 민주화도 진전됐는데 한국인의 행복 지수가 크게 뒤지는 것은 결코 우연이 아닙니다. 이런 상황을 타개하기 위해 우리가 모두 성인, 군자가 될 필요는 없습니다. 모두가 이기적이어도 좋습니다. 다만 합리적으로 이기적이어야 합니다. 오직 나와 우리 집단의 눈앞의 이익만 추구하다가 결과적으로 같이 불행해질 게 아니라 함께 이익을 얻고 같이 번영함으로써 모두 행복해지는 '지혜로운 이기주의'가 필요합니다.
상황의 심각성에 대한 사회적 공감대와 성숙한 시민의 합리적 이기주의는 정부 정책과 기업 운영에 반영되어야 합니다. 세제

개편과 노동 개혁, 고용 개선 등을 통해 실질 소득의 격차를 줄여야 저임금 노동자들이 사람답게 살 수 있습니다. 결국 분배가 공정해야 성장이 건강해지고 그 진가를 발휘합니다. 그럴 때 우리 모두, 특히 젊은이들이 희망과 도전 정신을 가질 수 있고 미래를 개척할 수 있습니다. 국가와 사회는 지금 바로 그런 역할을 감당해야 합니다.
새해에는, 나만 잘 살려다 종국에는 모두 불행해진다는 사실을 잘 새겼으면 좋겠습니다.

정답 해설

뉴스 해설의 내용을 정확히 듣고 이해하였는지 평가하기 위한 문제로, 정답은 ③이다. 뉴스 해설에서 윤리 의식의 부재에 대해 언급한 부분을 확인할 수 없다.

▶ **대본 출처** KBS 뉴스 해설(2016.01.06.), 「정의롭게 공존하는 사회」

015 ③

추론적 이해

문항 분석

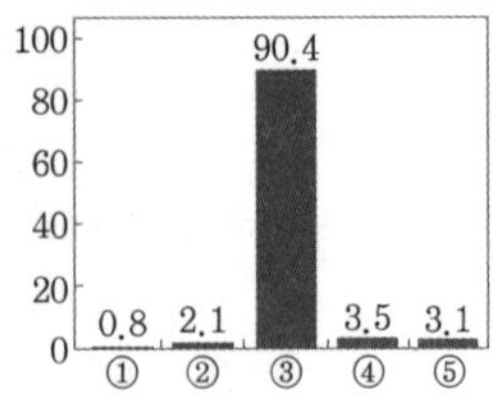

수험생의 90.4%가 정답지를 고른 쉬운 문제였다. 최하위권 수험생들이 나머지 선지에 고르게 반응하여 매우 높은 변별도를 보였다.

정답 해설

뉴스 해설의 내용과 흐름을 이해하고 이어질 내용을 추론하는 문제로, 정답은 ③이다. 뉴스 해설의 마지막 부분에 언급된 내용이 "새해에는, 나만 잘 살려다 종국에는 모두 불행해진다는 사실을 잘 새겼으면 좋겠습니다."이므로 이어지는 내용은 이기주의를 극복하고 사회 전체의 발전을 도모하는 내용으로 구성되는 것이 적절하다. 또 뉴스 해설 전반에서 지혜로운 이기주의, 사회적 공감대 형성과 성숙한 시민 의식 등을 언급하고 있다.

오답 해설

① 뉴스 해설에서 양극화를 완화하기 위해 실질 소득의 격차를 줄여야 하고 분배가 공정해야 성장이 건강해지고 그 진가를 발휘할 수 있다고 언급하고 있으므로 경제 성장에 박차를 가해야 한다는 말은 뉴스 해설에 이어질 말로 적절하지 않다.
② 뉴스 해설의 마지막 말과의 연결 관계가 어색하고, 뉴스 해설에서 언급하지 않은 새로운 성장 동력의 발굴에 대해 언급하고 있으므로 뉴스 해설에 이어질 말로 적절하지 않다.
④ 뉴스 해설에서 합리적 이기주의, 지혜로운 이기주의를 통해 사회 구성원이 모두 공존해야 한다고 언급하고 있을 뿐 사회적 삶에 앞서 개인의 삶이 더 중요하다는 내용은 언급하고 있지 않으므로 뉴스 해설에 이어질 말로 적절하지 않다.
⑤ 뉴스 해설의 내용 중 적극적이고 능동적인 시민 의식을 통해 창의적이고 진취적인 대안 마련을 위해 고민해야 한다는 내용은 언급되어 있지 않으므로 뉴스 해설에 이어질 말로 적절하지 않다.

어휘·어법 016번~045번

기출문제집 p.180

016	③	017	④	018	④	019	②	020	②
021	③	022	⑤	023	①	024	②	025	③
026	④	027	⑤	028	④	029	②	030	③
031	④	032	⑤	033	②	034	②	035	①
036	②	037	④	038	②	039	②	040	②
041	④	042	②	043	③	044	③	045	④

016

③

고유어의 사전적 의미

문항 분석

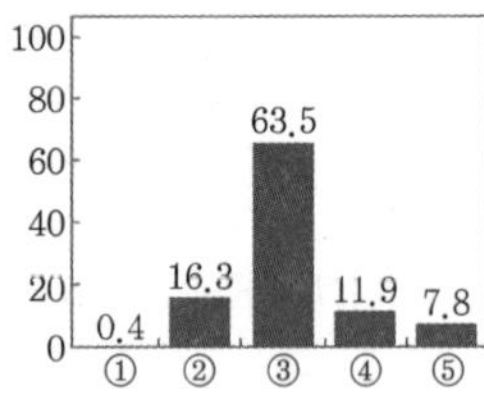

수험생의 63.5%가 정답지를 고른 쉬운 문제였다. 매력적인 오답인 ②에 16.3%의 수험생이 반응했으며, ④에도 11.9%의 수험생이 반응하여 적절한 변별도를 보인 문제였다.

정답 해설

고유어의 사전적 의미를 알고 있는지 평가하기 위한 문제로, 정답은 ③이다. '갈무리'는 '일을 처리하여 마무리함.', '물건 따위를 잘 정리하거나 간수함.'이라는 의미를 모두 가진 말이지만 ③의 맥락에서는 전자의 의미로 사용되었다.

017 ④

한자어의 사전적 의미

문항 분석

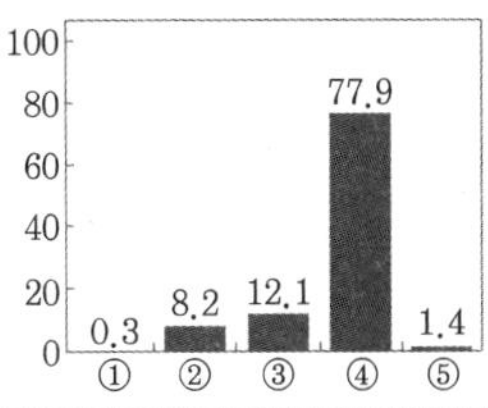

수험생의 77.9%가 정답지를 고른 매우 쉬운 문제였다. 매력적인 오답인 ③에 12.1%의 수험생이 반응하였으며, ②에도 8.2%의 수험생이 반응하여 낮은 변별도를 보였다.

정답 해설

한자어의 사전적 의미를 정확히 이해하고 이를 문맥에 맞게 사용하는 능력을 평가하기 위한 문제로, 정답은 ④이다. '고착(固着)'은 '물건 같은 것이 굳게 들러붙어 있음.', '어떤 상황이나 현상이 굳어져 변하지 않음.'의 의미로, '떨어지지 아니하게 붙음. 또는 그렇게 붙이거나 닮.'이라는 의미를 지닌 말은 '부착(付着)'이다.

018 ④

한자어의 문맥적 의미

문항 분석

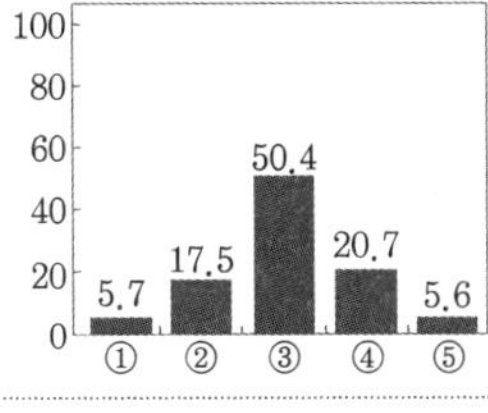

수험생의 20.7%만이 정답지를 고른 매우 어려운 문제였다. 매력적인 오답인 ③에 무려 50.4%의 수험생이 몰렸으며, ②에도 17.5%의 수험생이 반응하여 낮은 변별도를 보였다.

정답 해설

일상생활에서 사용하는 한자어의 의미를 정확히 알고 문맥에 맞게 적절히 사용하는 능력을 평가하기 위한 문제이다. 이러한 유형의 문제를 풀기 위해서는 평소에 혼동하기 쉬운 한자어 어휘의 정확한 쓰임을 학습해 둘 필요가 있다. 정답은 ④이다. '검침(檢針)'은 '전기, 수도, 가스 따위의 사용량을 알기 위하여 계량기의 숫자를 검사함.'이라는 의미를 지닌 말이다. ④의 문맥에서는 '측정(測定)'이라는 말을 사용하는 것이 적절하다.

오답 해설

① '축출(逐出)'은 '쫓아내거나 몰아냄.'을 의미하는 말로 한자어의 쓰임이 적절하다.

② '장착(裝着)'은 '의복, 기구, 장비 따위에 장치를 부착함.'을 의미하는 말로 한자어의 쓰임이 적절하다.

③ '촉탁(囑託)'은 '일을 부탁하여 맡김.', '정부 기관이나 공공 단체에서 임시로 어떤 일을 맡아보는 사람.'을 의미하는 말로 한자어의 쓰임이 적절하다.

⑤ '추징(追徵)'은 '부족한 것을 뒤에 추가하여 징수함.'을 의미하는 말로 한자어의 쓰임이 적절하다.

019 ②

한자어의 문맥적 의미

문항 분석

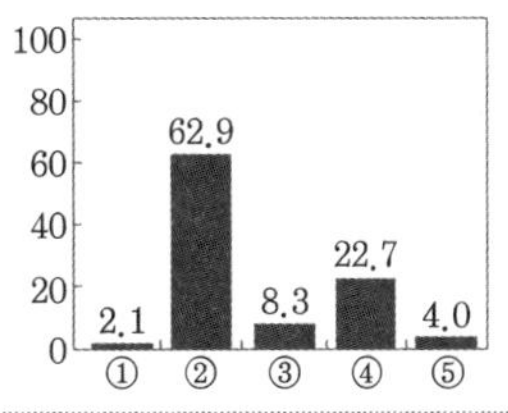

수험생의 62.9%가 정답지를 고른 보통 수준의 문제였다. 매력적인 오답인 ④에 22.7%의 수험생이 몰렸으며, ③에도 8.3%의 수험생이 반응하여 매우 높은 변별도를 보였다.

정답 해설

일상생활 가운데 자주 사용하는 한자어의 정확한 의미를 파악하고 있는지 여부를 평가하기 위한 문제로, 정답은 ②이다. '기고(起稿)'는 '원고를 쓰기 시작함.'을 의미하는 말로, 내용이 '문서 따위에 기록하여 올림.'을 의미하는 '기재(記載)'를 쓰는 것이 적절하다.

오답 해설

① '수려(秀麗)'는 '빼어나게 아름다움.'을 의미하는 말로 적절하게 사용되었다.

③ '비호(庇護)'는 '편들어서 감싸 주고 보호함.'을 의미하는 말로 적절하게 사용되었다.

④ '계제(階梯)'는 '어떤 일을 할 수 있게 된 형편이나 기회.'를 의미하는 말로 적절하게 사용되었다.

⑤ '산실(産室)'은 '어떤 일을 꾸미거나 이루어 내는 곳. 또는 그런 바탕.'을 의미하는 말로 적절하게 사용되었다.

020

②

고유어의 문맥적 의미

문항 분석

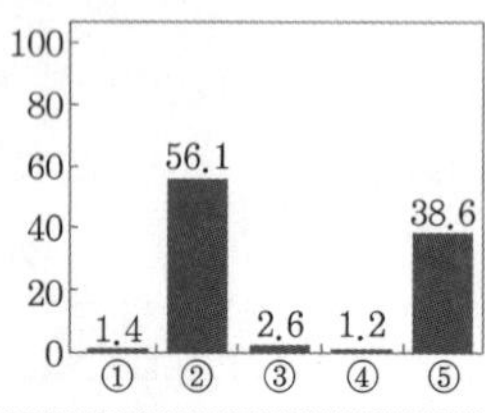

수험생의 56.1%가 정답지를 고른 보통 수준의 문제였다. 매력적인 오답인 ⑤에 38.6%의 수험생이 몰렸으며, 최하위권 수험생들이 나머지 선지에 고르게 반응하여 적절한 변별도를 보였다.

정답 해설

고유어의 문맥적 의미를 파악하여 쓰임의 적절성을 판단할 수 있는지를 평가하기 위한 문제로, 정답은 ②이다. '드문드문'은 '시간적으로 잦지 않고 드문 모양.', '공간적으로 배지 않고 사이가 드문 모양.'을 뜻한다. 이 경우에는 사람을 대하는 태도에 대한 부사어가 필요하므로 '데면데면'을 쓰는 것이 적절하다. '데면데면'은 '사람을 대하는 태도가 친밀감이 없이 예사로운 모양.'을 의미하므로 ②의 문맥상 적절한 부사어이다.

오답 해설

① '비실비실'은 '흐느적흐느적 힘없이 자꾸 비틀거리는 모양.'을 의미하므로 적절하게 사용되었다.
③ '찌릿찌릿'은 '뼈마디나 몸의 일부가 매우 또는 자꾸 저린 느낌.'을 의미하므로 적절하게 사용되었다.
④ '바락바락'은 '성이 나서 잇따라 기를 쓰거나 소리를 지르는 모양.'을 의미하므로 적절하게 사용되었다.
⑤ '자근자근'은 '조금 성가실 정도로 자꾸 은근히 귀찮게 구는 모양.'을 의미하므로 적절하게 사용되었다.

021

③

어휘 간의 의미 관계(다의어)

문항 분석

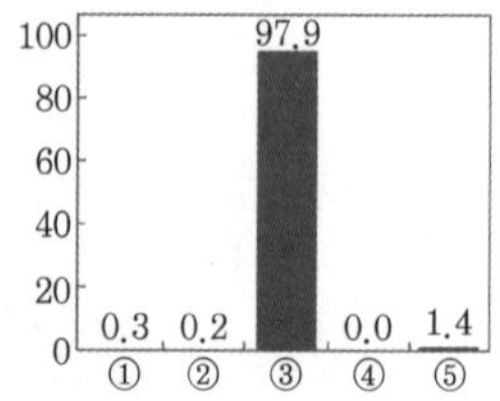

수험생의 97.9%가 정답지를 고른 매우 쉬운 문제였다. 최하위권 수험생들이 나머지 선지에 고르게 반응하여 적절한 변별도를 보였다.

정답 해설

다의어의 여러 가지 의미를 알고, 이를 주어진 문맥에서 적절하게 사용할 수 있는지 여부를 평가하기 위한 문제로, 정답은 ③이다. <보기>의 빈칸에 공통으로 쓰일 수 있는 단어는 '흐르다'이다. 그러나 각 문장에 쓰일 수 있는 '흐르다'의 의미는 조금씩 다르다. 첫 번째 예시에서 '흐르다'는 '어떤 한 방향으로 치우쳐 쏠리다.'의 의미로 쓰였으며, 두 번째 예시에서는 '시간이나 세월이 지나가다.'의 의미로 쓰였다. 마지막 예시에서는 '전기나 가스 따위가 선이나 관을 통하여 지나가다.'의 의미로 쓰였다.

오답 해설

① '새다'는 '기체, 액체 따위가 틈이나 구멍으로 조금씩 빠져나가거나 나오다.'의 뜻으로, 세 번째 예시와 관련된다. 또한 '새다'는 '대화, 토론, 발표 따위가 주된 화제에서 벗어나거나 다른 주제로 바뀌어 버리다.'의 뜻으로도 쓰이므로 첫 번째 예시와도 관련된다.
② '향하다'는 '무엇이 어느 한 방향을 취하게 하다.'라는 뜻으로, 첫 번째 예시와 관련된다.
④ '통하다'는 '어떤 곳에 무엇이 지나가다.'라는 뜻으로, 세 번째 예시와 관련된다.
⑤ '지나가다'는 '시간이 흘러가서 그 시기에서 벗어나다.'라는 뜻으로 두 번째 예시와 관련된다. 또한 '지나가다'는 '어디를 거치거나 통과하여 가다.'라는 뜻도 있으므로 세 번째 예시와도 관련된다.

022

⑤

어휘 간의 의미 관계(유의어)

문항 분석

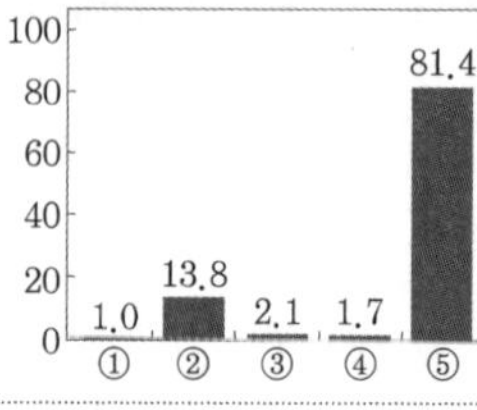

수험생의 81.4%가 정답지를 고른 쉬운 수준의 문제였다. 매력적인 오답인 ②에 13.8%의 수험생이 반응하였으며, 최하위권 수험생들이 나머지 선지에 고르게 반응하여 매우 높은 변별도를 보였다.

정답 해설

낱말 뜻풀이를 보고 세로 2번에 들어갈 단어를 알아 낸 후 이와 유사한 관계를 이루는 말을 찾아내는 문제로, 정답은 ⑤이다. 가로 1번은 '길눈', 가로 3번은 '가게', 가로 5번은 '장독', 세로 4번은 '게장'으로, 세로 2번에 들어갈 단어는 '눈가'이다. '눈가'는 '눈의 가장자리나 주변.'이라는 의미를 가진 ⑤의 '눈언저리'와 유사한 의미를 지니고 있다.

오답 해설

① '눈곱'은 '눈에서 나오는 진득진득한 액. 또는 그것이 말라붙은 것.'을 의미하는 말이다.
② '눈매'는 '눈이 생긴 모양새.'를 의미하는 말이다.

③ '눈망울'은 '눈알 앞쪽의 도톰한 곳. 또는 눈동자가 있는 곳.'을 의미하는 말이다.
④ '눈물샘'은 '눈물을 분비하는 샘.'을 의미하는 말이다.

023 ①

어휘 간의 의미 관계(상위어, 하위어)

문항 분석

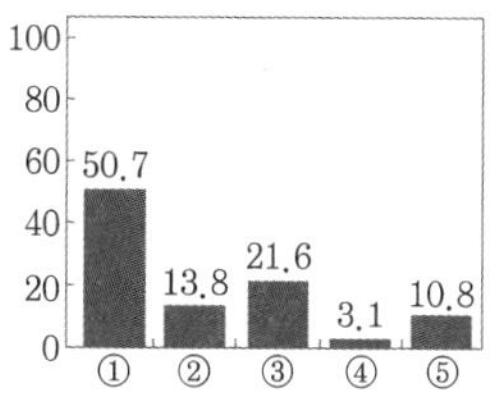

수험생의 50.7%가 정답지를 고른 보통 수준의 문제였다. 매력적인 오답인 ③에 21.6%의 수험생이 몰렸으며, ②에 13.8%, ⑤에 10.8%의 수험생이 반응하여 적절한 변별도를 보였다.

정답 해설

두 단어 간의 관계를 바르게 이해하고 있는지를 평가하기 위한 문제로, 정답은 ①이다. '옻'은 옻나무의 열매가 아니라 '옻나무에서 나는 진.'으로, 처음 나올 때는 회색이지만 물기를 없애면 검붉은 색으로 변하며, 물건에 칠하는 원료나 약재로 쓴다.

오답 해설

② '오디'는 '뽕나무'의 열매에 해당한다.
③ '버찌'는 '벚나무'의 열매에 해당한다.
④ '치자'는 '치자나무'의 열매에 해당한다.
⑤ '개암'은 '개암나무'의 열매에 해당한다.

024 ②

어휘 간의 의미 관계

문항 분석

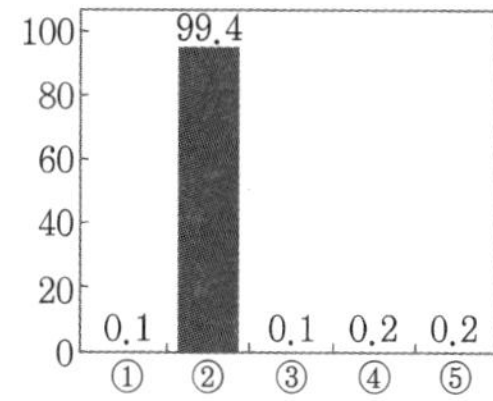

수험생의 99.4%가 정답지를 고른 매우 쉬운 문제였다. 최하위권 수험생들이 나머지 선지에 고르게 반응하여 매우 높은 변별도를 보였다.

정답 해설

〈보기〉의 빈칸에 공통적으로 들어갈 수 있는 단어를 찾은 후, 그 단어와 주동 관계를 가진 말을 바르게 파악할 수 있는지 여부를 평가하기 위한 문제로, 정답은 ②이다. 공통적으로 들어갈 수 있는 단어는 '일정한 시간, 시기, 범위 따위에서 벗어나 지나다.'라는 의미를 지닌 '넘다'이며, '넘다'의 사동 표현인 '넘기다'가 정답이 된다.

오답 해설

① '늘이다'는 '본디보다 더 길게 하다.', '선 따위를 연장하여 계속 긋다.' 등과 같은 의미를 가진 '늘다'의 사동 표현에 해당한다.
③ '죽이다'는 '생명이 없어지거나 끊어지다.', '불 따위가 타거나 비치지 아니한 상태에 있다.' 등과 같은 의미를 가진 '죽다'의 사동 표현에 해당한다.
④ '줄이다'는 '물체의 길이나 넓이, 부피 따위가 본디보다 작아지다.', '수나 분량이 본디보다 적어지다.' 등과 같은 의미를 가진 '줄다'의 사동 표현에 해당한다.
⑤ '알리다'는 '교육이나 경험, 사고 행위를 통하여 사물이나 상황에 대한 정보나 지식을 갖추다.' 등과 같은 의미를 가진 '알다'의 사동 표현에 해당한다.

025 ③

어휘 간의 의미 관계(다의어)

문항 분석

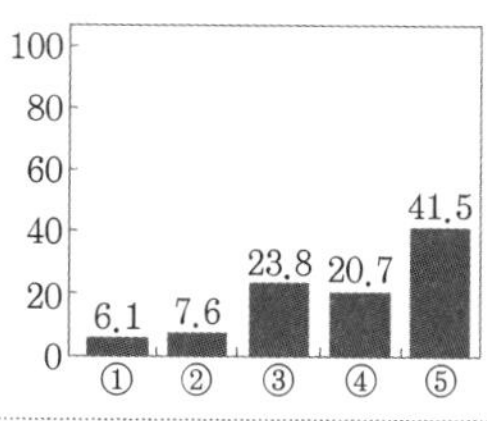

수험생의 23.8%만이 정답지를 고른 매우 어려운 문제였다. 매력적인 오답인 ⑤에 41.5%의 수험생이 몰렸으며, ④에도 20.7%의 수험생이 반응하여 낮은 변별도를 보였다.

정답 해설

다의어의 의미를 이해하고, 그것을 바탕으로 품사를 구분할 수 있는 능력을 평가하기 위한 문제로, 정답은 ③이다. ㉢에 쓰인 '하다'는 '앞말이 뜻하는 상태를 일단 긍정하거나 강조함을 나타내는 말'로, 보조 형용사에 해당한다. 나머지는 모두 보조 동사이다. 보조 용언의 품사는 본용언의 품사를 따르므로 바로 앞의 본용언의 품사를 파악하면 문제 풀이가 수월하다.

오답 해설

① ㉠에 쓰인 '하다'는 '앞말의 사실이 뒷말의 이유나 근거가 됨을 나타내는 말.'로, 보조 동사이다.
② ㉡에 쓰인 '하다'는 '앞말의 사실이 뒷말의 이유나 근거가 됨을 나타내는 말.'로, 보조 동사이다.
④ ㉣에 쓰인 '하다'는 '앞말이 뜻하는 행동을 일단 긍정하거나 강조함을 나타내는 말.'로, 보조 동사이다.
⑤ ㉤에 쓰인 '하다'는 '앞말이 뜻하는 행동이나 상태를 의도하거나 바람을 나타내는 말.'로, 보조 동사이다.

026 ④

한자어 표기(독음)

문항 분석

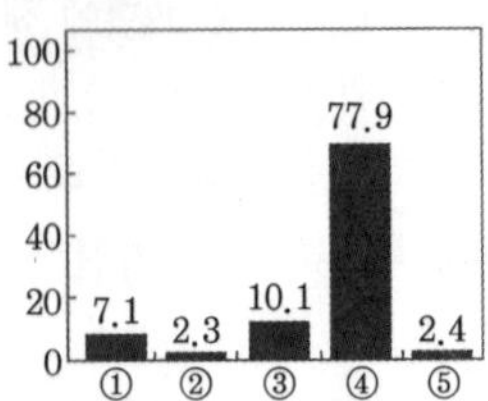

수험생의 77.9%가 정답지를 고른 쉬운 문제였다. ③에 10.1%의 수험생이 반응하였으며, ①에도 7.1%의 수험생이 반응하여 매우 높은 변별도를 보였다.

정답 해설

한자어를 문맥에 맞게 사용할 수 있는 능력을 평가하기 위한 문제로, 특히 동음이의 관계의 한자어의 표기와 쓰임을 정확히 알고 있는지 확인하는 문제이다. 정답은 ④이다.

㉠은 '토목이나 건축 따위의 일.'을 의미하는 '공사(工事)'를 쓰는 것이 적절하다.

㉡은 '국가적 사업을 수행하기 위하여 설립된 공공 기업체의 하나.'를 의미하는 '공사(公社)'를 쓰는 것이 적절하다.

㉢은 '공공의 일과 사사로운 일을 아울러 이르는 말.'인 '공사(公私)'를 쓰는 것이 적절하다.

027 ⑤

한자어 표기(독음)

문항 분석

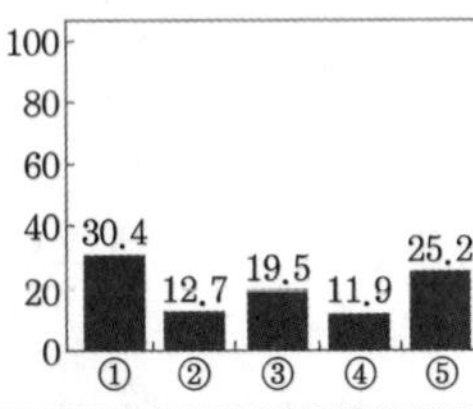

수험생의 25.2%가 정답지를 고른 매우 어려운 문제였다. 매력적인 오답인 ①에 30.4%의 수험생이 몰렸으며, ②에 12.7%, ③에 19.5%, ④에 11.9%의 수험생이 반응하여 적절한 변별도를 보였다.

정답 해설

한자를 바르게 병기할 수 있는 능력을 평가하기 위한 문제로, 정답은 ⑤이다. '증서, 상장, 훈장 따위를 줌.'이라는 의미를 지닌 말은 '수여(授與)'라고 쓰는 것이 적절하다. 한자어 표기 문제는 일반적으로 정답률이 낮으므로 각별한 주의가 필요하다.

028 ④

사자성어

문항 분석

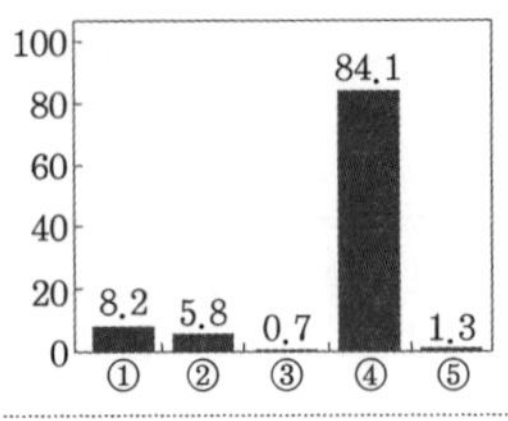

수험생의 84.1%가 정답지를 고른 쉬운 문제였다. ①에 8.2%의 수험생이 반응하였으며, ②에도 5.8%의 수험생이 반응하여 매우 높은 변별도를 보였다.

정답 해설

제시된 사자성어의 뜻을 보고, 알맞은 것을 찾을 수 있는지를 평가하기 위한 문제로, 정답은 ④이다. 제시된 사자성어의 의미를 정확하게 알고 있어야 정답을 고를 수 있다. '낭중지추(囊中之錐)'는 사마천의 『사기(史記)』에 나오는 말이다. '주머니 가운데 삐져나온 송곳'이라는 뜻으로, '능력과 재주가 뛰어난 사람은 숨어 있어도 두각을 나타내어 사람들에게 저절로 알려짐.'을 이르는 말이다.

오답 해설

① '만고절색(萬古絕色)'은 '세상에 비길 데 없이 뛰어난 미인.'을 이르는 말이다.

② '건곤일척(乾坤一擲)'은 '주사위를 던져 승패를 건다.'는 뜻으로, '운명을 걸고 단판걸이로 승부를 겨룸.'을 비유적으로 이르는 말이다.

③ '일취월장(日就月將)'은 '나날이 다달이 자라거나 발전함.'을 이르는 말이다.

⑤ '다문박식(多聞博識)'은 '보고 들은 것이 많고 아는 것이 많음.'을 이르는 말이다.

029 ②

속담

문항 분석

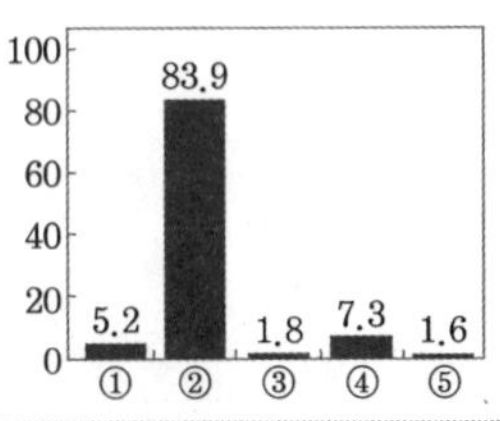

수험생의 83.9%가 정답지를 고른 매우 쉬운 문제였다. ①에 5.2%, ④에 7.3%의 수험생이 반응하여 적절한 변별도를 보였다.

정답 해설

생활 속에서 자주 사용하는 속담의 의미를 정확하게 알고 있는지 평가하기 위한 문제로, 정답은 ②이다. 속담 '언 발에 오줌 누기'는 '임시변통은 될지 모르나 그 효력이 오래가지 못할 뿐만 아니라 결국에는 사태가 더 나빠짐.'을 비유적으로 이르는 말이다.

030 ③

순화어

문항 분석

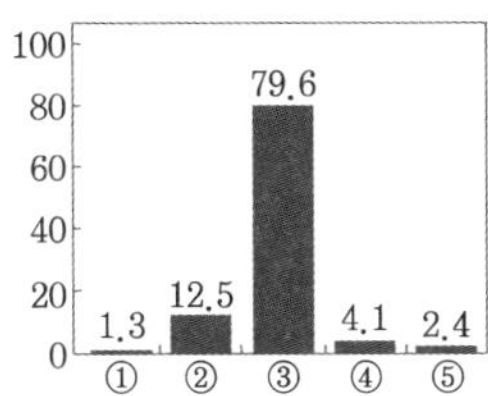

수험생의 79.6%가 정답지를 고른 쉬운 수준의 문제였다. 매력적인 오답인 ②번 선지에 12.5%의 수험생이 반응하였으며, 최하위권 수험생들이 나머지 선지에 고르게 반응하여 적절한 변별도를 보였다.

정답 해설

올바른 순화어를 파악할 수 있는 능력을 평가하기 위한 문제로, 정답은 ③이다. '괄목하다'는 '눈을 비비고 볼 정도로 매우 놀라다.'라는 의미를 지닌 말로, '놀랄 만하다'로 순화하는 것이 바람직하다. '비견하다'는 '낫고 못할 것이 없이 정도가 서로 비슷하게 하다.', '앞서거나 뒤서지 않고 어깨를 나란히 한다.'는 뜻에서 나온 말로, '괄목하다'의 의미와는 다르다.

오답 해설

① '납득하다'는 '다른 사람의 말이나 행동, 형편 따위를 잘 알아서 긍정하고 이해하다.'라는 의미를 지닌 말로, '알아듣다', '이해하다'로 순화하는 것이 바람직하다.

② '좌지우지하다'는 '이리저리 제 마음대로 휘두르거나 다루다.'라는 의미를 지닌 말로, '마음대로 하다'로 순화하는 것이 바람직하다.

④ '특이하다'는 '보통보다 훨씬 뛰어나다.'라는 의미를 지닌 말로, '독특하다'로 순화하는 것이 바람직하다.

⑤ '긴요하다'는 '꼭 필요하고 중요하다.'라는 의미를 지닌 말로, '매우 중요하다'로 순화하는 것이 바람직하다.

031 ④

맞춤법

문항 분석

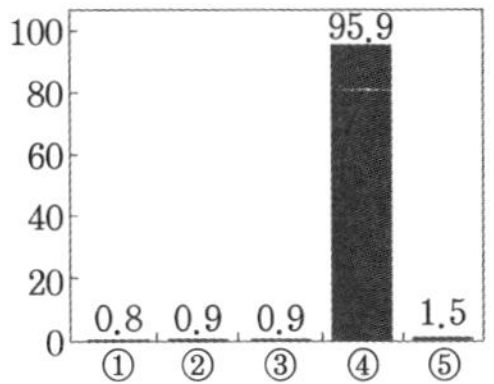

수험생의 95.9%가 정답지를 고른 쉬운 문제였다. 최하위권 수험생들이 나머지 선지에 고르게 반응하여 매우 높은 변별도를 보였다.

정답 해설

어간 끝 받침 'ㄷ'이 모음 앞에서 'ㄹ'로 바뀌어 나타나는 경우 바뀐 대로 적는 방식에 대해 다루고 있는 한글 맞춤법 제18항을 해석하고, 이를 실제의 단어 표기에 적용할 수 있는 능력을 평가하기 위한 문제이다. 정답은 ④로, '밀어'는 기본형이 '밀다'로, 어간 끝 받침 'ㄷ'이 모음 앞에서 'ㄹ'로 바뀌어 나타나는 경우에 해당하지 않는다.

오답 해설

① '걸어'는 기본형이 '걷다'로, 어간 끝 받침 'ㄷ'이 모음 앞에서 'ㄹ'로 바뀌어 나타나는 경우에 해당한다.

② '들어'는 기본형이 '듣다'로, 어간 끝 받침 'ㄷ'이 모음 앞에서 'ㄹ'로 바뀌어 나타나는 경우에 해당한다.

③ '물어'는 기본형이 '묻다'로, 어간 끝 받침 'ㄷ'이 모음 앞에서 'ㄹ'로 바뀌어 나타나는 경우에 해당한다.

⑤ '실어'는 기본형이 '싣다'로, 어간 끝 받침 'ㄷ'이 모음 앞에서 'ㄹ'로 바뀌어 나타나는 경우에 해당한다.

032 ⑤

맞춤법

문항 분석

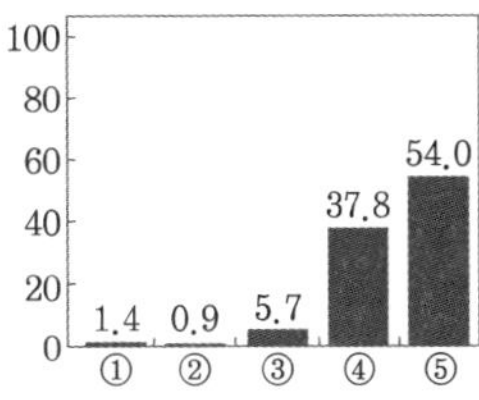

수험생의 54%가 정답지를 고른 보통 난이도의 문제였다. 매력적인 오답인 ④에 37.8%의 수험생이 몰렸으며, 최하위권 수험생들이 나머지 선지에 고르게 반응하여 적절한 변별도를 보였다.

정답 해설

일상생활에서 사용하는 단어 중, 표기를 혼동하기 쉬운 단어의 표기에 대해 정확하게 알고 있는지 여부를 평가하기 위한 문제로, 정답은 ⑤이다. '아무런 변동이나 탈이 없이 매우 온전하다.'는 뜻을 나타내는 말은 '끄떡없다'이다. 참고로 '끄떡없다'는 '끄덕없다'로 잘못 쓰는 경우가 많으므로 주의해야 한다. '끄덕'은 '고개 따위를 아래위로 거볍게 한 번 움직이는 모양.'을 뜻하는 말이다.

오답 해설

① '조금만 잘못하였더라면.'이라는 뜻을 나타내는 말은 '하마터면'이다. '하마터면'은 위험한 상황을 겨우 벗어났을 때에 쓰는 말로, '하마트면'은 '하마터면'의 잘못된 표기이다.

② '어저깨'는 '어저께'의 잘못된 표기이다. '께'는 시간이나 공간을 나타내는 일부 명사 뒤에 붙어 '그때 또는 장소에서 가

까운 범위'의 뜻을 더하는 접미사로, '이달 말께', '서울역께' 처럼 쓴다.

③ '정도나 형편이 표준에 가깝거나 그보다 약간 낫게.'라는 뜻으로 쓰이는 말은 '웬만히'이다. '웬간히'는 '웬만히'의 잘못된 표기이다.

④ '까닭이나 실속이 없는 데가 있게.'라는 뜻으로 쓰이는 말은 '괜스레'로, '공연스레'와 바꾸어 쓸 수 있다. '괜시리'는 '괜스레'의 잘못된 표기이다.

033 ②

맞춤법(사이시옷)

문항 분석

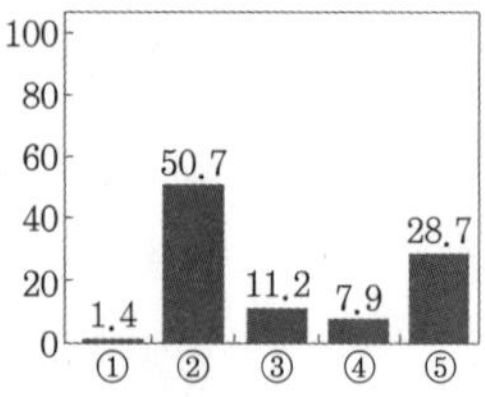

수험생의 50.7%가 정답지를 고른 보통 난이도의 문제였다. ⑤에 28.7%, ③에 11.2%의 수험생이 반응하여 적절한 변별도를 보였다.

정답 해설

사이시옷의 표기와 관련된 한글 맞춤법 규정 제30항에 대해 정확하게 알고 있는지 여부를 평가하기 위한 문제로, 정답은 ②번이다. '베갯잇'은 뒷말의 첫소리 모음 앞에서 'ㄴㄴ' 소리가 덧나는 것, '양칫물'은 뒷말의 첫소리 'ㄴ, ㅁ' 앞에서 'ㄴ' 소리가 덧나는 것에 해당하여 사이시옷을 표기하는 것이 옳다.

오답 해설

① '허릿띠'는 '허리띠'로 표기하는 것이 옳다. 뒤 단어의 첫소리가 된소리이므로, 사이시옷을 붙이지 않는다. '선짓국'은 뒷말의 첫소리가 된소리로 나는 것이므로 사이시옷을 표기한다.

③ '마굿간'은 순우리말이 포함되지 않은 합성어이므로, 사이시옷을 붙이지 않는다. '등굣길'은 순우리말과 한자어로 된 합성어로서 앞말이 모음으로 끝난 경우 뒷말의 첫소리가 된소리로 나는 것이므로 사이시옷을 표기한다.

④ '우렁잇속'은 뒷말의 첫소리가 된소리로 나는 것이므로 사이시옷을 표기한다. '보릿쌀'은 뒤 단어의 첫소리가 된소리이므로 사이시옷을 붙이지 않는다.

⑤ '허드렛일'은 뒷말의 첫소리 모음 앞에서 'ㄴㄴ' 소리가 덧나는 것이므로 사이시옷을 표기한다. '전셋방'은 순 우리말이 포함되지 않은 합성어이므로 사이시옷을 붙이지 않는다.

034 ②

띄어쓰기

문항 분석

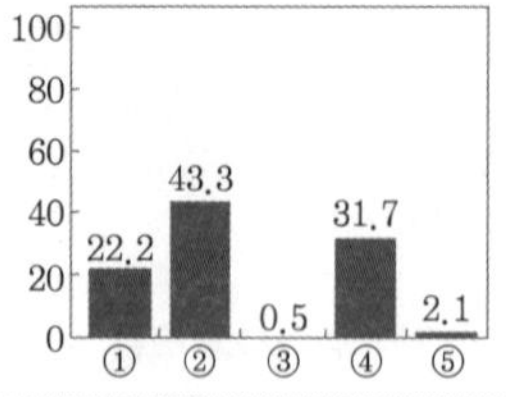

수험생의 43.3%만이 정답지를 고른 매우 어려운 문제였다. 매력적인 오답인 ④에 31.7%의 수험생이 몰렸으며, ①에도 22.2%의 수험생이 반응하여 매우 낮은 변별도를 보였다.

정답 해설

국어 규범에 따라 띄어쓰기를 바르게 할 수 있는 능력을 평가하기 위한 문제로, 정답은 ②이다. 특히 자주 쓰는 복합어의 띄어쓰기를 바르게 이해하고 있는지 평가하기 위한 문제이다. '안전사고'는 어근과 어근이 결합된 합성어로 하나의 단어이므로 띄어쓰기를 하지 않는다.

오답 해설

①의 '중간보고', ③의 '백과사전', ⑤의 '교통사고'는 모두 어근과 어근이 결합된 합성어로, 모두 하나의 단어이므로 붙여 쓴다. 하지만 ④의 '구속 영장'은 띄어 쓰는 것이 원칙이다.

035 ①

표준어

문항 분석

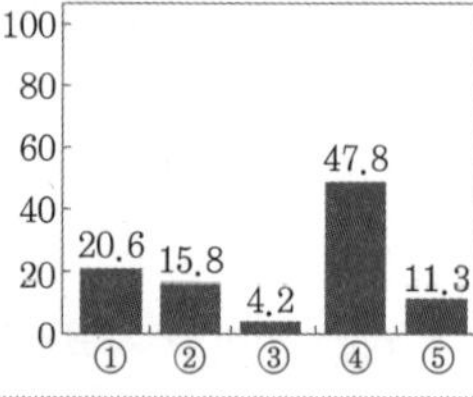

수험생의 20.6%만이 정답지를 고른 매우 어려운 문제였다. 매력적인 오답인 ④에 무려 47.8%의 수험생이 몰렸으며, ②, ⑤에도 각각 15.8%, 11.3%의 수험생이 반응하여 낮은 변별도를 보였다.

정답 해설

일상생활 속에서 자주 사용하는 어휘들이 표준어인지 판별할 수 있는 능력을 평가하기 위한 문제로, 정답은 ①이다. 표준어 문제는 특별한 규칙이 존재하는 것이 아니므로 평소부터 개개의 어휘를 유심히 공부해 두어야 한다. '이제사'는 '이제야'의 방언형으로 표준어가 아니다.

036 ②

문장 표현

문항 분석

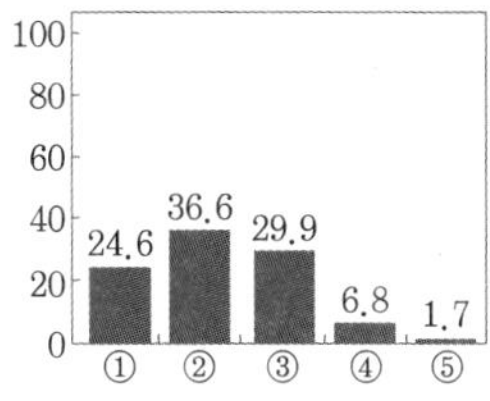

수험생의 36.6%만이 정답지를 고른 어려운 문제였다. 매력적인 오답인 ③과 ①에 각각 29.9%, 24.6%의 수험생이 몰려 적절한 변별도를 보였다.

정답 해설

다양한 문장의 오류 유형을 이해하고 실제 문장들 가운데 올바른 문장을 고를 수 있는 능력을 평가하기 위한 문제로, 정답은 ②이다. ②는 문장 표현이 자연스럽고 어법상 오류가 없다. '올바른 문장 찾기' 유형을 풀 때는 주어진 문장이 복문인 경우가 많기 때문에, 이를 차분히 꼼꼼하게 읽는 것이 중요하다.

오답 해설

① '확산되어졌으며'에서 이중 피동의 비문법적 요소를 확인할 수 있다.
③ '고대인'을 앞지른 주체를 나타내는 문장 성분인 주어가 누락되어 있으므로 비문이다.
④ 주어와 서술어의 호응이 맞지 않으므로 비문이다.
⑤ 부사 '결코'가 서술어와 호응을 이루지 못하고 있으므로 비문이다.

037 ④

문장 표현(중복 표현)

문항 분석

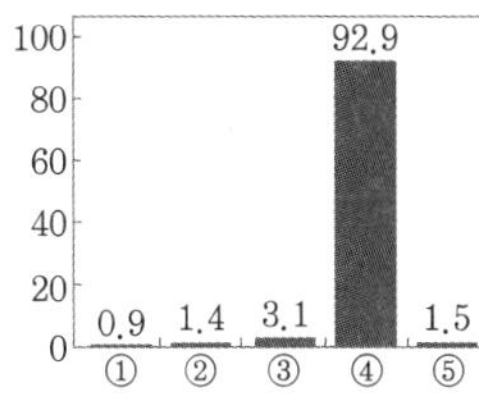

수험생의 92.9%가 정답지를 고른 쉬운 문제였다. 최하위권 수험생들이 나머지 선지에 고르게 반응하여 매우 높은 변별도를 보였다.

정답 해설

우리 언어생활에서 무심코 사용하고 있는 중복 표현을 구별해 낼 수 있는 능력을 평가하기 위한 문제로, 정답은 ④이다. '한마디로 정리해'라는 부분에는 의미상 중복이 없다.

오답 해설

① '예고'라는 단어에 '이미'의 의미가 내포되어 있으므로 중복 표현이다.
② '조작극'에는 '꾸며 내다.'의 의미가 내포되어 있으므로 중복 표현이다.
③ '숙원'에는 '오랜'이라는 의미가 내포되어 있으므로 중복 표현이다.
⑤ '최후'와 '마지막'의 의미가 중복되므로 중복 표현이다.

038 ②

문장 표현(중의성)

문항 분석

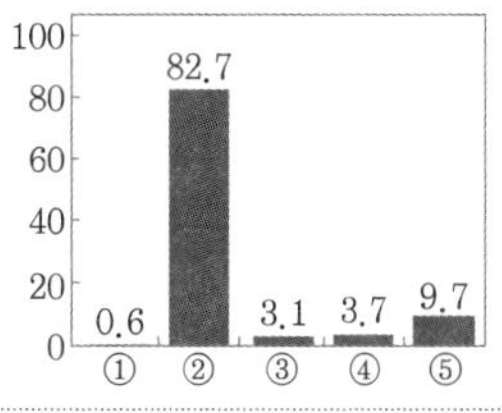

수험생의 82.7%가 정답지를 고른 쉬운 난이도의 문제였다. ⑤에 9.7%의 수험생이 반응하였으며, 최하위권 수험생들이 나머지 선지에 고르게 반응하여 매우 높은 변별도를 보였다.

정답 해설

문장의 오류 유형 중 하나인 문장의 중의성을 확인하고 바른 문장을 판별하는 능력을 평가하기 위한 문제로, 정답은 ②이다. ②의 고친 문장은 '웃으며'의 주체가 '누나'인지 '나'인지 가 여전히 중의적이므로 표현의 중의성을 해소한 것으로 볼 수 없다.

오답 해설

① '잘생긴'의 주체가 '친구'인지 '형'인지 모호하였으나, 고친 문장에서 주체가 '형'으로 확정되었으므로 중의성이 해소되었다.
③ 그가 나에게 '귤과 사과를 합쳐서 두 개' 준 것인지, '귤과 사과를 각각 두 개씩' 준 것인지 모호하였으나, 고친 문장에서 '귤과 사과 두 개씩'이라는 표현을 통해 귤 두 개, 사과 두 개를 준 것이 분명해졌으므로 중의성이 해소되었다.
④ '한 가마니의 쌀'을 여러 사람이 합쳐서 모은 것인지, 각자 한 가마씩을 모은 것인지 모호하였으나, 각자 한 가마니의 쌀을 모은 것으로 의미를 한정하였으므로 중의성이 해소되었다.
⑤ 빨간 구두를 신고 있는 상태인지, 빨간 구두를 신는 동작을 하고 있는 것인지 모호하였으나, 빨간 구두를 신은 상태의 의미로 한정하였으므로 중의성이 해소되었다.

039 ②

문법 요소(음운 변동 현상)

문항 분석

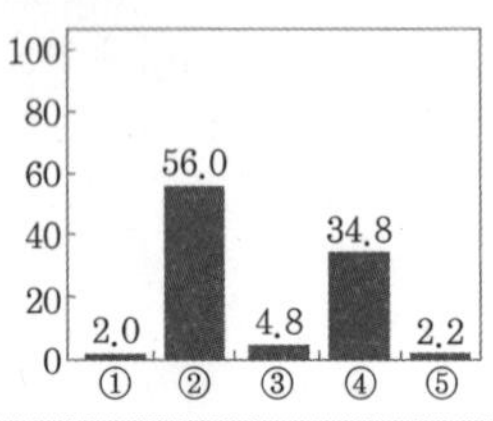

수험생의 56%가 정답지를 고른 보통 난이도의 문제였다. 매력적인 오답인 ④에 34.8%의 수험생이 몰렸으며, 최하위권 수험생들이 나머지 선지에 고르게 반응하여 적절한 변별도를 보였다.

정답 해설

음운 변동 현상에 대한 이해 정도를 평가하는 문제로, 정답은 ②이다. '흙먼지'는 음절 끝의 자음군에서 하나의 자음이 탈락하여 발음되는 현상인 '자음군 단순화'에 의해 [흑먼지]로 바뀌고, 다시 비음이 아닌 자음이 비음의 영향으로 비음인 'ㄴ, ㅁ, ㅇ'으로 바뀌는 현상인 '비음화'에 의해 [흥먼지]로 발음된다.

오답 해설

ㄴ. '유음화'는 'ㄴ'이 유음 'ㄹ'의 앞이나 뒤에서 유음 'ㄹ'로 바뀌는 현상을 말한다.

ㄷ. '구개음화'는 끝소리가 'ㄷ, ㅌ'인 형태소가 모음 'ㅣ'로 시작되는 형식 형태소와 만나 구개음 'ㅈ, ㅊ'이 되는 현상을 말한다.

ㄹ. '거센소리되기'는 'ㄱ, ㄷ, ㅂ, ㅈ'이 'ㅎ'과 만나 거센소리인 'ㅋ, ㅌ, ㅍ, ㅊ'이 되는 현상을 말한다.

040 ②

문법 요소(합성어와 파생어)

문항 분석

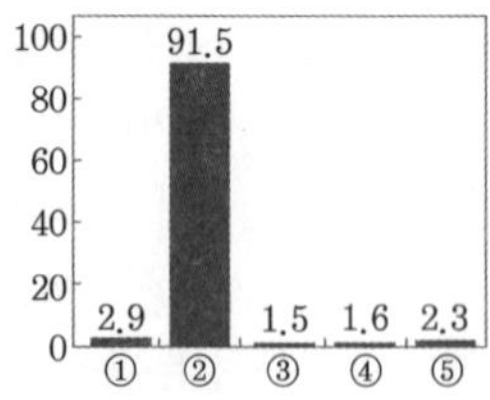

수험생의 91.5%가 정답지를 고른 매우 쉬운 문제였다. 최하위권 수험생들이 나머지 선지에 고르게 반응하여 적절한 변별도를 보였다.

정답 해설

복합어의 두 부류인 합성어와 파생어를 바르게 구분할 수 있는지를 평가하기 위한 문제로, 정답은 ②이다. '잘하다'의 경우 어근인 '잘'과 어근인 '하다'가 결합하여 만들어진 합성어에 해당한다.

오답 해설

① 어근인 '일'과 접미사인 '-하다'가 결합하여 만들어진 파생어에 해당한다.

③ 어근인 '공부'와 접미사인 '-하다'가 결합하여 만들어진 파생어에 해당한다.

④ 어근인 '노래'와 접미사인 '-하다'가 결합하여 만들어진 파생어에 해당한다.

⑤ 어근인 '사랑'과 접미사인 '-하다'가 결합하여 만들어진 파생어에 해당한다.

041 ④

문법 요소(서술어의 자릿수)

문항 분석

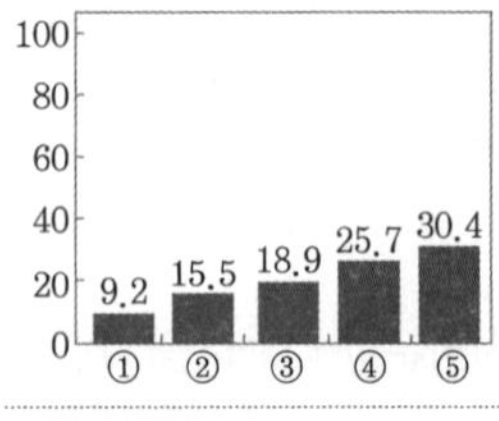

수험생의 25.7%만이 정답지를 고른 어려운 문제였다. 매력적인 오답인 ⑤에 무려 30.4%의 수험생이 몰렸으며, ③, ②에도 각각 18.9%, 15.5%의 수험생이 반응하여 높은 변별도를 보였다.

정답 해설

서술어의 자릿수의 의미를 바르게 이해하고 실제 용례에 적용할 수 있는지를 평가하기 위한 문제로, 정답은 ④이다. 서술어 '넣다'는 주어, 목적어, 필수적 부사어가 있어야 문장이 성립하므로 세 자리 서술어에 해당한다. 나머지는 모두 두 자리 서술어에 해당한다.

오답 해설

① 서술어 '돕다'는 주어와 목적어를 요구하는 두 자리 서술어에 해당한다.

② 서술어 '숨다'는 주어와 필수적 부사어를 요구하는 두 자리 서술어에 해당한다.

③ 서술어 '되다'는 주어와 보어를 요구하는 두 자리 서술어에 해당한다.

⑤ 서술어 '아니다'는 주어와 보어를 요구하는 두 자리 서술어에 해당한다.

042 ②

문장 부호

문항 분석

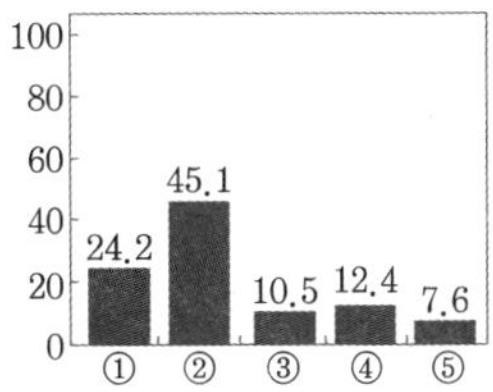

수험생의 45.1%만이 정답지를 고른 어려운 문제였다. 매력적인 오답인 ①번 선지에 24.2%의 수험생이 몰렸으며, ④번, ③번 선지에도 각각 12.4%, 10.5%의 수험생이 반응하여 적절한 변별도를 보였다.

정답 해설

문장 부호 규정을 숙지하고 그 용례를 바르게 알고 있는지를 평가하기 위한 문제로, 2015.01.01.을 기해 새롭게 개정된 문장 부호 규정의 내용을 숙지하고 있는지를 평가하기 위한 문제이다. 정답은 ②번이다. 모르거나 불확실한 내용임을 나타낼 때에는 숨김표가 아니라 물음표를 쓴다.

043 ③

표준 발음(장단음)

문항 분석

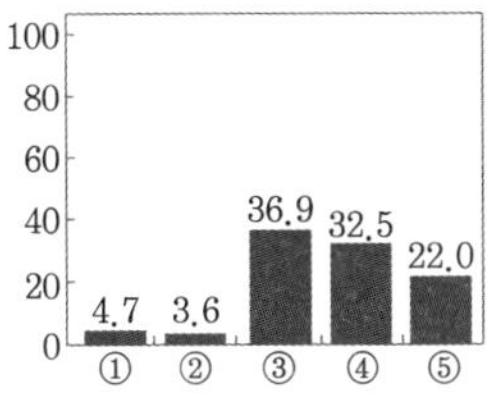

수험생의 36.9%만이 정답지를 고른 매우 어려운 문제였다. 매력적인 오답인 ④에 무려 32.5%의 수험생이 몰렸으며, ⑤에도 22%의 수험생이 반응하여 낮은 변별도를 보였다.

정답 해설

국어의 장단음을 바르게 발음할 수 있는지를 평가하기 위한 문제로, 정답은 ③이다. '먼동'은 '날이 밝아 올 무렵의 동쪽'을 의미하는 말로 [먼 : 동]으로 발음한다.

044 ③

외래어 표기법

문항 분석

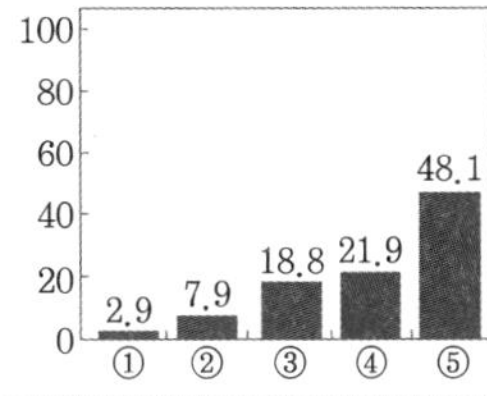

수험생의 18.8%만이 정답지를 고른 매우 어려운 문제였다. 매력적인 오답인 ⑤에 무려 48.1%의 수험생이 몰렸으며, ④에도 21.9%의 수험생이 반응하여 낮은 변별도를 보였다.

정답 해설

외래어 표기를 올바르게 이해하고 있는지 평가하기 위한 문제로, 정답은 ③이다. 외래어 중에 한자어처럼 보이는 어휘가 많으므로 각 어휘의 어원을 정확히 파악할 필요가 있다. '탄저(균)'은 '탄저균으로 인하여 내장이 붓고 혈관에 균이 증식하는 병.'을 의미하는 것으로 '탄저(炭疽)'는 한자어이다.

오답 해설

① '노즐'은 '증기 터빈, 디젤 기관 따위에 쓰는 분출 장치.'라는 뜻으로, 외래어이다.

② '데님'은 '두꺼운 무명실로 짠 능직(綾織)의 면직물.'이라는 뜻으로, 외래어이다.

④ '뎅기(열)'는 '열대나 아열대 지방에서 많이 볼 수 있는 바이러스로 인한 전염병.'이라는 뜻으로, 외래어이다.

⑤ '바지'는 '운하, 하천, 항내(港內)에서 사용하는, 밑바닥이 편평한 화물 운반선.'이라는 뜻으로, 외래어이다.

045 ④

로마자 표기법

문항 분석

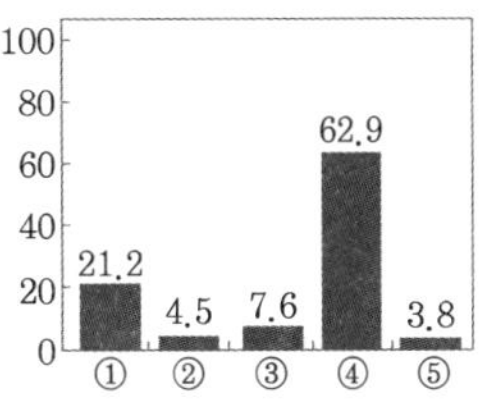

수험생의 62.9%가 정답지를 고른 보통 난이도의 문제였다. 매력적인 오답인 ①에 21.2%의 수험생이 몰렸으며, ③에도 7.6%의 수험생이 반응하여 높은 변별도를 보였다.

정답 해설

국어의 로마자 표기법을 올바르게 이해하고 있는지를 확인하기 위한 문제로, 정답은 ④이다. 음운 변화가 일어날 때에는 변화의 결과에 따라 적지만, 된소리는 표기에 반영하지 않으므로 '낙지전골'은 'nakji－jeongol'로 써야 한다.

쓰기 046번~050번

기출문제집 p.190

046	②	047	⑤	048	⑤	049	③	050	②

046 ②

글쓰기 계획

문항 분석

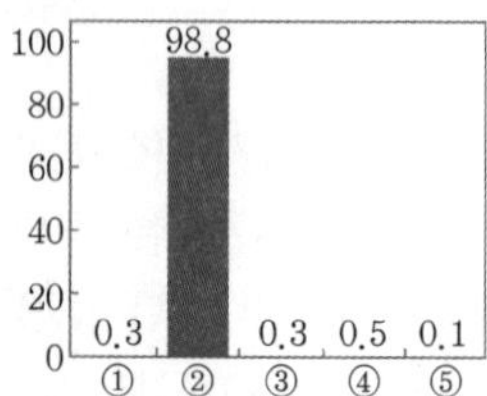

수험생의 98.8%가 정답지를 고른 매우 쉬운 문제였다. 최하위권 수험생들이 나머지 선지에 고르게 반응하여 매우 높은 변별도를 보였다.

정답 해설

글쓰기의 첫 번째 단계인 글쓰기 계획 및 전략 수립 능력을 평가하기 위한 문제로, 정답은 ②이다. 관련 주제와 목적을 감안해 볼 때, 나트륨과 다른 성분의 장단점을 비교하여 제시하는 것은 글의 목적이나 주제와 어울리지 않는 내용이다.

오답 해설

나머지 선지들은 모두 글의 주제, 목적, 예상 독자 등에 맞게 계획된 내용으로, 글쓰기 계획에 수립된 정보 전달의 목적을 실현하기 위해 각각 특정한 정보를 바탕으로 내용이 구성되었다.

047 ⑤

자료 활용 방안

문항 분석

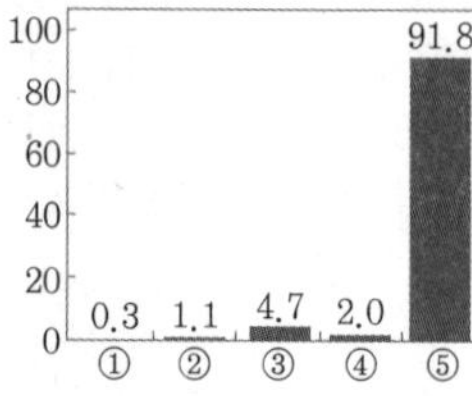

수험생의 91.8%가 정답지를 고른 쉬운 문제였다. 최하위권 수험생들이 나머지 선지에 고르게 반응하여 매우 높은 변별도를 보였다.

정답 해설

한 편의 완성된 글을 쓰고자 할 때 주제와 내용에 맞는 자료를 수집할 수 있는지, 그리고 그 자료들을 글쓰기 목적이나 계획에 맞게 활용할 수 있는지를 평가하기 위한 문제로, 정답은 ⑤이다. (다)-1에 나트륨이 인체에 미치는 긍정적 효과가 제시된 것은 맞지만 나트륨 과다 섭취로 인한 질병이 나열되어 있을 뿐 바람직한 나트륨 섭취 방안에 해당하는 내용은 제시되어 있지 않다.

오답 해설

① (가)에 우리가 일상생활에서 즐겨 먹는 음식들이 제시되어 있고, 세계보건기구의 하루 권장량을 뛰어 넘는 나트륨 함유량이 제시되어 있으므로 적절한 활용 방안이다.
② (나)에 한국인이 나트륨을 과다 섭취하게 된 원인을 전통적 식문화와 현대의 식문화를 바탕으로 제시하고 있으므로 적절한 활용 방안이다.
③ (나)에 나트륨 과다 섭취의 심각성이 제시되어 있고, (다)-1에 나트륨 과다 섭취가 인체에 미치는 부정적 영향이 나열되어 있으므로 적절한 활용 방안이다.
④ (나)에 나트륨을 과다 섭취하게 되는 원인을 제시하고 있어 나트륨 과다 섭취를 자제할 수 있는 방안을 도출할 수 있고, (다)-2에는 나트륨 과다 섭취로 인한 문제점을 개선할 수 있는 방안이 제시되어 있으므로 적절한 활용 방안이다.

048 ⑤

개요 수정 및 상세화 방안

문항 분석

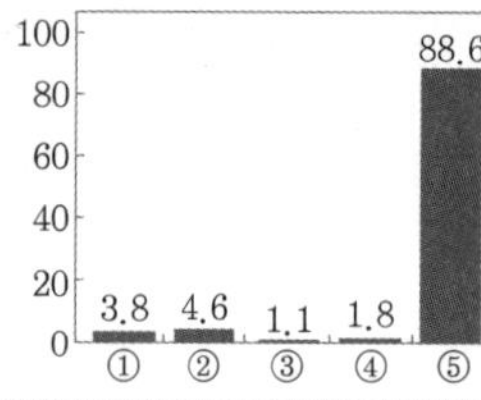

수험생의 88.6%가 정답지를 고른 쉬운 문제였다. 최하위권 수험생들이 나머지 선지에 고르게 반응하여 매우 높은 변별도를 보였다.

정답 해설

본격적으로 글을 작성하기에 앞서 글의 개요를 작성하고 이를 적합하게 수정할 수 있는지를 평가하기 위한 문제로, 정답은 ⑤이다. ㉤은 '나트륨 과다 섭취 개선 방안의 실천 권고'로, 글의 마지막 부분에 제시하여 글을 마무리하는 역할을 하는 내용이다. 따라서 이를 Ⅲ-2로 통합하여 제시하는 것은 적절하지 않다. 또 ㉤은 Ⅲ의 내용과 중복된 내용으로 볼 수 없다.

오답 해설

① 나트륨이 인체에서 하는 역할을 설명하여 자연스럽게 글의 소재를 소개한 후, 나트륨 과다 섭취와 관련한 최근의 사회적 관심을 제시하여 글의 방향을 제시하는 한편 독자의 관심과 흥미를 유발할 수 있으므로 순서를 바꾸는 것은 적절한 수정 방안으로 볼 수 있다.
② ㉡의 내용이 Ⅱ-2와 중복되는 측면이 있고 보다 체계적인

글의 구성을 위해 전통적 식습관으로 인한 나트륨 과다 섭취의 내용을 제시하는 것이 바람직하므로 적절한 수정 방안으로 볼 수 있다.

③ 이 글의 목적 자체가 나트륨 과다 섭취로 인한 문제점에 주목하고 있으므로 긍정적 영향을 선별하여 삭제하는 것은 타당한 수정 방안으로 볼 수 있다.

④ '나트륨을 잘 배출하는 음식 섭취하기' 역시 '나트륨 과다 섭취의 개선 방안'으로 볼 수 있으며 Ⅳ-1의 내용과도 구분되는 것이므로 Ⅳ에 추가하여 제시하는 것도 적절한 수정 방안으로 볼 수 있다.

049 ③

퇴고

문항 분석

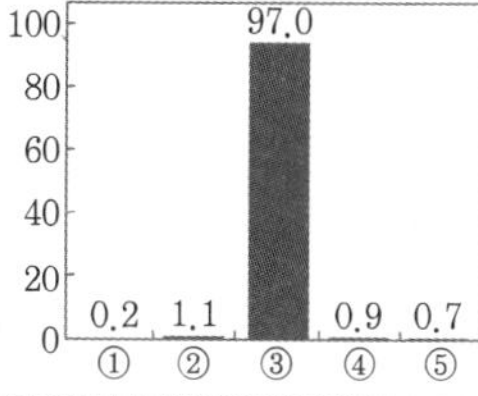

수험생의 97%가 정답지를 고른 쉬운 문제였다. 최하위권 수험생들이 나머지 선지에 고르게 반응하여 매우 높은 변별도를 보였다.

정답 해설

퇴고 과정을 적절하게 수행할 수 있는지를 평가하기 위한 문제로, 정답은 ③이다. 문장 자체의 문법적 오류만이 아니라 주제에 어긋난 문장은 없는지, 글 전체의 요지나 내용에 비추어 잘못 쓰인 단어나 문장은 없는지 등을 종합적으로 검토할 수 있어야 한다. ㉢의 주어는 '나트륨 과다 섭취는'이므로, 이를 '위축성 위염과 위암이 유발되고'로 바꾸면 오히려 비문법적 문장이 된다.

오답 해설

① 한국인이 나트륨을 과다 섭취하고 있음을 알리는 부분이므로 '고작'보다는 '무려'로 바꾸어 표현하는 것이 더욱 적절하다.

② '전통적'이라는 단어에 '옛날부터 이어져 내려 온.'이라는 의미가 포함되어 있으므로 의미상 중복에 해당한다. 따라서 적절한 수정 방안이다.

④ 앞부분에서 나트륨 과다 섭취가 다양한 질병을 유발한다는 내용이므로 '따라서 이를 피하기 위해서는 다음과 같은 방식의 개선 방안을 실천하는 것이 좋다'는 식의 흐름이 더욱 적절하다. 그러므로 적절한 수정 방안으로 볼 수 있다.

⑤ 결론 부분에서 글의 목적이나 주제와 어울리지 않는 칼슘이 인체에 미치는 긍정적 역할과 기능이 제시되어 있으므로 이를 삭제하는 것이 바람직하다.

050 ②

논지 전개

문항 분석

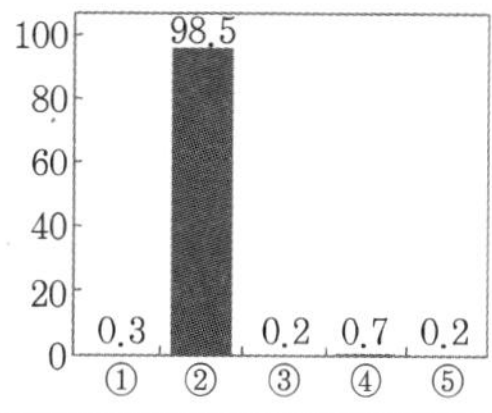

수험생의 98.5%가 정답지를 고른 매우 쉬운 문제였다. 최하위권 수험생들이 나머지 선지에 고르게 반응하여 적절한 변별도를 보였다.

정답 해설

지금까지 제시되었던 글쓰기 과정을 바탕으로 글의 핵심적인 논지를 드러내어 전개할 수 있는지를 평가하기 위한 문제로, 정답은 ②이다. 나트륨은 분명히 인체에 긍정적 영향을 미치는 요소로 없어서는 안 되지만, 이를 과다 섭취하게 되면 여러 가지 부정적 영향을 미치므로 '과유불급(過猶不及)'이 적절한 사자성어이다.

오답 해설

① '세금을 가혹하게 거두어들이고 무리하게 재물을 빼앗음.'이라는 의미의 사자성어로 적절한 반응이 아니다.

③ '많으면 많을수록 더욱 좋음.'을 이르는 말로 적절한 반응이 아니다.

④ '겉보기만 그럴듯하게 보이고 속은 변변하지 아니함을 이르는 말.'로 적절한 반응이 아니다.

⑤ '원수를 갚거나 마음먹은 일을 이루기 위하여 온갖 어려움과 괴로움을 참고 견딤을 비유적으로 이르는 말.'로 적절한 반응이 아니다.

창안 051번~060번

기출문제집 p.193

051	③	052	③	053	③	054	⑤	055	⑤
056	④	057	④	058	④	059	②	060	⑤

051 ③

시각 자료를 통한 내용 생성

문항 분석

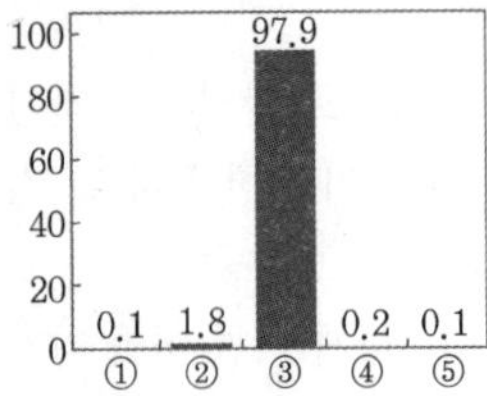

수험생의 97.9%가 정답지를 고른 매우 쉬운 문제였다. 최하위권 수험생들이 나머지 선지에 고르게 반응하여 적절한 변별도를 보였다.

정답 해설

제시된 시각 자료를 통해 내용을 생성하는 창안 문제로, 정답은 ③이다. 마스크의 끈을 이용하여 주사기 모양을 형상화하였으며, "마스크로 안 아픈 예방 접종하세요."라는 문구를 삽입해 놓았다. 이는 마스크가 예방 접종을 한 것만큼의 효과가 있으며, 착용했을 때 아프지도 않다는 점을 들어, 예방 접종을 한 것만큼의 효과를 보기 위해서 마스크 착용을 생활화해야 한다는 점을 강조한 것으로 볼 수 있다.

오답 해설

① 마스크의 끈을 이용하여 주사기 모양을 형상화하였으나 이러한 디자인이 예방 접종의 고통을 줄일 수 있는지에 대해 추론할 만한 근거는 제시되어 있지 않으므로 적절하지 않다.
② 마스크 착용의 불편함에 대한 정보가 제시되어 있지 않으며, 예방 접종의 고통을 이겨야 한다는 내용을 메시지로 이끌어 내는 것도 적절하지 않다.
④ 예방 접종의 생활화가 핵심 메시지가 아니라, 마스크 착용이 예방 접종을 한 것만큼의 효과가 있다는 것이 핵심 메시지이므로 적절하지 않다.
⑤ 예방 접종의 고통을 이겨내는 것이 핵심 메시지가 아니므로 적절하지 않다.

▶ **자료 출처** 한국방송광고공사 누리집(http://www.kobaco.co.kr)

052 ③

시각 자료를 통한 내용 생성

문항 분석

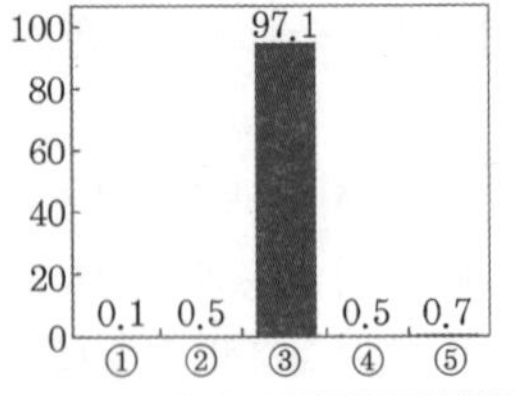

수험생의 97.1%가 정답지를 고른 매우 쉬운 문제였다. 최하위권 수험생들이 나머지 선지에 고르게 반응하여 매우 높은 변별도를 보였다.

정답 해설

제시된 문구를 시각 자료를 활용해 보강할 수 있는 능력을 평가하기 위한 문제로, 정답은 ③이다. 선지의 시각 자료 중 ③번은 '다림질을 할 수 없음.'을 나타낸 표지로, 이를 〈보기〉에서 활용하기는 적절하지 않다.

오답 해설

① "30℃의 물에 중성 세제를 풀어 손으로 세탁할 것"에서 확인할 수 있다.
② "산소계 표백제의 사용 및 드라이클리닝을 하지 말 것"에서 확인할 수 있다.
④ "세탁물은 옷걸이에 걸어 그늘에서 건조할 것"에서 확인할 수 있다.
⑤ "산소계 표백제의 사용 및 드라이클리닝을 하지 말 것"에서 확인할 수 있다.

053 ③

조건에 따른 내용 생성

문항 분석

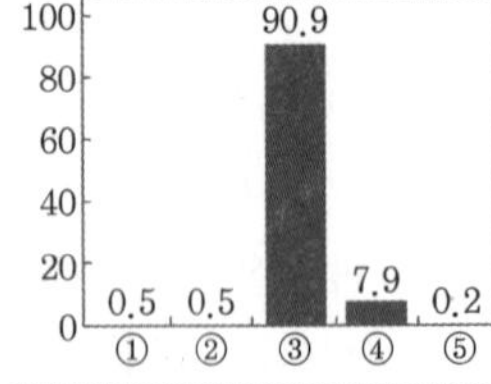

수험생의 90.9%가 정답지를 고른 쉬운 문제였다. ④에 7.9%의 수험생이 반응하였으며, 최하위권 수험생들이 나머지 선지에 고르게 반응하여 매우 높은 변별도를 보였다.

정답 해설

속담을 활용하여 표어를 창안할 수 있는 능력을 평가하기 위한 문제로, 정답은 ③이다. 〈보기〉에 주어진 속담은 '서당 개 삼 년에 풍월을 한다'라는 속담의 의미이다. 이 속담을 주변에서 쉽게 볼 수 있는 제재를 활용하여 '서당 개'를 '식당 개'로, '풍월을 한다'를 '라면도 끓인다'로 변형하였다.

오답 해설

① 소를 도둑맞은 다음에서야 빈 외양간의 허물어진 데를 고치느라 수선을 떤다는 뜻으로, 일이 이미 잘못된 뒤에는 손을 써도 소용이 없음을 비꼬는 말인 '소 잃고 외양간 고친다'라는 속담을 변형하였으나, 〈보기〉의 생각을 반영하지 못했다.

② 공들여 쌓은 탑은 무너질 리 없다는 뜻으로, 힘을 다하고 정성을 다하여 한 일은 그 결과가 반드시 헛되지 아니함을 비유적으로 이르는 말인 '공든 탑이 무너지랴'라는 속담을 변형 없이 그대로 활용하였다.

④ 무슨 일이나 그 일의 시작이 중요하다는 말인 '천 리 길도 한 걸음부터'라는 속담을 변형 없이 그대로 활용하였다.

⑤ 형편이나 사정이 전에 비하여 나아진 사람이 지난날의 미천하거나 어렵던 때의 일을 생각지 아니하고 처음부터 잘난 듯이 뽐냄을 비유적으로 이르는 말인 '개구리 올챙이 적 생각 못한다'라는 속담을 변형하였으나 〈보기〉의 생각을 반영하지 못했다.

054 ⑤

시각 자료를 통한 내용 생성

문항 분석

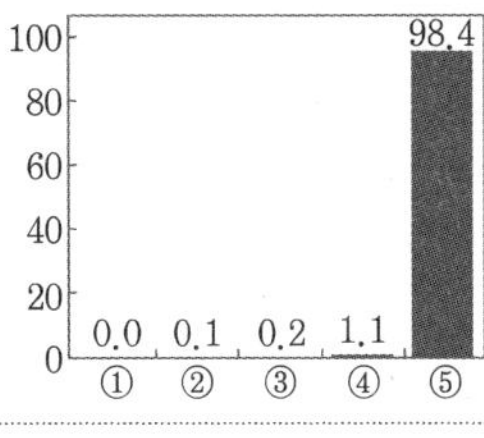

수험생의 98.4%가 정답지를 고른 매우 쉬운 문제였다. 최하위권 수험생들이 나머지 선지에 고르게 반응하여 매우 높은 변별도를 보였다.

정답 해설

제시된 두 그림을 보고, 이를 바탕으로 연상할 수 있는 내용을 찾는 문제로, 정답은 ⑤이다. 〈보기〉에서 왼쪽 그림은 다수의 의견을 그대로 따라가는 모습을 나타내고 있고, 오른쪽 그림은 다수와 의견이 다르더라도 소신 있게 자기 의견을 말하는 모습을 나타내고 있다. 이를 바탕으로 할 때, 남이 하는 대로 따라가지 않고 자신의 길을 소신껏 선택하는 것이 필요하다는 내용을 연상해 낼 수 있다.

오답 해설

① 〈보기〉의 그림에서 다른 사람과의 협동을 해야 한다는 내용이나 협동으로 어떤 어려운 일도 결국 이루어 낼 수 있다는 내용을 연상해 내기 어렵다.

② 〈보기〉의 그림에서 남이 지시하는 대로 행동하는 것이 필요하다는 내용을 연상해 내기 어렵다.

③ 〈보기〉의 그림에서 먼저 최선을 다해야 한다는 내용이나 개인의 최선이 전체 집단에 더 나은 성과를 가져올 수 있다는 내용을 연상해 내기 어렵다.

④ 〈보기〉의 그림에서 나와 다른 의견을 가진 사람들의 이야기에 대해서는 오른쪽 그림을 통해 연상해 낼 수 있지만, 그것을 겸허히 받아들일 필요가 있다는 것은 연상해 내기 어렵다.

055 ⑤

조건에 따른 내용 생성

문항 분석

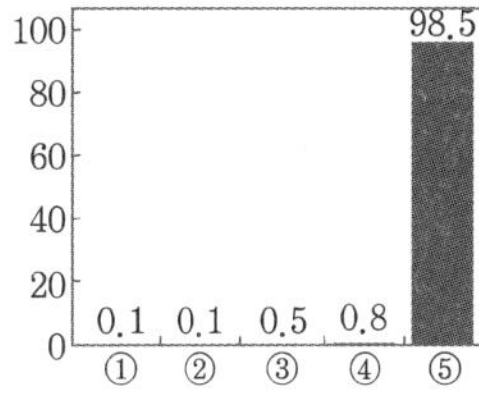

수험생의 98.5%가 정답지를 고른 매우 쉬운 문제였다. 최하위권 수험생들이 나머지 선지에 고르게 반응하여 매우 높은 변별도를 보였다.

정답 해설

조건을 만족시키는 문구를 창의적으로 생성해 낼 수 있는 능력을 평가하기 위한 문제로, 정답은 ⑤이다. 인정이 넘치는 장터, 서민들을 위한 장터라는 것이 전통 시장의 장점으로 제시되었으며, '두릅과 취나물, 싱싱한 오징어가 손짓하는'에서 구체적인 물품의 이름이 제시되었고 의인법도 사용되었으므로 〈조건〉을 모두 만족하고 있다.

오답 해설

①, ④ 전통 시장의 장점과 구체적인 물품의 이름이 드러나 있지만 의인법이 사용되지 않았으므로 적절하지 않다.

② 전통 시장의 장점이 제시되었지만 구체적인 물품이 제시되지 않았고, 의인법도 사용되지 않았으므로 적절하지 않다.

③ 전통 시장의 장점이 제시되었고 의인법이 사용되었지만, 구체적인 물품이 제시되지 않았으므로 적절하지 않다.

056

④

조건에 따른 내용 생성

문항 분석

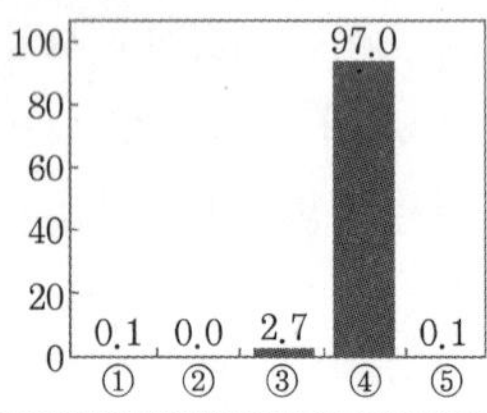

수험생의 97%가 정답지를 고른 매우 쉬운 문제였다. 최하위권 수험생들이 나머지 선지에 고르게 반응하여 매우 높은 변별도를 보였다.

정답 해설

제시된 사진과 조건에 맞는 문구를 창안하는 문제로, 정답은 ④이다. 왼쪽 사진은 세 대를 주차할 수 있는 주차 공간에 한 대의 자동차가 가로로 주차한 상황이고, 오른쪽 사진은 경기장에 쓰레기를 무단으로 투기한 상황으로, 두 사진 모두 공공생활 중에 다른 사람들에게 피해를 주는 상황을 보여주고 있다. 그러므로 이와 관련한 상황을 문제점으로 인식하고 이에 대한 개선의 행동을 촉구하는 공익 광고 문구로 가장 적절한 것은 '함께 쓰는 공공시설, 다른 사람도 배려합시다.'이다.

오답 해설

① 무관심에 대한 정보를 찾을 수 없고, 우리 사회를 병들게 한다는 내용은 개선의 내용으로 보기 어려우며, 청유형 종결 표현도 사용되지 않았으므로 답이 될 수 없다.

② 주어진 사진과 발상의 전환을 연결 짓기 힘들 뿐 아니라, 창의적인 생각이 필요하다는 것은 주어진 그림에 대한 개선의 내용으로 보기 어렵다.

③ 나의 이기심은 설명할 수 있으나 부메랑이 되어 돌아온다는 것은 개선의 내용으로 볼 수 없으며, 청유형 종결 표현도 사용되지 않았으므로 답이 될 수 없다.

⑤ 주어진 사진과 위험한 시설물을 연결 짓기 어려우며, 시민들의 안전을 위한 메시지도 적절하지 않으므로 답이 될 수 없다.

057

④

조건에 따른 내용 생성

문항 분석

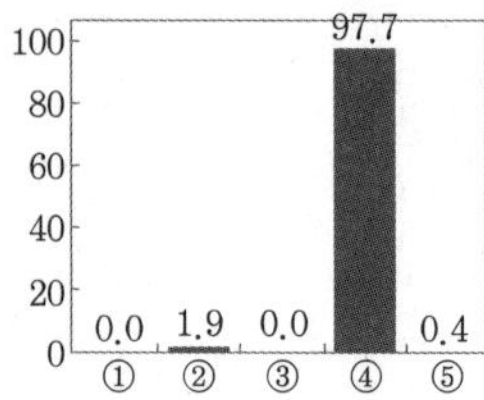

수험생의 97.7%가 정답지를 고른 매우 쉬운 문제였다. 최하위권 수험생들이 나머지 선지에 고르게 반응하여 매우 높은 변별도를 보였다.

정답 해설

그림의 내용을 바탕으로 포스터의 문구를 창작하는 능력을 평가하는 문제로, 정답은 ④이다. 포스터에 따르면 가계도와 함께 아동 학대가 대물림된다는 내용이 제시되어 있고, [A]의 아래에는 아동 학대 신고 번호가 제시되어 있다. 따라서 [A]에 들어갈 문구에는 아동 학대의 대물림과 이에 대한 신고와 관련한 문구가 들어가는 것이 적절하다.

오답 해설

① 신고가 문제 해결을 더욱 어렵게 한다고 하였으므로 포스터의 내용과 어울리지 않는다.

② 아동 학대에 대한 신고의 내용이 포함되어 있지 않으므로 적절한 문구로 볼 수 없다.

③, ⑤ 학대의 대물림과 관련한 내용이 제시되어 있지 않으므로 적절한 문구가 아니다.

▶ **자료 출처** 보건복지부, 「아동 학대 신고 포스터」

058

④

조건에 따른 내용 생성

문항 분석

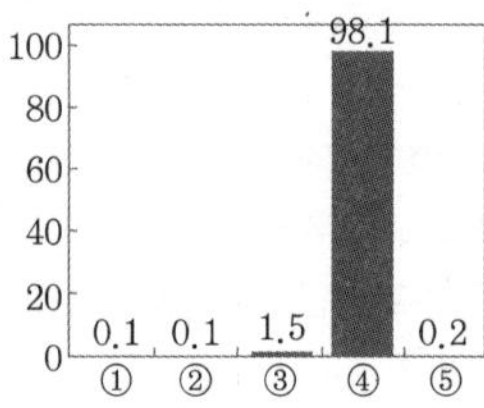

수험생의 98.1%가 정답지를 고른 매우 쉬운 문제였다. 최하위권 수험생들이 나머지 선지에 고르게 반응하여 매우 높은 변별도를 보였다.

정답 해설

주어진 조건에 부합하는 표현을 생성해 낼 수 있는 능력을 평가하기 위한 문제로, 정답은 ④이다. 이 문제에서는 〈보기〉에 제시된 핵심 내용과 단어를 활용해 적절한 제목을 추론해야 한다. ④에는 〈보기〉의 핵심 내용인 도시 개발의 대안으로 초고층 빌딩을 건축하는 것에 대한 우려가 포함되어 있다. 초고층 빌딩을 건축하여 도시의 상징물로 만들려는 꿈이 과연 도시 개발의 대안이 될 수 있을지, 아니면 세간의 주목을 받기 위해 무리하게 추진하는 거품인지에 대해 우려하고 있다. 따라서 〈보기〉에 제시된 단어를 활용하여 핵심 내용을 충실히 반영한 제목으로는 '초고층 빌딩, 도시 개발의 대안인가? 거품인가?'가 가장 적절하다.

오답 해설

① '한국의 건축물이 세계인을 놀라게 한다.'는 것은 〈보기〉에 언급되지 않았으므로 핵심 내용이라고 보기 어려우며, 〈보

기〉의 핵심 단어들도 활용되지 않았으므로 적절하지 않다.

② '건축 기술의 미래가 우리 손에 달려 있다.'는 것은 〈보기〉에 언급되지 않았으므로 핵심 내용이라고 보기 어려우며, 〈보기〉의 핵심 단어들도 활용되지 않았으므로 적절하지 않다.

③ 〈보기〉에서 초고층 빌딩이 도시 개발의 대안이 되었다고 했으므로 도시 개발의 걸림돌이 된다는 설명은 적절하지 않다.

⑤ 〈보기〉에서 한국의 주요 도시들이 초고층 빌딩 건축을 추진하고 있다고 했으나, 세계적인 도시가 될 수 있을 것인지에 대한 내용은 〈보기〉의 핵심 내용이 아니므로 적절하지 않다.

▶ **지문 출처** KBS 시사기획 창, 118화(2009.06.09.), 「초고층 빌딩, 대안인가 거품인가」

059 ②

조건에 따른 내용 생성

문항 분석

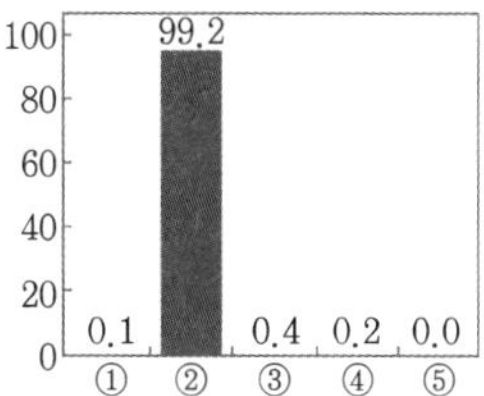

수험생의 99.2%가 정답지를 고른 매우 쉬운 문제였다. 최하위권 수험생들이 나머지 선지에 고르게 반응하여 매우 높은 변별도를 보였다.

정답 해설

특정한 주제에 대한 제한된 형식의 텍스트를 생성해 낼 수 있는 능력을 평가하기 위한 문제로, 정답은 ②이다. 이 문제에서는 '대한 라면'을 끓이는 방법을 주제로 하여 사행시를 생성하게 하고 있는데, 제시된 선지들이 모두 사행시의 형식은 준수하고 있음을 고려하면 '끓이는 방법'이라는 주제를 바탕으로 접근해야 한다. '대한 라면'을 끓이는 방법을 창의적인 표현을 통해 설명하고 있기 때문이다.

오답 해설

① 사행시는 한국인의 입맛에 맞는 대한 라면이 새롭게 출시되었다는 내용의 정보를 담고 있으나, 라면 끓이는 방법에 대한 언급은 없으므로 적절하지 않다.

③ 한국인의 라면 사랑에 대해 언급하면서 라볶이도 문제없이 조리할 수 있는 차원이 다른 대한 라면의 특징을 강조하는 내용을 담고 있으나 라면 끓이는 방법을 설명하고 있지 않으므로 적절하지 않다.

④ 라면 끓이는 방법이 아니라 대한 라면의 푸짐한 양과 맛에 대해서만 설명하고 있으므로 적절하지 않다.

⑤ 대한 라면의 매운맛에 대해서만 설명하고 있으므로 적절하지 않다.

060 ⑤

조건에 따른 내용 생성

문항 분석

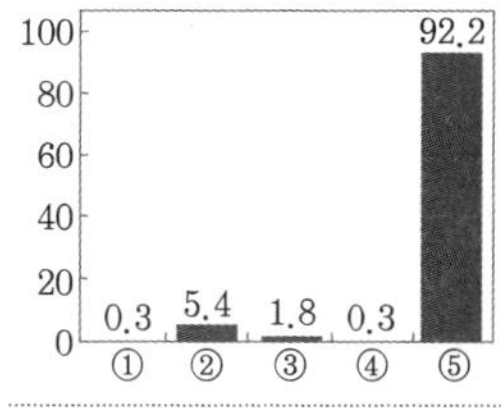

수험생의 92.2%가 정답지를 고른 매우 쉬운 문제였다. 최하위권 수험생들이 나머지 선지에 고르게 반응하여 적절한 변별도를 보였다.

정답 해설

조건을 바탕으로 적절한 창안을 할 수 있는지를 평가하는 문제로, 정답은 ⑤이다. 이 문제에서는 '여행 서적의 특징' 네 가지를 제시한 후 이 특징들을 모두 반영하여 책 제목을 창안할 수 있는지를 묻고 있다. '현지 상세 지도', '최근의 교통 정보', '경험담', '숙박, 식사 관련 정보'는 모두 현지에서 여행을 하는 데 도움이 될 만한 실용적인 정보라는 공통점이 있다. 낯선 길을 두려움 없이 떠나려면 현지에서 실질적으로 필요한 정보가 요구되기 때문이다.

오답 해설

① 제시된 특징들을 담지 못하므로 적절하지 않다.

② 여행 서적의 특징 중 '현지 상세 지도'와만 연결된다. 다른 특징들을 포괄할 수 없기 때문에 적절하지 않다.

③ 현지에서 만난 사람들 위주의 이야기가 실렸을 것으로 짐작되지만, 다른 특징들을 포함하지 못한다는 점에서 답과 거리가 멀다.

④ 여행의 의미를 자아 찾기에서 찾고 있지만, 위의 여행 서적 특징에는 해당되는 내용이 없다.

읽기 061번~090번

기출문제집 p.198

061	③	062	①	063	⑤	064	③	065	①
066	②	067	④	068	⑤	069	①	070	①
071	③	072	⑤	073	⑤	074	③	075	④
076	⑤	077	②	078	④	079	③	080	⑤
081	④	082	⑤	083	④	084	①	085	④
086	⑤	087	④	088	③	089	①	090	③

061 ③

[현대 시] 작품의 이해와 감상

문항 분석

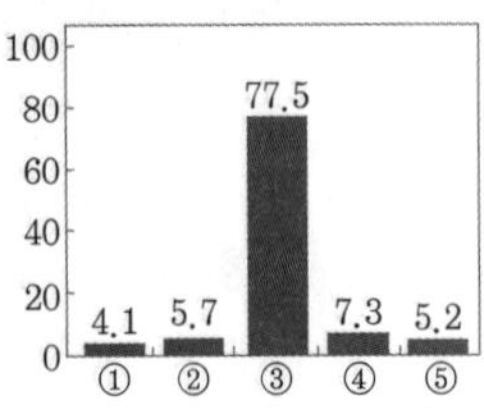

수험생의 77.5%가 정답지를 고른 쉬운 문제였다. 하위권 수험생들이 나머지 선지에 고르게 반응하여 매우 높은 변별도를 보였다.

정답 해설

현대 시에 사용된 표현상의 특성을 파악하는 능력을 평가하기 위한 문제로, 정답은 ③이다. 제시된 작품에는 반어적 표현이 사용된 부분을 확인할 수 없다.

오답 해설

① 2연에서 의도적인 말 줄임을 통해 여운을 형성하고 있다.
② 화자는 폭설로 인해 한계령에 고립되는 가상의 상황을 설정하고 있다.
④ 폭설이 내린 한계령의 모습을 감각적 이미지를 활용하여 형상화하고 있다.
⑤ '~묶였으면', '~않으리'와 같은 동일한 종결 어미를 반복하여 화자의 의지를 드러내고 있음을 알 수 있다.

▶ **지문 출처** 문정희, 「한계령을 위한 연가」

062 ①

[현대 시] 시어의 의미와 기능

문항 분석

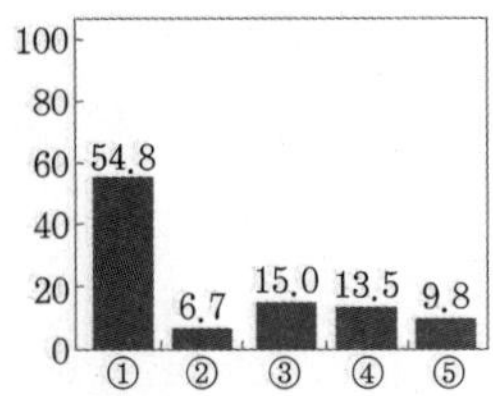

수험생의 54.8%가 정답지를 고른 보통 수준의 문제였다. 매력적인 오답인 ③에 15%의 수험생이 반응하였으며, ④에도 13.5%의 수험생이 반응하여 적절한 변별도를 보였다.

정답 해설

시구의 내용을 정확히 이해하는지를 평가하기 위한 문제로, 정답은 ①이다. 화자가 한계령의 폭설로 인해 '못 잊을 사람'과 고립되기를 원하고 있으므로 적절한 설명이다.

오답 해설

㉡ '수십 년 만의 풍요'는 임과의 사랑을 이루기를 원하지만 현재는 그러지 못하고 있는 화자의 처지와는 상반된 상황이라고 볼 수 있으므로 적절한 설명이 아니다.
㉢ '동화의 나라'는 임과 함께 고립될 수 있는 폭설이 내린 한계령의 모습을 표현한 것이므로 화자가 경험하고 있는 상황을 표현한 것이라고 볼 수 없다.
㉣ '눈 속에 갇힌 야생조'는 폭설에 조난되어 헬리콥터가 뿌리는 먹이를 받아먹는 대상이다. 이처럼 화자는 폭설로 인해 조난된 대상이지만 구원의 손길을 내미는 헬리콥터를 대하는 태도가 다르므로 동류의식을 가지고 있다고 볼 수 없다.
㉤ '짧은 축복'은 임과 화자가 함께 하는 시간을 표현한 것으로 화자의 소망이 이루어진 행복한 상황을 의미한다고 볼 수 있다. 하지만 화자는 아직 소망을 이루지 못하였으므로 적절한 설명이 아니다.

063 ⑤

[현대 소설] 작품의 이해와 감상

문항 분석

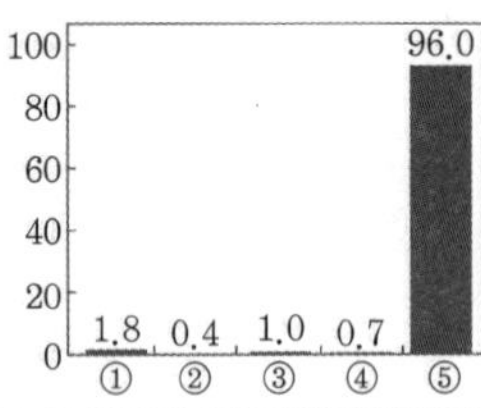

수험생의 96%가 정답지를 고른 쉬운 난이도의 문제였다. 최하위권 수험생들이 나머지 선지에 고르게 반응하여 매우 높은 변별도를 보였다.

정답 해설

작품의 내용을 바르게 이해하였는지를 평가하기 위한 문제로, 정답은 ⑤이다. 제시된 작품을 통해 '두호'가 넘어져서 상처를 입었다는 것은 확인하기 어렵다.

오답 해설

① "엄마의 실신한 모습이 보였다. 아득한 절망이 가슴 밑바닥에 피어오른다."에서 확인할 수 있다.
② "내가 저 뒷산에 새집을 맡아 놨다. 밤에 가면 잡을 수 있다." / 나는 두호의 그 퀭한 눈이 번쩍 빛을 내는 걸 보았다."에서 확인할 수 있다.

③ "나는 계속 두호를 부르면서 서슴서슴 비탈길을 내려서고 있었다. 마치 술래잡기에서 숨은 아이를 찾는 술래처럼 조심조심 두호의 기척을 살폈다."에서 확인할 수 있다.

④ "두호는 내 가슴에 얼굴을 묻은 채 그 깡마른 두 손으로 내 몸을 다잡아 쥐고 발발 떨었다. 마치 절벽 끝에 매달린 사람이 필사의 힘으로 바위를 그러쥐듯 그렇게 내 몸을 그러쥐고 있었다."에서 확인할 수 있다.

▶ **지문 출처** 전상국, 「우리들의 날개」

064 ③

[현대 소설] 인물의 심리 및 태도

문항 분석

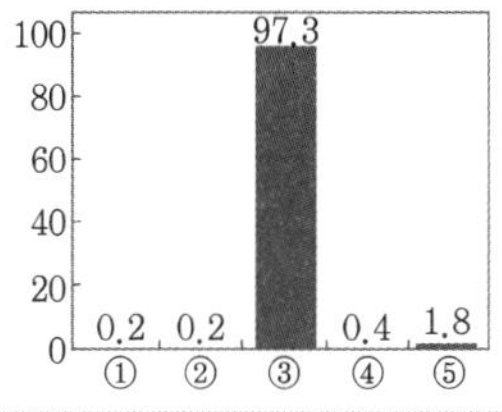

수험생의 97.3%가 정답지를 고른 매우 쉬운 문제였다. 최하위권 수험생들이 나머지 선지에 고르게 반응하여 매우 높은 변별도를 보였다.

정답 해설

제시된 내용을 바탕으로 구절의 문맥적 의미를 파악하는 문제로, 정답은 ③이다. '나'는 '두호'가 겁먹은 목소리로 "형아가 나 내뻐리구 갈려구 그랬지?"라고 말하는 것을 듣고 두호를 와락 껴안으며, 눈물(뜨거운 것)을 흘렸다. 맥락상 '눈물'은 '두호'를 버리려고 했던 것에 대한 자책의 눈물임을 알 수 있다.

오답 해설

① '두호'가 '나'를 찾은 것은 사실이지만, 그것에 대한 배신감은 글에서 확인하기 어렵다.

② '두호'가 '나'를 무시하지 않았고, 그것에 대한 증오심도 글에서 확인하기 어렵다.

④ '두호'를 다시 찾은 것에 대한 안도감이 드러나 있다. 버리지 못한 안타까움은 드러나 있지 않다.

⑤ '두호'를 엄마에게 데려갈 것에 대한 두려움은 글에서 확인하기 어렵다.

065 ①

[현대 소설] 작품의 이해와 감상

문항 분석

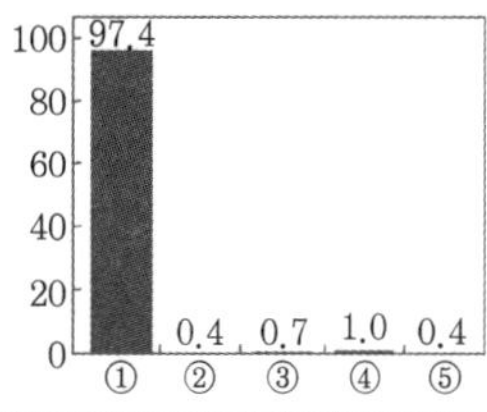

수험생의 97.4%가 정답지를 고른 쉬운 문제였다. 최하위권 수험생들이 나머지 선지에 고르게 반응하여 매우 높은 변별도를 보였다.

정답 해설

제시된 내용을 읽고 문맥상 가리키는 대상이 누구인지를 찾을 수 있는지 평가하기 위한 문제로, 정답은 ①이다. ⓐ의 '술래'는 '두호'를 찾고 있는 '나'를 가리키는 말이다. 글에서 '숨은 아이'는 '두호', '술래'는 '나'로 비유되어 있음을 알 수 있다.

오답 해설

② ⓑ '희끔한 것'은 '두호'를 가리키는 말이다. '나'에게 느닷없이 덮여 든 것은 두호의 작은 몸뚱이였다.

③ ⓒ '작은 새'는 '두호'를 가리키는 말이다. 숨을 할딱이고 있는 두호의 모습을 비유하고 있다.

④ ⓓ '절벽 끝에 매달린 사람'은 '두호'를 가리키는 말이다. '두호'는 '절벽 끝에 매달린 사람'이 필사의 힘으로 바위를 그러쥐듯 '나'의 몸을 그러쥐고 있었다.

⑤ ⓔ '작은 몸뚱이'는 '두호'를 가리키는 말이다. "형아가 나 내뻐리구 갈려구 그랬지?"와 같이 말한 두호를 '나'가 와락 껴안았다.

066 ②

[학술문-인문] 사실적 이해(정보 확인)

문항 분석

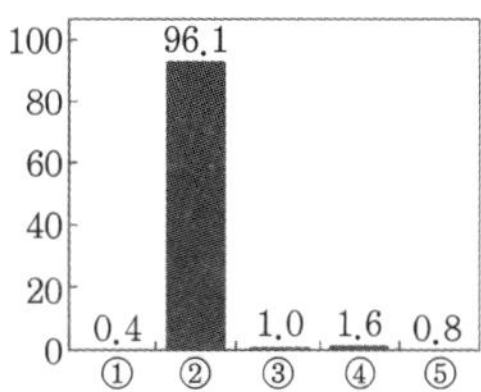

수험생의 96.1%가 정답지를 고른 쉬운 문제였다. 최하위권 수험생들이 나머지 선지에 고르게 반응하여 매우 높은 변별도를 보였다.

정답 해설

인문학 관련 글을 읽고 글에 대한 사실적 이해 능력을 평가하기 위한 문제로, 정답은 ②이다. 1문단 마지막에 "그가 메소테스를 '중간'의 의미로만 사용하지는 않는다는 점에 유의할 필요가 있다."라고 하였으므로 적절하지 않다.

오답 해설

① 1문단에 "아리스토텔레스는 성품의 탁월성이라는 개념을 종종 '중용'이라는 개념과 결부시킨다. 사실상 그는 성품의 탁월성을 중용과 동일한 것으로 말하기도 하며, 때로는 중용을 선택하는 행동을 성품의 탁월성이라고 부르기도 한다."라고 하였으므로 적절하다.

③ 4문단에서 "아리스토텔레스는 무엇이 중용인가를 알기는 어려우며, 안다고 해도 중용을 행하는 것은 아무나 할 수 있는 일이 아니라는 점을 인정한다."고 하였으므로 적절하다.

④ 2문단의 마지막에 "그는 지나치게 많거나 지나치게 또는 적음, 즉 과도함과 부족함이 모두 나쁜 것이며, 중용만이 좋은 것이라고 생각한다."라고 하였으므로 적절하다.

⑤ 3문단에 "사람들이 성품의 탁월성을 가짐으로써 중용의 선택을 하게 되면 적절한 양의 쾌락과 고통을 갖게 된다고 말하기도 한다."라고 하였으므로 적절하다.

▶ **지문 출처** 유원기(2009), 『아리스토텔레스의 정치학』, 사계절

오답 해설

① '도둑이 아내의 수술비를 마련하기 위해 빈집을 털어 돈을 훔치는 것'은 도둑이 아내를 위해 돈을 훔쳤다는 점에서 안타까운 마음이 들 수 있지만 올바른 때에 올바른 목적을 위해 올바른 방법으로 올바르게 행동한 것이 아니므로 중용의 선택으로 볼 수 없다.

② '회사에 근무하는 모든 직원들에게 동일한 수준의 근무 성과를 요구하는 것'은 직원들의 근무 경력이나 개인의 업무 능력 차이 등을 전혀 고려하지 않은 방식이므로 상대적인 중용에 해당하지 않는다.

③ '주차장에 장애인 주차 구역을 일반 주차 구역과 동일한 수만큼 설치하는 것'은 장애인을 지나치게 배려한 행정으로 볼 수 있으므로 상대적인 중용의 선택으로 보기 어렵다.

⑤ '과일 가게에서 과일의 크기나 무게에 관계없이 과일 개수를 기준으로 판매하는 것'은 수적 비율로서의 중간을 택한 것이지 상대적인 중용을 선택한 것은 아니다.

067 ④

[학술문-인문] 추론적 이해[구체적(다른) 사례에 적용하기]

문항 분석

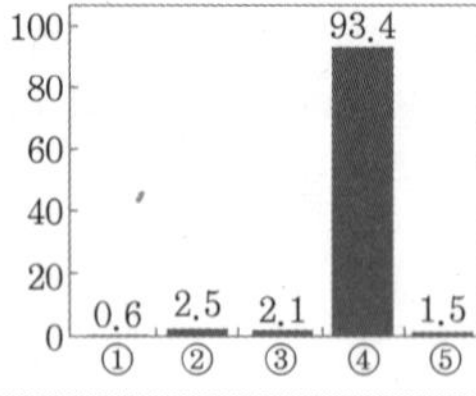

수험생의 93.4%가 정답지를 고른 쉬운 문제였다. 최하위권 수험생들이 나머지 선지에 고르게 반응하여 매우 높은 변별도를 보였다.

정답 해설

글의 핵심 내용을 바탕으로 구체적인 일상의 사례에 적용할 수 있는지를 평가하기 위한 문제로, 정답은 ④이다. 지문의 2문단의 내용을 종합적으로 파악했을 때, 아리스토텔레스는 열 개의 물건은 많고 두 개는 적으며, 여기에서 여섯 개를 선택하는 것이 수적 비율로서의 중간이라는 데 동의하지만 그것은 우리가 상대적인 중용을 택하는 방법이 아니라고 하였다. 즉, 그가 '상대적인 중용'이라고 말하는 것은 우리에게 필요한 만큼의 양을 말하는 것이라고 했다. 따라서 차량 구매자가 자신의 재정 상태를 고려해서 적절한 가격의 차량을 구매하는 것은 상대적인 중용을 선택한 것으로 볼 수 있다. 구매자의 재정 상태는 개인에 따라 차이가 있으며, 그것을 고려하여 적절한 가격의 차량의 구매하는 것은 과도함이나 부족함이 없는 상대적인 중용을 선택한 것으로 볼 수 있기 때문이다.

068 ⑤

[학술문-인문] 추론적 이해(생략된 내용 추리)

문항 분석

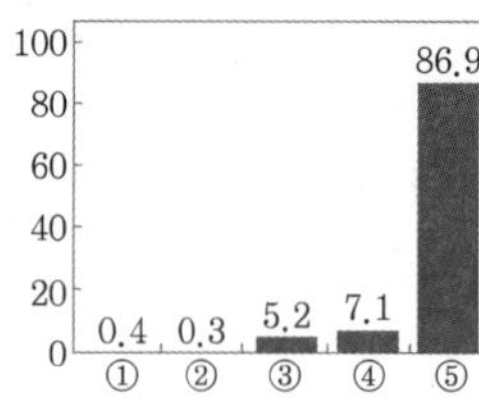

수험생의 86.9%가 정답지를 고른 쉬운 문제였다. 최하위권 수험생들이 나머지 선지에 고르게 반응하여 매우 높은 변별도를 보였다.

정답 해설

지문의 핵심 내용을 제대로 파악하였는지 여부를 평가하기 위한 문제로, 정답은 ⑤이다. 우리가 행복을 획득하기 위한 전제 조건은 성품의 탁월성을 획득하는 것이라고 했으며, 성품의 탁월성을 실현하는 능력이 우리에게 본래 주어진 것이 아니므로 우리가 탁월성을 실현하는 방법을 배우고 훈련해야 한다고 언급했다. 따라서 이를 종합해 보면 우리가 행복을 획득하려면 적절한 교육과 훈련을 통해 성품의 탁월성을 먼저 획득하도록 노력해야 한다는 것을 알 수 있다.

오답 해설

① '모든 행동에서 상대적인 중용을 거부할 수 있어야'는 이 글의 핵심 내용과 거리가 멀다. 아리스토텔레스는 상대적인 중용을 선택하라고 했지 이를 거부하라고 말하지 않았으므로 적절하지 않다.

② '적절한 운동을 꾸준히 함으로써 건강한 신체를 유지해야'는

이 글에서 언급하고 있지 않아 근거를 찾을 수 없으므로 적절하지 않다.

③ '올바른 습관을 배울 수 있도록 인간의 이기적인 욕심을 억제해야'는 이 글에 인간의 이기적인 욕심을 억제하면 올바른 습관을 배울 수 있는지에 대한 언급이 없으므로 적절하지 않다.

④ '중용을 선택하려는 본능에 충실함으로써 성품의 탁월성을 실현해야'는 이 글의 4문단에서 성품의 탁월성을 실현하는 능력이 우리에게 본래 주어진 것이라고 생각하지 않는다고 했으므로 적절하지 않다.

069 ①

[학술문 - 예술] 사실적 이해(정보 확인)

문항 분석

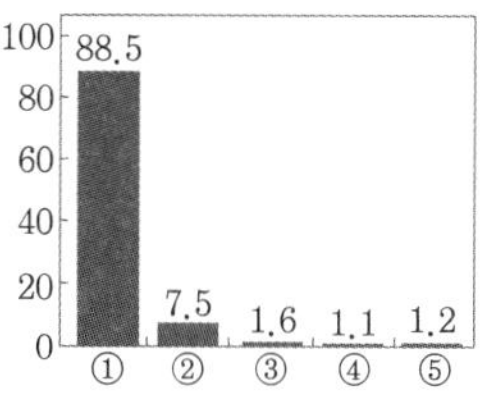

수험생의 88.5%가 정답지를 고른 쉬운 문제였다. 최하위권 수험생들이 나머지 선지에 고르게 반응하여 매우 높은 변별도를 보였다.

정답 해설

예술 관련 글에 대한 사실적 이해 능력을 평가하기 위한 문제로, 정답은 ①이다. 이 글의 3문단에 제2차 세계 대전 이후 서구의 구상 미술은 격동의 나날을 보냈으며, 1950년대에 비평적으로 가장 주목을 받았던 신체 미술은 비구상이었다는 언급이 있다. 따라서 구상 미술이 제2차 세계 대전 직후에 비평적으로 가장 주목을 받았다는 설명은 적절하지 않다.

오답 해설

② 2문단에서 "소수의 문화권을 제외하고는 대부분의 문화권에서 가장 오래되고도 중요한 미술 모티프 중 하나로 자리매김해 왔다."라고 제시되어 있으므로 적절한 내용이다.

③ 3문단에서 "신체 미술은 퍼포먼스아트의 하위 장르로 인체 위에 행하거나 인체를 수단으로 하는 미술이다."라는 표현을 통해 확인할 수 있다.

④ 마지막 문단에서, "팝 아트는 1960년대 초에 부상하여 인간 형상을 다시 도입했다."라는 언급이 있으며, "같은 시기 비구상 미술은 미니멀리즘의 형태로 퇴조했다."라는 언급이 있으므로 적절하다.

⑤ 마지막 문단의 마지막 줄에서 "신표현주의식 구상 미술은 인간 형상 자체보다는 역사나 개인적인 심리, 신화, 문학 같은 것에 주목하는 경우가 더 많았다는 점에서 기존의 구성 미술과는 차이가 있다."라고 제시되었으므로 적절하다.

▶ **지문 출처** 진 로버트슨 외(2011), 『테마 현대미술 노트』, 두성북스

070 ①

[학술문 - 예술] 사실적 이해(전개 방식)

문항 분석

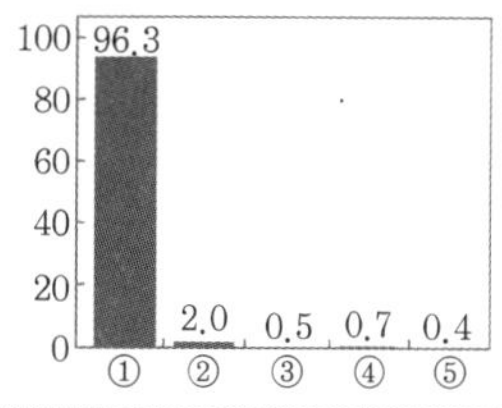

수험생의 96.3%가 정답지를 고른 쉬운 문제였다. 최하위권 수험생들이 나머지 선지에 고르게 반응하여 매우 높은 변별도를 보였다.

정답 해설

예술 관련 글을 읽고 글의 서술상의 특징을 파악하는 능력을 평가하기 위한 문제로, 정답은 ①이다. 이 글은 20세기를 전후한 미술사의 흐름 속에서 구상 미술에 주목했던 20세기 이전과 구상 미술이 외면 받았던 제2차 세계대전 이후, 그리고 다시 주목을 끌고 있는 20세기 후반의 구상 미술에 대해 언급하면서 구상 미술의 통시적 변화 과정을 보여주고 있다.

071 ③

[학술문 - 예술] 추론적 이해(생략된 내용 추리)

문항 분석

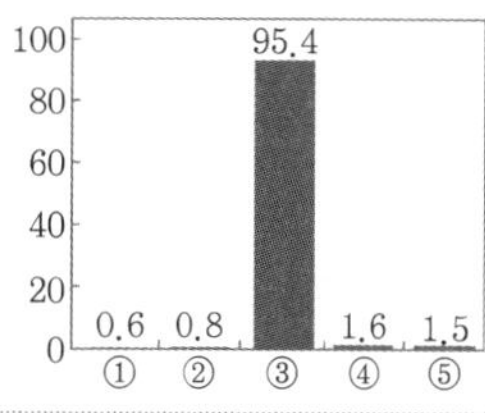

수험생의 95.4%가 정답지를 고른 쉬운 문제였다. 최하위권 수험생들이 나머지 선지에 고르게 반응하여 매우 높은 변별도를 보였다.

정답 해설

예술 관련 글을 읽고 그에 대한 추론 능력을 평가하기 위한 문제로, 정답은 ③이다. ㉮ 이후에 언급된 내용으로 답을 추론해 볼 수 있다. "인간 형상은~쓰임새가 많은 형식으로 활용되어 왔으며,", "또한 내용적인 측면에서~가치를 표현하는 데 기여해 왔다."라고 제시되어 있다. 즉, 인간 형상이 가지는 형식과 내용적인 측면에서의 의의를 병렬적으로 제시하며 설명하고 있다.

오답 해설

① '구상 미술이 작가들의 상상력을 제한하여 다양성을 감소시켰다.'는 설명에 대한 근거를 찾을 수 없으므로 적절하지 않다.

② '인간의 형상이 무수한 변주가 가능해 도전적이고 쓰임새가 강하다.'는 언급을 근거로 할 때, 구상 미술이 작가들로 하여금 예술적 한계를 스스로 인식하게 만들었다는 설명은 적절하지 않다.
④ '구상 미술이 작가들이 정치적 성향을 표현하기 위한 최고의 방편이었다.'는 설명에 대한 근거를 찾을 수 없으므로 적절하지 않다.
⑤ 제시된 내용에서 확인할 수 있듯이 인간 형상이 작가들에게 형식과 내용적인 측면에서 표현에 유의미한 대상이었으므로 적절하지 않은 내용이다.

072 ⑤

[학술문-과학] 사실적 이해(정보 확인)

문항 분석

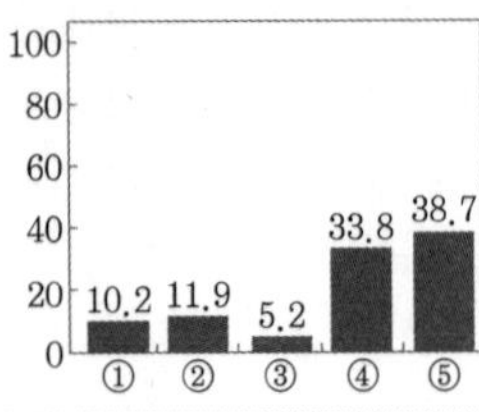

수험생의 38.7%만이 정답지를 고른 어려운 문제였다. 매력적인 오답인 ④에 33.8%의 수험생이 몰렸으며, ②와 ①에도 각각 11.9%, 10.2%의 수험생이 반응하여 높은 변별도를 보였다.

정답 해설

과학 기술 관련 글을 읽고 표면에 드러나지 않은 정보를 추론하는 능력을 평가하기 위한 문제로, 정답은 ⑤이다. '지구 위협 천체'로 분류되어 감시되고 있는 770여 개의 천체에는 소행성뿐만 아니라 혜성도 포함되어 있다.

오답 해설

① 3문단 마지막 부분에 "혜성은 목성 궤도 내의 무수히 존재하는 소행성들과의 상호 작용으로 그 궤도가 수정되어 지구와 충돌할 수도 있다."고 언급되어 있다.
② 1문단의 내용을 통해 혜성이 '오르트 구름'이나 '카이퍼 벨트'에서 태양계로 진입하는 것으로 알려져 있음을 알 수 있다.
③ 4문단에서 혜성이 목성 같은 거대 행성 주위를 지나다 거대 행성의 중력에 이끌려 궤도가 수정되고 지구와 충돌할 수 있음을 알 수 있다.
④ 4문단에서 소행성 중 원래의 궤도가 지구 공전 궤도와 무관해도 목성과 태양에 의한 중력 섭동으로 인해 본궤도를 이탈할 수 있음을 알 수 있다.

▶ **지문 출처** 한국과학문화재단(2006), 『교양으로 읽는 과학의 모든 것』, 미래M&B

073 ⑤

[학술문-과학] 추론적 이해(전제 및 근거 추리)

문항 분석

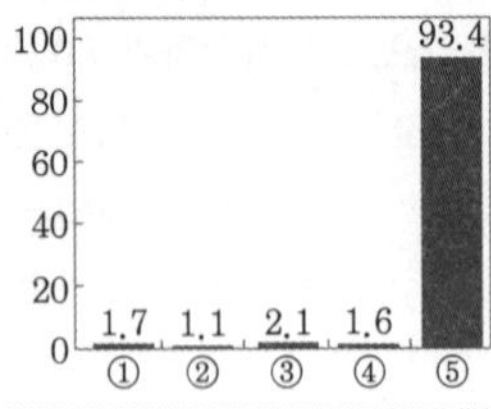

수험생의 93.4%가 정답지를 고른 매우 쉬운 문제였다. 최하위권 수험생들이 나머지 선지에 고르게 반응하여 매우 높은 변별도를 보였다.

정답 해설

지문에 직접적으로 나타나 있지 않은 내용을 올바르게 추론할 수 있는지를 평가하기 위한 문제로, 정답은 ⑤이다. 5문단에 따르면, "혜성이나 소행성들은 관측이 어렵고 궤도의 수정이 일어날 수 있기 때문에, 이러한 '지구 위협 천체'는 지금도 계속해서 발견되고 있다."는 사실을 알 수 있다. 따라서 혜성이나 소행성은 고정된 궤도를 가지고 있는 것이 아니며 관측이 어려운 특성을 가지고 있음을 알 수 있다. 따라서 이러한 특성이 소행성이 언제 지구에 떨어질 것인지 예측하기 어렵게 만드는 원인임을 추론할 수 있다.

오답 해설

① 소행성의 수가 몇 개인지만으로는 소행성과 지구 충돌 시점을 예측하기 어려운 이유를 설명할 수 없으므로 적절한 이유로 볼 수 없다.
② 소행성이 위치만을 언급하고 있기 때문에 적절한 이유로 볼 수 없다.
③ ㉠의 내용과 무관한 내용이며 인과 관계를 설명할 수 없으므로 적절한 이유로 볼 수 없다.
④ 소행성의 일반적인 특성이므로 ㉠의 적절한 이유로 볼 수 없다.

074 ③

[학술문-사회] 추론적 이해[구체적(다른) 사례에 적용]

문항 분석

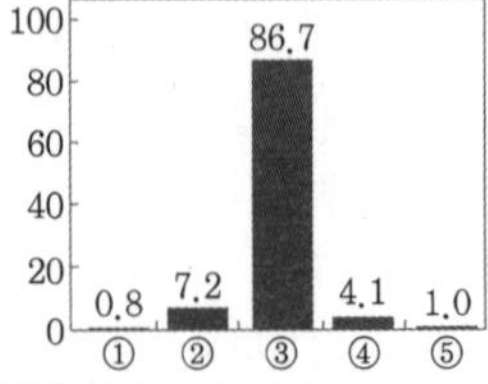

수험생의 86.7%가 정답지를 고른 쉬운 문제였다. 최하위권 수험생들이 나머지 선지에 고르게 반응하여 매우 높은 변별도를 보였다.

정답 해설

사회 과학 영역과 관련된 글을 읽고 그 내용을 바탕으로 구체적인 상황에 적용, 추론하는 능력을 평가하는 문제로, 정답은 ③이다. 지문에 따르면 '외부 효과란 어떤 사람의 행위가 시장을 통하지 않고 다른 사람에게 경제적 이익이나 손해를 주는 현상'이다. 따라서 화장품 광고 모델을 남성으로 바꾼 것은 이익 증진을 위한 의도적인 행위에 해당하므로 외부 효과의 사례로 볼 수 없다.

오답 해설

① 아파트 단지가 들어서 인근 지역의 땅값이 시장의 수요, 공급의 원리와 상관없이 가격이 상승한 것이므로 외부 효과가 발생한 것으로 볼 수 있다.

②, ④ 각각 자동차 판매율 증가와 건물 신축 공사에 따라 부정적인 외부 효과가 발생한 것으로 이해할 수 있다.

⑤ 화훼 단지 조성으로 인해 양봉업자의 의도와 상관없이 꿀 생산이 증가한 것이므로 외부 효과가 발생한 것으로 볼 수 있다.

075 ④

[학술문-사회] 비판적 이해(반응 및 수용)

문항 분석

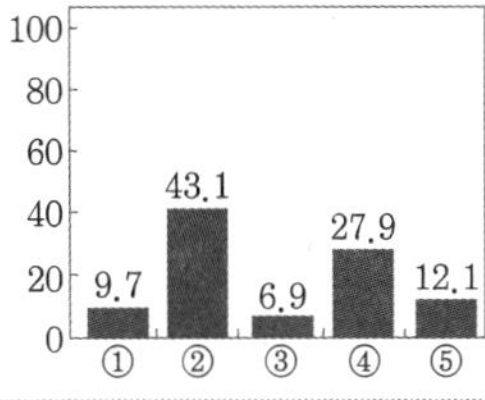

수험생의 27.9%만이 정답지를 고른 매우 어려운 문제였다. 매력적인 오답인 ②에 43.1%의 수험생이 몰렸으며, ⑤와 ①에도 각각 12.1%, 9.7%의 수험생이 반응하여 적절한 변별도를 보였다.

정답 해설

사회 분야의 글을 읽고 이해한 내용을 〈보기〉의 상황에 적용해 보고 이와 관련한 적절한 반응을 추론하는 문제로, 정답은 ④이다. 지문의 4문단을 참조해 볼 때, B 공장이 부담해야 하는 사회적 비용에는 연탄을 생산하는 비용, 그동안 부담한 공기 정화 비용, 그리고 10명의 피해 주민들에게 일인당 1,000만 원씩 보상하는 총 1억 원의 비용 모두가 포함되는 것이라고 볼 수 있다.

오답 해설

① 대법원이 B 공장에게 피해 주민들에게 보상을 하라고 판결한 것은 판결 이전의 B 공장의 사적 비용이 사회적 비용에 비해 적다고 보고 있음을 의미한다.

② 대법원이 피해 주민에게 보상할 것을 판결하였으므로 판결 이전의 연탄의 한계 생산비가 늘어야 한다는 생각이 반영된 것임을 알 수 있다.

③, ⑤ 대법원이 B 공장에게 보상 판결을 내렸으므로 B 공장의 경제 활동이 사회 전체의 복지를 감소시키는 나쁜 외부 효과를 유발한다는 인식을 가지고 있음을 알 수 있다.

076 ⑤

[실용문-교술] 사실적 이해(정보 확인)

문항 분석

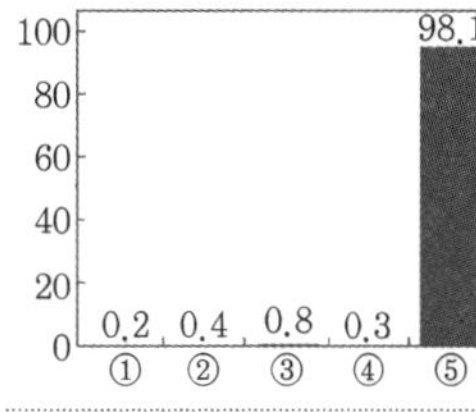

수험생의 98.1%가 정답지를 고른 쉬운 문제였다. 최하위권 수험생들이 나머지 선지에 고르게 반응하여 매우 높은 변별도를 보였다.

정답 해설

교술 관련 글을 읽고 사실적으로 이해하는 능력을 평가하기 위한 문제로, 정답은 ⑤이다. 지문에는 한글박물관의 관람 가능 시간에 대해서는 언급하지 않았다.

오답 해설

① 3문단의 내용을 통해 확인할 수 있다.

② 2, 4, 5문단의 내용을 통해 확인할 수 있다.

③ 2문단의 마지막 부분을 통해 확인할 수 있다.

④ 2문단의 내용을 통해 확인할 수 있다.

077 ②

[실용문-교술] 사실적 이해(정보 확인)

문항 분석

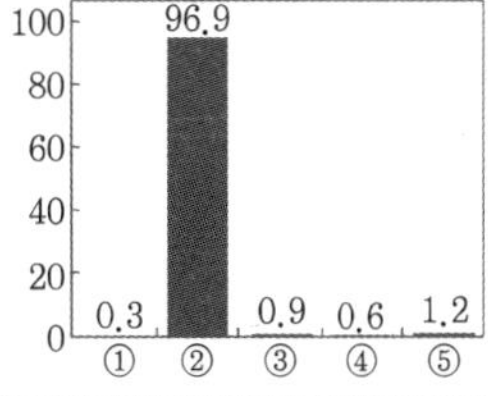

수험생의 96.9%가 정답지를 고른 쉬운 문제였다. 최하위권 수험생들이 나머지 선지에 고르게 반응하여 매우 높은 변별도를 보였다.

정답 해설

교술 관련 글을 읽고 글에 사용된 서술상 특징을 파악하는 문제로, 정답은 ②이다. 지문에는 한글박물관의 전시관 별로 각각의 소장품과 전시 내용을 소개하고 있다.

오답 해설

① 한글박물관의 단점을 밝힌 부분을 찾을 수 없다.

③ 전문가의 말을 인용한 부분을 찾을 수 없다.

④ 외국 박물관의 비교를 통해 한글 박물관의 우수성을 드러낸 부분을 확인할 수 없다.
⑤ 마지막 문단에 글쓴이의 주관적 견해가 제시되어 있다.

078 ④

[실용문 – 안내문] 추론적 이해[구체적(다른) 사례에 적용]

문항 분석

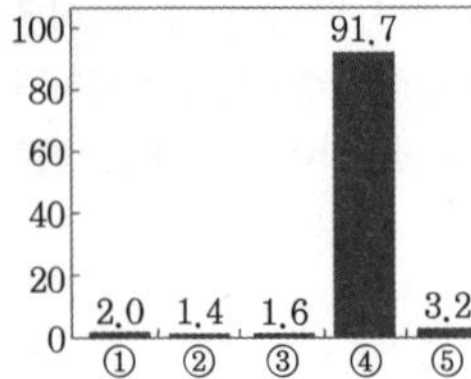

수험생의 91.7%가 정답지를 고른 매우 쉬운 문제였다. 최하위권 수험생들이 나머지 선지에 고르게 반응하여 높은 변별도를 보였다.

정답 해설

글을 읽고 이를 구체적 사례에 바르게 적용하였는지를 평가하는 문제로, 정답은 ④이다. 입차 시간은 2월 15일 14시 15분, 출차 시간은 같은 날 20시 15분이므로 민규가 주차를 한 시간은 총 6시간이다. 다만 영화 1편을 관람하였으므로 2시간 무료 주차가 가능하고, 의류 매장에서 70,000원 상당의 바지를 구입하였으므로 1시간 무료 주차가 가능하다. 그러므로 합산하여 총 3시간의 무료 주차가 가능하다. 즉, 민규는 3시간에 해당하는 주차 요금만 지불하면 된다. 주차 요금은 15분당 1,250원(1시간당 5,000원)이므로, 민규는 15,000원을 주차 요금으로 지불하면 된다.

079 ③

[실용문 – 안내문] 사실적 이해(정보 확인)

문항 분석

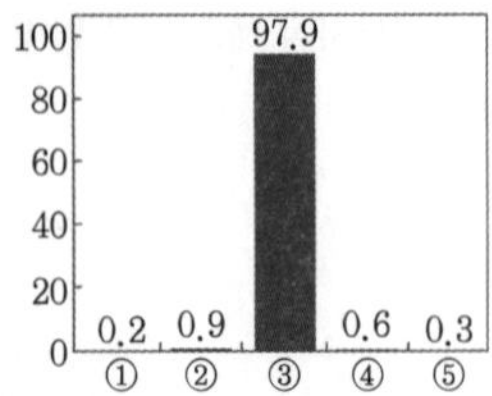

수험생의 97.9%가 정답지를 고른 쉬운 문제였다. 최하위권 수험생들이 나머지 선지에 고르게 반응하여 매우 높은 변별도를 보였다.

정답 해설

ㅇㅇ약품 사용과 관련한 안내문을 읽고 내용을 정확히 이해할 수 있는지를 평가하기 위한 문제로, 정답은 ③이다. [보관 및 취급상의 주의 사항]의 3)에 ㅇㅇ약품은 실온(1~30℃)에서 보관하기를 당부하고 있다.

오답 해설

① 안내문의 가장 아래 [사용 기간]에 ㅇㅇ정, ㅇㅇ액 모두 사용 기간이 제조 일자로부터 36개월이라고 명시되어 있다.
② [효능 · 효과]에 피부 가려움증과 두드러기가 명시되어 있으므로 이 약을 복용하면 효과가 있을 것이다.
④ [용법 · 용량]에 ㅇㅇ정, ㅇㅇ액 모두 이상 반응에 민감한 사람인 경우에는 정해진 용량을 아침, 저녁으로 절반씩 나누어 복용해야 한다고 명시되어 있다.
⑤ [보관 및 취급상의 주의 사항]에 의약품을 원래 용기에서 꺼내어 다른 용기에 보관하는 것은 의약품 오용에 따른 사고 발생이나 의약품 품질 저하의 원인이 될 수 있으므로 원래의 용기에 넣고 꼭 닫아 보관하라는 내용이 명시되어 있다.

▶ **지문 출처** 지르텍 누리집(http://www.zyrtec.co.kr)을 참조하여 일부 변형함.

080 ⑤

[실용문 – 안내문] 비판적 이해(반응 및 수용)

문항 분석

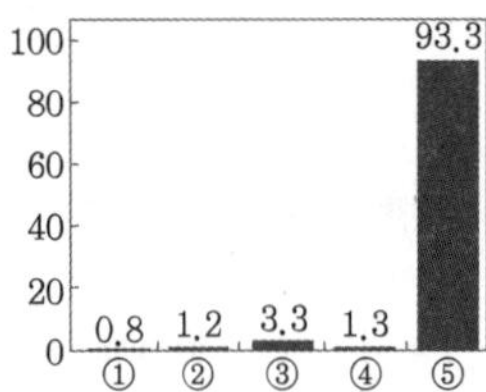

수험생의 93.3%가 정답지를 고른 쉬운 문제였다. 최하위권 수험생들이 나머지 선지에 고르게 반응하여 매우 높은 변별도를 보였다.

정답 해설

ㅇㅇ 약품 사용과 관련한 안내문을 읽고 내용을 실제 생활에 적용할 수 있는지를 평가하기 위한 문제로, 정답은 ⑤이다. [사용상의 주의 사항]에 고령자(노인)는 약을 복용하기 전에 반드시 의사 또는 약사와 상의하라고 했으므로 할아버지가 건강하시더라도 고령이시라면 약사와 상의하는 것이 적절하다.

오답 해설

① ㅇㅇ정은 1일 1회 1정(10mg)을 취침 전에 복용하라고 했으므로 아침에 일어나자마자 복용하는 것은 적절하지 않다.
② 신장 장애가 있는 환자는 이 약을 복용하기 전에 반드시 의사 또는 약사와 상의하라고 했으므로, 어떠한 경우에라도 이 약을 절대로 복용하면 안 된다는 것은 적절하지 않다.
③ ㅇㅇ정은 6세 이상이라야 복용이 가능하지만, ㅇㅇ액은 4세 이상부터 복용이 가능하므로 5살 조카는 약을 복용할 수 있으므로 적절하지 않다.
④ 이 약은 의사의 처방 없이도 약국에서 구입할 수 있는 '일반의약품'으로 분류되어 있으므로 처방전 없이 약국에 가면 살

수 없다는 설명은 적절하지 않다.

081 ④

[실용문 - 안내문] 추론적 이해[구체적(다른) 사례에 적용]

문항 분석

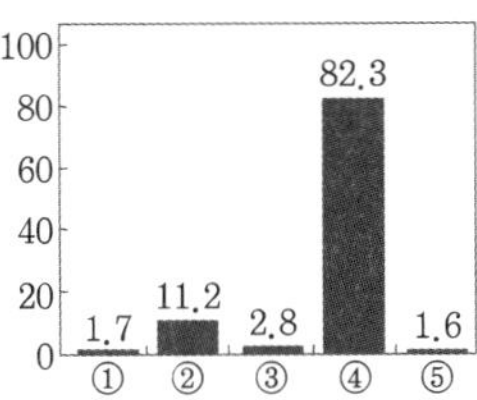

수험생의 82.3%가 정답지를 고른 쉬운 문제였다. 매력적인 오답인 ②에 11.2%의 수험생이 반응하였으며, 최하위권 수험생들이 나머지 선지에 고르게 반응하여 매우 높은 변별도를 보였다.

정답 해설

안내문을 읽고 구체적인 상황에 적용해 보는 문제로, 정답은 ④이다. 위의 안내문에는 산천어 얼음낚시를 하기 위해 필요한 개인 준비물로 '낚시 도구(소형 낚싯대, 산천어 낚시용 전용 미끼), 의자, 장갑' 등이 언급되어 있으며, 기본적인 낚시 도구는 현장에서 유료로 대여할 수 있다고 했다. 다만 살아 있는 미끼는 수질 오염 방지를 위해 사용하지 못한다고 했으므로 현장에서 구입할 수 없다.

오답 해설

① 산천어 얼음낚시를 위해 필요한 개인 준비물로 '낚시 도구(소형 낚싯대, 산천어 낚시용 전용 미끼), 의자, 장갑' 등이 언급되어 있으므로 산천어 얼음낚시를 하는 데 필요한 개인 의자는 낚시터 입장 시에 반입이 허용된다고 볼 수 있다.
② 3급 장애인은 우대자로 분류되어 일반 참가자의 참가비가 절반인 5,000원이고, 장애인이 보호자와 함께 입장할 경우에 보호자 1인은 참가비를 내지 않아도 된다. 따라서 입장료는 5,000원만 내면 되므로 적절한 설명이다.
③ 현장 접수는 평일에는 8시 30분부터 진행하지만 주말에는 8시부터 진행하고 8시 30분부터 입장할 수 있다고 했다. 따라서 주말에는 현장 접수 시간이 30분 앞당겨지므로 서둘러야 한다는 것은 적절한 설명이다.
⑤ 외국인은 우대자 기준에 해당하지만 한국인 안내원을 우대자로 분류하고 있지 않으므로 한국인 가이드는 일반 참가자의 요금을 적용받는다는 설명은 적절하다.

▶ **지문 출처** 얼음나라 2016 화천산천어축제 누리집(http://www.narafestival.com/01_icenara/?f_code=02_01)

082 ⑤

[학술문 - 평론] 사실적 이해(정보 확인)

문항 분석

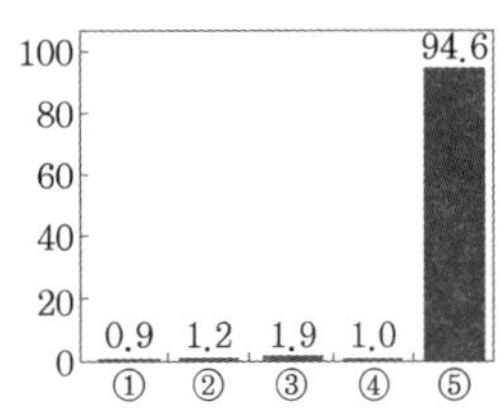

수험생의 94.6%가 정답지를 고른 쉬운 문제였다. 최하위권 수험생들이 나머지 선지에 고르게 반응하여 매우 높은 변별도를 보였다.

정답 해설

영화 평론과 관련된 글을 읽고 특정 내용을 정확히 찾아낼 수 있는지를 평가하기 위한 문제로, 정답은 ⑤이다. ⑤의 경우에 3문단에서 푸아로가 살인 사건을 조사하는 과정에서 레쳇이 과거에 '암스트롱'이라는 어린이를 유괴해 살해했었다는 사실을 알게 되었다고 하였다. 따라서 레쳇이 유괴 살해범이었다는 사실을 푸아로가 열차를 타기 전부터 알았다는 설명은 적절하지 않다.

오답 해설

① 2문단에서 탐정 푸아로는 열차에 탄 승객들 중 대다수가 자연스럽지 않게 행동하는 것을 유심히 관찰하고 그들의 말과 행동을 연관 지어 생각했다고 언급했으므로 적절하다.
② 3문단에서 오리엔트 특급 열차의 담당자인 비앙키 씨가 푸아로에게 살해범을 찾아달라고 의뢰한다는 언급이 있으므로 적절하다.
③ 3문단에서 푸아로는 탐정으로 시리아에서 영국 군대 내에서 터진 사건을 해결한 후 이스탄불에서 오리엔트 특급 열차를 타게 된다고 했으므로 적절하다.
④ 3문단에서 레쳇은 푸아로에게 자신이 살해 위협을 받고 있다고 하면서 신변 보호 요청을 하지만 푸아로는 이를 거절한다는 언급이 있으므로 적절하다.

▶ **지문 출처** 아서 아사 버거(2015), 『대중문화 비평, 한 권으로 끝내기』, 커뮤니케이션북스

083 ④

[학술문 - 평론] 추론적 이해(생략된 내용 추리)

문항 분석

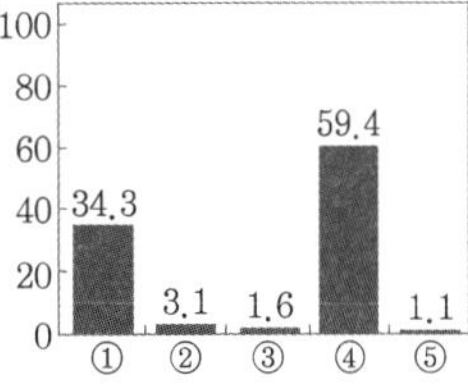

수험생의 59.4%가 정답지를 고른 보통 수준의 문제였다. 매력적인 오답인 ①에 34.3%의 수험생이 몰렸으며, 최하위권 수험생들이 나머지 선지에 고르게 반응하여 적절한 변별도를 보였다.

정답 해설

영화 평론과 관련된 글을 읽고 빈칸에 들어갈 적절한 내용을 추론할 수 있는지를 평가하기 위한 문제로, 정답은 ④이다. 전후 문맥을 살펴보면 ㉠의 앞부분에서 범죄를 저지른 사람은 죄에 대한 합당한 처벌을 받아야 하며, 정당한 사정이 있다면 구제할 만한 가치가 없는 악인은 죽여도 좋다는 언급을 하고 있다. 또한 ㉠의 뒷부분에서 푸아로가 진범인 열두 명의 승객 대신 열차에서 내린 의문의 한 승객을 지목하는 행위는 비정상적이고 감정적인 반응이라고 했다. 이를 종합해 볼 때 ㉠에는 생명을 대하는 기존의 윤리적 가치관의 틀에 해당하는 내용이 오는 것이 적절하다.

084 ①

[학술문 – 평론] 추론적 이해(전제 및 근거 추리)

문항 분석

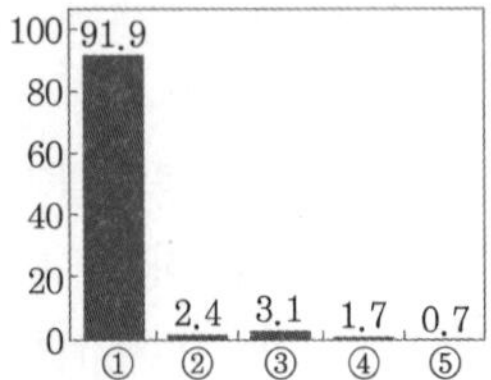

수험생의 91.9%가 정답지를 고른 쉬운 난이도의 문제였다. 최하위권 수험생들이 나머지 선지에 고르게 반응하여 매우 높은 변별도를 보였다.

정답 해설

지문을 읽고 문맥적 의미를 파악할 수 있는지를 평가하기 위한 문제로, 정답은 ①이다. 3문단에 푸아로는 살인 사건을 조사하는 과정에서 레쳇이 과거에 '암스트롱'이라는 어린이를 유괴해 살해했었다는 사실을 알게 되었고, 또 열두 명의 승객이 모두 암스트롱 가문과 밀접한 관련이 있다는 사실을 알게 된다. 또한 암스트롱 가문과 친분이 있었던 열두 명의 승객이 레쳇에게 앙심을 품고 저지른 살인 공모극이었다는 언급이 있다. 따라서 레쳇을 죽인 진범은 열두 명의 승객이며, 이들이 살인범이라는 것을 밝히게 된 결정적인 단서는 열두 명의 승객이 모두 암스트롱 가문과 친분이 있다는 것을 알게 되었기 때문이라고 할 수 있다.

오답 해설

② 레쳇이 살해 위협을 받고 있었던 것은 맞지만 암스트롱 가문의 출신은 아니므로 적절하지 않다.

③ 푸아로는 레쳇을 죽인 살인범이 누구인지 밝혀냈음에도 불구하고, 레쳇이 살해된 직후에 열차에서 내린 것으로 추정되는 의문의 인물을 살인범으로 지목하고 나머지 열두 명의 승객들을 모두 풀어주기로 결정한다고 했으므로 열차에서 내린 의문의 승객에 대한 소재 파악이 안 되는 것은 진범을 밝히는 결정적인 단서로 볼 수 없다.

④, ⑤ 지문에 언급되지 않았으므로 진범을 밝히는 단서로 적절하지 않다.

085 ④

[실용문 – 자료] 사실적 이해(정보 확인)

문항 분석

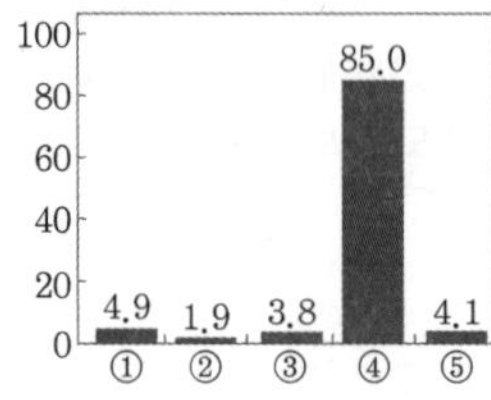

수험생의 85%가 정답지를 고른 쉬운 문제였다. 최하위권 수험생들이 나머지 선지에 고르게 반응하여 매우 높은 변별도를 보였다.

정답 해설

제시된 자료의 내용을 통해 내용을 바르게 도출해 낼 수 있는지를 평가하기 위한 문제로, 정답은 ④이다. D 지역의 대기는 '미세 먼지'와 '아황산가스'의 수치가 '보통'을 나타내고 있다. 따라서 '미세 먼지'를 제외한 모든 검사 영역에서 '좋음' 판정을 받을 것이라고 보기 어렵다.

오답 해설

① A 지역의 대기는 모든 검사 영역에서 '좋음' 판정을 내릴 수 있는 기준 내의 수치를 보이고 있다. 따라서 '좋음' 판정을 받을 수 있을 것이다.

② B 지역은 A 지역에 비해 모든 검사 영역에서 수치가 낮게 나타나고 있으므로 대기의 질이 더 좋다고 할 수 있다.

③ C 지역은 미세 먼지, 오존, 일산화탄소는 '보통', 이산화질소, 아황산가스는 '나쁨'으로 판정될 것이므로, 나머지 지역에 비해 선반적으로 대기의 질이 나쁘다고 할 수 있다.

⑤ E 지역의 대기는 미세 먼지와 일산화탄소 검사 영역에서는 '보통' 판정을 받을 것이다.

086 ⑤

[실용문-자료] 사실적 이해(정보 확인)

문항 분석

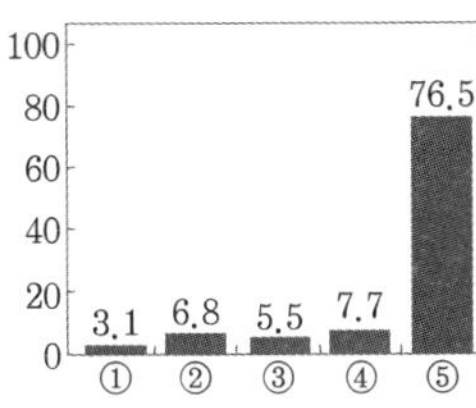

수험생의 76.5%가 정답지를 고른 쉬운 문제였다. 최하위권 수험생들이 나머지 선지에 고르게 반응하여 매우 높은 변별도를 보였다.

정답 해설

제시된 그래프의 내용을 분석하는 능력을 평가하기 위한 문제로, 정답은 ⑤이다. 그래프의 내용을 보면 2010~2012년 사이에 조혈 모세포 기증을 등록한 사람 수는 36,692명, 2008~2010년 사이에 조혈 모세포 기증을 등록한 사람 수는 37,960명임을 알 수 있다. 따라서 조혈 모세포 기증을 등록한 사람의 수는 크게 는 것이 아니라 약간 줄어들었음을 알 수 있다.

오답 해설

① 2010~2012년 사이에 조혈 모세포 기증을 등록한 사람 수(36,692명)는, 같은 기간에 조직 기증을 등록한 사람 수(34,315명)에 비해 많음을 알 수 있다.
② 2008~2010년 사이에 장기 기증을 등록한 사람 수(301,081명)는, 2010~2012년 사이에 장기 기증을 등록한 사람 수(171,626명)에 비해 많음을 알 수 있다.
③ 2010년~2012년 사이에 조직 기증을 등록한 사람 수(34,315명)는, 2008~2010년 사이에 조직 기증을 등록한 사람 수(53,730명)에 비해 적음을 알 수 있다.
④ 2008~2010년 사이에 조직 기증을 등록한 사람 수(53,730명)는, 같은 기간에 장기 기증을 등록한 사람 수(301,081명)의 20%에도 미치지 못함을 알 수 있다.

087 ④

[실용문-자료] 사실적 이해(정보 확인)

문항 분석

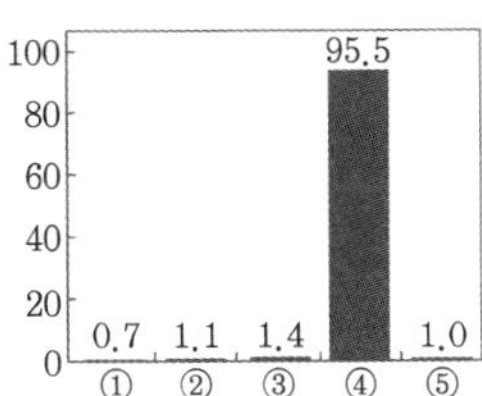

수험생의 95.5%가 정답지를 고른 쉬운 문제였다. 최하위권 수험생들이 나머지 선지에 고르게 반응하여 매우 높은 변별도를 보였다.

정답 해설

제시된 표의 내용을 바르게 이해하였는지를 묻는 문제로, 정답은 ④이다. 여자 고등학생의 흡연율은 대체로 감소하는 추세를 보이고 있지만, 매년 1%p 이상 계속 감소하고 있지는 않다.

오답 해설

① 남자 중학생의 흡연율은 여자 중학생의 흡연율에 비해 모두 2배 이상 높게 나타나고 있음을 알 수 있다.
② 중학생이든 고등학생이든 남학생에 비해 여학생의 흡연율이 낮게 나타나고 있음을 알 수 있다.
③ 여자 고등학생의 흡연율은 여자 중학생의 흡연율보다 항상 높게 나타나고 있음을 알 수 있다.
⑤ 남자 고등학생의 흡연율은 모두 20% 이상임을 알 수 있다.

088 ③

[실용문-보도 자료] 사실적 이해(정보 확인)

문항 분석

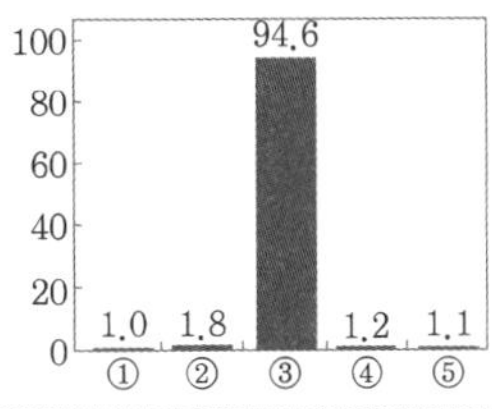

수험생의 94.6%가 정답지를 고른 쉬운 문제였다. 최하위권 수험생들이 나머지 선지에 고르게 반응하여 매우 높은 변별도를 보였다.

정답 해설

보도 자료를 읽고 내용을 정확히 이해하는 능력을 평가하기 위한 문제로, 정답은 ③이다. 보도 자료의 내용에 따르면 인플루엔자 우선 접종 권장 대상자들은 인플루엔자 유행 시기라도 예방 접종이 필요하다고 언급하고 있다.

오답 해설

① 65세 이상 어르신에 대한 예방 접종은 보건소를 통해 무료로 받을 수 있다고 언급하였으므로 적절한 이해로 볼 수 있다.
② 보도 자료에서 인플루엔자 우선 접종 권장 대상자들은 감염 시 기존에 앓고 있던 만성 질환 악화 및 합병증 발생 위험이 높다고 언급한 부분을 확인할 수 있다.
④ 보도 자료에 2월 중에 유행 정점에 이를 것으로 예상된다고 언급한 부분을 확인할 수 있다.
⑤ 생후 6개월~59개월의 소아는 인플루엔자 우선 접종 권장 대상자에 해당하는 것을 확인할 수 있다.

▶ **지문 출처** 보건복지부 보도 자료(2016.01.14.), 「인플루엔자 유행 주의보 발령」

089 ①

[실용문-보도 자료] 사실적 이해(정보 확인)

문항 분석

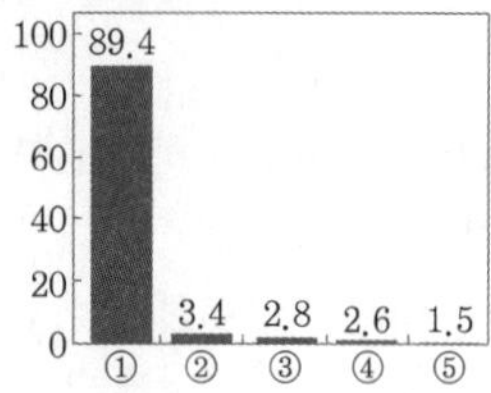

수험생의 89.4%가 정답지를 고른 쉬운 문제였다. 최하위권 수험생들이 나머지 선지에 고르게 반응하여 매우 높은 변별도를 보였다.

정답 해설

보도 자료를 읽고 내용을 사실적으로 이해하는 능력을 평가하는 문제로, 정답은 ①이다. 1세 이상 9세 이하의 소아는 고위험군에 해당하여 항바이러스제 투약 시 요양 급여가 적용되는 대상이기는 하지만 예방 접종을 무료로 받는 대상은 아니다. 인플루엔자 예방 접종을 무료로 받을 수 있는 대상은 65세 이상의 노인이다.

오답 해설

② 심장 질환이나 폐 질환을 앓고 있는 사람들은 고위험군에 속한 사람들이므로 이들에게 항바이러스제를 투약할 경우 요양 급여가 인정되므로 적절한 반응이다.
③ 임신부나 65세 이상의 어르신들은 인플루엔자 우선 접종 권장 대상자에 해당하고, 이들에게는 인플루엔자 유행 시기라도 예방 접종이 필요하다고 하였으므로 적절한 반응이다.
④ 보건소에서 무료 접종을 받을 수 있는 사람은 65세 이상의 노인으로, 보건소에 따라 백신 보유량이 다를 수 있으므로 보건소 방문 전에 무료 접종 가능 여부를 문의 후에 방문하는 것이 바람직하다.
⑤ 생활 속 인플루엔자 예방 수칙에 기침, 재채기를 할 때에는 손수건, 휴지, 옷깃으로 입을 가리는 기침 예절을 지킬 것을 언급하고 있으므로 적절한 반응이다.

090 ③

[실용문-보도 자료] 비판적 이해(반응 및 수용)

문항 분석

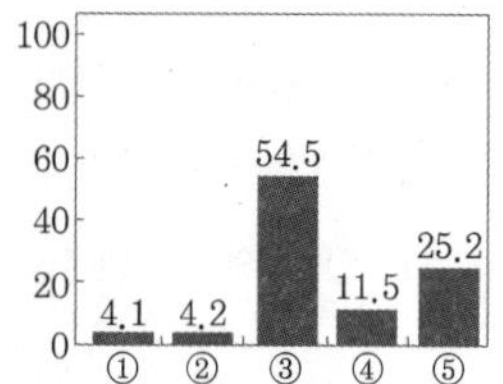

수험생의 54.5%가 정답지를 고른 보통 수준의 문제였다. 매력적인 오답인 ⑤에 25.2%의 수험생이 몰렸으며, ④에도 11.5%의 수험생이 반응하여 적절한 변별도를 보였다.

정답 해설

보도 자료의 내용을 정확히 이해하는 능력을 평가하는 문제로, 정답은 ③이다. 보도 자료에 따르면, 자전거에 등록 번호가 부여되고, QR 코드를 부착하면 도난 자전거의 중고 거래를 차단하는 효과가 있다고 하였으나 이러한 자전거를 중고로 거래할 수 있는 방법에 대해서는 언급되어 있지 않다. 따라서 이러한 질문을 제기할 수 있다.

오답 해설

① 자전거와 대중교통 수단의 연계 방안으로 열차 내 자전거 거치대 설치를 권장한다는 내용이 있으므로 제시할 수 있는 질문으로 적절하지 않다.
② 자전거 도난 방지, 도난 자전거 중고 거래 방지, 방치된 자전거의 주인 찾기 등의 효과가 언급되어 있으므로 추가적으로 제시할 수 있는 질문으로 적절하지 않다.
④ 「자전거 등록 정보 통합 관리 시스템」이 실시된 이후에 QR 코드를 부착하게 되므로 기존에 자전거를 분실한 사람들의 자전거를 찾을 수 있는지 질문하는 것은 관련성이 부족하다.
⑤ 이미 보도 자료에서 행정자치부는 금년 상반기 중 법 시행을 위한 시행령과 시행 규칙을 개정하고, 「자전거 등록 정보 통합 관리 시스템」 구축을 위한 정보화 전략 계획을 마련하는 등 개정 법률의 차질 없는 시행을 위해 관련 예산 확보에도 전력을 기울여야 한다고 언급되어 있으므로 제기할 수 있는 질문으로 적절하지 않다.

▶ **지문 출처** 행정자치부 보도 자료(2016.01.19.)

국어 문화 091번~100번

기출문제집 p.219

091	③	092	④	093	②	094	②	095	③
096	③	097	②	098	⑤	099	①	100	③

091 ③

국어학(문법)

문항 분석

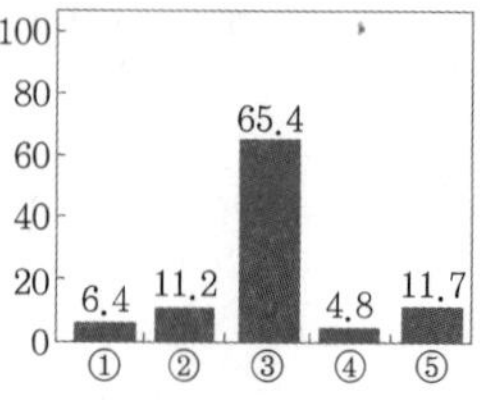

수험생의 65.4%가 정답지를 고른 보통 수준의 문제였다. ②와 ⑤에 각각 11%대의 수험생이 반응하여 높은 변별도를 보였다.

정답 해설

밑줄 친 말이 형성된 과정을 바르게 유추할 수 있는지를 평가하기 위한 문제로, 국어학적 교양 능력을 평가하기 위한 문제이다. 정답은 ③이다. ㄴ. '자자(藉藉)'는 '여러 사람의 입에 오르내려 떠들썩하다.'라는 뜻으로, 동일 한자의 반복으로 이루어진 말이다. ㄹ. '암암(暗暗)'은 '기억에 남은 것이 눈앞에 아른거리는 듯하다.'라는 뜻으로, 동일 한자의 반복으로 이루어진 말이다.

오답 해설

ㄱ. '사사(師事)'는 '스승으로 섬기다. 또는 스승으로 삼고 가르침을 받다.'라는 뜻으로, 동일 한자의 반복으로 이루어진 말이 아니다.

ㄷ. '지지(支持)'는 '어떤 사람이나 단체 따위의 주의 · 정책 · 의견 따위에 찬동하여 이를 위하여 힘을 쓰다.'라는 뜻으로, 동일 한자의 반복으로 형성된 말이 아니다.

092 ④

국어학(문법)

문항 분석

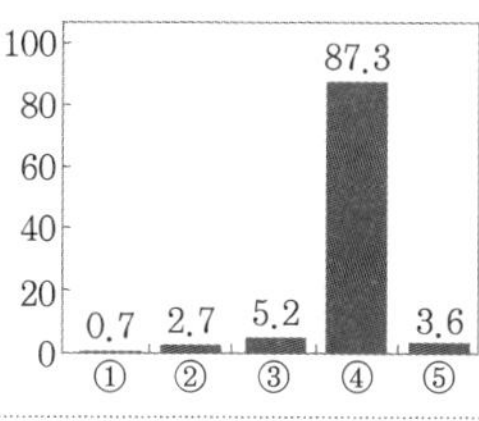

수험생의 87.3%가 정답지를 고른 쉬운 수준의 문제였다. 최하위권 수험생들이 나머지 선지에 고르게 반응하여 매우 높은 변별도를 보였다.

정답 해설

우리 주변에서 흔히 접할 수 있는 언어 자료를 통해 사회 언어학적인 분석 능력을 측정하는 문제로, 정답은 ④이다. '고맙다' 계열과 '감사하다' 계열은 모두 감사의 마음을 표현할 때 사용하는 말로서, 상대방이 누구냐에 따라 또 어떤 상황이냐에 따라 둘 다 사용되기도 하고, 어느 한 가지가 더 많이 사용되기도 한다. 〈보기〉에서 높임 등급이 낮은 쪽에 주로 사용하는 해체나 해라체 등급의 빈도는 '감사하다' 계열보다 '고맙다' 계열이 높으므로 ④는 적절한 설명이다.

오답 해설

① '고맙다'는 하오체 등급인 '고맙습니다'의 형태로도 922회, 45.4%의 비율로 사용되었으므로 틀린 진술이다.

② '하오체' 등급에서는 '고맙소'가 16%, '감사하오'가 1.6% 비율로 사용되었으므로 틀린 진술이다.

③ '하십시오체' 등급에서는 '감사하다' 계열이 더 자주 사용되었으므로 틀린 진술이다. 〈보기〉에 제시된 표를 보면 '감사하다' 계열은 '하십시오체'인 '감사합니다'로 사용되는 경우가 압도적으로 많음을 알 수 있다. 이는 '감사하다'는 상대높임법의 '하십시오체' 등급을 써야 하는 상황, 즉 나보다 상대방이 높은 지위에 있거나 매우 공식적인 자리에서 주로 사용됨을 뜻한다.

⑤ 높임 등급이 높은 쪽에 사용하는 '하십시오체'나 '하오체', '해요체' 등급에서는 '감사하다' 계열이 많이 사용되었으므로 틀린 진술이다.

▶ **자료 출처** 이정복(2007), 「'감사합니다'와 '고맙습니다'의 사회언어학적 분포」, 『사회언어학 15-1』, 사회언어

093 ②

국어 생활(매체 언어)

문항 분석

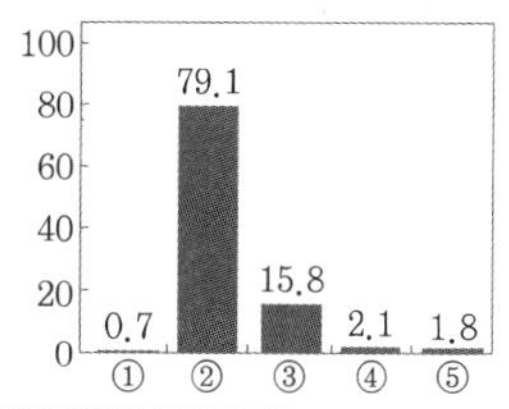

수험생의 79.1%가 정답지를 고른 쉬운 수준의 문제였다. 매력적인 오답인 ③에 15.8%의 수험생이 반응하여 적절한 변별도를 보였다.

정답 해설

국어 사용 양상 중 방송 언어의 속성을 이해하고 적절한 방송 언어를 구사할 수 있는 능력을 평가하기 위한 문제로, 정답은 ②이다. ②와 같이 '예순 개국'으로 읽으면 어감상 어색하므로 적절한 지적이 아니다.

094 ②

국문학(작품)

문항 분석

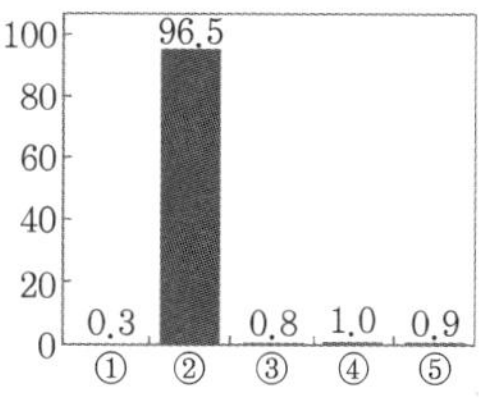

수험생의 96.5%가 정답지를 고른 쉬운 문제였다. 최하위권 수험생들이 나머지 선지에 고르게 반응하여 매우 높은 변별도를 보였다.

정답 해설

이 문제는 〈보기〉의 작품이 묘사하고 있는 장면을 바르게 유추할 수 있는지를 평가하기 위한 문제로, 국문학적 교양 능력을 평가하기 위한 문제이다. 정답은 ②이다. 〈보기〉는 정약용의 「타맥행(打麥行)」이라는 한시로, 농민들이 보리타작을 하고 있는 모습을 통해 건강한 노동의 삶이야말로 기쁜 삶이라는 것을

노래하고 있는 작품이다. 도리깨로 보리타작을 하고 있는 모습을 묘사하고 있는 ②가 가장 적절하다.

오답 해설

① 어린아이를 재우기 위하여 아기에게 자장가를 불러 주고 있는 모습이 묘사되어 있다.

③ 그네 위에 올라타 두 손으로 두 줄을 각각 잡고 몸을 날려 앞뒤로 왔다 갔다 하는 놀이인 '그네뛰기'를 하고 있는 모습이 묘사되어 있다.

④ 긴 널빤지의 중간을 괴어 놓고 양쪽 끝에 한 사람씩 올라서서 번갈아 뛰어 오르는 놀이인 '널뛰기'를 하고 있는 모습이 묘사되어 있다.

⑤ 여러 사람이 함께 손을 잡고 원을 그리며 빙빙 돌면서 춤을 추고 노래를 부르는 놀이인 '강강술래'를 하고 있는 모습이 묘사되어 있다.

▶ **지문 출처** 정약용, 「타맥행(打麥行)」

095 ③

국문학(작가와 작품)

문항 분석

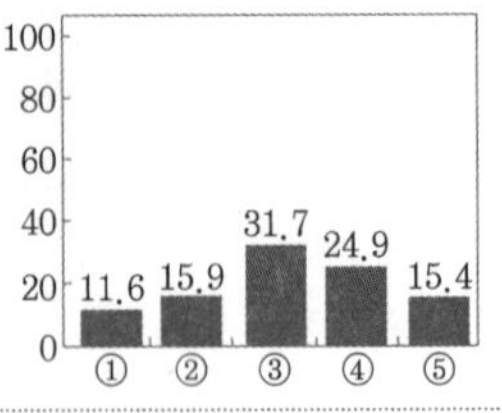

수험생의 31.7%만이 정답지를 고른 매우 어려운 수준의 문제였다. 매력적인 오답인 ④에 24.9%의 수험생이 몰렸으며, ①, ②, ⑤에도 11~15%의 수험생이 반응하여 적절한 변별도를 보였다.

정답 해설

이 문제는 〈보기〉에서 설명하는 예에 해당하는 지명이 아닌 것을 찾는 것으로, 국문학적 교양 능력을 평가하기 위한 문제이다. 정답은 ③이다. 유명한 국문학 작품에 대해서는 그에 대한 기초적인 배경 지식을 갖추고 있는 편이 좋다. 김동리의 「흥남 철수」는 한국전쟁 당시 '흥남 철수 작전'을 배경으로 하는 작품으로, '흥남'을 배경으로 한 전후 소설에 해당한다. '흥남'은 작가가 만들어 낸 가상 공간이 아니다.

오답 해설

① 「사평역」은 대합실에서 막차를 기다리는 아홉 사람의 쓸쓸한 내면 풍경을 그린 소설로, '사평'은 작가가 만들어 낸 공간이다.

② 「은비령」은 과부가 된 여자와 아내와 별거 중인 남자의 사랑에 대해 다룬 소설로, '은비령'은 작가가 만들어 낸 공간이다. 참고로 '은비령'은 소설 속 지명이 영향을 끼쳐 현재 실재 지명으로 사용되고 있다.

④ 「무진기행」은 현실적으로 성공한 1960년대 지식인의 자화상을 통해 현실로부터의 일탈과 복귀의 내면 심리를 드러내고 있는 소설로, '무진'은 작가가 만들어 낸 공간이다.

⑤ 「삼포 가는 길」은 1970년대 산업화가 초래한 고향 상실의 아픔을 형상화해 내고 있는 소설로, '삼포'는 작가가 만들어 낸 공간이다.

096 ③

국어 생활(일상어)

문항 분석

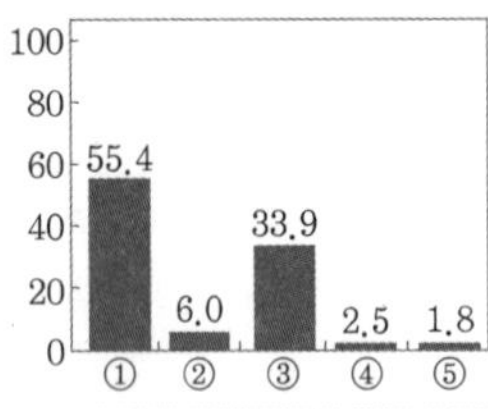

수험생의 33.9%만이 정답지를 고른 어려운 수준의 문제였다. 매력적인 오답인 ①에 무려 55.4%의 수험생이 몰려 적절한 변별도를 보였다.

정답 해설

우리 생활 주변에서 표준어로 착각하여 무심코 사용하는 방언을 식별해 내는 능력을 평가하기 위한 문제로, 정답은 ③이다. 표준어인지 방언인지 혼동하기 쉬운 어휘들은 따로 시간을 내어 정리해 두는 편이 좋다. '덩굴'은 방언이 아니라 표준어이다.

097 ②

국어 생활(일상어)

문항 분석

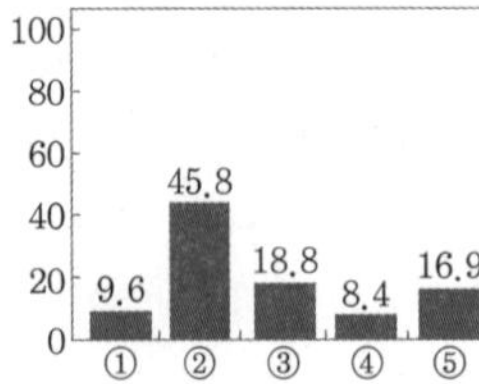

수험생의 45.8%만이 정답지를 고른 어려운 수준의 문제였다. 매력적인 오답인 ③에 18.8%의 수험생이 몰렸으며, ③, ⑤에 각각 18.8%, 16.9%의 수험생이 반응하여 적절한 변별도를 보였다.

정답 해설

'2015년 표준어 추가 결과'에 대해 정확하게 알고 있는지 여부를 평가하기 위한 문제로, 정답은 ②이다. 국어의 최신 경향은 놓치지 말고 탐색해 두어야 한다. '설레이다'는 '마음이 가라앉지 아니하고 들떠서 두근거리다.'라는 의미를 나타내는 '설레다'의 잘못된 말로, 표준어로 인정된 바 없다.

오답 해설

① '찰지다'는 '반죽이나 밥, 떡 따위가 끈기가 많다.', '성질이 야무지고 까다로우며 빈틈이 없다.'라는 의미를 가진 '차지다'의 원말로, 현재 표준어와 같은 뜻으로 널리 쓰이는 말을 복수 표준어로 인정한 경우이다.

③ '말아요'는 '말다'가 명령형으로 쓰일 때는 'ㄹ'을 탈락시켜 '(잊지) 마/마라'와 같이 써야 했으나, 현실의 쓰임을 반영하여 '(잊지) 말아/말아라'와 같이 'ㄹ'을 탈락시키지 않고 쓰는 것도 인정한 경우이다.

④ '이쁘다'는 '생긴 모양이 아름다워 눈으로 보기에 좋다.', '행동이나 동작이 보기에 사랑스럽거나 귀엽다.', '아이가 말을 잘 듣거나 행동이 발라서 흐뭇하다.'라는 의미를 가진 '예쁘다'와 같은 말로, 현재 표준어와 같은 뜻으로 널리 쓰이는 말을 복수 표준어로 인정한 경우이다.

⑤ '푸르르다'는 '맑은 가을 하늘이나 깊은 바다, 풀의 빛깔과 같이 밝고 선명하다.'라는 의미를 가진 '푸르다'를 강조하여 이르는 말로, '푸르르다'와 '푸르다'의 쓰임이 다르기 때문에 '푸르르다'를 별도의 표준어로 인정한 경우이다.

098 ⑤

국어학(북한어)

문항 분석

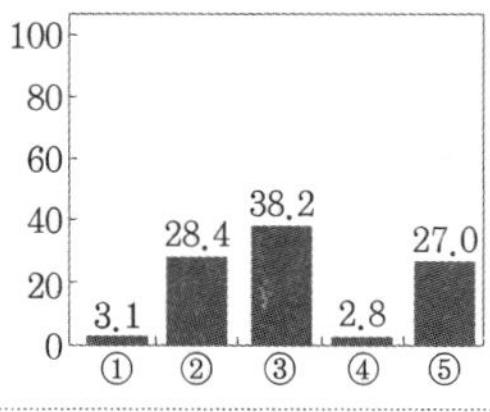

수험생의 27%만이 정답지를 고른 매우 어려운 수준의 문제였다. 매력적인 오답인 ③에 38.2%의 수험생이 몰렸으며, ②에도 28.4%의 수험생이 반응하여 낮은 변별도를 보였다.

정답 해설

제시된 자료를 바탕으로 남북한 언어의 차이를 파악하는 문제로, 정답은 ⑤이다. 남한에서 '아무것'은 '특별히 정해지지 않은 어떤 것 일체.', '(주로 '아니다'와 함께 쓰여) 대단하거나 특별한 어떤 것.'이라는 의미를 가진 말로, 하나의 단어로 인정되고 있다. '아무'와 '것'을 서로 띄어 쓰는 것은 규정에 맞지 않다.

오답 해설

① 북한에서는 '가는'과 '줄'을 붙여 쓰고 있음을 알 수 있다. 남한에서는 이 둘을 띄어 써야 한다.

② 남한에서는 '찾으시었습니다'로 쓰는 것이 어법에 맞다.

③ 북한에서는 '멈춰'와 '섰습니다'를 붙여 쓰고 있음을 알 수 있다. 남한에서는 '멈춰'와 '섰습니다'를 서로 띄어 쓰는 것이 원칙이고 붙여 쓰는 것을 허용한다.

④ 북한에서는 남한과 달리 두음 법칙을 단어의 표기에 적용하지 않고 있음을 알 수 있다. 'ㄹ'을 'ㄴ'으로 표기하지 않았기 때문이다. 참고로 두음 법칙은 일부 소리가 단어의 첫머리에 발음되는 것을 꺼려 다른 소리로 발음되는 현상을 말하는 것으로, 'ㅣ, ㅑ, ㅕ, ㅛ, ㅠ' 앞에서의 'ㄹ'과 'ㄴ'이 'ㅇ'이 되고, 'ㅏ, ㅓ, ㅗ, ㅜ, ㅡ, ㅐ, ㅔ, ㅚ' 앞의 'ㄹ'은 'ㄴ'으로 변하는 것 따위를 말한다.

099 ①

국어학(근대 국어)

문항 분석

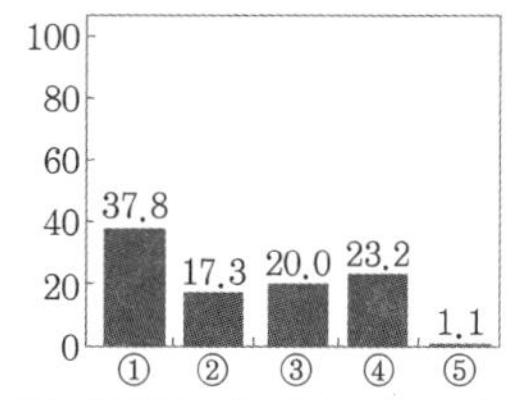

수험생의 37.8%만이 정답지를 고른 어려운 수준의 문제였다. 매력적인 오답인 ④에 23.2%, ③에 20%의 수험생이 몰렸으며, ②에도 17.3%의 수험생이 반응하여 높은 변별도를 보였다.

정답 해설

근대 국어로 쓰인 광고를 보고, 근대 국어의 사용 양상과 현대 국어와의 비교 능력을 평가하기 위해 출제한 문제이다. 근대 국어 문제는 매회 출제되므로 그 특징을 정리해 둘 필요가 있다. 정답은 ①로, 이 광고에서 병서 자는 'ᄯᅡᆯ' 하나만이 쓰였는데 이것은 각자 병서가 사용된 것이 아니라 합용 병서가 사용된 것이다.

오답 해설

② 근대 광고에 사용된 '-던지'는 현대 국어에서는 과거에 대한 회상 시제에서만 사용하는 것이므로 적절한 설명이다.

③ '실디로'에 구개음화가 표기에 반영되지 않은 것을 확인할 수 있다.

④ 일부 연철 표기가 있지만 대부분 분철 표기를 하고 있음을 알 수 있다.

⑤ 현대 국어에 비해 신문 광고 전반에 띄어쓰기가 미흡한 부분이 많다는 것을 확인할 수 있다.

100 ③

국어학(순화어)

문항 분석

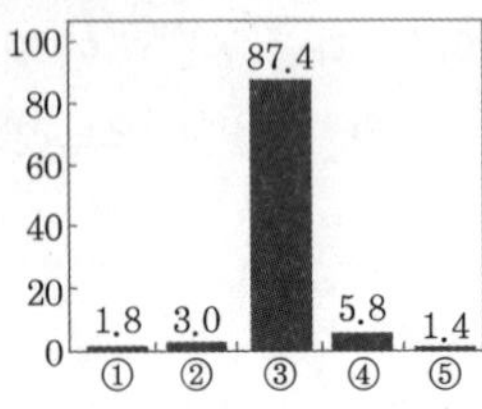

수험생의 87.4%가 정답지를 고른 쉬운 문제였다. 최하위권 수험생들이 나머지 선지에 고르게 반응하여 매우 높은 변별도를 보였다.

정답 해설

국어 순화와 관련된 뉴스 보도를 읽고 이와 관련한 사람들의 인식을 유추해 내는 문제로, 정답은 ③이다. 우리말 순화는 누리꾼들로부터 제안 받은 487건 중 누리꾼 투표를 받고, 이를 참고하여 위원회에서 결정하게 됨을 알 수 있다. ㉢에서 전문가들이 누리꾼들의 의견에 더 귀를 기울였으면 좋겠다고 한 것에 비추어 볼 때 '앞선사용자'가 누리꾼의 제안이 잘 반영되지 않은 것 같다는 반응을 보일 수 있다. 소수 누리꾼들의 제안을 비판적으로 수용할 필요가 있다는 것과는 관련이 없다.

단 하나의 기출, KBS한국어능력시험 12

초판발행 2017년 2월 3일
4쇄발행 2018년 2월 21일
저 자 KBS한국어진흥원
펴 낸 이 정학동
펴 낸 곳 (주)에듀윌
등록번호 제314-2004-000030호
주 소 08378 서울특별시 구로구 디지털로34길 55
코오롱싸이언스밸리 2차 3층
전 화 02) 2650-3900 Fax 02) 855-0008

ISBN 979-11-5949-322-5(13710)

여러분의 작은 소리
에듀윌은 크게 듣겠습니다.

본 교재에 대한 여러분의 목소리를 들려주세요.
공부하시면서 어려웠던 점, 궁금한 점,
칭찬하고 싶은 점, 개선할 점, 어떤 것이라도 좋습니다.

에듀윌은 여러분께서 나누어 주신 의견을
통해 끊임없이 발전하고 있습니다.

에듀윌 도서몰
book.eduwill.net

교재문의
02-2650-3900

「**학습자료**」 및 「**정오표**」도
에듀윌 도서몰 도서자료실에서 함께 확인하실 수 있습니다.

KBS한국어능력시험

기 록 란 (DATA SHEET)

성 명	

응시일자 : 20 년 월 일

수 험 번 호					
0	0	0	0	0	0
1	1	1	1	1	1
2	2	2	2	2	2
3	3	3	3	3	3
4	4	4	4	4	4
5	5	5	5	5	5
6	6	6	6	6	6
7	7	7	7	7	7
8	8	8	8	8	8
9	9	9	9	9	9

생 년 월 일						
						–
0	0	0	0	0	0	
1	1	1	1	1	1	
2	2	2	2	2	2	
3	3	3	3	3	3	
4	4	4	4	4	4	
5	5	5	5	5	5	–
6	6	6	6	6	6	
7	7	7	7	7	7	
8	8	8	8	8	8	
9	9	9	9	9	9	

감독관 확인

수험생이 지켜야 할 일

1. 답안지에는 반드시 연필을 사용하여 표기해야 합니다.
2. 표기란에는 "●"와 같이 바르게 표기해야 합니다. (잘못된 표기 예시 → ◯ ⊘ ◎ ⊙ ◐)
3. 표기란 수정은 지우개만을 사용하여 완전(깨끗)하게 수정해야 합니다.

KBS 한국어진흥원
Korean Broadcasting System Korean Language Center

답 안 란 (ANSWER SHEET)

문항	1	2	3	4	5	문항	1	2	3	4	5	문항	1	2	3	4	5	문항	1	2	3	4	5	문항	1	2	3	4	5
1	①	②	③	④	⑤	21	①	②	③	④	⑤	41	①	②	③	④	⑤	61	①	②	③	④	⑤	81	①	②	③	④	⑤
2	①	②	③	④	⑤	22	①	②	③	④	⑤	42	①	②	③	④	⑤	62	①	②	③	④	⑤	82	①	②	③	④	⑤
3	①	②	③	④	⑤	23	①	②	③	④	⑤	43	①	②	③	④	⑤	63	①	②	③	④	⑤	83	①	②	③	④	⑤
4	①	②	③	④	⑤	24	①	②	③	④	⑤	44	①	②	③	④	⑤	64	①	②	③	④	⑤	84	①	②	③	④	⑤
5	①	②	③	④	⑤	25	①	②	③	④	⑤	45	①	②	③	④	⑤	65	①	②	③	④	⑤	85	①	②	③	④	⑤
6	①	②	③	④	⑤	26	①	②	③	④	⑤	46	①	②	③	④	⑤	66	①	②	③	④	⑤	86	①	②	③	④	⑤
7	①	②	③	④	⑤	27	①	②	③	④	⑤	47	①	②	③	④	⑤	67	①	②	③	④	⑤	87	①	②	③	④	⑤
8	①	②	③	④	⑤	28	①	②	③	④	⑤	48	①	②	③	④	⑤	68	①	②	③	④	⑤	88	①	②	③	④	⑤
9	①	②	③	④	⑤	29	①	②	③	④	⑤	49	①	②	③	④	⑤	69	①	②	③	④	⑤	89	①	②	③	④	⑤
10	①	②	③	④	⑤	30	①	②	③	④	⑤	50	①	②	③	④	⑤	70	①	②	③	④	⑤	90	①	②	③	④	⑤
11	①	②	③	④	⑤	31	①	②	③	④	⑤	51	①	②	③	④	⑤	71	①	②	③	④	⑤	91	①	②	③	④	⑤
12	①	②	③	④	⑤	32	①	②	③	④	⑤	52	①	②	③	④	⑤	72	①	②	③	④	⑤	92	①	②	③	④	⑤
13	①	②	③	④	⑤	33	①	②	③	④	⑤	53	①	②	③	④	⑤	73	①	②	③	④	⑤	93	①	②	③	④	⑤
14	①	②	③	④	⑤	34	①	②	③	④	⑤	54	①	②	③	④	⑤	74	①	②	③	④	⑤	94	①	②	③	④	⑤
15	①	②	③	④	⑤	35	①	②	③	④	⑤	55	①	②	③	④	⑤	75	①	②	③	④	⑤	95	①	②	③	④	⑤
16	①	②	③	④	⑤	36	①	②	③	④	⑤	56	①	②	③	④	⑤	76	①	②	③	④	⑤	96	①	②	③	④	⑤
17	①	②	③	④	⑤	37	①	②	③	④	⑤	57	①	②	③	④	⑤	77	①	②	③	④	⑤	97	①	②	③	④	⑤
18	①	②	③	④	⑤	38	①	②	③	④	⑤	58	①	②	③	④	⑤	78	①	②	③	④	⑤	98	①	②	③	④	⑤
19	①	②	③	④	⑤	39	①	②	③	④	⑤	59	①	②	③	④	⑤	79	①	②	③	④	⑤	99	①	②	③	④	⑤
20	①	②	③	④	⑤	40	①	②	③	④	⑤	60	①	②	③	④	⑤	80	①	②	③	④	⑤	100	①	②	③	④	⑤

✂자르는 선

KBS한국어능력시험

기　록　란 (DATA SHEET)

성　명	

응시일자 : 20　　년　　월　　일

수험번호					
⓪	⓪	⓪	⓪	⓪	⓪
①	①	①	①	①	①
②	②	②	②	②	②
③	③	③	③	③	③
④	④	④	④	④	④
⑤	⑤	⑤	⑤	⑤	⑤
⑥	⑥	⑥	⑥	⑥	⑥
⑦	⑦	⑦	⑦	⑦	⑦
⑧	⑧	⑧	⑧	⑧	⑧
⑨	⑨	⑨	⑨	⑨	⑨

생　년　월　일						
						–
⓪	⓪	⓪	⓪	⓪	⓪	
①	①	①	①	①	①	
②	②	②	②	②	②	
③	③	③	③	③	③	
④	④	④	④	④	④	–
⑤	⑤	⑤	⑤	⑤	⑤	
⑥	⑥	⑥	⑥	⑥	⑥	
⑦	⑦	⑦	⑦	⑦	⑦	
⑧	⑧	⑧	⑧	⑧	⑧	
⑨	⑨	⑨	⑨	⑨	⑨	

감독관 확인

수험생이 지켜야 할 일

1. 답안지에는 반드시 연필을 사용하여 표기해야 합니다.
2. 표기란에는 "●"와 같이 바르게 표기해야 합니다. (잘못된 표기 예시 → ⦸ ⦸ ⦸ ⦸ ⦸)
3. 표기란 수정은 지우개만을 사용하여 완전(깨끗)하게 수정해야 합니다.

KBS 한국어진흥원
Korean Broadcasting System Korean Language Center

답　안　란 (ANSWER SHEET)

문항	1	2	3	4	5	문항	1	2	3	4	5	문항	1	2	3	4	5	문항	1	2	3	4	5	문항	1	2	3	4	5
1	①	②	③	④	⑤	21	①	②	③	④	⑤	41	①	②	③	④	⑤	61	①	②	③	④	⑤	81	①	②	③	④	⑤
2	①	②	③	④	⑤	22	①	②	③	④	⑤	42	①	②	③	④	⑤	62	①	②	③	④	⑤	82	①	②	③	④	⑤
3	①	②	③	④	⑤	23	①	②	③	④	⑤	43	①	②	③	④	⑤	63	①	②	③	④	⑤	83	①	②	③	④	⑤
4	①	②	③	④	⑤	24	①	②	③	④	⑤	44	①	②	③	④	⑤	64	①	②	③	④	⑤	84	①	②	③	④	⑤
5	①	②	③	④	⑤	25	①	②	③	④	⑤	45	①	②	③	④	⑤	65	①	②	③	④	⑤	85	①	②	③	④	⑤
6	①	②	③	④	⑤	26	①	②	③	④	⑤	46	①	②	③	④	⑤	66	①	②	③	④	⑤	86	①	②	③	④	⑤
7	①	②	③	④	⑤	27	①	②	③	④	⑤	47	①	②	③	④	⑤	67	①	②	③	④	⑤	87	①	②	③	④	⑤
8	①	②	③	④	⑤	28	①	②	③	④	⑤	48	①	②	③	④	⑤	68	①	②	③	④	⑤	88	①	②	③	④	⑤
9	①	②	③	④	⑤	29	①	②	③	④	⑤	49	①	②	③	④	⑤	69	①	②	③	④	⑤	89	①	②	③	④	⑤
10	①	②	③	④	⑤	30	①	②	③	④	⑤	50	①	②	③	④	⑤	70	①	②	③	④	⑤	90	①	②	③	④	⑤
11	①	②	③	④	⑤	31	①	②	③	④	⑤	51	①	②	③	④	⑤	71	①	②	③	④	⑤	91	①	②	③	④	⑤
12	①	②	③	④	⑤	32	①	②	③	④	⑤	52	①	②	③	④	⑤	72	①	②	③	④	⑤	92	①	②	③	④	⑤
13	①	②	③	④	⑤	33	①	②	③	④	⑤	53	①	②	③	④	⑤	73	①	②	③	④	⑤	93	①	②	③	④	⑤
14	①	②	③	④	⑤	34	①	②	③	④	⑤	54	①	②	③	④	⑤	74	①	②	③	④	⑤	94	①	②	③	④	⑤
15	①	②	③	④	⑤	35	①	②	③	④	⑤	55	①	②	③	④	⑤	75	①	②	③	④	⑤	95	①	②	③	④	⑤
16	①	②	③	④	⑤	36	①	②	③	④	⑤	56	①	②	③	④	⑤	76	①	②	③	④	⑤	96	①	②	③	④	⑤
17	①	②	③	④	⑤	37	①	②	③	④	⑤	57	①	②	③	④	⑤	77	①	②	③	④	⑤	97	①	②	③	④	⑤
18	①	②	③	④	⑤	38	①	②	③	④	⑤	58	①	②	③	④	⑤	78	①	②	③	④	⑤	98	①	②	③	④	⑤
19	①	②	③	④	⑤	39	①	②	③	④	⑤	59	①	②	③	④	⑤	79	①	②	③	④	⑤	99	①	②	③	④	⑤
20	①	②	③	④	⑤	40	①	②	③	④	⑤	60	①	②	③	④	⑤	80	①	②	③	④	⑤	100	①	②	③	④	⑤

✂ 자르는 선

KBS한국어능력시험

기 록 란 (DATA SHEET)

성 명	

응시일자 : 20　　년　　월　　일

수 험 번 호

0	0	0	0	0	0
1	1	1	1	1	1
2	2	2	2	2	2
3	3	3	3	3	3
4	4	4	4	4	4
5	5	5	5	5	5
6	6	6	6	6	6
7	7	7	7	7	7
8	8	8	8	8	8
9	9	9	9	9	9

생 년 월 일

						–
0	0	0	0	0	0	
1	1	1	1	1	1	
2	2	2	2	2	2	
3	3	3	3	3	3	
4	4	4	4	4	4	–
5	5	5	5	5	5	
6	6	6	6	6	6	
7	7	7	7	7	7	
8	8	8	8	8	8	
9	9	9	9	9	9	

감독관 확인

수험생이 지켜야 할 일

1. 답안지에는 반드시 연필을 사용하여 표기해야 합니다.
2. 표기란에는 "●"와 같이 바르게 표기해야 합니다. (잘못된 표기 예시 → ⓪ ⓪ ⓪ ⓪ ⓪)
3. 표기란 수정은 지우개만을 사용하여 완전(깨끗)하게 수정해야 합니다.

KBS 한국어진흥원
Korean Broadcasting System Korean Language Center

답 안 란 (ANSWER SHEET)

문항	1	2	3	4	5	문항	1	2	3	4	5	문항	1	2	3	4	5	문항	1	2	3	4	5	문항	1	2	3	4	5
1	1	2	3	4	5	21	1	2	3	4	5	41	1	2	3	4	5	61	1	2	3	4	5	81	1	2	3	4	5
2	1	2	3	4	5	22	1	2	3	4	5	42	1	2	3	4	5	62	1	2	3	4	5	82	1	2	3	4	5
3	1	2	3	4	5	23	1	2	3	4	5	43	1	2	3	4	5	63	1	2	3	4	5	83	1	2	3	4	5
4	1	2	3	4	5	24	1	2	3	4	5	44	1	2	3	4	5	64	1	2	3	4	5	84	1	2	3	4	5
5	1	2	3	4	5	25	1	2	3	4	5	45	1	2	3	4	5	65	1	2	3	4	5	85	1	2	3	4	5
6	1	2	3	4	5	26	1	2	3	4	5	46	1	2	3	4	5	66	1	2	3	4	5	86	1	2	3	4	5
7	1	2	3	4	5	27	1	2	3	4	5	47	1	2	3	4	5	67	1	2	3	4	5	87	1	2	3	4	5
8	1	2	3	4	5	28	1	2	3	4	5	48	1	2	3	4	5	68	1	2	3	4	5	88	1	2	3	4	5
9	1	2	3	4	5	29	1	2	3	4	5	49	1	2	3	4	5	69	1	2	3	4	5	89	1	2	3	4	5
10	1	2	3	4	5	30	1	2	3	4	5	50	1	2	3	4	5	70	1	2	3	4	5	90	1	2	3	4	5
11	1	2	3	4	5	31	1	2	3	4	5	51	1	2	3	4	5	71	1	2	3	4	5	91	1	2	3	4	5
12	1	2	3	4	5	32	1	2	3	4	5	52	1	2	3	4	5	72	1	2	3	4	5	92	1	2	3	4	5
13	1	2	3	4	5	33	1	2	3	4	5	53	1	2	3	4	5	73	1	2	3	4	5	93	1	2	3	4	5
14	1	2	3	4	5	34	1	2	3	4	5	54	1	2	3	4	5	74	1	2	3	4	5	94	1	2	3	4	5
15	1	2	3	4	5	35	1	2	3	4	5	55	1	2	3	4	5	75	1	2	3	4	5	95	1	2	3	4	5
16	1	2	3	4	5	36	1	2	3	4	5	56	1	2	3	4	5	76	1	2	3	4	5	96	1	2	3	4	5
17	1	2	3	4	5	37	1	2	3	4	5	57	1	2	3	4	5	77	1	2	3	4	5	97	1	2	3	4	5
18	1	2	3	4	5	38	1	2	3	4	5	58	1	2	3	4	5	78	1	2	3	4	5	98	1	2	3	4	5
19	1	2	3	4	5	39	1	2	3	4	5	59	1	2	3	4	5	79	1	2	3	4	5	99	1	2	3	4	5
20	1	2	3	4	5	40	1	2	3	4	5	60	1	2	3	4	5	80	1	2	3	4	5	100	1	2	3	4	5

✂ 자르는 선

KBS한국어능력시험

기 록 란 (DATA SHEET)

성 명	

응시일자 : 20 년 월 일

수 험 번 호

0	0	0	0	0	0
1	1	1	1	1	1
2	2	2	2	2	2
3	3	3	3	3	3
4	4	4	4	4	4
5	5	5	5	5	5
6	6	6	6	6	6
7	7	7	7	7	7
8	8	8	8	8	8
9	9	9	9	9	9

생 년 월 일

						–
0	0	0	0	0	0	
1	1	1	1	1	1	
2	2	2	2	2	2	
3	3	3	3	3	3	
4	4	4	4	4	4	–
5	5	5	5	5	5	
6	6	6	6	6	6	
7	7	7	7	7	7	
8	8	8	8	8	8	
9	9	9	9	9	9	

감독관 확인

수험생이 지켜야 할 일

1. 답안지에는 반드시 연필을 사용하여 표기해야 합니다.
2. 표기란에는 "●"와 같이 바르게 표기해야 합니다. (잘못된 표기 예시 → ⓪ ⓪ ⓪ ⓪ ⓪)
3. 표기란 수정은 지우개만을 사용하여 완전(깨끗)하게 수정해야 합니다.

KBS 한국어진흥원
Korean Broadcasting System Korean Language Center

답 안 란 (ANSWER SHEET)

문항	1	2	3	4	5	문항	1	2	3	4	5	문항	1	2	3	4	5	문항	1	2	3	4	5	문항	1	2	3	4	5
1	1	2	3	4	5	21	1	2	3	4	5	41	1	2	3	4	5	61	1	2	3	4	5	81	1	2	3	4	5
2	1	2	3	4	5	22	1	2	3	4	5	42	1	2	3	4	5	62	1	2	3	4	5	82	1	2	3	4	5
3	1	2	3	4	5	23	1	2	3	4	5	43	1	2	3	4	5	63	1	2	3	4	5	83	1	2	3	4	5
4	1	2	3	4	5	24	1	2	3	4	5	44	1	2	3	4	5	64	1	2	3	4	5	84	1	2	3	4	5
5	1	2	3	4	5	25	1	2	3	4	5	45	1	2	3	4	5	65	1	2	3	4	5	85	1	2	3	4	5
6	1	2	3	4	5	26	1	2	3	4	5	46	1	2	3	4	5	66	1	2	3	4	5	86	1	2	3	4	5
7	1	2	3	4	5	27	1	2	3	4	5	47	1	2	3	4	5	67	1	2	3	4	5	87	1	2	3	4	5
8	1	2	3	4	5	28	1	2	3	4	5	48	1	2	3	4	5	68	1	2	3	4	5	88	1	2	3	4	5
9	1	2	3	4	5	29	1	2	3	4	5	49	1	2	3	4	5	69	1	2	3	4	5	89	1	2	3	4	5
10	1	2	3	4	5	30	1	2	3	4	5	50	1	2	3	4	5	70	1	2	3	4	5	90	1	2	3	4	5
11	1	2	3	4	5	31	1	2	3	4	5	51	1	2	3	4	5	71	1	2	3	4	5	91	1	2	3	4	5
12	1	2	3	4	5	32	1	2	3	4	5	52	1	2	3	4	5	72	1	2	3	4	5	92	1	2	3	4	5
13	1	2	3	4	5	33	1	2	3	4	5	53	1	2	3	4	5	73	1	2	3	4	5	93	1	2	3	4	5
14	1	2	3	4	5	34	1	2	3	4	5	54	1	2	3	4	5	74	1	2	3	4	5	94	1	2	3	4	5
15	1	2	3	4	5	35	1	2	3	4	5	55	1	2	3	4	5	75	1	2	3	4	5	95	1	2	3	4	5
16	1	2	3	4	5	36	1	2	3	4	5	56	1	2	3	4	5	76	1	2	3	4	5	96	1	2	3	4	5
17	1	2	3	4	5	37	1	2	3	4	5	57	1	2	3	4	5	77	1	2	3	4	5	97	1	2	3	4	5
18	1	2	3	4	5	38	1	2	3	4	5	58	1	2	3	4	5	78	1	2	3	4	5	98	1	2	3	4	5
19	1	2	3	4	5	39	1	2	3	4	5	59	1	2	3	4	5	79	1	2	3	4	5	99	1	2	3	4	5
20	1	2	3	4	5	40	1	2	3	4	5	60	1	2	3	4	5	80	1	2	3	4	5	100	1	2	3	4	5

✂ 자르는 선

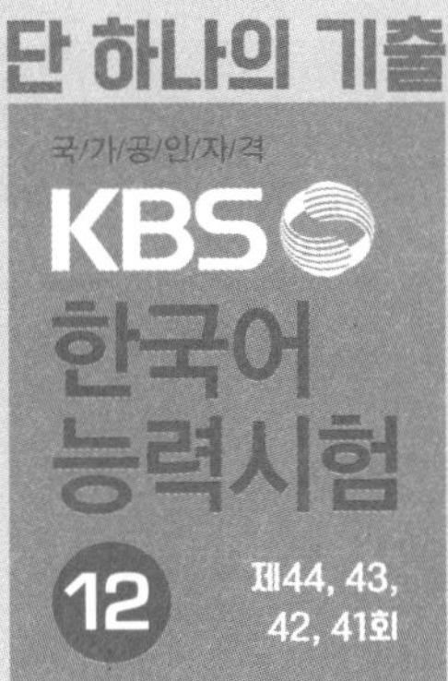

기출을 제대로 끝내는

오답 노트

★ 에듀윌 도서몰(book.eduwill.net)에서 다운로드하여 충분히 사용할 수 있습니다.

활용 예시

		문항 번호
문제 정리	밑줄 친 고유어의 사전적 뜻풀이로 옳은 것은? ① 사람은 자기의 깜냥을 알아야 하는 법이다. → 처하여 있는 사정이나 형편. ② 그는 재주를 부려 위기 상황을 빠져나갔다. → 어떤 일에 대처하는 방도나 꾀. ③ 그들은 짬짜미를 한 것이 분명하다. → 일정한 사물이나 현상을 서로 연관시킴. ④ 이번 사건이 해결될 실마리를 찾았다. → 실을 쉽게 풀어 쓸 수 있도록 한데 뭉쳐 놓은 것. ⑤ 그는 두 시간 동안 잔챙이 몇 마리를 낚았을 뿐이었다. → 키가 작은 사람을 놀림조로 이르는 말.	16번 **틀린 영역** ☐ 듣기 · 말하기 ☐ 창안 ☑ 어휘 · 어법 ☐ 읽기 ☐ 쓰기 ☐ 국어 문화 **틀린 유형** 고유어의 사전적 의미
개념 정리	① 깜냥: 스스로 일을 헤아림. 또는 헤아릴 수 있는 능력. ② 재주: 「1」 무엇을 잘할 수 있는 타고난 능력과 슬기, 「2」 어떤 일에 대처하는 방도나 꾀. ③ 짬짜미: 남모르게 자기들끼리만 짜고 하는 약속이나 수작. ④ 실마리: 일이나 사건을 풀어 나갈 수 있는 첫머리. ⑤ 잔챙이: 여럿 가운데 가장 작고 품이 낮은 것. 지지리 못난 사람을 낮잡아 이르는 말.	**난이도(답지반응률 기준)** ☐ 上 (답지반응률: ~29%) ☑ 中 (답지반응률: 30%~59%) ☐ 下 (답지반응률: 60%~)

하나. KBS한국어능력시험은 문항마다 출제 영역이 고정되어 있습니다. 어느 영역에서 자주 틀리는지 확인하세요!
둘. KBS한국어능력시험은 출제 영역마다 유형이 패턴화되어 있습니다. 자주 틀리는 유형을 확인하세요!
셋. KBS한국어능력시험은 상대평가 시험! 답지반응률로 난이도와 나의 위치를 확인하세요!
넷. 오답 노트로 틀린 문제 복습과 함께 개념도 정리하세요!
다섯. 오답 노트는 틈새시간 복습, 시험 막판 정리에 활용하세요!

제 　　회 기출문제 오답 노트

영역	오답 개수	약점 체크	
[1~15] 듣기 · 말하기	15문항 중 _____개		
[16~45] 어휘 · 어법	30문항 중 _____개		
[46~50] 쓰기	5문항 중 _____개		
[51~60] 창안	10문항 중 _____개		
[61~90] 읽기	30문항 중 _____개		
[91~100] 국어 문화	10문항 중 _____개		

문제 정리		문항 번호	
		틀린 영역	
		□ 듣기 · 말하기 □ 어휘 · 어법 □ 쓰기	□ 창안 □ 읽기 □ 국어 문화
		틀린 유형	
개념 정리		난이도(답지반응률 기준)	
		□ 上 (답지반응률: 　　~29%) □ 中 (답지반응률: 30%~59%) □ 下 (답지반응률: 60%~ 　)	

✂ 자르는 선

문제정리		문항 번호	
		틀린 영역	
		□ 듣기 · 말하기 □ 어휘 · 어법 □ 쓰기	□ 창안 □ 읽기 □ 국어 문화
		틀린 유형	
개념정리		난이도(답지반응률 기준)	
		□ 上 (답지반응률: ~29%) □ 中 (답지반응률: 30%~59%) □ 下 (답지반응률: 60%~)	

문제정리		문항 번호	
		틀린 영역	
		□ 듣기 · 말하기 □ 어휘 · 어법 □ 쓰기	□ 창안 □ 읽기 □ 국어 문화
		틀린 유형	
개념정리		난이도(답지반응률 기준)	
		□ 上 (답지반응률: ~29%) □ 中 (답지반응률: 30%~59%) □ 下 (답지반응률: 60%~)	

✂ 자르는 선

문제정리		문항 번호	
		틀린 영역	
		□ 듣기 · 말하기 □ 어휘 · 어법 □ 쓰기	□ 창안 □ 읽기 □ 국어 문화
		틀린 유형	
개념정리		난이도(답지반응률 기준)	
		□ 上 (답지반응률: ~29%) □ 中 (답지반응률: 30%~59%) □ 下 (답지반응률: 60%~)	

문제정리		문항 번호	
		틀린 영역	
		□ 듣기 · 말하기 □ 어휘 · 어법 □ 쓰기	□ 창안 □ 읽기 □ 국어 문화
		틀린 유형	
개념정리		난이도(답지반응률 기준)	
		□ 上 (답지반응률: ~29%) □ 中 (답지반응률: 30%~59%) □ 下 (답지반응률: 60%~)	

자르는 선

문제정리		문항 번호
		틀린 영역
		□ 듣기 · 말하기 □ 창안 □ 어휘 · 어법 □ 읽기 □ 쓰기 □ 국어 문화
		틀린 유형
개념정리		난이도(답지반응률 기준)
		□ 上 (답지반응률: ~29%) □ 中 (답지반응률: 30%~59%) □ 下 (답지반응률: 60%~)

문제정리		문항 번호
		틀린 영역
		□ 듣기 · 말하기 □ 창안 □ 어휘 · 어법 □ 읽기 □ 쓰기 □ 국어 문화
		틀린 유형
개념정리		난이도(답지반응률 기준)
		□ 上 (답지반응률: ~29%) □ 中 (답지반응률: 30%~59%) □ 下 (답지반응률: 60%~)

✂ 자르는 선

문제정리		문항 번호
		틀린 영역
		☐ 듣기 · 말하기 ☐ 창안 ☐ 어휘 · 어법 ☐ 읽기 ☐ 쓰기 ☐ 국어 문화
		틀린 유형
개념정리		난이도(답지반응률 기준)
		☐ 上 (답지반응률: ~29%) ☐ 中 (답지반응률: 30%~59%) ☐ 下 (답지반응률: 60%~)

문제정리		문항 번호
		틀린 영역
		☐ 듣기 · 말하기 ☐ 창안 ☐ 어휘 · 어법 ☐ 읽기 ☐ 쓰기 ☐ 국어 문화
		틀린 유형
개념정리		난이도(답지반응률 기준)
		☐ 上 (답지반응률: ~29%) ☐ 中 (답지반응률: 30%~59%) ☐ 下 (답지반응률: 60%~)

✂ 자르는 선

문제정리		문항 번호	
		틀린 영역	
		□ 듣기 · 말하기 □ 어휘 · 어법 □ 쓰기	□ 창안 □ 읽기 □ 국어 문화
		틀린 유형	
개념정리		난이도(답지반응률 기준)	
		□ 上 (답지반응률: ~29%) □ 中 (답지반응률: 30%~59%) □ 下 (답지반응률: 60%~)	

문제정리		문항 번호	
		틀린 영역	
		□ 듣기 · 말하기 □ 어휘 · 어법 □ 쓰기	□ 창안 □ 읽기 □ 국어 문화
		틀린 유형	
개념정리		난이도(답지반응률 기준)	
		□ 上 (답지반응률: ~29%) □ 中 (답지반응률: 30%~59%) □ 下 (답지반응률: 60%~)	

✂ 자르는 선

문제정리		문항 번호
		틀린 영역
		□ 듣기 · 말하기 □ 창안 □ 어휘 · 어법 □ 읽기 □ 쓰기 □ 국어 문화
		틀린 유형
개념정리		난이도(답지반응률 기준)
		□ 上 (답지반응률: ~29%) □ 中 (답지반응률: 30%~59%) □ 下 (답지반응률: 60%~)

문제정리		문항 번호
		틀린 영역
		□ 듣기 · 말하기 □ 창안 □ 어휘 · 어법 □ 읽기 □ 쓰기 □ 국어 문화
		틀린 유형
개념정리		난이도(답지반응률 기준)
		□ 上 (답지반응률: ~29%) □ 中 (답지반응률: 30%~59%) □ 下 (답지반응률: 60%~)

✂ 자르는 선

문제정리		문항 번호	
		틀린 영역	
		□ 듣기 · 말하기 □ 어휘 · 어법 □ 쓰기	□ 창안 □ 읽기 □ 국어 문화
		틀린 유형	
개념정리		난이도(답지반응률 기준)	
		□ 上 (답지반응률: ~29%) □ 中 (답지반응률: 30%~59%) □ 下 (답지반응률: 60%~)	

문제정리		문항 번호	
		틀린 영역	
		□ 듣기 · 말하기 □ 어휘 · 어법 □ 쓰기	□ 창안 □ 읽기 □ 국어 문화
		틀린 유형	
개념정리		난이도(답지반응률 기준)	
		□ 上 (답지반응률: ~29%) □ 中 (답지반응률: 30%~59%) □ 下 (답지반응률: 60%~)	

자르는 선

문제정리		문항 번호	
		틀린 영역	
		□ 듣기 · 말하기 □ 어휘 · 어법 □ 쓰기	□ 창안 □ 읽기 □ 국어 문화
		틀린 유형	
개념정리		난이도(답지반응률 기준)	
		□ 上 (답지반응률: ～29%) □ 中 (답지반응률: 30%～59%) □ 下 (답지반응률: 60%～)	

문제정리		문항 번호	
		틀린 영역	
		□ 듣기 · 말하기 □ 어휘 · 어법 □ 쓰기	□ 창안 □ 읽기 □ 국어 문화
		틀린 유형	
개념정리		난이도(답지반응률 기준)	
		□ 上 (답지반응률: ～29%) □ 中 (답지반응률: 30%～59%) □ 下 (답지반응률: 60%～)	

자르는 선

문제정리		문항 번호	
		틀린 영역	
		□ 듣기 · 말하기 □ 어휘 · 어법 □ 쓰기	□ 창안 □ 읽기 □ 국어 문화
		틀린 유형	
개념정리		난이도(답지반응률 기준)	
		□ 上 (답지반응률: ~29%) □ 中 (답지반응률: 30%~59%) □ 下 (답지반응률: 60%~)	

문제정리		문항 번호	
		틀린 영역	
		□ 듣기 · 말하기 □ 어휘 · 어법 □ 쓰기	□ 창안 □ 읽기 □ 국어 문화
		틀린 유형	
개념정리		난이도(답지반응률 기준)	
		□ 上 (답지반응률: ~29%) □ 中 (답지반응률: 30%~59%) □ 下 (답지반응률: 60%~)	

✂ 자르는 선

문제정리		문항 번호
		틀린 영역
		□ 듣기 · 말하기 □ 창안 □ 어휘 · 어법 □ 읽기 □ 쓰기 □ 국어 문화
		틀린 유형
개념정리		난이도(답지반응률 기준)
		□ 上 (답지반응률: ~29%) □ 中 (답지반응률: 30%~59%) □ 下 (답지반응률: 60%~)

문제정리		문항 번호
		틀린 영역
		□ 듣기 · 말하기 □ 창안 □ 어휘 · 어법 □ 읽기 □ 쓰기 □ 국어 문화
		틀린 유형
개념정리		난이도(답지반응률 기준)
		□ 上 (답지반응률: ~29%) □ 中 (답지반응률: 30%~59%) □ 下 (답지반응률: 60%~)

✂ 자르는 선

문제 정리		문항 번호	
		틀린 영역	
		□ 듣기 · 말하기 □ 어휘 · 어법 □ 쓰기	□ 창안 □ 읽기 □ 국어 문화
		틀린 유형	
개념 정리		난이도(답지반응률 기준)	
		□ 上 (답지반응률: ~29%) □ 中 (답지반응률: 30%~59%) □ 下 (답지반응률: 60%~)	

문제 정리		문항 번호	
		틀린 영역	
		□ 듣기 · 말하기 □ 어휘 · 어법 □ 쓰기	□ 창안 □ 읽기 □ 국어 문화
		틀린 유형	
개념 정리		난이도(답지반응률 기준)	
		□ 上 (답지반응률: ~29%) □ 中 (답지반응률: 30%~59%) □ 下 (답지반응률: 60%~)	

✂ 자르는 선

문제정리		문항 번호	
		틀린 영역	
		□ 듣기 · 말하기 □ 어휘 · 어법 □ 쓰기	□ 창안 □ 읽기 □ 국어 문화
		틀린 유형	
개념정리		난이도(답지반응률 기준)	
		□ 上 (답지반응률: ~29%) □ 中 (답지반응률: 30%~59%) □ 下 (답지반응률: 60%~)	

문제정리		문항 번호	
		틀린 영역	
		□ 듣기 · 말하기 □ 어휘 · 어법 □ 쓰기	□ 창안 □ 읽기 □ 국어 문화
		틀린 유형	
개념정리		난이도(답지반응률 기준)	
		□ 上 (답지반응률: ~29%) □ 中 (답지반응률: 30%~59%) □ 下 (답지반응률: 60%~)	

✂ 자르는 선

상황별/수준별 KBS한국어능력시험 기출문제집 사용법

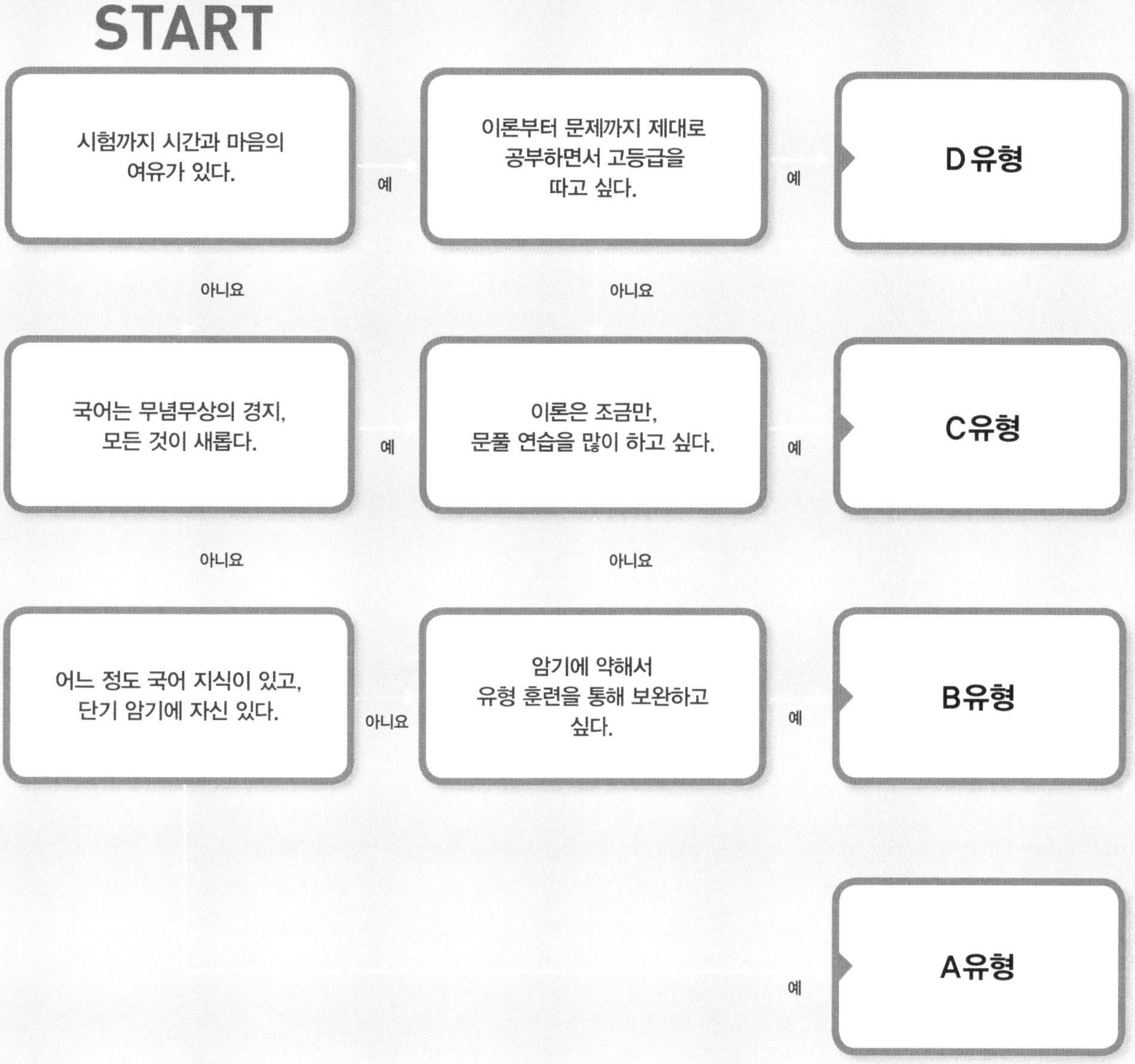

START

시험까지 시간과 마음의 여유가 있다.
- 예 → 이론부터 문제까지 제대로 공부하면서 고등급을 따고 싶다.
  - 예 → D유형
  - 아니요 → 이론은 조금만, 문풀 연습을 많이 하고 싶다.
- 아니요 → 국어는 무념무상의 경지, 모든 것이 새롭다.
  - 예 → 이론은 조금만, 문풀 연습을 많이 하고 싶다.
    - 예 → C유형
    - 아니요 → 암기에 약해서 유형 훈련을 통해 보완하고 싶다.
  - 아니요 → 어느 정도 국어 지식이 있고, 단기 암기에 자신 있다.
    - 아니요 → 암기에 약해서 유형 훈련을 통해 보완하고 싶다.
      - 예 → B유형
    - 예 → A유형

A유형 시간부족 전략형	B유형 시간부족 유형 공략형	C유형 제대로 문풀훈련형	D유형 제대로 고등급형
2주끝장 2.0	2주끝장 2.0 + 딱! 풀어보기!	2주끝장 2.0 + 딱! 풀어보기! + 기출문제집	한권끝장 + 딱! 풀어보기! + 기출문제집

KBS한국어능력시험 판매 1위

에듀윌이 출간한 단 하나의 기출문제집

《KBS한국어능력시험 2주끝장》 (YES24 2015년 4월 ~ 2018년 1월 기준)

단 하나의 기출

국/가/공/인/자/격

KBS 한국어능력시험 12

기출은 반복된다!

반복되는 기출을 잡는 결정적 기출문제집

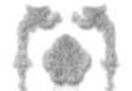

펴낸곳 (주)에듀윌
펴낸이 정학동
출판총괄 남영택
개발책임 김기임
개발 박정미, 김소라
디자인 김소진, 오홍열, 장미례, 허영화 윤인아
품질책임 김경민, 최민근
출판마케팅 박호진, 김성수, 김상민, 김하경 김용은, 신나리, 이준호, 김희림
주소 서울시 구로구 디지털로34길 55 코오롱싸이언스밸리 2차 3층
대표전화 02)2650-3900
등록번호 제314-2004-000030호